ENCICLOPÉDIA DE ANATOMIA DO CORPO SUTIL

Cyndi Dale

ENCICLOPÉDIA DE ANATOMIA DO CORPO SUTIL

Um Guia Definitivo, Detalhado e Ilustrado sobre a Bioenergia Humana

Tradução
Marcelo Brandão Cipolla

Editora
Cultrix
SÃO PAULO

Título do original: *The Subtle Body – An Encyclopedia of Your Energetic Anatomy.*

Copyright © 2009 Cyndi Dale.

Publicado mediante acordo com Sounds True, Inc.

Copyright da edição brasileira © 2021 Editora Pensamento-Cultrix Ltda.

1ª edição 2021. / 2ª reimpressão 2025.

SOUNDS TRUE é uma marca registrada da Sounds True, Inc.

Todos os direitos reservados. Nenhuma parte desta obra pode ser reproduzida ou usada de qualquer forma ou por qualquer meio, eletrônico ou mecânico, inclusive fotocópias, gravações ou sistema de armazenamento em banco de dados, sem permissão por escrito, exceto nos casos de trechos curtos citados em resenhas críticas ou artigos de revistas.

A Editora Cultrix não se responsabiliza por eventuais mudanças ocorridas nos endereços convencionais ou eletrônicos citados neste livro.

Capa e *design* do Livro de Karen Polaski.
Ilustrado por Richard Wehrman.

Editor: Adilson Silva Ramachandra
Gerente editorial: Roseli de S. Ferraz
Gerente de produção editorial: Indiara Faria Kayo
Preparação de originais: Alessandra Miranda de Sá
Editoração eletrônica: Join Bureau
Revisão: Adriane Gozzo

Dados Internacionais de Catalogação na Publicação (CIP)
(Câmara Brasileira do Livro, SP, Brasil)

Dale, Cyndi
  Enciclopédia de anatomia do corpo sutil: um guia definitivo, detalhado e ilustrado sobre a bioenergia humana / Cyndi Dale; tradução Marcelo Brandão Cipolla; [ilustrado por Richard Wehrman]. – São Paulo: Editora Pensamento Cultrix, 2021.

  Título original: The subtle body: an encyclopedia of your energetic anatomy.
  Bibliografia.
  ISBN 978-65-5736-048-4

  1. Chacras 2. Medicina energética 3. Saúde I. Wehrman, Richard. II. Título.

20-47439   CDD-615.53

Índices para catálogo sistemático:
1. Medicina energética   615.53
Cibele Maria Dias – Bibliotecária – CRB-8/9427

Direitos de tradução para o Brasil adquiridos com exclusividade
pela EDITORA PENSAMENTO-CULTRIX LTDA., que se reserva a
propriedade literária desta tradução.
Rua Dr. Mário Vicente, 368 — 04270-000 — São Paulo, SP
Fone: (11) 2066-9000
http://www.editoracultrix.com.br
E-mail: atendimento@editoracultrix.com.br
Foi feito o depósito legal.

*Este livro é dedicado aos pioneiros da medicina energética
sutil, os homens e mulheres que perseveraram
(e ainda perseveram) para criar o visível a partir do invisível.
E àqueles que continuam vivendo
no mistério do que não se vê.*

SUMÁRIO

Ilustrações e tabelas 11

Agradecimentos 17

Introdução 19

PARTE I: ENERGIA E CURA ENERGÉTICA 27

   1   A energia é universal 29

   2   Ser um agente de cura energética 47

PARTE II: ANATOMIA HUMANA 59

   3   As células 61

   4   O DNA 65

   5   O sistema esquelético 71

   6   O sistema muscular 73

   7   O sistema nervoso 77

   8   A pele 87

   9   O sistema circulatório 89

  10   O sistema respiratório 93

  11   O sistema endócrino 95

  12   O sistema digestório 97

  13   O sistema excretor 99

14	O sistema reprodutor	101
15	O metabolismo	105
16	O sistema imunológico	107
17	Os sentidos	111

PARTE III: CAMPOS DE ENERGIA 115

18	Uma introdução aos campos de energia	119
19	Duas teorias do campo unificado	125
20	Os campos naturais	129
21	O brilho radiante das moléculas: pesquisas perdidas e reencontradas	135
22	Campos L e campos T: os parceiros que compõem a realidade	139
23	Poluição dos campos: estresse geopático	143
24	O poder do magnetismo	149
25	Cura pelas mãos e cura a distância: a prova dos campos sutis e de uma realidade não local	155
26	Geometria sagrada: os campos da vida	159
27	Campos de energia humanos	169

PARTE IV: CANAIS DE ENERGIA, CANAIS DE LUZ 181

28	A história da terapia baseada nos meridianos	183
29	Visão geral do sistema dos meridianos	185
30	Teorias sobre a existência, a finalidade e o funcionamento dos meridianos	193
31	A história da ciência dos meridianos	201
32	Principais meridianos	205
33	Os pontos básicos de acupuntura	229
34	As cinco fases e outras teorias de diagnóstico correlatas	233
35	As sete emoções e os órgãos correspondentes	245

PARTE V: CORPOS DE ENERGIA: OS CHAKRAS E OUTROS "CONVERSORES DE LUZ" **253**

    36 Corpos de energia 255

    37 Kundalini: a força unificadora.. 261

    38 Os princípios científicos encontram a teoria dos chakras 265

    39 Sistemas de chakras pelo mundo afora.. 271

    40 O sistema de energia místico dos judeus: a antiga cabala.................... 339

PARTE VI: PRÁTICAS ENERGÉTICAS **347**

    Conclusão... 435

    Notas.. 437

    Bibliografia 455

    Créditos das ilustrações.. 479

    Índice remissivo 483

ILUSTRAÇÕES E TABELAS

PARTE I: ENERGIA E CURA ENERGÉTICA

    1.1   Dons psíquicos baseados nos chakras: do psíquico ao intuitivo (tabela)... 54

PARTE II: ANATOMIA HUMANA

    2.1   Célula humana 63
    2.2   Nebulosa DNA 69
    2.3   Células da fáscia 74
    2.4   Glândula pituitária 85
    2.5   Campo eletromagnético do coração 91
    2.6   Células T citotóxicas atacando um vírus 108

PARTE III: CAMPOS DE ENERGIA

    3.1   Campos verdadeiros 117
    3.2   Campos de energia sutis 121
    3.3   Ressonância de Schumann 130
    3.4   Linhas ley globais 132
    3.5   Campo magnético do corpo 150
    3.6   Formas de magnetismo (tabela) 154

3.7	Onda senoidal	159
3.8	Esfera	160
3.9	Sequência de Fibonacci	160
3.10	Toro	160
3.11	Proporção áurea	160
3.12	Merkaba	161
3.13	Cubo de Metatron	161
3.14	Flor da vida	161
3.15	Pentacoro	161
3.16	Geometria por trás dos chakras	162
3.17	Sólidos platônicos	164
3.18	Cimaglifo da voz humana	166
3.19	Cimaglifo dos anéis de Urano	167
3.20	Camadas do campo áurico	174
3.21	Ponto de reunião	176

PARTE IV: CANAIS DE ENERGIA, CANAIS DE LUZ

4.1	Meridianos yin e yang (tabela)	188
4.2	Meridianos principais, vista anterior	207
4.3	Meridianos principais, vista posterior	208
4.4	Meridiano do pulmão	209
4.5	Meridiano do intestino grosso	210
4.6	Meridiano do estômago	211
4.7	Meridiano do baço/pâncreas	212
4.8	Meridiano do coração	213
4.9	Meridiano do intestino delgado	214
4.10	Meridiano da bexiga	215
4.11	Meridiano do rim	216
4.12	Meridiano do pericárdio	217
4.13	Meridiano do triplo aquecedor	218
4.14	Meridiano da vesícula biliar	219
4.15	Meridiano do fígado	220
4.16	Vaso da concepção	221

4.17	Vaso governador	222
4.18	Meridianos da cabeça	223
4.19	Gráfico das cinco fases	234
4.20	Os cinco elementos chineses (tabela)	236
4.21	As sete emoções e os órgãos (tabela)	246
4.22	Os alimentos e as emoções (tabela)	247
4.23	Ciclos do chi: o relógio do corpo	248

PARTE V: CORPOS DE ENERGIA: OS CHAKRAS E OUTROS "CONVERSORES DE LUZ"

5.1	Anatomia de um chakra	256
5.2	Chakras como ondas	266
5.3	Chakras no espectro eletromagnético	267
5.4	Chakras e o sistema endócrino	268
5.5	Primeiro chakra: Muladhara	273
5.6	Segundo chakra: Svadhisthana	275
5.7	Terceiro chakra: Manipura	277
5.8	Sistema hindu dos chakras	278
5.9	Quatro chakra: Anahata	281
5.10	Quinto chakra: Vishuddha	283
5.11	Sexto chakra: Ajna	284
5.12	Sétimo chakra: Sahasrara	287
5.13	Aspectos da consciência (tabela)	289
5.14	Nadi sushumna	295
5.15	Nadis principais e energias que os representam (tabela)	296
5.16	Caduceu da kundalini	297
5.17	Os três nadis principais	299
5.18	Koshas	302
5.19	*Siddhis* (poderes) (tabela)	304
5.20	Sistema tibetano de seis chakras	308
5.21	Sistema tsalagi (cherokee)	312
5.22	Ojos de luz: o sistema de energia inca	315
5.23	Pukios incas (tabela)	316

5.24	Faixas de poder inca	319
5.25	Chakras egípcios e africanos e a árvore da vida (tabela)	322
5.26	Pontos espirituais e a coluna vertebral (tabela)	325
5.27	Sistema de doze chakras e o ovo energético	326
5.28	Infraestruturas dos chakras (tabela)	331
5.29	Kundalini e o sistema de doze chakras	336
5.30	Os chakras e as formas de dependência (tabela)	338
5.31	Árvore da vida: as dez sephiroth	341
5.32	Associações entre as sephiroth e os chakras (tabela)	342

PARTE VI: PRÁTICAS ENERGÉTICAS

6.1	Acupuntura	347
6.2	Moxabustão	348
6.3	Ventosas	349
6.4	Zonas de acupuntura de Kubota	352
6.5	Sistema de Calligaris: mãos e órgãos	357
6.6	Chakras e pedras (tabelas)	362
6.7	Energias das cores (tabela)	371
6.8	Colorações nocivas (tabela)	371
6.9	Cromoterapia: associações entre os chakras e as regiões do corpo	373
6.10	Símbolos geométricos: úteis e prejudiciais	379
6.11	Pontos básicos de shiatsu	386
6.12	Pontos Keiketsu	387
6.13	Odontologia dos meridianos	391
6.14	Sistema de energia tailandês	392
6.15	Mudras budistas	394
6.16	As cinco famílias dos budas (tabela)	395
6.17	Os cinco dedos e os elementos tibetanos	397
6.18	Símbolos numéricos úteis e prejudiciais (tabela)	398
6.19	Zonas cruzadas latitudinais	403
6.20	Os três símbolos mais importantes do reiki	405
6.21	Reflexologia dos pés: peito e sola do pé	406
6.22	Reflexologia dos pés: lado interno e lado externo do pé	408

6.23 Reflexologia das mãos.. 410
6.24 Reflexologia da cabeça 412
6.25 Reflexologia auricular.. 414
6.26 Funções das notas inteiras (tabela)... 418
6.27 Tons fundamentais e os chakras (tabela)................................... 419
6.28 Sons e cores (tabela)... 420
6.29 As cinco constituições básicas 422
6.30 Locais para se tomar o pulso.. 424
6.31 Regiões da língua.. 426

AGRADECIMENTOS

Os verdadeiros heróis deste livro não foram reconhecidos pela história. Refiro-me aos homens e mulheres que confiaram em sua intuição e em sua sabedoria e, em um espírito de descoberta, descobriram a anatomia energética sutil e com ela trabalharam. Juntaram-se a eles cientistas e pesquisadores que investigaram as provas do sutil. Esses aventureiros foram responsáveis por ajudar o mundo a cumprir um objetivo crucial: o casamento entre a ciência e a espiritualidade, o visível e o invisível. Estão trabalhando para criar um mundo onde todos nós queremos viver.

Este livro é o resultado tangível de um antigo sonho de Tami Simon, fundadora da Sounds True. O fato de ele estar sendo publicado aqui e agora dá testemunho da crença dela naquilo que é bom, espiritual e invisível – e que continuamente se transforma em realidade física com a ajuda de líderes iguais a ela. Por trás do projeto há toda uma equipe de figuras-chave, entre elas Jennifer Coffee, gestora do projeto e editora deste livro. Jennifer coordenou o processo de redação e ilustração e ajudou a transformar o livro em um documento utilizável. Kelly Notaras, diretora editorial, usou sua aguçada intuição para cortar os excessos da primeira versão e fazê-la passar por seus muitos estágios de vida. Karen Polaski, diretora de arte da Sounds True, fez de tudo e mais um pouco para criar o extraordinário projeto gráfico do livro. E Richard Wehrman, ilustrador, proporcionou as representações mais incríveis e verazes da anatomia energética já desenhadas.

O livro ganhou sua verdadeira forma sob o olhar inteligente e a "caneta vermelha" de Sheridan McCarthy, editora *freelancer*, que assumiu a tarefa quase impossível de entender tudo o que eu escrevia. Não há como fazer jus, nestes agradecimentos, a seu talento, sabedoria, discernimento e espirituosidade – pois foi preciso muito bom humor para rever este material com o necessário perfeccionismo. (Quantos editores têm de fazer perguntas como: "Quantos campos invisíveis podem na verdade emanar de um número aparentemente infinito de corpos finitos?") Stanton Nelson, seu parceiro de trabalho, ajudou-a a carregar esse fardo.

A Cathy Scofield, minha editora pessoal, um imenso muito obrigada. O grau de sua dedicação ao projeto pode ser aferido pelo fato de ela ter passado duas viagens de doze horas (ida e volta de Minneapolis à Rússia) sem dormir, sentada ao meu lado, revendo minhas primeiras tentativas de escrever este discurso; depois, em casa, passou a noite em claro sozinha para examinar e criticar minhas notas de rodapé e pensamentos. (Acho que ela nunca mais vai querer ver a palavra *chakra* outra vez.) Obrigada também a Marcia Jedd, pessoa talentosa e positiva que fez pesquisas e deu assistência na área de anatomia física.

A esse grupo acrescento dois seres humanos incríveis (e superinteligentes!) que me conduziram ao estágio das descobertas, proporcionando-me recursos de inestimável valor. O primeiro é Steven Ross, Ph.D., que não somente coligiu uma quantidade incrível de pesquisas para mim por meio de sua organização, a World Research Foundation, como também me encorajou. Nunca me esquecerei de uma de suas notas, em que me disse que confiasse em mim mesma, neste projeto, e na orientação superior que o conduzia. O Dr. Ralph Wilson, naturopata, também entrou em cena em um momento perfeito, pondo-me em contato com pessoas e recursos cujo conhecimento oculto iluminou este livro.

Anthony J. W. Benson, gestor de negócios, agente e timoneiro, merece um agradecimento maior do que as palavras podem dar. No fim, é a ele que se deve a existência deste livro, pois foi ele que insistiu não somente em que eu o escrevesse, mas também em que eu era capaz de fazê-lo. Ele é para mim o modelo de pessoa que une a invisibilidade da integridade pessoal com a visibilidade da ação ética.

Por fim, que mãe poderia terminar seus agradecimentos sem agradecer aos filhos? A meu filho Michael, muitas bênçãos por ser quem você é e por também ter decidido se tornar escritor. Já não me sinto tão culpada pelos vinte anos que ele passou em uma cozinha que tinha papéis em vez de comida nos armários, computadores na mesa e livros na geladeira. A Gabe, peço desculpas pelas férias de Natal que passamos na Disney World, durante o qual sua mãe perdeu boas nove horas por dia escrevendo. Muito obrigada por ter resumido a viagem declarando: "Mãe, você precisa dar um jeito na sua vida!".

INTRODUÇÃO

"Virá o dia em que, depois de domar o espaço, os ventos, as marés e a gravitação, domaremos para Deus as energias do amor. Nesse dia, pela segunda vez na história do mundo teremos descoberto o fogo."
– Pierre Teilhard de Chardin

Como um profissional de saúde dedicado se torna o melhor agente de cura possível? Como um paciente pode adquirir todas as informações de que precisa para receber o melhor tratamento? A resposta não consiste somente em seguir as rotas estabelecidas por uma educação ortodoxa em medicina. Basta examinarmos os índices cada vez maiores de câncer, cardiopatias, doenças mentais e doenças relacionadas ao estresse para percebermos que as fronteiras da cura precisam se ampliar, e muito. O caminho da medicina alopática ocidental, já bastante trilhado, que se baseia em indícios mensuráveis da existência de doenças e em tratamentos que possam ser demonstrados em laboratório – ou seja, que se baseia em coisas evidentes e visíveis –, não traz todas as respostas de que precisamos. Para alcançar a excelência, precisamos trabalhar também com o invisível. Precisamos adentar o mundo complexo das energias sutis.

Este livro é para todos aqueles que queiram refletir de maneira positiva sobre as profissões voltadas à saúde. Esse grupo inclui todos nós, pois cada um de nós, em algum momento da vida, participa do mundo da cura, pessoal ou profissionalmente. O objetivo principal é ajudar os profissionais da cura que querem deixar de ser apenas "bons" para se tornar "excelentes" agentes de cura. Tão importantes quanto isso, porém, são as necessidades do "consumidor" contemporâneo, da pessoa afligida por doenças ou afetada por elas. Definimos aí a doença como uma perturbação do corpo, da mente ou da alma. A verdade é que *todos* nós precisamos compreender as informações que este livro traz, pois ele fala de uma realidade da pessoa e do universo que vai além do óbvio e das coisas que compõem o mundo material.

Este livro é uma enciclopédia da anatomia da energia sutil, das estruturas de energias que estão por trás da realidade física e do nosso corpo. Também é um compêndio de ferramentas e técnicas energéticas sutis: métodos baseados no trabalho com a energia que podem fazer a diferença. O objetivo deste livro é possibilitar mudanças energéticas – mudanças que afetem o fluxo da energia – a fim de criar uma cura verdadeira.

Toda medicina é energética em essência, pois o mundo é feito de energia. E é importante lembrar que todos os fenômenos médicos conhecidos e observáveis já habitaram as esferas sutis, que não podem ser medidas. Já houve época em que os raios X, as bactérias e até os efeitos bioquímicos da aspirina não eram observáveis. Muitas energias sutis que você vai encontrar neste livro foram medidas recentemente, e podemos ter a expectativa de que muitas outras ainda o serão. Enquanto isso, não podemos deixar que a ausência de indícios científicos nos impeça de trabalhar com os sistemas sutis; nenhuma falta de "provas" obstou a eficácia das práticas energéticas sutis inventadas no decorrer das eras.

Para salvar a vida de um paciente, acalmar quem está nervoso ou devolver o sorriso ao rosto de uma criança, os agentes de cura da atualidade precisam ir além do conhecimento convencional. Precisam ver além do óbvio e chegar às verdadeiras causas dos problemas de saúde. As respostas às perguntas sobre a vida e a morte residem no mundo invisível. Assim, todos os agentes de cura profissionais, quaisquer que sejam suas tendências, devem se esforçar para tornar-se também profissionais da energia sutil.

O que é essa energia sutil? Por trás da realidade física há energias sutis ou indiscerníveis que criam e sustentam toda a matéria. O chamado "mundo real" – aquele que podemos tocar, cheirar, degustar, ouvir e ver – é totalmente construído a partir dessas energias, não perceptíveis pelos cinco sentidos. *Na verdade, toda a realidade é criada a partir de sistemas de energia sutil organizados e mutáveis.* Para ajudar uma pessoa a se curar do modo mais eficaz – auxiliar os enfermos, aliviar o sofrimento e levar esperança à escuridão –, temos de reconhecer a existência das energias sutis que criam desequilíbrios e doenças, e temos de trabalhar com elas. Temos de ir às causas e não apenas aos sintomas. Quando chegamos às causas, expandimos o campo da medicina de modo a incluir todo o quadro das forças que operam na doença e na saúde.

Até há poucos anos, a medicina moderna dividia-se em duas grandes categorias: ocidental e oriental. A ocidental, também chamada *medicina alopática*, é mecanicista; os praticantes ocidentais buscam aliviar os sintomas por meio de métodos documentados pela ciência. Essa abordagem deve ser honrada e reverenciada: onde estaríamos sem antibióticos e marca-passos? Por outro lado, faz relativamente pouco tempo que a medicina ocidental existe. Durante milhares de anos, o que predominou foi o que hoje chamamos de *medicina oriental*.

A medicina oriental busca um cuidado holístico, que trata a pessoa como um todo – corpo, mente e espírito – e não apenas seus sintomas. No Ocidente, usamos termos como *medicina alternativa* ou *medicina complementar* para designar essa abordagem. Em outras partes do mundo, a medicina oriental é chamada de medicina *tradicional*. É a medicina da cultura.

Os métodos ocidentais e orientais pareciam diametralmente opostos e a cisão entre eles parecia insuperável até o momento em que praticantes e pacientes perceberam que as duas abordagens podem fortalecer uma à outra. Com essa descoberta, nasceu um novo processo de tratamento chamado *tratamento integrativo*: o casamento entre o Ocidente e o Oriente.

As medicinas ocidental, oriental e integrativa são, todas, caminhos vitais de cura. Mas o espectro total da assistência médica tem ainda outro elemento, que se chama *medicina energética* – ou, de modo mais específico, *medicina energética sutil*. Com o conhecimento desse tipo de medicina, os profissionais da cura podem alcançar um novo nível de excelência médica. Isso porque todas as doenças são energéticas – são relacionadas com o fluxo da energia. A melhor de todas as abordagens médicas, portanto, engloba também a questão energética.

Tudo é feito de energia: moléculas, patógenos, remédios e até as emoções. Cada célula tem uma atividade elétrica e o próprio corpo emite um campo eletromagnético. O corpo humano é um sistema de energia complexo composto de centenas de subsistemas energéticos. As doenças são causadas por desequilíbrios energéticos; portanto, a saúde pode ser criada ou restaurada mediante o equilíbrio das energias.

No entanto, não somos capazes de ver todas as energias que mantêm o corpo saudável. Aquelas que ainda não conseguimos perceber são chamadas energias sutis. Sutil, aqui, não significa "delicado". Na verdade, a ciência está começando a dar a entender que o sutil – aquilo que ainda não pode ser medido – determina aquilo que pode ser medido e constitui nossa própria estrutura física.

A ideia de energias sutis não é nova, embora o termo em si seja relativamente recente. Suas raízes penetram fundo na história da humanidade. Há milhares de anos, nossos antepassados desenvolveram sistemas para trabalhar com essas energias. No decorrer do tempo, continuaram codificando e desenvolvendo esses sistemas e os métodos de cura neles baseados, e fizeram isso por um motivo muito importante: *os sistemas funcionavam*.

Embora o conhecimento das energias sutis tenha sido intuitivo a princípio, boa parte dos trabalhos mais empolgantes realizados nesse campo hoje em dia acontece em laboratórios, clínicas, institutos e universidades pelo mundo afora, onde a *história* se encontra com a *pesquisa* para produzir *provas*. Estudos pioneiros que empregam equipamentos e processos de alta tecnologia e se baseiam nas mais recentes descobertas da física acabaram criando uma nova categoria de "místicos" da energia sutil: os cientistas que desvelam os mistérios dos sistemas de energia. Por isso, todas as seções deste livro põem em evidência os dados científicos que respaldam a existência de estruturas de energias sutis.

Este livro oferece informações sobre muitos métodos de tratamento baseados em sistemas sutis. À primeira vista, alguns deles parecem não ter nada a ver com a medicina. Que relação as cores e os sons têm com a cura? O que os sabores, as pedras preciosas e os números significam para o agente de cura contemporâneo? A resposta é: muito. Os tratamentos são portas, meios que ajudam o agente de cura a ter acesso aos domínios das energias sutis e a produzir a cura. E podem servir como auxiliares dos tratamentos convencionais.

É claro que todos os profissionais da cura – ocidentais, orientais ou integrativos – devem seguir um código moral para que possam fornecer os melhores serviços. Aqueles que fazem uso consciente das energias sutis, porém, precisam cuidar também de coisas como os limites de sua atuação, a ética e a intuição, temas de que trataremos na Parte I.

A Parte I também inclui um léxico dos termos necessários para compreender-se a anatomia sutil e explicações de conceitos energéticos tradicionais e modernos. Embora a energia sutil e a energia física operem de modos ligeiramente diferentes e sigam leis diferentes, estão interligadas, e o agente de cura energética precisa entender ambas muito bem.

Nessa mesma linha, a compreensão da anatomia sutil depende do conhecimento da anatomia física, tema da Parte II. Essas lições de anatomia podem lembrar o leitor do que ele estudou nas aulas de biologia do ensino médio, mas aqui daremos ênfase aos aspectos energéticos dos sistemas corporais. O corpo físico, como você verá, é na verdade uma extensão do sistema de energia sutil.

O restante do livro é uma exploração da anatomia da energia sutil, começando com as três principais estruturas de energias sutis: *campos*, *canais* e *corpos*.

Na Parte III investigamos os campos de energia. De cada célula, cada órgão, cada organismo – incluindo nosso planeta – emanam centenas de campos. A Parte III também nos apresenta ao conceito de "estresse geopático", novo campo de estudos voltado para os efeitos adversos de certos campos naturais e artificiais sobre o nosso bem-estar.

A Parte IV discute os sistemas pelos quais a energia sutil fui: os canais. Você encontrará aí um exame aprofundado da ciência dos meridianos e os vários experimentos recém-validados e que explicaram a existência dessas estruturas sutis.

A Parte V fala dos corpos de energia sutis, como os chakras, as sephirot da cabala e várias outras unidades energéticas. Dedicaremos mais espaço ao sistema hindu dos chakras, que é bem conhecido, mas também examinaremos outros sistemas de corpos de energia, desde o Egito até as tradições sul-americanas. Também exploraremos o "rio", os canais de energia sutil que conectam os chakras entre si e ao corpo – os nadis. (Ao passo que os nadis podem ser categorizados como canais, estão a tal ponto inextricavelmente ligados ao sistema dos chakras que os discutiremos nesse contexto.)

Por fim, na Parte VI, exploraremos algumas das centenas de sistemas de energia integrativos em uso hoje – os que empregam pelo menos duas das três principais estruturas sutis (campos, canais e corpos). Você talvez já esteja familiarizado com alguns deles, entre os quais o Ayurveda e o Reiki, mas talvez não o esteja com outros. Essa parte do livro também inclui uma lista não exaustiva de práticas energéticas sutis adicionais não abordadas neste livro; o objetivo é proporcionar uma referência.

É importante compreender que esses sistemas sutis foram partilhados entre diversos povos e culturas durante milhares de anos. Há muitas teorias sobre os meridianos, os chakras e os campos de energia, e elas variam especialmente de especialista para especialista. Este livro busca apresentar o entendimento mais tradicional possível das estruturas de energias, ao mesmo tempo que dá uma amostra dos outros conceitos. Você será encorajado a fazer suas próprias pesquisas e desenvolver seu próprio entendimento das energias sutis e suas tradições de cura.

As informações apresentadas neste livro foram obtidas em muitas fontes: manuscritos esotéricos, textos sagrados, autoridades médicas reconhecidas, profissionais ativos, manuais científicos, laboratórios de pesquisa, agências do governo, associações e revistas especializadas. Decorrem de disciplinas como a física quântica, a ciência bioenergética, a geometria sagrada e livros que tratam das áreas de cura específicas das quais este volume fala. Registrei e citei as fontes com todo o cuidado para ajudá-lo em suas pesquisas.

É possível, no entanto, que você constate que algumas dessas informações nunca foram citadas em livros contemporâneos. A verdade é que, ao longo dos séculos, certas autoridades reprimiram a realização de pesquisas nessa área, pois elas apresentam fortes evidências da existência dos sistemas de energia aqui explorados que essas informações acabaram sendo vistas como ameaça às práticas médicas estabelecidas.

Como obtive essas "informações ocultas?" O ato de escrever este livro foi por si só uma odisseia. Pessoas apareciam do nada para me fornecer conteúdo ou orientação. A contribuição mais importante foi dada por uma pessoa em particular: Steven Ross, Ph.D., da World Research Foundation Library (WRF). O Dr. Ross coligiu mais de 30 mil volumes de pesquisas sobre terapias e filosofias ligadas à saúde. Parte desse trabalho nunca esteve à disposição do público em geral.

Sobre como usar este livro: compreenda que as informações coligidas aqui não podem substituir o estudo aprofundado e a formação adequada. Você será apresentado, por exemplo, aos meridianos e a várias terapias baseadas neles, mas não com a profundidade necessária para habilitá-lo a tratar um paciente. Ao contrário, este material tem a intenção de ajudá-lo a compreender os meridianos e as possibilidades que um estudo aprofundado pode trazer.

O livro foi organizado de modo que você não precise estudar o material na sequência ou nem mesmo lê-lo na totalidade. Pode se concentrar em cada parte independentemente, ou mesmo em capítulos autônomos de cada parte. Recomendo que use o índice para ter uma ideia das inter-relações entre certos tópicos. Na verdade, provavelmente você concluirá que o índice é indispensável. Para compreender plenamente uma ideia, é importante percebê-la em diferentes contextos, e muitos conceitos – desde as mitocôndrias até a geometria, passando pela teoria do *spin* – aparecem em quase todas as seções. Mas, já que você talvez só queira estudar um ou dois tópicos particulares, certas ideias universais voltarão a ser descritas de forma resumida a cada seção.

Acima de tudo, este livro foi organizado para ser uma referência – um manual que apresenta informações verbais e visuais sobre os sistemas de energia sutis. Ao passo que o livro contém grande número de informações, há muitas outras à espera de ser descobertas sobre o mundo de energia sutil. O que foi apresentado aqui poderá servir para orientar pesquisas ulteriores e para levá-lo a aprender com a melhor referência que existe: você mesmo.

No fim, você mesmo precisa se tornar a autoridade mais confiável possível em matéria de energias sutis. Identificará e reorganizará as informações pertinentes a si e à sua prática, bem como os dados que talvez não se apliquem aos seus objetivos. Começará a reconhecer a si mesmo – e a seus sistemas de energia sutis – nestas páginas. Isso porque todos nós temos os mesmos sistemas de energia sutis. Partilhamos os dons e as habilidades que nos permitem usar esses sistemas, a trabalhar com o invisível para ajudarmos a nós mesmos e aos outros. E partilhamos o lugar que ocupamos no Universo, nossa experiência de sermos humanos neste planeta. Cada um de nós tem condições de contribuir para aumentar o conhecimento da cura dos corpos sutis.

ENCICLOPÉDIA DE ANATOMIA DO CORPO SUTIL

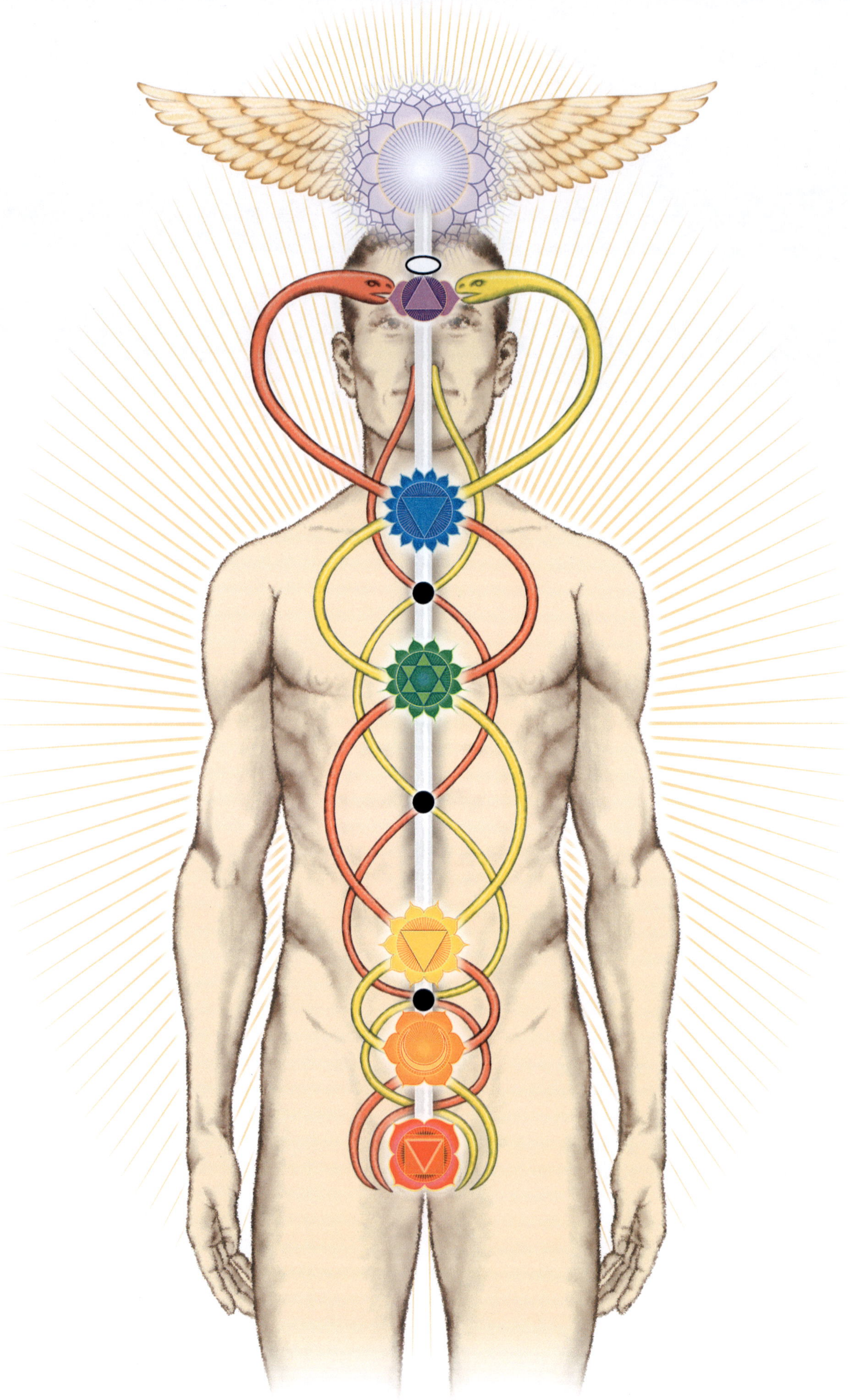

PARTE I
ENERGIA E CURA ENERGÉTICA

O que é a "anatomia energética"? Se você olhar para o que está por trás da superfície do mundo – o mundo do qual fazem parte suas roupas, sua torradeira, suas filosofias, sua pele –, descobrirá um universo de energias sutis em movimento. Embora não saibamos ao certo o que essas energias estão fazendo e como o fazem, sabemos que elas existem e constituem as energias que subjazem à realidade física. Elas constituem *você*.

Nesta parte do livro, examinaremos as energias sutis que constituem o mundo. Definiremos a diferença entre o "sutil" e o "físico", caminhando nas fronteiras entre eles para distinguir o não mensurável do mensurável, o invisível do visível. Aprenderemos alguns dos princípios básicos da energia – o que ela é e como funciona – e apresentaremos a ideia da anatomia energética ou sistema de energia, que se compõe de campos, canais e corpos de energia sutil. Discutiremos brevemente cada um desses tipos de estrutura anatômica.

Examinaremos então o trabalho de cura, associado quer à medicina alopática, à medicina complementar, à medicina integradora ou a outras filosofias de cura. Há fatores muito específicos envolvidos para que uma pessoa se torne agente de cura energética sutil: tem de ser uma pessoa que veja, perceba e ouça as energias sutis, menos substantivas, e trabalhe com elas. Faremos considerações especiais sobre ética, limites, formação e o uso da intuição.

Esta parte do livro é uma introdução ao mundo da energia e um portal que a ele conduz. Esse mundo é fascinante; é o ponto de contato no qual o desconhecido se torna conhecido e no qual descobrimos o que ainda não conhecemos.

1

A ENERGIA É UNIVERSAL

Olhe bem para sua pele. Se você a visse como os antigos talvez a vissem, perceberia linhas e padrões sutis – mais sutis que as rugas e os poros. O Dr. Giuseppe Galligaris, a quem você conhecerá mais adiante, lançou luz sobre esses padrões. Se você estivesse doente, ele interpretaria as formas desses padrões para ajudar você a diagnosticar sua doença.

Fale algumas palavras. Você sabia que, por meio de um processo especial chamado *cimática*, suas palavras produzem vibrações em uma tábua de ressonância especial e podem assumir formas geométricas? Podem assumir a forma de mosaicos ou mandalas, triângulos ou pentagramas.

Estes são apenas dois exemplos das provas e dos processos envolvidos no estudo do sistema de energia humano. Somos feitos de energia. Tudo neste mundo é feito de energia, a qual pode ser definida da forma mais simples como uma "informação que vibra". Essa energia – esse espírito vital – pode se expressar na forma de padrões, de sons, de pele, de pensamento ou até de um café da manhã, mas é sempre energia. Não podemos ver os padrões sutis da pele ou as formas de nossas palavras, mas eles existem mesmo assim. O mesmo ocorre com certas camadas do corpo e do mundo. Muito embora sejam imperceptíveis para os cinco sentidos, elas existem.

Este livro oferece ideias, pesquisas e explicações a respeito do conjunto complexo de campos, canais e corpos sutis que cria o ser humano. Essas estruturas são feitas de energia sutil: energias cuja frequência é alta ou baixa demais para que sejam medidas. Podemos dizer que existem em razão dos efeitos que produzem.

Não podemos falar sobre as energias sutis sem também examinar as *energias físicas* ou *grosseiras*. O sutil não pode ser separado do físico, da mesma maneira que o café não pode ser bebido sem que esteja misturado com água. Na verdade, parte da prova da existência das energias sutis consiste na validação das energias físicas.

O QUE É A ENERGIA SUTIL?

Há milhares de anos, nossos antepassados viam a energia de um jeito que passou a ser desconsiderado em épocas mais recentes. Não usavam microscópios especiais, espectrômetros ou outras ferramentas em suas investigações, como fazemos hoje. Empregavam, em vez disso, seus sentidos interiores.

A energia sutil é apenas uma forma de energia que não pode ser medida com precisão pelo uso dos métodos científicos atuais. Não é sobrenatural, paranormal nem assustadora – é energia e nada mais. Obedece a algumas das mesmas leis – mas não a todas – que regem sua contraparte, a matéria física. Como dão a entender as informações apresentadas em "Um modelo da energia sutil", na p. 38, as energias sutis operam em um plano ou em um *continuum* diferente daquele em que operam as energias físicas. No entanto, podem ser definidas de modo aproximado em comparação com a energia física, como se vê, por exemplo, nessa definição baseada nas ideias expressas em *The Science of Homeopathy*:[1]

> *A energia física se manifesta na estrutura positiva do espaço-tempo, tem natureza elétrica e massa positiva. Se desloca em uma velocidade inferior à velocidade da luz e dá origem à gravidade. Isso significa que ela pode ser vista. A energia sutil, no entanto, ocupa a próxima estrutura do espaço-tempo (ou outras estruturas do espaço--tempo), se manifesta na estrutura negativa do espaço-tempo e tem massa negativa. Tem natureza magnética e se desloca em uma velocidade superior à da luz. Dá origem àquilo que alguns chamam de força de levitação. Isso significa que ela não pode ser vista – mas seus efeitos aparentemente paranormais podem ser observados.*

Uma das razões pelas quais é tão difícil compreender ou explicar as energias sutis é que a ciência, na verdade, ainda não compreende plenamente a energia, nem mesmo no sentido clássico.

RUMO A UMA DEFINIÇÃO DE ENERGIA

Nos livros didáticos, a *energia* é geralmente definida como a fonte da força necessária para realizar um trabalho, alcançar um objetivo ou criar um efeito. Neste livro, fomos um pouco mais fundo e a explicamos como uma informação que vibra. Pesquisas científicas provaram que todas as coisas energéticas contêm informações: dados que dizem a um átomo se ele deve estar em um rim ou no espaço sideral.[2] A energia física é estruturada por ordens que instruem o café, por exemplo, a permanecer na xícara em vez de voar pelo cosmos.

Além de "ser informada", a energia também vibra. A ciência – do tipo clássico, dos livros didáticos oficiais – comprovou que tudo no universo vibra. Além disso, cada coisa vibra na própria velocidade exclusiva. Uma célula cerebral vibra de modo diferente de uma célula dos cabelos. Organismos de mentalidade semelhante vibram de maneira semelhante, mas cada unidade individual difere ligeiramente de seu grupo de irmãs.

A vibração é produzida na forma de *amplitude* e *frequência*: oscilações que geram mais energia. Essas oscilações levam informações que podem ser armazenadas ou aplicadas. As informações, como também as oscilações vibratórias, podem mudar de acordo com a natureza de determinada interação. Todas as formas de vida são feitas de informação e vibração.

A *energética* é o estudo dos componentes, princípios e aplicações da energia. Os cientistas vivem mudando de opinião sobre a energética, pois as leis que se aplicam macroscopicamente nem sempre funcionam no nível microscópico.

De acordo com a física clássica, por exemplo, a energia, que é dotada de massa (e, portanto, de peso), não pode se deslocar mais rápido que a velocidade da luz. Mas, como veremos na Parte III, os cientistas já produziram pulsos de luz *mais rápidos que a velocidade da luz*. Talvez não tenhamos violado as leis da física clássica, mas certamente as expandimos um pouco.

Na física clássica, uma partícula – um ponto de massa – só pode existir em determinado lugar e momento. Na física quântica, por outro lado, uma partícula subatômica *tem* de estar em dois lugares ao mesmo tempo.[3] E alguns desses lugares podem ser outros mundos. Essas regras, que se revelam pela física quântica, estão mais próximas daquelas que explicam a energia sutil. Implicam que, embora as energias sutis e suas estruturas não possam ser vistas, podemos demonstrar que elas existem.

A verdade é que sabemos que as energias sutis existem porque, como veremos ao longo de todo este livro, podemos perceber seus efeitos. Em termos históricos, as formas de energia que estão por trás da ciência e da medicina tradicionais são sutis. Não podíamos ver os micro-organismos antes da invenção do microscópio, mas mesmo assim eles já provocavam a morte de pessoas. O estudo das energias sutis sempre conduziu a descobertas práticas importantes. Esse mesmo movimento pode vir a realizar ainda outro objetivo: combinar as filosofias do Ocidente e do Oriente.

O CASAMENTO DO OCIDENTE E DO ORIENTE

Muitos livros sobre a anatomia energética enfatiza as diferenças entre a medicina ocidental e a medicina oriental. Há muitos termos que designam cada um desses protocolos. A medicina ocidental também é chamada de medicina *alopática* ou *tradicional*. Baseia-se em conceitos da ciência empírica, na avaliação dos sintomas para se chegar às causas subjacentes e no alívio dos sintomas mediante o uso de métodos testados e verificáveis, como remédios, cirurgia ou aparelhos.

A medicina oriental costuma ser chamada de medicina *alternativa*, *complementar* ou *natural*. Tem uma abordagem holística, que trata o corpo, a mente e a alma e se dirige não somente aos sintomas, mas também às causas subjacentes. Para esse fim, o tratamento pode se voltar para a cura física, mas tem também dimensões emocionais, mentais e espirituais. A *medicina energética*, um dos rótulos aplicados ao trabalho com o sistema de energia sutil, é muitas vezes inserida nessa categoria.

A *medicina integrativa* combina as modalidades ocidental e oriental. Um dos termos recém-cunhados para designar esse pensamento unificador é *medicina não local*. O que se afirma aí é que a base da realidade física não reside no universo físico, mas antes nos planos e nas energias sutis que estão em toda parte. Essa filosofia universaliza a medicina – e isso deve acontecer, pois a verdade é que todos os sistemas de medicina são energéticos em sua natureza.

Não há e *nunca houve* divisão entre o pensamento ocidental e o oriental. As culturas da Ásia e do hinduísmo (como dezenas de outras pelo mundo afora) já faziam cirurgias no cérebro há mais de quatro mil anos.[4] Uma versão rudimentar de cirurgia cerebral, chamada trepanação, existia já quase dez mil anos em áreas em que hoje é aplicada a medicina oriental.[5] Há quase três mil anos, os egípcios, os chineses e os povos centro-americanos usavam fungos para cumprir a função dos antibióticos de hoje.[6]

A medicina ocidental provém, na verdade, do animismo xamânico. Os xamãs são "sacerdotes-curadores". Embora empreguem protocolos hoje associados à medicina ocidental, como o uso de ervas e outras plantas, também usam guias espirituais e rituais para viajar pelo cosmos para fins de cura. As ideias integrativas do xamanismo respaldam a medicina moderna, a psicologia, a psiquiatria, as explorações da consciência e até mesmo algumas teorias da física quântica.

A medicina energética e os rigores da anatomia energética não "pertencem" nem ao Ocidente nem ao Oriente. Não podem. Uma vez que tudo é energia, todas as medicinas são energéticas. A única razão pela qual o trabalho com a energia costuma ser inserido na categoria "oriental" é que nunca chegamos a comparar corretamente as duas categorias.

Por exemplo: a anatomia ocidental se baseia em mapas que dizem que "o fígado está em tal lugar". Quando se corta o corpo, o fígado de fato está naquele lugar. O Oriente localiza o fígado por meio de mapas que situam a *energia* do fígado em certo dedo do pé. As duas coisas são verdadeiras: o fígado físico está por trás das costelas e suas energias sutis fluem para um dedo do pé.

Essas duas modalidades são, na verdade, uma só. Como escreve o autor e especialista em energia James Oschman, Ph.D.: "Qualquer intervenção em um sistema vivo envolve energia de uma forma ou de outra".[7] Na definição de Oschman, a medicina energética envolve, na verdade, o estudo e a aplicação das relações do corpo com os campos elétricos, magnéticos e eletromagnéticos, bem como com a luz, o som e outras formas de energia.[8] O corpo produz essas energias e também reage a elas em seus estados naturais e artificiais (gerados pelo ser humano). O termos *medicina energética, cura energética, cura dos biocampos, cura bioenergética, cura dos chakras, cura da aura, trabalho energético, cura baseada nos meridianos, anatomia energética, medicina vibracional, cura energética sutil* e dezenas de outros se referem apenas a práticas relacionadas a certo nível de energia vibracional ou baseado em certa frequência.

Como evidencia o Dr. Oschman, a medicina alopática ou tradicional *é* uma prática baseada na energia, ao contrário do que diz a opinião popular. A maioria das pessoas já se beneficiou (ou conhece alguém que já se beneficiou) dos raios X, da ressonância magnética, do eletrocardiograma e de outros aparelhos de exame. Todas essas práticas empregam energia e provocam mudanças energéticas no corpo.[9] As cirurgias podem ser entendidas como manobras energéticas em que o corte de tecidos perturba o campo vibracional do corpo. A instalação de um marca-passo proporciona novas informações para auxiliar o funcionamento do coração, garantindo que ele vibre corretamente em vez de "pular batimentos". Até os remédios produzidos em laboratório trabalham de forma energética, alterando as vibrações por meio de informações químicas que instruem o comportamento celular.

O mundo pode não estar preparado para vincular completamente todos os medicamentos sob a égide da "energia" – ainda. Mas neste livro tentaremos fazê-lo, concentrando-nos na área mais inexplorada da medicina energética, a das energias sutis.

ENERGIAS MENSURÁVEIS E SUTIS: MUNDOS CONHECIDOS, MUNDOS A SEREM EXPLORADOS

Reiteramos que há dois tipos básicos de energia: a física e a sutil. Os termos científicos que as designam são *verdadeira*, ou mensurável, e *putativa*, ou não mensurável. Muitas estruturas sutis são mensuráveis ou pelo menos observáveis, mas as pesquisas que demonstram esse fato não chegaram ainda aos jornais nem às faculdades de medicina.

Ao longo de todo este livro, você encontrará pesquisas que documentam a existência de várias estruturas de energias sutis. Algumas dessas pesquisas foram "perdidas" e agora estão sendo "reencontradas"; permaneceram enterradas nos anais do tempo ou por acidente ou pela falta de interesse do público. Com mais frequência, as autoridades que as consideravam contestadoras acabaram por suprimir os dados. Os principais indícios que apontam para as energias sutis são:

- Uso de vários aparelhos magnéticos, como o dispositivo supercondutor de interferência quântica (SQUID), para detectar energias eletromagnéticas além dos limites do corpo. (Esta pesquisa será discutida na Parte II.)
- Processo que grava uma intenção humana em um aparelho elétrico simples, mostrando os efeitos do pensamento sobre o mundo físico.[10]
- Vários experimentos que utilizam materiais inorgânicos, orgânicos e vivos, que revelam um nível secundário da realidade física afetado pelas intenções humanas.[11]
- Mensurações do sistema dos meridianos e do sistema dos chakras, de canais sutis representativos e de corpos de energia, revelando que operam em nível mais alto de eletromagnetismo que o restante do corpo.[12]
- Experimentos que demonstram que o biocampo humano opera em nível exclusivo da realidade física.[13]
- Descoberta dos campos L e dos campos T, ou campos elétricos da vida e do pensamento, que organizam as energias sutis. (A pesquisa será citada na Parte III.)
- Pesquisas de vários cientistas, entre eles o Dr. Björn Nordenström, que demonstram que onde há fluxo de íons há também campos eletromagnéticos em ângulo de 90 graus em relação ao fluxo. As pesquisas do Dr. Nordenström constataram a existência de um sistema elétrico secundário no corpo, o que explica a presença intracorporal dos canais meridianos e a natureza complexa do campo de energia humano. (Esta pesquisa será discutida na Parte IV.)

Por que somos incapazes de ver esses campos sutis? Os sentidos humanos funcionam em uma faixa estreita do espectro eletromagnético, a faixa das energias mensuráveis que produzem vários tipos de luz. Nossos olhos só são capazes de captar as radiações – termo que designa a energia perceptível emitida por substâncias físicas – na faixa de 380 a 780 nanômetros. Essa é a luz visível. A luz infravermelha, que não conseguimos ver, tem comprimento de onda de 1.000 nanômetros, e a ultravioleta opera em 200 nanômetros. Não conseguimos ver aquilo que fisicamente somos incapazes de ver – e que nunca aprendemos a ver. Se as energias sutis de fato existem em um *continuum* negativo do espaço-tempo, se deslocam em uma velocidade superior à da luz e não têm massa, podemos concluir que não dispomos, por ora, dos equipamentos necessários para medi-las. Isso não significa que o invisível não exista.

A ESTRUTURA DA ANATOMIA SUTIL

A anatomia energética sutil é mais que uma simples lenda transmitida por nossos ancestrais. É um sistema operante que vem sendo constantemente definido e redefinido por seus praticantes, que se contam aos milhões no mundo inteiro.

Há três estruturas básicas de anatomia energética. Todas elas atraem energias sutis de fontes externas e as distribuem pelo corpo. Transformam energias sutis em energias físicas e vice-versa, antes de enviar as energias sutis de volta para o mundo. Essas estruturas sutis também criam, fundamentam e sustentam as estruturas físicas. Nos dois mundos – o sutil e o físico – as três estruturas básicas são os *campos*, os *canais* e os *corpos*.

Barbara Ann Brennan, especialista no campo de energia humano, afirma que a estrutura de energia sutil estabelece uma matriz para o crescimento celular, e essa matriz está lá antes que as células cresçam.[14] O Dr. Kim Bonghan, médico e pesquisador norte-coreano, concluiu que uma das estruturas de energias sutis, o sistema dos meridianos, estabelece o contato entre o campo etérico (umas das camadas de energia sutil) e o corpo físico em desenvolvimento. (Seu trabalho será explorado na Parte IV).[15]

Outros pesquisadores concordam que as estruturas de energias sutis fazem a interface entre o corpo físico e as energias sutis e seus domínios. No entanto, há diversas diferenças entre as estruturas sutis e as biológicas. Como explicam o casal de agentes de cura Lawrence e Phoebe Bendit, não se pode afirmar que uma estrutura energética sutil, como o campo, esteja localizada em um único lugar – fora do corpo, por exemplo. Ao passo que os corpos físicos são restritos a um único lugar, o campo sutil penetra todas as partículas do corpo e vai além deste. É assim que serve de modelo e matriz para o crescimento do corpo físico.[16]

As leis de funcionamento das energias sutis são diferentes das leis das energias mensuráveis. As leis da energia sutil para as estruturas sutis são formuladas por meio de ideias da física quântica, do estudo das interações energéticas em nível microscópico. Essas teorias serão descritas ao longo de todo o livro. As energias sutis, que costumam violar todas as regras físicas, podem expandir – e às vezes ignorar por completo – o tempo e o espaço, mudar de forma à vontade e estar presentes em vários lugares ao mesmo tempo.

Outra característica exclusiva das energias sutis é que, dentro das estruturas sutis, elas não somente *influenciam* o mundo físico como também se *deixam influenciar* por ele. O sinal mais notável dessa adaptação é a existência do *princípio da polaridade*. As *polaridades* são opostos interdependentes. O plano físico é dual por natureza. Embora sejam por natureza "inteiras" ou unificadas, as energias sutis se dividem em polaridades contrastantes quando entram no mundo físico.

Os campos físicos, por exemplo, podem ser elétricos ou magnéticos. As cargas opostas causam a eletricidade e os ímãs têm dois polos. Os opostos criam a vida, como bem sabemos. As estruturas sutis, como os meridianos, se dispõem em polaridades explicadas por um conceito tradicional chinês chamado *teoria do yin-yang*. O *yin* representa as qualidades femininas, e o *yang*, as masculinas. Ambas precisam se equilibrar para criar a homeostase necessária à saúde. Os meridianos sutis, no entanto, também conduzem uma forma de energia chamada *chi*, considerada "celeste" ou unificada.

Os corpos de energia muitas vezes operam de acordo com o mesmo princípio dualista. O sistema hindu dos chakras (corpos de energia sutil) descreve um processo complexo chamado *kundalini*, em que a energia vital feminina se eleva para encontrar a energia masculina complementar. Com o encontro dessas energias, realizam-se a saúde e a sabedoria. No entanto, antes de entrar no corpo e no universo físico, a energia divina é unificada.

AS PRINCIPAIS ESTRUTURAS SUTIS

Neste livro, examinaremos as principais estruturas sutis. Os *campos de energia sutis* são faixas de energia que não ficam contidas na pele. Esses campos de energia sutis (assim como os físicos) emanam de todas as coisas vivas, entre as quais células, órgãos e corpos humanos, bem como animais e vegetais. Há também campos sutis na terra e campos físicos naturais na terra e no céu que afetam nossos campos sutis. Além disso, há campos produzidos artificialmente, como os emitidos por fios elétricos e telefones celulares, pelos quais nossos campos sutis são igualmente afetados.

Os principais campos sutis humanos são o *campo áurico*, que envolve o corpo humano e o liga com os chakras, que são corpos de energia; os *campos morfogenéticos*, que ligam os organismos que fazem parte de um grupo; a *vivaxis*, que liga o corpo humano à terra; e vários outros campos de energia que nos ligam a diferentes planos e dimensões, como os campos *etérico* e *astral*. Há também campos no corpo e campos produzidos pelo som, pelo magnetismo, pela radiação eletromagnética, pela geometria e por outros meios.

Além dos campos, os antigos perceberam *canais de energia sutil*, rios de luz que transportam a energia vital dentro do corpo e ao redor dele. No antigo sistema da medicina chinesa, esses canais são chamados *meridianos*, e a energia vital pulsante é chamada *chi*. Outras culturas além da chinesa reconheceram e dissecaram os canais de energia, desenvolvendo seus próprios glossários e sistemas. A ciência moderna está usando agora materiais térmicos, eletromagnéticos e radioativos para provar a existência desses canais sutis e explicar suas funções. Podemos não ver esses canais quando cortamos os tecidos corporais, mas eles garantem a saúde desses tecidos. Na Parte IV, examinaremos o sistema dos meridianos e as teorias que o fundamentam.

Nossos antepassados também observaram *corpos de energia sutil*, órgãos que convertem energia veloz em energia lenta. Há dezenas de corpos de energia desse tipo; os mais conhecidos são chamados *chakras*, que fazem a interface entre as estruturas de energias sutis e os órgãos físicos. Interconectados por meio de uma rede de canais de energia chamados *nadis*, os chakras aparecem em centenas de culturas pelo mundo afora. Os sistemas maia, cherokee e inca são semelhantes ao hindu, embora os hindus sejam geralmente reconhecidos como os criadores do sistema dos corpos de energia. Examinarmos vários sistemas de chakras, tradicionais e contemporâneos, de diversas culturas, além do antigo sistema da cabala judaica, que propõe um conjunto diferente de corpos de energia. Poremos em evidência a ciência chamada "chakralogia" e examinaremos as práticas ligadas aos diversos sistemas de corpos sutis, como a ascensão da kundalini. Travaremos contato, além disso, com vários sistemas de cura que dependem do trabalho com os corpos de energia.

POR QUE TRABALHAR COM AS ESTRUTURAS SUTIS?

As pesquisas citadas neste livro mostram que as energias e estruturas sutis criam a realidade física. Examinando os campos, os canais e os corpos da anatomia sutil, podemos, em tese, diagnosticar os problemas antes que ocorram – ou diagnosticá-los de modo preciso e holístico caso os sintomas já tenham se manifestado. O emprego de diagnósticos energéticos não deixa o praticante ou o clínico preso no mundo da energia sutil; a medicina moderna emprega protocolos energéticos tanto para o diagnóstico quanto para a cura. Não obstante, a detecção de um problema nos planos sutis também acarreta uma atividade holística de resolução de problemas. Se você for capaz de resolver um problema nas estruturas sutis, o sistema sutil poderá comunicar essa solução para todo o corpo – sutil e físico. Os seres humanos de todas as épocas sempre souberam disso; chegou a hora de tirarmos vantagem desse conhecimento.

INFORMAÇÕES BÁSICAS SOBRE A ENERGIA

Esta seção explica alguns dos conceitos básicos da energia no sistema clássico e no da física quântica e estabelece uma estrutura para as discussões que faremos ao longo de todo o livro.

OS FUNDAMENTOS: PARTÍCULAS E ONDAS

A *teoria das partículas* diz que toda matéria é feita de minúsculas partículas que estão sempre em movimento. Há partículas nos sólidos, nos líquidos e nos gases, e todas elas vibram continuamente em diversas direções, velocidades e intensidades.[17] As partículas só podem interagir com a matéria mediante a transferência de energia.

As *ondas* são as contrapartes das partículas. Podem ser vistas de três maneiras:

- Como perturbação em um meio, através da qual a energia se transfere de uma partícula para outra dentro do meio, sem operar uma mudança neste.
- Como imagem dessa perturbação no decorrer do tempo.
- Como único ciclo que representa essa perturbação.

As ondas têm influência construtiva sobre a matéria quando se sobrepõem ou interagem, criando outras ondas. Têm influência destrutiva quando ondas refletidas cancelam umas às outras.

Os cientistas costumavam acreditar que as partículas são uma coisa e as ondas, outra, mas isso nem sempre é verdade, como você verá ainda nesta seção, quando falarmos da definição da dualidade onda-partícula.

As ondas, ou partículas operando em modo ondulatório, *oscilam* ou vibram entre dois pontos, em um movimento rítmico. Essas oscilações criam campos, que por sua vez podem criar mais campos. Um exemplo: elétrons carregados oscilantes formam um *campo elétrico*, que gera um *campo magnético*, que por sua vez gera um *campo elétrico*.

A *sobreposição* de ondas permite que um campo crie efeitos em outros objetos e seja, por sua vez, também afetado por eles. Imagine que um campo estimule oscilações em um átomo. Esse átomo, por sua vez, criará suas próprias ondas e campos. Esse novo movimento pode causar uma mudança na onda que deu início ao processo. Esse princípio nos permite combinar ondas; o resultado é a sobreposição. Também podemos subtrair uma onda da outra. A cura energética muitas vezes envolve a adição ou subtração de ondas, feita quer conscientemente, quer inadvertidamente. Além disso, esse princípio ajuda a explicar a influência da música, que muitas vezes envolve a combinação de duas ou mais frequências para formar um acorde ou outra harmonia.

O conceito de *harmônico* é importante na cura, pois cada pessoa funciona em determinada harmonia ou conjunto de frequências. O harmônico é definido como um múltiplo inteiro de uma frequência fundamental. Isso significa que um tom fundamental gera tons de frequência mais elevada, chamados sobretons. Essas ondas mais curtas e mais rápidas oscilam entre as duas extremidades de uma corda ou de uma coluna de ar. À medida que essas ondas refletidas interagem, as frequências de comprimentos de onda que não se dividem em proporções inteiras são suprimidas e as vibrações resultantes são chamadas de harmônicos. A cura energética se resume, muitas vezes, a suprimir os "tons desarmônicos" e a intensificar os "tons harmônicos".

Porém, *toda* cura começa com uma oscilação, que é a base da frequência. A *frequência* é a velocidade periódica com que algo vibra. É medida em hertz (Hz), ou ciclos por segundo. A *vibração* ocorre quando algo oscila continuamente. De modo mais formal, é definida como uma oscilação periódica contínua em relação a um ponto fixo – ou uma única oscilação inteira.

Tudo no universo vibra, e todas as coisas que vibram transmitem ou afetam informações (sendo essa a definição de energia). Para ampliar nossa discussão das partículas e das ondas de modo a incluir nela a *saúde*, podemos definir a saúde como um estado específico do funcionamento de um organismo em determinado momento. A boa saúde ocorre quando um organismo e seus componentes (células e órgãos, por exemplo) vibram em funcionamento ideal; os problemas de saúde ocorrem quando esses componentes vibram de forma adversa, pondo em xeque o funcionamento. As vibrações ou energias externas também afetam todos os organismos, inclusive as pessoas. Quando somos expostos a vibrações ou energias nocivas, as vibrações e a energia interna de nosso corpo padecem e ficamos doentes.

A *medicina vibracional* é o uso intencional de uma frequência para afetar de modo positivo outra frequência ou para trazer um organismo de volta ao equilíbrio. É um dos elementos da *cura energética*, que também usa a informação, sozinha ou em conjunto com a vibração, para efetuar mudanças. A cura energética engloba todas as formas de medicina alopática – que só trabalham com estruturas de energias relativamente inferiores e mensuráveis – e também as modalidades que trabalham com as estruturas sutis.

Em termos da vibração, a saúde depende da *ressonância*, que ocorre quando um objeto vibra na mesma frequência natural que outro e leva esse outro a vibrar também. Toda a medicina

UM MODELO DA ENERGIA SUTIL

O DR. WILLIAM TILLER, professor da Universidade Stanford, é físico, pesquisador respeitado e especialista em energias sutis. O modelo de energia sutil aqui descrito e sua relação com as energias físicas se baseia em diversos artigos e livros escritos por ele.[18]

O Dr. Tiller diz que nem sempre somos capazes de medir as energias sutis por meios físicos, mas podemos detectar alguns de seus sinais. Isso ocorre porque, à medida que elas convertem um tipo de energia em outro, criam um sinal transdutor no vetor magnético. Também geram sinais elétricos e magnéticos que têm efeitos observáveis.

As pesquisas de Tiller o levaram a declarar o seguinte sobre as energias sutis:

- São manifestadas pelas pessoas, como revelam os experimentos que mostram que as energias sutis podem aumentar o número e o tamanho de elétrons.
- Uma pessoa pode direcionar o fluxo dessa energia pela intenção.
- A interação mente-elétron é eficaz mesmo a longa distância.

As energias sutis seguem um conjunto de leis diferente do das energias físicas e se irradiam com características únicas. Porém, não há apenas um tipo de energia sutil. Tiller postula várias substâncias sutis, cada uma das quais ocupando um domínio diferente do espaço-tempo.

Esses domínios são diferentes níveis da realidade. A energia sutil se desloca para baixo a partir do nível mais alto, que Tiller chama de "O Divino". Cada nível serve de modelo para o nível imediatamente inferior. À medida que a energia sutil penetra no domínio seguinte, ela se adapta – mas também instrui. As leis de cada um desses níveis são diferentes porque a energia se torna mais densa.

Os níveis de realidade sutil propostos por Tiller são (do mais denso para o menos denso):

- Físico
- Etérico (também chamado bioplásmico, pré-físico ou corpo de energia)

depende do estabelecimento de uma ressonância. O corte cirúrgico perturba a ressonância do corpo, mas depois os pontos mantêm os tecidos no lugar para que o corpo possa restabelecer a harmonia. Certas células "ressoam" com os distúrbios vibracionais – percebem esses distúrbios – e são capazes de reduzi-los. É o que fazem os leucócitos, os glóbulos brancos do sangue, os quais percebem os patógenos que perturbam a ressonância. Eliminando esses patógenos, os leucócitos permitem que o corpo recupere a harmonia.

Quando um organismo é saudável no conjunto, seus sistemas estão *consonados*, ou seja, seguem o mesmo ritmo. Os físicos definem a consonância ou sincronização de ressonâncias (*entrainment*) como a compatibilização energética de dois ritmos até que tenham frequências semelhantes; isto é, a consonância só pode ser alcançada por meio da ressonância entre dois objetos (ou pensamentos) que vibram de maneira semelhante. Com a consonância, uma vibração externa mais forte não somente ativa uma resposta como também, na verdade, tira outra coisa e sua frequência de ressonância. Isso se chama *ressonância forçada*. A palavra *coerência* designa, neste contexto, uma consonância positiva, e a *dissonância* ocorre quando perturbações vibratórias produzem problemas de saúde.[19]

- Astral
- Três níveis da mente:
    - Instintivo
    - Intelectual
    - Espiritual
- Espírito
- O Divino

O nível *etérico* fica logo acima do físico. Segundo Tiller, a energia sutil etérica penetra todos os níveis da existência material e, por meio do princípio da polaridade, forma átomos e moléculas que compõem a matéria. Nossa mente interage com a energia etérica (e as energias superiores) para criar padrões na dimensão física. Esses padrões atuam como campos de força que nos vinculam ao nível de energia adjacente.

A explicação que Tiller dá para a relação entre o nível físico e o etérico é semelhante à proposta pelos especialistas de que falamos em "A estrutura da anatomia sutil", na p. 34. Ele afirma que a esfera física ocupa uma estrutura espaço-temporal positiva, cuja natureza é predominantemente elétrica, na qual os opostos se atraem; com o tempo, o potencial diminui e a entropia (caos) aumenta. A esfera etérica, por outro lado, é um domínio negativo do espaço-tempo, cuja natureza é altamente magnética: os semelhantes se atraem. Nesse domínio, à medida que o tempo passa, o potencial aumenta e a entropia diminui; assim, uma ordem maior se estabelece.

Podemos afirmar que a comunicação no mundo físico se realiza pelos cinco sentidos; para chegarmos ao nível etérico (e aos que estão acima dele), temos de usar nossa intuição – o sexto sentido.

No modelo de Tiller, os meridianos e os chakras funcionam como antenas que recebem e emitem sinais do domínio físico para os domínios superiores. Essas estruturas sutis interagem com o corpo físico e com os domínios etéricos (e os outros), lançando luz sobre as ordens superiores de modo que sejamos capazes de percebê-las desde o plano físico.

FORMAS DE ENERGIA

Há muitas formas de energia. Vamos começar com a elétrica e a magnética.

Somos seres elétricos: nossos corpos geram eletricidade e dependem dela para sobreviver. A *eletricidade* é o fluxo de cargas elétricas. Para explicá-la, o melhor é ver o que há dentro de um átomo.

Tudo é feito de átomos, e estes são compostos de partículas subatômicas. As unidades atômicas visíveis, ou seja, as partículas dentro do núcleo ou ao redor dele, são os *prótons*, os *nêutrons* e os *elétrons*. Destes, os elétrons são os menorzinhos. Giram em camadas ao redor do núcleo do átomo; essas camadas parecem esferas, por isso se diz que os elétrons *orbitam* o núcleo ou o centro do átomo.

O que mantém os elétrons no lugar é a força elétrica. Eles podem passar de camada em camada. Quando o fazem, liberam energia radiante. O termo *valência* designa a força de um átomo ou grupo de átomos que seguem o movimento dos elétrons. Pode ser imaginado como uma série de órbitas pelas quais os elétrons viajam.

Os prótons e os elétrons atraem uns aos outros, de modo que ambos têm cargas elétricas. Uma *carga* é uma força dentro de uma partícula. Os prótons têm carga positiva, e os elétrons, carga negativa.

O conceito de carga é muito importante no ramo da energia. A carga elétrica opera de acordo com um princípio de atração e existe quando uma partícula é atraída por uma partícula de carga oposta. As partículas neutras não têm carga e, assim, não atraem outras partículas, pelo menos eletricamente. As cargas criam uniões temporárias, nas quais diferentes tipos de partículas ligam-se entre si.

No mundo físico, cargas semelhantes se repelem e cargas opostas se atraem. Nesse caso, por que partículas semelhantes ficam juntas dentro do núcleo? Uma partícula subatômica chamada *glúon* atua como cola e as une. No cosmos, a gravidade mantém as coisas juntas.

A ideia de que os opostos se atraem é semelhante à teoria do yin-yang da medicina tradicional chinesa, que parte do princípio de polaridade já explicado neste capítulo. A maioria dos modelos médicos e espirituais se baseia nessa busca de complementação.

Quando um átomo está em equilíbrio, tem número igual de partículas positivas e negativas. (Os nêutrons são neutros.) Quando o número é desigual, o átomo se torna instável.

Os elétrons geralmente ficam pertinho de casa, em suas camadas orbitais. As camadas mais próximas do núcleo têm menos elétrons que as mais distantes. Os elétrons nas camadas mais próximas têm maior força de atração em direção aos prótons. Já os mais distantes podem sair da órbita e viajar de átomo em átomo. Alguns deles podem, em termos relativos, estar a um campo de futebol de distância.

Embora seja normalmente produzida pelos elétrons, a eletricidade também pode ser gerada pelos *pósitrons* – *antipartículas* do elétron (definidas em "O mundo quântico", p. 43) – e pelos *íons*, átomos ou grupos de átomos que mudaram de carga elétrica por ter perdido ou ganhado um elétron. O corpo físico depende dos íons para transmitir mensagens entre seus diversos sistemas, entre eles o sistema nervoso e o cardiovascular. Geralmente feitos de elementos químicos como o potássio e o cálcio, os íons veiculam as informações contidas nas cargas elétricas.

A *ionização* envolve o movimento de elétrons de uma camada da eletrosfera para outra. Como já dissemos, os elétrons tendem a permanecer em seu estado básico, geralmente ocupando as camadas mais próximas ao núcleo. Quando perturbado, o elétron pode ser obrigado a ir para camadas mais distantes ou até a sair da molécula. A molécula original, neutra, se torna então um *íon positivo*. Caso um elétron livre se ligue a uma molécula neutra, ela se transforma em um *íon negativo*. Se ele se liga a um íon positivo, geralmente passa a ocupar alguma das camadas vazias e emite um *fóton*, unidade de luz da qual se fala em "Energia que funciona", na p. 42. A ionização desempenha um papel crucial na transferência de energia pelo corpo.

A eletricidade, repito, é produzida por elétrons carregados. Só vemos um de seus efeitos, porém, quando a energia potencial se transforma em energia cinética. A *energia potencial* é energia armazenada. Está pronta para ser usada, mas no momento está "dormindo". A *energia cinética* é energia em movimento. Os elétrons precisam fluir para gerar eletricidade, ou seja, uma energia cinética e utilizável. Os elétrons podem se deslocar de diferentes maneiras e em diferentes meios. Podem movimentar-se pelos circuitos de computadores, oscilar em antenas para transferir mensagens ou pulsar em fios para fazer funcionar um motor. E, quando encontram resistência, geram luz e calor.

Os elétrons se movem porque são obrigados a se mover por um campo elétrico. Um *campo* é uma força que se move através de um meio e que é capaz de transferir energia. Essa força exerce a mesma influência em todos os seus pontos. Um *campo elétrico* é criado por uma diferença de cargas elétricas. As partículas carregadas são empurradas pela força, pulando de átomo em átomo, às vezes a grandes distâncias.

A eletricidade também pode ser gerada por ímãs girando dentro de uma bobina, por ímãs combinados com fios, por baterias e por circuitos abertos. É medida em watts ou quilowatts-hora (kWh). (Ver em "Energia que funciona", no quadro da p. 42, mais discussões sobre outros tipos de energia.) Também é produzida por fontes secundárias como o carvão, o gás natural e as energias solar e térmica.

O fluxo de eletricidade produz um *campo magnético* causado pelo giro dos elétrons ao redor do núcleo de um átomo. Na verdade, qualquer corrente que passe por um condutor gera um campo magnético no espaço ao redor.

Esse fato é importante na medicina energética. Os elétrons que passam por um fio ou por tecidos vivos criam campos magnéticos no espaço ao redor do fio ou do corpo. O coração, os músculos, os órgãos, os nervos, as células, as moléculas e outros elementos do ser humano criam cada qual o próprio *campo biomagnético*, o que leva esse nome por ter base biológica. Os *campos bioelétricos* também são gerados por entidades biológicas.

A medicina moderna depende cada vez mais de aparelhos que medem não os campos bioelétricos, mas os campos biomagnéticos, pois é difícil detectar os campos bioelétricos por trás da pele – mesmo no caso do eletrocardiograma, que é bem conhecido. Mas os tecidos não bloqueiam os campos biomagnéticos, e é por isso que muitos métodos modernos e magnéticos de diagnóstico,

ENERGIA QUE FUNCIONA

HÁ MUITOS TIPOS de energia utilizados em nossa vida cotidiana. Esta é uma lista de alguns que a ciência reconhece em toda parte. Só damos aqui as descrições daqueles que não estão descritos em outras partes do livro.

Eletricidade. (ver p. 40)
Magnetismo. (ver p. 41 a 43)
Eletromagnetismo. (ver p. 41 a 43)

Energia mecânica: Chamada *energia de trabalho*, pois o movimento ocorre mediante uma força que age sobre uma massa, tal como um gás que se expande e lança uma bala de canhão. O *som* é uma forma de energia mecânica.

Energia química: Usa a energia armazenada nas ligações moleculares, as forças que mantêm a integridade das moléculas. A fotossíntese é um exemplo.

Energia térmica: O elemento de um sistema que aumenta com a temperatura. Na termodinâmica, a energia térmica é a energia interna de um sistema e pode também ser chamada de calor. O *calor* é definido como um fluxo de energia de um objeto a outro causado por uma diferença de temperatura entre os dois objetos.

As *quatro forças fundamentais* do universo são o *eletromagnetismo*, a *interação nuclear forte* (que mantém juntos os elementos do núcleo atômico), a *interação nuclear fraca* (que causa certos tipos de radioatividade) e a *gravidade* (atração entre dois objetos). As principais diferenças entre as três primeiras são: as interações eletromagnéticas se dão entre partículas carregadas; a interação forte age sobre os quarks e glúons subatômicos, juntando-os para formar prótons, nêutrons e outros; e a interação fraca age sobre os quarks e os léptons subatômicos para transmutar os quarks, permitindo que um nêutron se torne um próton e emita um elétron e um neutrino. Outra interação, chamada interação de Higgs, envolve o *campo de Higgs*, que permeia o espaço como um fluido. Esse processo também proporciona massa para os quarks e os léptons.[20] (Procure no Índice Remissivo as diversas partículas.)

A **luz** é feita de perturbações oscilantes – uma *onda eletromagnética* – no campo eletromagnético. Cria o *espectro eletromagnético*, um *continuum* de diferentes tipos de luz que oscilam em diferentes velocidades e serão descritas na Parte III.

Os *fótons* são as unidades básicas de luz e também as partículas fundamentais responsáveis pelo espectro eletromagnético. O fóton porta todas as radiações eletromagnéticas em todos os comprimentos de onda. Ao contrário de muitas outras partículas elementares, não tem massa, peso nem carga elétrica; não sofre decaimento no espaço vazio e viaja no vácuo à velocidade da luz. Como todos os *quanta*, é ao mesmo tempo onda e partícula. Os fótons são criados quando uma carga é acelerada e uma molécula, um átomo ou um núcleo descem a um nível inferior de energia (ou seja, quando o elétron se desloca de uma camada da eletrosfera para outra), ou ainda quando uma partícula e sua antipartícula se aniquilam.

como o magnetocardiograma, o magnetoencefalograma e o magnetomiograma, são usados para avaliar os processos internos do corpo. Ao passo que a ciência usa a eletricidade há muito tempo para curar o corpo, está se voltando agora para o magnetismo. A *magnetobiologia* é a exploração de vários modos pelos quais o magnetismo pode ser usado em prol da cura.

É claro que nem todos os objetos são magnéticos. Os átomos de muitos objetos se arranjam de modo que os elétrons giram em direções diferentes ou aleatórias, em movimentos que neutralizam uns aos outros. Os ímãs funcionam de outra maneira, pois têm dois polos: o norte e o sul. Esses polos fazem com que os elétrons girem todos na mesma direção, criando uma corrente e, assim, um campo magnético. A força magnética flui do polo norte para o polo sul. Os polos norte e sul de dois ímãs diferentes se atraem; mais uma vez, os opostos se atraem.

A eletricidade produz magnetismo, mas o magnetismo também pode produzir eletricidade: campos magnéticos em movimento estimulam os elétrons, que então formam a eletricidade.

A eletricidade e o magnetismo juntos formam o *campo eletromagnético*, definido como um campo que exerce sua força sobre partículas dotadas de cargas elétricas. Esse campo também é afetado por essas partículas estimuladas, e é isso que é o fundamento da luz.

O MUNDO QUÂNTICO

Um *quantum* é a menor unidade que mede alguma coisa física. As *partículas subatômicas* são aquelas que compõem o átomo. A *mecânica quântica* é o estudo e a aplicação do conhecimento dessas pequenas partículas, ao passo que a *teoria quântica* procura compreender como elas funcionam. Os quanta pertencem ao mundo da *física quântica*, disciplina que ao mesmo tempo se liga à física clássica newtoniana e dela se distingue.

A mecânica quântica nasceu quando os físicos descobriram que não somente a luz, mas também a matéria, tem propriedades ondulatórias. Os estranhos atos dos quanta davam a entender que as leis naturais fundamentais da física clássica não eram, na verdade, absolutamente certas: apenas expunham algumas probabilidades. A física quântica procura explicar por que os quanta não ficam imóveis no tempo e nem sempre se localizam em um único espaço. Um único elétron ou próton, por exemplo, pode estar aqui e em outro lugar ao mesmo tempo, e pode até se deslocar em dois sentidos diferentes simultaneamente.

Faremos agora mais explorações das bases da física quântica.

Mais dados sobre os quanta

Atualmente, a ciência postula 24 partículas subatômicas, entre elas o elétron, o fóton e meia dúzia de quarks. Os *quarks* têm carga elétrica equivalente a um terço ou dois terços da carga do elétron. Os *léptons* são partículas fundamentais que ou têm carga neutra ou têm meia unidade de carga negativa. Estão envolvidos nas interações fracas. Os quarks e léptons compõem e afetam muitas outras partículas. *Táquion* é o nome que se dá a uma partícula subatômica que se crê deslocar-se a uma velocidade superior à da luz. As *partículas de força* são as que produzem forças.

Dualidade onda-partícula

Muitas partículas subatômicas funcionam como ondas e como partículas. Comportam-se como partículas quando estão sendo criadas e aniquiladas e entre esses dois momentos comportam-se como ondas.

Antipartículas

Antipartículas são unidades específicas de *antimatéria*. Paul Dirac, físico inglês, criou esse conceito em 1928 enquanto procurava fundir a relatividade com a mecânica quântica. Teorizou que toda partícula tem uma contraparte com a mesma massa e o mesmo *spin*, mas carga elétrica oposta. Quando um elétron encontra sua contraparte, o pósitron, ambos desaparecem e deixam no lugar um par de fótons. A antimatéria também é considerada uma fonte de energia.

Antiuniversos

São as realidades paralelas que se formam quando determinado caminho *não* é escolhido. As teorias dos "múltiplos universos" e dos "universos paralelos" nasceram dessa questão: onde estão todas as antipartículas? Outra questão correlata: onde estão as opções "não observadas" ou não manifestadas na realidade física? Sabemos que as antipartículas existem, pois Carl Anderson, do

AS TRÊS LEIS DA TERMODINÂMICA PELA PERSPECTIVA DA TEORIA QUÂNTICA

A FÍSICA CLÁSSICA SE BASEIA nas três leis da termodinâmica. São leis energéticas que nos dizem como a energia funciona e, portanto, o que podemos ou não fazer com ela. Por mais práticas que sejam para o profissional da medicina ocidental, os acontecimentos quânticos as levam um passo além.

As três leis são:

Primeira lei: A energia se *conserva*; assim, não pode ser criada nem destruída, apenas transformada.

Segunda lei: A entropia (medida de informação) tende a aumentar. Isso significa que, quanto maior o tempo de existência de um sistema, maior a desordem ou a informação indisponível nele contida.

Terceira lei: À medida que a temperatura se aproxima do zero absoluto, a entropia ou o caos se tornam mais constantes.

Essas leis regem o macrocosmo, mas nem sempre são verdadeiras no microuniverso dos quanta. De acordo com a segunda lei, por exemplo, a disponibilidade de energia (informação que vibra) vai diminuindo aos poucos até chegar ao zero absoluto. A ciência ainda não é capaz de produzir o zero absoluto, mas já chegou bem perto. Nesse ponto, supõe-se que a energia se imobilize. De acordo com a primeira lei, no entanto, a energia não pode ser destruída, o que significa que a informação indisponível tem de ir para *algum lugar*.

Os átomos e a massa só podem armazenar uma quantidade limitada de informações, de modo que esses dados faltantes não estão escondidos por aí em alguma xícara de café. É possível, no entanto, que estejam guardados em antimundos ou mundos paralelos, ou talvez nos domínios da energia sutil explorados pelo Dr. Tiller, de que falamos no quadro "Um modelo da energia sutil", na p. 38.

O físico Seth Lloyd, do Instituto de Tecnologia de Massachusetts, defende a existência de portais para outros mundos em seu livro *Programming the Universe*. A mecânica quântica provou que um elétron não só pode estar em dois lugares ao mesmo tempo como *têm* de estar em dois lugares ao mesmo tempo. Certas partículas não só podem girar em duas direções ao mesmo tempo como *têm* de fazê-lo.[21] Em velocidades altíssimas, os átomos precisam de mais informação para descrever seus movimentos e, por isso, têm mais entropia.[22]

No entanto, o observador afeta o que quer que esteja observando. Como é explicado no livro *The Orb Project*, o efeito do observador sobre o campo quântico faz com que a realidade se reorganize de acordo com a

Instituto de Tecnologia da Califórnia, descobriu em 1932 um rastro de pósitrons – as antipartículas do elétron – em uma câmara de nuvem exposta a raios cósmicos.[25]

Spin

Spin é a rotação de uma partícula ao redor de seu eixo. Todas as partículas giram e podem até girar em torno de dois eixos ao mesmo tempo. Porém, de acordo com uma teoria chamada *Princípio da Incerteza de Heisenberg*, não se pode ter certeza acerca do valor exato do *spin* ao redor desses dois eixos. Os *spins* ao redor do eixo vertical e do eixo horizontal são complementares – todavia, quando conhecemos um, não podemos conhecer o outro. Do mesmo modo, quando observação. Isso significa que uma realidade recém-observada desce para os níveis de frequência inferiores ao nível quântico, adensando-se na realidade material.[23] A informação não observada se "perde" quando não se torna "real" nem é desejável para o observador. Ela não é eliminada; pelo contrário, o potencial não selecionado cai em um bolsão de "outro lugar".

É concebível que seja possível recuperá-lo. Como explica Lloyd, podemos acessar os dados perdidos "jogando para cima um *bit* quântico", expressão que significa que podemos aplicar um campo magnético para obrigar a energia a mudar de estado.[24] Já deixamos claro que a camada sutil é superior à física e que a camada etérica das energias sutis tem natureza magnética. Será que a informação que não podemos encontrar – os dados, talvez, que poderiam devolver a saúde a uma pessoa doente – está à nossa espera em um plano superior?

Temos ainda outra lei a enfrentar: a terceira lei da termodinâmica. Os experimentos com o zero absoluto abrem novas perspectivas que conduzem a um entendimento da energia sutil, denominado energia de ponto zero. O zero absoluto é aquele ponto em que as partículas têm o mínimo possível de energia. Vários pesquisadores, entre eles o Dr. Hal Puthoff, identificaram essa energia de ponto zero com o campo de ponto zero, uma malha de luz que abarca toda a realidade. (Esse campo será explicado de forma mais detalhada na Parte III.) Esse campo de luz é um estado de vácuo, mas não é vazio; antes, é um mar de energia eletromagnética e, talvez, de partículas virtuais – ideias que podem se tornar realidade.

Em tese, a energia atingiria a imobilidade absoluta no zero absoluto, deixando a informação permanentemente aprisionada. As pesquisas feitas com a energia de ponto zero, no entanto, revelam que, quando nos aproximamos desse ponto, o movimento atômico para, mas a energia continua. Isso significa que a "informação perdida" não é perdida de fato. Mesmo quando congela continua "vibrando" ao fundo. As questões pertinentes são: Como podemos "ler" essa informação de fundo? Como a aplicamos? São questionamentos semelhantes aos que podem ser feitos sobre a informação "oculta". Como acessar dados suprimidos, mas desejáveis? As respostas estão no aprendizado sobre as estruturas sutis, pois estas se situam na fronteira entre o mundo concreto e os planos superiores. Dentro das estruturas sutis, é possível transformar uma realidade negativa em positiva sem perder nenhuma energia nesse processo.

temos certeza acerca do *spin* de uma partícula, não poderemos medir com certeza alguma outra de suas qualidades físicas, como a velocidade. O ato de medir perturba o que está sendo medido.[26]

Emaranhamento quântico

Por meio do emaranhamento quântico, dois ou mais objetos podem interagir e afetar-se mutuamente mesmo quando estão separados, talvez por milhares de quilômetros (ou dimensões). Este fenômeno é chamado *emaranhamento quântico* e se aplica a objetos ou partículas que já estiveram ligados entre si.

....

Como se deixou claro, os fundamentos do mundo energético podem ser explicados tanto pela via clássica quanto pela via quântica. Quando essas duas vias se somam, o que se obtém é uma camada da realidade que liga a ambas e as explica: o domínio da energia sutil.

2

SER UM AGENTE DE CURA ENERGÉTICA

O que é um agente de cura? Todos os agentes de cura trabalham com energia, mas será que todas as pessoas que trabalham com energia são agentes de cura? Será que é preciso realmente "curar pessoas" para ser considerado um agente de cura? A resposta é sim – desde que a cura inclua uma mudança positiva e não seja somente o fim de uma doença.

É preciso distinguir remoção dos sintomas da cura verdadeira. *Curar* significa eliminar os sintomas. A *cura* verdadeira consiste em assegurar um estado de integridade. A pessoa pode ser íntegra apesar de não ter uma perna, de estar com gripe ou condenada à morte. O agente de cura é, em essência, alguém que ajuda outra pessoa a realizar sua integridade intrínseca, independentemente das aparências ou do resultado do tratamento.

Para ser um agente de cura é preciso seguir um código de honra que promova sentimentos, ações, pensamentos e crenças saudáveis no paciente – sem comprometer essas mesmas coisas no próprio agente. Para ser um agente de cura, é preciso sempre ser sábio e agir com sabedoria. Para ser um *agente de cura energética*, porém, quer alopático, complementar, oriental, ocidental, espiritual ou de qualquer outro tipo, é preciso entender a energia e seus efeitos. Para ser um *agente de cura energética sutil* é preciso compreender questões ainda mais exclusivas.

Neste capítulo, delinearemos as crenças e a ética básicas que se exigem de qualquer agente de cura energética (pois é isso que todos os agentes de cura são em essência). Essa caixa de ferramentas pode ser levada para qualquer lugar, como a maletinha preta usada pelos médicos que atendem os pacientes em casa. Examinaremos também algumas questões especiais enfrentadas pelo agente de cura energética, como o uso apropriado da intuição e do *insight*. Proporcionaremos parâmetros que o especialista sutil possa aplicar à sua própria prática.

REQUISITOS PARA O TRABALHO COM ENERGIA

O profissional da energia deve decidir com que técnicas, crenças e ética vai trabalhar, selecionando com diligência a formação, os comportamentos e os limites que melhor atendam a ele próprio e aos pacientes – mesmo que estes sejam seus filhos ou amigos. As diretrizes mais universais podem ser emprestadas do juramento hipocrático que muitos médicos fazem ao se formar na faculdade de medicina.

A versão resumida do juramento é *ajudar e não prejudicar* – mas há muitos tons de cinza entre esses dois extremos preto e branco. Vamos considerar uma versão atualizada desse juramento aplicada aos profissionais da energia.

Esta versão do juramento é baseada na versão clássica – aquela recitada como juramento aos deuses há milhares de anos. (As palavras do juramento estão em itálico, e os comentários, em redondo).[27]

- *Beneficiar os doentes conforme sua capacidade.* Somente tratar as pessoas que você tenha qualificação para tratar.
- *Preservá-los do mal e da injustiça e comunicar-lhes caso pense que estão prejudicando a si mesmos ou a outra pessoa.* Casos graves devem ser comunicados às autoridades quando necessário e o agente de cura não deve ir além dos próprios limites. Se você trabalha com a cura pelas mãos, não tem formação suficiente para determinar se um doente de câncer pode ou não se beneficiar de uma quimioterapia.
- *Ter por quem me ensinou o mesmo respeito que tenho pelos meus pais.* Respeite seus mestres e busque professores, escolas e programas respeitáveis.
- *Não fornecer um medicamento letal a quem o peça, nem sugerir tal coisa.* Toda energia é medicina – até a energia sutil. Quer venha na forma de ervas, sons, luz, palavras ou remédios comprados na farmácia, a medicina tem seus efeitos e não deve ser usada sem que se tenha total conhecimento desses efeitos.
- *Guardarei minha vida e minha arte na pureza e na santidade.* Isso significa que *você* importa. Sua vida e sua moral são importantes e não devem ser sacrificadas pelo seu trabalho.
- *Quaisquer que sejam as casas que eu venha a visitar, as visitarei somente para beneficiar os doentes e não cometerei intencionalmente injustiça alguma nem mal algum, preservando-me, em particular, de manter relações sexuais com quaisquer pessoas, homens ou mulheres, livres ou escravos.* Não se envolva pessoalmente com os clientes. A maioria dos profissionais licenciados de medicina não podem namorar nem sequer encontrar propositalmente seus pacientes fora do trabalho, a menos que já tenham se passado dois anos desde o fim do tratamento.
- *Tudo o que eu vir ou ouvir no decurso do tratamento ou mesmo fora do tratamento e que diga respeito à vida das pessoas, guardarei para mim, preservando-me de falar sobre quaisquer coisas vergonhosas.* Os clientes merecem privacidade.

Uma versão contemporânea do juramento também recomenda que se evite fazer aquilo que outros especialistas poderiam fazer melhor. O bom profissional encaminha os clientes para quem pode de fato ajudá-los.

SER UM TÉCNICO DA ENERGIA SUTIL: TREINAMENTO ESPECIALIZADO

Para trabalhar com energia sutil é preciso aprender técnicas que podem incluir aquelas contidas nos limites da medicina alopática, mas também podem ir além delas. O profissional da energia sutil precisa dominar três áreas técnicas para se tornar um técnico bem formado.

- *Especializar-se em pelo menos uma prática energética sutil.* Há grandes quiropatas que também fizeram algumas horas de treinamento em acupuntura. Isso não os torna especialistas em acupuntura nem profissionais da energia extraordinários. O profissional qualificado em energias sutis deve atender aos seguintes critérios:
    - Terer conhecimento das energias sutis e da anatomia energética envolvida em sua área de especialização.
    - Compreender a relação entre as estruturas sutis envolvidas e o corpo físico.
    - Aceitar e ter compreensão operante da relação entre sua área de especialização energética e os outros componentes do ser humano: mentais, emocionais e espirituais.
    - Se for o caso, acalentar e desenvolver o aspecto intuitivo da arte da energia.
    - Caso usem suas faculdades intuitivas, apoiar-se também no intelecto e no senso comum. Muitos médicos ocidentais seguem seus "palpites" para fazer diagnósticos. Isso é ótimo – mas, depois de ter o palpite, empregam exames e procedimentos aprovados pela ciência. Até os praticantes intuitivos devem fazer isso. Pense no que você pode fazer para corroborar sua intuição por meios racionais.
- *Se for um agente de cura integrativo, deve especializar-se em pelo menos mais uma área profissional.* A medicina integrativa está tomando conta dos Estados Unidos e a mesma tendência se vê em outros países do mundo. Na verdade, alguns países jamais ocidentalizaram por completo sua prática de medicina. Assim, sua medicina tradicional *é* a chamada medicina complementar ou integrativa. No Ocidente, um praticante integrativo ocidental deve ter formação acadêmica e autorização legal para o exercício da medicina, além de ser especialista em uma disciplina de energia sutil. Nos Estados Unidos, são as legislações estaduais que determinam quais diplomas e autorizações são aceitos.
- *Formação continuada.* A medicina energética sutil é um dos campos que mais rápido crescem no mundo. Está ganhando reconhecimento e validação, ao mesmo tempo que a quantidade de informações disponíveis também se expande. Mantenha-se informado, leia e faça cursos.

O PODER DA CRENÇA

A eficácia do profissional que trabalha com energia depende de suas crenças (quer sua prática seja sutil, quer não). O profissional deve se fazer as seguintes perguntas: Você acredita na eficácia de sua disciplina energética? Acredita em si mesmo? Acredita na capacidade do seu cliente de se curar ou crescer? As respostas a essas perguntas, e a outras relacionadas com as crenças, impactam o sucesso profissional e salvaguardam o bem-estar pessoal.

Seu campo de energia interage com o dos pacientes. O modo como você se sente consigo mesmo – as coisas que preza no seu coração – se transfere para o coração do cliente e, a partir daí, para o corpo dele. (Abaixo daremos mais informações sobre a cura centrada no coração.) Nas palavras do Dr. Herbert Benson, praticante da cura mente-corpo de Harvard: "Nosso cérebro é estruturado em torno de crenças e expectativas. Quando elas se ativam, nosso corpo pode reagir como se a crença fosse uma realidade, produzindo surdez ou sede, saúde ou doença".[30]

Sabemos que as crenças podem se tornar realidade em razão de dois fenômenos bastante estudados (mas não muito bem compreendidos) chamados *efeito placebo* e *efeito nocebo*. O efeito placebo ocorre com a administração de um tratamento ou medicamento falsos. Os pacientes não sabem que estão recebendo algo inócuo do ponto de vista médico. Pelo contrário, é dito a eles que aquilo "vai funcionar".

Desde 1955, pesquisadores vêm estudando o efeito aparentemente mágico dos placebos. Às vezes eles próprios se impressionam, pois os estudos revelam não só que os placebos funcionam como também que, às vezes, podem funcionar tão bem quanto (ou melhor que) os medicamentos

A INTUIÇÃO E O ESPECIALISTA EM ENERGIA

PESQUISAS RESPALDAM o uso da intuição, pelo menos em certa medida, no quadro do trabalho com energias sutis – ou mesmo com qualquer tipo de energia. O Dr. Norman Shealy, por exemplo, publicou um estudo onde referenciava o trabalho de oito paranormais fazendo o diagnóstico de 17 pacientes. Os diagnósticos de personalidade tiveram precisão de 98%, e os de doenças físicas, de 80%.[28]

Pesquisas feitas pelo HeartMath Research Center no HeartMath Institute, na Califórnia, corroboram a existência e a precisão da intuição. A maioria dos estudos em questão mostra que o coração é o centro da intuição e reage até mesmo a informações sobre o futuro. Por exemplo: o coração desacelera quando recebe estímulos futuristas e calmantes, ao passo que se acelera com estímulos emocionais que o agitam.[29]

Há um incontável número de questões envolvidas no uso da intuição para o trabalho energético, inclusive questões sobre os limites que o praticante deve observar; a importância ou aplicabilidade das informações obtidas; a precisão da interpretação; a natureza imprevisível e mutável do futuro; os efeitos da informação sobre a pessoa que a recebe (por exemplo, para "provar" ou "refutar" os dados); e, acima de tudo isso, a capacidade intuitiva do profissional da energia.

Independentemente da natureza inexata da intuição, o profissional não deve ter vergonha de exercê-la em seu ofício. O trabalho energético é uma arte que tradicionalmente envolve a intuição.

ou tratamentos "de verdade". Em estudos recentes, por exemplo, muitos placebos tiveram efeitos idênticos aos de medicamentos infantis contra a tosse.[31]

Há estudos que mostram, além disso, que o efeito placebo não funciona apenas com medicamentos. Funciona também com equipamentos e técnicas físicas, como massagem, naturopatia, quiropraxia, hidroterapia, uso de luz e calor, entre outras.[32] Aplica-se ainda aos agentes de cura e aos efeitos destes sobre os pacientes. Como declara Michael Jospe, professor na Escola de Psicologia Profissional da Califórnia: "O efeito placebo faz parte do potencial humano de reagir positivamente a um agente de cura".[33] A atitude do agente de cura ajuda a criar um resultado no paciente.

Aquilo que cura também pode prejudicar. Considere o inverso do efeito placebo: o efeito nocebo, que pode ser formulado da seguinte maneira: se você acredita que algo ruim vai acontecer, é muito provável que aconteça mesmo. Pesquisadores descobriram que mulheres que acreditavam serem suscetíveis a doenças cardíacas tinham probabilidade de desenvolver cardiopatias quatro vezes maior que a de mulheres que apresentavam os mesmos fatores de risco, mas não tinham a atitude negativa.[34] Um estudo demonstrou que quase 100% das pessoas submetidas a cirurgias e que queriam morrer (em geral para reencontrar um ente querido) de fato morriam.[35]

Os efeitos placebo e nocebo se reduzem à *empatia*: a partilha de energia por meios energéticos. A todo momento as pessoas têm empatia umas pelas outras, algumas mais que outras, como revela um estudo de Levenson e Gottman, da Universidade da Califórnia em Berkeley. Os pesquisadores examinaram as reações fisiológicas em casais unidos em matrimônio quando se relacionavam com empatia e descobriram que as frequências cardíacas daqueles que mais tinham empatia igualavam-se. Quando a frequência cardíaca de um dos parceiros aumentava, a do outro aumentava também, e vice-versa.[36] Esse estudo, assim como outros, dá a entender que um agente de cura energética *ético* e *eficaz* é um agente de cura centrado no coração.

O AGENTE DE CURA CENTRADO NO CORAÇÃO

Sabemos, intuitivamente, que o coração é o centro do amor e da empatia, e alguns estudos vêm demonstrando isso de maneira científica. Na verdade, a empatia se manifesta no campo eletromagnético (CEM), o qual é gerado pelo coração em quantidade maior que qualquer outra parte do corpo. O CEM do coração emite 50 mil femtoteslas (medida de CEM) em comparação com os 10 gerados pelo cérebro.[37] Outras pesquisas mostram que, quando separado do campo magnético, o campo elétrico do coração tem amplitude 60 vezes maior que a do campo do cérebro.[38] Por meio desse campo, o sistema nervoso da pessoa se sintoniza com os campos magnéticos produzidos pelo coração de outras pessoas e reage a eles.[39] O campo do coração, portanto, é um dos meios pelos quais os agentes de cura afetam os pacientes.

Isso leva à questão: O que você quer partilhar? Para gerar resultados positivos para um paciente, o praticante precisa ter sentimentos positivos no próprio coração. A boa vontade não só faz bem ao cliente como também faz bem ao praticante como pessoa.

Um conjunto de estudos do pesquisador Dr. Rollin McCraty, do HeartMath Institute, descritos em seu livro *The Energetic Heart*, ajuda a explicar a importância da energia positiva.[40]

Há décadas que os cientistas sabem que as informações são codificadas no sistema nervoso nos intervalos de tempo entre as atividades ou no próprio padrão da atividade elétrica. Estudos recentes também revelam que as informações são capturadas nos pulsos de hormônios. Além disso, há um pulso de hormônio que coincide com os batimentos cardíacos, o que significa que as informações são igualmente partilhadas nos intervalos entre as batidas e as ondas eletromagnéticas produzidas pelo coração.

Emoções negativas, como a raiva, a frustração e a ansiedade, perturbam o ritmo cardíaco. Emoções positivas, como a apreciação, o amor ou a compaixão, produzem padrões coerentes ou funcionais. Os sentimentos, distribuídos por todo o corpo, produzem mudanças químicas no sistema como um todo. Você quer ser uma pessoa saudável? Seja sinceramente positivo o máximo que puder. Assim, pode "aumentar a probabilidade de manter a coerência e reduzir o estresse, mesmo em situações difíceis".[41]

Aquilo em que você acredita, como praticante, será partilhado – em toda parte e com todas as pessoas que encontrar.

O AGENTE DE CURA INTUITIVO

Há muitas formas de capacidades paranormais usadas na cura energética sutil. Toda pessoa nasce com diversas capacidades "paranormais", como revelam vários estudos.[42] Esses dons podem ser desenvolvidos e usados para fazerem-se avaliações intuitivas de problemas físicos e psicológicos. Até hoje, mais de 150 estudos controlados foram publicados, e mais da metade revelou uma aplicação eficaz da intuição.[43] A aplicação intuitiva da energia é uma das formas mais importantes de promover a cura energética.

Como em outras áreas da vida, você não será bom em todas as formas de intuição nem capaz de usar seus dons para todas as finalidades sem exceção. Os praticantes geralmente têm pontos fortes e pontos fracos em algumas áreas. Um estudo, por exemplo, descreveu uma pessoa que fazia diagnósticos intuitivos e era capaz de determinar problemas nos órgãos com precisão incrível, mas não era capaz de identificar transtornos da fertilidade.[44] Uma das chaves do uso da intuição é saber quais são as formas em que você é mais hábil. A seguir apresentamos uma lista não exaustiva dos tipos de dons intuitivos que com mais frequência estão envolvidos no trabalho com a energia. Embora alguns pareçam exagerados, há muitos estudos descrevendo todas essas experiências.

Adivinhação: Obter informações paranormais mediante consulta a espíritos ou a visão do futuro.

Cinesiologia: Percepção de mudanças musculares e consequente leitura das mensagens do corpo.

Cirurgia espiritual: Penetração do corpo por meios paranormais. Pode resultar na remoção de tecidos moles, ossos ou outros materiais.

Clariaudiência (também chamada *canalização* e *transmediunidade*): Obter informações do mundo espiritual mediante, muitas vezes, a incorporação de uma entidade no próprio corpo.

Clarisensciência: Conhecimento do mundo externo sem a intermediação de uma fonte de informação conhecida.

Cura a distância: Capacidade de fazer diagnósticos, perceber a situação ou a necessidade de outra pessoa ou enviar energia de cura a distância.

Cura pelas mãos: Uso das mãos para diagnóstico, interpretação ou transferência de energia, para pacientes ou grupos presentes ou distantes.

Empatia: Sentir as emoções, as necessidades ou as condições físicas de outras pessoas. Inclui a *empatia corporal*, capacidade de detectar no próprio corpo os cheiros, os sentimentos, sensações, as reações corporais e outros estados sentidos por outras pessoas.

Precognição: Antevisão do futuro.

Profecia: Capacidade de ver ou sentir o que poderá acontecer se tudo correr conforme um plano divino.

Projeção: Capacidade de ver, sentir ou visitar outras realidades atuais.

Radiestesia: Uso de instrumentos, como pêndulos ou forquilhas, para transferir energia ou obter informações.

Retrocognição: Conhecimento do passado.

Técnicas baseadas na mente: Uso de substâncias ou atividades que alteram a mente para ativar a intuição, como a hipnose, a medicina sagrada, alimentos, música, sons e cores.

Técnicas espirituais: Uso da conexão com uma realidade divina ou não local para induzir a mudança. Isso inclui o uso da prece religiosa, da prece de intercessão, da prece não dirigida, da cura não local, da meditação e da contemplação.

Telepatia: Leitura da mente.

UMA ABORDAGEM DA INTUIÇÃO PELA TEORIA DOS CHAKRAS

UM DOS MEIOS mais acessíveis para explorar e intensificar os dons paranormais é a abordagem dos chakras. Como propus e descrevi em outros livros, cada um dos doze chakras principais abriga um tipo de capacidade paranormal. O talento paranormal é a capacidade não trabalhada de reunir, decodificar e enviar informações psíquicas. Cada chakra opera em uma faixa vibratória exclusiva; assim, cada um trabalha com um tipo de informação psíquica. A energia psíquica é simplesmente uma energia mais rápida que a sensorial. O que a pessoa "capta" ou "emite" pode ser traduzido em energias físicas, emocionais, mentais e espirituais de considerável impacto – negativo ou positivo.

Todos nós temos diferentes dons inatos – e temos chakras mais poderosos e outros menos poderosos. Avaliando quais são seus chakras mais fortes, você também pode determinar quais dons psíquicos mais estão à sua disposição.

Essa teoria salienta que, ao passo que todos nós somos paranormais, nem todos usamos nossos dons inatos de maneira apropriada ou saudável. Várias questões, ligadas talvez à infância, à cultura, às experiências de vida ou à educação religiosa, podem criar problemas com os limites psíquicos. Talvez os campos ao redor do corpo não filtrem de maneira correta a entrada de energia psíquica. Talvez a programação interna esteja distorcendo a capacidade do chakra de coletar, interpretar ou disseminar dados psíquicos. Muitas vezes acontece de os profissionais da energia serem "psíquicos demais", por absorverem informações que não os ajuda e até os prejudica. Isso cria problemas com os limites psíquicos, problemas esses que podem ser resolvidos se a pessoa deixar de ser *psíquica* ou *paranormal* e começar a ser *intuitiva*. Para tanto, é preciso estabelecer parâmetros para a mente, as emoções e a energia, a fim de controlar o fluxo de energia que entra e sai dos chakras e dos campos áuricos.

A tabela a seguir mostra quais dons psíquicos se localizam em cada chakra, como aqueles que funcionam quando não são filtrados e como mudam quando o operador desenvolve limites intuitivos.

FIGURA 1.1
DONS PSÍQUICOS BASEADOS NOS CHAKRAS: DO PSÍQUICO AO INTUITIVO

Chakra	Dom Psíquico	Psíquico Positivo	Psíquico Negativo	Dom Intuitivo
Primeiro	Simpatia física (fator na psicometria, radiestesia, cirurgia espiritual, cinesiologia, telecinesia e cura pelas mãos)	Sente os problemas físicos das outras pessoas e as razões deles	Absorve as doenças das outras pessoas e não consegue se livrar delas	Empatia física: registra as condições físicas das outras pessoas, mas as libera; pode ajudar a curá-las
Segundo	Simpatia de sentimentos	Sente e decifra as emoções das outras pessoas	Absorve os sentimentos das outras pessoas e os retém no próprio corpo	Empatia de sentimentos: lê as emoções das outras pessoas e pode ajudar a curá-las
Terceiro	Simpatia mental (chamada também de clarisensciência)	Sabe o que as outras pessoas estão pensando ou quais as crenças delas	Pensa que os pensamentos ou as crenças das outras pessoas são as suas próprias	Empatia mental: determina em que medida os sistemas de crenças das outras pessoas causam problemas para elas e ajuda-as a esclarecê-los

Chakra	Dom Psíquico	Psíquico Positivo	Psíquico Negativo	Dom Intuitivo
Quarto	Simpatia relacional (fator na cura pelas mãos)	Sente as necessidades e os desejos das outras pessoas; é capaz de canalizar energia de cura	Assume a responsabilidade pelas necessidades, os desejos insatisfeitos e a cura das outras pessoas	Empatia relacional: é capaz de determinar as necessidades das outras pessoas e fornecer-lhes assistência, mas quanto ao mais solicita a ajuda divina
Quinto	Simpatia verbal (também chamada canalização, transmediunidade, telepatia e clariaudiência)	É capaz de receber dados de outra pessoa ou espírito, além de tons, músicas e sons	Não sabe separar os próprios pensamentos dos que vêm de fora; pode ser possuído ou obsedado por espíritos	Empatia verbal: controla a abertura e o fechamento da recepção de comunicações
Sexto	Simpatia visual (também chamada clarividência, precognição, visão do futuro, "Visão", visão a distância, leitura da aura)	Vê imagens, visões e cores com os olhos ou a visão interior (imaginação)	Não controla o fluxo ou o tipo das imagens, que muitas vezes são principalmente negativas; não sabe interpretar o que é real	Empatia visual: recebe revelações quando necessário e é capaz de interpretá-las; consegue curar os outros com suas visões
Sétimo	Simpatia espiritual (também chamada profecia, sendo um fator da intencionalidade, da oração e da meditação)	É capaz de sentir o desenvolvimento da consciência, o propósito, o destino ou os guias espirituais das pessoas	Vulnerável a ataques psíquicos; demasiado afetado pelo mal ou pela negatividade; sensação de impotência	Empatia espiritual: administra o acesso aos guias superiores para ajudar a si ou aos outros; usa a oração, a meditação e a intenção em vista da cura
Oitavo	Simpatia xamânica (fator na viagem da alma, visão a distância, retrocognição, projeção, precognição, exorcismo, conjuração de espíritos e trabalho com restrições)	Desloca-se entre os mundos e as dimensões; não é limitado pelo tempo – passado, presente e futuro	Vulnerável a entidades e problemas de outros mundos, às pessoas e às próprias vidas passadas	Empatia xamânica: é capaz de estabelecer contato com outros mundos e dimensões ou visitá-los para obter informações ou energia de cura e operar transformações de energias e entidades
Nono	Simpatia da alma	Sabe o que ocorre na alma das outras pessoas	Assume para si os problemas das almas ou globais	Empatia da alma: sente as necessidades das almas alheias ou as necessidades globais e sabe o que é necessário para criar harmonia

Chakra	Dom Psíquico	Psíquico Positivo	Psíquico Negativo	Dom Intuitivo
Décimo	Simpatia natural (fator na cura natural)	Liga-se com os elementos, os seres e as energias do mundo natural	Torna-se vítima dos elementos, dos seres e das energias do mundo natural	Empatia natural: recebe e partilha informações e energias de cura do mundo natural
Décimo primeiro	Simpatia das forças	É um conduto para forças naturais e energéticas, como o vento ou seres espirituais	É movido por forças externas que produzem extrema negatividade ou poder descontrolado	Empatia das forças: é capaz de escolher quais forças usar, acessá-las e dirigi-las em prol de mudanças positivas
Décimo segundo	Aptidões pessoais (capacidades especiais e únicas relacionadas com o propósito espiritual específico de cada pessoa – semelhantes aos *siddhis* discutidos na Parte V)	Difere de pessoa para pessoa, mas sempre promove o uso dirigido da psique para um propósito superior (exemplo: um professor pode "receber" os dados psíquicos para dar uma aula; o processo intuitivo permite o controle dos temas, ao passo que o processo psíquico, não)	Difere de pessoa para pessoa, mas é uma extensão dos traços da personalidade (exemplo: se uma pessoa tem boa memória e é professora, isso envolve a capacidade psíquica de "ouvir" dados relacionados à sua disciplina; quando não é filtrado, esse processo pode expor o professor a dados imprecisos ou ineficazes)	Difere de pessoa para pessoa, mas sempre ajuda os outros a alcançar seus propósitos espirituais (exemplo: um professor receberia somente as informações psíquicas que atendessem às mais elevadas aspirações de seus alunos)

Trabalho xamânico: Arte de transitar energeticamente entre mundos e dimensões com pleno acesso a todas as capacidades intuitivas, muitas vezes em estado alterado de consciência. Tais habilidades podem incluir a *detecção de entidades* e o *exorcismo*; a arte de lidar com a *possessão* (conexão com uma entidade ou parte dela) e a *recessão* (parte da própria pessoa está em outra pessoa ou coisa); a *recuperação da alma* e a *cura da alma* (a alma ou parte dela está ausente do corpo); livrar as pessoas de *vínculos energéticos*, como as *cordas* (contratos energéticos entre duas ou mais pessoas ou almas) ou *cordas de vida* (apegos entre duas ou mais partes da pessoa); *relações de codependência* (contratos energéticos onde somente uma das duas partes sai ganhando); e *maldições* (campos de energia negativos que mantêm agrilhoadas uma ou mais pessoas).

Visualização: A *clarividência* ou percepção de imagens, espíritos, visões ou cores; leitura da *aura* (campo de energia que rodeia o corpo); vários tipos de percepção (ou criação) do futuro do passado, entre os quais a *previsão*, a *precognição* e o *reconhecimento*; e a *visão a distância*, capacidade de perceber o que está acontecendo fora da pessoa, às vezes a enorme distância.

Uma das palavras mais novas no léxico da cura energética sutil é a *intencionalidade*. Isso envolve a projeção da consciência rumo a um objeto ou um fim desejado. De muitas maneiras, a intencionalidade representa o somatório de todas as capacidades psíquicas. Se você formular uma intenção positiva e nobre, suas capacidades intuitivas se alinharão naturalmente para ajudá-lo a realizá-la.

....

Como foi dito, todos os agentes de cura são agentes de cura energética. Seguir um código de ética é bom não só para o paciente, mas também para o agente de cura. Os agentes de cura energética sutil usam a intuição com tanta naturalidade que é importante acrescentar a ela um nível de ética baseado no conhecimento, nas aplicações práticas e nos limites corretos. Informações como as apresentadas neste capítulo podem servir de trampolim para novas explorações.

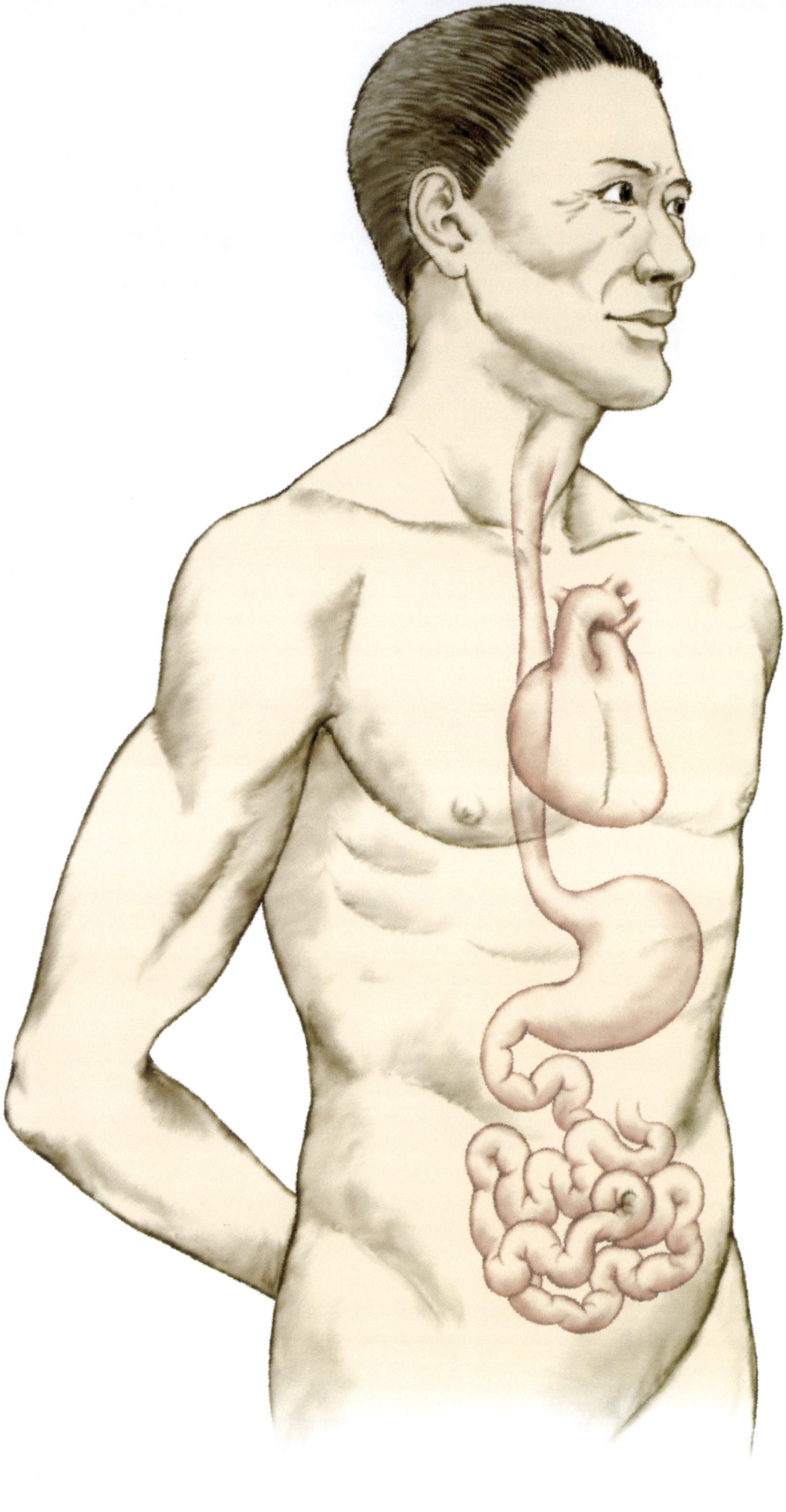

PARTE II
ANATOMIA HUMANA

Quando olhamos no espelho, vemos nós mesmos, ou pelo menos nosso aspecto físico. Imaginamos que essa forma é real; afinal de contas, é carne e sangue. É feita de partículas que se movem com tanta lentidão que podemos tocá-las, vê-las, ouvi-las e senti-las. E é feita de luz invisível aos olhos. É real, mas não é o único corpo que cada um de nós tem, pois por baixo dele (e ao redor, e dentro) está nosso corpo sutil.

Por que explorar o corpo físico em um livro sobre anatomia energética? Mais ainda: por que examiná-lo em um livro que põe em evidência o corpo sutil?

Como o corpo sutil, o corpo físico é composto de energias. Elas são apenas mais lentas e menos intensas e vibratórias que as energias sutis. Embora as leis que governam os sistemas físico e sutil sejam diferentes, essas estruturas são inextricavelmente ligadas. Por essa razão, é importante compreendê-las.

Por isso, como prelúdio ao nosso estudo da anatomia do corpo sutil, esta parte do livro explora os principais sistemas físicos do corpo humano. Sua intenção é delinear os fundamentos das estruturas e dos processos anatômicos, além de dar início à nossa investigação da natureza energética do corpo. Esta visão geral será breve; não substitui nem pretende substituir, de maneira alguma, um curso propriamente dito de anatomia médica.

AS CÉLULAS

O corpo humano tem mais de 100 milhões de células, e estas são as unidades básicas da vida. Dependendo da função, as células variam em tamanho, forma e constituição e criam energia para todas as atividades da vida.

As células se dividem e se multiplicam, sendo esse o meio pelo qual o corpo humano cresce e se modifica. Células de funções semelhantes se unem e formam tecidos. Tecidos de funções semelhantes formam um órgão. Grupos de células especializadas desempenham várias funções corpóreas. Estamos falando das hemácias, dos leucócitos, dos macrófagos, dos neurônios, das células musculares e das células da pele. A célula em si compreende o protoplasma, substância viva composta de 70% de água; a membrana que o rodeia; e seu núcleo.

AS CÉLULAS SÃO OS TIJOLOS DO CORPO

A maioria das células possui uma membrana exterior e, dentro dela, em uma substância gelatinosa chamada citoplasma, muitas estruturas minúsculas (organelas). As subestruturas celulares mais importantes são:

Mitocôndria: Torna possível a geração de energia; é nela que se dá a respiração aeróbica, que resulta na geração de ATP (trifosfato de adenosina).

Núcleo: Massa minúscula, geralmente de forma esférica ou oval, inserida no protoplasma, que controla a função celular. Contém informações genéticas na forma do DNA (ácido desoxirribonucleico).

Nucléolo: Fabrica as proteínas necessárias para a divisão celular; é rodeado pela membrana nuclear e se liga ao retículo endoplasmático.

Retículo endoplasmático: Sistema de canais entre o núcleo e a membrana celular, também envolvido na manufatura de proteínas.

A CÉLULA É UMA FÁBRICA

O metabolismo celular depende de fornecimento constante de matérias-primas e da remoção de substâncias fabricadas e de resíduos por meio da circulação sanguínea. A atividade celular é controlada pelo núcleo e mantida pelas reservas de energia. Cada célula é como uma pequena fábrica com três estágios de produção: matérias-primas, manufatura e descarte.

Matérias-primas: Dependendo da função da célula, apenas certas substâncias podem atravessar sua membrana. Cada tipo de célula precisa de substâncias diferentes, obtidas por meio do sistema circulatório do corpo: carboidratos, gorduras, aminoácidos e diversos sais.

Manufatura: Este processo ocorre na superfície do retículo endoplasmático, que se encontra em todo o citoplasma (parede celular). Entre os produtos manufaturados estão as enzimas e os hormônios.

Descarte: Os produtos finais e os resíduos passam pela parede celular, entram no fluido intersticial e chegam ao sangue para circularem pelo corpo ou serem eliminados.

AS MITOCÔNDRIAS E A CÉLULA ELETROMAGNÉTICA[1]

As mitocôndrias geram energia para a célula. Também estão implicadas na formação das energias sutis, como se vê em pesquisas sobre os meridianos, estruturas de energias sutis discutidas na Parte IV.

Somente cerca de 50% da energia celular é fornecida para uso do corpo; o restante é necessário para a conservação da própria célula. Cada célula é comparável a uma bateria, com carga positiva na parte de fora da membrana e negativa na parte de dentro. Assim, cada célula gera sua atividade elétrica e seu campo magnético. A célula saudável tem carga elétrica de cerca de 70 milivolts – os volts servem para medir as atividades elétricas.

Quando o corpo está doente ou desnutrido, a carga da membrana celular se reduz para cerca de 30 milivolts, o que é insuficiente para transportar os nutrientes para dentro da célula. O metabolismo físico se torna mais lento e as células morrem. A atividade elétrica geral do corpo físico também se reduz.

A eletricidade ocorre toda vez que nossos músculos se movimentam, que nosso sangue circula, que nossa linfa flui, que pensamos e nos exercitamos. A redução do metabolismo diminui a atividade em todos os níveis, diminuindo os campos elétrico e magnético do corpo. O corpo se torna, assim, mais suscetível a doenças, transtornos de humor e envelhecimento. As células moribundas se multiplicam, mas em velocidade mais lenta, a menos que as mitocôndrias, que fornecem energia à célula, sejam capazes de gerar energia suficiente para a divisão celular, as tarefas metabólicas – e a atividade elétrica.

A atividade eletromagnética do corpo depende, em parte, de processos iônicos, discutidos na Parte I. As mitocôndrias participam do processo vital armazenando cálcio, mineral que contribui para as trocas iônicas de material e informação, bem como para outras coisas.[2] Por meio da própria atividade eletromagnética, as mitocôndrias desencadeiam a liberação de neurotransmissores nas células nervosas e de hormônios nas glândulas endócrinas.

AS MITOCÔNDRIAS E AS MICROCORRENTES[3]

Um dos modos de ver a ação das mitocôndrias consiste em vê-las como parte dos microcircuitos do corpo. A microcorrente é uma corrente elétrica medida em microamperes, milionésimos de um ampere. Como escreve Kenneth Morgareidge, Ph.D., consultor de fisiologia, a aplicação de microcorrentes produziu a cura de estruturas de tecido conjuntivo, como tendões e ligamentos. O próprio corpo pode ser visto como uma bateria que cria as próprias microcorrentes.

Já se estabeleceu uma relação entre as microcorrentes e locais lesionados; fala-se, nesse contexto, das "correntes das lesões". O Dr. Robert Becker passou anos estudando as correntes elétricas associadas à capacidade dos animais de regenerar seus membros. Quanto maior a corrente, mais completa a regeneração. Esses e outros estudos levaram muitos pesquisadores a ver o corpo como um gerador de corrente direta de baixa intensidade – ou uma bateria. Essas correntes são transportadas pelos nervos, mas há um transmissor mais ativo: as células gliais (descritas ainda nesta parte do livro). As pesquisas de Björn Nordenström, discutidas na Parte IV deste livro, também revelam um sistema elétrico secundário que interliga o tecido conjuntivo, o sistema vascular e os meridianos.

O Dr. Morgareidge afirma que é possível que os meridianos realmente sirvam de modelo para esses microcircuitos enquanto o embrião se desenvolve. Isso implica que continuem guiando os processos eletromagnéticos do corpo durante toda a vida. Na verdade, os campos eletromagnéticos gerados pelos microcircuitos podem eles próprios constituir

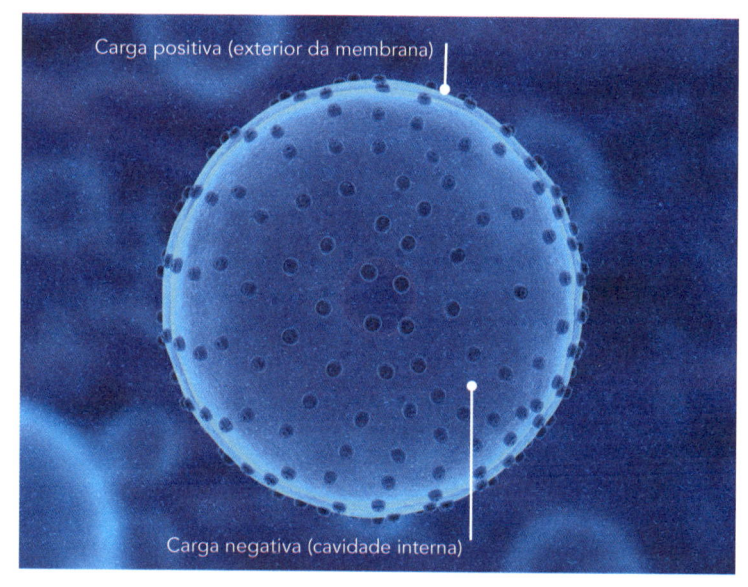

FIGURA 2.1
CÉLULA HUMANA

o mapa pelo qual o corpo e suas células se organizam. A ionização é um processo essencial para a transmissão das correntes elétricas por todo o corpo e dentro das células.

Segundo o Dr. Morgareidge, a ação das mitocôndrias é fundamental nesse processo de modelagem. Dentro da mitocôndria encontram-se os citocromos, enzimas especiais que transferem íons de hidrogênio de um lado a outro das membranas mitocondriais, fornecendo energia para a criação do ATP (ver o Capítulo 15: "O metabolismo"). A concentração desses íons e do ATP fornecem energia para praticamente todos os processos celulares. As mitocôndrias também têm relação com o processo de ionização do cálcio e papel crucial na transformação da eletricidade em movimento – e, possivelmente, no processo de contato entre os meridianos e o corpo por meio dos microcircuitos deste.

4

O DNA

O ácido desoxirribonucleico, ou DNA, é o código da vida, pois contém, na forma de cromossomos – essencialmente, longas tiras de moléculas de DNA – presentes no núcleo de cada célula, as informações genéticas únicas de cada pessoa.[4] Cada molécula de DNA contém muitos genes, que dirigem a construção e a manutenção do corpo humano.

Embora seja microscópica, a molécula de DNA é uma das moléculas mais longas que se conhecem. Dispõe-se na forma de dupla-hélice, como uma escada. O DNA é uma substância altamente complexa formada por uma cadeia de unidades químicas chamadas nucleotídeos. Cada nucleotídeo contém glicose, fosfato e um de quatro tipos de compostos chamados bases nitrogenadas. A glicose e o fosfato constituem os lados da escada em caracol e as bases formam os degraus.

As quatro bases nitrogenadas são a adenina, a citosina, a guanina e a timina (A, C, G e T). Cada degrau é composto de duas bases. A compatibilidade entre elas limita as combinações possíveis a A-T, T-A, C-G ou G-C, e as bases nitrogenadas constituem diferentes padrões ao longo do comprimento da escada. Três bases combinadas formam um códon, que serve de código para um único aminoácido de uma proteína.

A ordem específica das bases dispostas ao longo da estrutura de glicose e fosfato é chamada sequência do DNA. A sequência especifica as instruções genéticas exatas necessárias para criar um organismo em particular, com seus traços exclusivos.

MODELO MATRICIAL DO CORPO

O DNA é como uma impressão digital: cada pessoa tem a sua. Os genes dentro de cada molécula de DNA contêm a informação necessária para sintetizar proteínas, substâncias químicas que permitem que o corpo cresça e trabalhe. Codificando um ácido ribonucleico mensageiro (RNAm)

CÉLULAS-MÃE: DONS PERPÉTUOS

TERAPEUTAS DIZEM que é difícil quebrar o elo entre mãe e filho, mas pesquisas vêm dando a entender que esse elo é mais profundo, duradouro e potencialmente perigoso do que antes se imaginava. Isso porque não é somente biológico, mas também celular. Esse vínculo celular também indica a presença de elos de energia sutil.

Essa conexão começa na concepção, com as mitocôndrias. As mitocôndrias, que geram energia dentro de cada célula, são herdadas do óvulo, célula reprodutiva da mãe. As mitocôndrias do pai, presentes no espermatozoide, entram no ovo fecundado, mas não contribuem para a informação genética.[5]

Cada pessoa herda milhares de gerações de DNA mitocondrial da linhagem da mãe.[6] Esse fato levou muitos antropólogos a aventar a hipótese de que todos nós descendemos de uma "Eva Mitocondrial", ou "Eva Africana", que teria vivido há 140 mil anos. Segundo essa hipótese, todos os seres humanos partilham as mesmas mitocôndrias dessa mãe original. Os cromossomos Y, presentes nos espermatozoides, são herdados somente do pai; cada um de nós também é portador de uma genética específica do pai.[7]

Há muito tempo os cientistas sabem que as células da mãe, penetrando na criança dentro do útero, podem permanecer no corpo desta durante décadas, se não durante toda a vida. Algumas dessas células estão sendo agora implicadas em transtornos autoimunes, como o lúpus e a artrite reumatoide, bem como na capacidade do corpo de impedir a ocorrência de certas doenças ou de recuperar-se delas.

J. Lee Nelson e outros pesquisadores da Universidade de Washington, em Seattle, descobriram que algumas dessas células-mãe podem ser foco do ataque de anticorpos, produzindo doenças autoimunes. Normalmente, o sistema imunológico só ataca corpos estranhos vindos de fora, mas, quando ocorre uma doença autoimune, os anticorpos do corpo atacam as células saudáveis deste. Esse processo se chama *microquimerismo* e se aplica à presença de células-mãe na progênie e às células do feto que permanecem no corpo da mãe. Constatou-se que o microquimerismo afeta dezenas de tecidos, entre os quais a maioria dos órgãos principais.[8]

No entanto, outros estudos demonstraram que as células passadas da mãe para o filho durante a gravidez podem crescer e se transformar em células pancreáticas funcionais que fabricam insulina na criança, sugerindo potencial efeito curativo de algumas dessas células-mãe que talvez previnam ou aliviem os efeitos do diabetes.[9]

Do ponto de vista da energia sutil, a presença contínua de células-mãe e do DNA mitocondrial herdado da mãe sugere novas discussões sobre a epigenética (tratada neste capítulo), os campos morfogenéticos e os miasmas (ambos os quais serão discutidos mais à frente no livro). Segundo a epigenética, os acontecimentos sociais e emocionais podem ser quimicamente programados em substâncias que não são o DNA, mas que influenciam a atividade deste. Esses eventos, ou seus efeitos, são transmitidos, assim, de uma geração a outra.

---

com as informações referentes aos ribossomos da célula, o DNA determina as proteínas que a célula sintetiza. A sequência de aminoácidos produzida tem correlação direta com uma sequência específica de bases nitrogenadas no DNA.

Antes de uma célula se dividir, o DNA se duplica para que as duas células possam ter moléculas idênticas de DNA. São necessários aproximadamente 500 genes em cada um dos 46 cromossomos para dar instruções suficientes a todas as atividades do corpo, desde a constituição corporal até os instintos hereditários, desde a cor e o tamanho dos olhos até a velocidade de nossas reações.

Com exceção do espermatozoide e do óvulo, que só têm 23 cromossomos, o núcleo de cada célula do corpo humano contém 46 cromossomos na forma de 23 pares.

Cada um dos pais tem o conjunto completo de 46 cromossomos, mas só transmite 23 aos filhos. Os irmãos de pai e mãe, por exemplo, são diferentes, porque cada um "herda" um conjunto diferente de 23 cromossomos de cada genitor. Apenas os gêmeos idênticos recebem exatamente os mesmos conjuntos de 23 cromossomos de cada genitor, quando um único óvulo fertilizado se divide em dois óvulos idênticos.

EPIGENÉTICA: ALÉM DO DNA[10]

Há décadas os cientistas pressupõem que o DNA é o principal fator das características não somente físicas, mas até mentais e emocionais. Mas agora parece que há uma "energia por trás da energia" do DNA que liga e desliga os genes, afetando fortemente o que cada indivíduo é – e aquilo que vai se tornar.

A *epigenética* é o estudo dos *epigenomas*, certas substâncias e interruptores químicos que instruem os genes. O DNA dos seus dedos do pé é o mesmo do cérebro, mas algo diz aos genes dos diversos locais como e quando operar. Algo também manda os genes matar – ou não – as células cancerosas ou causar – ou não – o acúmulo de placa bacteriana. É possível que esse "algo" sejam os epigenomas, que consistem em substâncias como proteínas e moléculas do grupo metil.

Os epigenomas ficam ao lado da dupla-hélice. Reagem a alterações no ambiente e "ligam ou desligam" o DNA. As mudanças epigenéticas muitas vezes ocorrem durante o processo de transcrição do DNA, quando este está sendo copiado. É exemplo o caso das *histonas*, proteínas que contêm certos códigos. O DNA está enrolado ao redor desses epigenomas. Você está fumando e bebendo demais? As histonas conhecem todos os seus segredos e "fofocam" sobre o que você anda fazendo quando o DNA se duplica. Podem dizer a seus genes que previnem o câncer, por exemplo, que fiquem inativos, e aos genes que causam câncer que atuem. Comportamentos como fumar, comer e beber afetam os epigenomas, mas estes também são afetados por fatores emocionais, como mostra um estudo do pesquisador Michael Meaney.

Meaney, biólogo na Universidade McGill, examinou o cérebro de adultos que nasceram abaixo do peso. Os que tiveram relacionamento ruim com as mães tinham o hipocampo menor, sendo o hipocampo um dos órgãos cerebrais responsáveis pela memória. Os que tinham relacionamento normal apresentavam hipocampos de tamanho normal. Nesse estudo e em estudos correlatos, Meaney e outros pesquisadores detectaram diferenças correspondentes nos padrões de metilação do DNA (as moléculas do grupo metil interferem nos sinais químicos que põem os genes em ação). Em outras palavras, a falta de cuidados maternos "desligava" os genes que apoiavam o hipocampo; o amor materno "ligava" esses genes do crescimento.[11]

No passado, imaginava-se que cada um de nós tinha o crescimento até a idade adulta determinado por completo pelo DNA, mas isso não é verdade. Estudos têm demonstrado que nosso ambiente continua a codificar os epigenomas e, assim, a alterar o DNA. Mais ainda, os dados disponíveis deixam claro que as decisões codificadas nos epigenomas podem ser transmitidas de uma geração a outra – talvez por várias gerações. O que afetava sua avó pode ainda estar afetando você. O que você faz será transmitido a seus bisnetos.

Infelizmente, algo que parecia bom para uma geração pode não dar frutos tão bons na geração seguinte. Marcus Pembrey, geneticista clínico no Instituto de Saúde Infantil de Londres, apresentou os dados contidos em dois séculos de registros de uma cidadezinha isolada na Suécia. Os avós que tinham comida em abundância na pré-adolescência apresentavam maior probabilidade de ter netos diabéticos – deixando um legado que duplicava o risco de morte precoce desses netos. Os efeitos tinham a ver com o sexo. As experiências no início da vida da avó eram transmitidas à sua progênie do sexo feminino.[12]

Assim como buscamos os fundamentos genéticos da realidade, devemos continuar explorando os fundamentos energéticos do corpo. Um cientista da energia sutil aprofundaria a discussão sobre a epigenética afirmando que os campos, os canais e os corpos de energia sutis proporcionam informação aos epigenomas. No fim, a extensão das pesquisas sobre os efeitos da energia tanto sobre o DNA quanto sobre os epigenomas pode construir a imagem da realidade que todos nós estamos procurando.

O DNA COMO FORMA DE LUZ

Estudos de Fritz-Albert Popp e outros pesquisadores estão fascinando a comunidade científica com um novo entendimento do DNA: o DNA como forma de luz.

Popp demonstrou que o DNA não funciona apenas por via química, como diz a teoria mais aceita, mas que o faz também em um nível além. É, em essência, uma unidade de armazenamento de luz e uma fonte de emissão de biofótons.[13]

Os fótons compõem o espectro eletromagnético e impulsionam os processos do corpo. Em diferentes frequências, produzem efeitos diferentes. Popp e outros pesquisadores sustentam que o corpo é, na realidade, rodeado por um campo de luz e que o DNA reage às várias frequências eletromagnéticas encontradas nesse campo e interage com elas.[14] (Voltaremos a esse conceito várias vezes no livro, pois todas as estruturas de energias sutis se relacionam com a luz, tanto interna quanto externamente.)

O corpo físico e seu DNA dependem da luz para ter saúde; certos tipos de luz causam problemas, ao passo que outros são benéficos e até curativos. A Dra. Joan Smith-Sonneborn, da Universidade de Wyoming, expôs paramécios à radiação ultravioleta extrema (mais ou menos equivalente ao UVC), que danificou o DNA desses protozoários e encurtou seu tempo de vida. Quando esses organismos lesionados foram expostos à radiação ultravioleta próxima (mais perto da luz visível), os danos foram reparados e o envelhecimento foi revertido.[15]

Como a luz externa nos alcança e nos afeta? Os pesquisadores David A. Jernigan, DC, e Samantha Joseph, DC, exploraram fótons e descobriram que eles funcionam como ondas e partículas e entram no corpo principalmente através dos olhos.[16] O olho traduz a luz em impulsos eletroquímicos a serem interpretados pelo cérebro; a luz penetra, assim, na matriz cristalina ou na rede de "fibra óptica" do corpo. Passando dos cones e bastonetes a outro conjunto de células, chamadas *células de Müller*, a luz acessa a matriz cristalina e daí passa a todas as partes do corpo.

Essa matriz cristalina está inter-relacionada com os campos quânticos de fótons que pulsam por todo o corpo. Esses biofótons afetam todo o espectro eletromagnético, transferindo informações através de cada uma de suas camadas. Os movimentos são facilitados pela polarização eletromagnética do DNA, que atua como guia para a informação óptica direta. As energias eletromagnética e a dos biofótons podem ser coerentes ou incoerentes entre si.

Essa coerência permanece, pelo menos em parte, sujeita ao nosso controle. Estudos demonstraram que o ato de ter pensamentos positivos cria coerência entre as emissões eletromagnéticas e de biofótons, as quais então mudam o DNA de modo que nosso corpo fique mais saudável. Em outras palavras, o DNA pode ser controlado pelos pensamentos, ao menos em parte. Os campos de pensamento, ou campos T, serão discutidos na Parte III.

FIGURA 2.2
NEBULOSA DNA
Essa nebulosa, com 80 anos-luz de comprimento, descoberta perto do centro da Via Láctea em 2006, tem a forma de dupla-hélice do DNA.

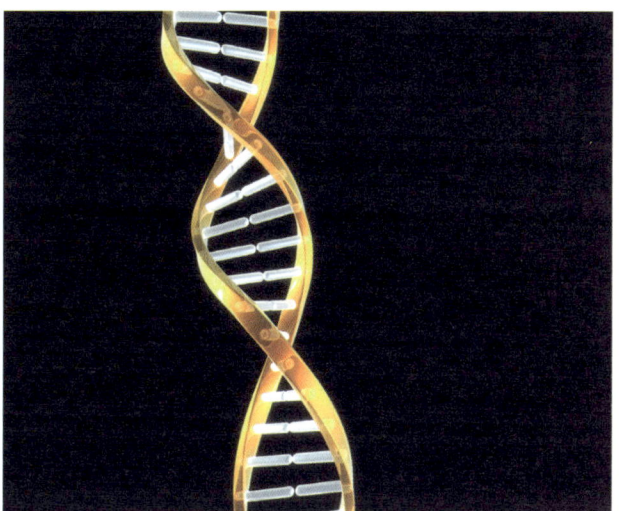

O SISTEMA ESQUELÉTICO

O sistema esquelético de um adulto é formado por cerca de 206 ossos. Os ossos dão sustentação ao corpo, protegem os órgãos internos e, em conjunto com os músculos, criam movimento. Também servem de pontos de ancoragem para os músculos e produzem hemácias, os glóbulos vermelhos do sangue, para o sistema circulatório. Controlados pelo sistema endócrino, os ossos armazenam ainda o cálcio e o fósforo de que o corpo precisa.

O esqueleto tem duas partes principais: o esqueleto axial e o esqueleto apendicular. O primeiro compreende o crânio, a coluna vertebral e a caixa torácica. O segundo compreende os membros superiores e inferiores e as cinturas escapular e pélvica.

Os ossos são feitos de água, de minerais e da matriz celular que junta as duas coisas. São envolvidos em um periósteo duro e fibroso, no qual se inserem os músculos e ligamentos. São duros e rígidos por fora e mais leves e macios por dentro. A dureza dos ossos vem dos sais minerais, sobretudo do fosfato de cálcio, e sua força vem do colágeno, proteína fibrosa que também constitui o tecido conjuntivo.

CRIAÇÃO DOS OSSOS

Os bebês nascem com mais de 300 ossos. O número reduz no decorrer dos anos em razão de um processo chamado ossificação – endurecimento das cartilagens por meio do qual os ossos e as cartilagens se fundem em unidades maiores, de modo que os ossos sejam maiores, mas em menor número.

Quando os ossos começam a crescer, são completamente sólidos. Depois, desenvolvem um centro oco, o que lhes reduz um pouquinho a força, mas também o peso, facilitando o movimento muscular. O centro oco dos ossos contém medula, material que fabrica as células sanguíneas.

Os ossos são feitos de cartilagem, material elástico que constitui os discos vertebrais e os ligamentos, com exceção da clavícula e de algumas partes do crânio, que ossificam diretamente a partir do tecido da membrana. As células que formam os ossos, chamadas *osteoblastos*, depositam sobre tendões, membranas e cartilagens uma matriz de fibra de colágeno. Quando a matriz se deposita, é calcificada pelo cálcio levado pelo sangue. Os hormônios e a dieta administram esse processo.

OS OSSOS SÃO UMA GLÂNDULA ENDÓCRINA[17]

Os ossos têm uma conexão mais forte com o sistema endócrino do que antes se sabia. Um estudo recente publicado na revista científica *Cell* evidencia uma conexão clara entre a osteocalcina, hormônio dependente da vitamina K, e a regulação da insulina. Usando ratos geneticamente alterados, pesquisadores descobriram que a osteocalcina, secretada pelos osteoblastos (células que formam os ossos), é capaz de estimular a secreção de insulina e melhorar a sensibilidade insulínica – uma das funções de certas glândulas endócrinas.

As descobertas indicam que o esqueleto ajuda a regular o metabolismo energético em um ciclo de retroalimentação. Ao que parece, o esqueleto efetua uma regulação endócrina da homeostase da glicose. No fim das contas, as descobertas mostram que o esqueleto é um órgão endócrino que controla o metabolismo da energia. Isso tem importantes implicações no tratamento da obesidade e do diabetes.

6

O SISTEMA MUSCULAR

O corpo humano tem cerca de 700 músculos.[18] Os músculos movem os ossos. Por trás das atividades do corpo há mecanismos complexos que tornam até as ações mais simples, como mover um dedo, procedimentos cheios de detalhes que envolvem o cérebro, os nervos e os órgãos dos sentidos.

O sistema muscular compreende três tipos de músculos:

Músculos esqueléticos. Também chamados *músculos estriados*, estes músculos se movem de maneira voluntária. Respondem por uma grande proporção da massa do corpo e a maioria é ligada ao esqueleto por tecidos chamados *tendões*. Ajudam a mover os diversos ossos e cartilagens do esqueleto, determinam os contornos físicos do corpo e são responsáveis pelos atos reflexos.

Músculos lisos. Encontram-se em órgãos como o estômago, os pulmões, os rins e a pele e funcionam de modo automático. Esses músculos de movimento involuntário, controlados pelo sistema nervoso autônomo, colaboram para a realização de funções cotidianas do corpo humano, como a digestão, a respiração e a remoção de dejetos.

Músculo cardíaco. Este músculo, encontrado tão somente no coração, nunca se cansa. Trabalha constantemente para bombear o sangue para dentro e para fora do coração. O músculo cardíaco é ativado por impulsos elétricos emitidos por seu próprio marca-passo, o nodo sinoatrial. Esses impulsos perpassam todo o coração. O coração também contém músculos lisos, mas suas funções são realizadas sobretudo pelo músculo cardíaco.

TECIDO CONJUNTIVO CRISTALINO

PESQUISAS VÊM REVELANDO que o corpo é feito de certas estruturas moleculares cristalinas líquidas que não se encontram em nenhum outro lugar. Essas estruturas vivas são capazes de criar, transmitir e receber biofótons para facilitar a comunicação entre os tecidos e as moléculas. Essa comunicação depende de um campo quântico de biofótons. Esses dois processos – o cristalino e o quântico – interagem para disseminar informações por todo o corpo.[19]

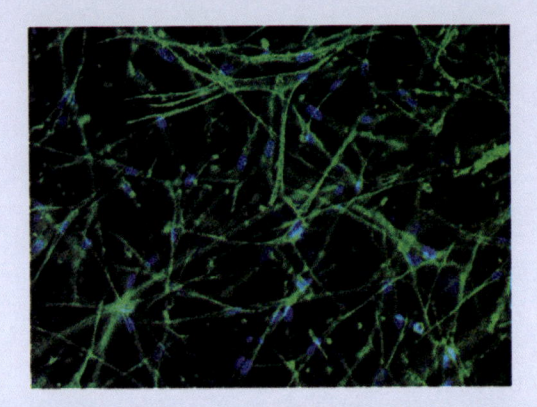

FIGURA 2.3
CÉLULAS DA FÁSCIA
Imagem fluorescente microscópica das células do tecido conjuntivo (fáscia), tingidas para evidenciar os núcleos (em azul) e a estrutura filamentosa (em verde).

Essa matriz cristalina é crucial para a saúde, pois interliga o ser interno da pessoa com o ambiente. A luz se desloca pela matriz cristalina do corpo e penetra no DNA, o qual então produz "bio-hologramas" que criam o corpo.[20] A matriz luminosa dotada de maior condutividade é o tecido conjuntivo, o maior órgão do corpo. O tecido conjuntivo tem formação cristalina; as moléculas de colágeno que envolvem os órgãos são cristais líquidos, e os outros tecidos, mais firmes, são considerados cristais sólidos. As moléculas de colágeno também são interessantes por serem semicondutoras, capazes de conduzir eletricidade e informação. O tecido conjuntivo, assim, é capaz de processar informações como os *chips* semicondutores de um computador.[21]

Muitas pesquisas dão a entender que os meridianos operam por meio do tecido conjuntivo, como discutiremos em detalhes na Parte IV. Veremos que os meridianos têm resistência elétrica mais baixa que a da pele ao redor. Quando estimulados, os pontos dos meridianos causam a produção de endorfinas e cortisol. (Os pontos não situados sobre meridianos não criam esse efeito.) Considera-se, portanto, que o tecido conjuntivo é um dos fatores primários da anatomia energética sutil, pois interliga os biofótons e os níveis quântico e sutil com o nível físico.

Os músculos são constituídos de feixes de fibras chamados fascículos. Cada fibra é uma célula alongada que contém miofibrilas, estruturas filamentosas formadas por filamentos grossos, que contêm miosina, e miofilamentos finos, que contêm actina, troponina e troposina. Quando recebem impulsos do sistema nervoso, os miofilamentos deslizam uns sobre os outros, reagindo quimicamente à medida que se encontram e se entrelaçam. No fim das contas, essa reação química produz uma contração muscular.

Todas as nossas células musculares já se encontram plenamente formadas depois do primeiro ano de vida. Quando lesionados, os músculos conseguem se reparar se a pessoa tomar certos cuidados e tiver nutrição correta. A partir de cerca de 30 anos de idade, a redução da atividade física faz com que o tecido muscular seja substituído por gordura.

O COMPARTIMENTO FASCIAL MANTÉM A INTEGRIDADE DO CORPO

O tecido conjuntivo isola o corpo e os órgãos e transporta nutrientes e energia por todo o corpo. Os tendões e ligamentos são os tecidos conjuntivos mais fortes do corpo e considera-se que integram a chamada fáscia profunda. O compartimento fascial é o conjunto dos tecidos conjuntivos que se distribuem da cabeça aos pés rodeando os músculos, os ossos, os órgãos, os nervos, os vasos sanguíneos e outras estruturas. É responsável por manter a integridade estrutural do corpo e proporcionar-lhe apoio e proteção. Também atua para absorver impactos.

A maioria dos músculos é ligada aos ossos pelos tendões, que transferem forças criadas pelos músculos aos ossos aos quais se ligam. Além de ligar os músculos aos ossos, os tendões também os ligam a outras estruturas, como o globo ocular. No ponto onde o tendão encontra o osso há uma fusão gradual dos dois tecidos. As bainhas dos tendões, em conjunto com o fluido sinovial, proporcionam a suavidade de movimento dos tendões, protegendo-o contra a abrasão.

Os ligamentos vinculam um osso a outro e unem as estruturas, mantendo-as estáveis e permitindo o movimento dentro de limites normais. Sem eles, os ossos se deslocariam. O tecido conjuntivo dos ligamentos é composto sobretudo de colágeno e elastina, proteína elástica. Células especializadas chamadas *fibroblastos* criam novas fibras de colágeno e reparam as fibras danificadas.

OS CAMINHOS DO SOM[22]

O SOM, UMA DAS energias mecânicas básicas, está presente em toda parte e atua como mecanismo de cura, como mostraremos ao longo do livro. Isso se deve à sua universalidade tanto física quanto sutil.

Todas as partes do corpo, desde as células até os dedos do pé, se movimentam. O movimento produz som. As ondas e os campos sonoros resultantes ajudam a regular mais de 50% dos processos biológicos do corpo. Isso se dá pela interação entre ligantes e receptores, de que falaremos em "O lado bioquímico das emoções", na p. 81. Essas interações ocorrem em todas as superfícies celulares por meio de frequências sonoras que vão de 20 a 20.000 Hz, o alcance da audição humana. No entanto, no corpo há caminhos sonoros especiais que transmitem o som de local em local.

O som entra pelos ossos do crânio e pelo aparelho auditivo e viaja pelo corpo através do tecido conjuntivo. Usa a água para se deslocar verticalmente pelo corpo a uma velocidade de cerca de 1.500 metros por segundo. Essa transmissão se torna mais lenta e chega mesmo a parar quando o tecido conjuntivo está muito espesso, inflexível ou seco – problemas que decorrem, muitas vezes, de certas experiências emocionais incompletas. Em uma experiência emocional completa, a pessoa passa por algum acontecimento e tem uma reação emocional, como de tristeza ou medo. As emoções causam de início uma perturbação no corpo – tensionamento ou contração, por exemplo. Quando pode sentir e expressar plenamente os sentimentos, o corpo da pessoa libera a tensão e volta ao equilíbrio. Quando a pessoa não é capaz de expressar seus sentimentos nem de receber o conforto ou o reconhecimento de que precisa, o corpo permanece tenso e o tecido, sobretudo o conjuntivo, se bloqueia. O som não pode se transmitir com tanta facilidade por um tecido inflexível. No entanto, os sons podem estimular as emoções bloqueadas e desencadear memórias ou sentimentos originais.

Dentro dos feixes de fibras há um tecido esponjoso que contém os vasos sanguíneos e linfáticos, proporcionando espaço para a passagem dos nervos.

Além dos tendões e ligamentos, o compartimento fascial – tecido conjuntivo macio dentro do corpo – é particularmente propício à manipulação e ao alongamento em razão de sua elasticidade. Trata-se de uma técnica de cura muito comum.

7

O SISTEMA NERVOSO

O nervo é um feixe de fibras motoras e sensoriais, muitas vezes interligado com tecido conjuntivo e vasos sanguíneos. O sistema nervoso interpreta as informações recebidas do mundo externo e dos órgãos internos e dá início às respostas apropriadas. É essencial para a percepção sensorial, o controle dos movimentos e as regulações de funções corpóreas como a respiração. Pode-se defender a tese de que o sistema nervoso é a rede mais importante e mais complexa do corpo, sendo vital para o desenvolvimento da linguagem, do pensamento e da memória.

Os nervos são compostos de células que passam um "bastão" – neurotransmissores como a noradrenalina e a serotonina – umas para as outras nas sinapses (espaços entre uma célula e outra que precisam ser cruzados por íons), as quais transmitem mensagens e instruções pelo corpo afora em uma tradução constante de informações químicas e elétricas. Essa transmissão ocorre nas intersecções dos nervos, que se ligam uns aos outros em lados opostos. A necessidade de tradução habilita o corpo a filtrar e acessar informações, e não apenas reagir a estímulos. É particularmente importante entender a relação entre os nervos e a anatomia energética humana; todas as partes da estrutura sutil se comunicam fisicamente pelo sistema nervoso. E o sistema sutil muitas vezes se vale da atividade elétrica e dos campos magnéticos gerados pelos nervos para operar na realidade física.

CAMADAS COMPLEXAS

O sistema nervoso é grande e se divide em duas grandes áreas: o sistema nervoso central (SNC), que compreende o cérebro e a medula espinhal, e o sistema nervoso periférico – todo o restante dos nervos.

Sistema nervoso central. O cérebro e a medula espinhal controlam os tecidos nervosos em todo o corpo, servindo de unidade central de processamento. A medula espinhal comunica as mensagens dos órgãos e tecidos ao cérebro, o qual, por sua vez, codifica essas mensagens e as reenvia pela medula espinhal.

Sistema nervoso periférico. Os nervos periféricos detectam e provocam mudanças dentro e fora do corpo. Esse sistema atende aos membros e órgãos e conecta o SNC a todas as outras partes do corpo e aos gânglios, grupos de células nervosas situados em diversos pontos do sistema nervoso. O sistema nervoso periférico tem duas divisões principais: o sistema nervoso somático, sob controle consciente, e o autônomo, sob controle inconsciente.

SISTEMA NERVOSO SOMÁTICO

O sistema somático desempenha dois papéis. Primeiro, coleta informações sobre o mundo exterior a partir dos órgãos dos sentidos, como o nariz. Os sinais desses receptores são levados ao SNC por fibras nervosas sensoriais. Segundo, transmite sinais por fibras nervosas motoras do SNC para os músculos esqueléticos, provocando movimento.

SISTEMA NERVOSO AUTÔNOMO

A função primária do sistema nervoso autônomo é manter várias funções automáticas do corpo, como o ritmo cardíaco e a produção dos sucos gástricos. Esse sistema é todo feito de nervos motores que transmitem mensagens da medula espinhal para os diversos músculos. O sistema nervoso autônomo é controlado pelo hipotálamo, área do cérebro que recebe informações sobre variações na constituição química do corpo e ajusta o sistema nervoso para restaurar o equilíbrio.

O sistema autônomo também se divide em duas partes: o sistema simpático e o parassimpático. Cada um deles usa um transmissor químico diferente e opera de maneira distinta. Nos brônquios do pulmão, por exemplo, os nervos parassimpáticos causam constrição, ao passo que os simpáticos ampliam as passagens.

O CÉREBRO[23]

O cérebro é um cão que permanece em guarda 24 horas por dia, 7 dias por semana, tomando conta da nossa vida. Monitora e dirige constantemente nossos sistemas e funções corporais, mantém a máxima eficiência, evita possíveis problemas e detecta e combate perigos reais, danos e lesões.

O cérebro é o centro das atividades do sistema nervoso. Nele, os sinais nervosos do corpo inteiro são recebidos, processados e respondidos de maneira apropriada. Sendo o cérebro o centro de controle das atividades sensoriais e motoras, também controla o pensamento, a memória e as emoções, além das associações auditivas e visuais. Governa ainda as ações musculares, estimulando o movimento do corpo.

O cérebro interpreta informações dos órgãos sensoriais especiais relacionados à visão, à audição, ao paladar, ao olfato, ao tato e ao equilíbrio. Juntos, o cérebro e a medula espinhal controlam muitas atividades coordenadas; reflexos simples e movimentos básicos de locomoção podem ser executados sob o controle único da medula espinhal.

O cérebro é dividido em quatro grandes partes: o telencéfalo, o diencéfalo, o cerebelo e o tronco encefálico.

Telencéfalo: Área responsável por boa parte da nossa consciência e do nosso poder de processamento. Também controla a percepção, a ação, a reflexão e a criatividade. Constitui a maior parte do cérebro e consiste em um núcleo interior de massa branca e em um córtex (camada exterior) de massa cinzenta (córtex cerebral).

Diencéfalo: Esta parte do cérebro faz a interface entre nossos sistemas químico e elétrico e serve como centro de controle do sistema endócrino. Inclui também o hipotálamo, que, com as glândulas pituitária e pineal, coreografa toda uma série de sinais elétricos e químicos que regulam nossa consciência e fisiologia.

Cerebelo: Na base do telencéfalo, o cerebelo está ligado ao tronco encefálico. Desempenha importante papel no controle do movimento, coordenando a atividade muscular voluntária e conservando o equilíbrio.

Tronco encefálico: Abriga o mesencéfalo, a ponte e o bulbo e se liga à medula espinhal logo abaixo. Regula funções vitais como a respiração, os batimentos cardíacos e a pressão sanguínea.

O CÓRTEX: VISÃO GERAL

Boa parte da nossa atividade neural ocorre na massa cinzenta do córtex cerebral. Este, que constitui a camada exterior do cérebro, com suas circunvoluções, responde por cerca de 40% da massa total do cérebro e realiza o processamento neural de mais alto nível, no qual incluem-se a linguagem, a audição, a visão, a memória e a função cognitiva (pensamento). A massa cinzenta é composta de neurônios, ao passo que a massa branca do telencéfalo é constituída dos processos das células cerebrais. O cérebro humano é semelhante ao de outros mamíferos, muito embora nossas capacidades neurais sejam exclusivas em razão das estruturas do tronco encefálico e do neocórtex avançado, a parte mais complexa do córtex cerebral.

As circunvoluções do córtex cerebral criam uma imensa área superficial para a atividade neural, com bilhões de neurônios (células nervosas) e células gliais constituindo a substância do cérebro. Os neurônios são células cerebrais dotadas de atividade elétrica que processam informação, ao passo que as células gliais, que são dez vezes mais numerosas que os neurônios, desempenham funções de apoio. Além de serem eletricamente ativos, os neurônios estão em permanente processo de síntese dos neurotransmissores, substâncias químicas que amplificam e modulam os sinais trocados entre um neurônio e outras células. Os neurônios têm a capacidade permanente de mudar ou deformar-se – denominada plasticidade –, e é isso que está por trás do aprendizado e da adaptação. Alguns caminhos neurais pouco utilizados, por exemplo, podem continuar existindo por muito tempo depois de uma memória desaparecer da consciência, desenvolvendo, talvez, o subconsciente.

REDE NEURAL COMPLEXA

O cérebro humano abriga um número imenso de conexões sinápticas, que permitem um processamento em paralelo em larga escala. Esse processamento se dá por meio da rede neural complexa, rede de tecido que filtra a massa de informações que entram e decide a que prestar atenção. A rede dispara sinais por todo o cérebro, enviando-os para os centros apropriados. Quando essa atividade se torna mais lenta ou não ocorre, o córtex cerebral se torna inativo e a pessoa perde a consciência.

ESTADOS CEREBRAIS

O cérebro sofre uma transição quando passa da vigília para o sono. Essas transições são essenciais para o correto funcionamento cerebral. O sono, por exemplo, é considerado essencial para a consolidação do conhecimento, pois os neurônios organizam os estímulos do dia durante o sono profundo, disparando aleatoriamente os caminhos neurais de uso mais recente. Sem sono, é possível desenvolver sintomas de doença mental e alucinações auditivas.

CÉLULAS GLIAIS

A ciência tradicionalmente atribui a atividade neural – e os efeitos do pensamento – aos neurônios. Pesquisas mais recentes vêm dando a entender que as células gliais, células de "apoio" do sistema nervoso central, na verdade modulam ou governam o cérebro neuronal. Sensíveis a correntes elétricas e a campos magnéticos, essas células são consideradas peças essenciais para os efeitos da atividade eletromagnética no corpo e que incidem sobre este. Afetam o funcionamento da glândula pineal (e, portanto, nossos humores), os efeitos do campo magnético terrestre e da atividade solar, as atividades genética e celular, as mutações, o funcionamento do cérebro e outras funções vitais.[24]

AS EMOÇÕES E O CÉREBRO

Há certa verdade no ditado: "É tudo coisa da sua cabeça". Desde o início da década de 1990 o pesquisador, escritor e médico Daniel G. Amen usa um sofisticado método de obtenção de imagens do cérebro chamado SPECT (tomografia computadorizada por emissão de fóton único) para medir o fluxo de sangue e os padrões de atividade metabólica no cérebro. Com seu trabalho, demonstrou correlação de certos padrões cerebrais com a depressão, a incapacidade de concentração, o pensamento obsessivo, a violência e outros problemas emocionais.[25]

Segundo Amen, o sistema límbico profundo do cérebro governa nossa capacidade de formar laços emocionais e também funciona como centro de controle do humor. Do tamanho de uma noz, o sistema límbico compreende as estruturas talâmicas, o hipotálamo e as estruturas imediatamente ao redor. Amen descobriu que essa parte do cérebro administra as memórias emocionais, o tom emocional, os ciclos de sono e apetite e a libido; dá o tom das emoções, seja ele positivo ou negativo. Amen determinou que, quanto mais ativo está o sistema, mais negativo o ponto de vista da pessoa. Inversamente, quanto menos ativo está o sistema límbico profundo, mais positiva é a atitude da pessoa.[26]

LADO BIOQUÍMICO DAS EMOÇÕES

Por um lado, as emoções não são "sentimentos"; são correntes de propriedades bioquímicas que interagem com o cérebro, *produzindo* sentimentos. A pioneira dessa teoria é a famosa pesquisadora Candace Pert, Ph.D., autora de *Molecules of Emotion*, cujas pesquisas mostram que as substâncias químicas internas – neuropeptídios e seus receptores – são as bases biológicas da nossa consciência e se manifestam na forma de emoções, crenças e expectativas. Esses neuropeptídios influenciam profundamente o modo como respondemos ao nosso mundo e o sentimos.[27]

Boa parte das pesquisas da Dra. Pert envolve as células receptoras. Os receptores são moléculas feitas de proteínas que funcionam como sensores ou detectores e flutuam sobre as membranas das células. Para funcionar, os receptores precisam dos ligantes, substâncias que se ligam a determinados receptores na superfície da célula.[28]

Há três modalidades químicas de ligantes. Os primeiros são os neurotransmissores, pequenas moléculas de nomes variados, como histamina, serotonina e norepinefrina. Elas transmitem os impulsos nervosos nas sinapses, os espaços entre as células nervosas. Os esteroides são a segunda forma de ligante; incluem-se aí os hormônios sexuais, como a testosterona, a progesterona e o estrogênio. Os peptídios são a terceira forma e compõem a maior parte dos ligantes do corpo. Os peptídios são, em essência, substâncias informacionais. Como os receptores, são feitos de cadeias de aminoácidos. Os neuropeptídios são peptídios pequenos que atuam dentro do tecido neural, ao passo que os polipeptídios são maiores e contêm, em regra, de 10 a 100 aminoácidos. Pert faz uma analogia na qual a célula é comparada a um motor e o receptor ao botão de ignição do painel de controle. Os ligantes atuam como dedos que apertam o botão para dar a ignição no motor.[29]

A Dra. Pert constatou que nossas emoções são transportadas pelo corpo por ligantes de peptídios que mudam as propriedades químicas das células à medida que se ligam aos receptores localizados sobre as células. Mas esses ligantes também são portadores de carga elétrica e mudam a frequência elétrica da célula. Segundo Pert, transmitimos e recebemos constantemente sinais elétricos na forma de vibrações. Nossa experiência dos sentimentos é a "dança vibracional" que ocorre quando os peptídios se ligam a seus receptores; o cérebro interpreta diferentes vibrações como diferentes sentimentos.

ONDAS CEREBRAIS: MEDIDAS ELÉTRICAS

O CÉREBRO RECEBE informações de som, tato e temperatura de todas as partes do corpo e envia informações para controlar a respiração e a frequência cardíaca e coordenar a atividade muscular. Essa informação é enviada na forma de pequenas mensagens elétricas. Boa parte das mensagens elétricas do cérebro também controla o pensamento e a memória.

Todo estado cerebral é associado a ondas cerebrais características. O eletroencefalograma (EEG) é um método reconhecido para medir a atividade elétrica do cérebro e, portanto, avaliar as ondas cerebrais. Essas ondas podem indicar estados de saúde, consciência e atividade. Algumas são ideais para a vida cotidiana, outras para a meditação e outras ainda para alcançar um estado de cura.[30]

As ondas cerebrais são medidas em hertz, ciclos por segundo. Estas são as quatro faixas principais de atividade cerebral:

Beta (13-26 hertz): Atividade, vigília, olhos abertos. Tem a maior frequência e a menor amplitude. Essas ondas rápidas ocorrem durante estados de concentração e trabalho mental.

Alfa (8-13 hertz): Olhos fechados, associadas aos estados de relaxamento, bem como de devaneio com os olhos abertos. A pessoa comum é capaz de conservar a consciência. Distingue-se pelas ondas cerebrais mais lentas, com aumento da amplitude e da sincronicidade.

Teta (4-8 hertz): Mente, corpo e emoções tranquilos. Estados de relaxamento profundo, sonolência e sono leve. A pessoa comum não é capaz de conservar a consciência, mas a pessoa especializada em meditação é. Ondas associadas aos estágios um e dois do sono; mais lentas em frequência e maior em amplitude que as ondas alfa.

Delta (0,5-4 hertz): Inconsciência e sono profundo. Associadas aos estágios três e quatro do sono, as ondas delta são as mais lentas e as de maior amplitude. O sono delta é nosso sono mais profundo; suas ondas cerebrais são as mais dissemelhantes das ondas do estado de vigília. São essas as ondas prevalecentes nos estados de sonambulismo e fala durante o sono.[31]

Nas fronteiras entre os estados cerebrais, as ondas cerebrais assumem padrões variados. O sono dos movimentos rápidos dos olhos (REM), por exemplo, associado aos sonhos, é uma combinação de ondas alfa, beta e dessincronizadas.

Segundo pesquisas feitas na Virgínia pelo Instituto Monroe, que estuda a consciência, o som e o aprendizado durante o sono, há um quinto tipo de onda cerebral chamado gama, que opera em cerca de 28 hertz ou mais. Pesquisas nessa linha constataram que esse nível caracteriza as experiências místicas e transcendentais.[32]

Certas células ficam "viciadas" em certos ligantes. Quando passamos muito tempo bravos, os receptores celulares aprendem a aceitar somente as "vibrações da raiva" e rejeitam as que podem causar felicidade. Muitos praticantes de medicina holística acreditam que as células podem chegar a rejeitar nutrientes ou ligantes saudáveis e a preferir os negativos. Isso pode produzir não apenas transtornos de humor, mas também doenças físicas.[33]

PROPRIEDADES ELETROMAGNÉTICAS DAS GLÂNDULAS PINEAL E PITUITÁRIA

É sabido que o corpo emite luz, som, calor e campos eletromagnéticos, e que, como qualquer outra matéria, tem campo gravitacional. Estudos sobre duas importantes glândulas endócrinas mostram que o corpo é uma fonte de eletromagnetismo e produz efeitos que vão desde a "sintonia" com o ambiente até a "sintonia" com o paranormal. Revelam também quão importante o magnetismo é para o corpo.

MEDIDA DO CORPO MAGNÉTICO

As propriedades magnéticas do corpo são uma descoberta relativamente nova. No final da década de 1960, os campos magnéticos emitidos pelo coração foram medidos em vários laboratórios. Nessa época, o físico David Cohen, usando as próprias pesquisas e valendo-se de outras feitas em época tão recuada quanto o ano de 1929, conseguiu medir pela primeira vez os campos magnéticos produzidos pelas atividades elétricas do cérebro, usando um detector de magnetismo extremamente sensível, chamado dispositivo supercondutor de interferência quântica (SQUID).[34]

No início da década de 1970, pesquisadores já estavam começando a registrar os campos magnéticos emanados por outros órgãos do corpo em razão da atividade elétrica. Hoje, o magnetoencefalograma (MEG) é considerado um método mais preciso de medição da atividade elétrica interna do cérebro que o EEG, sobretudo porque, ao contrário dos sinais elétricos, os campos magnéticos atravessam o cérebro, o fluido cerebrospinal e o crânio sem sofrer distorções. Ao passo que o campo magnético ao redor do coração é o mais forte, o campo ao redor da cabeça também é grande e pulsante – e isso parece ter um motivo, como veremos a seguir, ao falar sobre as glândulas pituitária e pineal.[35]

GLÂNDULA PITUITÁRIA

A pituitária é uma das principais glândulas endócrinas. Armazena hormônios e trabalha com o hipotálamo para determinar várias ações físicas. E contém magnetita.

Os cientistas sabem que a magnetita, composto de ferro e oxigênio sensível à ação magnética, existe nos animais, desde as bactérias até os mamíferos. Ao que parece, "norteia" os pássaros migratórios e ajuda os pombos-correio a encontrar o caminho de casa.[36]

Na década de 1990, usando microscopia de transmissão eletrônica de alta resolução, cientistas descobriram cristais de magnetita em seres humanos, dentro de um nodo nervoso em frente à glândula pituitária, atrás do sino etmoide, osso perfurado no crânio que faz parte da cavidade nasal e das fossas oculares.

BIOFEEDBACK

O PROCESSO DE BIOFEEDBACK faz uso de instrumentos para que a pessoa possa monitorar as próprias funções corpóreas. As medidas mais típicas são as da temperatura das mãos, atividade das glândulas sudoríparas, ritmo da respiração, ritmo cardíaco e padrões de ondas cerebrais.

Talvez você já conheça o eletroencefalograma (EEG), que mede as ondas cerebrais. Há outros aparelhos de biofeedback: o eletromiógrafo (EMG) mede a tensão muscular; o eletrocardiógrafo (ECG) registra a função cardíaca; a resposta galvânica da pele (RGP) mede a temperatura epitelial. No geral, apenas um processo é monitorado a cada vez; o feedback é dado imediatamente por meio de tons sonoros, luzes ou mostradores digitais ou analógicos.[37]

Os princípios do biofeedback têm a ver com o modo pelo qual o cérebro manda no corpo.[38] O telencéfalo controla a maioria dos movimentos conscientes. O tronco encefálico e a medula espinhal governam as entradas e saídas de sinais relacionados à respiração e outras funções menos conscientes. Muitas técnicas de biofeedback procuram aumentar o controle consciente dessas regiões, aumentando a capacidade da mente de influenciar a consciência e a química do corpo. Assim, o biofeedback pode ser usado para treinar o cérebro para alcançar estados mais tranquilos e positivos, mas também é usado para redução da dor, controle da ansiedade, transtornos do sono e até doenças graves.

Pessoas que passam por esse processo aprendem, em geral, exercícios de relaxamento com respiração e visualização. Observam então a mudança de seus sinais vitais, como a redução da pressão sanguínea ou a entrada do cérebro no estado alfa. Com o tempo, já não precisam de instrumentos para alcançar o mesmo resultado. Já se provou que o biofeedback ajuda a induzir estados místicos de consciência, como os que se obtêm no sufismo, no zen, no yoga e em outras disciplinas espirituais. Também tem associação positiva com estados alterados: o aumento das ondas cerebrais alfa é acompanhado por aumento da atividade do lado direito do cérebro, que rege a criatividade e a intuição. Isso, por sua vez, estimula o desenvolvimento da percepção extrassensorial (PES).[39]

Outras formas especiais de biofeedback, como o biofeedback térmico, colaboram para a solução de problemas de saúde específicos, como a doença arterial periférica e úlceras crônicas nos pés associadas ao diabetes. Um pesquisador de saúde pública na Universidade de Minnesota conseguiu usar com sucesso o biofeedback térmico para aliviar a dor e acelerar a cura, como relata um recente estudo clínico em que pacientes com úlceras crônicas dos pés curaram-se por completo em três meses. Esse método de biofeedback inclui técnicas de visualização e respiração guiada.[40]

Esse aglomerado de cristais de magnetita ajuda a explicar a descoberta de um campo magnético complexo ao redor da cabeça, detectado pelo aparelho SQUID já mencionado. Isso talvez explique nossa sensibilidade a campos magnéticos, quer emanem da terra, do céu ou de outras pessoas.

GLÂNDULA PINEAL

A glândula pineal atua como um sensor eletromagnético que regula todos os nossos estados, do humor à PES. É ela que produz a melatonina e regula o sono.[41]

Os pesquisadores Iris Haimov e Peretz Lavie constataram que indivíduos cuja glândula pineal não funciona bem têm dificuldade para detectar e transmitir informações por meio dos campos eletromagnéticos. Têm, então, grande dificuldade para dormir, bem como outros problemas de saúde associados à perturbação do ciclo circadiano.⁴²

A glândula pineal é associada ao sétimo chakra ou plano de consciência e representa uma abertura para as energias divinas. É também a glândula endócrina associada à ascensão da kundalini – processo de espiritualização ligado ao trabalho com os chakras. O papel da glândula pineal na iluminação está relacionado a interações bioquímicas e eletromagnéticas.⁴³

Do ponto de vista bioquímico, a glândula pineal orquestra uma importante priorização de etapas que envolvem a síntese do aminoácido triptofano interagindo com várias circunstâncias – e, em alguns estágios, com a presença de luz. De forma simplificada, a sequência de produção é triptofano, serotonina, melatonina, pinolina, 5-metoxi-dimetil-triptamina (5-MeO-DMT) e dimetiltriptamina (DMT).⁴⁴

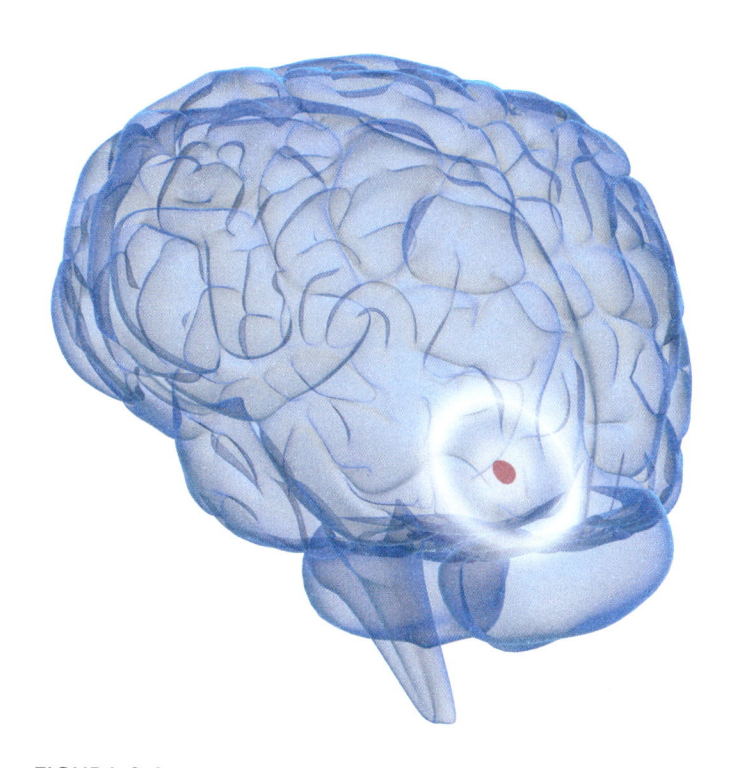

FIGURA 2.4
GLÂNDULA PITUITÁRIA
A glândula pituitária gera um campo magnético em razão dos cristais de magnetita localizados diante dela.

O triptofano é um aminoácido essencial encontrado na maioria dos alimentos à base de proteínas. A melatonina, fabricada à noite, regula o ritmo circadiano; a serotonina, fabricada durante o dia, é um neurotransmissor que regula o sono, a temperatura do corpo, o apetite e as emoções; a pinolina é uma substância neuroquímica implicada na consciência; a 5-MeO-DMT, uma triptamina psicodélica, é encontrada no veneno de certos sapos, em plantas, sementes e na resina de certas cascas de árvore; e a DMT é uma triptamina que ocorre naturalmente e uma neurotransmissora.

Parte da comunidade científica e espiritual vinculou essas substâncias químicas a experiências místicas e psíquicas. Serena M. Roney-Dougal, Ph.D., por exemplo, do Psi Research Centre, em Glastonbury, Inglaterra, apresentou grande quantidade de indícios neuroquímicos e antropológicos que dão a entender que a produção de pinolina pela glândula pineal pode facilitar um estado de consciência propício à atividade mediúnica.⁴⁵

Conjectura-se que a pinolina age sobre a serotonina para desencadear estados de sonho. Além disso, tem propriedades alucinógenas, e sua estrutura química é semelhante à das substâncias encontradas em um vegetal psicotrópico da Amazônia.⁴⁶ Estudos indicam que o estado do sonho é aquele no qual somos mais propícios a ter experiências paranormais ou mediúnicas. Acredita-se que a pinolina seja a substância neuroquímica que desencadeia esse estado de consciência.⁴⁷

A DMT também foi chamada de "molécula espiritual" em razão do possível papel que desempenha na produção de estados psicodélicos por meio da glândula pineal. Pesquisas do Dr. Rick Strassman, entre outros, dão a entender que sob condições específicas – experiências de quase morte, uso de substâncias psicotrópicas xamânicas, certos estados meditativos – a glândula pineal pode produzir DMT, a qual, então, nos leva a outros estados de consciência.[48] Esses e outros estudos sobre a glândula pineal indicam que ela talvez seja de fato a "glândula do espírito" que se considera ser em várias tradições místicas.

8

A PELE

A pele é o maior órgão do corpo. No ser humano adulto, cobre aproximadamente dois metros quadrados. Proporciona uma camada protetora e à prova d'água, e, como órgão sensorial, regula a temperatura. A pele absorve e libera calor, mantendo a temperatura do corpo em limites viáveis.

A pele é um dos componentes do sistema externo do corpo, que também inclui os pelos, os folículos, as glândulas sebáceas e sudoríparas e as unhas. Funciona como parte do sistema excretor do corpo, removendo água e pequenas quantidades de ureia e sais por meio do suor. Também ajuda a preservar os sistemas circulatório e nervoso.

A pele é composta de duas camadas de tecido: a derme e a epiderme. A epiderme é a camada exterior, composta sobretudo de células chamadas *queratinócitos* ou *ceratinócitos*, que estão constantemente morrendo, sendo descartadas e depois substituídas por células das camadas inferiores. As novas células levam de duas a quatro semanas para se formar e alcançar a superfície da pele. A pele morta se transforma em um material chamado *queratina*, que sai do corpo na forma de escamas minúsculas, quase invisíveis.

Por baixo da epiderme fica a derme, rede de fibras de colágeno e elastina entremeada com vasos sanguíneos e linfáticos, glândulas sudoríparas e sebáceas e os folículos dos pelos. As glândulas sudoríparas são controladas pelo sistema nervoso e estimuladas para secretar suor, quer em razão de uma emoção ou da necessidade do corpo de perder calor. As glândulas sebáceas lubrificam as hastes dos pelos e são controladas pelos hormônios sexuais.

Tanto a epiderme quanto a derme contêm terminações nervosas adaptadas para detectar o frio, o calor, a pressão e a coceira, que evocam reflexos de proteção ou transmitem sensações agradáveis, como as de calor e do toque de outra pessoa. Por baixo da derme há uma camada variável de células que armazenam gordura e isolam o corpo contra temperaturas extremas. Há também tecido conjuntivo e um pequeno número de vasos sanguíneos.

Os pelos e cabelos e as unhas são formas especializadas de queratina. As unhas dos dedos das mãos e dos pés são produzidas por células vivas da pele, embora a unha em si não tenha vida, não sinta dor nem sangre caso seja danificada. As células dos folículos pilosos, que também contêm uma glândula sebácea, formam os pelos e se dividem rapidamente.

COR DA PELE

A cor da pele deriva de um pigmento biológico escuro chamado melanina, o qual também se encontra nos cabelos e nas íris dos olhos. A melanina tem a função de proteger a pele contra os raios solares prejudiciais. Todas as raças têm o mesmo número de células pigmentares – os chamados melanócitos –, mas diferenças genéticas controlam a quantidade de melanina que se incorpora às células da epiderme. A quantidade de melanina produzida por essas células varia muito. Nas raças de pele escura, por exemplo, os melanócitos são maiores e produzem mais pigmento. O albinismo decorre da ausência de uma enzima que forma os pigmentos.

9

O SISTEMA CIRCULATÓRIO

Este sistema compreende basicamente o coração e os vasos sanguíneos e distribui o sangue por uma rede de artérias, veias e capilares, entre outros componentes, formando um circuito fechado.

Duas formas de circulação trabalham juntas no corpo:

Circulação sistêmica: Leva o sangue oxigenado, rico em nutrientes, para todo o corpo. O oxigênio e os nutrientes se depositam nos tecidos. Os resíduos e gases se transferem para o sangue. Para completar o circuito, o sangue retorna ao coração pobre em oxigênio e carregado de dióxido de carbono, um dos resíduos do funcionamento celular.

Circulação pulmonar: Leva o sangue pobre em oxigênio do coração para os pulmões, onde ocorre a troca de gases. O sangue é enriquecido com oxigênio e volta ao coração para entrar de novo na circulação sistêmica.

CORAÇÃO

O coração bombeia o sangue, apoiando a circulação. Para começar o processo, bombeia sangue para as artérias por meio da aorta, que é a artéria central. O sangue circula pelos órgãos e tecidos, entregando alimento e oxigênio. Terminando suas entregas, volta ao coração por meio das veias.

No segundo circuito, o coração bombeia o sangue para os pulmões, que repõem o oxigênio e removem os resíduos. O sangue retorna então ao coração carregado de oxigênio.

Quatro câmaras cardíacas coordenam essas funções, mantendo constante o fluxo do sangue e otimizando os índices de oxigênio. Cada câmara desempenha uma tarefa específica, e nisso elas são auxiliadas pelas válvulas cardíacas, que controlam o fluxo de sangue pelo coração. As câmaras

O CORAÇÃO COMO ÓRGÃO ELETROMAGNÉTICO

O CORAÇÃO É O centro físico do sistema circulatório e administra mais de 75 trilhões de células. É também o centro eletromagnético do corpo, emitindo uma quantidade de eletricidade e magnetismo milhares de vezes maior que a do cérebro. O mais impressionante é que é um órgão de comunicação, dotado da capacidade potencial de gerir os processos intuitivos do corpo.

Como vimos na Parte I, o campo eletromagnético (CEM) do coração é 5 mil vezes mais forte que o do cérebro. Seu campo elétrico é 60 vezes maior que o do cérebro.[49] Além de a capacidade eletromagnética ser maior que a do cérebro, ele também é organicamente capaz de desempenhar certas funções semelhantes às funções cerebrais. Na verdade, entre 60% e 65% de suas células são células nervosas, idênticas às presentes no cérebro. A energia – informação em forma vibratória – flui constantemente entre o coração e o cérebro, dando assistência ao processamento emocional, às experiências sensoriais, à memória, à atribuição de significado aos acontecimentos e ao raciocínio.[50] Além disso, o coração é uma das maiores glândulas endócrinas do corpo e produz pelo menos cinco hormônios maiores, que impactam as funções fisiológicas do cérebro e do corpo inteiro.[51]

Há muito tempo o coração é reconhecido como o centro do corpo e a sede da alma. Em condições corretas – quando uma pessoa se "centra" conscientemente no coração, por exemplo –, o coração começa a gerir o cérebro. (No geral, o cérebro rege o corpo.) Quando o corpo é gerido pelo coração e não pelo cérebro, os estados mentais e emocionais alcançam funcionalidade superior e o corpo se torna mais saudável.[52] A pessoa também se torna capaz de perceber mais "mensagens positivas" que "mensagens negativas" no ambiente exterior, o que faculta uma relação mais positiva com o mundo.[53]

Esse "poder de cura do coração" é possível em razão da natureza energética do corpo. Toda energia contém informação e todas as células são energéticas. Quanto mais cerrado um grupo de células, mais elas são capazes de oscilar ou vibrar em ritmo coordenado, produzindo um sinal mais poderoso e intenso. As células cardíacas são organizadas de maneira muito próxima, gerando, assim, um sinal comum muito forte, de natureza ao mesmo tempo elétrica e magnética. O sinal interno do coração é mais forte que qualquer outro produzido pelo corpo, porque é mais intenso. Desse modo, o coração é capaz de assumir dinamicamente a liderança do corpo, e seus ritmos são capazes de modular ou "dominar" os de outros órgãos. O que dizer da relação do coração com o mundo externo? Constantemente recebemos informações – às vezes chamadas "ruído de fundo" – de fora de nós. O coração não é apenas capaz de sobrepujar esse fluxo de informações que entram como também consegue separar e filtrar as informações do mundo fora do corpo – até mesmo aquelas intuitivas.

Como explica o pesquisador Stephen Harrod Buhner em seu livro *The Secret Teachings of Plants*, células altamente sincronizadas, como as que se organizam de

são os átrios esquerdo e direito, de paredes finas, que recebem o sangue que entra no coração, e os ventrículos esquerdo e direito, as duas câmaras inferiores, que bombeiam o sangue para fora do coração rumo aos pulmões e a todas as outras partes do corpo.

COMO O CORAÇÃO BATE?

A cada batimento cardíaco, os dois átrios se contraem e enchem os ventrículos de sangue. Depois, os ventrículos se contraem. Essa série ordenada de contrações depende de um complexo sistema de controle elétrico.

forma compacta no coração, são capazes de usar o ruído de fundo para aumentar a amplitude de um sinal que entra – caso estejam interessadas em ouvi-lo.[54] O coração vai "ouvir" o que estiver programado para "ouvir". Se houver amor no coração, ele prestará atenção ao amor. Se o medo, a cobiça ou a inveja residirem dentro do coração, ele acessará a negatividade.

A maioria das pessoas acredita que o cérebro dá início à primeira resposta aos acontecimentos percebidos e a partir daí coordena nossas reações. Uma análise revela, no entanto, que a informação que entra impacta primeiro o coração e depois, por meio deste, o cérebro e o restante do corpo.[55] Nosso coração é tão forte que é capaz de formular o símbolo mais famoso do amor: a luz. Pesquisas demonstraram que, em certas condições, uma pessoa que medita é capaz de gerar uma luz visível que sai do coração. A técnica de meditação, no entanto, não pode ser transcendente; deve ser centrada no coração. Quando isso ocorreu no contexto de estudos empreendidos na Universidade de Kassel, na Alemanha, em 1997, o coração emitiu uma luz contínua de 100 mil fótons por segundo, ao passo que a luz de fundo tinha apenas 20 fótons por segundo. As meditações usadas baseavam-se nos entendimentos de várias culturas, inclusive na prática hindu da kundalini.[56]

Já se disse que o coração é o centro do corpo, mas também é possível que ele seja o núcleo de um universo sutil – ou talvez um "sol sutil" gerado pelo indivíduo.

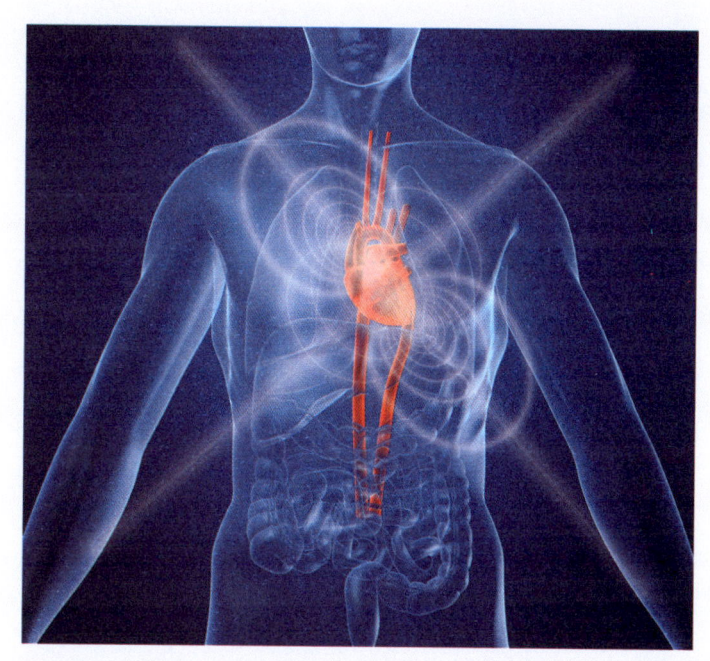

FIGURA 2.5
CAMPO ELETROMAGNÉTICO DO CORAÇÃO

O batimento cardíaco é iniciado por um minúsculo grupo de células chamado nódulo sinoatrial, localizado no músculo atrial direito. O nódulo sinoatrial envia um sinal elétrico que percorre todo o coração logo antes de cada batimento. Os impulsos passam do nódulo sinoatrial para ambos os átrios e fazem com que estes se contraiam. Outro nódulo, o atrioventricular, na junção entre os átrios e os ventrículos, retarda o impulso de contração. Depois de os átrios se contraírem, o impulso é transmitido para baixo por meio de um músculo cardíaco especializado chamado *feixe de His* (sendo "His" o nome de um famoso cardiologista suíço), que provoca a contração dos ventrículos.

Quando o corpo está em repouso, essa rotina cíclica ocorre aproximadamente 70 vezes por minuto, e esse ritmo aumenta quando a pessoa está sob estresse ou faz esforço físico. Um eletrocardiograma (ECG) é capaz de registrar esses impulsos.

O SANGUE

O sangue é transportado pelo corpo em uma rede de vasos. Deixa o coração para entrar na circulação sistêmica, é bombeado pela aorta e viaja pelo sistema arterial a fim de fornecer oxigênio e nutrientes às células dos órgãos e tecidos do corpo. A transferência de nutrientes ocorre em minúsculos capilares que conectam as artérias e as veias. O sangue percorre, então, as veias para voltar ao coração.

As hemácias (glóbulos vermelhos) desempenham importante papel na circulação, pois transportam oxigênio dos pulmões para os tecidos por meio de uma proteína chamada *hemoglobina*. Essas células captam o dióxido de carbono e o levam de volta aos pulmões, onde é eliminado com a respiração.

Os leucócitos (glóbulos brancos) combatem doenças. Classificam-se em vários tipos, cada um dos quais desempenhando papel diferente. O plasma, em conjunto com outras células, serve para coagular o sangue e fechar as feridas.

O tempo de vida de uma hemácia é de cerca de 120 dias, ao passo que a maioria dos leucócitos tem tempo de vida de no máximo alguns dias.

10

O SISTEMA RESPIRATÓRIO

A respiração é o meio pelo qual células e tecidos adquirem o oxigênio necessário para sua manutenção e se livram do dióxido de carbono. Uma das principais funções da respiração é o metabolismo do oxigênio. As células do corpo usam o oxigênio da mesma maneira que um carro queima combustível misturado com oxigênio. No caso do corpo, o combustível é a glicose (açúcar). Os resíduos produzidos são principalmente dióxido de carbono e água. O oxigênio é introduzido no corpo quando inspiramos, e seus subprodutos são liberados quando expiramos.

As respiração envolve os pulmões, o diafragma e o trato respiratório superior: nariz, boca, laringe, faringe e traqueia. Faz uso dos músculos entre as costelas (músculos intercostais) e do diafragma, conjunto de músculos em forma de cúpula que separa o tórax do abdome. Quando respiramos, o ar é inalado pelo nariz, desce pela traqueia e entra nos pulmões. O oxigênio e outras substâncias passam do ar para o sangue e o dióxido de carbono passa do sangue para o ar. A troca de gases ocorre nos alvéolos, minúsculos sacos de ar localizados nas extremidades dos tubos bronquiais, nos pulmões. Neles, o sangue dos capilares entra em contato com o ar, assimila o oxigênio e descarta o dióxido de carbono.

A respiração pode ser controlada de maneira consciente, mas também é um movimento reflexo. Nosso ritmo respiratório é controlado pelo bulbo raquidiano (medula oblonga), centro respiratório do cérebro, e regulado de acordo com os níveis de dióxido de carbono no sangue.

11

O SISTEMA ENDÓCRINO

O sistema endócrino, como o nervoso, é um sistema de sinais de informação. Ao passo que o sistema nervoso usa nervos para conduzir informações, o sistema endócrino usa, sobretudo, os vasos sanguíneos como canais de informação. A palavra endócrino significa literalmente *secreção direta* na corrente sanguínea.

O sistema endócrino é integrado de pequenos órgãos que controlam a produção de hormônios. É responsável por mudanças lentas do corpo, ou de longo prazo, como o crescimento, e por muitas das mudanças graduais ocorridas na puberdade ou na menopausa/andropausa.

As glândulas endócrinas estão distribuídas por todo o corpo. Liberam hormônios – mensageiros ou mediadores químicos específicos – na corrente sanguínea. Esses hormônios regulam o crescimento, o desenvolvimento, o metabolismo, o funcionamento dos tecidos e, em parte, o humor.

As glândulas endócrinas são a pituitária, a pineal, o timo, a tireoide, a paratireoide, as adrenais, o pâncreas, os ovários e os testículos. A placenta, que se desenvolve durante a gravidez, também tem função endócrina. Em regra, as glândulas endócrinas são aquelas sem dutos que secretam hormônios diretamente nos vasos sanguíneos locais, que então os levam a circular pelo corpo por meio da corrente sanguínea. Esses hormônios viajam até órgãos distantes para regular o funcionamento destes.

A função dos hormônios é, em especial, a de controlar ou influenciar a química das células-alvo. Determinam, por exemplo, o ritmo do metabolismo do alimento e de liberação de energia, bem como mandam as células produzir leite, pelos ou algum outro produto dos processos metabólicos do corpo.

Os hormônios fabricados pelas principais glândulas endócrinas, como a insulina e os hormônios sexuais, são chamados hormônios gerais. O corpo fabrica muitos outros hormônios que atuam bem perto do local onde são produzidos. A acetilcolina, por exemplo, é fabricada toda vez que um nervo transmite uma mensagem a uma célula muscular, mandando-a contrair-se.

Entre as doenças do sistema endócrino contam-se o diabetes, a obesidade, problemas de humor e transtornos do sono. As doenças endócrinas são muitas vezes caracterizadas pela desregulação da liberação de hormônios (adenoma na pituitária), por respostas inadequadas aos sinais (hipotireoidismo) e pela ausência ou destruição de uma glândula (diabetes tipo 1).

GLÂNDULAS ENDÓCRINAS E O METABOLISMO[57]

O metabolismo é uma série de interações químicas que proporcionam energia e nutrientes às células e aos tecidos. Tem íntima relação com o sistema endócrino.

A tireoide, por exemplo, produz um hormônio que regula diretamente o metabolismo. Feito de tiroxina (T_4 ou tetraiodotironina) e triiodotironina (T_3), o hormônio da tireoide determina a taxa metabólica geral e a produção de energia do corpo. Problemas de tireoide podem tornar o metabolismo muito acelerado (hipertireoidismo) ou muito lento (hipotireoidismo). A tireoide também produz calcitonina, que reduz e estabiliza o conteúdo de cálcio do corpo.

A glândula pituitária afeta igualmente o metabolismo. Situada na base do cérebro, essa glândula, do tamanho de uma ervilha, produz os próprios hormônios e influencia a produção hormonal das demais glândulas. Juntas, a pituitária e o hipotálamo controlam muitos aspectos do metabolismo, trabalhando em harmonia para proporcionar os hormônios necessários ao funcionamento eficiente do corpo.

Os hormônios leptina e grelina também ajudam a regular o metabolismo do corpo. A leptina, descoberta em 1994, é produzida pela gordura, a qual se torna, assim, um órgão endócrino. Diz ao cérebro quando devemos comer. Enquanto a insulina instrui as células a queimar ou usar a gordura e a glicose, a leptina controla o armazenamento de energia e sua utilização pelas células. É ela que diz ao cérebro o que fazer, não o contrário.

A grelina estimula o apetite: aumenta-o antes de comermos e o diminui depois. Encontra-se em pequenas quantidades na pituitária, no hipotálamo, nos rins e na placenta. Também estimula a secreção de hormônios do crescimento pela glândula pituitária anterior.

12

O SISTEMA DIGESTÓRIO

O processo digestivo decompõe os alimentos em substâncias que possam ser absorvidas e utilizadas para produzir energia e crescimento e reparar o corpo. O sistema digestório,[58] chamado às vezes *sistema gastrointestinal*, compreende a boca, a garganta, o esôfago, o estômago, o intestino delgado, o intestino grosso, o reto e o ânus. É responsável por receber o alimento, decompô-lo em componentes utilizáveis (lipídios, açúcares e proteínas), lançar os nutrientes na corrente sanguínea e eliminar, na forma de dejetos, as partes indigeríveis do alimento. Seus órgãos produzem fatores de coagulação e hormônios não relacionados à digestão, removendo substâncias tóxicas do sangue e metabolizando medicamentos.

A cavidade abdominal contém os principais órgãos digestivos. Seus limites são a parede abdominal à frente, a coluna vertebral atrás, o diafragma acima e os órgãos pélvicos abaixo. Órgãos que não pertencem ao sistema digestório – o pâncreas, o fígado e a vesícula biliar – desempenham papel crítico na digestão.

DIGESTÃO E O CÉREBRO[59]

O cérebro e o sistema digestório trabalham juntos. Há muito os cientistas sabem que o cérebro estimula os órgãos digestivos por meio de atividades parassimpáticas, como a visão, o olfato e o paladar, que despertam a fome. Fatores psicológicos também impactam a fome e a digestão, influenciando os movimentos do intestino, a secreção de enzimas digestivas e outras funções digestivas. A tristeza ou a raiva intensas, por exemplo, dão início a uma reação em cadeia que estimula ou reduz a fome, podendo causar problemas de digestão e de peso e, às vezes, doenças intestinais.

Por outro lado, o sistema digestório influencia igualmente o cérebro. Doenças crônicas ou recorrentes, como a síndrome do intestino irritável, a colite ulcerativa e outras doenças dolorosas, afetam as emoções, os comportamentos e a vida cotidiana da pessoa. Essa associação de mão dupla foi chamada "eixo cérebro-intestinal".

Em razão das ricas conexões com o sistema nervoso autônomo, os órgãos digestivos são focos comuns de doenças psicossomáticas. Muitas pessoas que sofrem de síndrome do intestino irritável apresentam também algum tipo de doença psiquiátrica; sua síndrome se torna mais severa quando estão sob estresse. A doença de Crohn foi igualmente ligada à aflição emocional. Certas pessoas que sofrem ataques de pânico apresentam transtornos do intestino; os problemas deste começam no sistema nervoso simpático. Há ainda outras doenças, como o câncer, o diabetes tipo 2 e a artrite reumatoide, cujas relações psicossomáticas estão sendo estudadas.

Especialistas como o médico Michael Gershon afirmam que o estômago contém um segundo cérebro, rico em neurotransmissores próprios, que desencadeia a síndrome do intestino irritável. Gershon diz que esse é um exemplo de funcionamento isolado do intestino, embora reconheça a influência de um "eixo cérebro-intestinal" quando a pessoa fica com "frio na barriga" após o cérebro enviar uma mensagem de ansiedade ao intestino, o qual envia de volta ao cérebro a mensagem de que está infeliz.[60]

O SISTEMA EXCRETOR

O principal papel do sistema excretor[61] é o de retirar do sistema circulatório, por filtragem, os resíduos produzidos pelas células, as toxinas e o excesso de água ou de nutrientes. O corpo tem diversas maneiras de se livrar dos resíduos, os quais devem ser removidos para que o corpo não se envenene. Esses processos se dão por meio dos seguintes sistemas e órgãos.

SISTEMA URINÁRIO

Os rins são um elemento essencial do sistema urinário, o mecanismo de que o corpo dispõe para eliminar os resíduos extraídos do sangue. Filtram o sangue, conservam o equilíbrio correto de água e eletrólitos e eliminam os resíduos na forma de urina. A urina sai dos dutos que a coletam nos rins e passa, no fim, para um tubo chamado uretra, que conduz ao exterior do corpo.

FÍGADO

O fígado é multifuncional. Sua principal tarefa é processar o sangue rico em nutrientes vindo do trato gastrointestinal e ajustar seus níveis químicos para otimizar o funcionamento metabólico. É o maior órgão do corpo; divide-se em dois lobos e é atendido pela artéria hepática e pela veia porta.

Para auxiliar a digestão e a excreção, o fígado produz bile, substância fortemente alcalina que decompõe gorduras. A bile é liberada pelos dutos biliares do fígado, armazenada na vesícula biliar e secretada no intestino delgado. Além de decompor o alimento para eliminar os resíduos sólidos, a bile também coleta a água dos resíduos, para que esta possa ser reutilizada.

INTESTINO GROSSO

O intestino grosso compreende o cólon e o reto. Ao passo que o intestino delgado absorve os nutrientes no processo digestivo, o intestino grosso reabsorve água e desloca os resíduos em direção ao ânus. Além disso, remove o sal e a água do material enviado pelo intestino delgado. O restante é liberado na forma de fezes.

PELE E PULMÕES

A pele e os pulmões são considerados órgãos excretores. A pele contém glândulas sudoríparas que eliminam água, sais e ureia (resíduo produzido pelos rins). Os pulmões eliminam dióxido de carbono e água.

14

O SISTEMA REPRODUTOR

A atividade sexual é um impulso básico que os seres humanos partilham com todos os outros animais. Nos seres humanos, os órgãos e as glândulas reprodutoras começam a se desenvolver e a amadurecer na puberdade. É por meio deles que se forma a próxima geração. No desenvolvimento do feto, esses órgãos estão ligados ao sistema urinário.

Os órgãos reprodutores se dividem em duas partes: os genitais internos e externos e as gônadas. As gônadas masculinas são os testículos, e as femininas, os ovários. Durante a puberdade, as gônadas começam a crescer e se tornam ativas sob a influência de hormônios gonadotrópicos produzidos na glândula pituitária. Esses hormônios estimulam a produção dos hormônios sexuais: a testosterona nos homens e o estrogênio e a progesterona nas mulheres.[62]

SISTEMA REPRODUTOR MASCULINO

O homem contribui para a reprodução produzindo esperma. O esperma fertiliza o óvulo no corpo feminino, e o óvulo fertilizado (zigoto) cresce aos poucos e se transforma em feto.

Boa parte da anatomia reprodutora é externa. Os órgãos reprodutores masculinos são os testículos, o epidídimo (local onde o esperma se acumula), a próstata e o pênis. O pênis é o órgão urinário e reprodutor masculino e contém três cilindros de um tecido vascular esponjoso que permitem a ereção.

Quando o homem se excita sexualmente, o pênis se torna ereto e pronto para a relação sexual. A ereção ocorre quando os corpos cavernosos dentro do tecido eréctil do pênis se enchem de sangue.

Na ejaculação, o esperma sai do pênis misturado com um fluido chamado *fluido seminal*, é produzido por três glândulas: as vesículas seminais, a próstata e as glândulas bulbouretrais, também chamadas glândulas de Cowper. Cada componente do fluido seminal tem função específica. Os espermatozoides se conservam melhor em solução básica; assim, o fluido seminal tem pH ligeiramente alcalino. Além disso, atua como fonte de energia para o esperma e contém substâncias químicas que provocam a contração do útero.

Os testículos produzem esperma e testosterona. Localizam-se fora da cavidade abdominal do homem, dentro do saco escrotal. No feto, começam a desenvolver-se na cavidade abdominal, mas descem para o saco escrotal nos dois últimos meses de desenvolvimento. Isso é necessário para a produção do esperma, pois a temperatura interna do corpo é muito alta para a produção de espermatozoides viáveis.

ESPERMATOZOIDE

O espermatozoide maduro contém 23 cromossomos que levam a marca genética do pai e determinam as características deste a serem herdadas pela criança. Além disso, leva a mensagem genética que determina o sexo da criança. O ser humano normal do sexo masculino produz centenas de milhões de espermatozoides por dia. Eles são produzidos continuamente no decorrer de toda a vida reprodutiva do homem, embora a produção diminua com a idade.

SISTEMA REPRODUTOR FEMININO

Ao contrário do homem, a mulher tem um sistema reprodutor que se localiza quase inteiramente dentro da pelve. Um delicado mecanismo de sincronização controla os principais processos físicos da reprodução feminina por meio dos estágios da menstruação, da concepção e da gestação.

A vulva é a parte externa dos órgãos reprodutores femininos; recobre a entrada da vagina ou canal de nascimento. Inclui os lábios, o clitóris e a uretra. Além da vagina, os órgãos reprodutores femininos são os ovários, as tubas uterinas e o útero.

Durante a excitação sexual, há pequena ingurgitação dos seios e congestão do clitóris e dos lábios vaginais, bem como aumento das secreções vaginais produzidas no canal cervical e pelas glândulas de Bartholin – pequenas glândulas situadas em ambos os lados da abertura vaginal que secretam muco para proporcionar lubrificação. As secreções vaginais também aumentam durante a ovulação.

Os ovários produzem óvulos para serem fertilizados. O útero abriga o óvulo fertilizado e o protege até o término da gestação. Tem a forma de uma pera invertida, com revestimento grosso e paredes musculares; contém alguns dos músculos mais fortes do corpo feminino, capazes de se expandir e se contrair para acomodar o crescimento do feto e expulsar o bebê na hora do parto. Quando a mulher não está grávida, o útero tem apenas cerca de 7,5 cm de comprimento e 5 cm de largura.

A vagina se liga ao útero por meio do colo uterino, ao passo que o útero se liga aos ovários por meio das tubas uterinas. Os ovários contêm certo número de células que permanecem adormecidas até a puberdade. Quando esta tem início, os ovários se ativam; cerca de 20 óvulos desenvolvem-se e aumentam de tamanho no começo de cada ciclo menstrual. Os ovários liberam os óvulos a intervalos, e estes descem pelas tubas uterinas até chegar ao útero. Caso os espermatozoides penetrem no útero nesse momento, pode acontecer de um deles se unir ao óvulo para fertilizá-lo. O núcleo do óvulo contém 23 cromossomos e, quando unido a um espermatozoide maduro, constitui uma célula de 46 cromossomos para produzir um embrião. A mulher permanece fértil por cerca de 36 horas a cada ciclo menstrual, por volta do décimo quarto dia de um hipotético ciclo menstrual de 28 dias. Uma vez por mês, mais ou menos, o processo de ovogênese faz amadurecer um óvulo, que desce pela tuba uterina à espera de ser fertilizado. Quando não é fertilizado, o óvulo é eliminado do sistema por meio da menstruação.

A fertilização geralmente ocorre nos ovidutos, mas também pode acontecer no próprio útero. O zigoto, óvulo fertilizado, se implanta na parede uterina e começa a se transformar em embrião, o qual, com o desenvolvimento, se transforma em feto. Quando o feto é capaz de sobreviver fora do útero, o colo uterino se dilata e o útero se contrai, expulsando o feto pela vagina.

15

O METABOLISMO

O metabolismo[63] é um processo de troca e produção de energia essencial para o funcionamento do corpo. Há dois tipos:

Anabolismo: Fase de acúmulo, em que moléculas e substâncias complexas são criadas a partir de moléculas simples. O anabolismo usa energia para construir os componentes das células, como proteínas e ácidos nucleicos.

Catabolismo: Processo de criação de energia por meio da decomposição das moléculas complexas em estruturas mais simples, a fim de ajudar as células do corpo a trabalharem de maneira eficiente e correta. O catabolismo gera energia e ocorre, por exemplo, quando da contração dos músculos, que produz dióxido de carbono e ácido lático, entre outras substâncias. Além disso, gera perda de calor.

TIREOIDE E O METABOLISMO

A glândula tireoide secreta hormônios que controlam a velocidade das funções químicas do corpo. Regula a taxa de metabolismo basal (TMB), índice de consumo de energia registrado em relação a fatores como altura, peso, idade e dieta. A TMB é medida em número de calorias queimadas em repouso. As calorias são uma medida da energia despendida pelo corpo para manter as funções corpóreas normais. O metabolismo basal corresponde ao maior gasto energético do organismo, representando, em geral, 60% a 70% do valor diário e inclui os batimentos cardíacos, a respiração e a manutenção da temperatura do corpo.

PAPEL DO ATP, CADEIA DE TRANSPORTE DE ELÉTRONS[64]

O trifosfato de adenosina (ATP) é um composto químico multifuncional de importância vital para a energização das células, as quais consomem a energia que ele libera. No metabolismo, o ATP desempenha o papel de transportar energia química. A energia produzida no processo de decomposição química (catabolismo) fica armazenada no ATP, pronta para ser liberada quando necessário. A fonte primária de energia para a construção do ATP é o alimento. Uma vez que este seja decomposto em nutrientes diversos, as fontes de energia podem ser usadas imediatamente para construir novos tecidos ou ser armazenadas para posterior consumo.

No corpo, o ATP é produzido primariamente pelas mitocôndrias, pequenas estruturas citoplasmáticas dentro das células. As mitocôndrias produzem um gradiente eletroquímico semelhante ao produzido por uma bateria, acumulando íons de hidrogênio no espaço entre suas membranas externa e interna. A energia resultante vem das cadeias de enzimas (cujo número é estimado em cerca de 10 mil) contidas dentro dos sacos membranosos das paredes mitocondriais. Essa cadeia de transporte de elétrons produz a maior parte da energia que despendemos na vida.

O ATP contém adenosina e uma cauda composta de três fosfatos. A energia é liberada pela molécula de ATP por meio de uma reação que remove um dos grupos de fosfato e oxigênio e deixa para trás uma molécula de difosfato de adenosina (ADP). Quando se converte em ADP, o ATP se exaure. Depois, o ADP é imediatamente reciclado dentro das mitocôndrias, onde é recarregado e emitido de novo na forma de ATP.

16

O SISTEMA IMUNOLÓGICO

O sistema imunológico compreende as defesas do corpo contra doenças e lesões. Boa parte dele é apoiada pelo sistema linfovascular, de sistema de vasos que carrega o fluido intersticial pelo corpo. Essa rede trabalha em íntima associação com o sangue, sobretudo com os glóbulos brancos, chamados linfócitos, essenciais para defender o corpo contra doenças.

SISTEMA LINFÁTICO

O sistema linfático é encarregado de limpar e purificar os líquidos do corpo. É composto de diversas partes, entre elas os vasos, os nódulos e os órgãos linfáticos, além da própria linfa, fluido que corre no sistema linfático.

Os vasos linfáticos coletam o excesso de líquidos, os corpos estranhos e outros materiais dos tecidos e das células do corpo, filtram tudo isso e devolvem à corrente sanguínea o líquido purificado. Esses vasos se encontram em todas as partes do corpo, exceto no sistema nervoso central, nos ossos, nas cartilagens e nos dentes.

Os capilares linfáticos, que são os menores vasos sanguíneos, situam-se ao longo das artérias e das veias. As paredes desses capilares são muito finas e permeáveis, de modo que moléculas e partículas grandes, inclusive bactérias, entram na linfa e não nos capilares sanguíneos. Alguns vasos linfáticos também contêm um músculo involuntário que se contrai sempre na mesma direção, impulsionando a linfa.

Os nódulos ou glândulas linfáticas se dispõem ao longo de vários pontos ao redor das artérias principais e perto da superfície da pele – na virilha, nas axilas e no pescoço. O nódulo linfático atua como câmara de compensação, filtrando a linfa e destruindo os corpos estranhos dentro dela.

Quando a linfa sai do nódulo, também vem carregada de linfócitos e anticorpos, substâncias proteicas que inativam os corpos estranhos.

O sistema linfático inclui órgãos e tecidos linfoides altamente especializados, que são o timo, o baço e as tonsilas. O timo é ao mesmo tempo um órgão linfático e uma glândula endócrina, produzindo linfócitos especiais. Secreta timosina, que estimula o desenvolvimento de linfócitos T. O baço, que tem a maior concentração de tecido linfático do corpo, filtra o sangue e armazena linfócitos. As tonsilas também são tecidos linfáticos especializados. Constituem a primeira linha de defesa contra as bactérias que invadem os sistemas respiratório e digestório por meio da boca e do nariz.

A composição da linfa depende da localização do vaso linfático. Os vasos que drenam os membros, por exemplo, contêm proteínas, ao passo que a linfa dos intestinos é repleta de uma gordura leitosa, chamada *quilo*, absorvida durante a digestão. Em última instância, os vasos linfáticos convergem para veias especiais perto do coração por meio do duto linfático direito e do duto torácico, devolvendo a linfa à corrente sanguínea.

RESPOSTA IMUNOLÓGICA

A resposta imunológica é a reação do corpo a organismos invasores, como bactérias, vírus, fungos e outros patógenos. O corpo tem várias maneiras de combater corpos estranhos, dependendo da natureza e da localização do invasor. Os dois principais tipos de resposta envolvem o sistema imunológico humoral e o sistema imunológico celular.

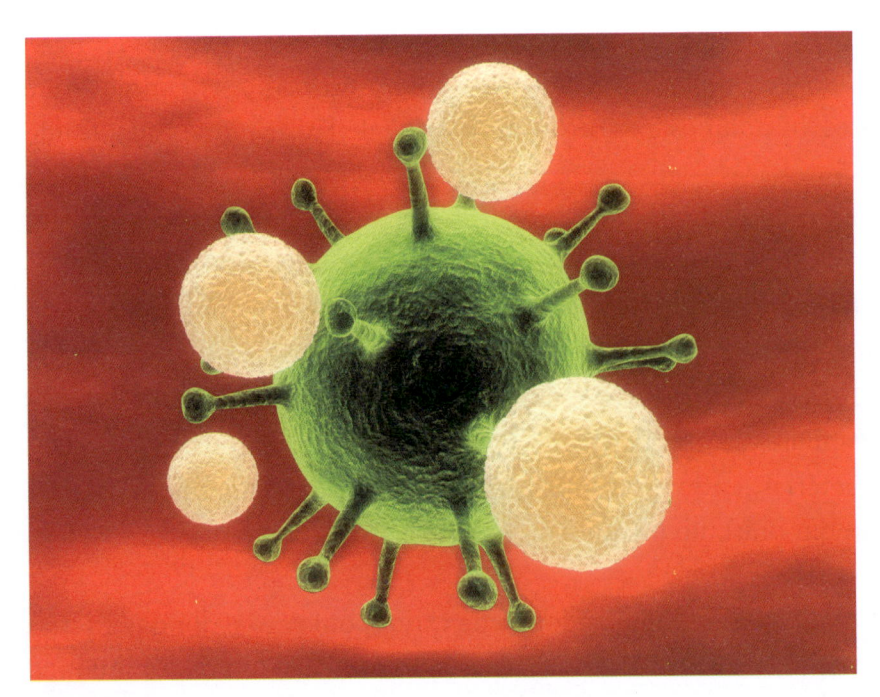

FIGURA 2.6
CÉLULAS T CITOTÓXICAS ATACANDO UM VÍRUS

A resposta imunológica humoral ocorre nos líquidos (humores) corporais. Os glóbulos brancos, chamados macrófagos, envolvem os vírus que entram pelas células na superfície da pele. Esses macrófagos desmontam o vírus e distribuem antígenos entre os linfócitos T ao seu redor. O ataque começou. Agora, anticorpos que visam àqueles vírus particulares, produzidos pelas células B do plasma, capturam as partículas virais. As células B de memória são programadas para se lembrar do vírus caso ocorra ataque futuro. Os macrófagos continuam desmontando os vírus, protegendo o corpo de infecção futura.

Na resposta imunológica celular, os linfócitos T, produzidos pelo timo, defendem o corpo por meio de uma ação retardada. Primeiro, o vírus é envolvido por mastócitos circulantes, que depois apresentam os antígenos às células T. Várias células T, produzidas pelos mastócitos, passam então a desempenhar seu papel. As células T de memória codificam a memória do antígeno invasor para poder prevenir ataques futuros. As células T citotóxicas destroem o antígeno, e as células T auxiliares recrutam células B e outras células T para comparecer ao local do ataque.

17

OS SENTIDOS

O corpo tem cinco órgãos sensoriais – o ouvido, o nariz, os olhos, a pele e a língua – que controlam respectivamente a audição, o olfato, a visão, o tato e o paladar. Nossos sentidos são, na verdade, mensagens que esses órgãos enviam ao cérebro por meio dos nervos cranianos.

AUDIÇÃO

O ouvido é responsável pelo sentido da audição e pelo nosso equilíbrio corporal. Compreende três partes: o ouvido externo (receptor), o ouvido médio (amplificador) e o ouvido interno (transmissor). O ouvido externo capta os sons, como uma antena de radar. O ouvido médio é constituído de um conjunto de ossos que amplifica os sons recebidos. Envia então vibrações mecânicas para o ouvido interno, que as converte em impulsos elétricos.

O órgão de Corti situa-se dentro da cóclea, estrutura em espiral do ouvido interno, e nos permite ouvir até ruídos muito baixos. É composto de fileiras de células e pequenos pelos estimulados pelo movimento do fluido coclear. O órgão de Corti envia impulsos ao longo do ramo coclear do nervo vestíbulo-coclear, o qual transmite os sinais ao córtex auditivo no lobo temporal do cérebro.

O ouvido também é o órgão do equilíbrio. Seu minúsculo órgão vestibular monitora o equilíbrio e alerta o cérebro para mudanças no equilíbrio do corpo.

O que ouvimos são ondas sonoras produzidas por vibrações das moléculas do ar. O tamanho e a energia dessas ondas determinam o volume do som, medido em decibéis (dB). O silêncio total é 0 dB. A intensidade tem relação com a amplitude da onda. Para conceber a amplitude da onda, imagine esta subindo e descendo em relação a uma linha de base. Essa linha de base é um "espaço não perturbado". Quanto maior a distância entre a crista da onda e a linha, maior a intensidade, mais altos os decibéis e mais forte o som (embora a amplitude seja medida tecnicamente pela própria fórmula, que mede a quantidade de força que se aplica sobre uma área). A frequência se refere ao número de ondas que vibram a cada segundo. Quanto maior o número de vibrações, mais alto ou agudo o tom das ondas sonoras. A frequência é medida em ciclos por segundo ou hertz (Hz).

OLFATO

O olfato talvez seja o mais antigo e o menos compreendido de nossos cinco sentidos. À medida que evoluímos, o olfato conservou sua conexão com partes do cérebro emocional; existe um vínculo muito próximo entre os odores e as emoções. O sentido do olfato proporciona informações valiosas sobre o mundo exterior, inclusive sinais de perigo. Há também uma conexão entre o paladar e o olfato, pois este é o maior responsável por determinar os gostos que sentimos.

Os receptores sensoriais do olfato encontram-se no teto da cavidade nasal, logo abaixo dos lobos frontais do cérebro. Essa região contém milhões de minúsculas células olfativas. Cada uma delas tem cerca de 12 cílios (pelinhos) que se projetam em uma camada de muco. O muco mantém os cílios úmidos e prende as substâncias odoríferas. Os cílios têm receptores químicos, células especializadas que detectam as diferentes substâncias químicas que causam odores e transmitem essas informações ao sistema nervoso.

Vários tipos de quimiorreceptores estimulam as células olfativas. As substâncias químicas se dissolvem nos fluidos mucosos, grudam-se aos cílios e fazem com que as células enviem sinais elétricos ao cérebro. As informações são reunidas, processadas e transmitidas por um complexo circuito de nervos que termina no córtex cerebral. A mensagem é identificada e o olfato se torna consciente.

VISÃO

O olho é nosso órgão visual. Cada olho recebe os raios de luz refletidos pelos objetos, os quais são transferidos à retina, no fundo dos olhos. A retina é a camada interna do olho que recebe as imagens projetadas através da córnea e do cristalino. Essas imagens são convertidas em sinais neurais pelos cones e bastonetes das células especializadas da retina. Milhões delas constituem a superfície da retina. Os bastonetes são mais sensíveis à luz e os cones são mais sensíveis às determinações cromáticas.

O nervo óptico de cada um dos olhos – feixe de fibras nervosas que conduz minúsculos impulsos elétricos – é responsável por conduzir os sinais neurais das células da retina até o córtex visual do cérebro, onde são interpretados. Essa área do cérebro recebe e processa informações visuais, acompanhando as formas e os movimentos mutáveis dos dados recebidos. Os lobos parietal e temporal do cérebro nos permitem reconhecer uma imagem e compreendê-la.

PALADAR

A língua é nosso órgão do paladar. O sentido do paladar é o mais rudimentar dos cinco sentidos, pois é limitado em âmbito e em versatilidade. O paladar é auxiliado pelo olfato e, como este, é modulado pelas substâncias químicas presentes no alimento e na bebida que entram em contato com os quimiorreceptores das nossas papilas gustativas.

A língua é coberta por um grosso epitélio que contém cerca de 9 mil papilas gustativas – botão gustativo – que se consertam e são substituídas em 48 horas quando são danificadas, mas cujo número diminui com a idade. Também há papilas gustativas no palato (céu da boca) e na garganta. Quando o alimento e a bebida se combinam com a saliva, as papilas gustativas recebem informações por meio de aberturas chamadas *poros gustativos*. Isso desencadeia a atividade nervosa em cada papila, e os nervos enviam impulsos ao cérebro para serem interpretados.

Certas papilas gustativas são receptivas a sabores específicos. A ponta da língua, por exemplo, é mais sensível ao sabor doce. As papilas gustativas na garganta e no palato são mais receptivas ao azedo e ao amargo. Ao passo que os sabores clássicos são o doce, o salgado, o azedo e o amargo, físicos e neurocientistas têm sugerido, recentemente, outras categorias: os sabores umami (semelhante à carne) e de ácidos graxos.[65]

TATO

Também chamado *sentido do tato*. Os níveis de sensibilidade no corpo variam de acordo com a concentração de terminações nervosas em cada área. Essas terminações situam-se na superfície da pele e criam as sensações de dor, pressão e temperatura. A concentração de terminações nervosas resulta em algumas áreas do corpo sendo mais sensíveis que outras. As pontas dos dedos, os lábios e a língua têm, todos, grande concentração de terminações nervosas e são particularmente sensíveis. Não há dúvida de que o corpo humano é um objeto físico. Por isso, é mensurável e mecânico. Quando se examinam quaisquer dois indivíduos, é possível prever a localização do cérebro, do fígado e do sistema nervoso em ambos. Caso os dois comam uma pimenta, ambos a descreverão como ardida e não doce. O corpo, no entanto, não é apenas um composto de partes físicas. É algo energético. É um sistema eletromagnético que contém bilhões de células e órgãos que vibram, e essas vibrações se interligam ou se tornam consonantes de maneira a constituir um campo eletromagnético unificado, embora complexo. O corpo é ao mesmo tempo mensurável e não mensurável, físico *e* sutil.

Na seção seguinte, veremos que cada um de nós gera os próprios campos de energia pessoais. Também nos interconectamos com os campos de outras pessoas, além daqueles que emanam de fontes orgânicas e inorgânicas. Alguns desses campos são mensuráveis. Sabemos que nos afetam e nós os afetamos. Outros são, no momento, não mensuráveis. Devido aos seus efeitos, sabemos que esses campos aparentemente invisíveis existem. Quais são os vários campos humanos, naturais e "sobrenaturais" que criam nossos corpos, o planeta e a própria vida? A resposta está na Parte III: Campos de Energia.

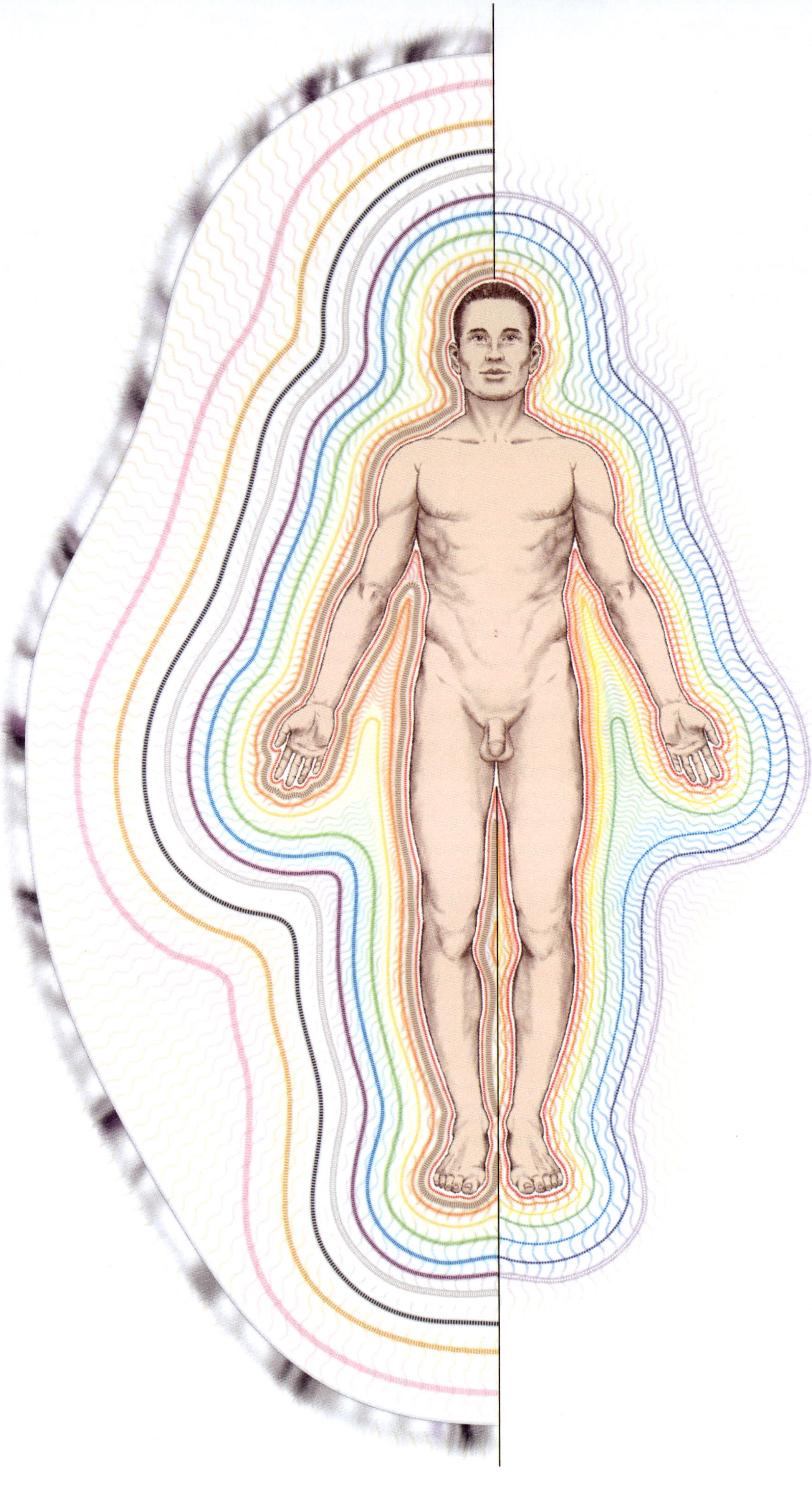

PARTE III
CAMPOS DE ENERGIA

Do ponto de vista clássico, campo é uma área sobre a qual todos os pontos estão sujeitos à mesma força. Como todas as estruturas de energia, o campo envolve uma vibração de energia e é capaz de portar informações. Os campos operam tanto no plano físico quanto no sutil, assim como fazem os corpos e canais de energia. Porém, os campos têm certos aspectos misteriosos. Albert Einstein acreditava que o universo é composto de campos de energia interconectados; recentemente, físicos identificaram alguns desses campos, aos quais chamaram ondas estacionárias esféricas; veem-nos como construtos de realidade finita contidos em um infinito maior. Em razão dos campos, a realidade é ao mesmo tempo local (aqui e agora) e não local, o que significa que todas as coisas estão interconectadas. Por isso, alguns físicos imaginam que todos os eventos possíveis existem simultaneamente como padrões de ondas que ou se tornam reais ou se desintegram.[1]

De várias maneiras, o futuro da cura e das modalidades de cura que ligam métodos alopáticos e práticas complementares passa pela área dos campos, pelo simples fato de que estes se encontram tanto dentro quanto fora do corpo. Os antigos acreditavam que "o que está em cima é o que está embaixo". Um campo pode ser decifrado, alterado, moldado e analisado fora do corpo para alterar as energias dentro do corpo – e vice-versa.

A física newtoniana nos diz que os campos "enviam" informações, transferindo e transmitindo dados como um carteiro faz com as cartas. Mas o que dizem os físicos quânticos? Sorriem e afirmam que, em um campo, a transferência de informações às vezes é mais semelhante à de um aplicativo de mensagens instantâneas pela internet – quando não mais rápida ainda: a mensagem está sendo lida antes mesmo de você a enviar.

A dinâmica dos campos propicia verdadeira mudança não somente nas práticas médicas, mas também em nossa perspectiva como seres humanos. Não somos circuitos fechados e isolados; somos brilhantes raios de energia interconectados. Para compreender isso de fato, é importante compreender a natureza dos campos; e, em vista disso, esta parte do livro falará sobre os tipos básicos de campos:

- Mensuráveis e sutis
- Universais
- Naturais e artificiais
- Humanos

Vamos examinar não só o mundo sutil, mas também o mundo natural e físico. O mensurável não pode ser separado do imensurável.

TERMINOLOGIA ENERGÉTICA

VOCÊ PODE USAR estas definições resumidas para refrescar a memória. As definições completas foram dadas na Parte I.

Amplitude: Âmbito (força) de uma flutuação energética. Os campos têm força ou amplitude variável – podem ser fracos ou fortes.

Físico: Aquilo que é recebido pelos cinco sentidos corporais. Os agentes de cura, muitas vezes, são capazes de traduzir as informações psíquicas contidas nos campos em conhecimentos físicos ou mesmo em energias tangíveis.

Frequência: Número de vibrações por unidade de tempo. As ondas têm frequência e produzem campos.

Oscilação: Vibração. Os campos são gerados por frequências oscilantes.

Psíquico: Aquilo que é percebido pelos sentidos sutis. Os agentes de cura, muitas vezes, percebem informações psíquicas contidas nos campos das outras pessoas (e também nos campos geopáticos).

Spin ou rotação: Movimento giratório. Os campos podem ser gerados por partículas (ou ondas) giratórias capazes de criar diferentes formas; podem também conter tais partículas ou ondas.

Velocidade: Distância coberta por um campo (ou pela informação nele contida) em relação a uma unidade de tempo. Alguns campos se deslocam à velocidade da luz e podem, assim, transferir informações nessa velocidade; alguns físicos dão a entender que certos campos são capazes de transferir informações (pulsos de luz) mais rápido que a velocidade da luz, criando informações "psíquicas".

Vibração = Frequência + Amplitude

Vibração: Movimento rítmico de vaivém em relação a uma posição de equilíbrio. Tal movimento ocorre em partículas, em um fluido ou em uma área elástica quando seu equilíbrio é perturbado – por exemplo, na transmissão do som. Os campos sonoros (gerados por ondas sonoras) têm vibração diferente da dos campos eletromagnéticos. Diferentes campos podem portar informações que pulsam em vibrações diferentes.

FIGURA 3.1

CAMPOS VERDADEIROS

Os campos verdadeiros são mensuráveis e consistem em sete tipos principais de radiação eletromagnética, cada um dos quais varia em comprimento de onda, frequência e energia. As ondas sonoras também podem ser consideradas campo verdadeiro.

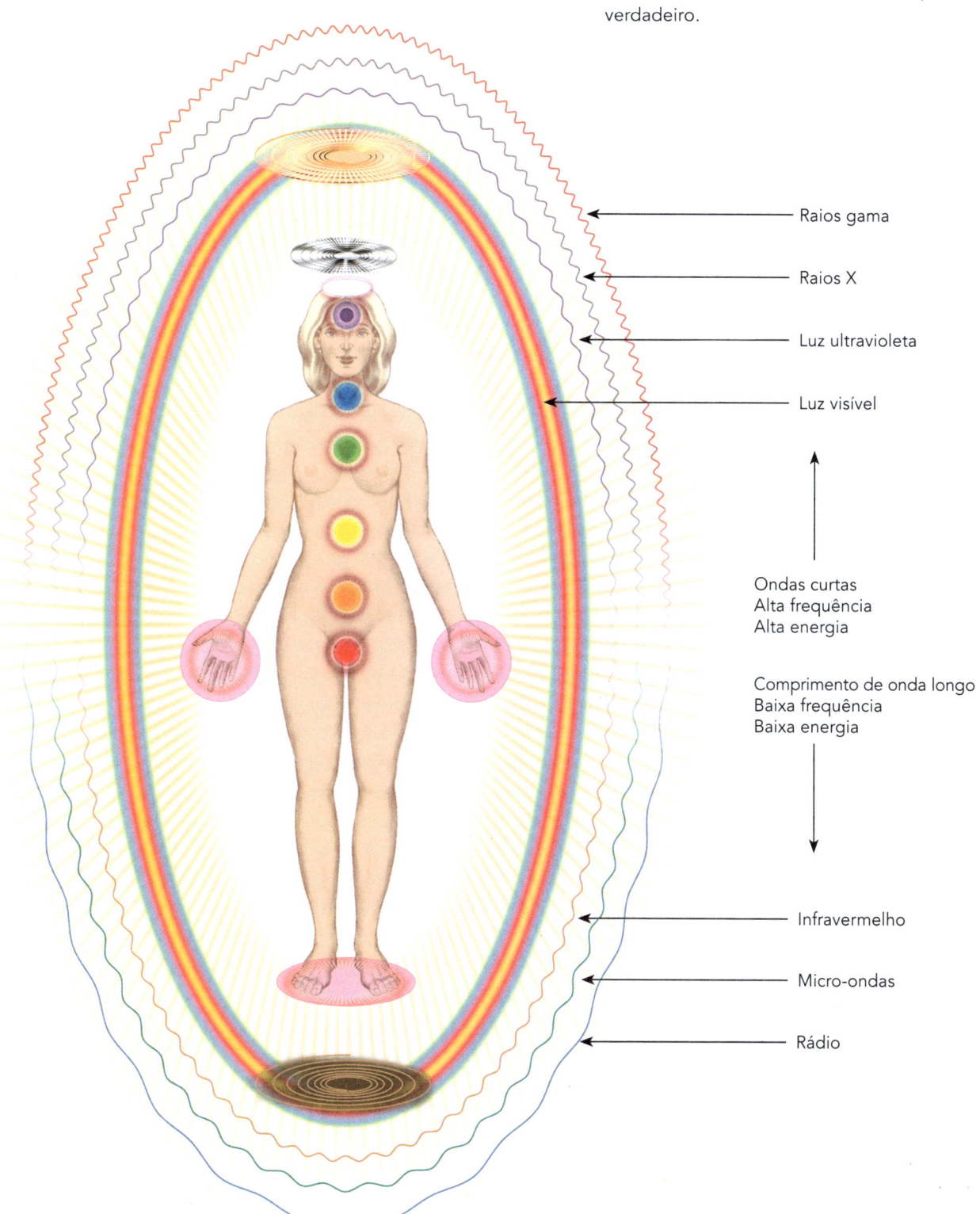

- Raios gama
- Raios X
- Luz ultravioleta
- Luz visível

Ondas curtas
Alta frequência
Alta energia

Comprimento de onda longo
Baixa frequência
Baixa energia

- Infravermelho
- Micro-ondas
- Rádio

PARTE III: CAMPOS DE ENERGIA

Cada um de nós (bem como nosso mundo) é feito de campos mensuráveis e sutis que criam e sustentam a vida. Os campos mais evidentes para os sentidos interagem com aqueles a que os sentidos não têm acesso; *todos* os campos interagem para criar efeitos benéficos ou prejudiciais nos organismos vivos. As principais diferenças entre os campos físicos e os campos sutis residem, muitas vezes, tão somente na velocidade das informações e vibrações envolvidas. Em certo nível, todos eles podem ser percebidos como os mesmos campos – fluindo uns para os outros, criando e sustentando uns aos outros.

Dentro da divisão entre a energia material e a energia sutil reside uma subdivisão: forma *versus* pensamento. Certos campos são controlados puramente pela forma, ao passo que outros o são pelo pensamento e o coração físico. Para fazer uso desses campos para fins de saúde e bem--estar, é essencial distinguir essas funções.

18

INTRODUÇÃO AOS CAMPOS DE ENERGIA

Há muitos tipos de campo. Na medicina energética, estes são chamados formalmente por dois termos: os campos *verdadeiros*, que podem ser medidos; e os campos *putativos* ou *sutis*, que não podem ser mensurados.

Os campos de energia verdadeiros ou mensuráveis têm natureza física. Entre eles se incluem os sons e as forças eletromagnéticas, como a luz visível, o magnetismo, a radiação monocromática e todos os raios do espectro eletromagnético. Nosso corpo produz essas energias ou é afetado por elas.

Os campos de energia putativos também são chamados *biocampos* ou *campos sutis*. Esses dois termos serão empregados nesta parte do livro. São esses campos que explicam a presença da energia da força vital, como o chi ou o prana das culturais oriental e hindu. Esses campos de energia não são separados dos campos mecânicos ou mensuráveis; pelo contrário, ocupam espaço e vibram em frequências que não podem ser percebidas, exceto por seus efeitos. Ligam-se ao corpo por meio dos meridianos, dos nadis e dos chakras, capazes de converter as frequências rápidas (chi e prana) em campos e forças mais lentos e mecânicos (eletricidade, magnetismo e som, entre outros). Os canais e corpos de energia, portanto, são como "antenas" que recebem e enviam informações por meio dos campos e transformam essas informações de modo que possam ser usadas pelo corpo.

O corpo humano é afetado pelos dois tipos de campos de energia e os cria. O coração, por exemplo, é o centro elétrico do ser humano. Sua atividade elétrica molda a formação dos biocampos que rodeiam o corpo, pois ele emite uma quantidade de eletricidade e magnetismo milhares de vezes maior que a emitida pelos outros órgãos. Porém, os biocampos humanos e pessoais também se ligam a campos maiores que operam em duas direções: recebem e retiram energia de nós e também nos proporcionam energia. Tanto nós como o mundo somos compostos de campos de energia; por isso, temos de saber que somos interconectados e não autônomos.

Estamos constantemente envolvidos no fluxo de nos tornarmos coisas novas, à medida que vamos moldando e remoldando o mundo.

A seguir, apresentaremos ilustrações e descrições dos principais campos verdadeiros (mensuráveis) e putativos (não mensuráveis ou sutis).

CAMPOS VERDADEIROS

O principal campo que gera e perpetua a vida é o *espectro eletromagnético*. A outra categoria que sustenta a vida são os *campos sonoros*, também chamados *ondas sonoras* ou apenas *som*. Vamos examinar esses campos relacionando-os com a ilustração dos campos de energia.[2]

Cada parte do espectro eletromagnético se manifesta como uma radiação que vibra em uma taxa específica e é chamada, portanto, *radiação eletromagnética*. Nosso corpo precisa de uma quantidade específica de cada parte desse espectro para alcançar a perfeita saúde física, emocional e mental. Se formos expostos a uma quantidade excessiva ou insuficiente de qualquer parte desse espectro, podemos ficar doentes ou perder o equilíbrio.

A radiação eletromagnética pode ser descrita como uma corrente de *fótons*, ondas-partículas que são a base da luz. São partículas sem massa que viajam na velocidade da luz. Cada uma delas

FUNDAMENTOS DOS CAMPOS

LEMBRA-SE DA DISCUSSÃO sobre o funcionamento dos átomos, na Parte I? Toda matéria, inclusive as células humanas, é feita de átomos. Estes são compostos de prótons e nêutrons, que dão peso ao átomo; de elétrons, que lhe dão carga elétrica; e de pósitrons, que são os antielétrons e ligam o átomo ao antiátomo. Cada unidade atômica carrega informações e encontra-se em constante movimento e vibração, sendo, portanto, "energizada". Os elétrons são os que mais se movem, geralmente orbitando ao redor do núcleo do átomo, onde moram os prótons e os nêutrons. Porém, os elétrons também giram em torno do próprio eixo e podem sair da órbita do núcleo. A tensão entre o elétron e o restante do mundo gera eletricidade; as cargas móveis, ou correntes, criam campos magnéticos. A combinação de energias elétricas e magnéticas constitui um campo eletromagnético.

Cada unidade atômica se move na própria velocidade e, quando combinada com outras unidades, cria certa oscilação ou vibração para o átomo: um campo. O movimento produz pressão, que cria ondas. No entanto, há muitas ondas ou campos emitidos por um único átomo, e a natureza dessas ondas ou campos muda constantemente à medida que o átomo se movimenta.

As ondas também criam sons. Variações de pressão mudam a natureza das ondas sonoras e, assim, o tom do som. Embora os átomos tendam a vibrar em faixa semelhante, ondas invasoras de maior intensidade podem "perturbá-los", mudando sua função e seu som.

No geral, é importante lembrar que cada átomo é único, que os átomos se combinam para formar sistemas únicos (como a linfa ou os líquidos do corpo) e que, portanto, produzem ondas de estrutura única. As ondas produzem campos que se movem em todas as direções, em um fluxo sem fim. Se formos capazes de trabalhar com os campos gerados por um grupo de átomos (ou mesmo por um único átomo), seremos capazes também de determinar a saúde ou as necessidades dessas estruturas atômicas, promovendo a cura. Os vários elementos dos campos eletromagnéticos e sonoros estão sempre presentes; portanto, esses campos são os mais fáceis de trabalhar.

FIGURA 3.2
CAMPOS DE ENERGIA SUTIS
Há centenas, se não milhares, de campos de energia sutis. Os principais gerados pelo corpo são o campo áurico, o campo morfológico e os campos L e T. Além disso, somos afetados pelos geocampos da Terra e pelo campo universal de luz, que é maior ainda.

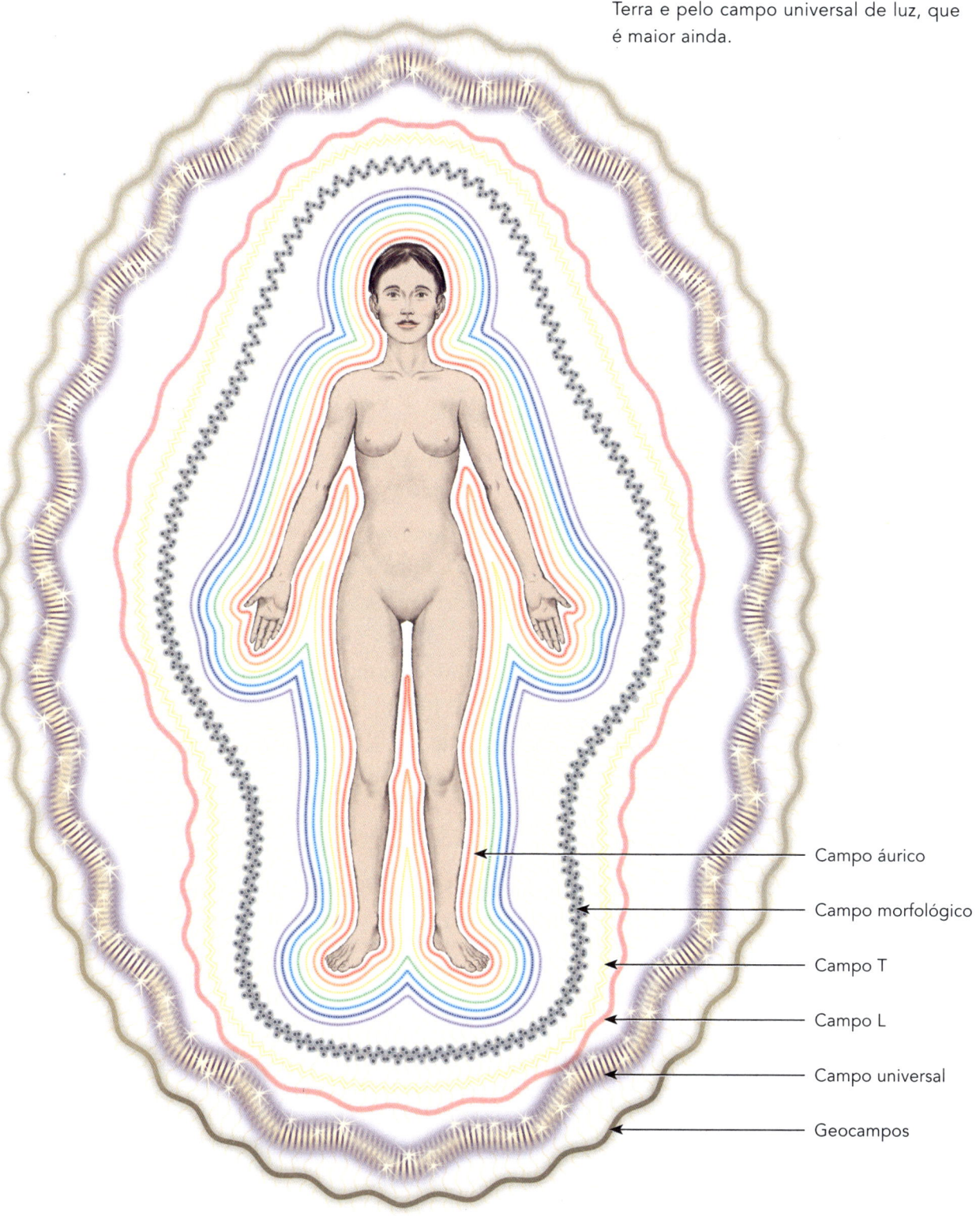

- Campo áurico
- Campo morfológico
- Campo T
- Campo L
- Campo universal
- Geocampos

INTRODUÇÃO AOS CAMPOS DE ENERGIA

contém um pacote de energia e, portanto, de informação. A única diferença entre os diversos tipos de radiação eletromagnética é a quantidade de energia encontrada nos fótons. Como mostra a figura 3.1 (p. 117), as ondas de rádio têm os fótons cuja energia mensurável é a mais baixa, ao passo que os raios gama são os que têm mais energia. É importante compreender esse fluxo de fótons, pois o próprio corpo físico é composto de fótons, como demonstram pesquisas de cientistas como Fritz-Albert Popp (ver o Índice Remissivo). Os fótons também criam um campo gigantesco representado nesta figura como o "Campo de Luz", que unifica toda a criação. Esse campo será descrito no Capítulo 19: "Duas Teorias do Campo Unificado".

O espectro eletromagnético é compreendido pelos parâmetros de energia alta ou baixa, comprimento de onda e frequência. *Energia alta ou baixa* é apenas uma descrição da informação ou energia dos fótons; esse parâmetro é medido em elétron-volts. O *comprimento de onda* é uma medição da distância entre dois pontos em uma onda. A *frequência* é o número de ondulações por unidade de tempo.

A premissa básica do eletromagnetismo físico é que *a eletricidade gera magnetismo*. Exploraremos as muitas formas do eletromagnetismo em toda esta parte do livro, mas a maioria dos entendimentos clássicos depende da constatação de que, quando elétrons dotados de carga elétrica fluem em uma corrente, criam um campo magnético. Essas forças, juntas, constituem o eletromagnetismo. No entanto, segundo a *Lei de Faraday*, um campo magnético em movimento pode criar um campo elétrico. O magnetismo também funciona de maneiras específicas.

As *ondas sonoras* são consideradas ondas mecânicas. Constituem importante categoria de ondas que nos afetam e também emanam de nós. São definidas como uma perturbação que transporta energia ao longo de um meio por intermédio de um mecanismo de interação de partículas,[3] o que significa que as ondas sonoras são geradas por alguma espécie de interação. Não podem "se mover" a menos que "sejam movidas". As ondas sonoras vibram em frequências específicas e penetram toda a existência. Nosso próprio coração cria som, assim como os planetas. Ouvimos alguns desses sons e não ouvimos outros, mas isso não significa que os sons inaudíveis não nos afetem. Tanto essas ondas como outras ondas mecânicas nos afetam de modo positivo ou negativo.

CAMPOS DE ENERGIA HUMANOS PUTATIVOS OU SUTIS

Há muitos tipos de campos de energia sutis. Apresentaremos a seguir uma breve explicação de alguns deles; as descrições se relacionam à figura 3.2. É importante saber que esses campos, embora pareçam apenas rodear o corpo humano, também o interpenetram. Os campos não se detêm na altura da pele. São energias que se movem em determinados meios – incluindo a pele e os tecidos do corpo. Tudo indica que os campos sutis determinam a natureza e a saúde dos campos físicos verificáveis, como se constata nas pesquisas referenciadas aqui e em todo o restante do livro. A ciência vem confirmando reiteradamente que a doença e a cura podem ser detectadas nos campos sutis antes que haja qualquer resposta física. Por isso, pode-se afirmar que esses campos têm pelo menos alguns efeitos "morfológicos" sobre o corpo – efeitos que dão início a mudanças físicas.

O leitor precisa saber, além disso, que é impossível que este livro faça uma lista de todos os campos sutis – pois nem todos foram ainda descobertos. Cada célula do corpo e cada pensamento geram um campo. Cada corpo de energia, cada meridiano e cada chakra pulsa em seu próprio campo. No total, o campo que emana do seu corpo ocuparia mais espaço – ou "antiespaço" – que seu ser físico. Sob diversos aspectos, seus campos *são* você.

Cada um dos campos de energia humanos sutis a seguir será discutido em detalhes mais à frente, nesta parte do livro.

- O *campo de energia humano* é composto primariamente pela *aura*, conjunto de faixas de energia cuja frequência e cor mudam à medida que aumenta sua distância em relação ao corpo. Cada um dos campos áuricos se abre para diferentes planos de energia e faz par com um chakra, possibilitando o intercâmbio de informações entre os mundos exterior e interior do corpo.
- Os *campos morfológicos* permitem intercâmbios entre espécies semelhantes e transferem informações de uma geração a outra. Penetram não somente a aura, mas também o sistema elétrico do corpo.
- Os *geocampos* atuam sobre todos os organismos vivos, assim como as energias que vêm de fora da Terra.
- O *campo universal de luz*, chamado "campo de ponto zero", é composto de fótons ou unidades de luz que regulam todas as coisas vivas. Nosso DNA é feito de luz, e todos nós somos rodeados por um campo de luz. Assim, o microcosmo e o macrocosmo dançam juntos.
- Os *campos L* e os *campos T* são campos sutis de eletricidade e pensamento, os quais sofrem a ação das energias elétricas e magnéticas. Esses campos compõem os aspectos não detectados do espectro eletromagnético.

19

DUAS TEORIAS DO CAMPO UNIFICADO

Há duas teorias que buscam unificar a ciência e a espiritualidade – abarcar todo o conhecimento científico e explicar a "realidade". Elas se baseiam em conceitos relacionados com os campos e a dinâmica de campo.

TEORIA DO CAMPO UNIFICADO

A teoria do campo unificado busca apresentar um campo único que reúna todas as forças fundamentais e partículas elementares no quadro da física quântica. Como vimos na Parte I, existem quatro forças fundamentais: a eletromagnética, as interações nucleares fraca e forte e a gravidade. As partículas elementares contam-se aos milhares e incluem as partículas subatômicas. Albert Einstein concebeu o termo "teoria do campo unificado" na tentativa de unificar sua teoria da relatividade geral ao eletromagnetismo.

As partículas elementares são os componentes básicos da *teoria quântica de campos* ou *mecânica quântica*. Trata-se de vasta área de estudos que vem revelando fatos estranhos sobre a realidade subatômica, ou menor que um átomo, entre os quais incluem-se:[4]

- A massa pode se transformar em energia e a energia pode se transformar em massa.
- O fóton, que é a unidade fundamental da luz, tem características de onda e de partícula.
- A própria matéria, além da luz, tem características de onda.
- Para toda partícula que existe "aqui e agora" existe uma antipartícula.
- Um elétron e um pósitron destroem um ao outro caso se encontrem no mesmo ponto no mesmo instante.

- Há partículas virtuais – as que não existem ou não têm existência permanente, a não ser quando são observadas ou quando se age sobre elas. Alguns físicos acreditam que elas vêm a existência e depois desaparecem, e que, quando estão "aqui", desempenham papel essencial no funcionamento ou na criação das forças naturais fundamentais, das mudanças atômicas e dos estados de vácuo.
- Um único elétron ou próton pode se deslocar em duas ou mais direções ao mesmo tempo.
- Não há dois elétrons que possam ter exatamente o mesmo movimento simultaneamente.
- Uma vez conectadas, duas partículas ou ondas-partículas podem continuar afetando uma à outra, independentemente de sua localização.
- A mesma partícula pode se deslocar ou girar em duas direções diferentes ao mesmo tempo.
- A entropia, antes definida como "energia perdida", também pode ser definida como "energia oculta", a qual, escondida em um antimundo (ou seja, em um caminho que a realidade não trilhou), poderia, em tese, ser redescoberta.
- Enquanto Einstein pensava que a massa não pode se deslocar em velocidade superior à da luz, pesquisas mostram que a própria luz pulsada pode se deslocar mais rápido que a velocidade da luz em certas condições. A luz pulsada tem intervalos entre as emissões, ao passo que a luz contínua ou "regular" opera como um raio constante de energia. Os intervalos entre pulsos de luz permitem que a luz se torne mais lenta e matéria.[5]

Uma teoria do campo unificado teria de explicar como as forças entre os objetos se transmitem por meio das entidades intermediárias ou dos campos. Parte da resposta é:

Interação nuclear forte: Agrega os quarks, que se deslocam em velocidade inferior à da luz, para criar os nêutrons e os prótons. A partícula de troca é o glúon.

Força eletromagnética: Atua sobre partículas dotadas de carga elétrica e usa o fóton como partícula de troca.

Interação nuclear fraca: É responsável pela radioatividade e atua sobre os elétrons, os neutrinos e os quarks. Usa como partícula elementar o bóson W.

Força gravitacional: Atua, por meio do gráviton, sobre todas as partículas dotadas de massa.

Até agora, os cientistas não foram capazes de incorporar a gravidade a suas explicações nem de explicar a matéria escura: matéria não luminosa cuja massa total é cerca de seis vezes maior que a da matéria clara (luminosa). Portanto, ainda não chegaram a uma teoria realmente unificada, embora as hipóteses a seguir possam melhorar nossa compreensão da energia:

Espuma quântica: Preenche o espaço-tempo nos mais mínimos níveis, criando aparência esponjosa que explica algumas irregularidades do espaço e do tempo.

Teoria das cordas: Altera a definição de partícula, a qual deixa de ser imaginada como um ponto e passa a sê-lo como uma corda ou um aro oscilante. As oscilações criam massa e geram algo que se assemelha a uma partícula. Esses aros podem interconectar várias dimensões. Quanto mais próximo se está de uma carga elétrica, maior o campo, o qual cresce tendendo ao infinito.

Buracos negros e partículas virtuais: Os buracos negros supostamente engolem energia e nunca mais a liberam. No entanto, o físico Stephen Hawking mostrou que, em tese, o buraco negro poderia liberar energia até desaparecer. A única explicação é a existência de "partículas virtuais". Se um elétron e um pósitron (as antipartículas do elétron) vêm à existência, aniquilam-se mutuamente. Caso ambos se encontrem na fronteira entre as regiões interna e externa do buraco negro, no entanto, uma das partículas é atraída para o buraco e a outra escapa dele, livre.[6]

TEORIA DO CAMPO DE PONTO ZERO

A teoria do campo de ponto zero também busca explicar a energia e o universo. O ser vivo, organismo de biofótons, é rodeado por um campo de luz biofotônica do qual depende. Esse campo é quase um vácuo, embora esteja repleto de ondas e partículas quânticas, entre as quais partículas transitórias ou virtuais. Esse mar de potencial é suscetível às intenções; sua resposta ocorre primeiro nos campos sutis da realidade e só depois passa para os domínios físicos.

Somos, em essência, uma "luz congelada", máquinas biofotônicas. Por meio do campo de ponto zero, somos interconectados em uma "realidade não local" que permeia o cosmos. A *realidade não local* é não mediada, não mitigada e imediata. Isso significa que as coisas podem acontecer por meio de forças desconhecidas, a força de um acontecimento não depende da proximidade e as mudanças podem ocorrer instantaneamente, apesar da distância. Muitos físicos concluíram que a realidade tem, de fato, natureza "não local", pois duas partículas, tendo estado em contato uma única vez, podem ser separadas e continuar interagindo mesmo a grandes distâncias.[7]

Estudos de sistemas moleculares e elétricos, discutidos ao longo de toda esta parte do livro, mostram que nossas capacidades de interação vão muito além do sistema nervoso. Mostram, por exemplo, que somos capazes de processar informações intuitivas, conscientes e subconscientes em todos os níveis.

A premissa básica da teoria é a ideia do ponto zero, o ponto onde todo o movimento atômico cessa. Não podemos alcançar esse ponto, mas podemos nos aproximar dele, como revelou um experimento conduzido pela pesquisadora Lene Vestergaard Hau, que diminui a velocidade da luz até fazê-la parar – o que significa que a luz desapareceu. Sua realidade íntima, no entanto, continuou existindo. A luz "desaparecida" se regenerou quando foi estimulada por outra luz.[8]

A teoria quântica explica por que a radiação de fundo continuou emanando mesmo quando a luz estava parada. As partículas não estavam se deslocando em uma direção, mas vinham à existência e dela saíam. Para onde iam? Para dentro e para fora de um campo de ponto zero, que pode armazenar o que deixa de existir até que precisemos recuperá-lo.

O fato de sermos feitos de luz, de o próprio corpo ser um organismo biofotônico, já foi provado por vários pesquisadores, entre os quais Fritz-Albert Popp, e relatado por Lynne McTaggart no livro *The Field*.[9] Popp descobriu, entre outras coisas, que o próprio DNA é um armazém de luz ou de emissões de biofótons.

Parece que, quanto maior o número de fótons emitidos pelo DNA de um organismo, mais alto o posicionamento na escala evolutiva. O campo de ponto zero desempenha papel central na originação dessa luz interna e na resposta a ela. Quando um corpo de fótons internaliza uma quantidade excessiva ou insuficiente de luz vinda do campo, o resultado é uma doença. Popp concluiu que os organismos são mais saudáveis quando sua dependência da "energia livre" é mínima, ou seja, quando estão próximos ao máximo do próprio estado zero ou do nada.

20

OS CAMPOS NATURAIS

Estes são os campos relacionados à Terra. Encontram-se em toda a natureza: na Terra, no sol, no cosmos. Alguns estão presentes em nosso corpo e todos afetam nossa saúde. Subdividem-se em "verdadeiros" e "sutis". No entanto, os campos naturais verdadeiros ou fisicamente mensuráveis podem vibrar de forma sutil. Boa parte desses campos naturais também são chamados de *campos geopáticos*, pois são gerados pela Terra ou a afetam.

CAMPOS NATURAIS VERDADEIROS OU MENSURÁVEIS

Há muitos campos naturais. Já descrevemos o campo eletromagnético, que consiste em campos elétricos e magnéticos, e falamos da radiação eletromagnética.

Além dos membros do grupo eletromagnético que já discutimos (ondas de rádio, micro-ondas, radiação infravermelha, luz visível, radiação ultravioleta, raios X e raios gama), há uma faixa de radiação eletromagnética chamada *radiação de terahertz*, que se situa entre as micro-ondas e a radiação infravermelha. Detectados na década de 1960, os raios T, como passaram a ser conhecidos, ainda não são bem compreendidos, pois em estado natural são absorvidos pela Terra. Há não muito tempo atrás, cientistas começaram a produzir esse tipo de raio por meio de cristais supercondutores de alta temperatura que manifestam efeito único: quando se lhes aplica voltagem externa, uma corrente vai e volta entre duas pilhas de cristal em frequência proporcional à metade da voltagem. Os raios T estão sendo estudados em decorrência de seu uso no diagnóstico médico por imagem, nos procedimentos de segurança, nas pesquisas em química, na astronomia, nas telecomunicações e no controle de qualidade de produtos.

Há quatro outros tipos de campos bioenergeticamente ativos no ambiente natural da Terra.

FIGURA 3.3
RESSONÂNCIA DE SCHUMANN
A ressonância de Schumann é um de vários campos magnéticos naturais que emanam da Terra. Eles afetam o cérebro por meio da magnetita localizada perto da glândula pituitária e por meio da glândula pineal, a qual, por sua vez, influencia o sistema perineural e outras partes do corpo. A primeira forma de onda mostrada aqui é uma oscilação de Schumann; a segunda é uma imagem de EEG do estado cerebral alfa.

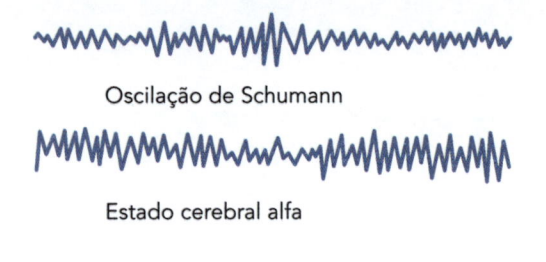

Oscilação de Schumann

Estado cerebral alfa

1 segundo

ONDAS DE SCHUMANN

Identificadas pela primeira vez pelo professor W. O. Schumann em 1952, são ondas eletromagnéticas que ocorrem de modo natural e oscilam entre a Terra e certas camadas da atmosfera. São ondas longas, com frequência extremamente baixa, e consideradas benéficas. A NASA estudou de forma ampla essas ondas que fazem parte da radiação eletromagnética natural da Terra. Ao que parece, têm frequência idêntica à dos principais centros de controle do cérebro humano, o hipocampo e o hipotálamo. Têm também a mesma frequência de nossas ondas cerebrais e seguem um padrão diário comparável. Assim, ajudam a regular o ritmo circadiano – relógio interno do nosso organismo. Astronautas da NASA, distantes dessas ondas, sentiam-se aflitos e desorientados, pois elas estabelecem os padrões de sono e as funções endócrinas. Agora, a NASA instala a bordo de suas espaçonaves equipamentos que imitam as ondas de Schumann. O fenômeno do *jet lag* também parece estar ligado à exposição insuficiente a essas ondas. Quanto maior a distância em relação à superfície da Terra, mais fracas as ondas.[10]

ONDAS GEOMAGNÉTICAS

A crosta terrestre tem 64 elementos. Cada um deles opera em frequência vibratória independente e influencia o campo magnético da Terra. Uma onda geomagnética é, na verdade, o somatório de todas essas vibrações elementares. Um ponto interessante e importante é que os glóbulos vermelhos do sangue têm composição química muito semelhante à da crosta terrestre no que se refere a esses minerais vitais, e alguns pesquisadores afirmam que a onda geral influencia nosso sistema cardiovascular.[11]

ONDAS SOLARES

As ondas solares emanam do sol. A saúde humana depende da recepção dos tipos corretos de luz solar nas quantidades corretas. A luz solar afeta o sistema endócrino humano, o metabolismo humano e as interações humanas com as frequências geomagnéticas. A falta de sol afeta de maneira negativa a glândula pineal, produzindo depressão, estresse e problemas de sono, além de perturbações nos ritmos circadianos, que são o ciclo natural do corpo.

ONDAS SONORAS

O som é uma energia vibratória composta de timbre (tom ou qualidade), silêncio e ruído, que se desloca a 1.225 km por hora no nível do mar, dependendo dos fatores de resistência, como o vento. Os seres humanos só conseguem ouvir sons que vibrem entre 20 e 20.000 Hz. Esses sons são percebidos pelos ouvidos como impulsos eletroquímicos enviados ao cérebro. Também podem ser percebidos pela pele, sendo então conduzidos pelos ossos e por outros tecidos.[12]

O som é muito mais lento que a luz, a qual se desloca a 299.000 km por segundo. No entanto, atua como um campo com características de onda e de partícula e também é uma vibração. Na realidade, toda matéria vibra, e, por isso, muitos pesquisadores são da mesma opinião de que toda matéria produz som.

ENTRE O VERDADEIRO E O SUTIL: QUE ONDAS SÃO ESSAS?

Há certas ondas de difícil classificação. Existem – ou assim pensamos –, mas não são bem compreendidas. Incluem-se nesta categoria as ondas escalares.[13]

ONDAS ESCALARES

As ondas escalares foram descobertas pelo físico Nikola Tesla por volta de 1900, por meio de experimentos que revelaram uma onda desconhecida que se desloca a uma vez e meia à velocidade da luz. As ondas escalares são consideradas *ondas estacionárias* longitudinais capazes de "penetrar" a matéria. Em essência, a onda estacionária não é absorvida pelo meio, ao passo que as demais ondas são. As ondas estacionárias escalares são capazes de operar de tal modo que suas frequências ressonantes não são absorvidas nem se ligam a outras, exceto em determinadas circunstâncias (como certos *spins* ou frequências vetoriais). Alguns cientistas as veem como o fundamento tanto dos campos clássicos como dos quânticos. Sob essa óptica, portanto, seriam os campos originários do universo.

CAMPOS SUTIS NATURAIS

Há muitos campos sutis naturais relacionados à Terra – além dos campos eletromagnéticos e dos sons, que existem à margem da ciência. Falaremos aqui somente de alguns.

LINHAS LEY

As linhas ley são linhas de energia sobre a Terra ou dentro dela e têm natureza eletromagnética. São comparáveis aos meridianos ou nadis do corpo. Há linhas ley não só na Terra, mas também em outros corpos celestes, como a Lua, os planetas e as estrelas. A Terra é o astro mais afetado pelas energias gravitacionais que as linhas ley exercem sobre os corpos celestes mais próximos.

FIGURA 3.4
LINHAS LEY GLOBAIS

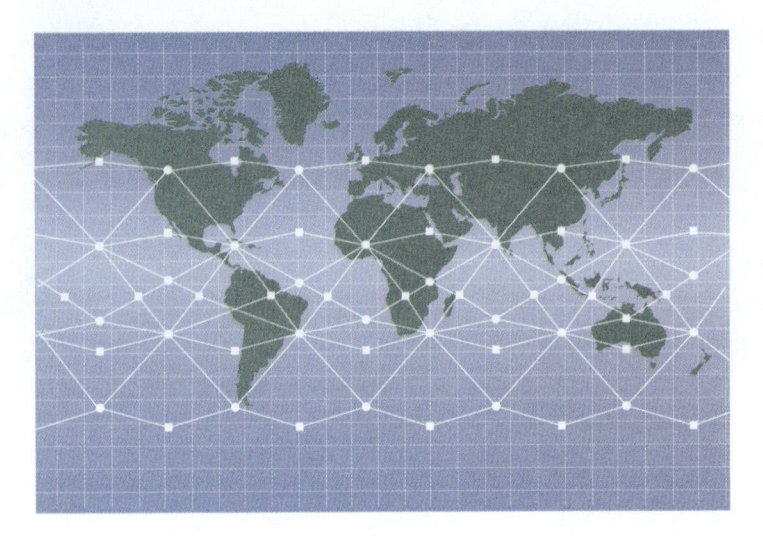

As linhas ley são tracejadas de pontos semelhantes aos da acupuntura ou aos chakras. Esses pontos podem ser elétricos, magnéticos ou eletromagnéticos. A natureza magnética de alguns deles pode explicar pesquisas segundo as quais certos pontos situados sobre as linhas ley possuem energia magnética mais elevada que a intensidade geomagnética média.[14]

É digno de nota que centros de peregrinação, lugares sagrados e locais de adoração muitas vezes se localizam sobre linhas ley. Estas podem ser comparadas às linhas da Terra descritas por várias culturas pelo mundo afora, como as *linhas de canções* dos aborígines australianos: linhas ley invisíveis que eles usam para fazer longas caminhadas.

GRADE DE HARTMANN

O alemão Dr. Ernst Hartmann descobriu essa grade eletromagnética depois da Segunda Guerra Mundial usando um contador Geiger. Ela consiste em uma rede de linhas que correm nas direções norte-sul e leste-oeste e cobrem toda a Terra. Hartmann percebeu que as linhas de grade apresentam radioatividade maior que os espaços entre elas. A medida de radioatividade aumentava antes de um terremoto e era ainda mais concentrada ao redor das pirâmides e de catedrais famosas. A energia no centro desses famosos edifícios, entretanto, era livre de toda radioatividade.[15]

Em comparação com as linhas ley, as linhas de Hartmann são mais próximas entre si e apresentam alinhamento mais regular. Ocorrem a cada 2 a 3 metros e cada uma delas tem cerca de 30 cm de largura. A largura das linhas aumenta na lua cheia, com a atividade das manchas solares e quando há mudanças drásticas no clima. Elas se manifestam como uma radiação estruturada que sobe verticalmente a partir do chão.

SISTEMA CÚBICO DE BENKER

O Sistema Cúbico de Benker, que leva o nome do pesquisador austríaco Anton Benker, é composto de linhas de energia separadas por uma distância de cerca de 10 metros. Elas se parecem com blocos quadrados empilhados uns sobre os outros. Alinham-se magneticamente nos sentidos norte-sul e leste-oeste. Desses blocos emanam muralhas radioativas de energia com cerca de 1 metro de diâmetro, as quais alternam as polaridades positiva e negativa. São orientadas para o polo terrestre. Esse sistema interpenetra a grade de Hartmann.

GRADE DE CURRY

A grade de Curry diverge da de Hartmann e foi descoberta pelos Drs. Whitman e Manfred Curry, da Alemanha. Dispõe-se diagonalmente em relação à grade de Hartmann e também contém energia eletromagnética. As linhas são separadas por uma distância de 3,5 metros, mas, ao contrário do que ocorre em outros sistemas, não mudam de largura de acordo com o ciclo da lua.[16]

LINHAS NEGRAS

As linhas negras parecem ser produzidas pela própria natureza e são linhas localizadas semelhantes aos *sha*, "flechas envenenadas" ou linhas de energia mortífera reconhecidas pelo feng shui. No feng shui, o *sha* representa a inversão do chi, da energia vital, e sua presença reduz a energia vital da pessoa. No sistema chinês, o *sha* é produzido por fontes de energia artificiais, como linhas férreas e telefônicas e objetos construídos com linhas retas ou retangulares, como certos edifícios.[17]

A VIVAXIS: ENERGIA SUTIL ENTRE OS SERES HUMANOS E A TERRA

Há um vínculo energético especial entre os seres humanos e a Terra, que conecta os campos de ambos. Esse vínculo se chama *Vivaxis* e foi descrito por Judy Jacka, ND, no livro *The Vivaxis Connection*.[18]

Segundo Jacka, a Vivaxis é, na realidade, um ponto ou uma esfera de energia, com a forma de um feto, localizado no ponto da Terra no qual a mãe da pessoa passou as últimas semanas de gravidez. Esse ponto liga o ser em desenvolvimento com a Terra, por mais longe que a pessoa esteja dele. Funciona como um cordão umbilical invisível, de mão dupla, que permanece operante ao longo de toda nossa vida, e é formado por ondas magnéticas. No decorrer da nossa vida, o fluxo que entra se desloca na vertical até a altitude em que estamos e depois se desloca na horizontal até nosso pé esquerdo, onde penetra no corpo e viaja verticalmente pela perna esquerda. A energia sai então pela nossa mão direita e volta à Vivaxis. Segundo Jacka, perturbações na área geográfica da Vivaxis pode criar o caos ou problemas dentro do nosso corpo.[19]

As energias da Vivaxis são consideradas fenômenos físicos sutis. Se interconectam não só com os chakras e os corpos de energia etéricos, mas também com as linhas das grades físicas e sutis e com as energias da Terra. As energias planetárias e telúricas influenciam o corpo por meio da Vivaxis e chegam a determinar o fluxo de prana através dos nadis.

21
O BRILHO RADIANTE DAS MOLÉCULAS: PESQUISAS PERDIDAS E REENCONTRADAS

A única maneira pela qual se pode de fato compreender a importância do eletromagnetismo e dos campos é examinar a radiação molecular, capacidade das moléculas de emitir energia radiante.

"Radiação" é o nome que se dá à energia emitida na forma de ondas eletromagnéticas. Tal energia é considerada onda eletromagnética ou corrente de fótons. (Lembre-se de que o eletromagnetismo é composto de fótons em um campo quântico.) Em suas muitas formas, como mostra a figura 3.1, a energia radiante é a base do funcionamento molecular e detém, por isso, as principais chaves da cura. Poucas pesquisas relativas ao potencial de cura do eletromagnetismo são apresentadas nas faculdades de medicina; na verdade, pode-se afirmar que esse conhecimento foi "perdido" e está pronto para ser "reencontrado".

No decorrer da história, médicos caíram sob o fascínio de um aspecto do eletromagnetismo: o *magnetismo*, que envolve o trabalho com essa parte específica do espectro eletromagnético.[20] No ano 1000 d.C., um famoso médico persa curou muitos transtornos usando ímãs. No incío do século XVI, o médico Paracelso escreveu tratados sobre a cura pelo magnetismo. Um dos médicos mais famosos da história, o cirurgião francês Ambroise Paré, descreveu na mesma época o emprego interno do pó de magnetita (mineral magnético). Na década de 1980, agentes de cura em Israel misturaram antibióticos a um pó magnético e aplicaram um ímã à parte doente do corpo. O ímã atraiu o medicamento ao local da doença e o manteve ali por tempo suficiente para que se obtivesse a cura.[21]

Há muito tempo diversos pesquisadores vêm analisando os efeitos das terapias eletromagnéticas. Um dos mais importantes nessa área é o Dr. Georges Lakhovsky, que, no livro *The Secret of Life*, demonstra que todo protoplasma emite radiação. Segundo Lakhovsky, embora os átomos vibrem, os mecanismos da saúde e do desenvolvimento são ondas de radiação, as quais oscilam pelo corpo. Toda célula emite radiação com frequência e comprimento de onda específicos, e essa radiação interage com aquela emitida pelas outras células para gerar a saúde. A doença ocorre quando essas frequências radioativas são perturbadas, criando o que Lakhovsky chamou de *desequilíbrio oscilatório*.[22]

Escrevendo em 1926, o Dr. George Crile afirmou que a radiação celular produz a corrente elétrica que sustenta o organismo como um todo. Propôs uma teoria segundo a qual todos os processos corporais são controlados por cargas elétricas geradas por radiação ionizante de ondas curtas. Afirmou, ainda, que todas as formas de vida se reduzem à natureza bipolar das cargas positivas e negativas.[23]

As pesquisas de Crile sobre a natureza de células aberrantes, como bactérias e células cancerosas, dão respaldo a essa teoria. Ele constatou, por exemplo, que o câncer é um mecanismo bipolar no qual o núcleo é o polo positivo e o citoplasma, o negativo. As bactérias atuam como polos positivos, ao passo que a linfa e os tecidos servem de polos negativos. Tanto as bactérias quanto as células do câncer competem com as células do organismo para obter nutrientes e atacam as células que têm tecidos negativos (e metabolismo mais lento). São então capazes de derrotar e "conquistar" essas células.[24]

O Dr. Thomas Punck, biofísico no Centro Médico da Universidade do Colorado, estudou os aspectos elétricos de um vírus que ataca um tipo específico de bactéria, a *Escherichia coli*. Descobriu que o vírus "rouba" cargas elétricas de átomos metálicos carregados – íons – no fluido ao redor das células. Depois de absorver bastante carga, ataca as bactérias. Outra doença investigada pelo Dr. Punck revelou que a cura foi alcançada quando os vírus foram destacados do tecido pela aplicação de íons.[25]

No decorrer dos anos, inventaram-se muitos aparelhos para curar doenças graves e leves com base na teoria simples da realidade bipolar. Muitos desses aparelhos foram "perdidos" porque a medicina – ou os interesses financeiros a ela ligados – escondeu as pesquisas e, às vezes, chegou a declarar a ilegalidade desses dispositivos. Um dos casos mais notáveis é o da *radiônica*, que faz uso de uma caixa preta para curar a pessoa por meio de seu próprio campo de radiação. (A radiônica será discutida em detalhes na seção "Radiônica: A cura pelo campo", na Parte VI.) Outros aparelhos importantes que fazem uso dessa realidade bipolar são o microscópio Rife e o Diapulse.

O Dr. Royal Raymond Rife criou vários "supermicroscópios". O maior e mais poderoso deles, o Microscópio Universal, foi criado em 1933. Com 5.682 partes, era composto de lentes, prismas e unidades de iluminação feitas de cristal de quartzo, o qual não bloqueia a radiação ultravioleta. O quartzo era capaz de polarizar a luz que passava pelo espécime observado, curvando os raios de maneira que fossem captados no espectro que vai do infravermelho ao ultravioleta. Depois, ele foi capaz de caracterizar diversos patógenos e organismos de acordo com suas cores e frequências. Também criou um gerador de frequências para efetuar mudanças nos espécimes estudados.

Com seus instrumentos, Rife demonstrou que os micróbios emitem luz ultravioleta invisível. Depois, conseguiu:[26]

- Desintegrar um micróbio usando a frequência de ondas curtas de valor correto.
- Salvar a vida de animais expostos a patógenos. Para tanto, os expôs a uma energia elétrica de comprimento de onda único, específica para aqueles patógenos.
- Converter micróbios amistosos em patogênicos, alterando seu ambiente e seu suprimento de nutrientes.

Rife também delineou dez classes diferentes de micróbios e mostrou que eram capazes de se converter de uma forma em outra por meio de simples alterações do ambiente. Revistas de medicina não tiveram permissão para publicar as descobertas de Rife, e os médicos que usaram seus aparelhos foram banidos pelas associações de medicina.

A máquina chamada Diapulse ganhou maior notoriedade. Desenvolvida pelo médico Abraham J. Ginsberg e pelo físico Arthur Milinowski no início da década de 1930, o Diapulse é uma unidade de ondas ultracurtas que usa ondas de rádio para fins terapêuticos. Na terapia, o campo eletromagnético é aplicado em pulsos muito curtos. Essas ondas eletromagnéticas de alta frequência podem então ser aplicadas em alta voltagem sem aquecer os tecidos do paciente. Estudos feitos com animais na Universidade Columbia entre 1940 e 1941 mostram que esse tratamento é eficaz e seguro, e dezenas de outros estudos demonstraram o mesmo. Alguns deles evidenciaram os seguintes resultados do Diapulse:[27]

- Na gestão da dor pélvica, o tempo de internação hospitalar dos pacientes caiu de 13,5 para 7,4 dias.
- A cicatrização de feridas melhorou de forma considerável.
- A máquina reduziu de forma significativa os edemas pós-operatórios, bem como a dor a eles associada.
- A máquina reduziu a dor, o inchaço e o desconforto após cirurgias odontológicas.
- A máquina acelerou, muito além dos métodos convencionais, a cura de escaras em pessoas que estavam muito tempo acamadas.

A despeito desses resultados, o Diapulse foi proibido pela Food and Drug Administration (FDA)* em 1972, e sua venda só voltou a ser permitida dezessete anos depois. Hoje, ele é usado em várias áreas de tratamento holístico, entre as quais para alívio da dor, problemas ósseos, problemas da coluna vertebral e na odontologia.

Georges Lakhovsky, autor já mencionado, também inventou um aparelho de cura incrível: um oscilador de ondas múltiplas baseado na teoria de que a vida é "o equilíbrio dinâmico de todas

---

* Agência de Administração de Alimentos e Medicamentos dos Estados Unidos. (N.T.)

as células, a harmonia de múltiplas radiações que agem e reagem umas sobre as outras".[28] Seu aparelho usava ondas eletromagnéticas produzidas por um circuito de rádio de ondas curtas, ou oscilações de ondas curtas, para neutralizar os raios perturbadores, permitindo que as células doentes – aquelas nas quais se verificavam oscilações anormais – voltassem ao normal. Em um estudo, Lakhovsky inoculou o câncer em vegetais e depois conseguiu curá-los. Com seu aparelho, curou muitas pessoas de cânceres "incuráveis".[29]

O que mais foi perdido? Sobre o que mais temos de "lançar luz"?

22

CAMPOS L E CAMPOS T: OS PARCEIROS QUE COMPÕEM A REALIDADE

Talvez a realidade possa ser explicada por uma afirmação simples e talvez essa afirmação seja a seguinte, feita por Steven A. Ross, Ph.D., fundador da World Research Foundation e especialista em bioenergia:

> *Toda a vida se reduz à eletricidade e ao magnetismo que agem sobre os campos L e T. Toda matéria é bipolar e agregada por esses campos invisíveis. Todas as recitações, mantras e meditações afetam essas polaridades. Todas as doenças, todo crescimento, toda decadência e todas as emoções são reguladas por elas. Para consertar sua vida, você pode interagir com esses campos subjacentes – e, por meio deles, criar, agir e viver mais próximo de Deus.*[30]

Os *campos L* são campos físicos sutis (eletricamente mensuráveis) e os *campos T* são campos de pensamento. Cada um deles proporciona um modelo e uma matriz para um aspecto diferente da realidade. São os dois lados do espelho, o yin e o yang da filosofia oriental, a Shakti e o Brahma da religião hindu. Também representam as frequências elétricas e magnéticas, os dois lados da matéria que se combinam para criar a radiação eletromagnética que nos banha e nos nutre constantemente.

Essa força – o eletromagnetismo – está por trás de todo o universo, mas não pode ser separada dos campos sutis que podem determinar sua ação. O Dr. Harold Saxton Burr, um dos teóricos mais importantes na área da energia, expôs a questão da seguinte maneira:

> *O Universo em que nos encontramos e do qual não podemos ser separados é um lugar de Lei e Ordem. Não é um acidente nem um caos. É organizado e mantido*

por um campo Eletromagnético capaz de determinar a posição e o movimento de partículas carregadas.[31]

O Dr. Burr, que fez suas pesquisas na Escola de Medicina da Universidade Yale entre 1916 e a década de 1950, afirmava que todas as formas de vida são moldadas por campos eletrodinâmicos que podem ser medidos com voltímetros. Chamava-os de "Life-fields" (campos vitais ou campos V) – de onde provém a denominação "campos L" – e os descreveu em muitos de seus mais de 90 artigos científicos publicados. Determinou, no fim, que eles contêm a matriz arquitetônica da vida.[32]

Por meio de uma série de experimentos com plantas e animais, replicados por outros pesquisadores, Burr mostrou que todos os organismos vivos são rodeados por esses campos de energia sutil. Mudanças no potencial elétrico desses campos sutis produzem mudanças nos campos eletromagnéticos. Algumas dessas mudanças sutis acompanhavam alterações na atividade das manchas solares ou as fases da lua; outras tinham relação com o organismo específico. Com relação a essas últimas, Burr identificou um campo L específico dentro do ovo de uma rã, que depois se desenvolveu e se transformou no sistema nervoso do animal. Em humanos, ele conseguia prever os ciclos de ovulação das mulheres, identificar cicatrizes e diagnosticar doenças físicas que ainda não haviam se manifestado – tudo isso analisando o campo L da pessoa. Essas e outras observações produziram nele a crença de que o campo L é a matriz do desenvolvimento do corpo.[33]

Em parceria com o Dr. Leonard J. Ravitz Jr., do Departamento de Psiquiatria de Yale, Burr descobriu que certas técnicas eletrométricas eram capazes de prever quais pacientes teriam, enfim, condições de retomar o convívio social e quais não teriam. Em resumo, propôs a hipótese de que esses campos são morfológicos: revelam e talvez criem a forma futura de um organismo.[34] Ravitz concluiu depois que a atividade emocional e outras formas de estimulação mobilizam as mesmas respostas elétricas e, portanto, existe uma identidade entre as emoções e a energia. Ravitz descobriu ainda que os campos L se dissipavam por completo na hora da morte,[35] dando apoio à ideia de que são eles que dão origem à vida, e não o contrário.

A teoria de Burr evoca hipóteses inovadoras sobre o sistema de energia. O Dr. Bongham, coreano, por exemplo, determinou que os canais de energia ou sutis têm função morfológica; dão forma e contorno aos órgãos e tecidos. Operam no tecido conjuntivo e por meio dele também operam no sistema elétrico secundário identificado pelo Dr. Björn Nordenström; assim, os meridianos podem constituir um tipo ou uma categoria de campo L que atua sobre as frequências elétricas do corpo de modo a afetar e sustentar partes do corpo físico.

O Dr. Burr identificou metade da natureza dualista da realidade, mas há outro campo que complementa o campo L. Trata-se do campo T, cujo nome vem do inglês *thought field* (campo de pensamento).

O termo *campo T* vem da observação de que "o pensamento tem propriedades de campo" – dentro da definição aceita de campo.[36] Como vimos, o campo opera sempre em um meio, tem movimento e é capaz de transferir informação. Há séculos ou milênios os seres humanos sabem que a mente influi sobre a matéria. A exploração clássica desse fato são os efeitos placebo e nocebo já discutidos: o poder da crença de passar por cima da realidade física, quer de maneira positiva, quer negativa. Enquanto Burr criava sua teoria dos campos L, vários outros pesquisadores procuravam "a causa por trás dos pensamentos". Se o corpo tem um campo originador – um campo que o esculpe –, será que a mente tem algo que também lhe dá forma? Há outra maneira de fazer a mesma pergunta: *Existe transmissão de pensamento?*

Muitos pesquisadores da época de Burr e posteriores demonstraram que o pensamento pode passar de uma pessoa a outra. Estudos sobre gêmeos separados evidenciam quão capazes eles são de conhecer os pensamentos, as ações e os sentimentos uns dos outros.[37] Pesquisadores do HeartMath Institute revelaram que nosso coração se sintoniza com os acontecimentos futuros muito antes do cérebro, especialmente nas mulheres.[38]

Antes disso, cientistas como o Dr. J. B. Rhine, da Universidade Duke, e o Dr. S. G. Soal, da Universidade de Londres, legaram todo um conjunto de pesquisas que atestam a existência da percepção extrassensorial (PES).[39] Outro pesquisador mais antigo, o Dr. Robert Rosenthal, de Harvard, mostrou que um experimentador pode influenciar o comportamento de ratos de laboratório – em correlação direta com a lei científica segundo a qual o observador afeta o que está observando. A conclusão a que isso nos leva é uma pergunta: como isso acontece?[40]

Entre outras explorações que resultaram na teoria do campo T consta uma história de 1959 sobre a marinha americana, que teria usado a PES para se comunicar com submarinos no mar.[41] Na mesma época, L. L. Vasiliev, professor de fisiologia na Universidade de Leningrado, publicou um livro sobre experimentos de sugestão mental. O livro resumia um trabalho de 40 anos e indicava que uma pessoa pode influenciar outra, e de fato a influencia, sem que haja contato ou proximidade física, concluindo-se daí, sem sombra de dúvida, que "uma sugestão ou um pensamento presente em uma mente pode produzir efeito a distância em outra – demonstração clássica de que o pensamento tem propriedades de campo".[42] O nome *campo T* surgiu então como explicação desse fenômeno.

É fato que informações intuitivas – dados tácitos, que não chegam a sair da mente – passam de pessoa para pessoa. A medicina energética depende em grande medida do fato de um praticante receber uma imagem, um palpite instintivo ou uma mensagem interior que lhe dê pistas sobre o diagnóstico e o tratamento. Em uma análise póstuma feita com 150 casos selecionados aleatoriamente, constatou-se que Edgar Cayce, famoso médium americano, acertava 43% de seus diagnósticos intuitivos.[43] O médico C. Norman Shealy testou a intuitiva Caroline Myss, hoje famosa, que alcançou uma taxa de precisão de 93% em seus diagnósticos feitos só com o nome e a data de nascimento do paciente.[44] Essas estatísticas devem ser comparadas com as da moderna medicina ocidental. Um estudo recente publicado pela Health Services Research constatou erros significativos nos diagnósticos de casos revistos nas décadas de 1970, 1980 e 1990; as taxas de erro ficavam entre 80% e menos de 50%. Reconhecendo que "o diagnóstico é uma expressão de probabilidade", os autores do artigo enfatizam a importância da interação entre médico e paciente para reunir dados e melhorar esses índices.[45]

O campo transfere informação por um meio – a ponto de o pensamento ser capaz de produzir efeitos físicos, o que dá a entender que os campos T podem anteceder ou pelo menos causar os campos L. Um estudo, por exemplo, mostrou que pessoas especializadas em meditação eram capazes de imprimir suas intenções em dispositivos elétricos. Depois de se concentrarem nos dispositivos, os quais eram deixados em uma sala por três meses, esses dispositivos criavam mudanças na sala, afetando inclusive o pH e a temperatura.[46]

Os campos de pensamento costumam ser comparados aos campos magnéticos, pois é preciso interconexão para que se gere um pensamento – duas pessoas que queiram fazer contato, por exemplo. De acordo com a física clássica, a transferência de energia ocorre entre átomos ou moléculas em estado energético superior (de maior excitação) e aqueles em estado inferior; quando ambos os estados são iguais, pode haver troca equilibrada de informação. Se a transmissão de pensamento realmente existe, precisa ocorrer sem nenhum toque físico para que sua natureza possa ser definida como magnética ou "de pensamento", e não como aspecto de eletricidade. Além dos relatos testemunhais, há provas científicas dessa possibilidade.

No estudo dos semicondutores, materiais sólidos cuja condutividade de eletricidade fica entre a de um condutor e a de um isolante, o famoso cientista Albert Szent-Györgyi, que ganhou o Prêmio Nobel em 1937, descobriu que todas as moléculas que formam a matriz viva são semicondutoras. Mais importante ainda, observou que energias podem fluir através de um campo magnético sem tocar uma a outra.[47] Essas ideias dão respaldo à teoria de que, enquanto os campos L proporcionam o modelo e a matriz do corpo, os campos T transmitem aspectos de pensamento e podem modificar os campos L, influenciando ou mesmo sobrepondo-se totalmente ao campo L do corpo.[48]

23

POLUIÇÃO DOS CAMPOS: ESTRESSE GEOPÁTICO

O termo *estresse geopático* se refere aos efeitos prejudiciais dos campos naturais e artificiais e da radiação emitida por campos físicos e sutis. A existência do estresse geopático é corroborada por pesquisas científicas, as quais deixam claro que a exposição constante ou extrema a fatores de estresse geopático pode produzir consequências leves ou severas nos seres vivos. Os problemas mais comuns são as dores corporais, a fadiga crônica, a insônia, transtornos cardiovasculares, irritabilidade, problemas de aprendizado, infertilidade e aborto espontâneo, problemas de comportamento em crianças e até câncer e doenças autoimunes.[49]

Já se fizeram muitas pesquisas sobre o estresse geopático. São exemplos os estudos conduzidos pelo Dr. Hans Nieper, especialista em câncer e esclerose múltipla de renome mundial, que demonstrou que 92% de seus pacientes com câncer e 75% dos que tinham esclerose múltipla sofriam de estresse geopático. O Dr. Hager determinou que o estresse geopático estava presente nos 5.348 pacientes de câncer que estudou, e o físico alemão Robert Endros, ao lado do professor K. E. Lotz, da Escola de Arquitetura de Biberach, analisou 400 pessoas que haviam morrido de câncer e constatou que 383 delas haviam sido expostas a falhas geopáticas ou a perturbações do campo geomagnético.

CAMPOS NATURAIS POLUÍDOS: CAMPOS VERDADEIROS (MENSURÁVEIS)

Há dois tipos de fatores de estresse de campo mensuráveis. O primeiro é a radiação eletromagnética. Como vimos, nossos corpos são compostos de campos eletromagnéticos, tanto físicos quanto sutis. A exposição excessiva a forças eletromagnéticas intensas pode danificar os campos e tecidos dentro do corpo e os campos ao redor dele. Esta seção detalhará alguns efeitos negativos da poluição eletromagnética causada não só por meios naturais, mas também por meios artificiais (gerados pelo ser humano).

Outras fontes de poluição mensurável são a terra e o céu. Na terra, o estresse geopático ocorre sobretudo nos pontos de entrecruzamento das linhas de energia naturais, mas ocorre também em decorrência da radiação causada por água corrente subterrânea, certas concentrações de minerais, cavidades subterrâneas e falhas geológicas. Todas essas energias são naturais, mas não benéficas para as pessoas ou os demais seres vivos que habitam sobre elas durante longos períodos. Há também campos de energia que emanam do espaço e podem perturbar o sistema eletromagnético do corpo. Este capítulo detalhará alguns dos problemas decorrentes de fatores de estresse de base planetária.[50]

POLUIÇÃO DO ESPECTRO ELETROMAGNÉTICO

A exposição excessiva a qualquer um dos tipos básicos de radiação eletromagnética pode ser prejudicial e chega mesmo a ameaçar a vida. Essa radiação pode ser natural, criada por campos da Terra ou do cosmos, mas pode ser também de origem artificial. Essa é uma lista de alguns dos perigos relacionados a diversos tipos de radiação e dos tipos de dano que podem causar:

Campos elétricos estáticos: Choque elétrico, decorrente do contato com voltagem alta o bastante para causar fluxo de corrente através dos músculos ou que chegue aos cabelos. Pode provocar fibrilação cardíaca, queimaduras, perturbações neurológicas e até a morte.

Campos magnéticos: Em certas condições, os exames de ressonância magnética podem ser perigosos ou mesmo letais – quando feitos na presença de certos desfibriladores ou implantes, por exemplo. Outras pesquisas dão a entender que a poluição magnética é um problema sério. (Ver mais informações no Capítulo 24: "O Poder do Magnetismo.")

Radiação de frequência extremamente baixa (FEB): Certas pesquisas demonstraram que um nível elevado de radiação FEB pode resultar em várias doenças ou problemas que ameaçam a vida. Na verdade, tantas pessoas se preocupam com a exposição constante a linhas de transmissão e aparelhos elétricos – para citar apenas algumas fontes de emissão de radiação FEB – que acabou por se cunhar o termo *poluição elétrica*. Estudos demonstraram que pessoas que moram perto de linhas de transmissão são mais suscetíveis à leucemia tanto na infância quanto na idade adulta.[51] Além disso, certas redes de linhas de transmissão produzem um campo magnético que pode alterar o fluxo de íons de cálcio (um dos minerais que conduzem íons) de maneira prejudicial ao corpo.[52] Também há preocupação com a radição FEB que emana de aparelhos ligados à tomada, os quais consomem 70% de sua energia apenas por estarem ligados, e não quando estão funcionando.

Frequências de rádio: Há muitas fontes de ondas de rádio, algumas das quais naturais (tempestades de raios, por exemplo) e outras geradas pelo ser humano. As linhas de transmissão emitem ondas de rádio de baixa frequência e os telefones celulares enviam ondas de rádio em todas as direções. Conjectura-se que uma dose excessiva de ondas de rádio pode causar câncer e outras doenças.[53] Os telefones celulares são o mais novo perigo potencial. Quando você fala ao celular, sua voz é transmitida em uma frequência que fica entre 800 MHz e 1.990 MHz, na faixa de radiação de micro-ondas. Entre 20% e 60% dessa radiação é transferida para sua cabeça, e parte dela chega a penetrar mais de 3 cm do cérebro.[54]

Luz visível: O excesso de luz natural visível pode prejudicar a retina. Os problemas causados por fontes de luz artificiais podem resultar do uso inadequado do laser e do uso de lâmpadas que não emitem o espectro luminoso total.[55]

Luz ultravioleta: A luz ultravioleta fica logo abaixo dos comprimentos de onda da luz visível e apresenta o mesmo perigo que outros tipos de radiação ionizante: queimaduras na pele, câncer de pele e danos oculares.[56]

Raios gama: Os raios gama podem matar as células vivas. Isso lhes permite ser utilizados como tratamento para matar células cancerosas, embora esse tratamento apresente efeitos colaterais, como problemas na parede estomacal e nos folículos pilososs, além de deformações fetais. Os raios gama retardam o processo de divisão celular.[57]

Luz infravermelha: O maior perigo do excesso de exposição são queimaduras nos olhos ou na pele.[58]

Micro-ondas: Ao contrário da energia de micro-ondas do sol, muitos pesquisadores e consumidores têm manifestado preocupação com os efeitos do uso das micro-ondas na culinária. O pesquisador Dr. Ing Hans Hertel, por exemplo, descobriu que os alimentos preparados ou aquecidos no forno de micro-ondas causam anomalias sanguíneas semelhantes às que conduzem ao câncer. O Dr. Hertel foi proibido judicialmente de discutir suas descobertas pela Associação Suíça de Comerciantes de Aparelhos Elétricos para Residências e Indústrias.[59]

Raios X: Usados para fazer imagens de ossos e da parte interna do corpo, os raios X podem causar mutações do DNA e câncer.[60]

POLUIÇÃO CAUSADA POR CAMPOS FÍSICOS NATURAIS

Essa visão geral proporciona exemplos dos diferentes tipos de poluição causados por campos físicos naturais. Muitos desses campos foram descritos nos capítulos e nas seções anteriores.

Estresse solar: O estresse solar é causado por erupções solares (manchas solares) e tempestades magnéticas e foi associado ao aumento do número de falências cardíacas.[61] Imagina-se que isso ocorra porque as atividades do sol afetam o campo geomagnético.

Campos geomagnéticos: Todos os seres vivos dependem do campo geomagnético da Terra, mas cada um de nós precisa receber essa energia na quantidade adequada; caso contrário, nossa saúde e nosso bem-estar ficarão comprometidos. O pesquisador Dr. Wolfgang Ludwig descobriu que um desequilíbrio das ondas de Schumann e das ondas geomagnéticas induz microestresse nos seres vivos. Do ponto de vista oriental, o yang das ondas de Schumann e o yin das ondas geomagnéticas precisam estar em equilíbrio para proporcionar bem-estar.[62]

Estresse geopático e Vivaxis: A Vivaxis, energia sutil que conecta os seres vivos à Terra, pode criar perturbações e até doenças no corpo caso esteja exposta a condições energéticas anormais ou doentias, como a poluição magnética ou elétrica. Para mais informações, consulte o livro *The Vivaxis Connection*, de Judy Jacka.

POLUIÇÃO CAUSADA POR CAMPOS SUTIS NATURAIS

Nem todos os campos sutis naturais são inócuos. A exposição excessiva a qualquer uma das energias a seguir pode causar problemas. A maioria dos itens dessa lista já foram apresentados nesta parte do livro.

Correntes negras: A radiação associada a esses veios d'água subterrâneos muitas vezes se intensifica durante a atividade das manchas solares e das tempestades de raios. Outras falhas geológicas produzem efeitos semelhantes e podem emanar grande quantidade do gás radônio, que é tóxico e enfraquece o sistema imunológico.[63]

Linhas de Hartmann: As linhas sucessivas têm carga oposta (positiva/negativa), de modo que certas interseções são "duplamente positivas" ou "duplamente negativas". Esses pontos de interseção sobrecarregam o sistema nervoso e podem perturbar nosso campo eletromagnético pessoal.[64] Outro estresse causado pode ser explicado do ponto de vista do yin e do yang. As linhas yin (norte-sul) são frias e correspondem às doenças do inverno, como câimbras, gota e formas de reumatismo. As linhas yang (leste-oeste) têm relação com o fogo e podem causar inflamações. Dependendo dos ciclos sazonais, essas energias de "duplo poder" podem causar esses sintomas.[65] O Dr. Hartmann afirma que a exposição excessiva às linhas diminui a capacidade do sistema imunológico de se defender contra bactérias invasoras. Ele constatou aumento do risco de câncer em pessoas que moravam ou trabalhavam sobre as linhas.[66]

Sistema Cúbico de Benker: Os pontos de interseção dos blocos cúbicos são zonas geopáticas fortes, e considera-se que a exposição prolongada a eles prejudique o sistema imunológico.[67]

Linhas de Curry: Alguns especialistas acreditam que as linhas de Curry são elétricas e criam pontos duplamente negativos, duplamente positivos e negativo-positivos em suas interseções. O Dr. Curry acreditava que os pontos de interseção positivos aceleram a divisão celular e talvez aumentem o risco de crescimento canceroso, ao passo que as áreas negativas gerariam inflamações.[68]

TEORIA SOBRE NOSSO ESTADO ATUAL

O que produziu nosso nível atual de estresse geopático? Por que vêm surgindo tantas doenças decorrentes do estresse de campo? Algumas razões se destacam.

Primeiro, a potência do campo magnético da Terra diminuiu no decorrer do tempo. Há cerca de 4 mil anos, era de 2 a 3 gauss, ao passo que hoje tem a intensidade de cerca de 0,5 gauss, o que representa diminuição de quase 80%.[69] Em nível microscópico, o declínio do campo magnético da Terra reduz o nível de carga das partículas subatômicas, o que diminui, por sua vez, a carga geral dos átomos. Os corpos vivos dependem da supercondução de átomos e moléculas carregados, para que apoiem o fluxo de nutrientes e mensagens ao longo do sistema nervoso e dos sistemas de líquidos do corpo. Não é só o sistema nervoso primário do ser humano – que inclui o cérebro e o restante do sistema nervoso central – que precisa desse equilíbrio iônico, mas também o sistema elétrico secundário que Björn Nordenström descobriu. Esse sistema nervoso secundário provavelmente interage com os meridianos e os nadis. Por isso, a escassez de energia magnética pode afetar de modo adverso os corpos e campos sutis do ser humano.

Segundo, a radiação de origem artificial pode causar males consideráveis aos organismos vivos, e estamos bombardeando o planeta com uma quantidade imensa de campos elétricos e magnéticos antropogênicos, bem como com ondas de rádio, micro-ondas e outras radiações.

24

O PODER DO MAGNETISMO

O magnetismo tem um lado escuro e um lado luminoso. O corpo humano precisa ser exposto externamente a campos magnéticos e também gera os próprios campos. Em excesso, porém, esses campos podem ter impacto negativo sobre os sistemas físico e sutil do ser humano, produzindo doenças físicas e desequilíbrios mentais e emocionais. Este capítulo explora os muitos papéis que o magnetismo desempenha em nossa vida.

CORPO MAGNÉTICO

Boa parte do que sabemos sobre os efeitos do magnetismo e dos campos magnéticos é devido ao trabalho do Dr. Robert Becker, pioneiro das pesquisas bioenergéticas. Becker usou a eletricidade e campos eletromagnéticos para estimular a soldagem de ossos quebrados, e suas descobertas levaram à invenção de muitos aparelhos elétricos usados na medicina moderna. Por meio de suas pesquisas, constatou também a presença de um sistema de controle elétrico dentro do corpo, que opera por meio de uma corrente direta.

As descobertas de Becker foram precedidas pelas pesquisas do Dr. Harold Burr, criador da teoria dos campos L. Por meio de seus estudos, Becker descobriu um sistema de controle único – semelhante ao proposto por Burr – essencial no processo de cura e para alcançarmos diversos estados de consciência.[70]

Becker descobriu que, quando um sujeito se encontra em estado alterado de consciência (anestesiado, por exemplo), seu corpo exibe mudanças elétricas. Essa descoberta estabelece correlação entre os estados de consciência e um sistema de corrente direta que atuava como caminho alternativo para a transmissão de mensagens entre o cérebro e sistemas locais de regeneração de tecidos. Esse sistema elétrico, por exemplo, era ligado quando uma parte do corpo sofria uma lesão e era desligado quando aquela parte já estava se curando.

Becker descobriu que esse sistema transmitia informações por meio das membranas das *células gliais*. Tradicionalmente, considera-se que as células gliais integram o sistema de apoio dos nervos e do sistema nervoso central. O número de células gliais no cérebro é de 10 a 50 vezes maior que o número de neurônios, que é de cerca de 100 bilhões.

Embora a ciência tradicional afirme que as células gliais não conduzem eletricidade, o trabalho de Becker contesta essa ideia. Ele descobriu que as membranas dessas células flutuam em um ambiente dotado de carga elétrica e voltagem. Na verdade, Becker constatou que a mudança de voltagem pode ser produzida pela aplicação de campos de energia externos, especialmente campos magnéticos.[71]

FIGURA 3.5
CAMPO MAGNÉTICO DO CORPO

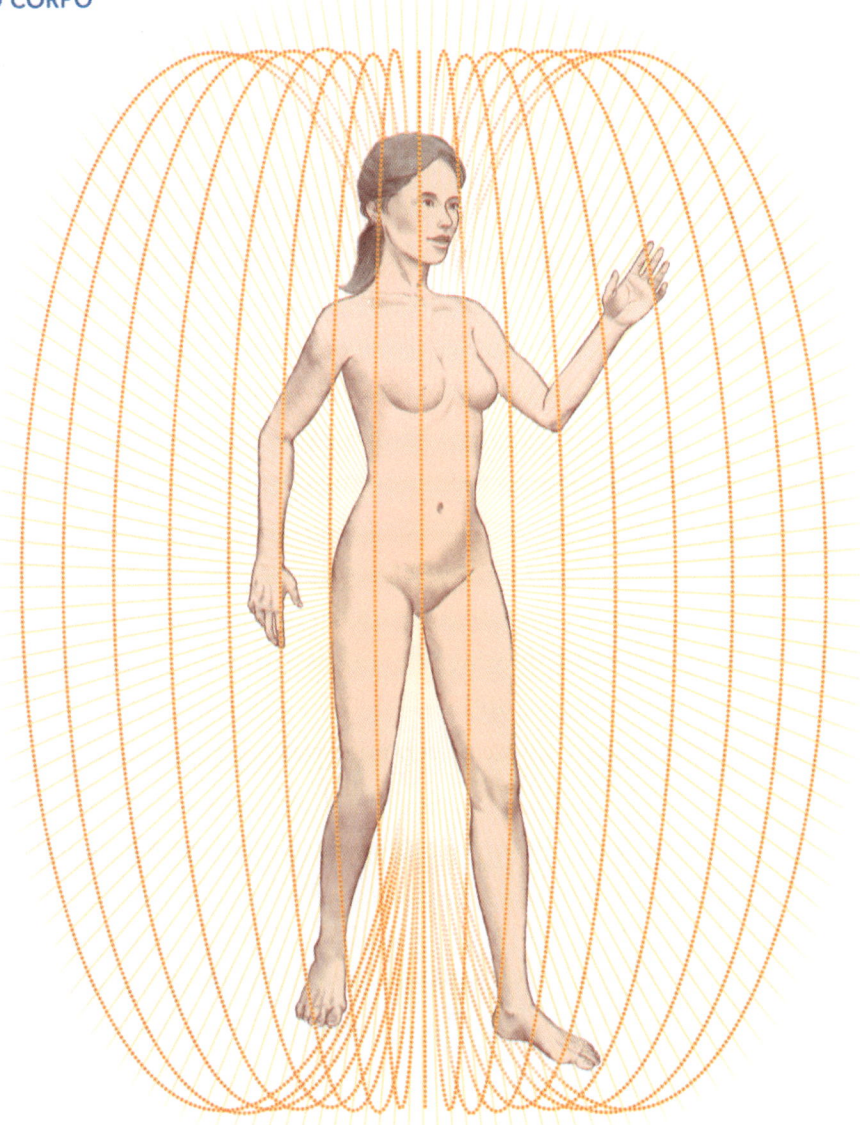

Todos os seres vivos estão imersos em um campo magnético de fundo que vibra em uma frequência de 7,8 ciclos por segundo, oscilação comparável ao estado cerebral alfa-teta. Como vimos na Parte II, temos no cérebro materiais capazes de detectar magnetismo. O sistema de corrente direta do ser humano, talvez em relação com alguns desses materiais, permite a cada um de nós "captar" as frequências geomagnéticas de nossos arredores, as quais, por sua vez, estimulam as ondas cerebrais alfa-teta.[72]

O trabalho de Becker é compatível com o do Dr. Björn Nordenström, que descobriu que os seres humanos têm um sistema elétrico secundário que funciona entre o tecido conjuntivo e o sistema cardiovascular. Nordenström demonstrou que o fluxo de íons entre as células danificadas e as paredes dos vasos sanguíneos, sobretudo quando relacionado com o fluxo de corrente para uma área lesionada, cria efeitos elétricos semelhantes aos de uma bateria, os quais estimulam a regeneração. Nordenström demonstrou ainda que os organismos vivos são sistemas de campos eletromagnéticos. Quando se mudam as propriedades elétricas do corpo, a saúde também se modifica para melhor ou para pior. As pesquisas de Becker mostram que as células possuem propriedades semicondutoras – como as presentes nos circuitos integrados. Isso significa que nosso corpo são microcircuitos, circuitos integrados que funcionam por meio da semicondutividade.

ESTADO DE SEMICONDUTIVIDADE: NOSSOS MUITOS CAMPOS

Engenheiros modernos gostam de usar semicondutores, pois esses materiais respondem aos campos elétricos; controlando esses campos, esses profissionais podem controlar os efeitos da eletricidade, bem como os campos magnéticos produzidos pelos campos elétricos. Se os seres vivos são semicondutores ou têm propriedades semicondutoras, os campos magnéticos do corpo também podem ser controlados para criar resultados bioelétricos.

Essa afirmação tem implicação simples para os agentes de cura: as mudanças no nosso campo magnético alteram nossa saúde – o detalhe é que somos compostos de milhões de campos, senão bilhões. O Dr. William Tiller, cientista e escritor, escreve que cada nível sutil de uma substância cria uma emissão radiativa, assim como cada célula ou órgão físico e cada sistema do corpo cria um campo. Nossos chakras, meridianos e corpos de energia sutis, e talvez até nossos pensamentos, geram um campo de onda estacionária ou um campo áurico. Quando se somam os bilhões de células que compõem nosso corpo, o número de campos magnéticos se torna muito grande. Porém, Tiller insiste que ao redor do corpo há um invólucro áurico para "cada corpo sutil de que o ser humano é dotado", o que eleva o número de campos a um valor astronômico.[73] E as mudanças na Terra ao nosso redor, bem como as que estamos criando nela, afetam inúmeros biocampos, cada um dos quais necessário ao nosso bem-estar.

Um dos campos magnéticos humanos mais importantes é a aura, que tem ligação energética com os chakras e será discutida nesta parte do livro. Muitas práticas de cura envolvem a alteração do campo magnético a fim de criar uma mudança interna. Por outro lado, a maioria das práticas de cura a distância, entre elas a oração, provavelmente envolve a manipulação dos campos magnéticos ou das auras das outras pessoas. O uso de ímãs na cura também é um método que altera os campos internos e externos da pessoa e, portanto, a saúde.

O POSITIVO – E O NEGATIVO

Certos campos ou intensidades magnéticas são benéficos e outros, não. Os campos magnéticos podem alterar as células nervosas e o fluxo de corrente direta, resultando em diminuição da dor semelhante à provocada por uma anestesia. Também podem alterar o fluxo de íons de cálcio pelos tecidos corporais – nos músculos, por exemplo –, aumentando a circulação sanguínea local e o transporte de oxigênio para os tecidos. Ímãs foram igualmente usados para atrair medicamentos anticancerígenos para os locais do corpo onde seu uso era necessário.[74]

Todo ser vivo precisa de quantidade adequada de magnetismo. A *síndrome da deficiência de campo magnético*, ou SDCM, é um termo que designa os resultados da exposição insuficiente ao campo geomagnético. Uma equipe japonesa de pesquisa comandada pelo Dr. Kyoichi Nakagawa mostrou que certos tipos de doenças presentes entre os habitantes das cidades japonesas podem ser causados pelas estruturas de ferro e aço usadas em grandes edifícios. Ao que parece, essas estruturas isolavam os habitantes do campo geomagnético natural.[75]

O que ajuda também pode prejudicar. A exposição a campos magnéticos, por exemplo, foi correlacionada a maior risco de aborto espontâneo.[76] Os dados nos mostram que a exposição a um campo magnético de 60 Hz com intensidade de 3 mG ou mais está associada ao aumento de muitos tipos de tumores malignos, sobretudo os que ocorrem em tecidos cuja taxa de replicação celular é alta, como a medula óssea e o tecido linfático.[77] As pesquisas do Dr. Robert Becker constataram, além disso, intensificação dos comportamentos esquizofrênicos e psicóticos em picos de atividade geomagnética anormal.[78]

Nossas casas são igualmente suscetíveis aos fatores de estresse geomagnético. Isso foi revelado por pesquisas conduzidas por Ludger Meersman, especialista em geobiologia. Ao lado das camas de enfermos, havia zonas onde a intensidade do campo geomagnético era mais alta ou mais baixa, ao passo que os campos magnéticos se distribuíram de maneira homogênea ao longo das camas da maioria dos indivíduos saudáveis. As leituras mais anormais tinham correlação com a parte doente do corpo dos pacientes. Por exemplo, haveria um campo geomagnético mais intenso ao redor de um câncer ou de um local de artrite.

ÚTIL OU NOCIVO?

Uma das principais razões desses estranhos problemas é que a exposição a campos magnéticos de corrente direta de várias centenas de gauss aumenta o número de células gliais, como demonstrou um estudo conduzido em 1966 pelos Drs. Y. A. Kholodov e M. M. Aleksandrovskaya na Academia Soviética de Ciências, em Moscou.[79] Esses e outros estudos dão a entender que as intensidades magnéticas alteram as células gliais, as quais têm contato com os neurônios. O corpo, assim, responde a alterações no campo geopático – aquelas produzidas artificialmente no ambiente – e também, para citar o Dr. Robert Becker, a "campos produzidos por outros organismos".[80]

Outra razão pela qual os campos magnéticos têm efeitos positivos e negativos é que o ímã não tem apenas *um* efeito, mas *dois* efeitos sobre os organismos vivos. Esses dois efeitos são estimulados pelas duas formas de energia transmitidas pelos polos norte e sul. As pesquisas de Albert Roy Davis e Walter C. Rawls Jr., descritas nos livros *Magnetism and Its Effects on the Living System* e *The Magnetic Effect*, revelam que esses efeitos não são apenas físicos, mas têm relação com a consciência ou a percepção extrassensorial (PES). A Terra produz os mesmos efeitos e é ela própria um ímã gigante.[81]

Basicamente, o polo sul do ímã acelera a taxa de crescimento celular e a atividade biológica e torna os tecidos mais ácidos, ao passo que o polo norte inibe a taxa de crescimento e a atividade biológica e aumenta a alcalinidade. Davis e Rawls reduziram os tumores com aplicações do norte magnético e os aumentaram com aplicações do sul magnético. As aplicações do norte magnético também reduziram a dor e a inflamação e tornaram o processo de envelhecimento nos animais examinados mais lento.[82]

No que se refere à PES, Rawls e Davis descobriram que o "terceiro olho", na área do sexto chakra, estimula a visão ou a consciência interiores. Os sujeitos de pesquisa evidenciaram aumento dessa capacidade, bem como da paz e da tranquilidade, quando seguravam um ímã na palma da mão esquerda ou nas costas da mão direita. Em 1976, Davis e Rawls foram indicados ao Prêmio Nobel de física médica.

Em resumo, o fluxo elétrico no corpo é mantido por certos íons, como os de sódio, potássio, cálcio e magnésio. Os desequilíbrios entre essas substâncias fundamentais podem causar doenças ou ser causados por doenças. Esses desequilíbrios alteram a atividade elétrica do corpo e, portanto, a aparência – a forma – de vários campos magnéticos ou áuricos fora do corpo. Isso talvez explique a capacidade de certos "leitores da aura" de usar suas habilidades psíquicas para perceber problemas profundos do corpo antes ainda que a tecnologia médica consiga detectá-los, bem como a capacidade inversa de curar a aura e, assim fazendo, curar o corpo. O vínculo entre os meridianos e o sistema elétrico do corpo, como propôs Nordenström, também fornece explicação para a cura por meio dos meridianos e pontos de acupuntura. As células gliais atuam como personagens importantes no sistema de microcircuitos do corpo, recebendo informações do espectro magnético dentro e fora do organismo. Elas acrescentam, assim, outra dimensão às descobertas de Nordenström.

Nordenström usou suas teorias para curar o câncer, enviando cargas elétricas para dentro de um tumor, a fim de diminuir seu tamanho. O que Rawls e Davis descobriram é nada mais, nada menos que um dos principais conceitos da cura. Há polaridades em todos os aspectos da vida. Os seres humanos são elétricos e magnéticos, yin e yang, e a saúde depende da manutenção do equilíbrio adequado entre todos. Os seres humanos são campos L e sofrem a influência da eletricidade. São também campos T e sofrem a influência do magnetismo. Por meio da bipolaridade "L", ou elétrica, os seres humanos geram vida, movimento e atividade. Por meio da bipolaridade "T", do nosso ser magnético, atraímos o que precisamos e aquilo em que podemos nos tornar. Os seres humanos são compostos da substância do pensamento – e da matéria.

FIGURA 3.6
FORMAS DE MAGNETISMO
No livro *A Practical Guide To Vibrational Medicine,** o Dr. Richard Gerber delineia muitas formas de magnetismo.[83] Damos aqui uma breve descrição de cada uma delas e um exemplo de seus efeitos.

Magnetismo	Efeitos
Ferromagnetismo (*envolvendo ferro*)	Pode intensificar os efeitos do polo magnético norte
Eletromagnetismo (*produzido pelo fluxo de elétrons/ correntes elétricas*)	Efeitos positivos e negativos
Biomagnetismo (*gerado por correntes iônicas e atividade celular*)	Pode revelar padrões de doença
Magnetismo animal (*do chi e do prana*)	A força vital é magnética sutil; revela a atividade etérica
Magnetismo sutil (*dos chakras, da aura e dos corpos sutis*)	Regras por meio de formas (campos T)
Paramagnetismo (*atração por campos fortes*)	Intensifica o crescimento das plantas
Diamagnetismo (*repulsão por campos fortes*)	Desconhecido
Geomagnetismo (*da Terra*)	Necessário para a vida; pode criar estresse geopático
Magnetismo solar (*do sol; sutil e solar*)	Afeta o campo geomagnético; aumenta o número de ataques cardíacos e é necessário para a vida
Magnetismo cósmico e estelar (*correntes magnéticas sutis da galáxia*)	Afeta o corpo astral e os chakras

---

* *Um Guia Prático de Medicina Vibracional*, publicado pela Editora Cultrix, São Paulo, 2001 (fora de catálogo).

25

CURA PELAS MÃOS E CURA A DISTÂNCIA: PROVA DOS CAMPOS SUTIS E DE UMA REALIDADE NÃO LOCAL

A cura a distância é um conceito bem conhecido e uma realidade entre os agentes de cura energética sutil. É admitida até por pessoas religiosas, que usam a oração e o pensamento positivo para pedir cura a pessoas que não estão geograficamente presentes. Uma quantidade considerável de dados respalda a eficácia desse tipo de prática. Ela pode ser explicada pela conectividade energética, a qual pressupõe a presença de campos que possam gerar essas conexões por meio daquilo que se chamou de "realidade não local".

Estudos feitos com profissionais da terapia de toque demonstraram resultados positivos em várias áreas, entre elas o alívio da dor.[84] Em um artigo em que revê 61 estudos desse tipo, o Dr. Daniel J. Benor, médico respeitado e autor especializado em bioenergia, afirma que "a distância, mesmo de milhares de quilômetros, não parece limitar os efeitos da cura".[85]

O toque terapêutico é outra prática energética presencial que trabalha com o campo de energia para promover a capacidade de cura natural do corpo. É usado atualmente em hospitais e clínicas do mundo todo e ensinado em universidades, faculdades de medicina e enfermagem e em outros lugares. Pesquisas sobre sua eficácia em mais de 16 áreas dão a entender que a cura física é possível quando se acessam os biocampos.[86].

Um estudo específico mediu os efeitos do toque terapêutico sobre as propriedades do pH, do equilíbrio de oxirredução e da resistência elétrica nos fluidos corporais. Esses fatores foram correlacionados com determinada idade biológica. Antes do tratamento, a idade do grupo tratado, determinada matematicamente, era de 62 anos; depois do tratamento, caiu para 49.[87]

Como funcionam esses métodos e outros semelhantes? É difícil saber ao certo, mas uma explicação provável é que os campos de energia de duas pessoas podem se sobrepor e interconectar. Sabe-se que os biocampos existem porque certas tecnologias recentes produziram imagens deles: a fotografia Kirlian, as imagens da aura e as visualizações de descarga gasosa. Além disso, esses equipamentos acusam diferenças drásticas entre os campos antes e depois dos tratamentos energéticos.[88] Outras pesquisas provam que uma pessoa é capaz de afetar outra por meio desses campos. Estudos feitos no HeartMath Institute, na Califórnia, mostraram que o sinal do eletrocardiograma de uma pessoa pode ser registrado no eletroencefalograma de outra e em outras regiões do corpo dessa outra pessoa. O sinal cardíaco de um indivíduo também pode ser registrado no ECG de outro, quando duas pessoas se sentam em silêncio uma em frente à outra.[89]

A interconectividade entre os campos e a intenção são um "casamento" entre a teoria da energia sutil e a física quântica. Como apontou o Dr. Benor, Albert Einstein já havia provado que matéria e energia são intercambiáveis. Há séculos agentes de cura relatam a existência de campos de energia sutis interpenetrantes que rodeiam o corpo físico. Hierárquicos na organização e nas vibrações, esses campos afetam todos os aspectos do ser humano.[90]

Estudos demonstram que os estados de cura envolvem pelo menos os campos biomagnéticos sutis. Em um estudo, por exemplo, um magnetômetro foi usado para quantificar os campos biomagnéticos que saíam das mãos de pessoas que meditavam e de praticantes de yoga e qigong. Esses campos eram mil vezes mais intensos que o mais forte campo biomagnético humano e situavam-se na mesma faixa daqueles usados em laboratórios de pesquisa médica para acelerar a cura de tecidos biológicos – até de feridas que em quarenta anos não haviam se curado.[91] Outro estudo, feito com um dispositivo supercondutor de interferência quântica (SQUID), revelou campos biomagnéticos pulsantes em alta frequência que emanavam das mãos de profissionais de toque terapêutico durante os tratamentos.[92]

Embora esses campos sejam muito maiores que o corpo físico, a física quântica explica como o campo de uma pessoa pode interagir com o de outra a milhares de quilômetros de distância. Como vimos no Capítulo 19: "Duas Teorias do Campo Unificado", todos os seres vivos são interconectados em uma realidade não local. Depois de ter entrado em contato, duas partículas podem afetar uma à outra além do tempo e do espaço. Por meio da intenção, nosso campo pessoal pode interagir com o campo de outra pessoa de modo a ocorrer uma transferência instantânea de informações. Pesquisas sobre ressonância e som mostram que, quando dois seres vivos operam ou ressoam em vibrações semelhantes, um pode afetar o outro.

Outra linha de estudo dá a entender que ocorre partilha de energia e intenção na faixa superior do espectro eletromagnético. Estudos já replicados indicam diminuição significativa dos raios gama emitidos pelos pacientes durante sessões de cura alternativa. Isso significaria que o elemento corporal que emite raios gama – uma forma de potássio – regula o campo eletromagnético circundante.[93]

Os raios gama se materializam quando a matéria (um elétron, por exemplo) e a antimatéria (um pósitron, por exemplo) se aniquilam mutuamente ao fazer contato. Como vimos, a antimatéria tem carga elétrica e *spin* opostos ao da matéria. Quando elétrons e pósitrons colidem, liberam tipos específicos de raios gama. Há muitos anos, Nikola Tesla aventou a hipótese de que os raios gama encontrados na Terra emanam do campo de ponto zero.[94] Embora apareça como vácuo, esse campo, na verdade, é repleto de coisas, pois serve como encruzilhada de diversas partículas e campos virtuais e subatômicos. Quando realizamos atos de cura, é possível que estejamos acessando esse campo universal ou campo de ponto zero e modificando sua potência por meio da intenção.

Segundo outra teoria, o que acessamos são *campos de torção*, campos que se deslocam a uma velocidade 10^9 vezes superior à da luz. Segundo a hipótese em questão, esse campos transmitem informações sem transmitir energia e em um tempo zero.[95] Parte desse efeito se baseia na definição do tempo como vetor do campo magnético. Quando o campo de torção e o campo gravitacional se dispõem em direções opostas, é concebível que o campo de torção possa alterar as funções magnéticas e, assim, o vetor do tempo. Quando se sobrepõe a uma área específica em um campo gravitacional, é possível também que reduza os efeitos da gravidade nesse ponto.[96]

Esses campos de torção foram estudados por Peter Gariaev e Vladimir Poponin, cientistas russos que descobriram que os fótons se deslocam ao longo da molécula de DNA em um trajeto em espiral e não em um caminho linear, o que mostra que o DNA tem a capacidade de fazer a luz se curvar ao seu redor. Alguns físicos acreditam que essa energia espiralada, "torcida", é uma luz inteligente que emana de dimensões superiores e diferente da radiação eletromagnética, dando origem ao DNA. Muitos pesquisadores hoje acreditam que essas ondas de torção *são* a própria consciência, compõem a alma e são precursoras do DNA.[97]

26

GEOMETRIA SAGRADA: OS CAMPOS DA VIDA

Em comparação com a geometria "comum", a geometria sagrada parte do princípio de que, mediante a análise e o trabalho com figuras geométricas, podemos nos sintonizar com as leis místicas da criação. A geometria é parte importante da cura energética, pois as energias sutis muitas vezes se organizam de acordo com determinadas formas e figuras. Por causa disso, ao longo de toda a história, os agentes de cura empregaram símbolos baseados em visões mediúnicas e construíram instrumentos de cura com formas geométricas. Existe relação entre a geometria e o som.

Estudos recentes indicam que a geometria pode ser uma questão de vida ou morte. Segundo um deles, a geometria dos vasos sanguíneos é um fator que pode produzir doenças cardiovasculares; quanto maior o ângulo entre a artéria e os vasos sanguíneos que se ramificam a partir dela, maior o potencial de acúmulo de placa.[98] Outro exemplo: em 70% dos casos, existe correlação entre a geometria da coluna cervical e doenças degenerativas cervicais.[99]

As teorias geométricas começaram a surgir há milhares de anos, sobretudo na época de Platão e de seu predecessor, Pitágoras – embora muitos princípios importantes de hoje já tivessem sido formulados antes disso. As proporções geométricas desenvolvidas nessa época foram usadas pela maioria das civilizações desde então e aplicadas à matemática, à arte, à arquitetura, à cosmologia, à música, à astronomia e à física. Falaremos a seguir de algumas aplicações da geometria sagrada – os aspectos místicos da geometria aplicados à cura e à energia.

FIGURA 3.7
ONDA SENOIDAL

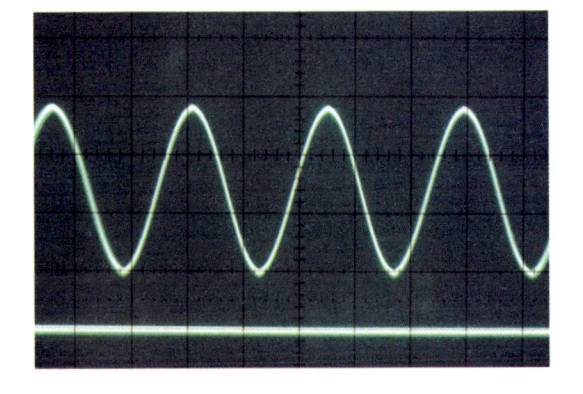

TEORIAS GEOMÉTRICAS BÁSICAS

Há várias teorias geométricas, provadas matematicamente, que se aplicam às energias de cura. São elas:

FIGURA 3.8
ESFERA

FIGURA 3.9
SEQUÊNCIA DE FIBONACCI

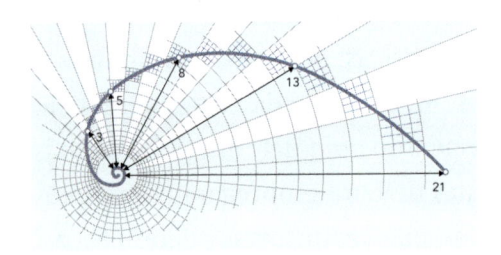

FIGURA 3.10
TORO

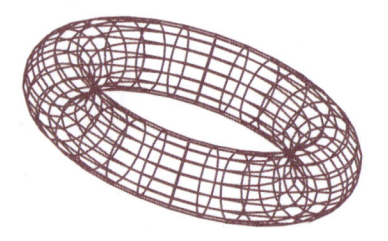

FIGURA 3.11
PROPORÇÃO ÁUREA

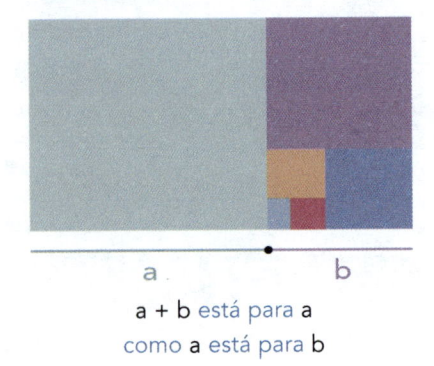

a + b está para a
como a está para b

Onda senoidal: Onda com forma de curva senoidal, única frequência indefinidamente repetida no tempo. É usada para representar frequências, ondas e vibrações, medida subjacente da energia.

Esfera: Circuito fechado tridimensional em que todos os pontos estão à mesma distância de um centro. Muitas culturas consideram que, do ponto de vista energético, a esfera representa o vazio, a relação, a origem da vida ou o equilíbrio perfeito.

Sequência de Fibonacci: Série numérica repetitiva em que cada número, com exceção dos dois primeiros, é a soma dos dois anteriores. Tem estreita relação com a proporção áurea.

Toro: Superfície geométrica em forma de rosquinha, criada pela rotação de um círculo ao redor de uma reta colocada no mesmo plano do círculo, porém sem interseccioná-lo. É parte da flor da vida e está presente na física e na astronomia.

Proporção áurea: Segmento de reta dividido em duas partes de acordo com a proporção áurea, onde "a + b" está para o segmento mais longo como "a" está para o segmento mais curto "b". A razão é de aproximadamente 1,6180 e muitas vezes representada pela letra grega *phi* (ϕ). Essa razão está ligada à espiral áurea, espiral encontrada na natureza, e ao retângulo áureo, no qual a razão entre o lado mais comprido e o mais curto é a razão áurea. Essa proporção também é chamada de *seção áurea*, *número de ouro*, *proporção divina*, *seção divina*. É considerada instrumento do Divino na criação.

Merkaba: Dois tetraedros de orientação oposta que se interpenetram. São considerados, muitas vezes, veículos das viagens da alma ou aberturas para a consciência superior.

Cubo de Metatron: É reconhecido em termos metafísicos como a base dos sólidos platônicos. Contém dois tetraedros, dois cubos, um octaedro, um icosaedro e um dodecaedro.

Flor da vida: Figura composta de círculos que se sobrepõem a intervalos regulares, criando um desenho semelhante a uma flor. As imagens dos sólidos platônicos e de outras figuras geométricas sagradas podem ser discernidas dentro desse padrão.

Sólidos platônicos: Cinco figuras sólidas tridimensionais com ângulos e lados congruentes. Circunscritos dentro de uma esfera, todos os vértices tocam a esfera. Platão os relacionou com os quatro elementos da natureza e com o céu. (Ver p. 164.)

As aplicações dessas figuras à música são importantes no quadro da cura pelo som. Os antigos sempre professaram a crença na "música das esferas", ordem vibracional do universo. Pitágoras é famoso por ter feito a interconexão entre geometria, matemática e música. Determinou que, quando uma corda era vibrada na metade de seu comprimento, a nota obtida era uma oitava; uma razão de três para dois resultava em uma quinta; e uma razão de quatro para três resultava em uma quarta. Entendia-se que essas razões formavam harmônicos capazes de devolver a harmonia a um corpo desarmônico – ou seja, curá-lo. Hans Jenny levou esse trabalho adiante por meio do estudo da cimática, discutido mais adiante neste capítulo; o autor e terapeuta sonoro contemporâneo Jonathan Goldman vê relação entre as proporções do corpo e a proporção áurea, com razões relacionadas à sexta maior (3:5) e à sexta menor (5:8).[100]

A geometria também parece atuar como uma espécie de "cola interdimensional". É o que diz uma teoria relativamente nova chamada triangulação dinâmica causal (TDC), que retrata as muralhas do tempo – e de todas as diversas dimensões – em forma triangulada. De acordo com a TDC, o tempo-espaço é dividido em minúsculas peças trianguladas, e sua peça básica é o chamado pentacoro. O pentacoro é feito de cinco células tetraédricas, ou seja, um triângulo

FIGURA 3.12
MERKABA

FIGURA 3.13
CUBO DE METATRON

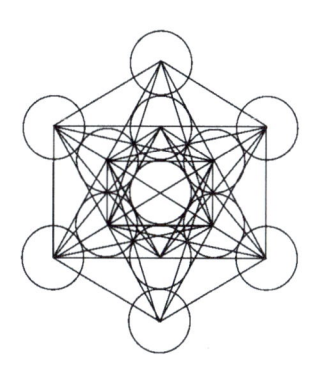

FIGURA 3.14
FLOR DA VIDA

FIGURA 3.15
PENTACORO

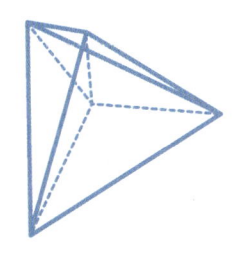

FIGURA 3.16

GEOMETRIA POR TRÁS DOS CHAKRAS

As formas ou figuras geométricas por trás dos chakras foram descritas por John Evans:

O lótus se forma com grandes razões de frequência.

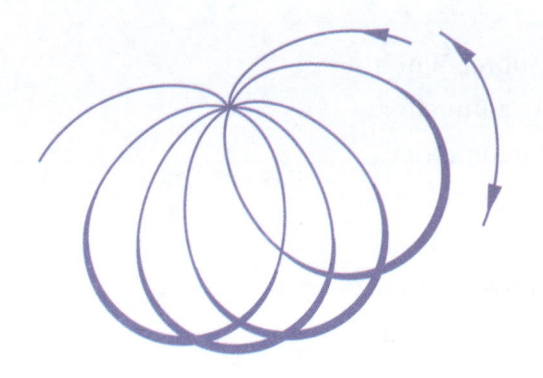

As pétalas surgem com rotações opostas em uma razão de frequência próxima à unidade.

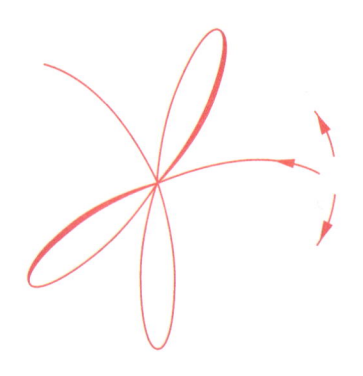

Os vórtices (ou espirais) são criados por rotações semelhantes quando a razão de frequência está próxima à unidade.

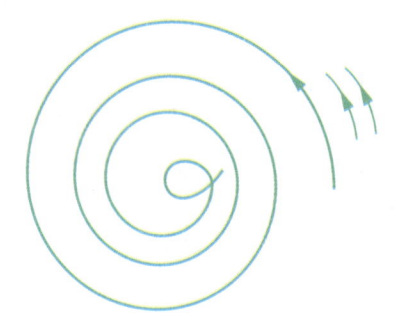

combinado com um tetraedro. Cada peça triangulada simples é geometricamente plana, mas as peças são "coladas" de maneira a constituir tempos-espaços curvos. Essa teoria pode explicar a transferência de energia de uma dimensão a outra, mas, ao contrário de muitas outras teorias do tempo-espaço, não admite que um efeito seja anterior à causa; além disso, põe em evidência a natureza geométrica da própria realidade.[101]

A criação de figuras geométricas nos níveis macro e micro talvez possa ser explicada pela noção do *spin*, introduzida no Capítulo 1. Tudo gira, e o termo *spin* designa a rotação de um objeto ou partícula em torno do próprio eixo. O *spin orbital* é a rotação de um objeto ao redor de outro, como a lua ao redor da Terra. Ambos os tipos de *spin* são medidos pelo *momento angular*, combinação entre a massa, a distância em relação ao centro da órbita e a velocidade. As partículas rotativas criam formas nos pontos por elas "tocados" no espaço. Muitas dessas formas têm natureza geométrica.

O estudo da cimática revela que diferentes frequências produzem diferentes padrões geométricos. A natureza desses padrões depende, pelo menos em parte, do *spin*, ou seja, da rotação em torno de um eixo central que determina os movimentos resultantes. No livro *Mind, Body and Electromagnetism*, John Evans demonstra que existem vários padrões produzidos pela frequência e pelo *spin* no corpo humano; o padrão de um fígado é diferente do de uma vértebra. Ele afirma que o material celular do corpo é "desenhado" por formas ondulatórias eletromagnéticas com ordenamento da frequência ao longo do eixo central.[102] Por meio da informação, da frequência e do *spin*, as energias sutis poderiam formar os padrões por trás das formas do nosso corpo – e o que é essa ideia senão mais uma descrição da geometria?

A física quântica também demonstrou que duas partículas de *spin* diferentes podem ser uma mesma partícula, e que, em um campo magnético, os fótons gerados por um átomo em rotação podem ter frequências ligeiramente diferentes no movimento "para cima" e no movimento "para baixo". Um único objeto – ou formas ondulatórias em relação umas às outras – pode produzir formas e figuras incríveis, algumas nesta realidade, algumas em outras. Uma mudança simples altera as qualidades vibracionais do objeto e, assim, seus efeitos. Essa é a base da cura energética – mudar a frequência ou o *spin* por meio da dinâmica de campo.

A geometria desempenha papel significativo também no som e nas aplicações do magnetismo, como discutiremos adiante neste mesmo capítulo.

CALLAHAN E A GEOMETRIA: PESQUISA DE CAMPO SOBRE FIGURAS E PARAMAGNETISMO

O *paramagnetismo* é a capacidade de uma substância de ressoar com o magnetismo. Ajuda a explicar o modo pelo qual as energias geométricas influenciam os seres vivos.

Desde sempre, certas formas e figuras tornam a reaparecer – e devemos perguntar: por quê? Por que as pirâmides têm essa forma? E os obeliscos? Quais propriedades "amplificam"? Parece que as diferentes formas literalmente atraem energias magnéticas e as concentram de diferentes maneiras. Os próprios materiais influenciam os efeitos magnéticos.

Uma das pessoas que mais contribuiu para os estudos nesse campo foi o Dr. Phillip Callahan, professor de etimologia e consultor do Ministério da Agricultura dos Estados Unidos da América. Callahan reparou que diferentes formas geométricas das antenas e demais aparelhos sensoriais das mariposas produziam diferentes efeitos. Assim, voltou-se para o estudo das estruturas feitas pelo ser humano. De que maneira as diferentes formas e materiais de edifícios afetam as formas de vida?

Ele concentrou um de seus projetos de pesquisa nas torres redondas de Cashel, na Irlanda, ao redor das quais as plantas cresciam de modo particularmente luxuriante.[103] Callahan acreditava que essas torres poderiam ter sido usadas como sistemas de ressonância para atrair e armazenar energia magnética e eletromagnética do sol e da terra. Analisou os materiais dos edifícios e descobriu que eram ricos em propriedades paramagnéticas. Também descobriu que a disposição das torres pelo terreno reproduzia a posição das estrelas no solstício de inverno. Ao fim de seus estudos, Callahan concluiu que as torres redondas produziam frequências compatíveis com a porção meditativa e de anestesia elétrica do espectro eletromagnético.[106]

Outros pesquisadores aventaram a hipótese de que o emprego de materiais paramagnéticos – como madeira e pedra – na construção de casas pode ajudar a neutralizar os efeitos do estresse elétrico e geopático.[107]

SÓLIDOS PLATÔNICOS

PLATÃO VIVEU POR VOLTA de 400 a.C. e considerava o triângulo o elemento básico do universo. Com base nessa ideia, teorizou que o universo foi criado segundo uma progressão geométrica. Apresentou sua teoria no diálogo *Timeu*, em que demonstra de que maneira os triângulos compõem cinco sólidos – hoje chamados *sólidos platônicos* – que constituem os quatro elementos e o céu. Algumas de suas ideias tiveram origem em Empédocles, que acreditava que todas as coisas no mundo são derivadas de combinações dos quatro elementos por meio da interação entre forças opostas (como o yin e o yang da teoria chinesa).

Esses sólidos não eram novidade para os gregos. Modelos deles foram encontrados em esferas de pedra talhada na Escócia, datadas do período Neolítico. No entanto, Platão foi o primeiro a formalizar a relação entre esses sólidos especiais e suas representações, como mostraremos agora.

Esses sólidos são especiais porque, em cada um deles, todos os lados e ângulos são iguais. Suas faces são polígonos idênticos, e cada um deles possui três esferas concêntricas. Na visão de Platão, esses fatores significavam a estrutura básica da Terra, pois ele percebeu que essas formas constituíam uma grade ou grelha; percebeu ainda que suas estruturas componentes possibilitavam a evolução.[104]

Em termos matemáticos, só há cinco figuras no mundo cujos vértices ou pontos se inscrevem todos em uma esfera: os sólidos platônicos. Muitas tradições veem a esfera como o símbolo do princípio do universo, daí decorre a importância das três esferas identificadas com cada uma das figuras. Do ponto de vista da cura, pode-se imaginar um processo pelo qual a doença é reduzida a seu "estado simbólico" e depois a saúde é recuperada à medida que o corpo, ou até mesmo os pensamentos, é reconstruído de modo a se encaixar em uma forma geométrica mais "sólida". Essa é a ideia que por trás de métodos de cura como a numerologia e a cura simbólica, tratados na Parte VI. Além disso, alguns agentes de cura creem que os sólidos platônicos constituem a estrutura subjacente de várias partes do corpo, incluindo as próprias células.[105]

FIGURA 3.17
SÓLIDOS PLATÔNICOS

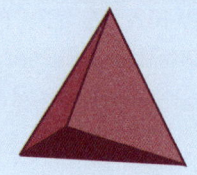

Tetraedro
Quatro lados
Elemento: Fogo

Cubo
Seis lados
Elemento: Terra

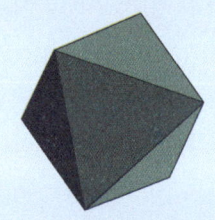

Octaedro
Oito lados
Elemento: Ar

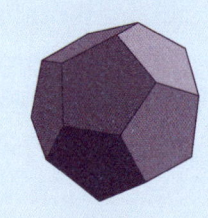

Icosaedro
Vinte lados
Elemento: Água

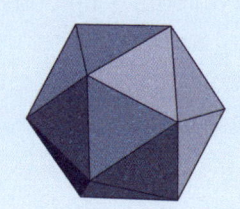

Dodecaedro
Doze lados
Elemento: Cosmos (céu)

INTERAÇÕES ENTRE OS CAMPOS MAGNÉTICOS E A ÁGUA: FORMAÇÕES GEOMÉTRICAS

O corpo, composto de 70% de água, foi comparado a um cristal. A própria água foi analisada em nível cristalino por meio da interação com o magnetismo, e os resultados dão a entender que a forma é determinada pelos pensamentos e pela intenção.

A molécula de água tem polos norte e sul, como a Terra. Esses polos são separados pelo comprimento de um dipolo, como em um ímã. Isso significa que a água tem "memória": pode armazenar informações, como um cristal.[108] Partindo desses princípios fundamentais, o físico japonês Dr. Masaru Emoto usou um analisador de ressonância magnética para fotografar amostras de água de diversas fontes. Depois expôs essas amostras a orações, sons e palavras diversas, tirando fotos antes e depois da exposição.

Uma das fotos de seu livro *The Messages from Water* mostra a água da Represa de Fujiwara, no Japão. As moléculas da amostra eram escuras e amorfas. Depois, o Reverendo Kato Hiki, grão-sacerdote do Templo Jyuhouin, rezou sobre a represa por uma hora e após a oração novas amostras foram colhidas e fotografadas. As manchas amorfas haviam se transformado em cristais dentro de cristais hexagonais, brancos e luminosos.

Por meio de seu trabalho, Emoto descobriu que cada substância tem seu campo especial de ressonância magnética. Não há dois tipos de água cuja estrutura cristalina seja igual. Porém, quando expostos a uma substância, os cristais de água mudam de forma até chegar a identificar-se com a da substância. (Os cristais de água podem parecer cristais de rocha quando estão ao redor de uma rocha, por exemplo, ou cristais de algas quando próximos de algas.) Os cristais de água também assumem as formas de pensamentos e intenções: assumem forma bela quando os pensamentos são belos e feia quando são feios.[109]

Emoto deu ao princípio por trás dessa revelação o nome de *Hado*, que significa a fonte de energia por trás de todas as coisas. O hado representa a onda vibratória específica gerada pelos elétrons que orbitam o núcleo do átomo. Onde quer que esteja o hado, há um campo de ressonância magnética. Assim, o hado – a fonte de todas as coisas – é o próprio campo de ressonância magnética.[110]

CIMÁTICA: IMAGEM DO SOM, CAMPO DA VIDA

A *cimática*, termo cunhado por Hans Jenny em um livro de mesmo nome lançado em 1967, apresenta provas de que a vibração é o fundamento de toda a realidade e revela essa verdade por meio do estudo de ondas sonoras em um meio. Baseia-se na observação de que corpos vibratórios produzem padrões visuais.

Cimática significa "relativo à onda". Os padrões cimáticos são imagens do som. Quanto mais alta a frequência, mais complexas as figuras. Muitos padrões são comparáveis às *mandalas*, formas geométricas usadas nas meditações e nos rituais de muitas disciplinas espirituais. O trabalho de Jenny dá a entender que as figuras e os padrões da realidade são criados pelas figuras de padrões de sons que interagem por meio de vibrações.

FIGURA 3.18
CIMAGLIFO DA VOZ HUMANA
John Reid e Erik Larson, modernos pesquisadores do campo da cimática, dão continuidade aos trabalhos de Jenny e Chladni com um instrumento chamado CymaScope. Essa imagem mostra a estrutura harmônica física da vogal "U".

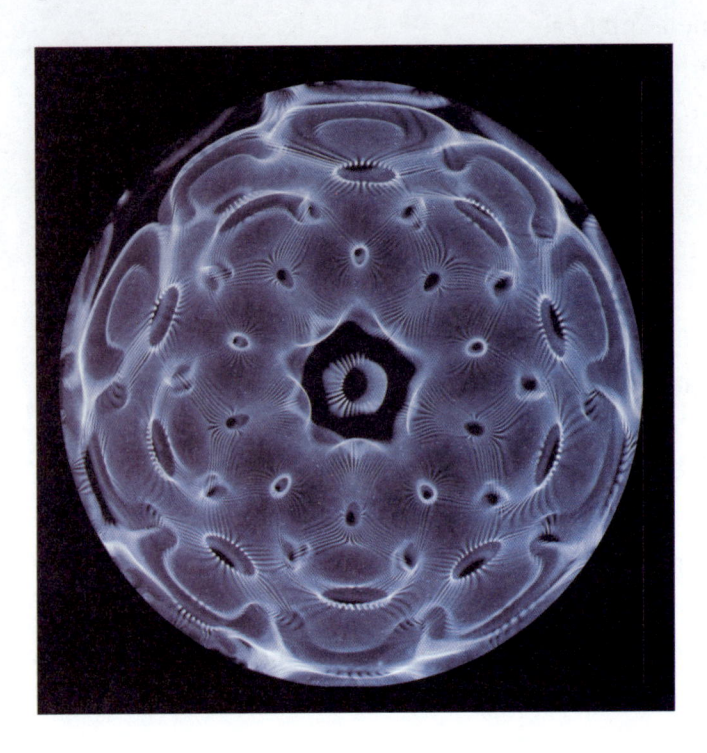

O trabalho de Jenny baseou-se em parte no de Ernst Chladni, que em 1787 replicou os experimentos que Robert Hooke realizara em 1680 e que haviam revelado os padrões produzidos na areia colocada sobre placas metálicas vibradas com um arco de violino. A areia forma padrões que hoje são chamados *ondas estacionárias*, como círculos concêntricos simples e até figuras mais complexas. Quando se tocava determinado harmônico, ele criava um padrão específico. À medida que se progredia na série harmônica, a complexidade dos padrões também aumentava.[111]

Usando ondas estacionárias, amplificadores piezelétricos e outros materiais, Jenny estimulava as placas com vibrações e amplificações medidas com cuidado a fim de produzir demonstrações das figuras criadas pela interação entre o som e a matéria física – tudo em constante movimento, pois tanto o som quanto a matéria flutuam constantemente. Ele demonstrou que até padrões geométricos estáticos, pelo que se pode observar, são feitos de partículas que se movem dentro desses padrões.[112]

Jenny também descobriu que, ao serem pronunciadas, as vogais da língua hebraica antiga e do sânscrito assumiam a forma dos símbolos escritos dessas vogais (isso não ocorria nas línguas modernas).

Na conclusão de seu livro, Jenny propõe a tese de que o poder gerador da realidade é composto de três campos: a vibração, que sustenta a realidade física com dois polos; a forma (padrões) e o movimento.[113]

Juntos, esses três campos criam a totalidade do mundo físico. A realidade que parece sólida é, na realidade, uma onda, e essa onda é composta de partículas quânticas em permanente movimento. Até uma forma imóvel é criada pelas vibrações – padrões em movimento – ou sons em forma visível.

TUDO COMEÇA COM O SOM?

Como Hans Jenny, muitos xamãs antigos acreditavam que o som era a origem de tudo. Sabiam como formar imagens da realidade por meio de sons e conseguiam até operar curas genéticas. Isso era feito por vários xamãs da Amazônia, que criavam imagens tridimensionais com base nos sons como parte de sua atividade medicinal.

O som é considerado tão primordial que uma de suas escalas, o *solfeggio*, foi mantida em segredo durante séculos.[114] O *solfeggio* ou solfejo é uma escala de seis notas apelidada de "escala da criação". A música indiana tradicional dá a essa escala o nome de *saptak*, sete passos, e relaciona cada nota a um chakra. Essas seis frequências e seus efeitos são:

Dó	396 Hz	Liberação da culpa e do medo
Ré	417 Hz	Destravamento de situações e facilitação da mudança
Mi	528 Hz	Transformação e milagres (conserto do DNA)
Fá	639 Hz	Conexão/relacionamentos
Sol	741 Hz	Despertar da intuição
Lá	852 Hz	Retorno à ordem espiritual

A nota mi chegou a ser usada por biólogos moleculares para reparar malformações genéticas.[115]

Alguns pesquisadores acreditam que o som governa o crescimento do corpo. Como ensinam os Drs. Michael Isaacson e Scott Klimek em uma aula de cura pelo som no Normandale College, Minneapolis, o Dr. Alfred Tomatis acredita que a primeira função do ouvido, ainda *dentro do útero*, é estabelecer o crescimento do restante do corpo. Ao que parece, o som alimenta os impulsos elétricos que carregam o neocórtex. Sons de alta frequência energizam o cérebro, criando o que Tomatis chama de "sons carregadores".[116]

Os sons de baixa frequência drenam energia, e os de alta frequência a atraem. No decorrer de toda a vida, o som regula a recepção e o envio de energia – a ponto de criar problemas. Pessoas com transtorno de déficit de atenção e hiperatividade ouvem demais com o corpo, processando o som por condução óssea e não com os ouvidos. São literalmente "altas demais no som".[117]

Alguns cientistas dão um passo além e afirmam que o som não afeta somente o corpo, mas também o DNA, e chega a estimular este a criar sinais de informação que se espalham pelo corpo. O Dr. Leonard Horowitz, formado em Harvard, demonstrou que o DNA emite e recebe fônons e fótons, as ondas eletromagnéticas do som e da luz. Além disso, três ganhadores do Prêmio Nobel de pesquisa

FIGURA 3.19
CIMAGLIFO DOS ANÉIS DE URANO
O tom puramente sinusoidal dos anéis de Urano, captado pela espaçonave Voyager 2, produz esse belo padrão quando tocado no CymaScope. A razão matemática da proporção áurea, inerente à onda senoidal, se revela na estrutura pentagonal desta imagem.

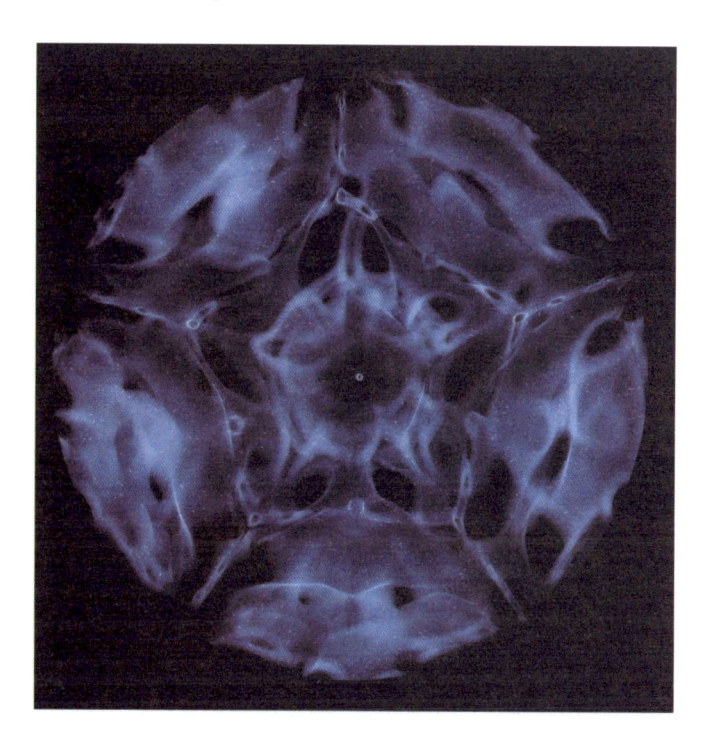

em medicina afirmaram que a principal função do DNA não é a síntese proteica, mas a emissão de sinais bioacústicos e bioelétricos.[118]

Ao mesmo tempo que pesquisas como a do Dr. Popp dão a entender que o DNA é um emissor de biofótons, outras indicam que o som, na verdade, é a origem da luz. Em um artigo intitulado "A Holographic Concept of Reality" [Conceito Holográfico da Realidade], publicado no livro *Psychoenergetic Systems*, de Stanley Krippner, uma equipe de pesquisadores comandada por Richard Miller demonstrou que ondas coerentes sobrepostas nas células interagem e formam padrões primeiro por meio de sons e depois por meio de luzes.[119]

Essa ideia tem a ver com as pesquisas dos cientistas russos Peter Gariaev e Vladimir Poponin, cujos trabalhos com energias de torção foram mencionados no Capítulo 25. Ambos demonstraram que os cromossomos funcionam como computadores holográficos, usando a própria radiação eletromagnética do DNA para gerar e interpretar ondas espiraladas de som e luz que sobem e descem pela escada da molécula. Gariaev e seu grupo usaram frequências da língua – palavras, por exemplo (que são sons) – para reparar cromossomos danificados por raios X. Gariaev conclui que o fundamento da vida é eletromagnético e não químico e que o DNA pode ser ativado por expressões linguísticas – sons –, como uma antena. Essa ativação, por sua vez, modifica os campos bioenergéticos humanos, que transmitem ondas de rádio e de luz para as estruturas corporais.[120]

27

CAMPOS DE ENERGIA HUMANOS

Há muitos campos de energia humanos. Fazem parte deles os campos eletromagnéticos e magnéticos físicos e mensuráveis gerados por todas as células vivas, tecidos e órgãos e pelo corpo como um todo. Mas também existem os biocampos – campos sutis ou putativos que emanam dessas unidades vitais pulsantes –, além de nossos corpos e canais de energia sutis e dos aspectos do nosso eu. Faremos aqui breves descrições dos biocampos humanos mais importantes.

CAMPOS MORFOGENÉTICOS

Em biologia, um *campo morfogenético* é um grupo de células que produz estruturas ou órgãos corporais específicos. Um *campo cardíaco*, por exemplo, se torna tecido cardíaco. O cientista Rupert Sheldrake, no início da década de 1980, foi o primeiro a dar nome a um campo de aprendizado que instrui os campos reconhecidos pela ciência. Chamou-os de *campos mórficos* ou *morfogenéticos sutis* ou *de energia*.[121]

Sheldrake afirmou que há um campo dentro de uma unidade mórfica e ao redor dela – sendo a unidade mórfica a unidade de desenvolvimento físico daquilo que depois se torna um tecido ou um órgão –, campo esse que lhe dá forma. Todos os organismos vivos – das células às pessoas – que pertencem a certo grupo se sintonizam com o campo mórfico e, por meio da ressonância mórfica, se desenvolvem de acordo com os programas contidos nesse campo. A ressonância só ocorre entre formas semelhantes, de modo que um macaco jamais assumiria as características de uma planta. Segundo Sheldrake, esses campos são não apenas uma forma mental, mas também um banco de dados.

A teoria de Sheldrake busca explicar por que os membros de uma família transmitem certos comportamentos e até emoções e por que os membros de uma espécie podem partilhar certas características e padrões de desenvolvimento comuns. Vários estudos demonstraram que, até quando separados fisicamente, os membros de certas espécies adquirem traços ou comportamentos semelhantes. Os campos morfogenéticos podem explicar esse enigma. De natureza sutil, não são limitados nem pelo espaço nem pelo tempo. Essa teoria retrata o DNA como recipiente das informações dos campos mórficos que o instruem a agir de certa maneira. Assim, os dons musicais do avô podem ser transmitidos ao neto pelos campos mórficos e não diretamente pelo DNA. Os campos morfogenéticos podem instruir a constituição epigenética, os armazéns químicos descritos na seção: "Epigenética: Além do DNA", na p. 67.

A filosofia de Sheldrake também sustenta que as memórias de vidas passadas podem passar de existência em existência por meio do campo mórfico da alma. Essas memórias teriam natureza não local e, portanto, não estariam ancoradas no cérebro ou em uma existência em particular.

CAMPOS ETÉRICOS

A palavra *etérico* é usada muitas vezes como substituta dos termos *sutil* ou *áurico*. Na verdade, existem campos etéricos independentes ao redor de todas as unidades vitais vibrantes, desde uma célula até um ser humano inteiro, passando pelos vegetais e animais; há também um *campo etérico* especial conectado ao corpo, como será descrito mais adiante na seção: "Campos Especiais".

O termo *etérico* deriva da palavra *éter*. O éter era visto como um meio que permeia o espaço e transmite as ondas transversais de energia. Quando associado à totalidade do campo áurico, rodeia o corpo inteiro. Como corpo de energia separado – sendo essa a visão mais substancial e mais comum –, o corpo etérico liga o corpo físico aos outros corpos sutis e serve de matriz do crescimento físico. Barbara Brennan, especialista contemporânea em assuntos relacionados à aura, afirma que ele existe desde antes que as células cresçam.[122] Lawrence e Phoebe Bendit afirmam o mesmo do campo áurico, asseverando que ele permeia todas as partículas do corpo e atua como matriz do corpo.[123]

O Dr. Kim Bonghan, cuja pesquisa está detalhada na seção "Teoria dos Dutos", na p. 198, vincula o corpo etérico aos meridianos, aventando a hipótese de que os meridianos sejam uma interface entre o corpo etérico e o corpo físico. O corpo etérico cria os meridianos, que por sua vez dão forma ao corpo físico.[124]

CAMPOS ESPECIAIS

Há muitos biocampos diferentes que regulam diversas funções mentais, emocionais, espirituais ou físicas. A lista a seguir de biocampos se baseia nos trabalhos de Barbara Ann Brennan e de outros especialistas.

Campo físico: O de frequência mais baixa. Regula o corpo humano.

Campo etérico: Matriz da estrutura física que ele rodeia. Há também um campo etérico da alma.

Campo emocional: Regula o estado emocional do organismo.

Campo mental: Processa ideias, pensamentos e crenças.

Campo astral: Nexo entre os domínios físico e espiritual. Não é limitado pelo espaço e pelo tempo.

Matriz etérica: Existe somente no plano espiritual e contém os mais elevados ideais da existência.

Campo celestial: Acessa energias universais e serve de modelo para os campos etéricos.

Campo causal: Dirige os níveis inferiores da existência.

AURA

Há mais de cem anos cientistas vêm investigando – e provando – a existência da *aura*, campo que rodeia nosso corpo, acrescentando, assim, novas informações a um conhecimento que nossos antepassados já possuíam. Esse campo é composto de múltiplas faixas de energia chamadas *camadas áuricas* ou *campos áuricos*, que envolvem o corpo e nos conectam ao mundo externo.

A aura já foi chamada por muitos nomes em diferentes culturas.[125] Os cabalistas a chamavam de luz astral. Artistas cristãos representaram Jesus e outras figuras envoltas em coroas de luz. Os textos védicos e os ensinamentos dos rosa-cruzes, dos budistas tibetanos e indianos e de muitas tribos indígenas das Américas descrevem esse campo em detalhes. Até mesmo Pitágoras falou sobre ele, percebendo-o como um corpo luminoso. Na realidade, John White e Stanley Krippner, autores de *Future Science*, listam 97 culturas que fazem referência à aura humana, e cada cultura a chama por um nome diferente.[126]

A ciência vem se envolvendo ativamente na investigação do mistério da aura desde o início do século XIX. Naquela época, o místico e médico belga Jan Baptist van Helmont visualizava-a como um fluido universal que permeia todas as coisas.[127] A ideia da aura como fluido ou algo que flui, e é permeável, permanece constante ao longo da história. Franz Mesmer, de cujo nome foram derivados os termos "mermerismo" e "mesmerizar", afirmava que tanto os objetos animados quanto os inanimados eram cercados de fluido – que, na sua opinião, era magnético –, por meio dos quais os corpos materiais poderiam exercer influências uns sobre os outros, mesmo a distância.[128] O Barão Karl von Reichenbach descobriu várias propriedades únicas desse campo, que chamou de *força ódica*.[129] Segundo ele, o campo tinha propriedades em comum com os campos eletromagnéticos, que já haviam sido estudados por James Clerk Maxwell, um dos pais da teoria da eletricidade. O campo ódico seria composto de polaridades ou opostos, como o campo eletromagnético. No eletromagnetismo, contudo, os opostos se atraem. No campo ódico, quem são os semelhantes.

Reichenbach descobriu ainda que esse campo se relaciona a diferentes cores e poderia não só portar carga elétrica como também fluir ao redor de objetos. Descrevia o campo no lado esquerdo do corpo como polo negativo e o do lado direito como polo positivo, como nas ideias da medicina chinesa.

Essas e outras teorias revelaram que a aura existe em estado fluido ou de fluxo; é composta de diferentes cores e, portanto, de diferentes frequências; é permeável e penetrável; e tem natureza magnética, embora também tenha propriedades eletromagnéticas. Outras pesquisas deram respaldo a essas teorias e acrescentaram mais um elemento ao campo áurico: sua conexão com o santuário interior do ser humano.

Em 1911, por exemplo, o Dr. Walter J. Kilner examinou a aura com filtros coloridos e um tipo especial de betume derivado do carvão. Descobriu nela três zonas: uma camada escura próxima à pele, uma mais etérea fluindo em ângulo perpendicular ao corpo; e uma exterior delicada, cujos contornos têm cerca de 15 cm. O mais importante é que as condições dessa "aura" – sendo Kilner o responsável pela introdução desse nome – mudavam de acordo com os estados mentais e o estado de saúde do sujeito.[130]

No início do século XX, o Dr. Wilhelm Reich ampliou nosso conhecimento do campo humano e de suas qualidades por meio de experimentos que evidenciaram uma energia universal à qual deu o nome de "orgone". Em seus estudos, Reich observou energias pulsando no céu e rodeando todos os objetos e seres animados e inanimados. Muitos metafísicos acreditam que o orgone é idêntico ao chi ou prana. Reich também notou que as áreas congestionadas poderiam ser liberadas de modo que a pessoa se desfizesse de certos padrões mentais e emocionais negativos e conseguisse, assim, mudar. Sublinhavam-se, desse modo, as conexões entre as energias sutis e físicas, e bem como entre as energias emocionais e mentais.[131]

Na década de 1930, os Drs. Lawrence J. Bendit e Phoebe D. Bendit observaram o campo de energia humano e o ligaram ao desenvolvimento da alma, demonstrando que as forças sutis são o fundamento da saúde.[132] Suas observações foram reproduzidas e ampliadas pelas da Dra. Dora van Gelder Kunz, teosofista intuitiva, que viu que todo órgão tem o próprio campo – assim como o corpo em geral –, o qual pulsa no próprio ritmo quando o órgão ou o corpo estão saudáveis. Quando alguém está doente, esses ritmos se alteram, e os problemas podem ser vistos intuitivamente no campo.[133]

Quando o Dr. Zheng Rongliang, da Universidade da Lanzhou, na China, mediu o fluxo de chi que sai do corpo humano com um detector biológico especial, demonstrou não só que a aura pulsa, mas também que os campos das pessoas pulsam em taxas e intensidades diferentes. O estudo foi replicado por pesquisadores do Instituto Nuclear Atômico de Xangai, da Academia Sinica.[134]

Cientistas soviéticos do Instituto de Bioinformação, comandados por A. S. Popov, chegaram a medir o campo humano ou, de modo mais específico, as biocorrentes que se manifestam no corpo de energia ao redor. Descobriram que os organismos vivos emitem vibrações de energia numa frequência que varia entre 300 e 2.000 nanômetros. Chamaram esse campo de "biocampo ou bioplasma" e descobriram que pessoas cujo biocampo é muito mais forte e muito amplo são capazes de transferir bioenergia com mais eficácia. As pesquisas foram confirmadas depois pela Academia de Ciências Médicas de Moscou.[135]

Há uma forma especial de fotografia capaz de captar imagens do campo áurico. Na década de 1930, o cientista russo Semyon Kirlian e sua esposa Valentina inventaram um novo processo fotográfico no qual um campo elétrico de alta frequência é dirigido a um objeto. O padrão de luminescência do objeto – o campo áurico – pode então ser capturado em filme. Os praticantes contemporâneos usam a fotografia Kirlian para mostrar como a aura reage a diferentes estados mentais e emocionais e até para diagnosticar doenças e outros males. A ciência médica usa hoje uma aura de calor e outros processos de obtenção de imagens para mostrar os diferentes aspectos do eletromagnetismo do corpo.

Um dos trabalhos mais convincentes nessa área foi feito pela Dra. Valerie Hunt, cujas pesquisas serão detalhadas no Capítulo 38. Em *A Study of Structural Neuromuscular, Energy Field, and Emotional Approaches*, ela registrou a frequência de sinais microelétricos (na faixa dos milivolts) produzidos pelo corpo durante sessões de terapia Rolfing.[136] Fez seus registros usando eletrodos de prata e cloreto de prata colocados sobre a pele. Os cientistas, depois, fizeram uma análise de Fourier e uma de frequência (sonograma) dos padrões de ondas assim registrados. O campo era composto, de fato, por diferentes faixas de cor, que se relacionavam com os chakras. Os resultados seguintes, extraídos do estudo de fevereiro de 1988, mostraram as correlações entre cores e frequências medidas em hertz, ou ciclos por segundo:

Azul	250-275 Hz mais 1200 Hz
Verde	250-475 Hz
Amarelo	500-700 Hz
Laranja	950-1.050 Hz
Vermelho	1.000-1.200 Hz
Violeta	1.000-2.000, mais 300-400; 600-800 Hz
Branco	1.100-2.000 Hz

Enquanto os sujeitos de pesquisa eram medidos de forma mecânica, a agente de cura e leitora da aura, reverenda Rosalyn L. Bruyere, dava a própria contribuição, registrando em separado as várias cores que intuitivamente percebia. Em todos os casos, seus registros foram idênticos aos demonstrados pelo equipamento. Hunt repetiu o experimento com outros paranormais e obteve os mesmos resultados.

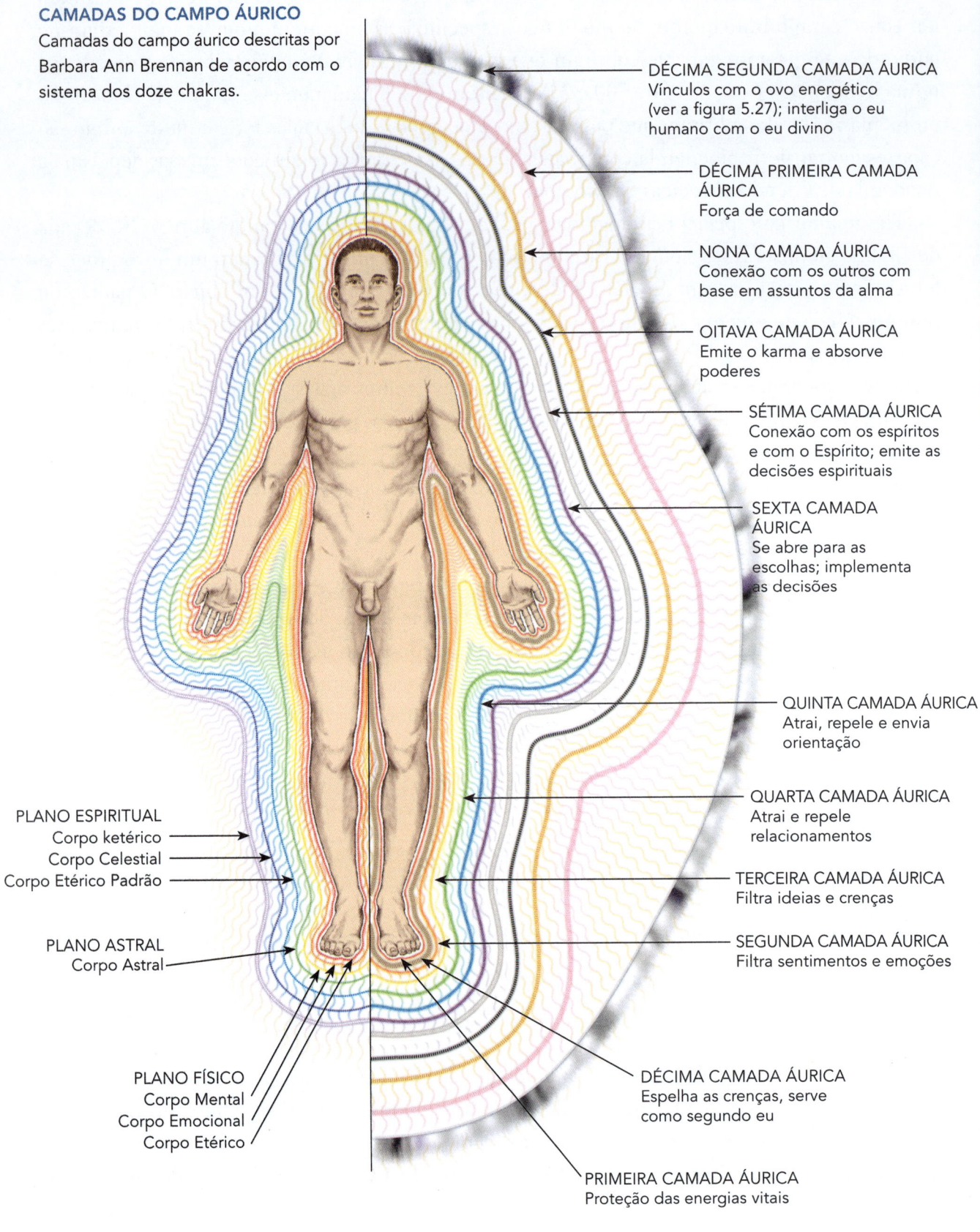

FIGURA 3.20
CAMADAS DO CAMPO ÁURICO
Camadas do campo áurico descritas por Barbara Ann Brennan de acordo com o sistema dos doze chakras.

DÉCIMA SEGUNDA CAMADA ÁURICA
Vínculos com o ovo energético (ver a figura 5.27); interliga o eu humano com o eu divino

DÉCIMA PRIMEIRA CAMADA ÁURICA
Força de comando

NONA CAMADA ÁURICA
Conexão com os outros com base em assuntos da alma

OITAVA CAMADA ÁURICA
Emite o karma e absorve poderes

SÉTIMA CAMADA ÁURICA
Conexão com os espíritos e com o Espírito; emite as decisões espirituais

SEXTA CAMADA ÁURICA
Se abre para as escolhas; implementa as decisões

QUINTA CAMADA ÁURICA
Atrai, repele e envia orientação

QUARTA CAMADA ÁURICA
Atrai e repele relacionamentos

TERCEIRA CAMADA ÁURICA
Filtra ideias e crenças

SEGUNDA CAMADA ÁURICA
Filtra sentimentos e emoções

DÉCIMA CAMADA ÁURICA
Espelha as crenças, serve como segundo eu

PRIMEIRA CAMADA ÁURICA
Proteção das energias vitais

PLANO ESPIRITUAL
    Corpo ketérico
    Corpo Celestial
    Corpo Etérico Padrão

PLANO ASTRAL
    Corpo Astral

PLANO FÍSICO
    Corpo Mental
    Corpo Emocional
    Corpo Etérico

MAS O QUE É CAMPO ÁURICO, AFINAL?

Sabemos que ele existe – mas o que é campo áurico, afinal? Vários cientistas, entre eles James Oschman, autor de *Energy Medicine*, consideram-no um campo biomagnético que envolve o corpo.[137] Como diz o Dr. Oschman: "É um fato da física que os campos de energia não possuem limites externos".[138] Isso significa que nossos campos biomagnéticos têm extensão indefinida. Equipamentos modernos já conseguem medir os campos do coração – os mais fortes de todos os que se originam de órgãos do corpo – a uma distância de até 4,5 m. Quanto à função da aura, a ciência determinou que esse campo magnético transmite informações sobre eventos que ocorrem dentro do corpo e não na pele.[139] Seu propósito, portanto, tem vínculo vital com nossa saúde interna.

O campo biomagnético é composto de informações de cada órgão e de cada tecido do corpo. As correntes do coração determinam sua forma, pois o coração é o maior gerador elétrico do corpo. O fluxo elétrico primário, portanto, se estabelece no sistema circulatório. Além disso, o sistema nervoso interage com o sistema circulatório e cria fluxos distintos, que se manifestam como vórtices dentro do campo.

Não poderemos compreender plenamente a função da aura sem saber do que ela é feita – e ainda estamos tentando descobrir. Barbara Ann Brennan resume as pesquisas científicas e conclui que ela é feita de "plasma", pequenas partículas – talvez de dimensão subatômica – que se deslocam em nuvens. Cientistas dizem que o plasma existe em estado entre a matéria e a energia. Segundo o Dr. Victor Inyushin, da Universidade de Kazakh, na Rússia, dá a entender que o campo de energia bioplasmática é um quinto estado da matéria.[140] Rudolf Steiner, brilhante autor e filósofo, afirmou que o campo de energia humano é feito de éter, elemento comparável a uma massa negativa ou a um espaço escavado.[141]

Por ora, só podemos fazer conjecturas, mas talvez o campo seja composto tanto de radiação eletromagnética (especialmente de magnetismo) quanto de antimatéria que permita troca de energia entre este e outros mundos. Assim, a propensão dos agentes de cura em administrar energia de cura baseada na intenção depende da criação de intensidade suficiente nas energias do "aqui e agora" para fazê-las acessar uma energia equivalente nos antimundos. O que conseguimos fazer dentro do nosso campo pode então ser transmitido como mensagem instantânea pela internet ao campo energético de outra pessoa.

CAMADAS DO CAMPO ÁURICO

BARBARA ANN BRENNAN propõe sete camadas básicas do campo áurico. Estas se dispõem em gradação em relação ao corpo e se ligam a cada um dos sete chakras básicos. Os chakras também se sintonizam com diversos corpos sutis, os quais se combinam para compor três planos básicos. Esses planos são acessíveis por meio dos campos áuricos.[142]

Brennan também é capaz de perceber de modo intuitivo dois níveis além do ketérico, aos quais dá o nome de *plano cósmico*. Ela os associa ao oitavo e ao nono chakras. O oitavo lhe aparece com algo fluido, ao passo que o nono é composto de matriz cristalina.[143]

FIGURA 3.21
PONTO DE REUNIÃO
O ponto de reunião é um aglomerado de linhas de energia que se conectam ao corpo e o rodeiam.

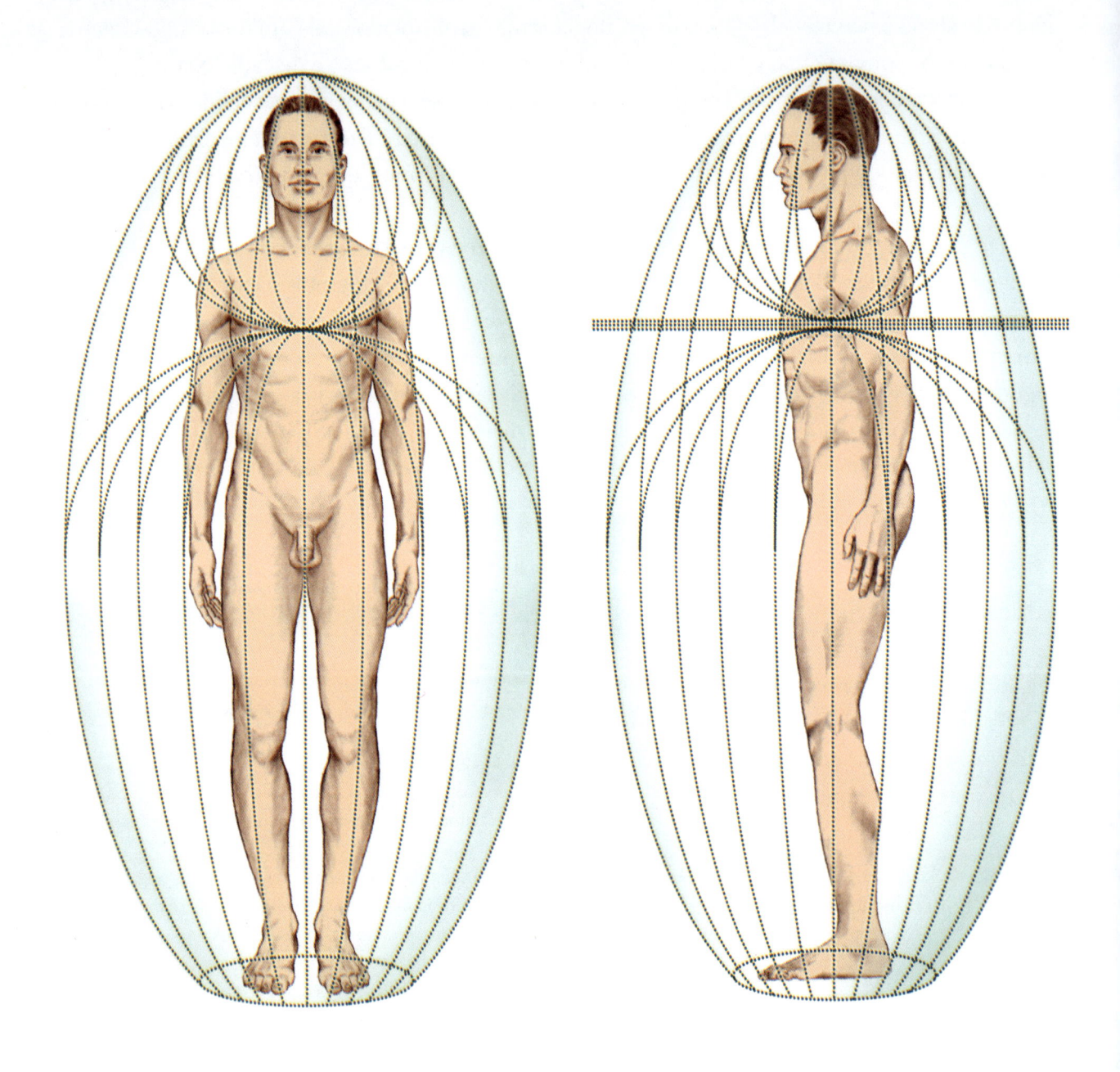

MIASMAS: DISTÚRBIOS INTERGERACIONAIS TRANSMITIDOS PELO CAMPO

O TERMO MIASMA foi cunhado por Samuel Hahnemann, criador da medicina homeopática. Em 1816, Hahnemann se viu diante de pacientes que tinham doenças incuráveis. Elaborou, assim, a hipótese dos miasmas, ou "desarranjos peculiarmente mórbidos de nossa força vital":[144] em essência, tendências muito profundas ou hereditárias. Ele tratava essas tendências com homeopatia. Muitos praticantes modernos fazem a mesma coisa, procurando detectar os miasmas e suas soluções por intermédio de métodos como a varredura eletrodérmica.

Hahnemann propôs originalmente a existência de três tipos de miasmas, que são:

Psora: Deprime em demasia a força vital; relaciona-se com as doenças de pele que causam coceira, mas está por trás da maioria das doenças.

Sicose: Excita em demasia a força vital.

Sífilis: Causa autodestruição.

Desde a época de Hahnemann, outros miasmas foram acrescentados. Os principais são:

Tuberculínico: Cria restrições.

Cancerínico: Causa supressões.[145]

Os miasmas podem ser explicados de várias maneiras. Uma explicação é que se transmitem por meio dos campos morfogenéticos discutidos neste capítulo. Outra é que têm relação com a epigenética, que explica os efeitos de fenômenos sociais e emocionais sobre os genes. O Dr. Richard Gerber propôs ainda outra ideia em seu livro *Um Guia Prático de Medicina Vibracional*, no qual afirma que os corpos físico e sutil humanos podem desenvolver camadas de armaduras energéticas compostas de tecidos que não foram curados. Podemos, por exemplo, levar a marca energética de uma infecção viral severa; essa marca assume a forma de padrão vibracional. Embora não tenhamos a "doença" em si, temos predisposição a ela – e a outras doenças semelhantes. Esses padrões vibracionais podem ser transmitidos de geração em geração.[146] Essa teoria abarca tanto a presença dos campos morfogenéticos quanto a hereditariedade epigenética.

SISTEMA DE DOZE CHAKRAS E O CAMPO ÁURICO

A figura 3.20 ilustra a relação entre os campos áuricos e o sistema de doze chakras de que fala o Capítulo 40. O sistema de doze chakras desenvolve as ideias de Brennan sobre um oitavo e um nono chakras e incorpora ainda outros campos superiores.[147]

Os campos áuricos são camadas graduadas de luz que administram a energia fora do corpo. Ligam-se aos chakras, criando uma simbiose entre o que acontece tanto dentro quanto fora da pessoa.

SETE RAIOS[148]

Os Sete Raios são os sete atributos de Deus. Como sistema, explicam que nossas energias sutis atuam como transformadores que convertem as energias de alta vibração em uma forma – o corpo físico. Todo corpo contém as energias de todos os raios, assim como todo corpo físico tem chakras, mas nossa alma particular e os raios da nossa personalidade determinam nosso potencial de pontos fortes e pontos fracos. Isso também significa que as energias que afetam os corpos de energia sutis de um indivíduo podem resultar em doenças mentais, emocionais ou físicas que se manifestam no corpo físico.

O conceito dos raios originou-se na literatura védica, onde são associados aos sete *rishis*, mestres muito avançados que atuaram como agentes do absoluto. Cada raio tem sua cor, seu símbolo, seus pontos de entrada e saída nos chakras, sua energia oculta e sua simbologia específica, condizente com seu papel. Muitas vezes, os praticantes de radiônica usam os Sete Raios para aperfeiçoar o diagnóstico e o tratamento de pacientes que seguem um caminho espiritual.

PONTO DE REUNIÃO: LINHAS DE ENERGIA AGLOMERADAS[149]

O *ponto de reunião* seria um aglomerado de linhas ou fios de energia que penetram o corpo em determinado local. Embora não façam parte do corpo físico, ficam imediatamente ao redor; entram pelo peito e saem pelas costas. Cada fio tem 1 centímetro de circunferência, ou menos. Os fios mais próximos do corpo são os mais fortes e intensos; os mais distantes tomam direções divergentes, e seu poder energético se difunde.[150]

Praticantes relatam que o ponto de entrada é bastante sensível e tem diâmetro que vai de 0,5 centímetro a 1 centímetro. Pesquisas feitas com termômetros digitais infravermelhos e varreduras de imagem mostram que a temperatura desse ponto é cerca de 0,2 °C mais baixa que a da pele ao redor.

Várias teorias dão apoio à existência do ponto de reunião. Resumindo, elas se centram na tese de que somos compostos de um campo oscilante de energia com um epicentro: o ponto de reunião. A forma desse campo de energia humano depende da localização e do ângulo de entrada desse ponto e regula, por sua vez, o estado biológico e emocional da pessoa. No entanto, a posição do ponto é determinada pela atividade biológica dentro do corpo. Trabalhando com o ponto, podemos afetar de maneira positiva nossa saúde e nossa vida.

Situações altamente negativas, como estupro ou grande perda financeira, podem deslocar o ponto de reunião para uma posição prejudicial, causando caos físico e emocional. Os traumas e dramas da infância podem impedir que o ponto de reunião chegue a se estabelecer em posição saudável; parece que o ponto assume posição específica por volta dos 7 anos de idade. As várias posições deslocadas – excessivamente para cima ou para baixo, para a esquerda ou para a direita – têm efeitos adversos sobre todo o sistema, sobretudo o cérebro. Praticantes costumam usar terapia de cristais ou terapia com pedras semipreciosas eletrônicas para deslocar e mudar a forma do ponto de reunião.

....

Nossa exploração dos campos passou pelo mensurável, pelo sutil e pelo universal. A excursão versou sobre os campos naturais e criados artificialmente e sobre as diversas modalidades de campos humanos. Descobrimos que todos os organismos vivos, dos menores aos maiores, emitem campos de energia e são afetados por esses campos, os quais, em grande medida, são responsáveis pelos fundamentos da própria vida. Os canais são outro tipo de estrutura que subjaz à realidade física e serão o foco da Parte IV: Canais de Energia, Canais de Luz.

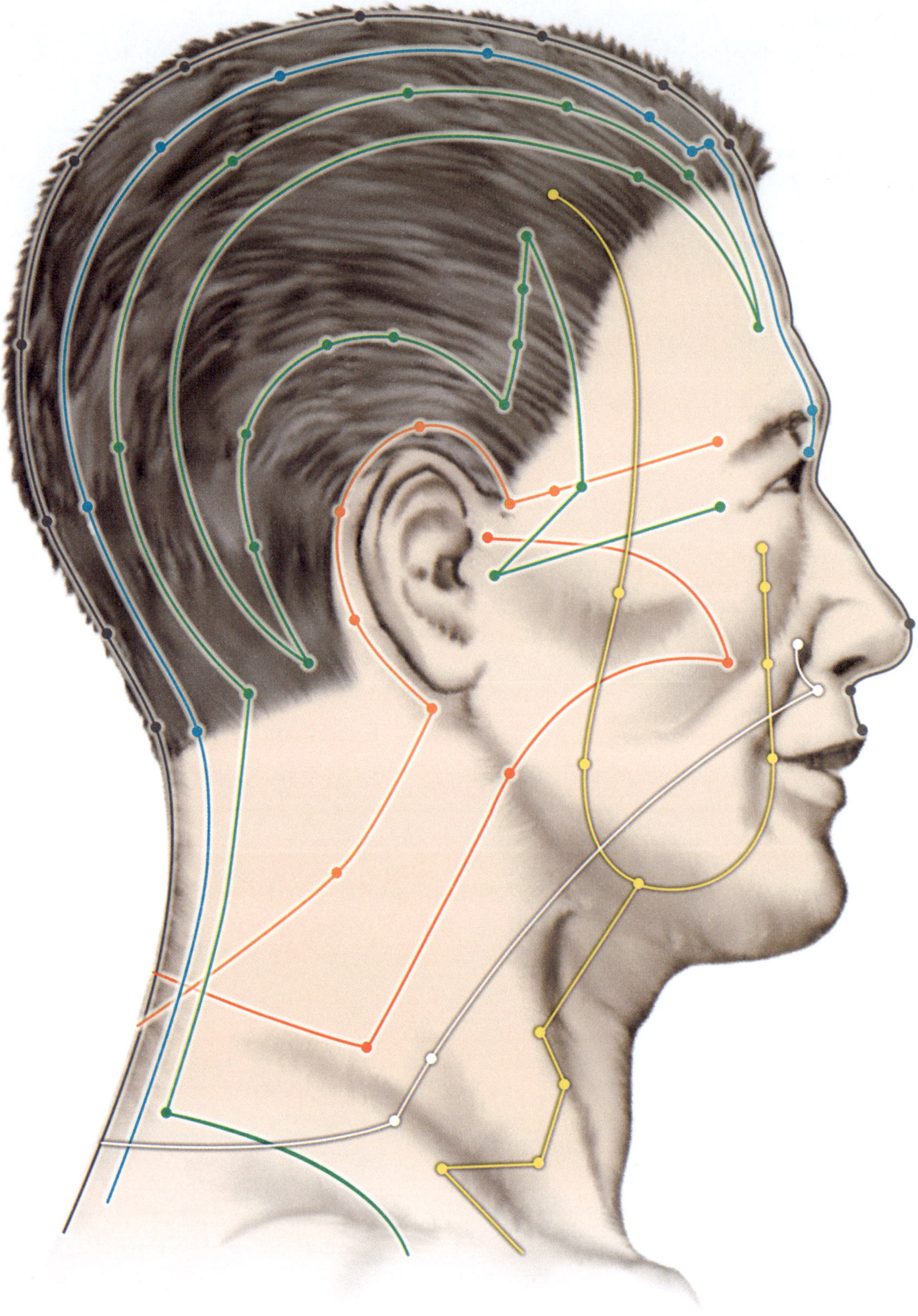

PARTE IV
CANAIS DE ENERGIA, CANAIS DE LUZ

O corpo humano é um sistema de energia com canais que atuam como rios de energia – ou rios de luz – e dão estrutura ao corpo. Esses canais interconectam o universo físico aos tecidos pulsantes e vivos dentro de nós.

Há mais de cinco mil anos, os chineses descobriram um conjunto de canais de energia sutis que se parecem com rios que correm dentro do corpo. Esses canais são chamados *meridianos*. Essa descoberta possibilitou uma das formas mais antigas de medicina, a medicina tradicional chinesa, que constitui a base da medicina oriental. As modalidades de tratamento baseadas nos canais são as *terapias baseadas nos meridianos*, que auxiliam o deslocamento do chi, energia sutil de que a vida depende.

O conhecimento desses meridianos deu origem a um sistema medicinal complexo e altamente evoluído, baseado menos na anatomia corporal que no *holismo*, percepção de que a pessoa é um ser integral e não um conjunto de partes desconexas. O princípio básico da terapia dos meridianos é que é preciso tratar a raiz do problema apresentado – o corpo, a mente, o espírito e as emoções – e não apenas os sintomas. Os antigos chineses imaginavam a pessoa como um círculo, não como um conjunto de peças interligadas. Mas esse círculo não abarca somente o indivíduo. Cada pessoa – cada organismo vivo – está interconectada a uma matriz universal. O que existe "aqui" está essencialmente conectado a tudo o que existe em todos os outros lugares.

A terapia tradicional dos meridianos se baseia na *teoria das cinco fases*. Trata-se de uma ideia complexa que explica cumulativamente todas as terapias baseadas nos meridianos. Ao contrário das ideias por trás da medicina alopática, a teoria das cinco fases descreve as *relações* entre todas as coisas, e não fatores independentes e isolados. Além de postular que todas as coisas se reduzem a cinco elementos básicos, ela afirma quatro outras grandes ideias: o yin e o yang, opostos polares; as fontes internas e externas das doenças; a ordem cíclica da vida, como revelada nos ciclos das estações; e a existência de canais de energia que distribuem o chi – os meridianos. A teoria das cinco fases explica a natureza exata da "qualidade de ser" – o eu como ser energético.

O que começou como uma teoria esotérica está surgindo agora como ciência verificável, pois pesquisas vêm explicando os meridianos como vias de transporte de energias químicas, elétricas e etéricas. O mapeamento termográfico (medida do calor), eletrônico e radioativo dos meridianos por meio de aparelhos modernos, os estudos e as aplicações dessas incríveis correntes de energia estão aproximando o pensamento ocidental do oriental. Assim como os meridianos têm natureza energética, têm igualmente natureza física – e influenciam o físico. Nós também somos ao mesmo tempo físicos e energéticos.

Em todas as nossas explorações dos canais de energia, sempre voltaremos ao tema básico deste livro – e à filosofia dos antigos chineses: tudo é energia. A doença é uma perturbação ou um desequilíbrio energético. Do mesmo modo, a cura é um processo de restauração ou reafirmação do equilíbrio energético. Indo além do óbvio – vendo o que está *por trás* e *por dentro* dos tendões e tecidos e da pele –, os chineses descobriram que a desarmonia dos canais sutis precede a doença. E se também pudéssemos "enxergar no escuro", como nossos amigos chineses? E se conseguíssemos aprender a *enxergar o escuro – e a iluminá-lo?* Você também se tornaria o agente de cura e a pessoa saudável que tem o potencial de ser.

28

HISTÓRIA DA TERAPIA BASEADA NOS MERIDIANOS

A maioria dos estudiosos situa a origem da terapia baseada nos meridianos no texto clássico chamado *Huangdi neijing*, o *Clássico de Medicina Interna do Imperador Amarelo*, que data de aproximadamente 2698 a.C.; e também no *Shennong bencao*, cujo título se traduz por *Matéria Médica da Divina Agricultura*. O *Neijing* delineia a medicina chinesa como arte de cura, ao passo que o *Shennong* trata de farmacologia. Huangdi foi o Imperador Amarelo, e o livro registra diálogos entre ele e seus médicos sobre assuntos voltados à medicina.[1]

Outro clássico importante é o *Nanjing* ou *Clássico das Questões Difíceis*, também chamado *Huangdi bashiyi nanjing* ou *Clássico das Oitenta e Uma Questões Difíceis do Imperador Amarelo*. Estudiosos discordam quanto a quem seja o autor desse livro e quando o teria escrito. Alguns o atribuem a Bien Que, médico que viveu em algum momento entre os séculos VI e III a.C. Outros o atribuem ao próprio Imperador Amarelo, e outros ainda datam-no dos séculos I-III d.C. e atribuem-no a outro autor. Quaisquer que sejam suas origens, o *Nanjing* delineia de forma altamente sistemática e detalhada aquilo que depois se tornou a medicina tradicional chinesa.

Em 1973, arqueólogos descobriram outro texto, hoje chamado de *Manuscritos de Mawangdui*, o qual leva o nome do túmulo no qual foi descoberto perto de Changsha, província de Hunan. O túmulo data de 168 a.C. O texto é famoso não só pelo que inclui como também pelo que não inclui. Não descreve doze meridianos, mas onze – de modo que parece estar "faltando" um meridiano. Apresenta filosofia arcaica do yin e do yang e descreve pontos de acupuntura e outras "necessidades" básicas das cinco teorias. O interessante é sua inclusão de 52 "receitas mágicas", parecidas com as que costumavam ser usadas contra forças demoníacas. Isso denota possível influência xamânica da terapia dos meridianos.[2]

Mesmo hoje, os meridianos não podem ser "vistos". Pesquisadores vêm provando sua existência e oferecendo explicações de seu funcionamento, mas a olho nu – o olho de um cirurgião que corta um tecido ou de um técnico de raio X examinando uma radiografia – essas correntes de energia não podem ser vistas. Por outro lado, equipamentos e técnicas modernas estão demonstrando a existência do chi e nos permitindo avaliar sua composição. Mesmo antes dessas validações científicas recentes, no entanto, o sistema floresceu porque funcionava.

O sistema chinês não ficou restrito à China. Sacerdotes budistas levaram o conhecimento dos canais e da teoria das cinco fases ao Japão, enquanto médicos o disseminavam também em outras direções. Os ocidentais foram os últimos a entrar no barco, o que ocorreu principalmente graças ao trabalho dos jesuítas franceses que foram à China nos séculos XVI e XVII para realizar trabalho missionário. Introduziram a anatomia e outras ideias ocidentais na China e trouxeram consigo ao Ocidente o conhecimento da medicina tradicional chinesa.[3]

Hoje, as terapias baseadas nos meridianos se espalharam pelo Ocidente como febre. Encontram-se em hospitais e clínicas e estão sendo utilizadas pelos tipos mais diversos de profissionais da cura. Têm muitas aplicações contemporâneas, mas uma das mais famosas e mais viáveis do ponto de vista científico seja a acupuntura como analgésico. Um dos pesquisadores mais conhecidos do mundo na área do alívio à dor é o Dr. Bruce Pomeranz, da Universidade de Toronto. Ele descobriu que a estimulação de certos pontos de acupuntura ativa as fibras nervosas mielinizadas, as quais, por sua vez, enviam impulsos à medula espinhal, ao mesencéfalo e à região do hipotálamo e da pituitária, no diencéfalo. O diencéfalo é composto do tálamo e do hipotálamo, que regulam boa parte do nosso sistema sensório-motor e muitas funções do sistema nervoso autônomo.[4]

A acupuntura também aumenta o número de endorfinas, substâncias químicas que reduzem a dor e ocorrem naturalmente no corpo. As endorfinas se ligam aos receptores de opioides em todo o sistema nervoso e interrompem a dor porque eliminam as mensagens de dor enviadas ao cérebro e aumentam as de bem-estar. Uma vez estimulada, a região do hipotálamo e da pituitária libera beta-endorfinas, que entram na corrente sanguínea e no fluido espinhal. Esse processo também foi empregado com sucesso tanto com o uso de agulhas na acupuntura quanto com o de estimulação elétrica. A maior redução da dor ocorre a longo prazo, com aplicações de baixa frequência e alta intensidade feitas repetidamente.[5]

Há séculos os chineses e outros terapeutas orientais dos meridianos usam a acupuntura como método analgésico não só em seres humanos, mas também em animais. Na realidade, a maioria dos estudos sobre acupuntura tem como tema o alívio da dor. Como analgésico, a acupuntura funciona em 70% a 80% dos casos, em comparação com os 30% de um placebo.[6]

As provas em favor da existência dos meridianos farão mais sentido se você for, antes de qualquer coisa, capaz de imaginar as bases do sistema de meridianos. Todos os elementos do pensamento baseado nos meridianos – do yin e do yang ao fluxo do chi em certos momentos do dia e sua influência sobre as emoções – vêm sendo sintetizados pela ciência.

29

VISÃO GERAL DO SISTEMA DOS MERIDIANOS

O termo *meridiano* é a tradução mais comum da palavra chinesa *ching-lo*, muitas vezes escrita como *jing-luo*. Não se trata, porém, de uma tradução exata. *Ching* significa "passar através de", e *lo*, "conectar". O sentido original era mais próximo do da palavra *canal*; por isso, muitos sistemas chamam os meridianos de "canais", e chamam os condutos secundários de apoio de "colaterais". Nos meridianos há *xue*, "buracos": pontos de entrada nos meridianos. Praticantes modernos em geral os chamam de *pontos de acupuntura* ou *acupontos*.

Os meridianos[7] são caminhos de energia percorridos pelo chi, verdadeiro fundamento do sistema chinês tradicional. O chi é a energia vital e análogo ao *prana*, ao *mana*, à *maya* e ao *orgone* de outros sistemas, bem como ao *ki* do universo nipônico da cura. Seu nome também se escreve *qi* em muitos sistemas tradicionais. O chi é a força que anima e informa todas as coisas.

Há duas vibrações ou níveis básicos de chi (embora este se divida tecnicamente em três tipos, discutidos ainda neste capítulo na seção "As Bases do Chi" e na seção "Os Três Tesouros Vitais", na p. 238). Em um nível, o chi é inanimado e percebido como simples força ou energia vital; passa do ar para nossos pulmões e do nosso sistema excretor para a natureza. Em outro, é inteligência consciente, informação.

Para localizar o chi, os chineses formularam na teoria aquilo que só agora estamos começando a descobrir pela ciência. Do ponto de vista contemporâneo, diríamos que tudo é energia. A matéria vibra em uma frequência relativamente lenta, por isso é chamada matéria física. A energia que vibra em velocidade superior à da luz é matéria sutil. O chi é a energia sutil que cria toda a matéria física.

Há doze meridianos principais, que também são chamados *troncos principais*. Esses doze meridianos formam uma rede de canais de energia que percorrem todo o corpo para distribuir o chi, controlando assim todas as funções corpóreas e interligando todas as partes do corpo. Cada um desses canais é ligado a um órgão ou sistema específico, revelando o corpo como um círculo de partes interdependentes e não uma coletânea de peças separadas. O chi se desloca pelo corpo em um padrão regular de 24 horas; por isso, os doze meridianos principais participam de todas as facetas dos processos metabólicos e fisiológicos cotidianos da vida.

Os *doze meridianos primários* correm na superfície do corpo, no peito, nas costas, nos braços e nas pernas. São: Pulmão, Intestino Grosso, Estômago, Baço/Pâncreas, Coração (também chamado de Pericárdio ou Protetor do Coração), Intestino Delgado, Bexiga, Rim, Pericárdio, Triplo Aquecedor, Vesícula Biliar e Fígado. Esses termos se referem a funções biológicas e não a órgãos estruturais; no entanto, todos os meridianos, com exceção dos do Triplo Aquecedor e do Coração, são ligados ao sistema de um órgão específico. Entende-se que o Triplo Aquecedor governa o nível de chi do corpo inteiro, pois controla a distribuição de todos os tipos de chi. O meridiano do Coração trabalha com o Triplo Aquecedor para controlar o nível geral de energia do corpo, mas também é vital para o funcionamento do coração propriamente dito.

Além dos meridianos principais, há *oito canais extraordinários*, também chamados *vasos*. São eles os meridianos Du, Ren, Dai, Chong, Yin Chiao, Yang Chiao, Yin Wei e Yang Wei.

Os oito vasos se formam *dentro do útero* e representam uma estrutura energética de nível profundo. Armazenam e drenam o chi e também servem como reservatórios que transmitem o chi e o sangue pelos doze canais regulares. Esses meridianos secundários não são associados a órgãos ou meridianos específicos; antes, interconectam os meridianos principais, servindo de meios pelos quais estes se conectam com os órgãos e outras partes do corpo. Os mais importantes desses meridianos extraordinários são o Vaso Governador, que corre no meio das costas, e o Vaso da Concepção, que corre na frente do corpo. Alguns praticantes modernos põem esses dois vasos na mesma categoria dos doze principais e, assim, contam quatorze meridianos principais.

No conjunto, há três grupos de meridianos associados aos meridianos regulares, cada um dos quais com doze meridianos. Os *meridianos divergentes* nascem de um dos doze meridianos principais e passam pelo tórax ou pelo abdome para se conectarem a um órgão antes de chegarem ao pescoço ou à cabeça. Os *meridianos da rede muscular* distribuem o chi dos doze meridianos principais aos músculos, aos tendões e às articulações. Essa distribuição é considerada superficial, pois esses meridianos não têm contato com nenhum órgão. Os *meridianos da rede cutânea* correm ao lado dos meridianos regulares, mas na camada cutânea do corpo; também são considerados superficiais. Alguns sistemas os apresentam como partes do sistema nervoso sensorial.

Ao longo dos doze meridianos principais há mais de 400 pontos de acupuntura, classificados como tais pela Organização Mundial de Saúde. (Alguns sistemas enumeram de 500 a 2.000 pontos.) Estes se classificam de acordo com um nome, um número e o meridiano correspondente.[8] Cada meridiano contém de 15 a 150 pontos de acupuntura (acupontos) particulares e termina na ponta de um dedo da mão ou do pé. Cada meridiano tem pontos específicos que descrevem da maneira mais precisa sua condição atual. Há um "ponto de alarme" na linha média frontal do torso que reage sempre que o chi se desequilibra em um meridiano específico. Esse ponto de alarme tem um "ponto associado" ao longo da coluna vertebral que ecoa os problemas daquele meridiano. Esses pontos estão representados nas ilustrações dos meridianos (ver pp. 207-223).

Cada sistema de órgãos tem o próprio tipo de chi, que lhe permite desempenhar certas funções físicas e energéticas únicas. A medicina ocidental se especializa em analisar as funções físicas dos órgãos, como a produção de enzimas pelo fígado. A medicina oriental acrescenta um entendimento das funções energéticas dos órgãos e dos sistemas a eles associados – os papéis particular e holístico que desempenham dentro do ser integral.

Para imaginar o chi, o melhor talvez seja vê-lo como um *continuum* de energia, e não como algo que possa ser definido em nível microscópico. É ao mesmo tempo animado e inanimado; tem fluxo livre e é inconsciente, e ao mesmo tempo é delineado e consciente. Também é composto de dois conjuntos opostos de informações: feminino e masculino, ou yin e yang.

O *yin* é a energia da Terra, são as qualidades femininas deste planeta; sua natureza é fria. O *yang* é a energia celeste que representa o lado masculino; sua natureza é quente. O chi é uma combinação desses dois espectros de energia divergentes, bem como de muitas outras expressões específicas da natureza. Também é descrito no quadro dos cinco elementos: forças vivas e de energia fundamentais que se encontram em movimento permanente. Esses elementos são os fundamentos da teoria das cinco fases, teoria de diagnóstico e tratamento que será delineada mais adiante. Cada um desses elementos corresponde a um dos cinco sistemas orgânicos principais, os quais também podem ser correlacionados com uma estação do ano, um momento do dia, uma cor, um som, um cheiro, uma emoção, um sabor... e muito mais. Juntas a teoria do yin-yang e a teoria dos cinco elementos refletem uma lei universal: todas as coisas se inter-relacionam em um conjunto complexo de relações interdependentes que subjaz ao nível físico da realidade.

A teoria do yin-yang é crucial para entender os meridianos. Tudo dentro do corpo – e do sistema de meridianos – é dualista. Cada meridiano, por exemplo, tem duas partes. A parte exterior opera na superfície da pele para coletar energia; essa função é considerada yang. A parte interior atende aos órgãos internos, transportando energia ao local de um órgão ou sistema corporal; esse é um processo yin.

Os meridianos principais se dividem em grupos yin e yang. Os meridianos yin do braço são os do Pulmão, do Coração e do Pericárdio. Os meridianos yang do braço são Intestino Grosso, Intestino Delgado e Triplo Aquecedor. Os meridianos yin da perna são Baço/Pâncreas, Rim e Fígado. Os meridianos yang da perna são Estômago, Bexiga e Vesícula Biliar. A energia yang rege o Vaso Governador, e a yin, o Vaso da Concepção.

Os meridianos também são classificados como estimuladores (yang) ou inibidores (yin), de acordo com a polaridade do chi que administram. Os órgãos conectados a meridianos yin também são considerados yin, ou inibidores, e os órgãos conectados a meridianos yang são considerados yang, estimuladores. Pelo fato de os aspectos yin e yang de um meridiano serem inextricavelmente interconectados, pode-se tratar uma doença yang em um órgão e produzir-se efeito no lado yin do meridiano.

Todos os meridianos têm um par ou um oposto polar (ver "Ciclos do Chi: O Relógio do Corpo", na p. 248). Os meridianos polares são separados por 12 horas no ciclo de 24 horas. Esses meridianos emparelhados têm aspectos de semelhança e de diferença. Os meridianos do

Baço/Pâncreas e do Triplo Aquecedor, por exemplo, são polares entre si. Ambos afetam o sistema imunológico e são circuitos radiantes, mas também podem reagir negativamente um ao outro. Se o Triplo Aquecedor estiver muito estimulado, o meridiano do Baço/Pâncreas estará inibido e vice-versa. O Triplo Aquecedor atinge seu pico energético entre 9 e 11 horas da noite; o Baço/Pâncreas atinge o seu entre 9 e 11 da manhã.

Na teoria das cinco fases, cada meridiano é associado a um elemento. Essa relação, que inclui as propriedades yin e yang dos meridianos, está resumida na tabela a seguir:

FIGURA 4.1
MERIDIANOS YIN E YANG

Meridiano Yin-Yang	Elemento
Pulmão (braço-yin) e Intestino Grosso (braço-yang)	Metal
Estômago (perna-yang) e Baço/Pâncreas (perna-yin)	Terra
Coração (braço-yin) e Intestino Delgado (braço-yang)	Fogo
Bexiga (perna-yang) e Rim (perna-yin)	Água
Pericárdio (braço-yin) e Triplo Aquecedor (braço-yang)	Fogo
Vesícula Biliar (perna-yang) e Fígado (perna-yin)	Madeira

Todas as partes do corpo têm correspondência com outras coisas no próprio corpo e fora dele. Esse ponto de vista gerou um sistema medicinal incrivelmente profundo e muito complexo. Por

YIN E YANG: ENCONTRO DE OPOSTOS

SEGUNDO A TEORIA DO YIN-YANG, há dois tipos básicos de forças opostos e, não obstante, mutuamente interdependentes. Quando combinadas, as energias yin e yang criam uma energia suprema e unificada – aquela que originou o universo e continua a fluir no meio dele.

A energia yang é a masculina, estimulante, dinâmica e lógica. Cria as altitudes e representa o céu. No modelo chinês, é considerada quente, ou seja, capaz de produzir calor. A energia yin é feminina, inibidora, estática, tranquilizante e intuitiva. É representada pelos pontos baixos da terra ou da natureza e significada pela Terra e pelo subterrâneo. É considerada fria ou capaz de esfriar.

O yin e o yang caracterizam dois tipos diferentes de chi. Há também órgãos e meridianos yin e yang. Quando estes se desequilibram, o resultado podem ser graves problemas de saúde. O excesso de calor, por exemplo, está por trás das dores e inflamações. O excesso de frio causa estagnação e bloqueios. As duas coisas são necessárias para que haja equilíbrio: o calor pode expulsar o frio, por exemplo, ao passo que o frio pode reduzir o calor. Pelo fato de o yin e o yang serem definidos um pelo outro, há sempre uma relação que promove a "outra" condição. Por exemplo, só podemos entender o calor em relação ao frio.

O yin pode produzir o yang e o yang pode produzir o yin. Cada um deles flui na direção do outro – e depois volta. O gelo (yin), por exemplo, quando aquecido pelo yang, se torna água, a qual, aquecida por mais yang ainda, se torna vapor. A atividade do corpo (yang) se apoia na forma material (yin), e a forma física é sustentada pela atividade do corpo.

Esse equilíbrio é alcançado por um sistema integrado de controles e inibições. Às vezes é preciso aumentar o yin para fazer bem ao organismo; é o que ocorre quando

trás de todo esse brilho, entretanto, jaz uma profunda simplicidade. Todas as modalidades tradicionais chinesas se reduzem, em essência, a um único processo: a avaliação do chi através dos meridianos.

BASES DO CHI

A palavra chi tem muitas traduções, pois quase todas as culturas têm um termo para designar essa realidade; o que ela significa em geral, entretanto, é a energia vital do universo. O chi é a energia pura, de livre fluxo, que ativa e nutre a vida e conecta o pequeno ao grande.

Para os antigos chineses, o chi era um *continuum*. O *chi material* é inconsciente e cria o universo físico; é mensurável, na medida em que forma o universo mensurável. O *chi sutil* não é mensurável, pois forma o universo imaterial e a consciência. Quando corre pelos meridianos, seus canais de distribuição, o chi tem fluxo livre (inconsciente) e informado (consciente). Neste último caso, transmite informações de um local e sistema do corpo a outro, bem como informações vindas do universo e que a ele se dirigem.

O chi se reduz e se dispersa em ciclos alternados de energias positivas e negativas, ou yin e yang. Nesse processo, pode aparecer em muitas figuras e formas. Como no caso de qualquer outra energia, o chi não pode ser destruído; se transforma tão somente de um estado em outro. Todas as coisas são manifestações temporárias do chi – sobretudo o universo físico.

O chi é tido como a fonte de todo o movimento do corpo e do universo. Em seu estado inteligente, liga o mundano ao espiritual e nosso corpo ao nosso espírito. Como tal, encontra-se com

estamos cansados e precisando descansar. O yin então assume o controle para nos recompor. O yang, ou movimento, precisa diminuir para permitir essa mudança. (Não podemos tirar uma soneca enquanto estamos correndo.) O oposto ocorre quando é hora de desempenharmos nossas atividades. Pessoas que passam muito tempo em frente à televisão comendo salgadinhos estão se dedicando a uma prática yin, que não é boa nem para o peso nem para a mente. Às vezes, portanto, também precisamos desistir do yin para poder aproveitar algumas das contribuições saudáveis do yang. Por outro lado, nem todo yang é saudável; precisamos descansar de tempos em tempos e não é possível estar sempre correndo uma maratona, no corpo ou na mente.

No sistema chinês, toda a existência é um ciclo rotativo de yin e yang. Isso inclui as estações, em que o yin (inverno) é continuamente substituído pelo yang (verão), sendo que as duas estações intermediárias são equilibradas. Muitas vezes, quando atinge o ponto máximo, um extremo dá origem ao outro. Por exemplo, os solstícios ocorrem quando o sol chega ao extremo norte ou ao extremo sul e marcam, assim, uma mudança na quantidade de luz solar durante o dia. No hemisfério norte, o dia 21 de dezembro é o ponto baixo da luz; o dia 21 de junho é o ponto mais alto. O solstício de inverno é yin, ou escuro, e dá origem ao yang, a luz; o solstício de verão é o oposto. Isso reproduz o modo pelo qual nosso corpo flui de um extremo a outro, em constantes marés enchentes e vazantes de yin e yang.

frequência conectado à respiração, é visto como a fonte da vitalidade, considerado uma medida de nossa energia e cria e sustenta a personalidade.

No Japão, é chamado *ki*. Para os indianos do leste, *prana*. Os antigos pictos do norte da Inglaterra o chamavam de *maucht*, e os cristãos há muito o consideram um dos dons do *Espírito Santo*. Gregos e egípcios o chamavam de *Arte dos Mistérios*, ao passo que o vudu haitiano o denomina *O Poder*. Para os indígenas dos Montes Apalaches, é *O Iluminado*. Pesquisadores mais recentes o chamaram de *bioenergia, biomagnetismo, energia eletroquímica, energia eletromagnética, energia sutil* ou apenas *energia*.

Há várias maneiras de ver o chi, que correspondem a diferentes sistemas teóricos. Uma versão popular no qigong, processo de cura baseado em movimentos, discutido na p. 399, é:

Chi do céu: Envolve as energias do universo, como a luz solar, a gravidade e o magnetismo.

Chi da terra: Envolve tudo o que há na terra, como o solo, os mares, o vento, os vegetais e os animais.

Chi humano: Energia conforme presente nos seres humanos.[9]

Essas três formas de energia são interdependentes. O chi do céu influencia o chi da terra e ambos influenciam o chi humano. No sistema chinês, os três tipos de chi fluem pelo meridiano do Triplo Aquecedor, que controla sua distribuição. A partir daí, viaja pelos doze meridianos em um ciclo de 24 horas, em um fluxo que varia de acordo com as estações do ano. Além disso, desloca-se pelos dois principais vasos: um no centro da parte frontal do corpo (o Vaso da Concepção) e outro no centro da parte de trás (o Vaso Governador).

Um meio de entender essas formas interdependentes de energia vital é discutir o Tai Chi, que é ao mesmo tempo uma forma de vida e uma arte marcial "suave" ou "energética". *Tai Chi* significa o "Grande Extremo" e envolve a progressão rumo ao ponto último da existência, em parte por meio de uma série de movimentos que deslocam o chi pelo corpo. No Tai Chi, os três níveis de energia podem ser acessados ao longo de três estágios de desenvolvimento. O nível básico é a *energia vital* e inerente a todos os organismos. O estágio seguinte é o *chi*, manifestação extraordinária da energia vital. O terceiro nível, o *chi celestial*, é uma forma de energia ainda mais elevada que o chi. Segundo a teoria do Tai Chi, o chi gera uma forma de energia chamada *jing*, também chamada *nei jing* ou poder interno. Pratica-se o Tai Chi não só para produzir mais chi, mas também para transformá-lo no jing, energia mais elevada. Outro objetivo da prática do Tai Chi é a produção de *li*, força física.

Na teoria das cinco fases, o chi é muitas vezes apresentado nessas três formas, chamadas três tesouros vitais:

- Essência básica ou jing
- Energia ou força vital ou chi
- Espírito e mente ou shen[10]

NOVOS OLHARES SOBRE O ANTIGO CHI

A MAIS NOVA TEORIA sobre o chi é a do *chi mecânico*. O Dr. Yuri Khronis, físico nascido na Rússia, criou há alguns anos uma complexa máquina geradora de chi. Trabalhando com um mestre de chi chamado Dong Chen, o qual aprendeu suas artes no Oriente, o Dr. Khronis conseguiu produzir a energia do chi por meios eletrônicos. Criou, por exemplo, um padrão de chi chamado "mente silenciosa", que leva o cérebro ao estado de ondas teta de baixa frequência, e outro que produz padrões para cada ponto de chakra.[11]

Uma teoria acerca do funcionamento da máquina diz que, embora o chi seja uma energia sutil, pode ser transportada na forma de energia eletromagnética. Essa ideia ecoa o modelo de energia de William Tiller, discutido na Parte I, o qual afirma que há uma polaridade entre as energias sutis e materiais. Assim, os padrões eletromagnéticos de energia podem conter impressões sutis, que podem ser percebidas pelos cinco sentidos normais.[12]

CHI FÍSICO

Estudos de pesquisadores como o Professor Kim Bonghan dão a entender que o chi, além de ser uma substância etérica, também pode ser feito de matéria física. Como explora a seção "Casamento Entre as Energias Sutis e a Matéria nos Meridianos", na p. 198, o Dr. Bonghan determinou que o chi é um fluido composto de várias substâncias químicas e de eletricidade. Muitos profissionais da bioenergia afirmam que tudo o que é sutil também é físico.

Esses três tipos de energia vital, por sua vez, se subdividem de acordo com os sistemas dos órgãos, como você verá em "Os Três Tesouros Vitais", na p. 238, e no Capítulo 34: "As Cinco Fases e Outras Teorias de Diagnóstico Correlatas".

Outro sistema apresenta seis outras versões do chi, que são:

Chi puro: No ar limpo que inspiramos.

Chi residual: Carrega os resíduos para fora quando expiramos.

Chi material: Combinação de chi puro, chi residual e nutrientes dos alimentos.

Chi de nutrição: Derivado dos alimentos digeridos; é o chi que circula pelo nosso corpo e o nutre na integralidade.

Chi de proteção: Formado a partir do alimento; o chi que proporciona manobras defensivas à medida que circula pelos tecidos superficiais do corpo e da pele.

Chi funcional: Tipos de chi associados aos órgãos/sistemas e meridianos particulares.

O chi de nutrição é considerado yin, e o chi de proteção é rotulado como yang.[13]

Há também mais de 700 cavidades usadas na acupuntura, na acupressão e no qigong. São as cavidades naturais do corpo, como os sínus e as cavidades gástrica, nasal e das articulações, muitas das quais contêm órgãos ou são cheias de líquidos. Em razão das variações de energia, é preciso aumentar e diminuir a energia, para que nenhum dos meridianos ou das cavidades do chi fiquem bloqueados.

30

TEORIAS SOBRE A EXISTÊNCIA, A FINALIDADE E O FUNCIONAMENTO DOS MERIDIANOS

Os meridianos são caminhos percorridos por muitos tipos diferentes de energias físicas e sutis. Embora invisíveis a olho nu, são circuitos de energias positivas e negativas e de fluidos corporais e foram medidos pelo uso de vários métodos. Além disso, os 400 a 500 pontos situados sobre os meridianos (o número varia de acordo com o sistema) e usados na acupuntura – processo que envolve a aplicação de agulhas sobre os portais energéticos dos meridianos – exibem características elétricas únicas, perceptíveis pela ciência, que os distinguem da pele circundante. Esses acupontos, eletromagnéticos por natureza, podem ser encontrados pelo toque, por microvoltímetros e pelo uso da cinesiologia aplicada (análise muscular), que testa as reações do corpo a conceitos e substâncias. (A cinesiologia será discutida na Parte VI.) Pesquisas científicas deram origem a cinco teorias diferentes, mas inter-relacionadas, sobre os meridianos.

TEORIA BIOMECÂNICA

A explicação biomecânica se centra em pesquisas que buscam validar a existência dos meridianos. Algumas dessas pesquisas, como as conduzidas pelos Drs. Claude Darras e Pierre De Vernejoul, envolvem rastrear os meridianos pelo uso de marcadores radioativos. Outras pesquisas do Dr. Liu YK identificaram a localização de acupontos sobre os nervos motores.[14] Esses e outros estudos mostram que os meridianos fazem parte da estrutura mecânica do corpo e interagem com o sistema anatômico.

TEORIA BIOELETROMAGNÉTICA

Aqui não há mistério; o corpo humano é um fenômeno eletromagnético. Há décadas cientistas sondam a maravilha chamada "corrente da lesão". Sempre que a pele é lesionada, a área da lesão emite íons (moléculas dotadas de carga elétrica) para o tecido circundante, criando carga elétrica fraca comparável à produzida por pilhas. Essa corrente elétrica cumpre uma função essencial: estimula uma resposta de cura nas células próximas. Em um número considerável de pesquisas, essa realidade fisiológica foi aplicada à explicação da estimulação de acupontos.

TEORIA DAS ONDAS ESTACIONÁRIAS

Em 1986, os pesquisadores Fritz-Albert Popp e Chang-Lin Zhang se uniram para criar um modelo chamado *hipótese da sobreposição de ondas estacionárias*. Em resumo, retrataram o conjunto do sistema dos meridianos como uma imagem holográfica do corpo representada nas orelhas e nos pés. O modelo também procurava explicar a interconexão entre os pontos.

Também chamada de teoria de Zhang-Popp, a teoria dos meridianos como ondas estacionárias inclui um princípio científico chamado *sobreposição*. A sobreposição é uma interação entre ondas,

MICROCIRCUITOS: SISTEMA ELÉTRICO SECUNDÁRIO

UM NÚMERO CADA VEZ MAIOR DE cientistas vem propondo que o sistema dos meridianos faz parte de um sistema elétrico secundário – que pode incluir o sistema circulatório e o sistema nervoso central, mas também é diferente deles.

Por meio de suas pesquisas, o Dr. Björn Nordenström descobriu que não só o sangue mas também a eletricidade fluem pela corrente sanguínea. Essa eletricidade, porém, parece "alimentar" dois sistemas diferentes, mas inter-relacionados.[15] Nordenström, radiologista suíço reconhecido, descobriu que o corpo é percorrido por circuitos elétricos, os quais descreve em seu livro *Biologically Closed Electrical Circuits: Experimental and Theoretical Evidence for an Additional Circulatory System*.[16] Nordenström constatou que esses circuitos são "ligados" por uma lesão, uma infecção, um tumor ou até pela atividade normal de um órgão. Segundo ele, essas voltagens aumentam e flutuam, percorrendo as artérias, as veias e as paredes dos capilares.

Os circuitos biológicos operam com base em cargas acumuladas, que oscilam entre as polaridades positiva e negativa. Os vasos maiores servem como fios, e o plasma sanguíneo conduz as cargas. Nos tecidos permeáveis, como o conjuntivo, o fluido intracelular conduz os íons. Esses íons entram nas células por meio das aberturas e dos poros. Os elétrons cruzam as paredes celulares usando enzimas. No entanto, quando são sujeitas a um campo elétrico, como aquele gerado por um músculo lesionado, as paredes arteriais se fecham. Isso obriga os íons a passar pela corrente sanguínea e ao longo das paredes dos capilares. Existe, com efeito, um "circuito elétrico secundário" no corpo.

Esse trabalho tem implicações impressionantes. Mudando o fluxo iônico e mudando de circuito, podemos potencialmente curar doenças como o câncer e certas doenças autoimunes, como Nordenström demonstrou ao curar mais de 80 pessoas de câncer.

Antes das descobertas de Nordenström, cientistas acreditavam que toda ação humana envolve a condução de sinais elétricos pelas fibras do sistema nervoso. Agora parece que todos os processos corporais também envolvem idas e vindas pelos circuitos elétricos biologicamente fechados.[17] Sua pesquisa explica, ainda, ao menos em parte, como funcionam os meridianos e os pontos de acupuntura. O processo se fundamenta no eletromagnetismo. Em seu livro, Nordenström faz diversas conjecturas a esse respeito, por exemplo:

tópico explorado na subseção: "Os Fundamentos: Partículas e Ondas", na p. 36. As ondas estacionárias foram apresentadas na subseção "Ondas Escalares", na p. 131. Vamos rever parte dessas informações a fim de mostrar como se aplicam aos meridianos.

A sobreposição ocorre quando duas ou mais ondas semelhantes se combinam para formar uma terceira onda mais complexa. Essas ondas criam algo novo – mas também continuam existindo como antes. No entanto, algumas interagem de modo um pouco diferente. A *interferência* ocorre quando duas ondas partem do mesmo ponto, mas se aproximam uma da outra vindas de direções diferentes. Quando essas duas ondas estão em sincronia, o resultado é uma *interferência construtiva* ou reforço. A onda resultante é duas vezes mais forte que as originais. A *interferência destrutiva* ocorre quando as ondas estão dessincronizadas; então, cancelam uma à outra. As *ondas estacionárias* são aquelas que não se movem. Formam-se quando duas ondas progressivas vêm de direções opostas e se encontram – e depois criam uma onda vertical agradável do ponto de vista harmônico. Segundo a teoria de Zhang-Popp, as ondas dos pontos de acupuntura e dos meridianos operam em interferência construtiva.

- Os pontos de acupuntura atuam como receptores de sinais de energia sutil do mundo exterior, como um sofisticado sistema de radar.
- Esses pontos recebem todos os tipos de energias e não apenas as físicas, como se vê em pesquisas que mostram que mestres de qigong são capazes de afetar as propriedades elétricas do corpo por meio de processos mentais e campos de força.
- Esse processo pode explicar os efeitos placebo e nocebo, bem como a remissão espontânea do câncer, para mencionar apenas alguns fenômenos que envolvem o corpo e a mente. Em outras palavras, mensagens de fé ou crença podem por si mesmas infiltrar-se nos acupontos e criar mudanças no sistema elétrico secundário, que promove a cura.[18]

Nordenström conclui que as forças que fluem pelo sistema secundário podem ser concebidas como o próprio chi, e as cargas positivas e negativas, como o yin e o yang. O sistema secundário "é" o sistema dos meridianos, pelo menos em parte. As forças bioeletromagnéticas influenciam a vida e a morte das células e do corpo como um todo, revelando os ciclos dos cinco elementos e dos órgãos a eles associados.[19]

Os experimentos de Nordenström produziram uma cura para o câncer. Inserindo eletrodos de aço inoxidável em forma de agulhas diretamente em tumores do pulmão e aplicando 10 volts de eletricidade positiva com um eletrodo negativo aplicado à pele do peito, Nordenström conseguiu destruir o tecido canceroso.[20]

Robert O. Becker, um dos principais pesquisadores sobre os efeitos da eletricidade no corpo, afirma que tanto a eletricidade positiva quanto a negativa fazem aumentar o câncer. A degeneração decorrente das aplicações elétricas ocorre por meio das alterações na ionização produzidas pelas cargas elétricas: quando a eletricidade muda o pH local, por exemplo.[21] Becker fez os próprios experimentos, alguns dos quais o levaram a concluir que as células cancerosas expostas a certos fatores elétricos cresceram até 300% mais rápido que o grupo de controle (independentemente da polaridade da eletricidade). Pesquisas do Dr. Abraham Liboff, professor de física, e de outros pesquisadores revelam ainda que o fator crítico para reduzir ou aumentar o crescimento canceroso não é a carga da eletricidade, mas a aplicação de campos magnéticos.[22] Pesquisas discutidas ao longo de todo este livro mostram que os polos magnéticos norte e sul criam efeitos opostos no que se refere ao crescimento ou à diminuição de tecidos.

A pele tem alta condutividade elétrica, em parte por ser composta de sódio, potássio e outros íons (moléculas com carga elétrica), entre os quais proteínas e DNA, que emitem radiação eletromagnética quando acelerados ou estimulados. Essa condutividade depende do campo elétrico interno, determinado pelo padrão de interferência formado pela sobreposição de várias ondas. A maior condutividade elétrica da pele se verifica nos acupontos.[23]

A introdução de agulhas cria uma perturbação no padrão de ondas e ativa a resposta elétrica às lesões. A essa altura, ocorre uma transformação do campo magnético, a qual, por sua vez, induz as respostas fisiológicas.[24] As mudanças de campo não são somente locais, mas ocorrem dentro de todos os campos do corpo – de onde provém a natureza "holográfica" dessa teoria.

TEORIA DO TECIDO CONJUNTIVO

Essa teoria se baseia na existência de estruturas citoesqueléticas em todas as células do corpo. Com efeito, essas estruturas constituem o tecido conjuntivo. Imagens de ressonância magnética nuclear mostraram que os músculos se organizam em estruturas semelhantes às de "cristais líquidos", que mudam drasticamente quando expostas a campos eletromagnéticos.[25] Essa alteração ocorre porque o tecido conjuntivo leva cargas estáticas e é influenciado pelo pH, pela concentração de sal e pela constante dielétrica do solvente. Muitos cientistas hoje creem que os meridianos se situam dentro dessa "rede líquida", ou pelo menos estimulam sua responsividade. Em outras palavras, essa rede líquida é a portadora das respostas eletromagnéticas estimuladas pela acupuntura.

TECIDO CONJUNTIVO, ENERGIA E ACUPONTOS

O Dr. William Tiller concebeu uma teoria que explica como os meridianos fazem a interface com as energias etéricas (sutis) no corpo físico. Suas ideias se baseiam antes no papel do tecido conjuntivo e na ciência dos meridianos.

Uma pesquisa mostra que existe resistência elétrica de cerca de 50 mil ohms entre quaisquer dois acupontos; no mesmo comprimento de pele comum, a resistência é cerca de vinte vezes menor. A resistência muda de acordo com o que fazemos; por exemplo, aumenta durante o sono e mais ainda em momentos de excitação emocional. Tiller observa que esse e outros experimentos levaram alguns pesquisadores a concluir que os acupontos se situam em depressões rasas nos planos entre dois ou mais músculos. Estão contidos dentro de colunas verticais de tecido conjuntivo e rodeados por um tecido epitelial ainda mais grosso e denso. Esse tecido externo não é bom condutor elétrico, o que indica que o acuponto é, de fato, um condutor relativamente independente.[26]

Como explica Tiller em seu livro *Science and Human Transformation*, a conexão entre o tecido conjuntivo e o sistema dos meridianos pode ser explicada dessa maneira. Os acupontos se situam em depressões superficiais ao longo dos planos de clivagem que separam dois ou mais músculos. São rodeados por um tecido conjuntivo solto, o qual, por sua vez, é rodeado pelo tecido conjuntivo grosso e denso da pele – que não é bom condutor de eletricidade. Quando ocorre desequilíbrio grave no meridiano, há diferenças nos padrões de resistência que não existem quando há equilíbrio.[27]

Quando ocorre desequilíbrio grave (decorrente de uma doença, por exemplo), uma força de sucção segura a agulha de acupuntura no lugar e a solta quando o equilíbrio é temporariamente restaurado. Isso funciona em todos os tipos de tratamentos de acupuntura e similares, entre eles acupressão, moxabustão, agulhas, corrente elétrica e laser. Essa estimulação gera endorfinas na corrente sanguínea, as quais, por sua vez, geram encefalinas no cérebro – opioides naturais do corpo. Descobriu-se também que a serotonina serve como mediadora para a acupuntura analgésica, tanto no cérebro quanto na medula espinhal.

Essa teoria não explica por completo algumas das mudanças histológicas (de tecidos) que ocorrem durante a acupuntura, e esse fato, segundo Tiller, mostra que os meridianos precisam processar não só energias físicas, mas também energias sutis. Tiller postula a existência de partículas às quais dá o nome de "déltrons", que conectariam as duas energias.[28] Esses déltrons permitem a Tiller formular as seguintes hipóteses:

- Os meridianos, que se estendem pelo tecido conjuntivo, são antenas de energias sutis.
- As antenas da acupuntura existem primariamente no nível etérico e não no nível físico, o que explica a ausência de diferenças histológicas entre os acupontos e o tecido circundante.
- Ondas de energia sutil fluem ao longo dos meridianos etéricos, produzindo um fluxo de potencial magnético vetorial ao longo dos canais dos meridianos.
- Esse fluxo cria um campo elétrico ao longo do canal, que bombeia íons ao longo deste para aumentar sua condutividade iônica e depois aumenta a condutividade elétrica dos acupontos na superfície da pele.[29]

Esse modelo dá a entender que o campo eletromagnético externo e os sistemas de energia sutis do corpo podem se comunicar por meio das substâncias físicas e sutis internas do corpo – pelos meridianos, inclusive. Também indica que essa comunicação transformativa entre o corpo etérico e o corpo físico é uma das razões pelas quais ímãs podem influenciar os pontos de acupuntura.

ÁCIDO HIALURÔNICO: UM ELO PERDIDO?

Qual pode ser o ponto de contato entre o tecido conjuntivo e nosso sistema de microcircuitos? Uma possibilidade é o ácido hialurônico (AH).

O AH é um componente do tecido conjuntivo com a função de lubrificar e amortecer impactos. Envolvido com a cura de lesões, liga-se à fibrina, que auxilia a coagulação do sangue, para formar uma matriz tridimensional que permite a reconstrução de tecidos.[30] Como exploraremos em "Casamento Entre as Energias Sutis e a Matéria nos Meridianos", a seguir, o pesquisador Dr. Kim Bonghan deduziu que, no nível físico, o chi é feito de eletricidade e substâncias químicas de alta energia, entre elas o ácido hialurônico, que compõem os líquidos que fluem pelos meridianos.³¹ O ácido hialurônico está presente no cordão umbilical e, assim, existe no corpo humano desde o nascimento.

Como vimos, o Dr. Nordenström concluiu que existe um sistema elétrico secundário no corpo, gerado por vasos sanguíneos que servem de "cabos" e são envoltos por um campo eletromagnético. O Dr. Ralph Wilson, médico naturopata, aventa a hipótese de que a forma desses campos seja determinada por moléculas de ácido hialurônico que criam túbulos ou zonas funcionais que servem de conduto para os íons; afirma ainda que esses íons, eles próprios, são o chi.³² Pesquisas atuais dão a entender que o AH desempenha pelo menos papel subsidiário na condução do chi.

TEORIA DOS DUTOS

Pesquisas do Dr. Kim Bonghan indicam que os meridianos são uma série de dutos ou tubos que conduzem o chi. Ele descobriu que os meridianos se formam logo após a união inicial do espermatozoide e do óvulo, desenvolvem-se no útero e se difundem depois por todo o corpo.

CASAMENTO ENTRE AS ENERGIAS SUTIS E A MATÉRIA NOS MERIDIANOS

Uma das figuras mais importantes na ciência da bioenergia é o Dr. Harold Burr, cujo trabalho foi discutido na Parte III. No decorrer de suas pesquisas, Burr descobriu que dentro do óvulo não fertilizado se desenvolve um eixo elétrico que depois corresponderá à orientação do cérebro e do sistema nervoso central na pessoa adulta.³³ Esse eixo elétrico serve de guia para um campo de energia direcional que proporciona orientação espacial para as células do embrião em desenvolvimento. Descobriu ainda que o contorno do campo elétrico do embrião segue a forma do campo elétrico do adulto.

O Dr. Burr formulou uma hipótese segundo a qual um campo eletrodinâmico estabelece a organização de um sistema biológico. Esse campo é parcialmente construído por componentes físico-químicos e tem natureza elétrica. O Dr. Randolph Stone, inventor da terapia das polaridades, expôs a questão de modo ainda mais sucinto:

> *Ondas de energia constroem o corpo humano por meio de sua radiação na vida intrauterina, quando são um padrão de correntes de energia, e continuam mantendo-o por meio desse fluxo de energia na forma de correntes sem fio.*³⁴

Por meio dos trabalhos de Nordenström, vimos que existe um sistema elétrico secundário (ou talvez primário) no corpo. Além disso, os meridianos não têm apenas efeitos eletromagnéticos, mas natureza eletromagnética, por isso são capazes de nos ligar a outros campos eletromagnéticos internos e externos. Pesquisas feitas com o tecido conjuntivo situam os meridianos, pelo menos em parte, dentro desse tecido. O trabalho de Darras e Vernejoul, que procuraram determinar a localização exata dos meridianos, soma-se ao de outros pesquisadores, entre os quais Becker e

Motoyama, para confirmar o antigo mapa dos meridianos. A teoria de Tiller segundo a qual os meridianos são sistemas não apenas físicos, mas também sutis, parece apresentá-los como "universais": sua natureza seria ao mesmo tempo físico-química, elétrica e etérica. Pesquisas em eletrografia determinaram que mudanças nos pontos de acupuntura podem "preceder em horas, dias e até semanas as mudanças provocadas pela doença física no corpo", o que é mais um indício de que os meridianos, de algum modo, "programam" o corpo físico.[35]

E tudo isso se reduz a esta questão: De onde "vêm" os meridianos?

O Professor Kim Bonghan respondeu a essa pergunta, pelo menos em parte. Publicando suas pesquisas em 1965, ele usou um microscópio eletrônico de alto poder de ampliação para examinar líquidos que corriam dos locais onde estariam os meridianos. Determinou assim que tais líquidos eram compostos de várias substâncias que servem de base para a vida: o DNA, a adrenalina, o estrogênio e o ácido hialurônico. As proporções dessas substâncias no líquido excediam em muito a de outros fluidos corporais, entre os quais o sangue e a linfa. Bonghan concluiu, desse modo, que esse líquido era o aspecto material do chi, uma mistura de substâncias químicas de alta energia e eletricidade.

Em seguida, Bonghan fez experimentos com os embriões de várias espécies de animais e descobriu que o sistema de meridianos começa a se desenvolver nos frangos quinze horas depois de nascerem. Levando adiante as análises, determinou que o ectoderma, o endoderma e o mesoderma, bem como todos os órgãos, são organizados pelas energias embrionárias sutis, que servem de modelo para as energias materiais. Além disso, definiu os meridianos como um sistema tubular dividido em sistema superficial e em sistema profundo, sendo este também subdividido. Eis algumas de suas descobertas:

Sistema interno de dutos: É composto de túbulos livres dentro dos vasos vasculares e linfáticos. Esses túbulos penetram as paredes dos vasos em dois pontos – a entrada e a saída. Os líquidos nesses dutos geralmente fluem todos na mesma direção. Bonghan teoriza que esses dutos se formam separadamente dos sistemas sanguíneo e linfático, talvez antes deles, e podem servir como guias espaciais para o desenvolvimento desses sistemas do corpo. Em outras palavras, são os vasos que crescem ao redor dos meridianos, não o contrário.

Sistema de dutos intra-externo: Encontra-se ao longo da parte superior dos órgãos internos e forma uma rede separada dos sistemas circulatório, linfático e nervoso.

Sistema de dutos externos: Percorre a superfície exterior das paredes dos vasos sanguíneos e linfáticos e se encontra também na pele, onde é chamado sistema de dutos superficiais.

Sistema de dutos superficiais: É o sistema conhecido pela maioria dos terapeutas que fazem uso dos meridianos.

Sistema de dutos neurais: Corre dentro dos sistemas nervosos central e periférico.

A beleza desses dutos está no fato de que interligam todas as partes do corpo, profunda e superficialmente. Os dutos se ligam por meio do que Bonghan chamou de "dúctulos terminais" de vários sistemas, que se estendem até o núcleo das células dos tecidos. Espalhados ao longo dos meridianos, existem pequenos corpúsculos que correspondem aos pontos de acupuntura e se situam embaixo deles.

Em resumo, essas pesquisas dizem que os meridianos (como outras energias sutis) podem, na realidade, organizar nosso corpo físico. Embora tenham natureza etérica, são também físicos, compostos de complexo entrelaçamento de substâncias químicas, eletricidade e forças eletromagnéticas que levam o chi – energia física e etérica –, que alimenta nosso corpo, nossa mente e nossa alma.[36]

31

HISTÓRIA DA CIÊNCIA DOS MERIDIANOS

As pesquisas que conduziram a validação científica dos meridianos começaram em 1937, quando uma prestigiada revista médica inglesa publicou um artigo de Sir Thomas Lewis descrevendo uma rede desconhecida formada por fibras que ele imaginava serem nervos cutâneos ligados ao sistema nervoso autônomo. Lewis postulou que a rede não era feita de fibras nervosas; seria apenas uma rede de linhas finas.[37] Essa foi uma das primeiras confirmações ocidentais de um sistema que sugere a existência dos meridianos.

Em 1950, Yoshio Nakatani evidenciou que, quando uma pessoa está doente, os pontos de acupuntura ao longo do meridiano afetado têm resistência elétrica bem mais baixa que a da pele circundante. A medida de resistência também muda com a hora do dia, a temperatura ambiente e o uso de acupuntura, bem como com a atividade física e o estado emocional do sujeito de pesquisa. Nakatani deu aos pontos o nome de *pontos ryodurako,* e estes passaram a servir de base para algumas terapias de eletroacupuntura e varredura eletrodérmica.[38]

Os trabalhos de Nakatani foram reproduzidos várias vezes, e pesquisas sempre revelaram uma diferença de condutividade elétrica entre os pontos de acupuntura e os demais pontos da pele.[39] Revelaram ainda que a resistência dos acupontos fica entre 100 e 200 kV, ao passo que a dos demais pontos chega a 1mV; e que os acupontos têm condutividade cerca de 50% maior que os pontos ao redor.[40]

Talvez tenha sido o Dr. Ioan Dumitrescu, médico romeno, quem conduziu as pesquisas mais sofisticadas nessa área específica. Ele produziu imagens eletrográficas do corpo humano e procurou identificar os pontos de maior brilho elétrico. A maioria desses pontos – chamados por ele de *pontos eletrodérmicos* – tinha correlação com os acupontos tradicionais. Por meio de suas pesquisas, o Dr. Dumitrescu chegou a algumas conclusões fundamentais:

- Os pontos só apareciam em locais onde havia uma patologia existente ou iminente.
- Eram idênticos aos pontos previstos pelas teorias chinesas clássicas; os órgãos doentes tinham relação com os meridianos correspondentes.
- Quanto maiores os pontos eletrodérmicos, mais ativa a doença.

Em conclusão, ele afirmou que esses pontos são "poros elétricos" que trocam energia entre o corpo e o meio elétrico. Trabalhando com a energia, ligam o corpo aos campos de energia circundantes. Portanto, o sistema dos meridianos é uma interface entre as energias sutis e as físicas.[41]

Entramos agora no laboratório do Dr. Robert Becker e seus associados, no final da década de 1970. Em suas pesquisas, eles identificaram valores mais baixos de resistência para mais de 50% dos acupontos ao longo do meridiano do Intestino Grosso. Becker formulou a hipótese de que os acupontos são amplificadores de uma corrente direta semicondutora que percorre as células perineurais, que são condutores que envolvem os nervos no corpo. Esse sistema de corrente direta se torna negativo nas extremidades dos membros – nas pontas dos dedos das mãos e dos pés – e positivo quando entra no tronco e na cabeça.

Já sabemos que o corpo emite – e é – um gigantesco campo eletromagnético e que seus circuitos, de natureza elétrica, geram a porção magnética do campo. O eletromagnetismo depende das polaridades de cargas positivas e negativas – yang e yin – do sistema. A pele atua como uma mistura líquida viscosa. Fora dela as cargas são negativas, e dentro, positivas. Becker constatou que os pontos de acupuntura eram mais positivos que a pele circundante e que uma agulha inserida neles produziria um "curto-circuito" na mistura por vários dias. Sua teoria era que a atividade elétrica era devida à reação iônica entre a agulha de metal e os líquidos do corpo e aos pulsos elétricos de baixa frequência gerados pelo giro da agulha ao entrar.

Segundo Becker, a energia elétrica assim gerada fluía pelos meridianos, que operam como fios em um sistema de corrente direta, alimentando a bateria. Nisso vemos o fluxo do chi nos meridianos. O mais importante é que, na visão de Becker, os meridianos funcionavam em um campo maior e não homogêneo, determinado pelas estruturas subjacentes do corpo, quais sejam, o tecido conjuntivo, os músculos, os ossos e a pele. Esse campo é influenciado pelas relações de resistência elétrica, polaridade, interferência e ressonância entre essas estruturas físicas. A acupuntura atua interconectando essas estruturas através do campo por meio dos meridianos, que podem ser vistos como linhas de força no corpo.[42]

Em 1978, R. J. Luciani produziu fotografias Kirlian de um efeito LED dos acupontos ao longo dos meridianos do Intestino Delgado e do Intestino Grosso, dando ainda mais substância à tese da existência dos meridianos mapeados pela medicina chinesa clássica.[43] Porém, o maior salto adiante nas revelações científicas sobre a acupuntura ocorreu em 1985, quando Pierre de Vernejoul, da Universidade de Paris, injetou um marcador radioativo (tecnécio-99) nos pontos de acupuntura clássicos de sujeitos de pesquisa. Ele constatou que, em 4 a 6 minutos, o isótopo percorria 30 cm das linhas clássicas dos meridianos.[44] De Vernejoul, ao lado de outros pesquisadores (entre eles Jean-Claude Darras), fez então várias injeções aleatórias em diversos pontos da pele (desde que não fossem de acupuntura) e injetou a substância em veias e vasos linfáticos. Porém, o marcador só migrava a partir dos pontos de acupuntura.[45]

O estudo envolveu pesquisas morfológicas (estudos da estrutura e da forma), análise diferencial e estudos sequenciais e simulados.[46] Também aplicou estímulos pós-injeção por meios mecânicos, elétricos e térmicos, entre os quais agulha e raio laser. O fato de o marcador não se correlacionar com as vias anatômicas conhecidas mostrava que esses caminhos não fazem parte dos sistemas vascular (sangue) e linfático. Os pesquisadores propuseram, em vez disso, que eles têm relação com o tecido conjuntivo. Existe, portanto, um mecanismo neuroquímico envolvido na disseminação da informação ao longo dos meridianos.

Os pesquisadores também descobriram que o marcador migrava mais rápido em pacientes saudáveis que em doentes, dando apoio à teoria chinesa tradicional de que as doenças podem ser detectadas examinando-se o fluxo de chi (energia vital) pelos meridianos – e talvez dando respaldo à ideia de que, tratando o chi, é possível ajudar a pessoa a recuperar a saúde.

O estudo francês corroborava trabalhos anteriores feitos pelo Dr. Liu YK em 1975. O Dr. Liu estudou a localização dos acupontos nos nervos motores e descobriu que esses pontos tinham relação com as regiões onde os nervos motores penetravam nos músculos esqueléticos. Nesses pontos havia também um aglomerado de sítios receptores mecânicos dos nervos autonômicos encapsulados.[47] Levando adiante os trabalhos do Dr. Liu, o Dr. N. Watari, em Pequim, fez novas pesquisas e publicou seus resultados em 1987. Descobriu que a densidade volumétrica dos acupontos correspondentes aos vasos sanguíneos era quatro vezes maior que a dos tecidos circundantes; a densidade dos acupontos correspondentes aos nervos era quase uma vez e meia maior que a dos tecidos ao redor.[48] Os estudos franceses, bem como os do Dr. Liu e do Dr. Watari, favorecem uma visão bioquímica do sistema dos meridianos.

Outro pesquisador forneceu indícios científicos válidos sobre os meridianos. O Dr. Hiroshi Motoyama, médico, engenheiro elétrico e especialista na energia dos sistemas antigos, criou seis experimentos para corroborar a existência dos meridianos.[49] O primeiro girou em torno do meridiano do Triplo Aquecedor, pois ele não corresponde a nada que faça parte do conceito ocidental de anatomia. Motoyama instalou eletrodos em vários pontos do meridiano do Triplo Aquecedor para medir alterações de potencial elétrico na pele e depois inseriu uma agulha de acupuntura em um ponto desse meridiano, situado no pulso esquerdo. Após deixar a agulha ali por dois minutos, aplicou-se um leve estímulo elétrico.

Seis dos nove sujeitos de pesquisa exibiram reação do potencial elétrico da pele em todos os pontos de medida ao longo do meridiano do Triplo Aquecedor (muito embora esses pontos não tivessem sido estimulados com a agulha) e muitos tiveram reações em outros pontos ainda. As maiores mudanças ocorreram nos pontos mais distantes da agulha inserida, provavelmente porque esses dois pontos (chamados *ponto de alarme* e *ponto associado*) são conhecidos como os dois mais fortes em cada meridiano. Não há vínculos neurológicos entre o ponto estimulado e os pontos onde se verificaram reações, o que indica a existência de algum outro tipo de comunicação fisiológica. Os outros cinco experimentos de Motoyama, feitos de maneira análoga, deram resultados semelhantes.[50]

Outro pesquisador conheceu por acaso um paciente cujo estado indicava a presença do sistema dos meridianos. O Dr. Yoshio Nagahama, médico que trabalhava na Universidade de Chiba, no Japão, descobriu que um de seus pacientes, que havia sido atingido por um raio, era capaz de sentir o "eco", o movimento do chi, quando agulhas lhe eram aplicadas. O Dr. Nagahama inseriu uma agulha no ponto de origem de cada meridiano e pediu ao paciente que usasse o dedo para indicar o trajeto desse "eco" enquanto o fluxo era cronometrado. O paciente, que nada conhecia sobre o sistema dos meridianos, indicou cada um deles de maneira exata e em ritmo muito mais lento que o das transmissões neurológicas.[51]

Foi então que a luz se fez. Um grupo de cientistas que trabalhava sob a direção do Professor Kaznachejew, no Instituto de Medicina Clínica e Experimental de Novosibirsk, na Rússia, focalizou um raio de luz em diferentes partes do corpo.[52]

O objetivo desses cientistas era medir a reação da pele à radiação no espectro de luz visível. Imagine quão surpreendente foi quando viram um ponto de luz a dez centímetros da superfície iluminada. Viram então essa luz se espalhar sob a pele – ao longo do caminho do meridiano, de onde emanava de maneira mais evidente nos pontos de acupuntura.

O caminho percorrido dependia da cor da luz. A luz branca era a que chegava mais longe, seguida pela vermelha e depois pela azul. A verde era a mais lenta e a que percorria a menor distância. Esse estudo indica que os meridianos são um "sistema de distribuição de luz".

DIFERENÇAS DE GÊNERO NO SISTEMA DOS MERIDIANOS

ACASO EXISTEM DIFERENÇAS DE SEXO entre os sistemas de meridianos do homem e da mulher? Um estudo feito no California Institute for Human Science revelou uma grande distinção. O chi nos meridianos dos homens se desloca mais rápido e com maior intensidade que nas mulheres nas estações quente e fria. Por outro lado, o chi nos meridianos das mulheres se desloca mais rápido e com maior intensidade nas estações temperadas. No entanto, tanto os homens quanto as mulheres exibem o mesmo tipo e os mesmos níveis de atividade em seus meridianos, o que dá a entender que partilham a mesma anatomia energética.[53]

Esses trabalhos foram posteriormente confirmados e levados adiante por outros pesquisadores. Um deles, o Dr. Gregory Raiport, do Instituto Nacional de Pesquisas em Cultura Física de Moscou, usou a acupuntura a laser para tratar não apenas problemas físicos, mas também casos de dependência, depressão e ansiedade. O Dr. A. L. Pankratov, do Instituto de Medicina Clínica e Experimental de Moscou, constatou que o sistema de meridianos da acupuntura conduz a luz, especialmente nas faixas espectrais do vermelho e do branco, sempre que uma fonte de luz é encostada no acuponto ou aplicada a 1 ou 2 milímetros dele.[54]

32

PRINCIPAIS MERIDIANOS

NUMERAÇÃO E ABREVIAÇÕES DOS MERIDIANOS

Os principais meridianos levam os números 1 a 12, e há dois meridianos secundários que levam os números 13 e 14. Vários sistemas de abreviações representam os meridianos. Um dos mais comuns é:

1. Pulmão (P)
2. Intestino Grosso (IG)
3. Estômago (E)
4. Baço/Pâncreas (BP)
5. Coração (C)
6. Intestino Delgado (ID)
7. Bexiga (B)
8. Rins (R)
9. Pericárdio (PC)
10. Triplo Aquecedor (TA)
11. Vesícula Biliar (VB)
12. Fígado (F)
13. Vaso da Concepção (VC)
14. Vaso Governador (VG)[55]

MERIDIANOS PRINCIPAIS E SECUNDÁRIOS

Há doze meridianos principais e vários secundários. Aqui exploraremos as características específicas dos doze meridianos principais e dos dois vasos (meridianos secundários) mais importantes.

Além de fornecer descrições do fluxo de energia em cada meridiano, faremos um resumo de sua função e de alguns sintomas básicos associados à sua desarmonia.

Os doze meridianos principais correm pelos braços ou pelas pernas, dependendo do meridiano. Essas descrições, portanto, aplicam-se aos membros direito e esquerdo. (Há várias maneiras de representar os caminhos e os problemas físicos associados a cada meridiano. O que apresentaremos a seguir são resumos com exemplos e não têm a intenção de substituir as fontes profissionais.)

Os doze meridianos principais são todos classificados com yin ou yang e levam o nome do órgão a eles associado. O Triplo Aquecedor e o Pericárdio não são ligados diretamente a órgãos específicos, mas desempenham papéis importantes no corpo.

Os gráficos detalhados nas páginas seguintes ilustram os doze meridianos principais e os dois meridianos secundários mais importantes. Indicam também a natureza yin ou yang de cada meridiano e representam seus caminhos divergentes ou "profundos", que se ramificam a partir dos caminhos principais para conectar os meridianos em um nível mais profundo.[56] Os gráficos de cada meridiano indicam o ponto de transporte, o ponto de alarme e o ponto associado, bem como suas associações com os elementos. Segue-se agora uma breve descrição escrita de cada meridiano.

1. MERIDIANO DO PULMÃO

Este meridiano começa no Triplo Aquecedor, perto do umbigo, corre dentro do peito e vem à superfície à frente do ombro. Daí ele se ramifica a partir das axilas e corre pelo aspecto medial do braço, passando ao outro lado na dobra do cotovelo. Continua até dividir-se em dois ramos ou mais, um dos quais corre até a ponta do polegar e o outro até a ponta do indicador. Um ramo vai do peito até o intestino grosso.

O pulmão regula o chi em todo o corpo, bem como a respiração e alguns canais de água, como os dos rins e da bexiga. Entre os sintomas de desarmonia estão a distensão ou sensação de enchimento no peito, asma, alergias, tosse, respiração ofegante, arrotos, inquietude, membros frios e palmas das mãos quentes, falta de ar, problemas de pele e fadiga geral.

2. MERIDIANO DO INTESTINO GROSSO

O meridiano do Intestino Grosso começa na ponta do dedo indicador e corre pela lateral do antebraço e pelo lado anterior do braço até os pontos mais altos do ombro. Aí divide-se em dois ramos. Um percorre internamente os pulmões, o diafragma e o próprio intestino grosso; o outro corre externamente e passa pelo pescoço e pela face, quando então entra pelos dentes e pela gengiva inferior e chega à ponta do nariz.

O meridiano do Intestino Grosso governa a eliminação e se comunica com os pulmões para regular as funções de transporte dentro do corpo. É ele, sobretudo, quem está por trás das doenças que afetam a cabeça, o rosto e a garganta. A desarmonia é indicada por dor de dentes, corrimento nasal, sangramento nasal, inchaço do pescoço, olhos amarelados, boca seca, sede excessiva, dor de garganta, dor nos ombros, nos braços e no dedo indicador e também por câimbras intestinais, diarreia, constipação e disenteria.

FIGURA 4.2
PRINCIPAIS MERIDIANOS
Vista Anterior

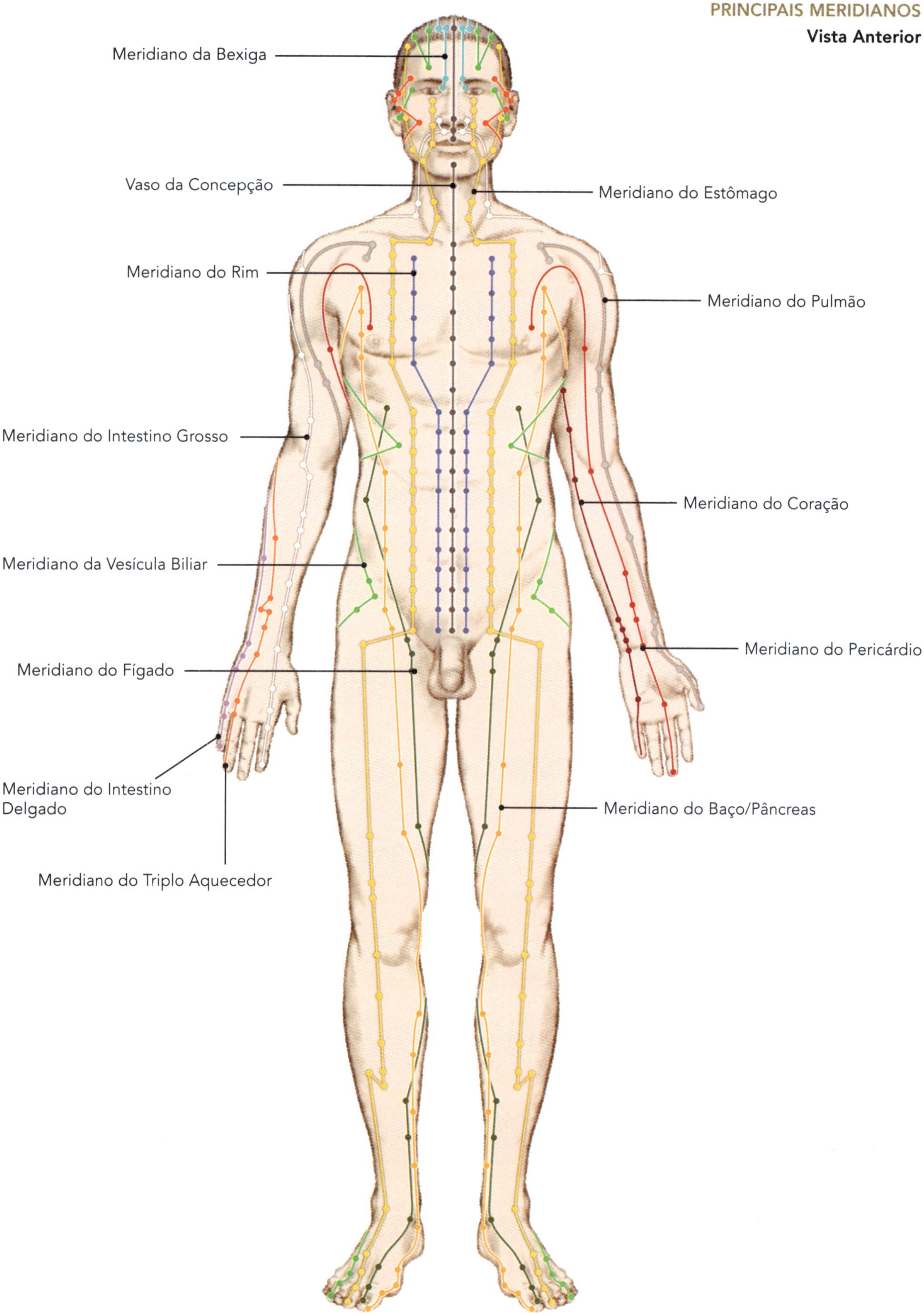

- Meridiano da Bexiga
- Vaso da Concepção
- Meridiano do Estômago
- Meridiano do Rim
- Meridiano do Pulmão
- Meridiano do Intestino Grosso
- Meridiano do Coração
- Meridiano da Vesícula Biliar
- Meridiano do Pericárdio
- Meridiano do Fígado
- Meridiano do Intestino Delgado
- Meridiano do Baço/Pâncreas
- Meridiano do Triplo Aquecedor

PRINCIPAIS MERIDIANOS 207

FIGURA 4.3
PRINCIPAIS MERIDIANOS
Vista Posterior

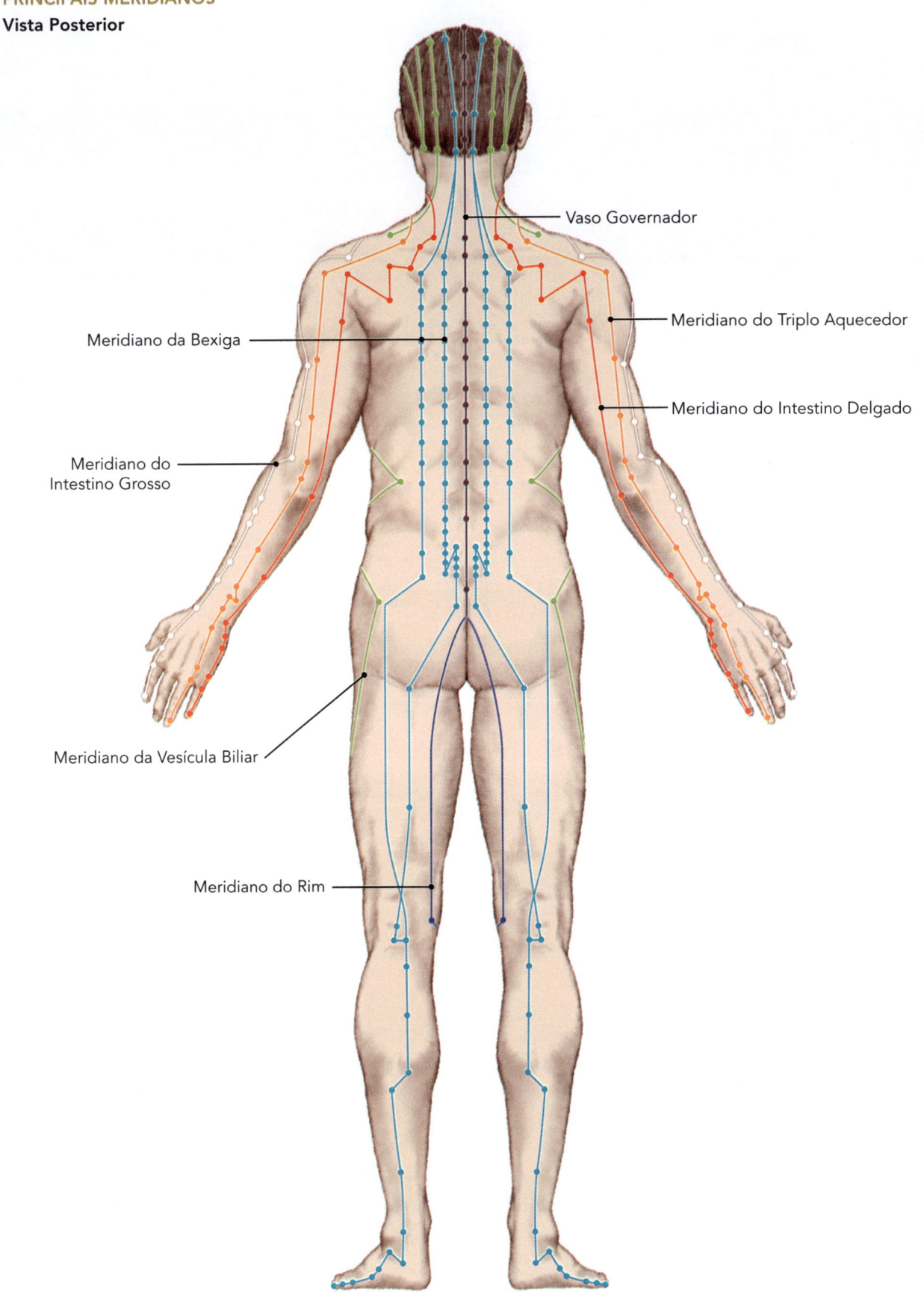

- Vaso Governador
- Meridiano do Triplo Aquecedor
- Meridiano da Bexiga
- Meridiano do Intestino Delgado
- Meridiano do Intestino Grosso
- Meridiano da Vesícula Biliar
- Meridiano do Rim

208   PARTE IV: CANAIS DE ENERGIA, CANAIS DE LUZ

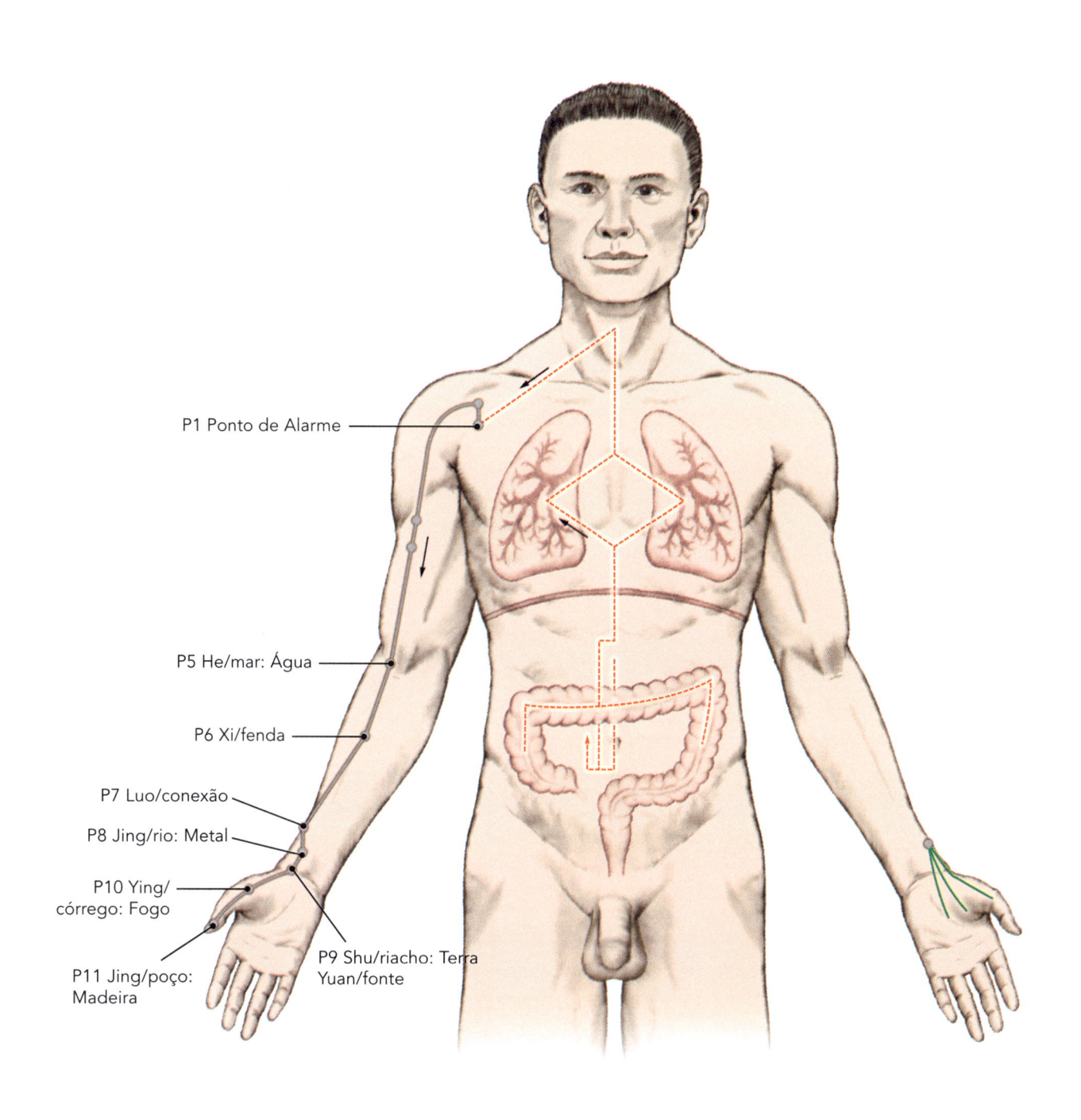

FIGURA 4.4
MERIDIANO DO PULMÃO
Tai Yin

P1 Ponto de Alarme

P5 He/mar: Água

P6 Xi/fenda

P7 Luo/conexão

P8 Jing/rio: Metal

P10 Ying/córrego: Fogo

P11 Jing/poço: Madeira

P9 Shu/riacho: Terra
Yuan/fonte

FIGURA 4.5
MERIDIANO DO INTESTINO GROSSO
Yang Ming

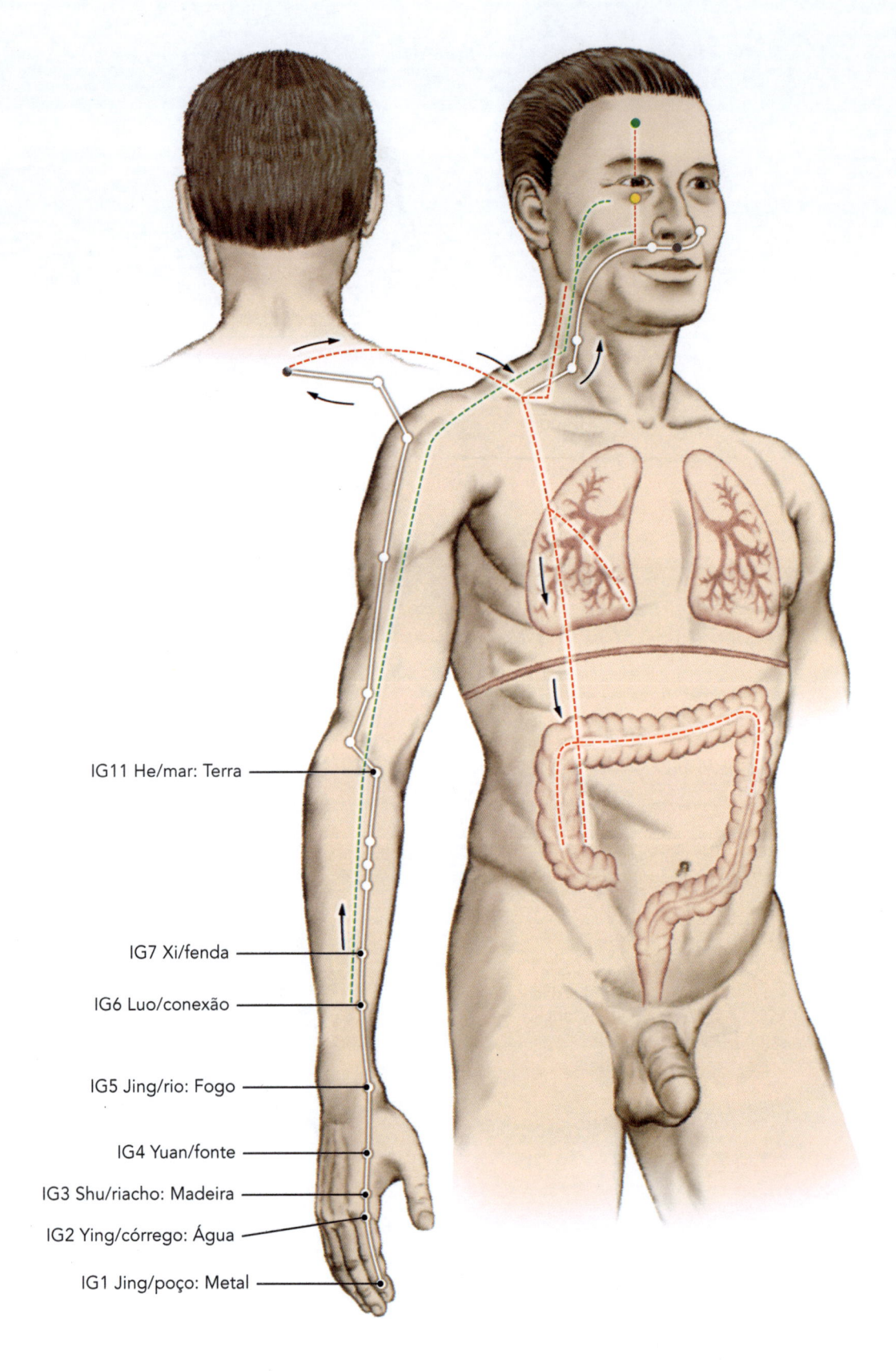

- IG11 He/mar: Terra
- IG7 Xi/fenda
- IG6 Luo/conexão
- IG5 Jing/rio: Fogo
- IG4 Yuan/fonte
- IG3 Shu/riacho: Madeira
- IG2 Ying/córrego: Água
- IG1 Jing/poço: Metal

FIGURA 4.6
MERIDIANO DO ESTÔMAGO
Yang Ming

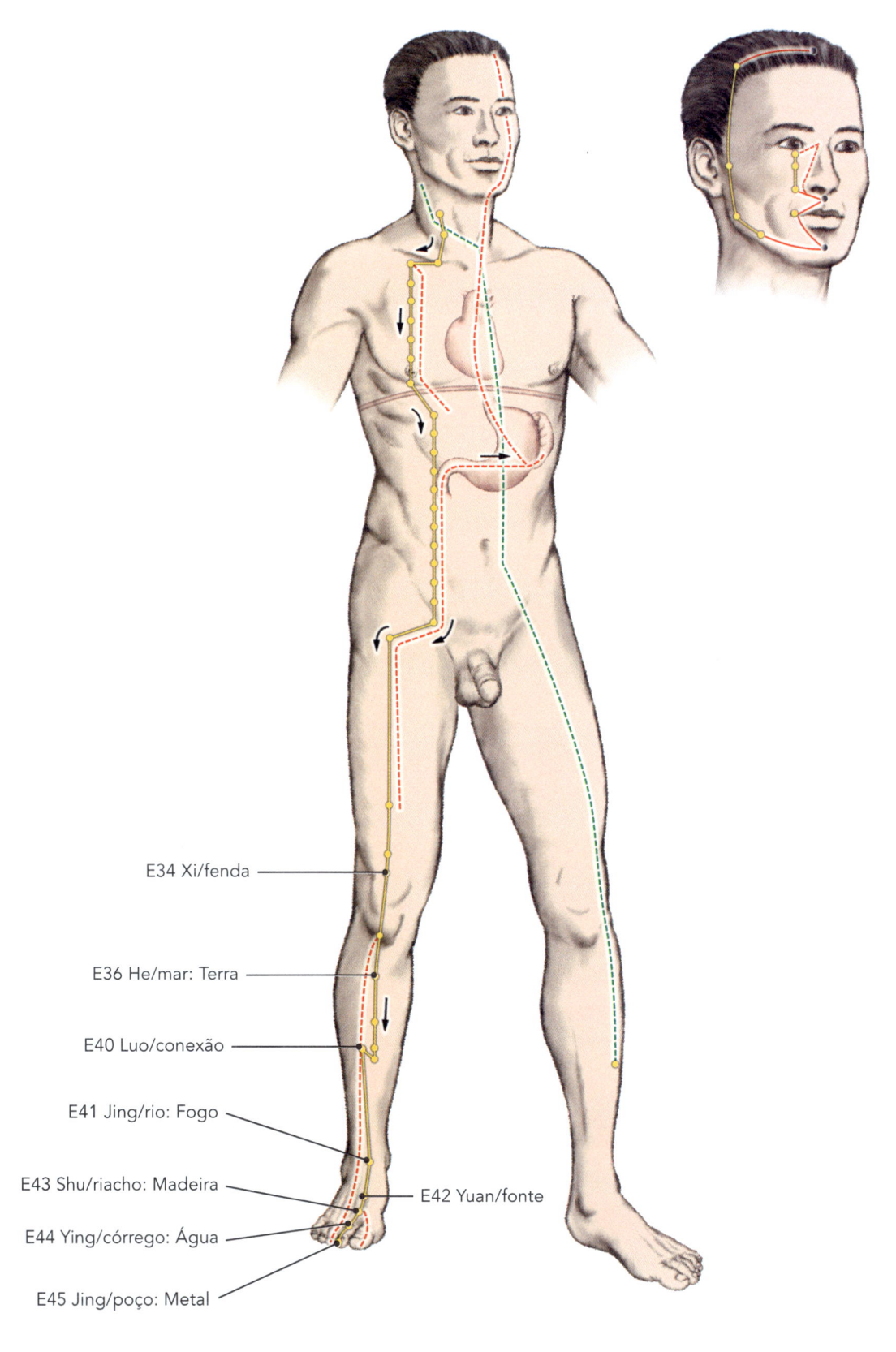

E34 Xi/fenda

E36 He/mar: Terra

E40 Luo/conexão

E41 Jing/rio: Fogo

E43 Shu/riacho: Madeira

E44 Ying/córrego: Água

E42 Yuan/fonte

E45 Jing/poço: Metal

PRINCIPAIS MERIDIANOS 211

FIGURA 4.7
MERIDIANO DO BAÇO/PÂNCREAS
Tai Yin

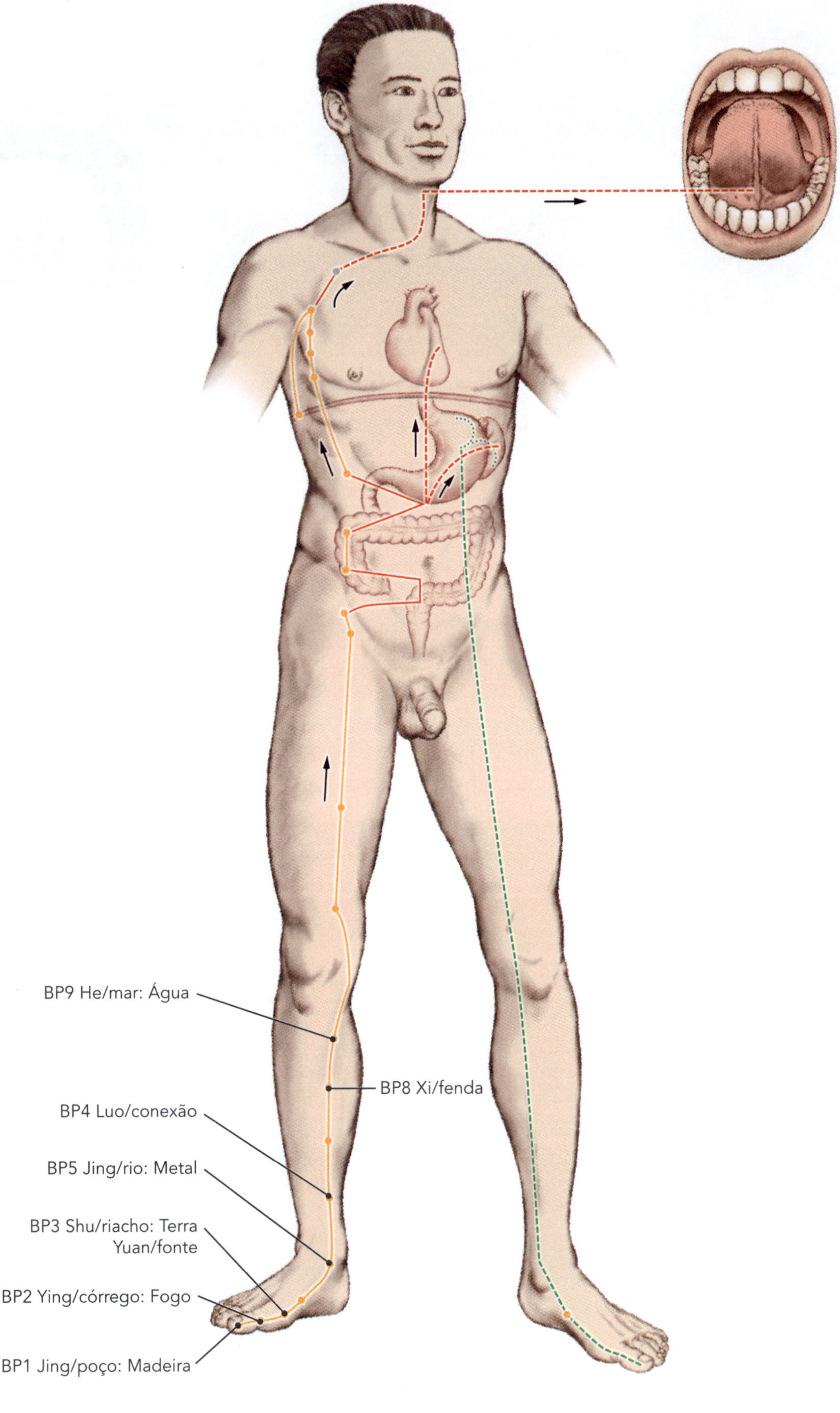

BP9 He/mar: Água
BP8 Xi/fenda
BP4 Luo/conexão
BP5 Jing/rio: Metal
BP3 Shu/riacho: Terra
Yuan/fonte
BP2 Ying/córrego: Fogo
BP1 Jing/poço: Madeira

FIGURA 4.8
MERIDIANO DO CORAÇÃO
Shao Yin

C3 He/mar: Água

C4 Jing/rio: Metal

C5 Luo/conexão

C7 Shu/riacho: Terra
Yuan/fonte

C6 Xi/fenda

C8 Ying/
córrego: Fogo

C9 Jing/poço: Madeira

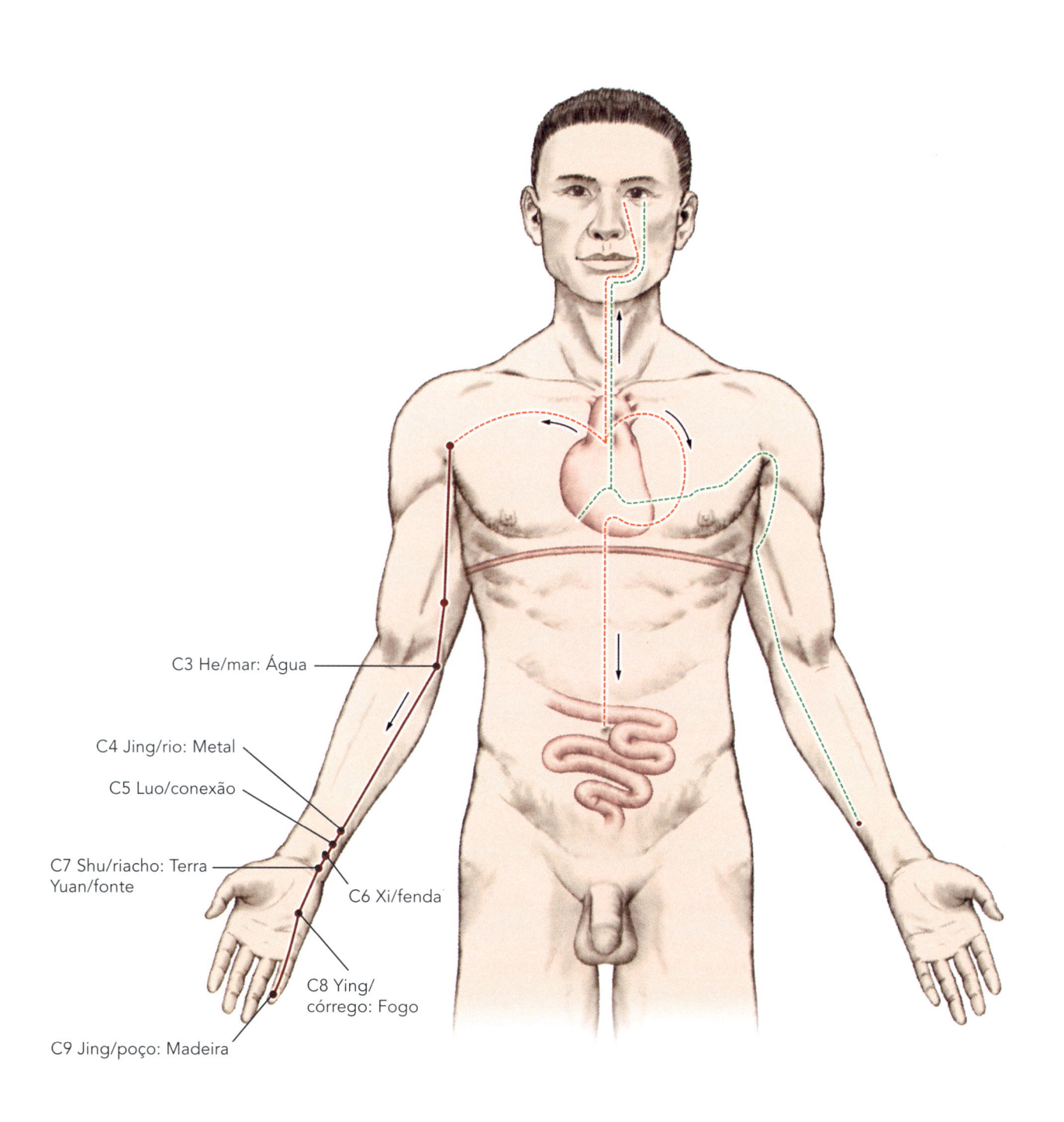

PRINCIPAIS MERIDIANOS 213

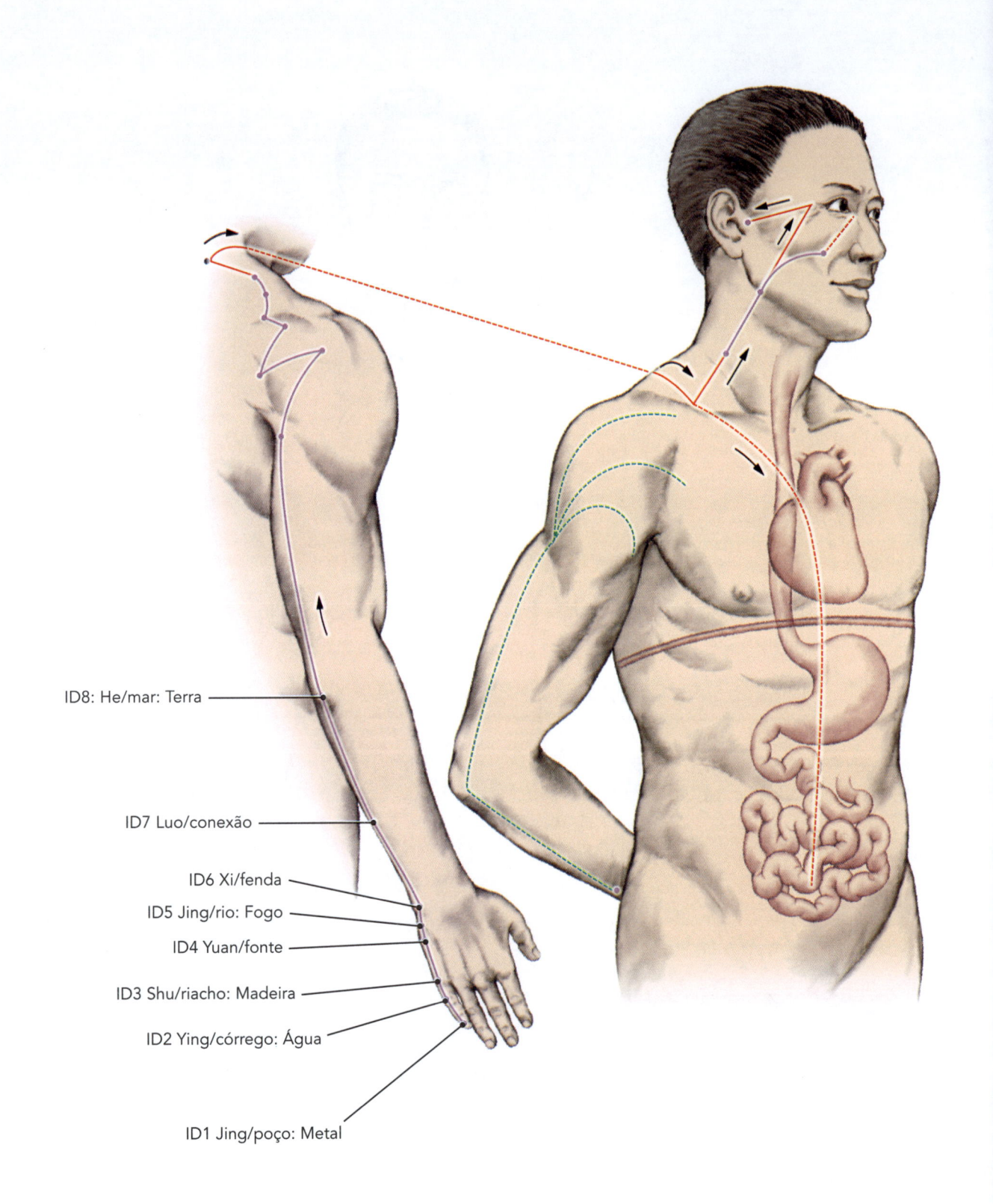

FIGURA 4.9
MERIDIANO DO INTESTINO DELGADO
Tai Yang

ID8: He/mar: Terra
ID7 Luo/conexão
ID6 Xi/fenda
ID5 Jing/rio: Fogo
ID4 Yuan/fonte
ID3 Shu/riacho: Madeira
ID2 Ying/córrego: Água
ID1 Jing/poço: Metal

FIGURA 4.10
MERIDIANO DA BEXIGA
Tai Yang

B13 Ponto Associado: Pulmão
B14 Ponto Associado: Pericárdio
B15 Ponto Associado: Coração
B20 Ponto Associado: Baço/Pâncreas
B21 Ponto Associado: Estômago
B22 Ponto Associado: Triplo Aquecedor
B25 Ponto Associado: Intestino Grosso
B18 Ponto Associado: Fígado
B19 Ponto Associado: Vesícula Biliar
B23 Ponto Associado: Rim
B27 Ponto Associado: Intestino Delgado
B28 Ponto Associado: Bexiga
B40 He/mar: Terra
B58 Luo/conexão
B60 Jing/rio: Fogo
B65 Shu/riacho: Madeira
B66 Ying/córrego: Água
B67 Jing/poço: Metal
B63 Xi/fenda
B64 Yuan/fonte

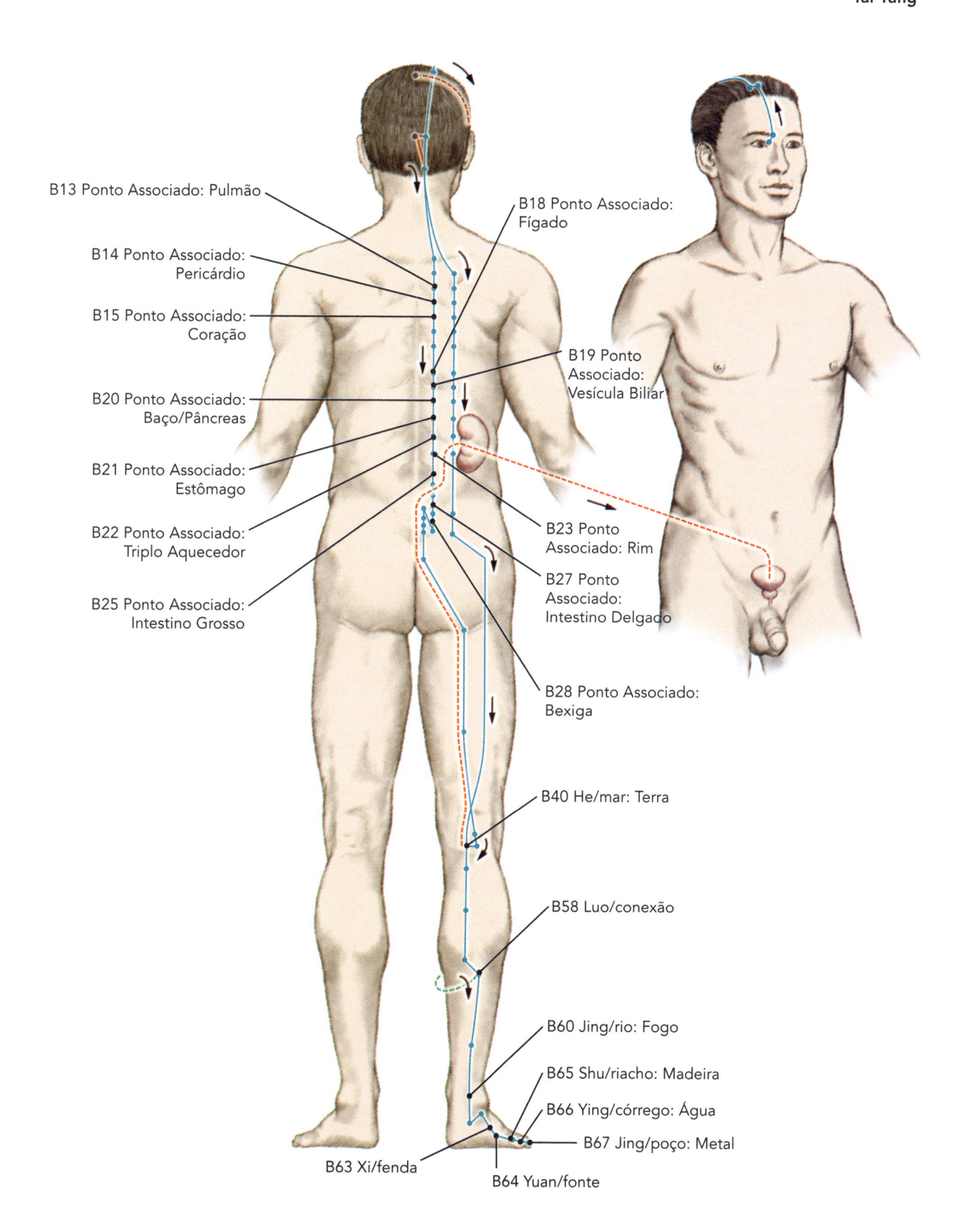

PRINCIPAIS MERIDIANOS

FIGURA 4.11
MERIDIANO DO RIM
Shao Yin

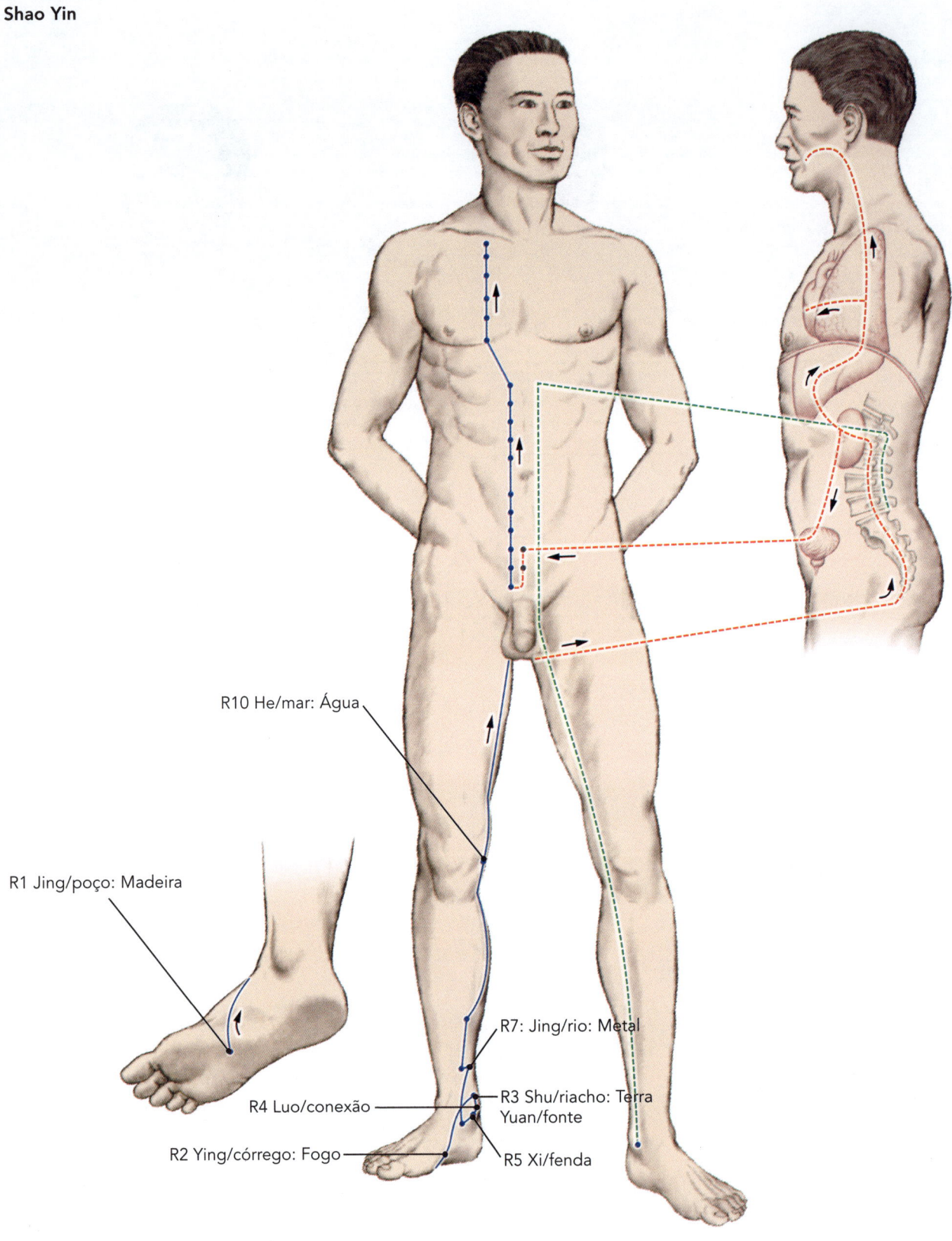

R10 He/mar: Água

R1 Jing/poço: Madeira

R7: Jing/rio: Metal

R4 Luo/conexão

R3 Shu/riacho: Terra
Yuan/fonte

R2 Ying/córrego: Fogo

R5 Xi/fenda

216 PARTE IV: CANAIS DE ENERGIA, CANAIS DE LUZ

FIGURA 4.12
MERIDIANO DO PERICÁRDIO
Jue Yin

PC3 He/mar: Água
PC5 Jing/rio: Metal
PC4 Xi/fenda
PC7 Shu/riacho: Terra
Yuan/fonte
PC6 Luo/conexão
PC8 Ying/córrego: Fogo
PC9 Jing/poço: Madeira

PRINCIPAIS MERIDIANOS

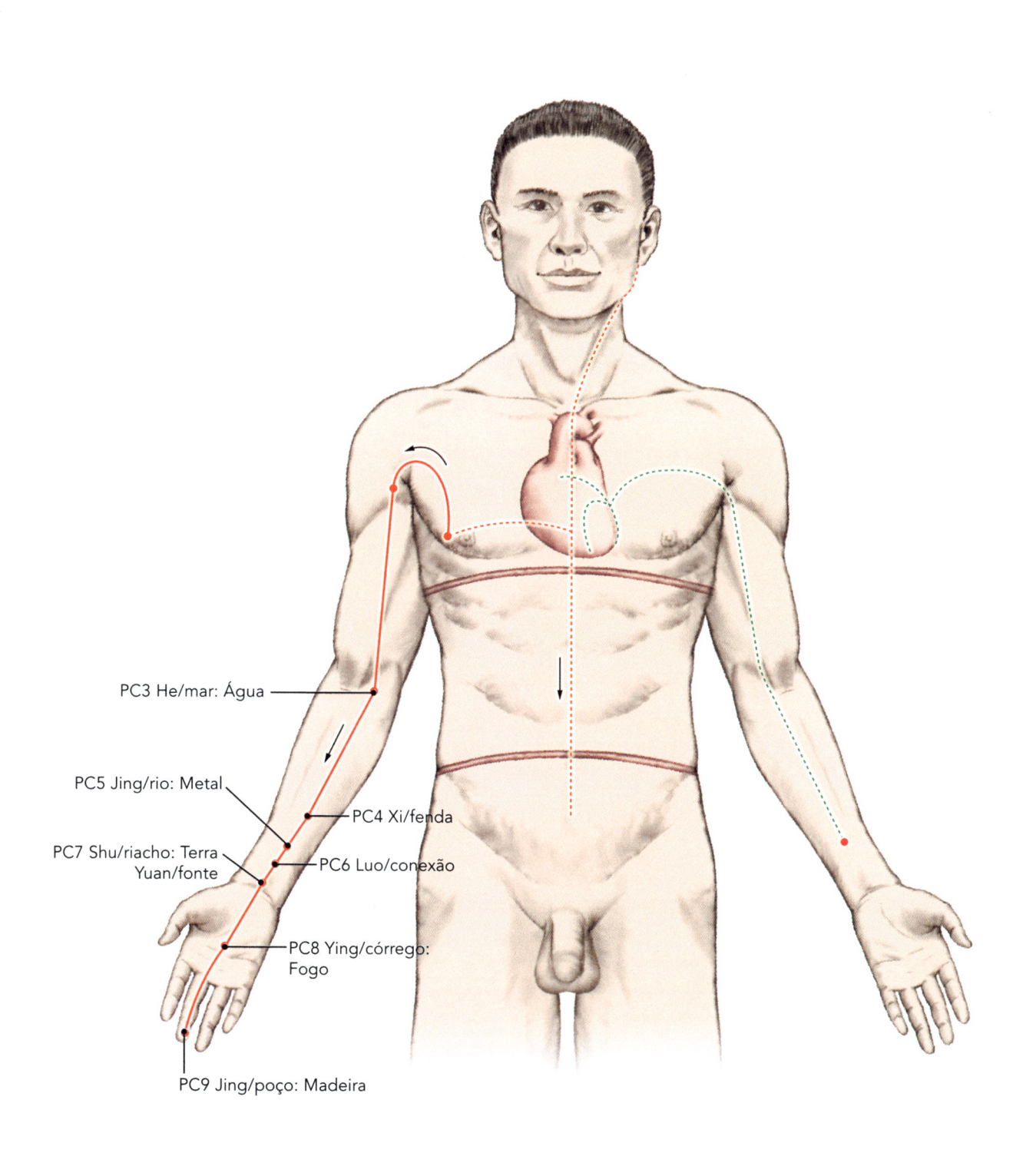

FIGURA 4.13
MERIDIANO DO TRIPLO AQUECEDOR
Shao Yang

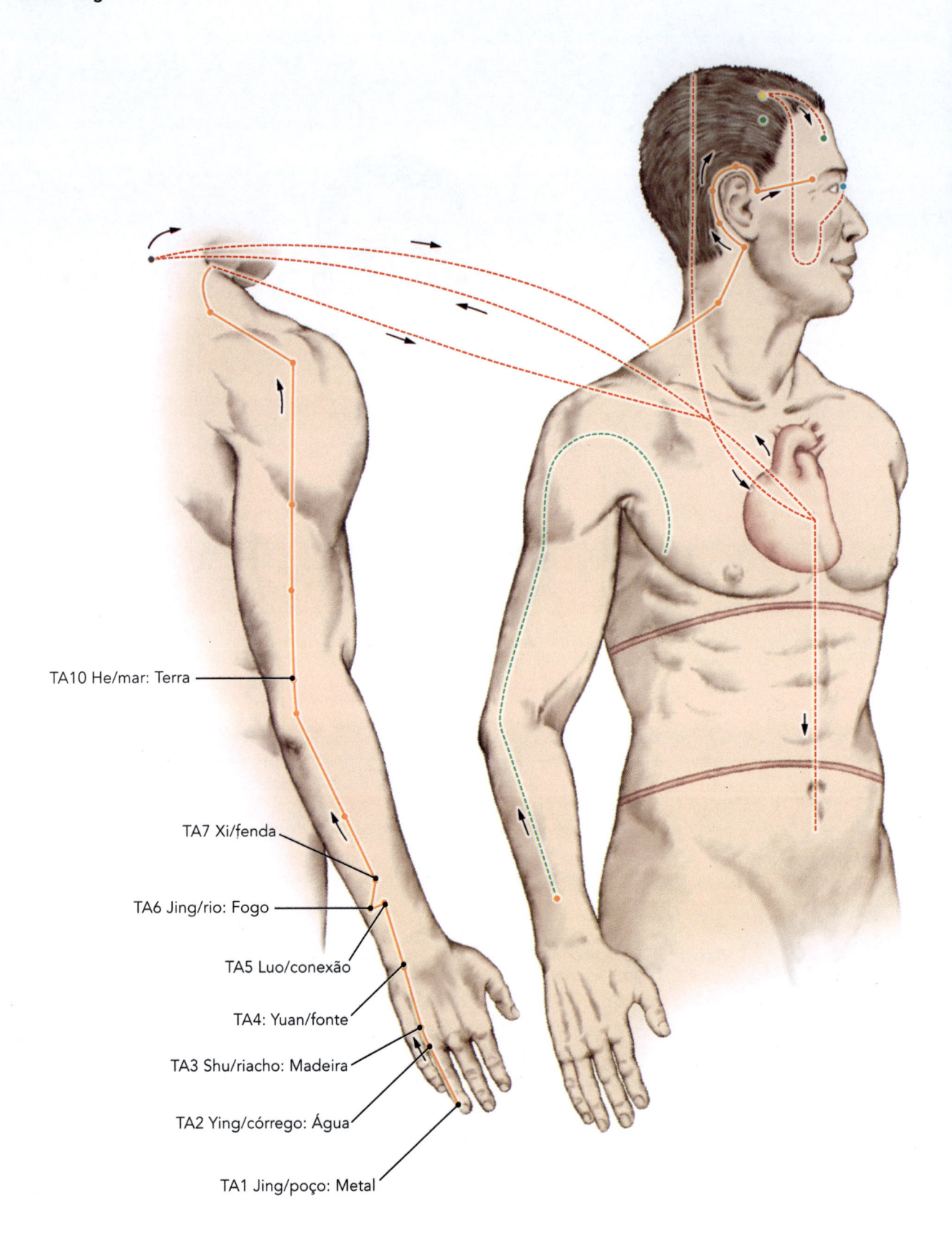

TA10 He/mar: Terra
TA7 Xi/fenda
TA6 Jing/rio: Fogo
TA5 Luo/conexão
TA4: Yuan/fonte
TA3 Shu/riacho: Madeira
TA2 Ying/córrego: Água
TA1 Jing/poço: Metal

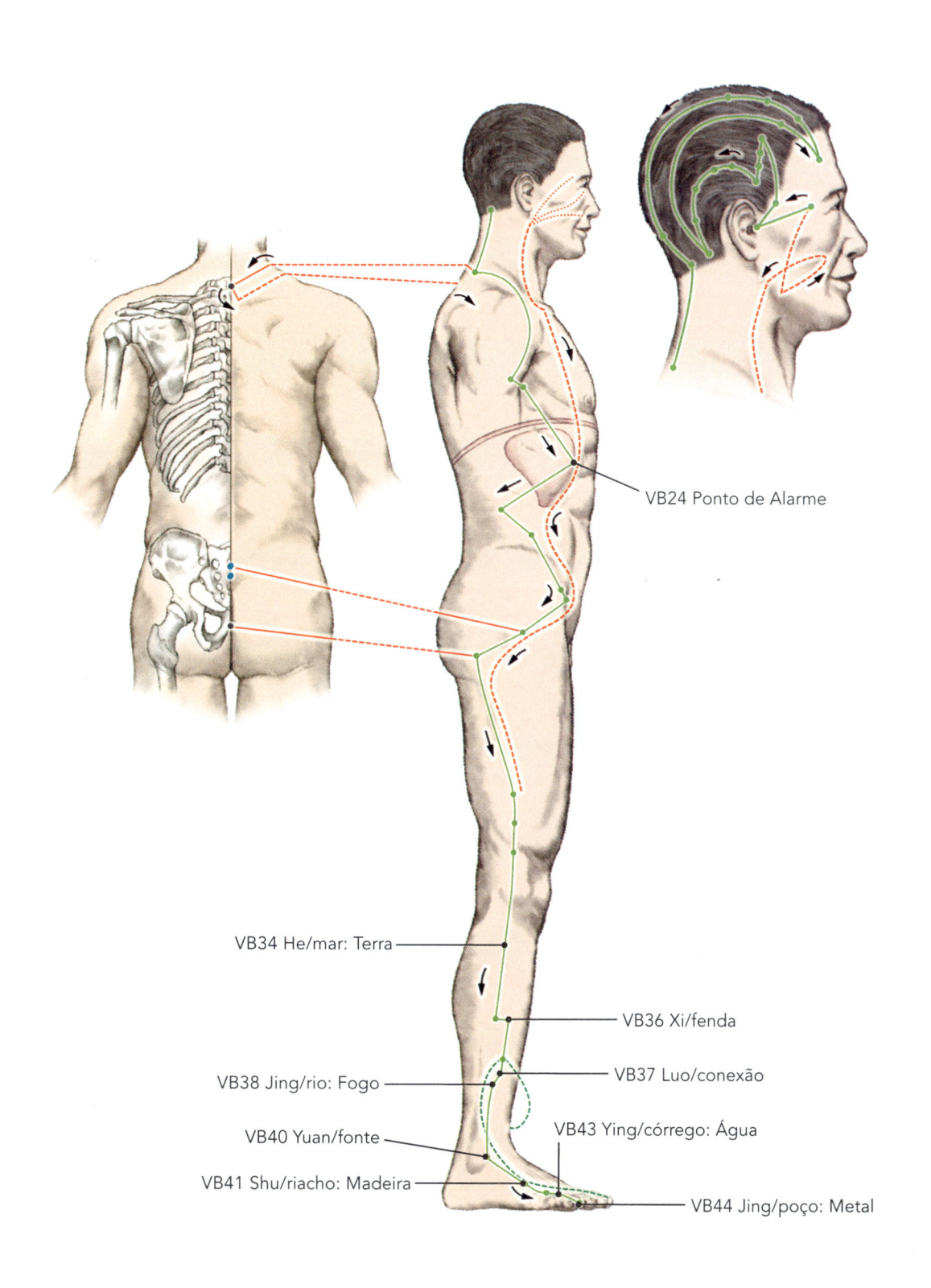

FIGURA 4.14
MERIDIANO DA VESÍCULA BILIAR
Shao Yang

VB24 Ponto de Alarme

VB34 He/mar: Terra

VB36 Xi/fenda

VB38 Jing/rio: Fogo

VB37 Luo/conexão

VB40 Yuan/fonte

VB43 Ying/córrego: Água

VB41 Shu/riacho: Madeira

VB44 Jing/poço: Metal

PRINCIPAIS MERIDIANOS 219

FIGURA 4.15
MERIDIANO DO FÍGADO
Jue Yin

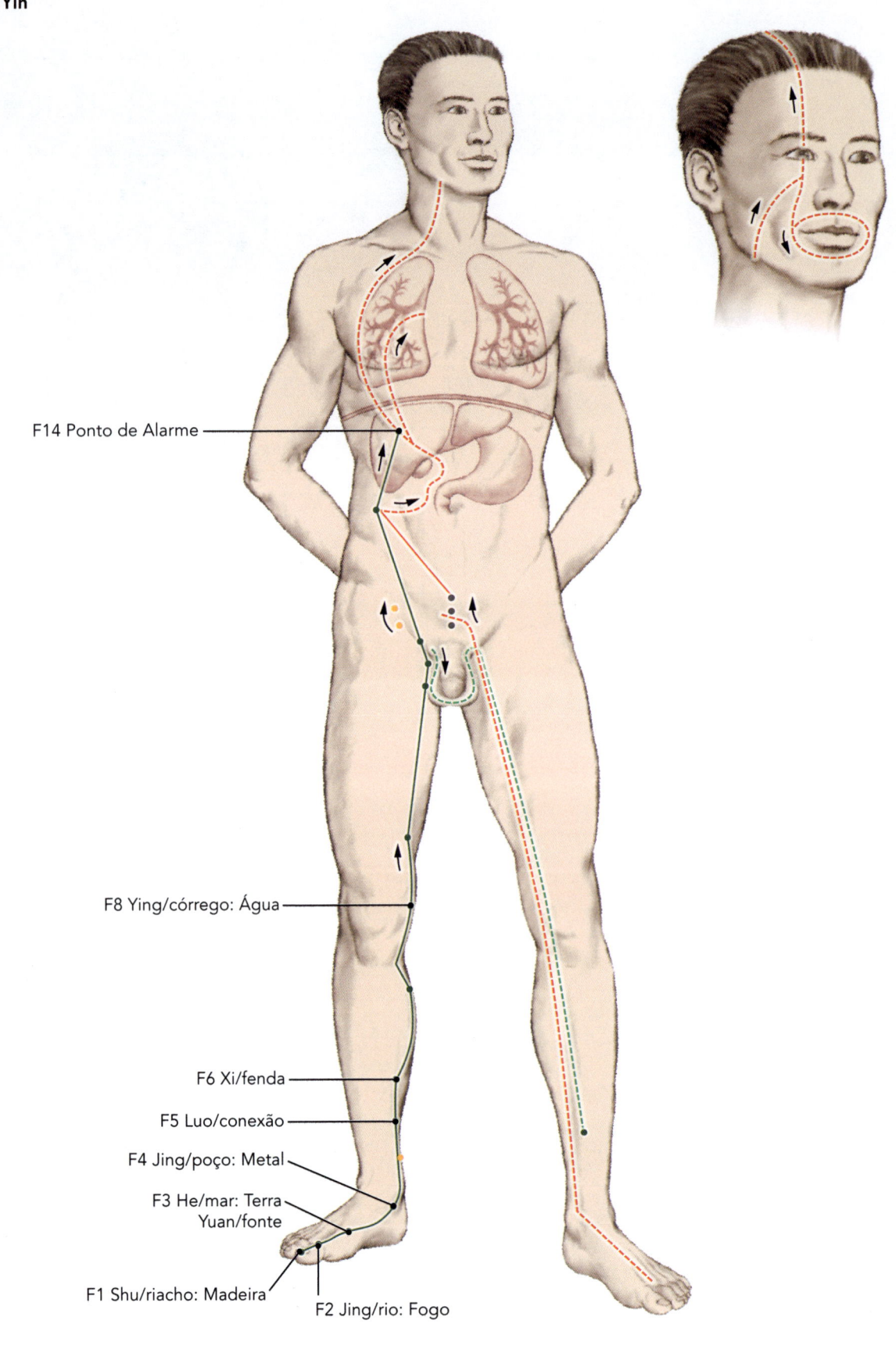

F14 Ponto de Alarme

F8 Ying/córrego: Água

F6 Xi/fenda
F5 Luo/conexão
F4 Jing/poço: Metal
F3 He/mar: Terra
Yuan/fonte
F1 Shu/riacho: Madeira
F2 Jing/rio: Fogo

FIGURA 4.16
VASO DA CONCEPÇÃO

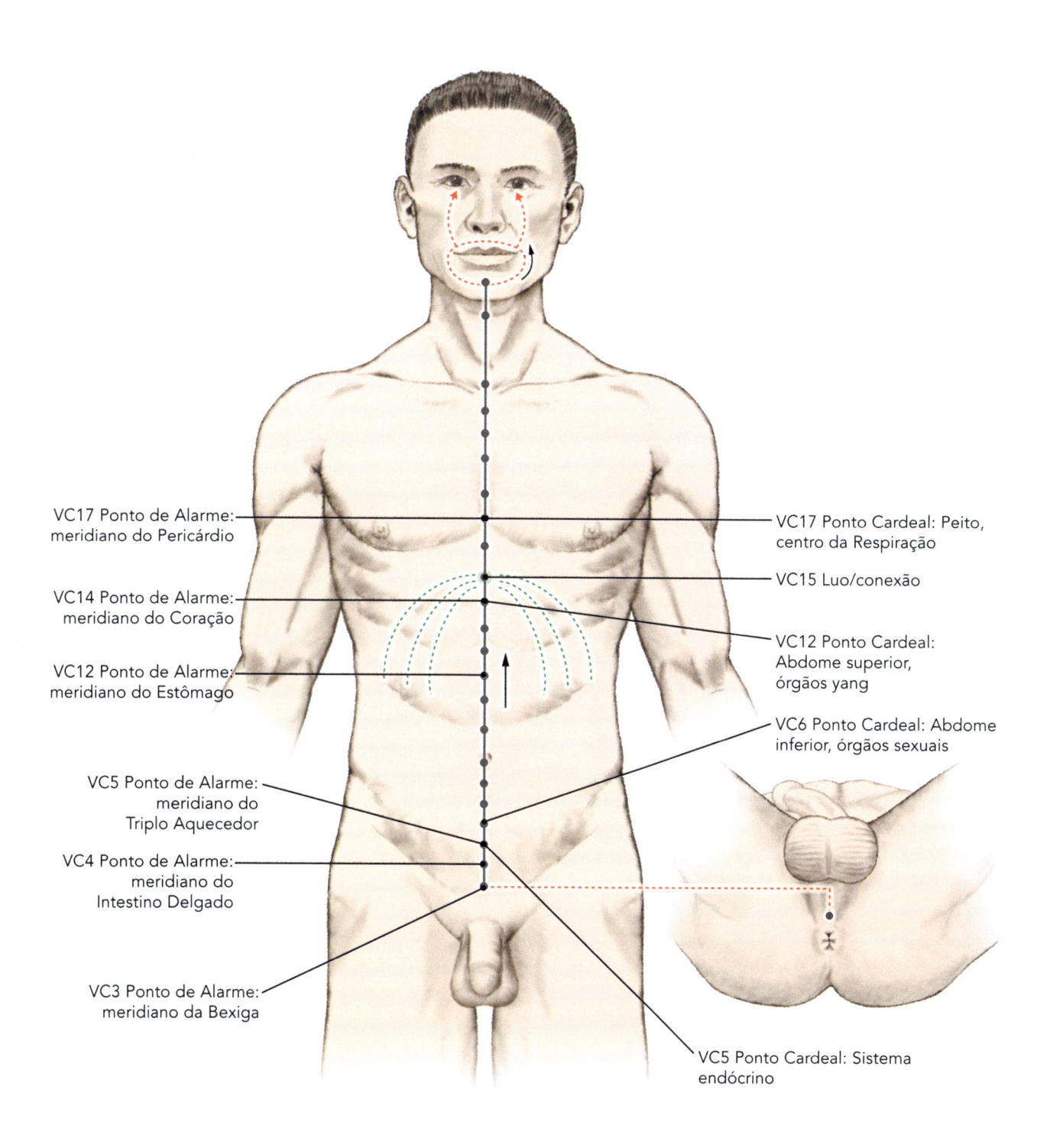

VC17 Ponto de Alarme: meridiano do Pericárdio

VC14 Ponto de Alarme: meridiano do Coração

VC12 Ponto de Alarme: meridiano do Estômago

VC5 Ponto de Alarme: meridiano do Triplo Aquecedor

VC4 Ponto de Alarme: meridiano do Intestino Delgado

VC3 Ponto de Alarme: meridiano da Bexiga

VC17 Ponto Cardeal: Peito, centro da Respiração

VC15 Luo/conexão

VC12 Ponto Cardeal: Abdome superior, órgãos yang

VC6 Ponto Cardeal: Abdome inferior, órgãos sexuais

VC5 Ponto Cardeal: Sistema endócrino

PRINCIPAIS MERIDIANOS

FIGURA 4.17
VASO GOVERNADOR

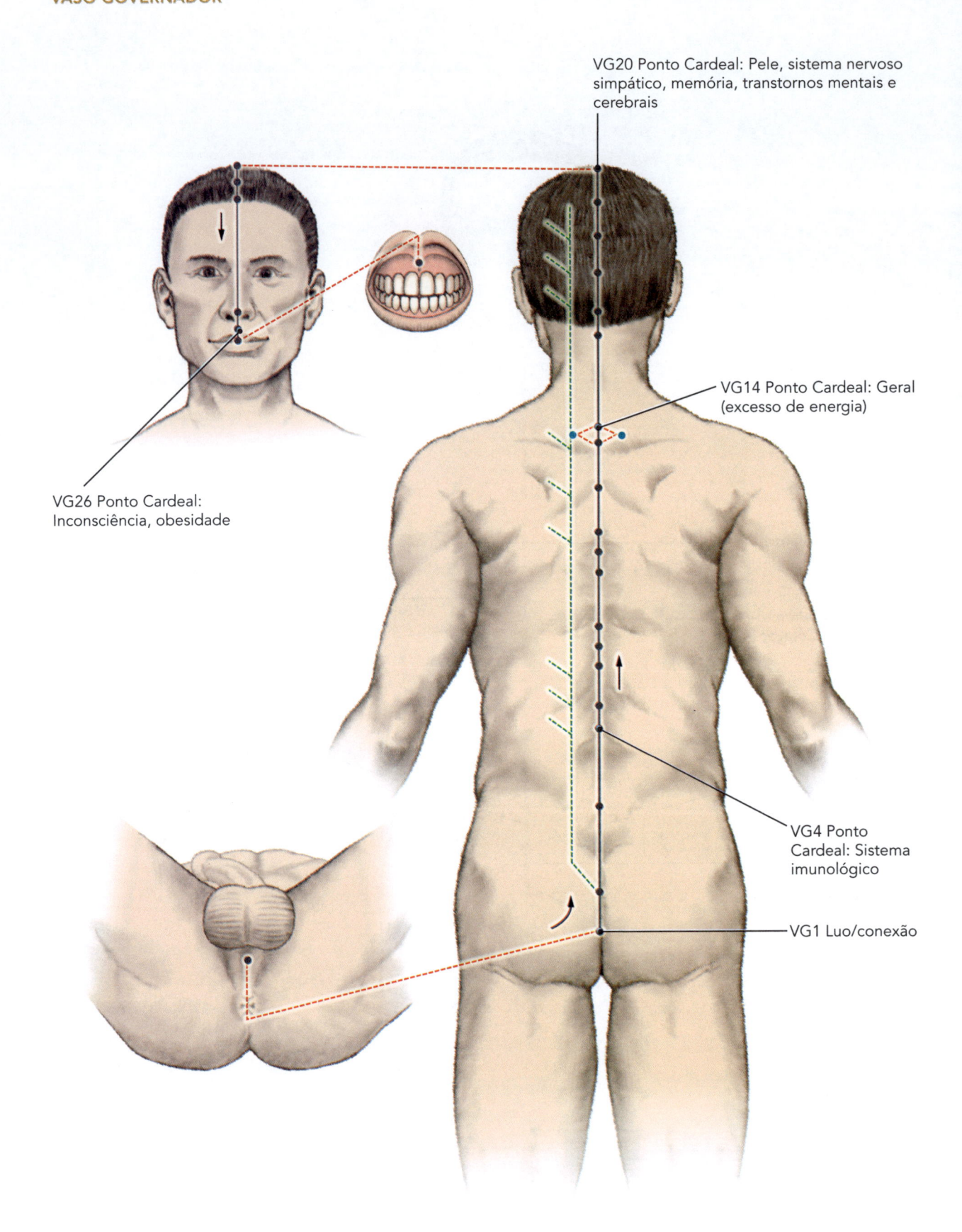

VG20 Ponto Cardeal: Pele, sistema nervoso simpático, memória, transtornos mentais e cerebrais

VG14 Ponto Cardeal: Geral (excesso de energia)

VG26 Ponto Cardeal: Inconsciência, obesidade

VG4 Ponto Cardeal: Sistema imunológico

VG1 Luo/conexão

FIGURA 4.18
MERIDIANOS DA CABEÇA

Vaso Governador

Meridiano da Bexiga

Meridiano da Vesícula Biliar

Meridiano do Triplo Aquecedor

Meridiano do Intestino Delgado

Meridiano do Intestino Grosso

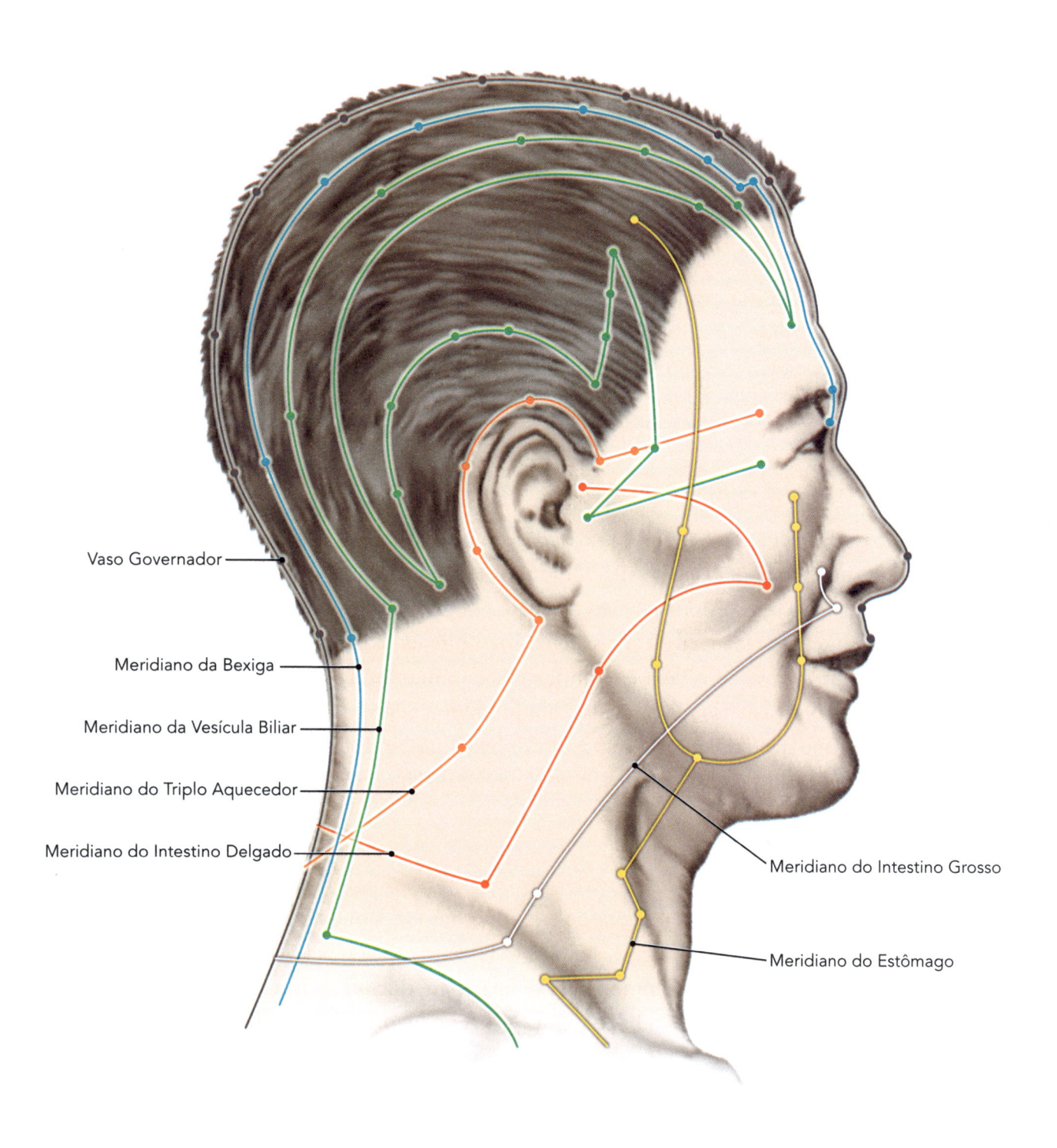

Meridiano do Estômago

PRINCIPAIS MERIDIANOS 223

3. MERIDIANO DO ESTÔMAGO

O meridiano do Estômago sai do final do meridiano do Intestino Grosso, logo abaixo dos olhos. Contorna o nariz, desce ao redor da boca e sobe pela face até a testa. Passa pela mandíbula inferior, pelo pescoço e pelo osso esterno, onde se divide em dois ramos. Um ramo desce pelo peito, pela barriga e pela virilha e continua pelas pernas, terminando na ponta do segundo dedo do pé.

O meridiano do Estômago trabalha com o do Baço/Pâncreas para cuidar da digestão e absorção dos alimentos. Juntos, são denominados *fundação adquirida*, pois lançam os fundamentos da saúde digestiva do corpo. O meridiano do Estômago garante que o chi desça para o sistema interno ou para este seja transferido. As doenças que envolvem o meridiano do Estômago produzem, em regra, perturbações gástricas, dores de dente e problemas mentais (como pensar obsessivamente nos mesmos assuntos), bem como problemas associados ao caminho do meridiano. As irregularidades podem se manifestar como dores de estômago, feridas na boca, perturbações digestivas, líquido no abdome, fome, náusea, vômitos, sede, boca distorcida, edema, pescoço inchado, dor de garganta, tremedeiras, bocejos e cor acinzentada na testa. As disfunções mentais correlatas são comportamento antissocial e fóbico.

4. MERIDIANO DO BAÇO/PÂNCREAS

O meridiano do Baço/Pâncreas começa no dedão do pé, passa pelo lado interno do pé e cruza o tornozelo interno. Sobe então até a axila. Um ramo sai do abdome e corre dentro do corpo até o próprio baço, ligando-se ao estômago e ao coração.

O baço é um órgão essencial para o sistema imunológico e para transformar o alimento em chi e sangue. Também se considera que abriga os pensamentos, governando a qualidade deles. Os sintomas das doenças a ele relacionadas são distensão abdominal, perda de apetite, hepatite, transtornos da coagulação sanguínea, transtornos menstruais, intestino solto, diarreia, flatulência, anorexia, rigidez, joelhos e coxas rígidos ou inchados e dor na raiz da língua.

5. MERIDIANO DO CORAÇÃO

O meridiano do Coração começa no coração e tem três ramos. Um deles vai ao intestino delgado. Outro sobe, passa pela língua e chega aos olhos. O terceiro cruza o peito, desce pelo braço e termina na parte superior do dedo mínimo, onde se liga ao meridiano do Intestino Delgado.

O coração governa o sangue e os batimentos cardíacos, bem como a mente e o espírito. Como seria de esperar, os problemas associados a esse meridiano geralmente resultam em problemas cardíacos. Os sintomas são garganta seca, dor no coração, palpitações e sede. Outros sintomas são dor no peito ou na parte interior do antebraço, calor nas palmas das mãos, olhos amarelados, insônia e dor ou frio no caminho do meridiano.

6. MERIDIANO DO INTESTINO DELGADO

O meridiano do Intestino Delgado começa na ponta exterior do dedo mínimo e sobe pelo braço até a parte de trás do ombro. Na intersecção do meridiano da Bexiga, divide-se em dois ramos. Um deles penetra no corpo até o coração e o estômago e termina no intestino delgado. O outro percorre externamente as bochechas e passa pelo olho e pelo ouvido. Um pequeno ramo sai da bochecha e liga o meridiano ao canto interior do olho, onde se liga ao meridiano da Bexiga.

O meridiano do Intestino Delgado separa o puro do impuro, incluindo-se aí alimentos, bebidas, pensamentos e crenças. Os problemas nesse meridiano geram doenças no pescoço, nos ouvidos, nos olhos, na garganta, na cabeça e no intestino delgado, além de certas doenças mentais. Os sintomas são febre, dor de garganta, inchaço no queixo ou na parte inferior do pescoço, rigidez no pescoço, postura fixa da cabeça, problemas de audição ou surdez, olhos amarelados, dor severa nos ombros, na mandíbula inferior, no cotovelo e no antebraço e distúrbios como a síndrome do intestino irritável.

7. MERIDIANO DA BEXIGA

O meridiano da Bexiga começa seu caminho na borda interior do olho, passa por cima da cabeça (onde visita o cérebro) e chega à nuca. Aí se divide em duas partes. Uma (ramo interno) penetra na base do pescoço e desce em paralelo com a coluna vertebral. Na base, atinge a bexiga. A outra percorre a parte de trás do ombro e depois desce ao lado do ramo interno. Os dois ramos passam pelas nádegas e se reúnem nos joelhos. O meridiano desce então pela parte de trás da metade inferior da perna, contorna o tornozelo externo e termina por fim na ponta do dedinho do pé, onde se liga ao meridiano do Rim (embora não seja esse o ponto de início do meridiano do Rim).

O meridiano da Bexiga é encarregado de armazenar e eliminar os dejetos líquidos. Recebe o chi do meridiano do Rim e o usa para transformar os líquidos a fim de eliminá-los. As disfunções do meridiano da Bexiga produzem problemas na bexiga e sintomas como transtornos urinários, incontinência e problemas na cabeça, como dor de cabeça, olhos saltados, corrimento nasal, congestão nasal, tensão no pescoço, olhos amarelados, corrimento lacrimal e sangramento nasal. Na parte inferior do corpo, os problemas relacionados são dor na coluna, nas nádegas e nas panturrilhas, dor lombar, rigidez na articulação do quadril, problemas na virilha e rigidez nos músculos ao redor dos joelhos e nas panturrilhas.

8. MERIDIANO DO RIM

O meridiano do Rim se inicia entre os ossos longos do segundo e do terceiro dedos dos pés, perto da sola. Percorre o lado interno da perna e entra no corpo perto da base da coluna. Na altura dos rins, se divide em dois ramos. Estes passam pelo peito e se intersectam no meridiano do Pericárdio; a partir daí, vão até a base da língua. (Um pequeno ramo sai do meridiano principal nos pulmões e se liga ao coração e ao pericárdio.)

Segundo fontes clássicas, os rins "agarram o chi". Neles "residem" o yin e o yang. Também regem os ossos, os dentes e as glândulas adrenais. A falta de nutrição resulta em problemas relacionados aos rins, como inchaço, diarreia e constipação. São sintomas também as dores nas costas, problemas de ouvido, anorexia, inquietude, insônia, fraqueza de visão, falta de energia, medo constante, língua seca e boca quente, dor na coluna e nos quadris, imobilidade nos membros inferiores, frio, sonolência e dor e calor nas solas dos pés.

9. MERIDIANO DO PERICÁRDIO

O meridiano do Pericárdio começa perto do coração, onde se divide em dois ramos. Um deles sai da parte inferior do peito e chega à axila antes de descer pelo braço e terminar na ponta do dedo médio. O outro percorre o mesmo caminho, mas para no dedo anular, onde se encontra com o meridiano do Triplo Aquecedor.

O meridiano do Pericárdio trabalha em íntima associação com o meridiano do Coração; na realidade, o pericárdio é um saco que contém o coração, protegendo-o de invasões externas. Esse meridiano governa o sangue e a mente (com o meridiano do Coração), afetando não só o sangue e a circulação como também os relacionamentos pessoais. A desarmonia no meridiano do Pericárdio é causada por disfunções do coração e do sangue. Os problemas mais comuns se manifestam no peito, no coração e nos seios; os sintomas são desconforto no peito, taquicardia e outras arritmias cardíacas, inchaço nas axilas, vermelhidão no rosto, espasmos do cotovelo e do braço e manias.

Nota: O coração armazena *shen*, energia mental. Muitos problemas mentais ou emocionais estão ligados a um desequilíbrio do shen. O Pericárdio é um meridiano importante para quaisquer sintomas relacionados a doenças mentais. Há pontos específicos do shen listados nos tratados clássicos e modernos de acupuntura.

10. MERIDIANO DO TRIPLO AQUECEDOR

O meridiano do Triplo Aquecedor não é representado por nenhum órgão físico. Antes, é importante por causa de sua função, que é a de fazer circular energia líquida pelos órgãos. Começa na ponta do dedo anular e passa sobre o ombro até a cavidade torácica. Na parte de cima dela, divide-se em dois ramos. Percorre as partes média e inferior do corpo, unindo os aquecedores superior, médio e inferior (de onde se origina o nome do meridiano). O outro corre pelo lado externo do pescoço e dá a volta na face até encontrar o meridiano da Vesícula Biliar na extremidade exterior da sobrancelha.

O Triplo Aquecedor distribui um chi especial chamado *chi da fonte*, produzido pelos rins. Governa as relações entre os vários órgãos e distribui o chi entre eles.

Aquecedor ou Queimador Superior: Distribui o chi do diafragma para cima; é mais comumente associado aos pulmões e ao coração (respiração).

Aquecedor ou Queimador Médio: Distribui o chi pelas áreas do corpo situadas entre o diafragma e o umbigo; é associado ao estômago, ao baço, ao fígado e à vesícula biliar (digestão e assimilação).

Aquecedor ou Queimador Inferior: Transporta o chi para abaixo do umbigo; é associado à reprodução e à eliminação.

Os problemas com o Triplo Aquecedor se manifestam, em regra, como retenção de líquidos, rigidez no pescoço e males dos ouvidos, olhos, peito e garganta. Os sintomas são aqueles relacionados ao desequilíbrio dos líquidos, como inchaço, incontinência e dificuldades urinárias, e zumbido nos ouvidos.

11. MERIDIANO DA VESÍCULA BILIAR

O meridiano da Vesícula Biliar começa na forma de dois ramos que saem do canto exterior do olho. Um ramo externo passeia pela face e pelo ouvido antes de descer até o quadril. O outro cruza a face e desce até a vesícula biliar, onde se encontra com o outro ramo. O meridiano, agora unificado, corre pela lateral externa da coxa e da perna e chega à ponta do quarto dedo do pé. Outro pequeno ramo se separa do meridiano nesse ponto e termina no dedão, onde se liga ao meridiano do Fígado.

O meridiano da Vesícula Biliar rege a vesícula biliar, que fabrica e armazena bile. No nível energético, governa a tomada de decisões. Está intimamente ligado ao fígado; assim, muitos de seus problemas se manifestam como sintomas hepáticos, como gosto amargo na boca, icterícia e náusea. Também são sintomas os suspiros frequentes, dor de cabeça, dor na mandíbula e no canto exterior dos olhos, inchaço das glândulas, doença mental, indecisão, febre e dor ao longo do meridiano.

12. MERIDIANO DO FÍGADO

O meridiano do Fígado começa na parte de cima do dedão do pé e sobe pela perna até o osso púbico. Rodeia os órgãos sexuais, entra no baixo abdome e sobe para encontrar-se com o fígado e a vesícula biliar. Sobe mais até os pulmões e conecta-se com o meridiano do Pulmão antes de fazer uma curva ao redor da boca. Divide-se então com um ramo subindo para cada olho. Os dois ramos, por fim, se encontram na testa e passam por cima da cabeça.

Alguns praticantes chineses consideram o fígado um "segundo coração", o que indica sua importância. O meridiano assegura o fluxo das emoções, do chi e do sangue, controla a resposta imunológica do corpo e os tendões, ligamentos e músculos esqueléticos. Além disso, absorve as substâncias indigeríveis e está associado aos olhos. Os problemas do meridiano do Fígado se manifestam sobretudo como problemas no próprio fígado e nos órgãos e sistemas genitais. Entre os sintomas incluem-se tontura, pressão alta, hérnia, distensão do baixo abdome nas mulheres, náusea, fezes líquidas com alimentos não digeridos, alergias, incontinência, espasmos musculares, retenção de urina, problemas nos olhos, mau humor e raiva.

13. VASO DA CONCEPÇÃO (REN MAI)

Como o Vaso Governador, o Vaso da Concepção distribui o chi para os órgãos principais e conserva o equilíbrio adequado do chi e do sangue. Percorre a frente do corpo, começando logo abaixo dos olhos. Circula a boca e desce ao peito e ao abdome antes de terminar no períneo. Os problemas a ele associados são inquietude, hérnia e problemas abdominais.

14. VASO GOVERNADOR (DU MAI)

Assim como o Vaso da Concepção, o Vaso Governador transporta o chi para os principais órgãos e equilibra o chi e o sangue no corpo. O Vaso Governador começa no períneo e vai até o cóccix antes de subir até a parte de trás da cabeça. Passando por cima da cabeça, percorre a frente do rosto até chegar aos caninos superiores. A desarmonia neste vaso pode causar sintomas como rigidez e escoliose.

MERIDIANOS DA CABEÇA

A cabeça tem um mapa complexo de pontos de acupuntura, como mostra a figura 4.18. Os meridianos yang começam na cabeça e correm para baixo, mas todos os meridianos são representados por pontos na cabeça.

33

PONTOS BÁSICOS DE ACUPUNTURA

Os pontos são as portas de entrada para os meridianos. São chamados *pontos de acupuntura*, *pontos meridianos* ou *acupontos*.

Cada um dos pontos tem efeito particular sobre as diferentes correntes e órgãos do corpo. Seus nomes e suas finalidades diferem ligeiramente de sistema para sistema, mas há alguns pontos que todos os sistemas aceitam. Mencionaremos alguns a seguir.

CINCO PONTOS DE TRANSPORTE

Na teoria das cinco fases, há cinco "pontos de transporte" descritos segundo a analogia de um rio. O chi se desloca pelos rios ou canais do meridiano como a água em um rio, lago ou outro corpo aquático. Por exemplo, o chi pode "brotar" de um olho-d'água antes de "deslizar" para um canal.

Cada canal tem os cinco pontos de transporte principais, partindo dos dedos das mãos ou dos pés e terminando nos cotovelos ou joelhos. Em cada ponto, o fluxo de chi aparece do modo como descrito no nome do ponto: Poço, Córrego, Riacho, Rio e Mar.[57]

Os nomes mais formais são:

Jing (poço): De onde o chi "brota". Estes pontos são os primeiros nos canais yang e os últimos nos canais yin, com exceção de certos pontos nas pontas dos dedos das mãos e dos pés.

Ying (córrego): Onde o chi "desliza" para o canal. Duas categorias, chamadas nan jing e nei jing, se referem aos pontos ying-córrego que controlam o calor no corpo e as mudanças de compleição.

Shu (riacho): Onde o chi "se despeja" pelo canal abaixo. Os pontos shu-riacho são indicados para tratar sensação de peso no corpo e dor nas articulações, bem como para doenças intermitentes.

Jing (rio): Onde o chi "corre" pelo canal.

He (mar): Onde o chi se acumula e depois se aprofunda no corpo.[58]

PONTOS DOS CINCO ELEMENTOS

Cada meridiano principal tem pontos que representam os cinco elementos. Esses pontos, chamados pontos dos cinco elementos (ou, às vezes, pontos das cinco fases), se iniciam nas pontas dos dedos das mãos e dos pés, mas se encontram também nos membros. Ver as figuras 4.1 a 4.17.

PONTOS CARDEAIS

Os pontos cardeais dizem respeito a doenças, funções ou áreas do corpo específicas. O Vaso da Concepção (figura 4.16) e o Vaso Governador (figura 4.17) têm, cada um, quatro pontos cardeais.

OUTROS PONTOS IMPORTANTES

Muitos praticantes da medicina tradicional chinesa empregam pontos adicionais em seu trabalho:

Yuan – pontos de fonte: Em cada meridiano, há um ponto yuan/fonte. Sua função é liberar o chi da fonte quando necessário.

Xi – pontos de fenda: O chi se acumula nesses pontos e precisa às vezes ser estimulado (com uma agulha, por exemplo) para fluir adequadamente.

ESTIMULAÇÃO DOS PONTOS E O CÉREBRO

SERÁ QUE OS PONTOS DE ACUPUNTURA são registrados pelo cérebro? Segundo pesquisadores da Universidade de Southampton, no Reino Unido, e do Hospital Purpan, de Toulouse, na França, a resposta é sim.

Estudos feitos com ressonância magnética e tomografia indicam que a estimulação dos pontos de acupuntura tem efeitos claros sobre a atividade cortical cerebral.

Pesquisas revelaram uma quantidade considerável de ativação e desativação do cérebro em resposta à estimulação dos pontos tradicionais da acupuntura chinesa. Os pontos associados à audição e à visão, por exemplo, ressoavam com as partes do cérebro relacionadas a essas funções. A dor é controlada por uma matriz complexa de interações corpóreas, mas mesmo nesse caso houve correlação entre os pontos estimulados e os efeitos do alívio da dor. Ao que parece, a acupuntura "vai direto ao ponto".[59]

Luo – pontos de conexão: Cada um dos doze meridianos tem um ponto luo, que diverge do meridiano principal para formar um meridiano luo.

Mu – pontos frontais de alarme: Situados na frente do corpo, localizam-se perto de determinados órgãos. Têm efeito sobre o órgão, mas não sobre o meridiano a ele associado. São chamados *pontos de alarme* porque provocam reações fortes quando pressionados. São, assim, úteis para diagnóstico.

Shu – pontos das costas: Situam-se nos músculos de ambos os lados da coluna. O chi dos órgãos é transportado para esses pontos e depois sai deles, o que os torna úteis para fins de diagnóstico.

Hui – pontos de encontro: Têm efeito especial sobre certos tecidos e órgãos. Têm vários pontos de encontro.

Pontos de janela para o céu: Situados no terço superior do corpo, estes pontos precisam estar abertos para restaurar a conexão entre a terra (os dois terços inferiores) e o céu (o terço superior). Segundo um modelo, esses pontos facultam o acesso às energias espirituais, em particular ao espírito da própria pessoa.[60]

34

AS CINCO FASES E OUTRAS TEORIAS DE DIAGNÓSTICO CORRELATAS

A medicina tradicional chinesa se baseia na teoria das cinco fases ou cinco elementos (*wu-hsing*). Tem íntima relação com várias outras teorias e filosofias que apresentam abordagens de diagnóstico para a cura.

A teoria das cinco fases pode ser resumida nesta única frase:

> *O chi flui pelos meridianos em perfeito equilíbrio, a menos que seja perturbado por forças internas ou externas que abalem as unidades elementais da vida.*

Examinemos essa teoria que lança raízes nos cinco elementos, mas também está entrelaçada com filosofias que incluem ideias sobre os órgãos, as estações e as direções; a teoria zang-fu; um entendimento do chi como composto dos três tesouros vitais; as seis divisões; os oito princípios; as sete emoções; e as três fases do Triplo Aquecedor. Toda doença é vista como um desequilíbrio entre essas energias que interagem.

A premissa básica da teoria das cinco fases é que existem cinco elementos na natureza: terra, metal, água, madeira e fogo. Esses elementos se sucedem em um ciclo ao longo das estações e dos órgãos, e cada um deles é representado por uma cor. O corpo humano é feito desses materiais naturais; para tratá-lo de maneira adequada, é preciso trabalhar com o elemento correto e sua posição no ciclo.

Os cinco elementos representam energias que se sucedem em um ciclo contínuo. Os chineses não deram ênfase aos elementos em si, mas, antes, ao movimento que os liga. Juntos, esses movimentos compõem o chi, a força vital.

Cada elemento está associado a determinado sistema corpóreo e a um órgão interno. Cada órgão é yin ou yang. A teoria zang-fu descreve as funções e interações dos órgãos. *Zang* designa

FIGURA 4.19
GRÁFICO DAS CINCO FASES

LEGENDA
1. **Órgão yin**
2. **Órgão yang**
3. **Elemento**
4. Órgão dos sentidos
5. Tecido
6. Atividade emocional
7. Estação do ano
8. Estado da atmosfera
9. Som
10. Cor
11. Sabor
12. Direção
13. Hora do dia
14. Odor

1. **Fígado**
2. **Vesícula Biliar**
3. **Madeira**
4. Olho
5. Tendão
6. Ira
7. Primavera
8. Vento
9. Grito, chamado
10. Verde
11. Azedo
12. Leste
13. Das 11 da noite às 3 da manhã
14. Rançoso

1. **Coração**
2. **Intestino Delgado**
3. **Fogo**
4. Língua
5. Vaso sanguíneo
6. Alegria
7. Verão
8. Calor
9. Riso
10. Vermelho
11. Amargo
12. Sul
13. Das 11 da manhã às 3 da tarde
14. Queimado

1. **Rim**
2. **Bexiga**
3. **Água**
4. Ouvido
5. Osso
6. Medo
7. Inverno
8. Frio
9. Suspiro, gemido
10. Preto
11. Salgado
12. Norte
13. Das 3 da tarde às 7 da noite
14. Pútrido

1. **Baço/Pâncreas**
2. **Estômago**
3. **Terra**
4. Boca
5. Músculo
6. Preocupação
7. Fim do verão
8. Umidade
9. Canto
10. Amarelo
11. Doce
12. Meio
13. Das 7 às 11 da manhã
14. Perfumado

1. **Pulmão**
2. **Intestino Grosso**
3. **Metal**
4. Nariz
5. Pele e cabelo
6. Tristeza
7. Outono
8. Secura
9. Choro
10. Branco
11. Picante
12. Oeste
13. Das 3 às 7 da manhã
14. Acre

234   PARTE IV: CANAIS DE ENERGIA, CANAIS DE LUZ

os órgãos yin – Coração, Fígado, Baço/Pâncreas, Pulmão, Rim e Pericárdio. *Fu* designa os órgãos yang – Intestino Delgado, Intestino Grosso, Vesícula Biliar, Bexiga, Estômago e Triplo Aquecedor. Cada zang faz par com um fu, e a cada par é atribuído um dos cinco elementos, como mostra a figura 4.20.

Os órgãos e elementos geram ou destroem uns aos outros em determinado padrão. Essa ideia reflete o princípio chinês de restaurar o equilíbrio por meio da contraposição de opostos (yin-yang) ou dos *wuxing*, que se referem à natureza interligada dos cinco elementos. A teoria dos wuxing explica que cada elemento exerce influência geradora ou subjugadora sobre outro. A madeira gera (alimenta) o fogo, e o fogo gera nova terra. Os elementos também subjugam ou destroem uns aos outros. O praticante diagnostica quais elementos precisam ser aumentados ou diminuídos e determina o tratamento de acordo com isso. A compreensão desse ciclo é a chave para criar equilíbrio no sistema.

INTERAÇÕES DE GERAÇÃO

madeira	*alimenta*	fogo
fogo	*cria*	terra
terra	*gesta*	metal
metal	*acumula*	água
água	*nutre*	madeira

INTERAÇÕES DE DESTRUIÇÃO

Também chamadas interações de subjugação, pois nelas um elemento é destruído ou modificado por outro.

madeira	*abre*	terra
terra	*absorve*	água
água	*apaga*	fogo
fogo	*derrete*	metal
metal	*corta*	madeira

Chineses da Antiguidade tinham ideias anatômicas diferentes das dos médicos ocidentais. Em vez de caracterizar-se pela posição no corpo, os órgãos eram entendidos segundo o papel que desempenham no organismo em geral. Eram descritos, portanto, em razão das relações de interdependência e conexão com a pele por meio do sangue (*xue*), dos fluidos, dos meridianos e dos três tesouros vitais que serão descritos adiante.

Assim como os órgãos se sucedem em cinco fases, o mesmo acontece com as estações do ano e os pontos cardeais. Há quatro direções, e a China em si (o centro) representa a quinta.

YIN E YANG: ENCONTRO DE OPOSTOS

FIGURA 4.20
OS CINCO ELEMENTOS CHINESES

Elemento	Madeira	Fogo
Cor	Verde	Vermelho
Estação	Primavera	Verão
Órgãos	Fígado e Vesícula Biliar	Coração e Intestino Delgado, Triplo Aquecedor e Pericárdio
Direção	Leste	Sul
Qualidade	Yang Menor	Yang Maior
Sabor	Azedo	Amargo
Órgão sensorial	Olhos e visão	Língua e Fala
Secreções	Lágrimas	Suor
Emoção	Ira	Alegria
Natureza	Morno	Quente
Condições adversas	Vento/ Calor/ Umidade	Calor/ Secura
Esgotamento ou congestão	Sangue do qi	Umidade do sangue
Voz	Grito	Riso
Parte do corpo	Músculos/ Tendões	Vasos sanguíneos
Odor	Rançoso	Queimado
Clima	Ventoso	Quente
Cereal/ Leguminosa	Trigo	Painço
Fruto	Pêssego	Ameixa
Carne	Aves	Cordeiro
Hortaliça	Malva	Verduras
Desenvolvimento	Nascimento	Crescimento
Emoções (equilíbrio)	Autorrespeito e convicção	Alegria, calma e amor
Emoções (excesso)	Ira e irritabilidade	Nervosismo ou euforia
Emoções (deficiência)	Culpa e depressão	Depressão
Sintomas físicos	Torcicolo e dor de cabeça	Indigestão e insônia
Planetas	Júpiter	Marte
Nutrido por	Água	Madeira
Nutre	Fogo	Terra
Contido por	Metal	Água
Contém	Terra	Metal

Terra	Metal	Água
Amarelo	Branco	Preto/Azul
Fim do verão/ Do Yo (os nove dias antes e depois do equinócio/solstício de outono)	Outono	Inverno
Baço/ Pâncreas e Estômago	Pulmão e Intestino Grosso	Bexiga e Rim
Centro	Oeste	Norte
Neutro/ equilíbrio	Yin Menor	Yin Maior
Doce	Picante	Salgado
Boca e paladar	Nariz e olfato	Ouvido e audição
Saliva (lábios)	Muco	Saliva (boca e dentes)
Compaixão	Tristeza	Medo
Neutro	Fresco	Frio
Umidade/ Frio/ Calor	Secura/ Calor/ Frio/ Fleuma	Frio/ Umidade/ Secura/ Calor
Umidade do qi	Qi da umidade	Umidade da essência
Canto	Choro	Gemido
Carne	Pele e pelos	Ossos e medula, cabelo
Perfumado	Acre	Pútrido
Úmido	Seco	Frio
Centeio	Arroz	Ervilha
Damasco	Castanha	Tâmara
Boi	Cavalo	Porco
Cebolinha	Cebola	Alho-poró
Transformação	Declínio	Estagnação/ Morte
Compaixão e concentração	Liberação da tristeza	Coragem cautelosa
Preocupação e obsessão	Depressão e autocomiseração	Medo e pânico
Distração e carência	Incapacidade de entristecer-se	Temeridade
Obesidade e indigestão	Suor ou tosse	Pés frios, dor lombar
Saturno	Vênus	Mercúrio
Fogo	Terra	Metal
Metal	Água	Madeira
Madeira	Fogo	Terra
Água	Madeira	Fogo

Ao contrário da bússola ocidental, na bússola chinesa o ponto que está para cima é o sul. É a direção do verão, época mais quente do ano. Por isso mesmo, é ligado ao fogo. O oeste é o pôr do sol e associado ao outono e ao metal, ao passo que o norte são o inverno e a água (o oposto do sul). O leste, o sol nascente, está ligado à primavera e à madeira. A terra é relacionada ao centro da bússola e ao fim do verão. Quando qualquer uma dessas fases se desequilibra, o sistema como um todo perde o equilíbrio. Bloqueios ou pontos de estagnação em qualquer lugar podem resultar em problemas, assim como qualquer excesso ou deficiência. O diagnóstico correto integra todos esses fatores.

OS TRÊS TESOUROS VITAIS

Os Três Tesouros, às vezes chamados Três Joias, são pilares da medicina tradicional chinesa. Da perspectiva taoista, os três tesouros constituem as forças essenciais da vida e são considerados formas diferentes da mesma substância. São eles:

- *Jing*, essência básica ou nutritiva, representada pelo esperma, entre outras substâncias.
- *Chi*, força vital ligada ao ar, ao vapor, à respiração e ao espírito.
- *Shen*, essência espiritual ligada à alma e ao sobrenatural.

Na maioria das vezes, o jing é relacionado à energia corporal, o chi à energia mental e o shen à energia espiritual. Essas três energias circulam: o jing é o fundamento da vida e da procriação, o chi anima os movimentos do corpo, e o shen espelha o estado da alma.

OS SEIS ESTADOS DA ATMOSFERA

Muitas versões da medicina tradicional chinesa falam de seis diferentes estados atmosféricos relacionados aos elementos. Cada órgão ou sistema prefere determinado estado, e as correlações estão mostradas no Gráfico das Cinco Fases (figura 4.19). Os estados são:

- Secura
- Umidade
- Calor/fogo
- Verão/calor
- Frio
- Vento

OS QUATRO NÍVEIS OU ESTÁGIOS

A cura tem quatro níveis, mencionados pela primeira vez na *Discussão das Doenças Quentes*, de Ye Tian Shi, escrita no final do século XVII e início do século XVIII d.C. Esses níveis ou estágios evoluem progressivamente a partir da superfície, rumo ao interior do corpo, e de uma doença leve até a morte.[61] São eles, nessa ordem:

- O *nível do wei* é defensivo. Leva o nome do *wei chi*, que protege o corpo na altura da pele. É, em regra, o estágio inicial da maioria das infecções e doenças, causado pelo ataque de diferentes ventos ou atmosferas. Um problema comum é o *vento morno*, que é um *mal morno* combinado com o *vento* que ataca a pele. Os sintomas nesse nível envolvem com frequência os pulmões e a pele e são resolvidos pela mudança das atmosferas problemáticas.
- O *nível do chi* é interno. Caracteriza-se pelo combate entre o chi vital (*zheng chi*) do corpo e o mal morno. O mal morno atacou o zang-fu, produzindo sintomas de excesso – em geral, o *excesso de calor interno*. Os sintomas surgem de acordo com os sistemas orgânicos particulares envolvidos.
- O *nível do ying* é nutritivo. O mal morno (leve calor patogênico) dominou o nível do chi e está confrontado o ying, o chi ou precursor do sangue. O ying percorre os vasos sanguíneos e o coração, que abriga *shen*, a energia da mente.
- O *nível do xue* é o sangue. Quando o mal morno penetra no sangue, os sistemas do Fígado e do Rim se envolvem e começa o sangramento. A morte pode ocorrer em seguida.

OS SEIS ESTÁGIOS (TAMBÉM CHAMADOS SEIS CANAIS)

A medicina tradicional chinesa também fala dos *seis estágios*, sistema semelhante à teoria dos quatro níveis, o qual, porém, reduz todas as doenças a seis estágios evolutivos e trata dos ataques do vento e do frio. Esses seis estágios foram apresentados por Zhang Zhongjing no *Shang Han Lun*, por volta de 220 d.C.

Os seis estágios são descritos em relação aos meridianos das mãos e dos pés. Vão desde a exposição da pessoa a uma doença invasora até a morte, muitas vezes devida a um ataque de vento ou do mal frio. (A tabela: "Os Cinco Elementos Chineses", na p. 236, os correlaciona com outros fatores.)

TAI YANG OU YANG MAIOR

Tai yang da mão: Relacionado ao Intestino Delgado. Clareia as informações para o coração, administra a digestão e a absorção, organiza as ideias.

Tai yang do pé: Relacionado à Bexiga. É associado aos líquidos; equilibra o corpo; protege; regula as funções excretoras; monitora a adaptação.

Invasão de tai yang: Há muitos tipos de invasão de tai yang, mas todos descrevem a invasão inicial de um mal frio externo por meio da pele. Uma doença pode se originar do vento ou deficiência externa; do frio ou excesso interno; de síndromes do jing ou do sangue; de síndromes de fu e zang; e de síndromes yin e yang.

YANG MING OU YANG LUMINOSO

Yang ming da mão: Relacionado ao Intestino Grosso. Transporta, drena, administra as funções excretoras; reflete a negatividade.

Yang ming do pé: Relacionado ao Estômago. Mar de nutrição; regula os sentidos; afetado pelo estresse emocional.

Invasão de yang ming: À medida que a doença invade o interior do corpo, o "chi reto" e o "chi maléfico" transformam o patógeno em calor. O yang ming pode impactar o meridiano afetado ou os órgãos zang-fu a ele relacionados.

SHAO YANG OU YANG MENOR

Shao yang da mão: Relacionado ao Triplo Aquecedor. Termorregulador; monitora os três aquecedores.

Shao yang do pé: Relacionado à Vesícula Biliar. Decompõe as gorduras; associado à toxicidade; regula o discernimento e a tomada de decisões.

Invasão de shao yang: Este estágio envolve a necessidade de liberar os patógenos maléficos (vento e frio) do exterior e o calor no interior. Neste estágio, reconhecemos que o patógeno é tanto interno quanto externo.

TAI YIN OU YIN MAIOR

Tai yin da mão: Relacionado ao Pulmão. Governa o chi, a respiração, a pele, os pelos do corpo e as passagens de água.

Tai yin do pé: Relacionado ao Baço/Pâncreas. Administra os transportes e grandes mudanças, o sangue, os músculos e os membros.

Invasão tai yin: Este estágio envolve uma invasão do zang-fu do Baço/Pâncreas e do Estômago, com frio e umidade internos.

SHAO YIN OU YIN MENOR

Shao yin da mão: Relacionado ao Coração. Domina os vasos cardiovasculares e o coração e sustenta a mente.

Shao yin do pé: Relacionado ao Rim. Armazena a essência; rege a reprodução e o desenvolvimento, o metabolismo da água, os ossos e a medula óssea; recebe o chi.

Invasão de shao yin: Há dois tipos de síndrome de shao yin: deficiência do chi yang e do frio e deficiência de yin e calor.

JUE YIN OU YIN ABSOLUTO

Jue yin da mão: Relacionado ao Pericárdio. Associado ao Triplo Aquecedor; protege o coração e se liga a ele.

Jue yin do pé: Relacionado ao Fígado. Distribui o chi; purifica; relaciona-se com questões de autoridade.

Invasão de jue yin: Este é o último estágio de uma doença causada pelo mal frio. É uma fraqueza do chi.

OS OITO PRINCÍPIOS ORIENTADORES

Os oito princípios orientadores revelam como detectar os desequilíbrios energéticos do corpo e trabalhar com eles. Na verdade, esses princípios consistem em quatro opostos polares, que são:

INTERNO/EXTERNO

O par interno/externo determina a localização do problema, mas não sua causa. Os órgãos internos são, muitas vezes, afetados por uma questão emocional e também, com menos frequência, por uma causa desconhecida ou um fator externo. Os distúrbios externos são causados ou por um patógeno vindo de fora do corpo, que ataca de repente, ou por uma invasão aguda ou crônica no canal. Os sintomas externos podem envolver o cabelo, os músculos e os nervos e vasos sanguíneos periféricos, ao passo que os sistemas internos envolvem os órgãos, os vasos e nervos profundos, o cérebro e a medula espinhal.

QUENTE/FRIO

O par quente/frio indica a natureza do desequilíbrio e a energia geral do paciente. O *calor cheio*, ou apenas a qualificação "quente", é o excesso de calor no interior. O *excesso de calor* é excesso de yang. O *calor vazio* é a deficiência de yin no interior (geralmente causada por uma deficiência de yin no Rim). O *frio cheio* é o excesso de frio no interior. O *excesso de frio* é devido ao excesso de yin. O *frio vazio ou deficiente* é uma deficiência de yang. O quente e o frio podem coexistir no sistema. Os sintomas do frio podem envolver tremedeiras e pele pálida, ao passo que os sintomas de calor podem envolver febre e metabolismo acelerado.

CHEIO/VAZIO

Este par se traduz por *excesso* e *deficiência*. Indica a presença de um patógeno e também a condição do chi do corpo. O *cheio* se refere à presença de um patógeno interno ou externo ou de chi,

O CHI, O SANGUE E OS FLUIDOS: OS TRÊS INGREDIENTES UNIFICADORES

OS QUATRO NÍVEIS, os seis estágios e os oito princípios todos giram em torno dos mesmos três ingredientes corpóreos: chi, sangue e fluidos corporais não sanguíneos. Ao passo que, em geral, uma doença grave envolve os três, muitos problemas estão diretamente ligados a apenas um dos três. Essas são as principais doenças que envolvem o sangue, o chi ou os fluidos:

DOENÇAS DO CHI

Chi deficiente: Não há chi suficiente para desempenhar as funções necessárias.

Chi afundado ou em colapso: O chi do Baço/Pâncreas não é capaz de desempenhar sua função de apoio.

Chi estagnado: O fluxo de chi está prejudicado. Quando está congestionado ou encalhado em um órgão, pode haver dor, torpor ou rigidez.

Chi rebelde: O chi flui na direção errada.

PRINCIPAIS PROBLEMAS DO SANGUE

Deficiência de sangue: Em razão da deficiência do chi do Baço/Pâncreas (que proporciona materiais de apoio), o Coração e o Fígado são afetados de modo negativo. O Coração governa o sangue e o Fígado o armazena. Na falta de chi, o coração não é capaz de bombear o sangue e o fígado não é capaz de purificá-lo.

Estagnação do sangue: Em razão de uma obstrução, o sangue não flui normalmente.

PROBLEMAS DOS FLUIDOS (*JIN YE*)

Deficiência de fluidos: O excesso de calor ou secura, ou a deficiência de sangue, pode criar excessiva secura no corpo.

Estagnação dos fluidos: Quando o yang não é capaz de transportar os fluidos, estes podem se acumular de modo a criar excesso de umidade (edema, catarro).

sangue ou alimento estagnados. O *vazio* se refere não a um patógeno, mas à fraqueza do chi, do yin, do yang ou do sangue. A qualificação *misto* se refere à presença de um patógeno e à fraqueza do chi, do sangue, do yin ou do yang. Os sintomas de cheio e excesso muitas vezes acompanham uma doença aguda ou que se instalou de repente, ao passo que as síndromes de vazio ou deficiência são mais crônicas e de desenvolvimento mais lento.

YIN/YANG

O yin/yang é uma síntese das outras categorias. O yin está relacionado ao interior, ao vazio e ao frio. O yang está relacionado ao exterior, ao cheio e ao quente. O par também se refere a dois tipos de vazio: a deficiência (insuficiência de yin ou yang) ou o colapso (queda ou recessão críticas de yin ou yang).

Os problemas citados podem se combinar para criar deficiências e estagnações do chi e do sangue. Uma hipótese seria a estagnação do chi no decorrer do tempo, que cria estagnação no sangue. Por outro lado, a deficiência do sangue também pode produzir a deficiência do chi. Se o chi não consegue mover o sangue, o resultado pode ser um sangue estagnado.

Um distúrbio pode ser descrito, por exemplo, como uma invasão de "frio do vento" ou "calor do vento". Como se pode imaginar, o frio do vento produz calafrios ou corrimento nasal, ao passo que o calor do vento pode resultar em febre e sudorese.

A teoria tradicional geral afirma que, sob estresse, o sistema de meridianos do corpo perde o equilíbrio. Muitos fatores causam estresse, entre eles dificuldades físicas, mentais ou espirituais, problemas psicológicos, problemas bioquímicos e até problemas eletromagnéticos, como estresse geopático. Fatores do ambiente natural, como o excesso de frio, de umidade, de vento, de secura ou de calor também podem gerar desequilíbrios. Em situação de estresse, o sangue, o chi e os fluidos não podem fluir normalmente, o que leva muitas vezes à congestão (excesso ou bloqueio) ou ao esgotamento (deficiência ou fraqueza). Os sintomas desses desequilíbrios podem ser encontrados em todos os meridianos antes mesmo de se manifestar fisicamente. Uma vez que esses problemas apareçam fisicamente, as causas subjacentes podem impedir o corpo de se curar.

O ato essencial do terapeuta que trabalha com os meridianos é estimular os pontos de acupuntura para restaurar o equilíbrio. O chi estagnado deve ser estimulado. O chi frio precisa de calor. Como veremos na seção sobre as modalidades de diagnóstico e tratamento com os meridianos, o especialista tem muitos caminhos à disposição: pode trabalhar com técnicas que envolvem agulhas e com outras que não as envolvem, como massagem, trabalho energético, dieta, ervas e outras.

TRIPLO AQUECEDOR (*SAN JIAO*, TRIPLO AQUECEDOR, TRIPLO QUEIMADOR OU TRÊS QUEIMADORES)

O sistema do Triplo Aquecedor é outra modalidade útil de diagnóstico. É usada especificamente para detectar problemas causados pelo calor do vento ou, em alguns sistemas, calor da umidade. O sistema foi desenvolvido por Wu Ju Tong no final do século XVIII d.C. e descrito em seu livro *Uma Identificação Sistemática das Doenças Febris*.

O sistema identifica o calor do vento de acordo com sua posição no Triplo Aquecedor. Em geral, é usado no quadro da fitoterapia e não da acupuntura. Seus três estágios são:

Jiao superior: Parte superior do corpo, que abarca o Coração, os Pulmões e o Pericárdio. Invasão dos pulmões e da pele; também pode afetar o Estômago e o Baço/Pâncreas.

Jiao médio: Parte média do corpo, que inclui os sistemas do Baço/Pâncreas, do Estômago, da Vesícula Biliar e do Fígado. Se o Baço/Pâncreas é prejudicado pelo excesso de umidade, não é capaz de transportar matérias-primas, e esse problema afeta, por sua vez, o Estômago e os músculos.

Jiao inferior: Parte inferior do corpo, que abarca os Intestinos Delgado e Grosso, os Rins e a Bexiga.

35

AS SETE EMOÇÕES E OS ÓRGÃOS CORRESPONDENTES

Os praticantes chineses tradicionais entendem que as emoções afetam a fisiologia. Por isso, em geral, avaliam e tratam as emoções levando especialmente em conta suas relações com os órgãos que impactam.

No sistema chinês, há sete emoções básicas: alegria, raiva, preocupação, melancolia, tristeza, medo e choque. Cada emoção influencia um órgão específico. Em condições normais, essa relação ajuda a pessoa a reagir aos acontecimentos da vida. No entanto, quando as emoções são excessivas ou não se manifestam com intensidade suficiente, o corpo acaba ficando doente.

O excesso de raiva, por exemplo, é perigoso para o fígado e outras partes do corpo. A raiva reside no fígado. Um episódio de irritação extrema ou de fúria amplifica a energia do fígado, que então sobe à cabeça, podendo causar pressão alta, dor de cabeça ou, na pior das hipóteses, derrame.

Embora as emoções *afetem* os órgãos, é importante lembrar que também são *criadas* em órgãos específicos. Um órgão "dá origem" a uma emoção. As correlações são:

O coração	*dá origem à*	alegria
O fígado	*dá origem à*	raiva
Os pulmões	*dão origem à*	tristeza e à preocupação
O baço/pâncreas	*dão origem à*	melancolia
Os rins	*dão origem ao*	medo e ao choque

TRÊS PADRÕES EMOCIONAIS BÁSICOS

O que complica a situação é que existem três padrões emocionais básicos, que são:

Uma emoção dando origem a outra emoção e criando, assim, uma montanha-russa de reatividade:

Raiva	*dá origem à*	alegria
Alegria	*dá origem à*	melancolia
Melancolia	*dá origem à*	preocupação e à tristeza
Preocupação e tristeza	*dão origem ao*	medo e ao choque
Medo e choque	*dão origem à*	raiva

Uma emoção sobrepujando outra emoção, o que cria desequilíbrio:

Raiva	*sobrepuja*	melancolia
Melancolia	*sobrepuja*	medo e choque
Medo e choque	*sobrepujam*	alegria
Alegria	*sobrepuja*	preocupação e tristeza
Preocupação e tristeza	*sobrepujam*	raiva

Uma emoção reduzindo outra emoção, o que cria equilíbrio:

Preocupação e tristeza	*reduzem*	alegria
Melancolia	*reduz*	raiva
Raiva	*reduz*	preocupação e tristeza
Medo e choque	*reduzem*	melancolia
Alegria	*reduz*	medo e choque

A chave da cura emocional do corpo é usar uma emoção capaz de sobrepujar ou transformar outra. A raiva, por exemplo, sobrepuja a melancolia; mas, quando a melancolia se transforma em fogo, a raiva se reduz e o corpo alcança o equilíbrio.[62]

AS SETE EMOÇÕES E OS ÓRGÃOS

Esta tabela descreve as sete emoções e o modo pelo qual as emoções excessivas prejudicam os órgãos correlatos.

FIGURA 4.21
AS SETE EMOÇÕES E OS ÓRGÃOS

Emoção	Dano ao órgão correspondente
Alegria	O excesso de alegria consome a energia do Coração, tornando-a deficiente. Também enfraquece o coração, de tal modo que ele já não funciona com eficiência.

(continua)

(continuação)

Raiva	O excesso de raiva consome a energia do Fígado, tornando-a deficiente. Também sobe à cabeça, criando dores de cabeça, pressão alta e, potencialmente, derrame.
Preocupação e tristeza	O excesso de preocupação e tristeza queima a energia dos Pulmões, tornando-a deficiente. Também causa dor e inchaço abdominal.
Melancolia	O excesso de melancolia consome a energia do Baço/Pâncreas, tornando-a deficiente. Causa congestão no baço.
Medo e choque	O excesso de medo e de choque consome a energia do Rim, tornando-a deficiente. O medo também direciona para baixo a energia do Rim, causando problemas e doenças tanto do rim quanto da parte inferior do corpo. O choque cria caos nos rins, prejudicando-lhes a eficiência.

QUALIDADES DOS ALIMENTOS QUE CURAM AS EMOÇÕES

Os cinco sabores básicos dos alimentos são muito usados para transformar uma emoção em fogo e recalibrar o corpo. Os alimentos também podem ser empregados para intensificar determinadas emoções e reduzir aquelas superestimuladas.

FIGURA 4.22
OS ALIMENTOS E AS EMOÇÕES

Sabores	Órgãos beneficiados	Emoções intensificadas	Emoções reduzidas
Azedo	Fígado e Vesícula Biliar	Raiva	Melancolia
Amargo	Coração e Intestino Delgado	Alegria	Tristeza e preocupação
Doce	Baço/Pâncreas e Estômago	Melancolia	Medo e choque
Picante	Pulmões e Intestino Grosso	Preocupação e tristeza	Raiva
Salgado	Rins e Bexiga	Medo e choque	Alegria

SEMELHANÇAS: MERIDIANOS E OUTROS CANAIS DE ENERGIA

Muitos profissionais percebem pontos em comum entre os meridianos principais e secundários e os nadis da literatura indiana, que também se relacionam com os corpos de energia chamados *chakras*. Ao passo que os nadis, tecnicamente, são considerados canais, serão descritos de maneira mais completa na Parte V, que trata dos corpos de energia. Essa escolha é decorrente da relação de intercâmbio entre os nadis e os chakras: eles se alimentam mutuamente.

A literatura védica é a fonte tradicional de todas as informações relacionadas aos chakras. Originou-se na Índia e no Sudeste Asiático, embora outras culturas, como a maia, pretendam-se também autoras desses textos. A medicina chinesa nasceu na China e se disseminou pela Coreia, pelo Japão e pelo Vietnã. O conhecimento budista bebeu em ambas as fontes, mas isso só ocorreu

CICLOS DO CHI: RELÓGIO DO CORPO

NA MEDICINA TRADICIONAL CHINESA, o trabalho com o *relógio do corpo* humano colabora em muito com o diagnóstico e o tratamento de desequilíbrios do chi. É possível auxiliar determinado órgão pelas mais variadas técnicas, quando se conhecem seu pico de atividade e seu horário menos ativo. Entre essas técnicas incluem-se tratamentos tradicionais, emprego dos alimentos corretos, exercícios, respiração, foco emocional e práticas como as do qigong, que têm movimentos específicos para cada órgão.

O funcionamento dos órgãos aumenta e diminui de intensidade à medida que o chi circula pelo corpo a cada 24 horas. O conceito dos *ciclos do chi* se baseia na observação de que os doze meridianos principais são simétricos nos lados esquerdo e direito do corpo e também se interconectam. O chi flui em cada um dos órgãos e pelo sistema dos meridianos como uma serpente descendo um rio. Abrem-se, assim, oportunidades para a eliminação da estagnação e para que o funcionamento de cada órgão alcance o nível ótimo.

O chi começa seu fluxo diário nos Pulmões e passa ao Intestino Grosso antes de prosseguir até o próximo destino. Faz uma parada no Fígado antes de retomar seu curso. Se o chi está bloqueado em determinado órgão, não será capaz de ativar esse órgão de modo completo ou de continuar a jornada com intensidade suficiente para beneficiar plenamente os sistemas que vêm depois. Muitas vezes, praticantes encorajam seus pacientes a lembrar-se do momento em que ocorrem determinados sintomas ou em que doenças crônicas se manifestam, pois podem então saber qual órgão está bloqueado. Diagnosticando de modo adequado o ponto de bloqueio, o praticante pode tratar o problema subjacente, assim como a pessoa como um todo.

RELÓGIO DO CORPO

Pulmões	3 a 5 h
Intestino Grosso	5 a 7 h
Estômago	7 a 9 h
Baço/Pâncreas	9 a 11 h
Coração	11 a 13 h
Intestino Delgado	13 a 15 h
Bexiga	15 a 17 h
Rins	17 a 19 h
Pericárdio	19 a 21 h
Triplo Aquecedor	21 a 23 h
Vesícula Biliar	23 a 1 h
Fígado	1 a 3 h[63]

FIGURA 4.23
CICLOS DO CHI: RELÓGIO DO CORPO

O chi se desloca pelos meridianos em um ciclo de duas horas, como mostra este relógio. Durante duas horas do dia, cada meridiano chega ao seu melhor desempenho. Há uma diferença de doze horas entre os meridianos opostos. Estes são semelhantes, mas, ao mesmo tempo, contrastantes. Os meridianos do Baço/Pâncreas e do Triplo Aquecedor, por exemplo, embora se oponham, regulam o sistema imunológico e as correntes radiantes. Um deles, porém, é yin e o outro é yang. Quando um está sobrecarregado, com o outro acontece o inverso; assim, um afeta o outro. Você também vai notar que seus horários de pico são opostos. O meridiano do Baço/Pâncreas está no pico de atividade entre 9 e 11 da manhã, ao passo que o do Triplo Aquecedor está entre as 9 e 11 da noite.

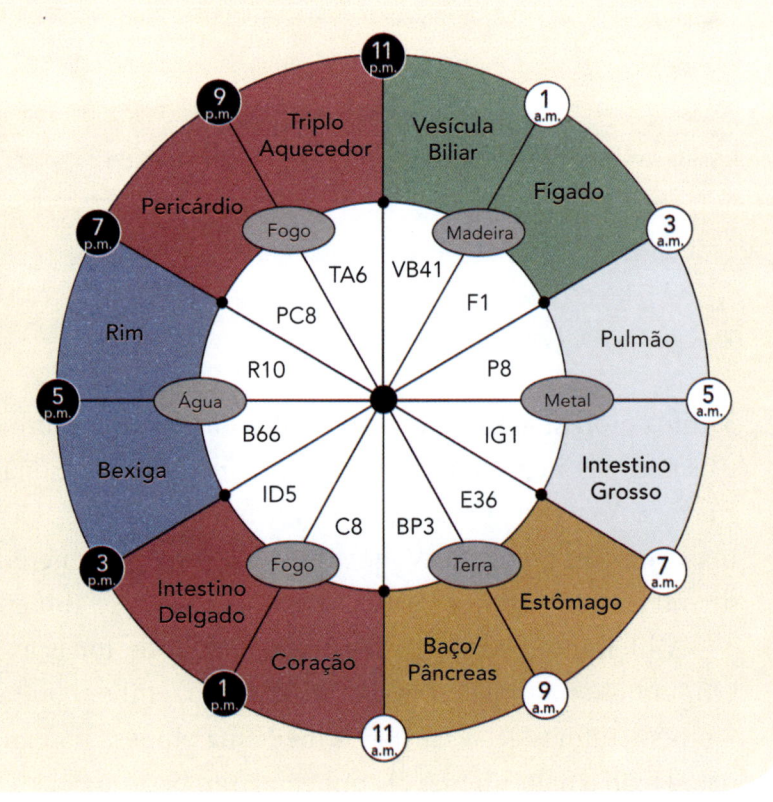

por volta do ano 700 d.C. Assim, fica claro que os sistemas se desenvolveram independentemente; por outro lado, existem diversas correlações entre eles.

ENERGIA VITAL

Os chineses o chamam de *chi*; o nome indiano é *prana*. Ambas as energias são entendidas como a energia vital sutil que sustenta a vida. Alguns sistemas de medicina chinesa postulam cinco tipos de chi (original ou pré-natal; chi dos órgãos; chi dos órgãos e vísceras; chi defensivo ou externo e construtivo ou interno; e o chi maléfico, ou seja, os patógenos que invadem o corpo vindos de fora). Outros nomeiam o chi de acordo com os elementos. No feng shui, há cinco elementos: madeira, água, fogo, metal e terra. (Os diferentes sistemas têm diferentes números e tipos de chi.) Além disso, muitos sistemas indianos mencionam cinco tipos de prana, que também são relacionados aos órgãos: *prana*, *apana*, *ayan*, *udana* e *samana*.

CORPOS E CANAIS DE ENERGIA

No sistema védico, o prana percorre os nadis para alimentar os chakras, ao passo que, no mundo chinês tradicional, o chi flui pelos meridianos para servir aos órgãos. Como propôs o Dr. William Tiller no livro *Science and Human Transformation*, o meridiano, que troca informações com o espectro eletromagnético e em nível etérico, "provavelmente representa o 'nadi sutil' dos antigos ensinamentos hindus".[64]

No modelo de Tiller, os meridianos são "antenas" que captam informações sutis e psíquicas. Os chakras são antenas semelhantes que, em contraposição aos meridianos, funcionam em níveis mais etéricos e sutis.[65] Quando o chi fica bloqueado nos meridianos (e, portanto, nos nadis) de maneira parcial ou completa, o mesmo acontece com ele no corpo físico. Quando o fluxo é restaurado pela acupuntura ou por algum outro meio de intensificação do fluxo iônico, o problema se resolve não só fisicamente, mas também no nível etérico.

Alguns cientistas esotéricos, entretanto, comparam os chakras secundários com os pontos de acupuntura e consideram ambos "posições nodais de energia vibracional".[66] Qual poderia ser a interconexão entre esses dois sistemas? A maioria dos cientistas da energia vê os chakras como transdutores de energia sutil. Os meridianos, quando o feto ainda está no útero, parecem ser, de início, apenas energias sutis e depois se tornam transmissores de energia física. Os chakras têm sua raiz tanto no sistema nervoso quanto nas glândulas endócrinas, que os ancoram no corpo físico. Do mesmo modo, os meridianos estão firmemente ancorados no tecido conjuntivo e atuam como sistema elétrico secundário. A interação talvez se baseie nos três corpos de energia básicos que rodeiam e penetram o corpo humano. Segundo o Dr. Hiroshi Motoyama, eles são os corpos físico, causal e astral que operam em frequências vibracionais diferentes.[67]

Vistos como três círculos concêntricos, interligam-se por meio dos chakras, que, por sua vez, fornecem energia ao sistema por meio dos milhares de nadis que o percorrem (e também são alimentados pelos nadis). O Dr. Motoyama afirma que os nadis grosseiros, ou mais próximos do físico, em contraposição aos nadis sutis, correspondem ao sistema de meridianos. Segundo a literatura clássica, tanto os nadis quanto os meridianos são cheios de fluidos corporais, energia que faz a interface entre as partes física e sutil do nosso ser; e tanto uns quanto os outros situam-se no tecido conjuntivo.[68]

PAPEL DAS EMOÇÕES

Tanto no sistema secundário dos chakras quanto nos pontos de acupuntura, as emoções desempenham papel essencial na criação das situações internas que podem conduzir à saúde ou à doença.

PAPEL DO FEMININO E DO MASCULINO

No sistema hindu, o masculino e o feminino são representados pelo fluxo da energia feminina da serpente (kundalini), que sobe para se encontrar com a energia masculina no centro de energia do topo da cabeça. Na medicina chinesa, o yin e o yang são energias polares, refletindo as qualidades dualistas da eletricidade, do magnetismo, dos sexos e outras.

ELETROMAGNETISMO

O pensamento e pesquisas clássicas dão a entender que tanto os meridianos quanto os chakras são ligados por canais ou corpos eletromagnéticos e, portanto, se relacionam por meio de cargas positivas e negativas.

O SISTEMA COMO LUZ

O Dr. Alberto Villoldo, especialista em xamanismo indígena, afirma que os mestres de cura não trabalham sobre o corpo físico; antes, sua ação incide sobre um campo de luz que serve de modelo e matriz para todos os aspectos do nosso ser. Os chakras e os meridianos fazem parte do campo de energia luminosa que cria e sustenta toda a realidade física.[69] Em específico, os meridianos se assemelham às linhas de fluxo (*cekes*) que os descendentes dos incas chamam de "rios de luz".[70] (Ver "Modelo de Energia Inca", na p. 314.)

CANAIS DE VENTO

No sistema maia de cura, alguns praticantes comparam os meridianos a "canais de vento", afirmando que a maioria dos pontos do sistema chinês tem correlação com os do sistema maia.[71]

Como vimos, as culturas asiáticas usam há milhares de anos uma medicina baseada em energias sutis, cujas teorias são corroborada pela aplicação e pelos resultados obtidos na prática. Essa medicina vem sendo ratificada também pela ciência empírica ocidental, que vem aos poucos transformando a natureza sutil do sistema em uma ciência mais mensurável – muito embora o mistério e a arte das práticas baseadas nos canais ainda permaneçam. O estudo dos canais de energia nos abre a porta para outra área, a dos corpos de energia. Passamos agora à Parte V: "Corpos de Energia: Os Chakras e Outros 'Conversores de Luz'", com a qual completaremos nossa viagem pela anatomia sutil.

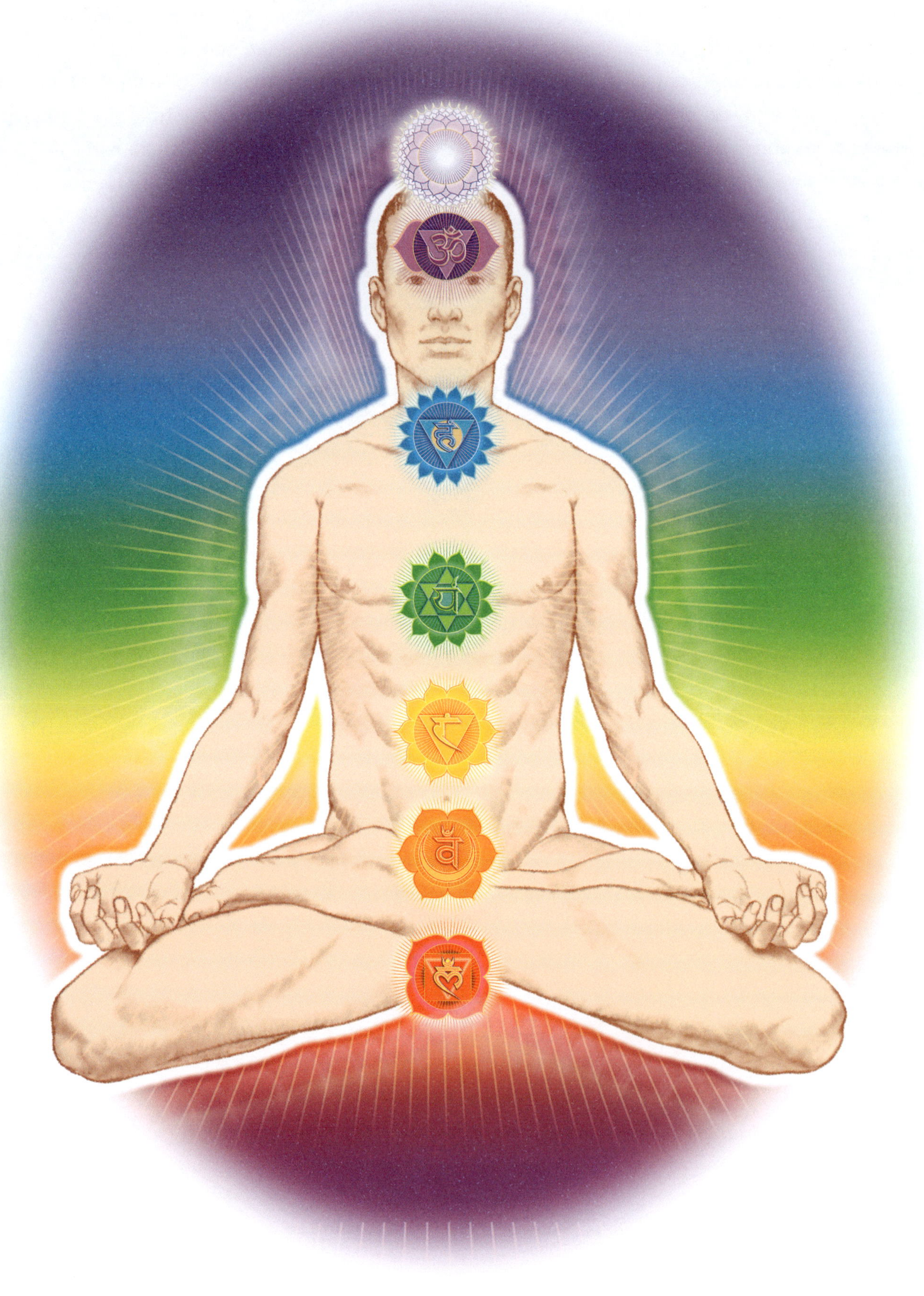
ॐ
हं
यं
रं
वं
लं

PARTE V
CORPOS DE ENERGIA: OS CHAKRAS E OUTROS "CONVERSORES DE LUZ"

Imagine que alguém lhe dê um par de óculos. Quando os põe diante dos olhos, você é capaz de ver as ações dos átomos, o movimento dos quanta e a corrente da sua própria consciência. Vê a totalidade do universo – dentro de você.

Culturas antigas – entre as quais a védica hindu, a egípcia, a tibetana, a hebraica, a chinesa e a maia – compreendiam que cada um de nós é um reflexo, um microcosmo, do universo maior. Como diz a *Tábua de Esmeralda*, antigo tratado alquímico:

> *O que está abaixo corresponde ao que está acima, e o que está acima corresponde ao que está abaixo.*[1]

O mesmo se pode dizer de nossos sistemas de energia individuais. Nosso sistema sutil imita o universo externo. Nosso ser físico copia o sutil. Esses dois eus nos unificam com o universo maior.

Na Parte V, examinaremos os órgãos de energia primários em nosso sistema de energia sutil, começando com os chakras. Estes são os centros de energia que comandam o "você dentro de você". Cada um deles faz par com uma camada específica do campo áurico (ver a Parte III), concentrações de luz que regulam o "você fora de você". Embora tenham interface com os meridianos do corpo, os chakras têm intimidade ainda maior com os *nadis*, condutos que distribuem pelo corpo a energia vital (chamada *prana*). Por haver relação vital entre os chakras, outros corpos de energia e os nadis, vamos tratar mais a fundo destes últimos.

Falaremos também sobre os sistemas de chakras postulados por diferentes povos em diferentes tempos e lugares, explorando os sistemas antigos e modernos a fim de compreender melhor nossos eus energéticos no quadro da ciência dos chakras. Parte dessa jornada envolve uma visita a outros corpos de energia – como os *etérico*, *astral* e *causal* e as *sephiroth* do judaísmo – e a vários planos de existência e processos de atividade, entre os quais a prática mística hindu da *kundalini*.

Nosso estudo de vários sistemas de chakras tem o objetivo de provar que não existe um sistema "correto" e muitos sistemas "errados" de corpos de energia. Os próprios hindus postularam diversos números de chakras – de quatro a doze e, às vezes, mais. Encorajo o leitor a aprofundar suas pesquisas sobre todos ou qualquer um dos sistemas apresentados aqui a fim de chegar às próprias conclusões e criar o próprio protocolo.

Enquanto investigarmos esse tópico, não só definiremos e examinaremos o "eu dentro do eu", os corpos de energia que constroem nossa realidade física, como também o cosmos dentro do eu. O conhecimento dos chakras é tão antigo quanto a própria humanidade – e talvez ainda mais. Quem sabe seja tão antigo quanto o "Ein Sof" da Cabala judaica, a luz que deu início a todas as coisas.

36

CORPOS DE ENERGIA

Dentro de cada organismo vivo há milhares de corpos de energia. Sob certos aspectos, cada célula e cada órgão do corpo são corpos de energia. Todos eles recebem energia e a decompõem, metabolizam e disseminam. Cada um é operado e controlado por um conjunto complexo de frequências e desempenha um serviço equivalente ao de outros corpos de energia. A grande diferença entre os *órgãos físicos* e os *órgãos de energia sutis* é aquela que o nome deles implica. Os órgãos físicos processam somente energia física, ao passo que os órgãos de energia sutis processam não apenas a energia grosseira ou física, mas também a energia sutil.

A tradição hindu, vista de modo geral como a fonte essencial em matéria de corpos de energia, sustenta que existem dois tipos de energia, quais sejam:

Energia grosseira: Energia material, também chamada *saguna*, ou energia "com atributos".

Energia sutil: Energia "extramaterial", também chamada *nirguna*, ou energia "sem atributos".

A energia grosseira é inconsciente, ao passo que a sutil é consciente. Os corpos de energia sutis são capazes de transmutar um tipo de energia em outro, e cada centro de energia desempenha função exclusiva na estrutura anatômica do sistema de energia do corpo. Assim, esses centros unem as diferentes partes do corpo e também o corpo com o universo e todos os aspectos do ser entre si – físico, emocional, mental e espiritual.

PRINCIPAIS CENTROS DE ENERGIA: OS CHAKRAS

Os chakras são os pontos nodais do sistema. Também chamados *centros de energia* ou *órgãos de energia*, trabalham tanto com energias físicas quanto com energias sutis, transformando-as umas nas outras. Há dezenas (senão centenas) de centros e processos desse tipo, mas a maioria dos especialistas concorda que os chakras são o aspecto dominante.

Só o sistema hindu, que é o destaque desta parte do livro, tem dezenas de variações internas, entre as quais a tântrica e a yogue. Cada variação pretende ser "a" verdade. Em uma tradição, há quatro chakras; em outra, onze. A cor, os sons, a colocação e os papéis exatos dos chakras diferem, e tudo isso em uma mesma tradição cultural. Vamos examinar as versões mais aceitas e as interpretações e definições ocidentais mais típicas, bem como outros sistemas do mundo inteiro. O leitor deve saber que cada cultura apôs seu selo único sobre sua tradição de corpos de energia. Poucos sistemas energéticos são idênticos; a palavra *chakra* e os conceitos a ela associados podem significar coisas ligeiramente diferentes para um xamã africano e para um médico chinês tradicional.

A figura 5.8 apresenta o sistema dos sete chakras, usado sobretudo pelos médicos esotéricos.

VISÃO GERAL: O QUE É UM CHAKRA?

O que são os chakras e no que eles nos ajudam? Tradições antigas tiveram o cuidado de transmitir sua "chakralogia" de geração em geração. Vamos explorar as ideias mais aceitas sobre os chakras, tanto da perspectiva histórica quanto da científica, antes de apresentar algumas variações do sistema dos chakras.

Há muitas definições de *chakra*, mas todas elas nasceram do sentido do termo em sânscrito: "roda de luz". A maioria das autoridades concorda que os chakras são centros de energia sutis localizados nas principais ramificações do sistema nervoso. Atuam como centros de coleta e transmissão de energias sutis, ou metafísicas, e concretas, ou biofísicas.

Os chakras são imaginados como circulares ou, quando emergem do corpo, como vórtices de forma cônica. Segundo várias fontes sânscritas, o círculo tem muitos significados. Representa, por exemplo, uma rotação da *shakti*, energia vital feminina; denota *yantras* (símbolos visuais místicos) que dirigem a realidade; e indica os diferentes centros nervosos no corpo.[2] Essas e outras análises da palavra se reduzem a uma definição simples da palavra *chakra*:

FIGURA 5.1
ANATOMIA DE UM CHAKRA
Cada chakra pode ser imaginado como um par de vórtices cônicos que emana da parte da frente e da pare de trás do corpo. Juntos, esses vórtices regulam nossas realidades conscientes e inconscientes, as energias psíquicas e sensoriais e nosso eu sutil e físico.

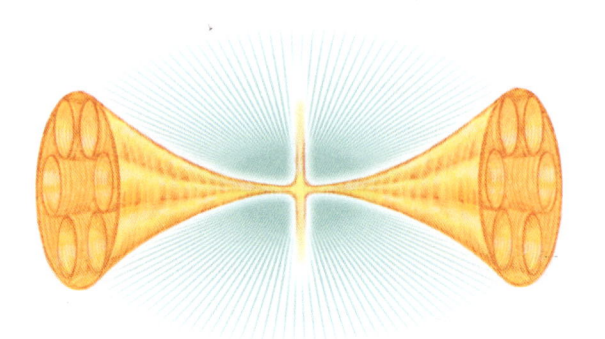

> *Chakra é um corpo de energia de forma circular que direciona a energia vital para o bem-estar físico e espiritual.*

Os sistemas de chakras diferenciam-se de acordo com a localização, a função física e o número dos chakras, entre outros detalhes. Falaremos agora de alguns dos sistemas mais aceitos.

MODELO HINDU DOS CHAKRAS

Para os hindus, os chakras fazem parte da anatomia esotérica. São interconectados com os nadis, que são canais semelhantes aos meridianos, por onde a energia se distribui pelo corpo. Alguns textos antigos definem quatro chakras físicos e um metafísico. Outros textos veneráveis falam de cinco, seis, sete ou mais chakras. O fundamento desse sistema é que os chakras fazem interface com outros corpos de energia sutis para efetuar a ascensão da kundalini, espécie de energia vital que propicia a união com a Divindade.

MODELO TÂNTRICO DOS CHAKRAS

Neste sistema, os chakras (frequentemente oito) são emanações da consciência de Brahman, a Divindade. Essa energia superior desce dos mundos espirituais, passa por níveis de frequências cada vez mais baixas e, por fim, repousa na base da coluna na forma de kundalini, uma serpente adormecida. Ao longo do caminho, os diferentes tipos de consciência são preservados nos vários chakras: corpos de energia localizados ao longo da coluna. Cada chakra representa um nível específico de consciência. Por meio do yoga, a energia da kundalini é despertada e levada a subir, passando pelos chakras superiores, até reconduzir por fim a pessoa a seu estado mais elevado. Em outras palavras, os chakras são marcos no caminho que conduz à iluminação.

MODELO CHINÊS TRADICIONAL DOS CHAKRAS

O modelo chinês postula que o chi, energia vital, circula pelos meridianos e não pelos nadis, mas há muitas semelhanças entre ele e o sistema hindu. Como no modelo hindu básico, os chakras localizam-se no eixo cerebrospinal. Fazem parte do processo evolutivo que reconduz à união com a divindade. Dependendo do sistema, o número de chakras varia de seis a oito.

VISÃO OCIDENTAL DOS CHAKRAS

Arthur Avalon é uma autoridade ocidental reconhecida, cuja área de especialização é o modelo dos chakras no contexto do yoga tântrico (ou yoga da kundalini). Avalon os vê como centros de consciência, em número de sete (ou seis e mais um "extra"). Também os chama de *lótus* ou *padmas* do corpo. Não os considera centros físicos, mas sutis, e assim os situa no nadi central – sendo os nadis um sistema sutil de condução de energia. Ao contrário de outros ocidentais, Avalon não considera que os chakras façam parte do sistema nervoso em si, pois há camadas de medula espinhal separando o chakra do corpo. O objetivo é despertar a kundalini ou "poder da serpente", que dorme, em forma feminina, na base do sistema dos chakras, e então fazê-la subir e "penetrar" os chakras superiores. Uma vez que a kundalini alcance o chakra mais elevado, o aspirante se liberta do ciclo contínuo de mortes e renascimentos; torna-se "iluminado".[3]

Os sistemas modernos, derivados do tântrico, em geral delineiam sete chakras, os quais sobem ao longo da coluna, desde o cóccix até o topo da cabeça. Muitas vezes, estabelece-se uma relação entre cada um deles e um aspecto da consciência ou um tema central; uma cor; um elemento; um som; um lótus (com determinado número de pétalas); e interações com os aspectos físicos, emocionais, mentais e espirituais do ser humano. Cada chakra também costuma ser associado a uma glândula do sistema endócrino e a um nexo (plexo ou gânglio) do sistema nervoso. Quase todos os sistemas de chakras culturais veem os chakras como partes de um processo de iluminação ou espiritualização.

A maioria dos sistemas situa os chakras nas mesmas localizações básicas:

Primeiro chakra	Virilha
Segundo chakra	Abdome
Terceiro chakra	Plexo solar
Quarto chakra	Coração
Quinto chakra	Garganta
Sexto chakra	Testa
Sétimo chakra	Topo da cabeça

Alguns sistemas situam o sétimo chakra acima da cabeça e não em sua parte superior. C. W. Leadbeater, que escreveu sobre os chakras na década de 1930, situou o segundo perto do baço, em um ponto um pouco mais alto que o terceiro, o qual situou no umbigo. Também pôs o chakra do coração um pouco para o lado esquerdo.

Minhas próprias experiências apontam a existência dos sete chakras principais e mais cinco adicionais, localizados no sistema de energia geral do corpo – esses cinco, porém, não se localizam no corpo físico. Outros profissionais esotéricos, entre eles Barbara Ann Brennan, autora de *Mãos de Luz*, postulam outros chakras acima dos sete principais; Brennan descreve um oitavo e um nono chakras acima da cabeça.[4] Katrina Raphaell, autora de *The Crystalline Transmission*,* descreve um sistema de doze chakras, com um chakra adicional no topo da cabeça, mais dois chakras fora do corpo e acima da cabeça, outro chakra dentro do corpo, entre o coração e o plexo solar, e mais um chakra fora do corpo e abaixo dos pés.[5] No geral, contudo, há um consenso quanto aos sete primeiros chakras na maioria das fontes.

Pesquisadores que usam tecnologias de energia sutil, bem como os pertencentes à comunidade médica, estão fazendo evoluir nosso entendimento dos chakras. Essa definição poderia sintetizar os chakras do ponto de vista científico:

> *Os chakras são transformadores de energia, capazes de transmutar a energia de uma vibração superior para uma vibração inferior e vice-versa.*

---

* *Transmissões Cristalinas*, publicado pela Editora Pensamento, São Paulo, 1992. (fora de catálogo)

Como tais, os chakras interagem com o fluxo de energias sutis por meio de canais de energia específicos, de modo a afetar o corpo no nível celular, fato esse que se reflete nos índices hormonais e fisiológicos no corpo físico.

O que são essas incríveis "rodas de luz"? Como se tornaram tão populares em tantas épocas e culturas? Vamos examinar brevemente a história do sistema de chakras humano antes de discutir as teorias científicas que o explicam.

HISTÓRIA DO CONHECIMENTO DOS CHAKRAS

No decorrer das eras, as mais diversas culturas em diferentes pontos do globo concluíram que os seres humanos não são feitos apenas de matéria. Somos feitos de vibrações: frequências que interagem com o mundo fora de nós e às vezes reagem a ele. Nossos antepassados sabiam o que Einstein só afirmou há pouco tempo: a energia não pode ser destruída; só pode mudar de forma. Podemos imaginar, assim, que nossos antepassados usavam os "óculos das possibilidades". Por meio dos óculos da intuição, foram capazes de descrever e trabalhar com os corpos de energia que transformavam a matéria grosseira (física) em energia sutil e esta em matéria grosseira. Os chakras eram, sem dúvida, elementos centrais desse processo de conversão.

A maioria dos pesquisadores acredita que o sistema dos chakras foi descrito pela primeira vez na Índia, há mais de quatro mil anos, na forma de uma classificação da *anatomia esotérica*, delineamento dos vários corpos e canais de energia sutis que têm relação com o corpo humano. Esse conhecimento remonta à filosofia do Vedanta, relatada nos Upanishads por volta de 800 a.C. O termo *Vedanta* significa "o fim dos Vedas" e se refere ao nome de quatro textos sagrados hindus originados em 1500 a.C. Esses textos são chamados *Tantras*. No geral, o sistema dos chakras dividiu-se em dois ramos: o védico e o tântrico (os quais permanecem vivos na medicina ayurvédica e no yoga tântrico, por exemplo).

O termo *tantra* é uma união de duas palavras: *tanoti*, expandir; e *trayati*, liberar. Tantra, portanto, significa "expandir o conhecimento que liberta". O tantra é uma prática de vida baseada em ensinamentos sobre os chakras, a kundalini, o hatha yoga, a astronomia, a astrologia e a adoração de muitos deuses e deusas hindus. O yoga tântrico originou-se na Índia pré-ariana, entre 3000 e 2500 a.C. Muitas outras variedades de yoga ou espiritualidade tântricas nasceram dele, entre elas o budismo tântrico. Cada sistema derivado do yoga tântrico tem visão exclusiva sobre os chakras e os deuses, a cosmologia e os símbolos a eles relacionados.

A história dos chakras, por mais complexa que pareça, é mais complicada ainda. O sistema dos chakras está ligado a muitas culturas diferentes, e pode até ter sido criado por elas. Embora seja geralmente associado à Índia, o yoga tântrico também era praticado pelos drávidas, originários da Etiópia. Esse fato é evidenciado pelas muitas semelhanças existentes entre certas práticas africanas e do Egito pré-dinástico e as antigas crenças tântricas indianas.[6]

Várias divindades hindus, por exemplo, têm suas raízes nas "civilizações negras da Índia, e é por isso que são, muitas vezes, representadas com a cor negra".[7] Alguns historiadores salientam que os antigos egípcios sofreram forte influência de crenças africanas,[8] e influenciaram, por sua vez, o pensamento grego, judaico e, depois, islâmico e cristão, além do hindu.[9]

Outras culturas trocaram ideias sobre os chakras. Muitas práticas dos antigos essênios, comunidade religiosa e espiritual que habitou a Palestina desde o século II a.C. até o século II d.C., eram semelhantes às da Índia primitiva.[10] Os sufis – místicos do islamismo – também empregam um sistema de centros de energia, o qual, no entanto, só envolve quatro centros.[11] Além disso, emprestaram do yoga tântrico o processo da kundalini, como fizeram também certos grupos de indígenas da Ásia e da América.[12]

Como veremos, os indígenas maias do México, os indígenas incas do Peru e os indígenas cherokees da América do Norte têm, cada um deles, o próprio sistema de chakras. Os maias acreditam, inclusive, que foram eles que ensinaram seu sistema aos hindus.

O sistema dos chakras foi trazido ao Ocidente por outro caminho ainda. Recebeu a primeira formulação cabal no texto *Sat-Chakra-Nirupana*, escrito por um yogue hindu no século XVI. Arthur Avalon comunicou o conhecimento dos chakras ao Ocidente em seu livro *The Serpent Power*, publicado pela primeira vez em 1919. Avalon baseou-se no *Sat-Chakra-Nirupana* e em outro texto, o *Pakaka-Pancaka*. No entanto, sua apresentação foi precedida pela *Teosofia Prática*, livro escrito em 1696 por Johann Georg Gichtel, aluno de Jacob Bohme, que faz referência a centros de força interior que se assemelham aos chakras da doutrina oriental.[13]

Hoje, muitos profissionais esotéricos se baseiam na interpretação que Anodea Judith fez dos trabalhos de Avalon, aos quais ela acrescentou informações sobre os aspectos psicológicos dos chakras.[14]

Mencionados na história e presentes nas tradições espirituais do mundo, os chakras estão agora passando a ocupar lugar central em ainda outra disciplina: a ciência.

37

KUNDALINI: A FORÇA UNIFICADORA

Há vários corpos e canais de energia no sistema hindu. Ao explorar esta parte do livro, você conhecerá muitos deles. Há os chakras e os nadis; os três corpos de encarnação; e os cinco *koshas* ou corpos sutis. Além disso, há um poder, uma força – uma consciência – que unifica esses objetos independentes.

A narrativa da kundalini é uma história das divindades – aquelas que habitam o interior de cada um de nós. Fala da fusão entre nossas energias internas masculina e feminina e da transcendência além de ambas. É uma história hindu de quatro mil anos atrás.

Era uma vez uma consciência única que unificava todas as coisas. Dentro dessa consciência havia dois seres: Shiva, a suprema consciência *infinita*, e Shakti, a suprema consciência *eterna*. Shiva representa o tempo, e Shakti, o espaço. Vemos aí o yang da medicina oriental, representado pela figura de Shiva, e o yin, que aparece em Shakti.

Esses dois seres se separaram, criando uma distinção entre matéria e consciência no universo – e nos filhos do universo, incluindo os seres humanos. Shakti está dentro de cada um de nós, enrodilhada dentro do nosso chakra da raiz na forma de serpente. Sob essa forma, ela é chamada *Shakti Kundalini*, "poder em repouso".[15] Só se manifesta quando se move – e é esse o seu objetivo supremo: subir através das densas camadas do corpo para poder reunir-se a seu grande amor, Shiva, que reside no sétimo chakra. Quando se unificam, os dois criam a consciência suprema.

Shakti não é somente um ser etéreo. É vista como a causa do prana, da força vital. Tem som e forma; é composta de caracteres alfabéticos, chamados *mantras*. Quando Shiva e Shakti se unem, criam *nada* (o puro som cósmico) e *maha bindu* (a verdade suprema que está por trás de toda manifestação). O que isso significa para o iniciado que funde esses dois seres – essas duas partes do seu próprio ser? Ele se liberta das limitações do corpo físico. Poderes inatos – místicos e mágicos – são despertados. Além disso, a alma se liberta da roda da vida que a obriga a reencarnar.

A ciência conta uma história semelhante com palavras diferentes. De acordo com estudos recentes, o mundo inteiro pode ser reduzido a dois elementos: frequência e vibração. Como vimos na Parte III, todos nós somos compostos de campos L e campos T, que constituem frequências unificadas. Todos nós somos feitos do "masculino" e do "feminino", a eletricidade e o magnetismo. Se formos capazes de equilibrar e fundir os dois, haverá harmonia e, dentro dela, cura. Seguir o caminho da kundalini não é "apenas" alcançar a iluminação da mente. É curar a mente, a alma, o espírito – e o corpo.

Como a kundalini funciona? Ela envolve as energias que você estudará nesta seção.

Chakras: Energias circulares de luz que regulam o corpo físico e aguardam a ativação espiritual.

Nadis: Correntes ou condutos sutis de energia que interagem com os chakras e o corpo físico. Transportam o prana, energia sutil, para purificar o corpo físico e chamar a kundalini a subir pelos chakras. Em termos científicos, podem ser entendidos como linhas de força e movimento. (Ver "Nadis: Canais de Energia", na p. 292.) Os nadis primariamente envolvidos na ascensão da kundalini são o *Sushumna*, ou nadi central, na coluna; o *Ida*, que fica do lado esquerdo da coluna e representa a energia feminina; e o *Pingala*, do lado direito da coluna, que significa a energia masculina. À medida que a kundalini sobe por Sushumna, os canais Ida e Pingala – que sobem em espiral ao redor dos sete chakras nucleares – ativam os chakras e resultam em ascensão contínua da kundalini.

Koshas: Véus de energia que confinam o espírito, o eu essencial. Essas cinco camadas são retiradas à medida que o iniciado se desenvolve sob os aspectos físico, mental, espiritual e energético.

Corpos de energia sutis: Três corpos de energia básicos que contêm as dimensões humana e espiritual.

PROCESSO DA KUNDALINI

Descreve-se a seguir uma versão resumida do processo da kundalini:

Pré-ascensão: O iniciado sofre todas as vicissitudes da vida, incluindo a falta de controle sobre sua existência física cotidiana. Imagine a serpente da kundalini (Shakti) enrodilhada na base da coluna, esperando para ser ativada, e a energia de Shiva no sétimo chakra, aguardando a chegada da parceira perdida.

Desenvolvimento: Passando de um kosha a outro, o iniciado estimula a ativação dos nadis, a abertura dos chakras, e, por fim, a ativação da Shakti kundalini no primeiro chakra. Essa evolução envolve a purificação do corpo, o aprendizado e a cura do corpo, da mente e da alma.

Ascensão da kundalini: À medida que a kundalini sobe por Sushumna, os chakras são ativados, um de cada vez, por obra dos três nadis principais: Sushumna (nadi central) e seus vizinhos Ida e Pingala. Isso aumenta a compreensão e a saúde nas áreas governadas pelos respectivos chakras.

Transformação: O sétimo chakra recebe a kundalini em ascensão, e Shakti e Shiva – o feminino e o masculino – se unem. Muitos sistemas afirmam que a energia passa então a residir no sexto chakra, onde pode passar por novo processo de concentração.

Ativação dos poderes: Alguns sistemas energéticos relatam que, durante esse processo e em razão dele, os *siddhis*, ou poderes, se tornam ativos. O iniciado adquire capacidades aparentemente mágicas, como a invisibilidade, a levitação, o poder de cura e outras (ver "*Siddhis*: Poderes dos Corpos Sutis", na p. 304). Por meio do processo de transformação, a energia material do corpo é alterada pela natureza do prana, libertando o iniciado das limitações impostas pelas leis da física.

38

PRINCÍPIOS CIENTÍFICOS ENCONTRAM A TEORIA DOS CHAKRAS

Cada chakra exerce sobre o corpo uma influência física, emocional, mental e espiritual única. Isso porque cada órgão de energia vibra em sua própria frequência e gira em sua própria velocidade. Lembre-se da definição de energia com que temos trabalhado: informação que se move. Isso significa que a informação tem velocidade e frequência. As variações de velocidade e frequência mudam as informações em cada minúsculo pedaço de energia.

A informação com velocidade superior à da luz é recebida como energia sutil e pode ser interpretada por meio do chakra. A informação que se desloca em velocidade igual ou menor que a da luz é recebida pelo chakra como informação sensorial e impactará a realidade física. O chakra pode aceitar e transformar os dois tipos de energia, convertendo-os em informações úteis para a pessoa.

O chakra vibra do interior do corpo para o exterior, irradiando a informação através da pele. Também atrai informações de fora do corpo para dentro, transformando-as de modo que possam ser recebidas. Até os chakras de fora do corpo se conectam com o corpo físico. Esse movimento de "entra e sai" da energia faz com que os chakras se pareçam mais com faixas de energia sem fim, não com as espirais cônicas que geralmente são usadas para figurá-los.

A energia dos chakras flui como um rio sem fim; além disso, esse fluxo de energia atrai outras energias no universo. Algumas delas interagem entre si de modo a formar um miniuniverso do eu, incluindo-se aí o campo áurico – camadas de energia que rodeiam o corpo humano – e outros canais, corpos e campos de energia que fluem dentro e fora do eu (incluem-se aí os nadis e os corpos de energia secundários, como os corpos causal e emocional).

Cada chakra vibra em uma frequência diferente. Quanto mais baixo o chakra no corpo, mais lenta sua vibração; quanto mais alto, mais rápida. Pessoas que conseguem se sintonizar com essas frequências as veem na forma de cores e luzes. Os chakras situados no corpo têm as frequências da luz visível; o mais baixo toca o espectro infravermelho, e o mais alto, o ultravioleta.

Quanto mais baixo está um chakra no corpo ou em relação a ele, mais se aproxima do espectro infravermelho da luz. Quanto mais alto no corpo ou em relação a ele, mais se insere nas frequências de luz ultravioleta. O vermelho é a primeira cor que vemos depois de sairmos da faixa do infravermelho, que é invisível. É associado ao primeiro chakra, o da virilha. O violeta é a última cor que vemos antes de passarmos às frequências do ultravioleta, e é a cor associada ao sexto chakra, na testa.

Essa ilustração do espectro cromático (figura 5.3) suscita questões sobre a visibilidade dos chakras. Uma das principais questões é: se os chakras existem e vibram nessas frequências cromáticas, por que somos incapazes de perceber essas cores com os olhos físicos? Nossas ondas cerebrais oscilam entre 0 e 100 ciclos por segundo (Hz). (Veja o estudo de Valerie Hunt em "Pesquisas Científicas", abaixo.) Os chakras vibram em uma faixa que vai de 100 a 1600 Hz. Isso significa apenas que nosso cérebro não foi treinado para perceber oscilações ou frequências tão altas quanto as reguladas pelos chakras.

Em todas as épocas, entretanto, pessoas intuitivas foram capazes de discernir seis chakras, quando não sete. Os seis chakras principais (do primeiro ao sexto) têm frequências associadas ao espectro visível (vermelho, laranja, amarelo, verde, azul e violeta). A intuição, muitas vezes, só é capaz de discernir aquilo que o cérebro lhe permite discernir. Se o cérebro diz: "Não posso ver o infravermelho nem o ultravioleta", nossa intuição não distinguirá as cores – ou os chakras – que estão abaixo e acima do espectro da luz visível. Isso talvez explique por que tantos praticantes esotéricos situam o sétimo chakra – que tem a frequência da luz branca – acima do corpo humano, não dentro dele. Ele "não é deste mundo", está fora das normas. Talvez também explique por que algumas pessoas com capacidades paranormais sejam capazes de identificar chakras mais baixos que o corpo e mais altos que ele. Pode ser que sejam apenas capazes de distinguir "tons de cinza" que outras pessoas não sabem sequer procurar.

FIGURA 5.2
OS CHAKRAS COMO ONDAS
Os chakras têm sido tradicionalmente descritos como "rodas de luz": vórtices de energia giratória que emanam da coluna vertebral. Do ponto de vista de um paranormal, são vistos com mais frequência como faixas de ondas que se interconectam de modo não muito rígido e levam informações para dentro e para fora do corpo.

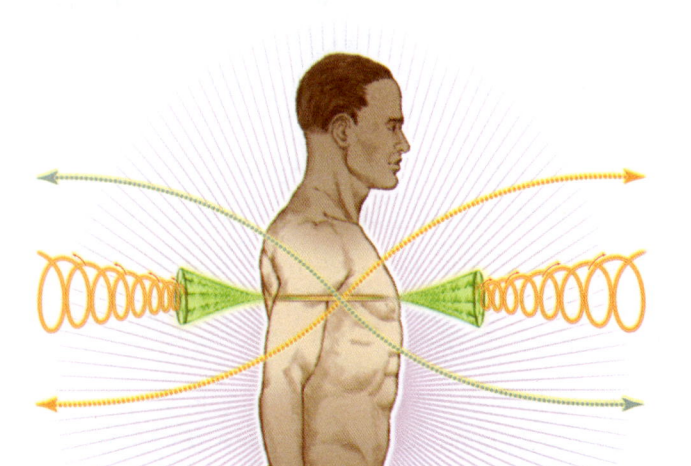

PESQUISAS CIENTÍFICAS

Uma quantidade considerável de pesquisas vem validando a existência dos chakras, sendo a Dra. Valerie Hunt a pioneira nesse campo. Há vinte anos que Hunt, professora de cinesiologia (estudo do movimento humano) na Universidade da Califórnia, *campus* de Los Angeles, vem medindo a energia eletromagnética produzida pelo ser humano em diferentes condições. Usando um eletromiógrafo, ou seja, um instrumento que mede a atividade elétrica dos músculos, Hunt descobriu que o corpo físico emite radiação nos locais tipicamente associados aos chakras. Além disso, descobriu que certos níveis de consciência eram ligados a frequências específicas.[16]

Quando pessoas que fizeram parte de seus estudos estavam pensando em situações cotidianas, seus campos de energia tinham frequência na faixa de 250 Hz – a mesma frequência do coração. Quando paranormais tiveram seus campos de energia medidos pelo eletromiógrafo, constatou-se que sua frequência ia de 400 a 800 Hz. Médiuns e pessoas capazes de entrar em transe ficavam na faixa dos 800 a 900 Hz, e os místicos, permanentemente ligados a seu eu superior, tinham campo de energia, ou campo etérico, com frequência superior a 900 Hz.

As descobertas de Hunt são compatíveis com o conhecimento tradicional dos chakras: estes podem ser meios que conduzem à iluminação, pois cada um atrai determinada consciência espiritual e aumenta a frequência do corpo sutil. Na realidade, o fabricante do equipamento usado por Hunt adaptou a máquina para medir frequências mais altas, e chegou-se a constatar que determinado místico tinha campo de energia sutil médio de 200.000 Hz.[17]

Hunt também identificou mudanças na coloração emitida pelos pontos dos chakras quando os sujeitos de pesquisa estavam sendo submetidos a uma massagem Rolfing. Esse fato foi discutido em um resumo escrito em colaboração com o Dr. Wayne Massey e outros.[18] Rolfing é uma forma de massagem que visa à integração estrutural do corpo mediante a manipulação das fáscias musculares. As medidas obtidas enquanto o sujeito de pesquisa recebia tal massagem foram submetidas à análise de Fourier e à análise de frequência por sonograma. Enquanto os sujeitos eram monitorados com o equipamento, a famosa agente de cura, reverenda Rosalyn Bruyere, registrou as cores que via em sua visão psíquica.

As frequências registradas foram medidas não somente como cores, mas também como sons. Tanto a visão psíquica de Bruyere quanto o equipamento de registro de frequência relataram as mesmas colorações em cada um dos chakras. Observaram-se que

FIGURA 5.3
OS CHAKRAS NO ESPECTRO ELETROMAGNÉTICO

as cores eram as mesmas previstas na literatura metafísica: o chakra da raiz, ou primeiro chakra, era vermelho. O chakra hipogástrico, ou segundo chakra, era laranja; o chakra do baço, ou terceiro chakra, era amarelo; o chakra do coração, ou quatro chakra, era verde; o chakra da garganta, ou quinto chakra, era azul; o chakra do terceiro olho, ou sexto chakra, era violeta; e o chakra da coroa, ou sétimo chakra, era branco.

Segundo um dos conceitos de Hunt, o corpo, da perspectiva quântica, é mais que um simples conglomerado de sistemas (como os sistemas endócrino, neuromuscular ou cardiovascular). Antes,

FIGURA 5.4
OS CHAKRAS E O SISTEMA ENDÓCRINO

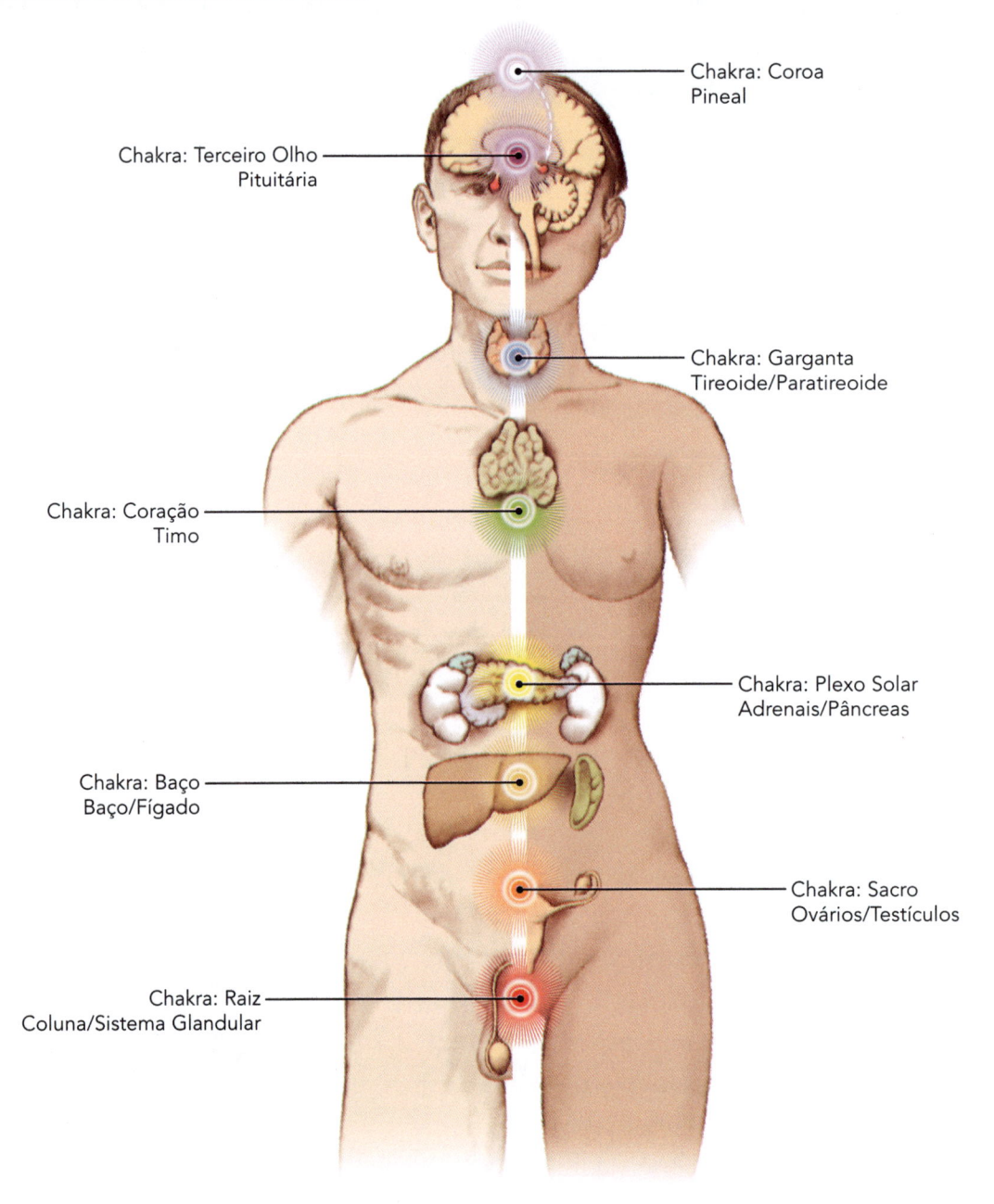

todos os sistemas e tecidos são organizados pela energia – sobretudo, pela bioenergia. O estudo aponta a existência dos chakras e reconhece o envolvimento deles com as naturezas física, emocional e energética do nosso ser.

Outro estudo, conduzido com Dora van Gelder Kunz, pessoa dotada de extremo poder de clarividência, também indica que os chakras existem. Pediu-se à Sra. Kunz que observasse 200 pessoas com diversas doenças e descrevesse essas doenças de acordo com as alterações provocadas nos corpos não físicos e nos chakras.[19] A Dra. Shafica Karagulla, pesquisadora e autora do livro *The Chakras and Human Energy Fields*,* comparou os relatórios da Sra. Kunz com diagnósticos feitos por médicos. Neste estudo, pesquisadores descobriram que as doenças alteram, sim, o comportamento dos chakras e dos corpos não físicos no que se refere à cor, à luminosidade, ao ritmo, à frequência, ao tamanho, à forma, à elasticidade e à textura.

Uma das consequências mais empolgantes dessa pesquisa foi a correlação detalhada entre os chakras e as glândulas endócrinas. Pesquisadores descobriram que um problema com determinada glândula se manifestava no chakra correspondente. Por exemplo, se a glândula pineal estava perturbada, o chakra da coroa também estaria. A correlação descoberta entre os chakras e as glândulas endócrinas está demonstrada na figura 5.4.

Como evidencia essa ilustração, pesquisadores encontraram oito chakras principais (acrescentando o do baço), não só os sete tradicionais. Também repararam na existência de chakras menores nas palmas das mãos e nas solas dos pés.

O Dr. Hiroshi Motoyama, cientista e sacerdote xintoísta, também investigou a ciência dos chakras. Conduziu numerosos estudos para investigar o sistema de energia, muitos dos quais serviram de base para seus mais de vinte livros. O Dr. Motoyama criou um aparelho para detectar minúsculas mudanças elétricas, magnéticas e ópticas perto do sujeito de pesquisa. Ele o denominou "aparelho para medir o funcionamento dos meridianos e dos órgãos internos correspondentes", mas este é conhecido pela sigla AMI. Em um teste, Motoyama constatou que o aumento da atividade na área do chakra do coração produzia uma luz física fraca, mas mensurável. Pedia-se aos sujeitos de pesquisa que apertassem um botão sempre que pensassem estar sentindo a "energia psi", sensações psíquicas, como sentimentos inexplicáveis, imagens ou sons. Havia correlação entre essas sensações internas e períodos objetivamente mensuráveis de atividade cardíaca. Experimentos desse tipo levaram Motoyama a concluir que a concentração mental em um chakra é a chave para sua ativação.[20]

Esse e outros estudos levaram o Dr. Motoyama a deduzir que certos indivíduos são capazes de projetar sua energia por meio dos chakras, afirmação corroborada por Itzhak Bentov, pesquisador das mudanças fisiológicas associadas à meditação. Bentov reproduziu as descobertas de Motoyama a respeito das emissões eletrostáticas dos chakras.[21]

O Dr. Motoyama afirma que os chakras estão representados no sistema nervoso central pelo cérebro e pelos plexos nervosos, assim como nos pontos de acupuntura dos meridianos. Embora os chakras não se identifiquem com o sistema nervoso central nem com os meridianos,

---

* *Os Chakras e os Campos de Energia Humanos*, publicado pela Editora Pensamento, São Paulo, 1991.

Motoyama considera que se sobrepõem aos dois outros sistemas. Não se trata de ocuparem o mesmo espaço físico.[22]

Como explica o Dr. Motoyama, os chakras fornecem ao corpo físico energia captada do exterior. Esse fornecimento se dá por meio do sistema de nadis, circuito que difunde energia sutil por todo o corpo. Motoyama afirma que os "nadis grosseiros" são idênticos aos meridianos, e que os dois sistemas representam "um sistema físico, mas invisível, de controle fisiológico", situado dentro do tecido conjuntivo.[23]

Esses são alguns dos caminhos pelos quais a ciência vem se aproximando do conhecimento antigo. Estamos começando a perceber que todas as cosmologias – a mundana, a física e a mística – talvez sejam a mesma.

39

SISTEMAS DE CHAKRAS PELO MUNDO AFORA

A tradição ocidental costuma atribuir o sistema dos chakras aos hindus. A verdade é que sistemas desse tipo existiram em todas as partes do globo. Alguns são de origem hindu, outros parecem ter surgido organicamente, e outros ainda, entre os quais o maia, alegam ter dado origem até mesmo ao sistema hindu.

OS SETE CHAKRAS HINDUS

A palavra *hindu* significa "referente ao Indo", rio que nasce no Himalaia tibetano, cruza o atual Paquistão e deságua no Mar da Arábia. Nessa região, várias culturas misturaram as ideias e os ideais que constituem o atual sistema hindu dos chakras.

Segundo a filosofia hindu, os chakras são corpos de energia sutis localizados na coluna vertebral e abrigados no núcleo mais íntimo do *Shushumna nadi*. Esse núcleo é chamado *Brahma nadi*, portador da energia espiritual. Os nadis distribuem energia sutil por todo o corpo e são aliados essenciais da ascensão da kundalini, ativação da energia vital no chakra mais baixo. Quando despertada, a energia da kundalini sobe pela coluna – a coluna dos chakras – e se espalha pelo corpo para propiciar a iluminação.

O núcleo do nadi Sushumna é considerado um corpo de energia espiritual, não material; por isso, é costume considerar que os chakras têm natureza sutil. Alguns sistemas hindus, entretanto, estabelecem um vínculo entre os nadis e os plexos nervosos grosseiros, que se situam fora da coluna. Esses sistemas postulam que a natureza dos chakras não é apenas sutil, mas também física, e veem os chakras como o fundamento de toda a existência psicológica e física.

MULADHARA OU ADHARA: PRIMEIRO CHAKRA, CHAKRA DA BASE OU CHAKRA DA RAIZ

O chakra Muladhara ou Adhara é o fundamento do panteão védico dos chakras. É o primeiro dos chakras situados no corpo e localiza-se na base da coluna. Dele nascem os nadis, canais de energia sutis que transportam a energia vital por todo o corpo. Por isso, o primeiro chakra é visto como o centro de energia sutil do plexo nervoso coccígeo, mas também tem importância vital na constituição de um fundamento físico e psicológico para nossa vida.

O Muladhara é associado ao elefante, que porta o som-semente do chakra. Sua energia nos ajuda a perseverar; os elefantes são sólidos, confiáveis e perseverantes. Eles nos ajudam a aproveitar e a conduzir a energia de que precisamos para sobreviver e prosperar.

Geometricamente, o Muladhara é representado como um quadrado com um círculo inscrito. Dentro do círculo há um triângulo virado para baixo: a imagem de um órgão sexual feminino. O lótus associado ao Muladhara tem quatro pétalas vermelhas; o vermelho é a cor mais tipicamente associada ao primeiro chakra. O lótus está contido em um quadrado amarelo, que significa o

LENDA DOS CHAKRAS HINDUS

HÁ SETE CHAKRAS básicos no sistema hindu, embora algumas versões tântricas acrescentem vários outros situados na testa. Três chakras adicionais da testa serão descritos neste livro. Há leves variações entre os muitos textos hindus; por isso, nesta visão geral, apresentaremos somente os conceitos, as definições e as transliterações mais populares. Este é um modelo condensado dos muitos aspectos tradicionais dos chakras.

Primeiro, daremos o nome sânscrito do chakra e seus nomes secundários. Depois, faremos uma apresentação geral. Os aspectos adicionais mencionados são:

Outros nomes: Outros nomes hindus, quando houver.

Significado do nome: Significado do nome sânscrito do chakra.

Aspecto principal: Descrição genérica da principal função do chakra.

Localização: Localização física do chakra em relação à coluna vertebral, aos órgãos próximos ou ao plexo nervoso a ele associado (também chamado *sthula sarira*).

Órgãos relacionados: Lista parcial dos órgãos regulados pelo chakra ou a ele associados.

Símbolo: O símbolo, também chamado *yantra*, tem relação com a forma do chakra. Em regra, o chakra é associado a uma figura geométrica e a um lótus com determinada cor e número de pétalas.

Cor do chakra: Cor geral do chakra.

Componentes: Cada chakra é associado a um elemento, e os elementos são associados a cores, sons e pétalas de lótus específicos:

ELEMENTO GROSSEIRO
Os elementos são chamados *tattwas*. Sobre os cinco elementos físicos, ou *bhutas*, ver a figura 5.8.

ELEMENTO SUTIL
O *tanmatra*, elemento mais espiritual.

COR DO ELEMENTO
No yoga tântrico, a cor do elemento grosseiro.

elemento terra. Assim, pode-se considerar que o vermelho do primeiro chakra, que evoca vida e paixão, está contido e moderado pelas energias terrenas. O mantra é *lam*, que impede que nossa energia desça abaixo de nosso fundamento, o primeiro chakra. Algumas fontes afirmam a presença de um linga ou ponto de concentração no meio do triângulo, reflexo das energias masculina e feminina presentes em toda forma viva. O deus que supervisiona esse chakra é Brahma, senhor e criador. Representado tradicionalmente com quatro cabeças, quatro faces e quatro braços, é capaz de

FIGURA 5.5
PRIMEIRO CHAKRA: MULADHARA

SOM DO ELEMENTO
Chama *som-semente* ou *bija-mantra*; som gerado pelo elemento neste chakra.

PORTADOR DO SOM
Cada chakra é representado por um animal ou *vahana*, que é o portador do som-semente. Cada animal reflete determinada qualidade que o chakra disponibiliza.

PÉTALAS
Cada chakra é representado por um lótus ou *padma*, com número específico de pétalas. As próprias pétalas são associadas a certos sons, divindades e significados.

Sentido predominante: Sentido predominante associado ao chakra.

Órgão dos sentidos: O *jnanedriya*, órgão que administra o sentido correspondente ao chakra.

Órgão de ação: O *karmendriya*, órgão que gera a atividade física principal relacionada ao chakra.

Sopro vital: Tipo de sopro controlado pelo chakra, quando houver.

Esfera cósmica ou plano: A maioria dos chakras se relaciona a um *loka*, um mundo, ou a determinado plano; tanto o mundo quanto o plano são listados, quando for o caso.

Deusa regente: Cada chakra é supervisionado por uma deusa específica.

Deus regente: Cada chakra é supervisionado por um deus específico.

Planeta regente: Planeta que se considera estar relacionado com o chakra em questão.

Linga: Alguns chakras contêm *lingas*, também chamados *granthi* ou "nós", que precisam ser desatados para que a kundalini possa subir.

olhar para todas as direções e governá-las. Dakini, sua consorte, atua como guardiã da porta do mundo físico. Em cada uma de suas quatro mãos, ela segura um símbolo da vida – e da morte – e do caminho da vida que medeia entre as duas.

Do ponto de vista psicológico, o chakra Muladhara regula nossas necessidades primárias e existência física. É o chakra que se relaciona mais de perto com nossa sobrevivência física. É nele que decidimos viver ou morrer e como sobreviveremos – ou prosperaremos. Entende-se que esse chakra é feito do elemento terra, proporcionando um fundamento para o mundo físico.

PRIMEIRO CHAKRA: MULADHARA

Outros nomes	Adhara, Patala
Significado do nome	*Muladhara* combina *mul*, base, e *adhara*, ou apoio. O nome reflete o objetivo principal do chakra, que é servir de base para nós na vida física; muitas vezes, é chamado chakra da raiz
Aspecto principal	Segurança
Localização	No corpo físico, na base da coluna, entre o ânus e os órgãos genitais
Órgãos relacionados	Ossos, estrutura esquelética, plexo nervoso coccígeo, glândulas adrenais
Símbolo	Quatro pétalas vermelhas, contendo um quadrado com um triângulo virado para baixo
Cor do chakra	Vermelho
Componentes	
Elemento grosseiro	Terra
Elemento sutil	Atração/odor
Cor do elemento	Amarelo
Som do elemento	*Lam*
Portador do som	Elefante, *airavata*, que representa a capacidade de dirigir a força vital para alcançar objetivos
Pétalas do lótus	Quatro pétalas vermelho-sangue
Sentido predominante	Olfato
Órgão dos sentidos	Nariz
Órgão de ação	Pés
Sopro vital	*Apana*
Plano cósmico	Terra natural, *Bhu Loka*
Deusa regente	Dakini, guardiã da porta da realidade física
Deus regente	Brahma, criador da realidade física Ganesh, deus de cabeça de elefante que dá proteção e remove obstáculos, também é associado com frequência a esse chakra
Planeta regente	Saturno
Linga	Neste chakra se localiza o nó de Brahma, que precisamos desintegrar para nos desfazermos dos véus de ilusão que nos fazem perceber a terra como prisão

SVADHISTHANA: SEGUNDO CHAKRA

Este chakra dá início à expansão da nossa individualidade. Sua localização, nos órgãos sexuais, reflete a necessidade instintiva de desenvolvermos uma personalidade específica e de convivermos com outras pessoas. O elemento aquoso desse chakra nos estimula a desfrutar dos ritmos e ciclos da vida. O animal mais associado a esse chakra é o crocodilo, que permanece mergulhado na água à espera da oportunidade de se expressar – de tomar banho de sol ou de matar.

Nossa psique busca se expressar por meio do segundo chakra. Muladhara, primeiro chakra, representa o fundamento da existência; o segundo chakra, Svadhisthana, representa a criatividade. Como devemos viver e compartilhar nossas paixões? Nossos sonhos? Nossos desejos? Podemos fazê-lo com integridade? A energia divina que preside esse chakra, Vishnu, representa o equilíbrio entre o poder criativo de Brahma e o poder destrutivo de Shiva. Todos nós temos forças geradoras e degenerativas dentro de nós; quando devemos aplicar cada uma delas e por quais motivos? A deusa que preside o segundo chakra, Rakini Shakti, bebe o néctar do sétimo chakra – a ambrosia dos deuses. Ela pergunta: Estamos dispostos a beber a doçura da vida – e do amor?

O símbolo do segundo chakra é uma lua crescente dentro de um círculo. Fora dela há um lótus de seis pétalas alaranjadas, quase vermelhas (alguns sistemas as veem brancas). O mantra é *vam*, que nutre os líquidos do corpo. O simbolismo desse chakra é centrado na lua, carregada de simbolismo sexual. Diz-se que o deus da lua, quando esta está na fase nova, viaja pelo mundo para fertilizar as águas. A água, por sua vez, pode nutrir as plantas que sustentam os animais e, por fim, os seres humanos.

FIGURA 5.6
SEGUNDO CHAKRA: SVADHISTHANA

Do ponto de vista psicológico, o segundo chakra estimula o desenvolvimento da nossa personalidade única, da nossa capacidade de criar e promover o crescimento e da nossa necessidade de amor e doçura.

SEGUNDO CHAKRA: SVADHISTHANA

Outros nomes	Adhisthan, Shaddala
Significado do nome	Morada do eu, de *sva*, eu ou prana, e *adhisthana*, morada. Também significa "de seis pétalas"
Aspecto principal	Doçura
Localização	No corpo físico, baixo abdome, entre o umbigo e os órgãos genitais
Órgãos relacionados	Órgãos sexuais, bexiga, próstata, útero, plexo nervoso sacral, rins
Símbolo	Seis pétalas laranja-avermelhadas. Dentro delas há uma flor de lótus e uma lua crescente que contém *makara*, o crocodilo
Cor do chakra	Laranja
Componentes	
Elemento grosseiro	Água
Elemento sutil	Atração/paladar
Cor do elemento	Cor de água ou transparente, branco, azul-claro
Som do elemento	Vam
Portador do som	Crocodilo (*makara*), o invisível (como nossos desejos) que permanece debaixo d'água
Pétalas do lótus	Seis pétalas laranja-avermelhadas
Sentido predominante	Paladar
Órgão dos sentidos	Língua
Órgão de ação	Mãos
Sopro vital	*Apana*
Mundo ou plano	Plano astral, *Bhuvar Loka*
Deusa regente	Rakini Shakti, que bebe o néctar do sétimo chakra
Deus regente	Vishnu, que combina a criação e a destruição
Planeta regente	Plutão

MANIPURA: TERCEIRO CHAKRA, OU CHAKRA DO PLEXO SOLAR

O chakra Manipura se apresenta como uma joia brilhante, luminescente. Associado ao elemento fogo, é como um sol brilhante no meio do corpo.

Este centro, que controla o processo digestório e os órgãos digestórios, também influencia o sistema nervoso e o processo imunológico. A digestão é um reflexo da capacidade de digerir e assimilar tudo – inclusive os pensamentos. Assim, esse centro determina a saúde tanto do nosso corpo quanto da nossa mente.

Este chakra é corregido por Rudra e Lakini Shakti. Rudra é o senhor de Manipura. Sendo um aspecto de Shiva, aparece como o cocheiro da carruagem do sol, cujas flechas causam destruição e epidemias. Exige que organizemos nossa mente e nossa vida, decidindo o que precisa ser "queimado" e o que deve ser conservado. Lakini Shakti é uma forma benevolente de Kali, deusa da destruição. Nos encoraja a estabelecer metas e a nos concentrarmos no que precisamos fazer – e pensar –, a fim de alcançarmos aquilo a que aspiramos.

O terceiro chakra é representado por um triângulo virado para baixo inscrito dentro de um círculo. Dentro do triângulo há letras "T" que atuam como portas para as formas de suástica às quais se ligam. A suástica, símbolo sânscrito do bem-estar, quer os ramos que saem da cruz apontem para a esquerda ou para a direita – e neste caso apontam para a esquerda –, é um símbolo do fogo, o elemento grosseiro desse chakra. As dez pétalas de seu lótus são azuis – como o centro de uma chama; assim, esse chakra é ao mesmo tempo construtivo e destrutivo. O elemento fogo tem relação com a teoria hindu de que a digestão se realiza pelo calor; assim, o alimento é queimado para criar nossa energia vital. Dentro desse chakra ouvimos o som *ram*, tom muito adequado para ele, pois o animal portador do mantra é exatamente um carneiro macho (*ram* em inglês). Os carneiros nos dão coragem e apoio para entrarmos no mundo.

Do ponto de vista psicológico, Manipura é o centro do nosso poder pessoal. Para certas pessoas, isso se traduz na necessidade premente de obter informações; para outros, na necessidade de obter autoridade. Dentro desse chakra estão as chaves do equilíbrio e o poder de decidirmos como vamos realizar nosso dharma, nosso propósito de vida, em vez de apenas vivermos o karma, frutos de nossas experiências passadas.

FIGURA 5.7
TERCEIRO CHAKRA: MANIPURA

DESENVOLVIMENTO DOS CHAKRAS HINDUS

HÁ MUITAS TEORIAS SOBRE o desenvolvimento dos chakras, ou seja, a ordem natural e progressiva de abertura dos chakras. O esquema tântrico mais conhecido é:

Chakra	Idade de desenvolvimento
Muladhara	1 a 8 anos
Svadhisthana	8 a 14 anos
Manipura	14 a 21 anos
Anahata	21 a 28 anos
Vishuddha	28 a 35 anos

Não há idades formalmente associadas aos chakras Ajna e Sahasrara.

SISTEMAS DE CHAKRAS PELO MUNDO AFORA

FIGURA 5.8

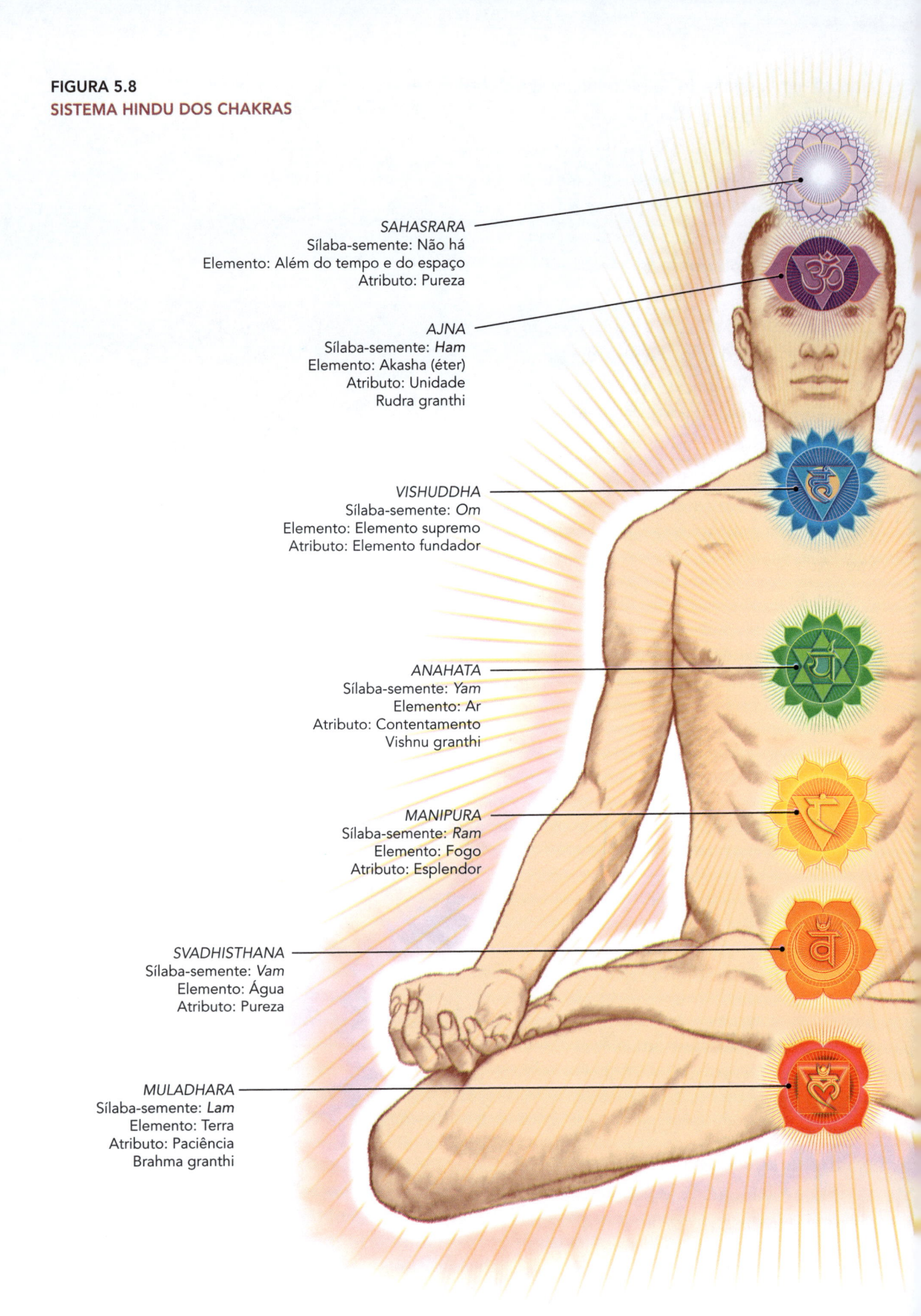

SISTEMA HINDU DOS CHAKRAS

SAHASRARA
Sílaba-semente: Não há
Elemento: Além do tempo e do espaço
Atributo: Pureza

AJNA
Sílaba-semente: *Ham*
Elemento: Akasha (éter)
Atributo: Unidade
Rudra granthi

VISHUDDHA
Sílaba-semente: *Om*
Elemento: Elemento supremo
Atributo: Elemento fundador

ANAHATA
Sílaba-semente: *Yam*
Elemento: Ar
Atributo: Contentamento
Vishnu granthi

MANIPURA
Sílaba-semente: *Ram*
Elemento: Fogo
Atributo: Esplendor

SVADHISTHANA
Sílaba-semente: *Vam*
Elemento: Água
Atributo: Pureza

MULADHARA
Sílaba-semente: *Lam*
Elemento: Terra
Atributo: Paciência
Brahma granthi

OS ELEMENTOS

Cada um dos elementos básicos hindus serve aos chakras inferiores. Os elementos tanto sustentam os chakras quanto lhes proporcionam serviços, e podem ser representados de muitas formas, inclusive por figuras geométricas. Os dois chakras superiores trabalham com elementos superiores ou com uma síntese dos elementos inferiores. O chakra Ajna é portador de *mahat*, "elemento supremo", que inclui três aspectos: mente, intelecto e consciência do eu. Os elementos grosseiros dos outros chakras evoluem a partir do Elemento Supremo. Sahasrara é consciência pura; seu elemento, portanto, está além do tempo e do espaço.

O LÓTUS

Haverá uma representação dos chakras mais bela que um lótus? Cada chakra é representado por um lótus de uma cor específica e com número específico de pétalas.

As pétalas são configurações assumidas pela posição dos nadis (canais) em determinado centro e manifestadas pelo prana no corpo vivo. Quando *vayu* (respiração) vai embora, o lótus deixa de se manifestar. Os lótus também são considerados manifestações da kundalini e, no total, criam o aspecto físico da Shakti kundalini, "corpo dos mantras". Em suma, as pétalas representam o aspecto físico da energia sutil da kundalini.

Há um som-semente no centro de cada lótus, com exceção do Sahasrara, o lótus das 1.000 pétalas. Esse som-semente é o som sutil produzido pela vibração das forças no centro do lótus. Em geral, a figura do lótus contém todas as configurações especiais e únicas de cada chakra, bem como seu significado.

O LINGA OU *GRANTHI*: DESATANDO OS NÓS

O linga ou *granthi* é um nó localizado dentro do corpo que prende a energia. Temos de desatar esses nós para podermos liberar as energias presas dentro deles e alcançar nossa condição divina.

Esses nós localizam-se nos chakras Muladhara, Anahata e Ajna, ou seja, o chakra da raiz, o do coração e o do terceiro olho. Muitas vezes, os nós se desfazem à medida que a kundalini sobe.

Os lingas são geralmente associados a dois símbolos básicos, cada um dos quais representando uma forma diferente de divindade. O linga tem a forma de um pênis, representado como um pilar arredondado. A *trikona* ou *yoni* tem a forma de uma vagina e é representada por um triângulo virado para baixo. O nó do chakra Muladhara tem o próprio linga, que também está enrodilhado na "serpente", ou seja, na Shakti kundalini. A Shakti kundalini precisa se desenrodilhar e começar a subir pelo nadi Sushumna para que o linga possa ser desatado.

TERCEIRO CHAKRA: MANIPURA

Outros nomes	Manipurak, Nabhi
Significado do nome	Cidade das Joias. *Mani* significa joia ou pedra preciosa; *pura* é morada; e *nabhi* significa umbigo
Aspecto principal	Pedra brilhante
Localização	Entre o umbigo e a base do esterno
Órgãos relacionados	Plexo nervoso solar ou central, órgãos e sistema digestório; algumas autoridades acrescentam os músculos e os sistemas nervoso e imunológico
Símbolo	Um lótus de dez pétalas dentro do qual há um triângulo virado para baixo e rodeado por três suásticas em forma de T
Cor do chakra	Amarelo
Componentes	
Elemento grosseiro	Fogo
Elemento sutil	Forma/visão
Cor do elemento	Vermelho-chama
Som do elemento	*Ram*
Portador do som	Carneiro, que significa a combatividade espiritual (força, sabedoria, coragem)
Pétalas do lótus	Dez pétalas azuis
Sentido predominante	Visão
Órgão dos sentidos	Olhos
Órgão de ação	Ânus
Sopro vital	*Samana*, que auxilia a digestão
Mundo ou plano	Plano celestial; *Svarloka*
Deusa regente	Lakini Shakti, que proporciona inspiração e concentração com a compaixão
Deus regente	Rudra, antiga força destrutiva
Planeta regente	Sol

ANAHATA: QUARTO CHAKRA OU CHAKRA DO CORAÇÃO

Diz-se que os iluminados conseguem ouvir o som do universo dentro do chakra Anahata. Com efeito, o coração é o centro do corpo humano, o mais vital de todos os órgãos. Como vimos, ele emite milhares de vezes mais eletricidade e magnetismo que o cérebro. O coração, órgão central do chakra Anahata, reafirma nossa existência a cada pulsação, revelando que a vida inteira, na verdade, nada mais é que som e ritmo.

O coração contém o segundo *granthi*, o segundo nó, as energias amarradas que precisamos soltar para libertarmos nossa natureza divina. O coração é o domínio de várias divindades hindus. Krishna é uma das encarnações de Vishnu e associado ao amor superior e ao amor do coração.

Abaixo dele encontramos o senhor Isvara, aspecto de Shiva, conhecido pela abordagem mística do amor e da vida. Muitas vezes, Isvara é associado aos *siddhis*, poderes paranormais desenvolvidos pelos praticantes do tantra. (Ver "*Siddhis*: Poderes dos Corpos Sutis", p. 304.) Isvara também ajuda a quebrar todas as barreiras entre o eu e o mundo. Kakini Shakti é sua corregente e ajuda o devoto a coordenar o batimento cardíaco com o ritmo do universo. O animal que pulula dentro desse chakra é o antílope, que ilustra o domínio do elemento ar.

FIGURA 5.9
QUARTO CHAKRA: ANAHATA

O símbolo do coração são dois triângulos sobrepostos e inscritos dentro de um círculo, um apontando para cima e o outro, para baixo. Eles formam, assim, uma estrela de seis pontas. O lótus tem doze pétalas, cuja cor é, muitas vezes, considerada vermelha, muito embora o elemento correspondente, ar, tenha, em geral, a cor cinza. O som que emana do chakra é *yam*.

O chakra do coração tem muitos símbolos complexos. Os dois triângulos retratam a união completa das energias masculina e feminina, ao contrário do linga no primeiro chakra, que indica a fusão sexual. O elemento ar, no entanto, não é entendido aqui como "sopro vital", mas como transmissor de som e energia. A natureza mística do ar dá a entender que tal som se encontra fora do tempo e do espaço e estimula um entendimento de assuntos que nada têm a ver com as preocupações do dia a dia.

Do ponto de vista psicológico, o chakra do coração é dedicado ao amor e à compaixão, bem como aos outros ingredientes necessários para que a pessoa se torne, de fato, amorosa interior e exteriormente.

QUARTO CHAKRA: ANAHATA

Outros nomes	Hritpankaja, Dvadashadala
Significado do nome	Lótus do coração: *hrit* significa coração e *pankaja*, lótus. Doze pétalas: *dvadash* é doze e *dala*, pétalas
Aspecto principal	Amor e relacionamentos
Localização	No corpo físico, centro do peito, o coração
Órgãos relacionados	Plexo nervoso cardíaco, sistemas respiratório e cardíaco, glândula timo

(continua)

(continuação)

Símbolo	Lótus de doze pétalas dentro do qual há dois triângulos que se intersectam de modo a criar uma estrela de seis pontas
Cor do chakra	Verde
Componentes	
Elemento grosseiro	Ar
Elemento sutil	Impacto/tato
Cor do elemento	Sem cor, cinza ou verde-claro
Som do elemento	*Yam*
Portador do som	Antílope, que reflete a paixão e a alegria de viver
Pétalas do lótus	Doze pétalas vermelho-vivas
Sentido predominante	Tato
Órgão dos sentidos	Pele
Órgão de ação	Órgão sexual
Sopro vital	*Prana*
Mundo ou plano	Equilíbrio, lar dos *siddhas* e dos santos; mundo *Maharloka*
Deusa regente	Kakini Shakti, que sincroniza nosso batimento cardíaco com o universo
Deus regente	Isvara, que nos ajuda a estabelecer laços com o mundo
Planeta regente	Vênus
Linga	Nesse chakra situa-se o bana linga ou *granthi* de Vishnu, que deve ser dissolvido para eliminar a percepção da separação

VISHUDDHA: QUINTO CHAKRA, CHAKRA DA GARGANTA

Vishuddha é o centro pelo qual comunicamos nossa verdade ao mundo. Dá voz – ou música, ou som – ao nosso coração interior e, inversamente, ouve o que mundo nos responde.

Este é o último chakra na sequência dos elementos grosseiros ou físicos. Dentro de sua localização, preparamo-nos para subir a escada da consciência e passarmos aos chakras dedicados à espiritualidade. É hora de perguntar o que precisa ser dito para possibilitar essa transcendência.

Esse chakra apoia-se em Airavata, elefante branco de seis trombas. É o deus dos elefantes, o senhor das nuvens. Ao contrário do elefante do primeiro chakra, Airavata não está sujeito a nenhum tipo de restrição. Desloca-se livremente dentro do plano do éter e do espaço, abrindo-se para os raios do cosmos. Os deuses Ardhvanarisvara e Sakini Shakti proporcionam orientações adicionais. A feminina Sakini ensina cada um de nós a dominar os cinco elementos e a comunicação psíquica. Nos concede conhecimento superior e ajuda a ativar os *siddhis*, poderes da vida. Ardhvanarisvara é andrógino. Nos encoraja a fundir dentro de nós os traços femininos e masculinos.

Em termos simbólicos, o quinto chakra tem a aparência de um triângulo voltado para baixo, inscrito em um círculo e com outro círculo menor inscrito nele. O lótus tem dezesseis pétalas, que, na maioria dos sistemas, são de cor azul-arroxeada. É regido pelo éter, o mais sutil dos elementos. O mantra *ham* energiza e harmoniza a garganta.

Do ponto de vista psicológico, o quinto chakra nos abre para a sabedoria superior, para nossos guias e para nossa alma. Muitas fontes o apresentam como o centro relacionado aos sonhos. No quinto chakra, se formos capazes de determinar quais verdades queremos representar, podemos ter acesso a nossos sonhos interiores e viver uma vida significativa.

FIGURA 5.10
QUINTO CHAKRA: VISHUDDHA

QUINTO CHAKRA: VISHUDDHA

Outros nomes	Kanth Padma, Shodash Dala
Significado do nome	Lótus Puro ou Lótus da Garganta: *kanth* significa garganta e *padma*, lótus. Dezesseis Pétalas: *shodash* significa dezesseis e *dala*, pétalas
Aspecto principal	Comunicação e autoexpressão
Localização	Garganta
Órgãos relacionados	Plexo nervoso da laringe, cordas vocais, boca, garganta, ouvidos, glândulas tireoide e paratireoide
Símbolo	Um lótus de dezesseis pétalas que contém um triângulo virado para baixo, dentro do qual há um círculo que simboliza a lua cheia
Cor do chakra	Azul
Componentes	
Elemento grosseiro	Éter
Elemento sutil	Vibração/som
Cor do elemento	Roxo enfumaçado
Som do elemento	*Ham*
Portador do som	Elefante branco, que comunica harmonia e graça
Pétalas do lótus	Dezesseis pétalas roxas enfumaçadas

(*continua*)

(continuação)

Sentido predominante	Audição
Órgão dos sentidos	Ouvido
Órgão de ação	Boca
Sopro vital	*Updana*
Mundo ou plano	Plano humano; *Janaloka*, fim da escuridão
Deusa regente	Sakini Shakti, cujas cinco cabeças dominam os elementos e o mundo psíquico
Deus regente	Ardhvanarisvara, deus de cinco cabeças que representa o domínio sobre os cinco elementos
Planeta regente	Júpiter

AJNA: SEXTO CHAKRA, CHAKRA DO TERCEIRO OLHO

As energias solar e lunar se encontram e se misturam no sexto chakra, combinando os seguintes princípios: solidez, liquidez, consciência, neutralidade, ascese, violência e devoção espiritual. O Ajna dissolve a dualidade, permitindo que já não vejamos as coisas como "boas" e "más" e paremos de distinguir entre "eu" e "tu", de modo a sermos capazes de aceitar a unidade maior dentro do cosmos. É aí que podemos usar nosso "terceiro olho", ou visão interior, para ver a verdade por trás da realidade material.

Neste chakra se localiza o terceiro *granthi* ou nó. É o nó de Rudra do linga de Itara, representado como um raio de cor branca brilhante. Por meio de sua energia, recebemos a oportunidade de ver todas as coisas como sagradas e santas.

Shiva, senhor da destruição, governa o sexto chakra. Controla a mente sutil, ensinando-nos a controlar nossos desejos e compulsões. Hakini Shakti é sua corregente, sendo a guardiã da porta do terceiro olho. Ela é um aspecto da Shakti kundalini e tem seis cabeças, que representam a iluminação, o controle do pensamento, a concentração, a meditação, a concentração superconsciente e a atenção unificada. Às pessoas a quem favorece, dá de beber o néctar (*soma*), bebida da imortalidade. (Ver "Três Corpos Chákricos Adicionais", p. 286, para mais informações sobre o chakra Soma.)

Ajna é representado por um triângulo virado para baixo dentro de um círculo.

FIGURA 5.11
SEXTO CHAKRA: AJNA

Seu lótus tem apenas duas pétalas. É transparente e feito de luz, pois seu propósito é nos ajudar a ver com clareza. Seu mantra é o divino *aum*, que conecta o princípio e o fim de todas as coisas. Esse chakra não é associado a nenhum elemento ou animal específico, embora alguns o correlacionem ao antílope negro, portador da luz. Às vezes, o Ajna é chamado de chakra do elemento supremo – luz que gera todos os outros elementos. Como tal, considera-se que seja o portador da sílaba-semente OM, representada na figura 5.11, embora algumas fontes lhe atribuam outra sílaba.

Mentalmente, o Ajna está relacionado a nossas faculdades cognitivas e sensoriais. É aí que passamos além das informações concretas e mundanas e chegamos a formular abstrações e pensamentos mais elevados. Por isso, um dos papéis mais importantes desse chakra é transpor os mundos sutis, governando os *koshas*, ou camadas, que constituem a totalidade do corpo sutil (*sukshma sarira*). (Ver "Além dos Chakras: Elenco Hindu de Corpos de Energia", p. 300.) Podemos agora descobrir nosso eu verdadeiro e encetar uma jornada que nos leve a um futuro desejável.

SEXTO CHAKRA: AJNA

Outros nomes	Bhru Madya, Dvidala Padma
Significado do nome	Comando; Ponto entre as sobrancelhas: *bhru* significa sobrancelhas e *madhya* significa "entre". Também é chamado "Lótus de Duas Pétalas"
Aspecto principal	Percepção e autorrealização
Localização	Acima das sobrancelhas e entre elas
Órgãos relacionados	Plexo medular, glândula pituitária, olhos
Símbolo	Lótus com duas grandes pétalas, uma de cada lado, ao redor de um círculo que contém um triângulo virado para baixo
Cor do chakra	Púrpura/índigo
Componentes	
Elemento grosseiro	Luz
Elemento sutil	Elemento supremo; todos os outros elementos estão presentes
Cor do elemento	Transparente
Som do elemento	*Om*
Portador do som	Alguns dizem que não há; outros afirmam ser um antílope negro, veículo do deus do vento
Pétalas do lótus	Duas pétalas
Sentido predominante	Neutro
Órgão dos sentidos	Mente
Órgão de ação	Mente
Sopro vital	Não há sopro vital, mas uma convergência harmônica
Mundo ou plano	*Tapasloka*, plano da ascese; morada dos bem-aventurados
Deusa regente	Hakini Shakti, com seis cabeças, que representa a meditação perfeita
Deus regente	Shiva, deus da destruição e da divina dança; Shiva faz par com o feminino
Planeta regente	Peixes
Linga	O *Itara Linga* é o *granthi* de Rudra. Quando desfeito, conserva as mudanças operadas pela kundalini

Considera-se que Ajna está além dos elementos grosseiros e concretos e leva, em contrapartida um "elemento supremo" que serve de fundamento para os elementos processados nos chakras inferiores.

TRÊS CORPOS CHÁKRICOS ADICIONAIS: CONEXÕES PARA O AJNA

Há três corpos chákricos adicionais que desempenham papel vital na ascensão da kundalini para além do chakra Ajna. Agrupados sob o título "chakra Soma", chamam-se Soma, Kameshvara e Kamadhenu.

O chakra Soma localiza-se dentro do Sahasrara e logo acima do Ajna. Há muitas opiniões sobre esse chakra. Alguns sistemas o percebem como uma junção de três chakras independentes; outros o veem como dois chakras mais um subchakra; e outros, ainda, como corpos semelhantes a chakras que funcionam por meio do Ajna. Entenderemos o chakra Soma como dois subchakras com uma ponte semelhante a um chakra. Os dois subchakras são Soma e Kameshvara; a ponte é Kamadhenu.

O chakra Soma geral é ilustrado como um lótus azul-claro, quase branco, com doze pétalas (às vezes, dezesseis) e um crescente prateado. Essa lua é a fonte do néctar (*soma*) do corpo, que se diz verter de *Kamadhenu*, deusa branca com rosto de vaca.

Ela é a "vaca que atende a todos os desejos" e está a serviço do iniciado que penetrou o *granthi* de Rudra. Nesse nível, a pessoa desistiu de todas as suas necessidades pessoais e pede apenas aquilo que fará bem ao mundo. Kamadhenu funciona como conexão entre os dois subchakras. Em algumas disciplinas, diz-se que ocupa seu próprio chakra.

O chakra Kameshvara fica logo acima da morada de Kamadhenu. É aí que a kundalini, em uma de suas muitas formas – chamada, no caso, Kameshvari –, se une ao senhor Param Shiva. Dentro desse chakra há um triângulo ao redor de Kameshvara e Kameshvari. No yoga tântrico, esse triângulo é chamado A-KA-THA, sendo formado por três nadis: *vama*, *jyeshtha* e *raudri*. Os mesmos nadis formam um triângulo no chakra Muladhara, onde também envolvem uma versão de Shakti e Shiva.

Quando Shakti sobe ao Kameshvara, o saber, o sentir e o fazer evoluem e se identificam à verdade, à beleza e à bondade. Isso se deve à combinação dos três *gunas* e dos três *bindus*. (Ver "As Forças dos Bindus", p. 289.)

Kameshvara é um deus de incrível beleza. Sentado como um yogue, abraça Kameshvari, a mais bela das mulheres. A união dos dois é chamada *tantra* ou consciência expandida, pois associa o gozo (*bhoga*) ao desapego (*yoga*).

SAHASRARA: SÉTIMO CHAKRA, CHAKRA DA COROA

Shiva e Shakti – o masculino e o feminino – se unem dentro de Sahasrara para criar *brahma-randhra*, que transcende a ambos. Dentro desse chakra, a personalidade individual se dissolve na essência do todo.

Este é o chakra das mil pétalas. Essas pétalas representam as cinquenta letras do alfabeto sânscrito com suas vinte permutações. A magnitude dessas vibrações confirma o papel do sétimo chakra, de governar e coordenar todos os outros chakras.

Este chakra tem várias características únicas. Em todos os outros chakras, os lótus apontam para cima. Neste, apontam para baixo, simbolizando a libertação em relação a tudo o que é mundano e a chuva divina que cai de suas pétalas. Alguns yogues dizem mesmo que, tendo ativado esse chakra, a fontanela no topo da cabeça fica úmida com o "orvalho da divindade".

No sistema clássico hindu, não se considerava que o chakra Sahasrara ficava dentro do corpo. Tradicionalmente, ele é figurado *acima* da cabeça. Os sistemas mais contemporâneos o situam no próprio topo da cabeça. Seja qual for a localização que você prefira, a ideia é a mesma: esse chakra se situa no próprio espaço.

FIGURA 5.12
SÉTIMO CHAKRA: SAHASRARA

O Sahasrara cria o quinto *kosha*, a *camada Anandamaya* que é também o *corpo causal*. Depois de subir ao Sahasrara, nos desfazemos também dessa camada e nos libertamos de todas as limitações do mundo físico, assim como da "roda da vida", veículo que inicia a reencarnação. Uma vez libertados do corpo causal, entramos em um dos três planos ou *koshas* superiores além do corpo: o *Satyaloka*, "Mundo da Verdade". Alcançamos ainda *samadhi*, estado de bem-aventurança e de simples-ser associado à transcendência. Esse estado é associado ainda aos ensinamentos de Krishna no *Bhagavad-Gita* e ao oitavo ramo do yoga óctuplo de Patanjali. (Ver "Yoga Óctuplo de Patanjali", p. 291.) Há muitos níveis de samadhi, o mais alto dos quais envolve identificação com os mais elevados estados de consciência, até que, por fim, o indivíduo é absorvido no todo.

Considera-se que o Sahasrara está além da maioria das representações simbólicas, embora esse chakra seja, em geral, considerado de cor branca.

Diz-se que o Sahasrara está além dos sentidos, dos órgãos dos sentidos e do sopro vital. Como tal, geralmente não se lhe atribui uma sílaba-semente, como mostra a figura 5.12, mas algumas fontes o representam com a sílaba OM.

SÉTIMO CHAKRA: SAHASRARA

Outros nomes	Bhru Madhya e Dvidala Padma
Significado do nome	Vazio, morada sem suporte, mil pétalas
Aspecto principal	Espiritualidade
Localização	No topo da cabeça ou logo acima da cabeça

(continua)

(continuação)

Órgãos relacionados	Parte superior do crânio, córtex cerebral, glândula pineal
Símbolo	O lótus de mil pétalas
Cor do chakra	Branco; também é visto como violeta ou dourado
Componentes	
Elemento grosseiro	Em Sahasrara não há elemento grosseiro, elemento sutil ou cor que lhe estejam associados
Elemento sutil	
Cor do elemento	
Som do elemento	*Visarga* (som aspirado)
Portador do som	Movimento do *bindu*, um ponto sobre um crescente lunar
Pétalas do lótus	mil pétalas, tons de arco-íris
Órgão de ação	Glândula pineal
Mundo ou plano	Verdade ou *Satyaloka*
Deusa regente	Aqui, Shakti se une a Shiva
Deus regente	Aqui, Shiva se une a Shakti
Planeta regente	Ketu

TIPOS HUMANOS DE ACORDO COM OS CHAKRAS HINDUS

Os indivíduos tendem a usar mais a energia de um dos chakras que a dos outros. Também tendemos a "residir" em determinados chakras enquanto subimos a escada da kundalini. As descrições de caráter apresentadas a seguir são baseadas nas reflexões de Harish Johari, respeitado especialista em espiritualidade oriental e autor de vários livros sobre os chakras hindus e tântricos.[24]

PERSONALIDADE MULADHARA

A pessoa regida pelo chakra Muladhara se confronta, muitas vezes, com lições de vida cujo tema é a segurança – ou, antes, o desejo de estar seguro dos pontos de vista físico e financeiro. O comportamento dessas pessoas costuma ser comparado ao das formigas, que trabalham ardorosamente para sua rainha. Toda sua noção de eu é baseada na aprovação alheia ou no ato de seguir as leis. Para essas pessoas, portanto, as lições envolvem o confronto com a cobiça, a luxúria, a sensualidade e a ira e o ato de se libertarem dessas características. Como o elemento terra, a personalidade Muladhara é fisicamente forte e produtiva. Muitas vezes, consegue ganhar da concorrência em razão de sua força e perseverança.

PERSONALIDADE SVADHISTHANA

O indivíduo de personalidade Svadhisthana tende a se dedicar às coisas refinadas da vida – arte, música, poesia e joias da criatividade. Embora produzam beleza, essas coisas também representam

AS FORÇAS DOS BINDUS

ANTES DA MANIFESTAÇÃO, o *param bindu* (consciência suprema) assume caráter tríplice, figurado como um triângulo. Cada vértice do triângulo é representado por um *bindu*, força, que interage com os outros bindus para conduzir a pessoa à iluminação. Os três bindus são o vermelho (*rakta*), que representa *Brahmi*, energia de Brahma, o criador (também chamado *bindu*); o branco (*shvait*), que representa *Vaishnavi*, energia de Vishnu, o preservador (*bija*); e uma cor mista que representa *Maheshvari*, energia de Maheshvara, o destruidor, uma forma de Shiva (*nada*).

O param bindu (que cria as três forças triangulares dos bindus) forma *kamkala*, princípio de atualização da consciência energizada (Shakti), na forma de frequências sonoras sutis. O param bindu, visto agora como três Shaktis separadas, corre por três diferentes nadis para representar três tipos de consciência. O *vama nadi* se transforma em *saber*; *Jyeshtha nadi*, em *sentir*; e *raudri nadi*, em *fazer*. Quando a kundalini sobe para se unir à consciência suprema no chakra Kameshvara, os três bindus se misturam com três *gunas* (*sattva*, *rajas* e *tamas*), qualidades da energia. Essas energias recém-fundidas formam agora o *supremo bindu* e as três qualidades necessárias para a iluminação: a verdade (*satyam*), a beleza (*sundaram*) e a bondade (*shivam*).

A tabela a seguir ilustra os aspectos da consciência envolvidos neste processo.

FIGURA 5.13
ASPECTOS DA CONSCIÊNCIA

Nadi	Descrição da consciência	Aparência da consciência	Som criado	Atributo	Forma divina
Vama	Volição (*iccha*)	Sentir	Som sutil, *pashyanti*	Criação	Brahmi
Jyeshtha	Conhecimento (*jnana*)	Saber	Som intermediário, *madhyama*	Preservação	Vaishnavi
Raudri	Ação (*kriya*)	Fazer	Som articulado, *vaikhari*	Dissolução	Maheshvari

tentações que afastam do caminho espiritual. Os maiores desvios são a sexualidade, a sensualidade e o gozo irrestrito dos prazeres.

A pessoa que gira em torno do segundo chakra tende a sofrer mudanças bruscas de humor, e suas emoções são irregulares. Os desejos têm raiz no segundo chakra; podem gerar o amor e o prazer, mas também a frivolidade ou o puro e simples egoísmo. O caminho de Svadhisthana é chamado de via da borboleta, pois a vida é tão repleta de coisas prazerosas que é difícil ficar por muito tempo em um só lugar. Para essa pessoa, é importante desenvolver a disciplina, a fim de contrabalançar a compulsão de viver novas experiências.

PERSONALIDADE MANIPURA

Este chakra abraça os planos do karma (passado), do dharma (nosso objetivo de vida) e celestial. Seu foco é expiar os erros do passado. Manipura é o chakra do fogo, e pessoas que nele residem tendem a ser fogosas; a chave da alegria, no caso delas, é onde aplicam esse calor. Por acaso ele é usado para fugirem do passado – ou para construírem um futuro positivo?

Pessoas que residem no terceiro chakra tendem a ser temperamentais, mas também são capazes de se comprometer com suas metas. Com frequência, são movidas pela necessidade de serem reconhecidas e de obterem sucesso.

A questão principal é confrontar o ego. Confrontando questões de orgulho e controle, a pessoa de personalidade Manipura é capaz de incorporar as melhores características do animal que a representa – o carneiro. Este é capaz de andar com destreza e agilidade no alto das montanhas, assim como o indivíduo de terceiro chakra.

PERSONALIDADE ANAHATA

Quando o lótus se abre, suas doze pétalas conclamam ao movimento da energia em doze direções. Isso ativa doze qualidades mentais: esperança, ansiedade, esforço, possessividade, arrogância, incompetência, discriminação, egoísmo, luxúria, fraudulência, indecisão e arrependimento (descritas no *Mahanirvana Tantra*, manual de ritos e práticas tântricos, organizado e traduzido para o público ocidental por Arthur Avalon – pseudônimo de Sir John Woodroffe – em 1913).[25] Doze divindades, na forma de sons, auxiliam no processo que envolve confrontar, enfrentar e curar essas doze qualidades.

A pessoa que reside no chakra do coração pode se deparar com os desafios que vêm das chamadas qualidades negativas que habitam nesse órgão. No entanto, já lidaram com os desafios dos chakras inferiores e podem agora evoluir, adotando os sentimentos de devoção, compaixão, altruísmo e amor. No fim, podem se tornar como o antílope, capaz de se movimentar neste mundo como a luz: ágil, suave e firme.

PERSONALIDADE VISHUDDHA

O chakra Vishuddha convida ao renascimento. À medida que escalamos os chakras inferiores, abraçamos e aprendemos a dominar cada um dos elementos mais grosseiros. Entramos agora no plano do éter.

Pessoas que vivem neste nível são muitas vezes percebidas como sonhadoras, musicais, inspiradas e cultas. O que flui pelo quinto chakra é o som em todas as variedades. Há duas maneiras de viver nesse espaço. Podemos nos tornar perturbados e irresponsáveis – guardando em segredo nosso conhecimento, na solidão – ou podemos buscar e partilhar a verdade.

PERSONALIDADE AJNA

A personalidade Ajna já uniu a luz e a escuridão, a matéria e o espírito, o masculino e o feminino, e agora é capaz de partilhar sua luz com o mundo. Os nadis Ida e Pingala terminam no chakra

YOGA ÓCTUPLO DE PATANJALI

MUITOS DEVOTOS VÃO subindo de *kosha* em *kosha*, seguindo o yoga óctuplo de Patanjali, e assim curando os três corpos de encarnação (*sariras*) descritos em "Além dos Chakras: Elenco Hindu de Corpos de Energia", na p. 300. Nos *Yoga Sutras*, o famoso yogue Patanjali recomendou o seguinte processo:

- Aprender a conter-se (*yama*)
- Desenvolver a disciplina espiritual (*niyama*)
- Usar posturas corporais (*asana*)
- Controlar a respiração (*pranayama*)
- Recolher os sentidos (*pratyahara*)
- Desenvolver a concentração mental (*dharana*)
- Realizar a meditação profunda (*dhyana*)
- Alcançar a consciência superior (*samadhi*)

Nessas etapas, as primeiras seis referem-se ao trabalho com o corpo, e as duas últimas tratam do acesso ao espírito. Há uma correlação entre esses estágios e a passagem de *kosha* em *kosha*, em níveis de desenvolvimento que preparam o caminho para a ascensão da kundalini.

Ajna para aqueles que completam o caminho da kundalini. Essa pessoa é capaz de viver além do tempo: conhecer o passado, o presente e o futuro sem ser definida por esses parâmetros.

Essa capacidade deve ser administrada com muito cuidado, pois, se a pessoa pular qualquer parte do processo de desenvolvimento, certamente acabará "fora do ar", dissociada da vida cotidiana e do mundo concreto. Em teoria, o indivíduo Ajna é capaz de manter um estado de consciência não dualista. Na realidade prática – e esta existe, como quando temos de fazer compras e pagar contas –, a pessoa ligada ao chakra Ajna deve fazer a ponte entre a realidade espiritual e a física. Se ela for capaz de fazê-lo, poderá se tornar verdadeira "luz" para o mundo.

PERSONALIDADE SAHASRARA

O Sahasrara é o ponto de maior extensão para a ascensão da kundalini. Aqui, o "eu" individual se dissolve no espírito maior, criando paradoxalmente uma oportunidade para que a pessoa se identifique com seu eu verdadeiro. A pessoa que vive nesse nível existe em um êxtase permanente, sendo ao mesmo tempo o "eu" e o "todo". O ideal é que essa união a convide a um desapego em relação ao corpo físico, que traz consigo a libertação das dores, dos problemas e das humilhações do mundo. Por outro lado, também pode conduzir ao isolamento, à impassibilidade e à sensação de estar sozinho no meio da multidão.

Em geral, a personalidade Sahasrara é capaz de se manifestar por meio de seus *siddhis* ou poderes. Tem, assim, oportunidades incríveis de ajudar os outros. Muitas se tornam gurus ou quase gurus em razão de seus dons despertos e amplificados. No entanto, alguns indivíduos que vivem nesse chakra confundem o fato de terem dons com a ideia de que são especiais e se tornam egoístas. Em outras palavras, alguns se viciam na fama e na fortuna que acompanham esses dons superiores.

NADIS: CANAIS DE ENERGIA

Ao passo que os nadis são tecnicamente canais de energia e poderiam, assim, ter sido incluídos na Parte IV, ligam-se de modo tão íntimo aos chakras e ao processo da kundalini que só podem ser compreendidos nesse contexto. Por isso, vamos tratar detalhadamente dos nadis agora.

A palavra *nadi* vem da raiz sânscrita *nad* e significa "movimento". Segundo o *Rigveda*, texto sagrado hindu mais antigo, *nadi* significa "corrente". Esse termo é muito apropriado, pois os nadis transportam várias energias sutis por todo o corpo. Nessa função, funcionam como canais de um sistema de distribuição que leva a energia aos chakras a fim de ajudar a purificar e controlar o organismo físico e desempenham papel vital na ascensão da kundalini.

Os nadis foram mencionados pela primeira vez nos primeiros Upanishads, escritos entre os séculos VIII e VII a.C. As mesmas ideias foram desenvolvidas nos Upanishads posteriores e nas escolas tântricas e yogues.

Os nadis são, muitas vezes, comparados ao sistema tradicional chinês dos meridianos. Ambos distribuem energia e interagem com os chakras. Há, no entanto, várias diferenças. A maioria dos sistemas medicinais chineses trabalha com doze meridianos principais. O número de nadis, por outro lado, é muito maior. Os primeiros Upanishads falavam em 72 mil nadis,[26] e outros indicam que há de 1.000 a 350 mil nadis – o antigo texto *Shiva Samhita* afirma quantidade maior.[27] No entanto, a maioria dos sistemas, entre eles o Ayurveda e a tradição tibetana, concorda com o número de 72 mil nadis. Um dos textos antigos os descreve da seguinte maneira:

> *Ora, no coração habita o Si-Mesmo, junção de cem nervos [nadis] e mais um. De cada um desses cem saem mais cem, e destes saem ramos, em número de 72, cada um deles mil vezes. Vyana os preenche e neles flui.*[28]

Alguns especialistas declaram que, enquanto os meridianos têm contrapartida física no sistema de dutos, os nadis interagem com o sistema nervoso físico. Ao que parece, os nadis não se limitam a conduzir o prana pelo corpo; também o convertem em diferentes tipos de energia para os órgãos, as glândulas e os tecidos.

Nem todos os especialistas, contudo, relacionam os nadis ao sistema nervoso. O Dr. Hiroshi Motoyama, autor de mais de vinte livros sobre medicina oriental, não faz essa correlação. Para ele, o nadi principal, Sushumna, situa-se no centro da coluna vertebral, ao passo que os nervos estão fora desse centro, pois correm no canal espinhal, que envolve a medula espinhal. Logo, os nadis não podem estar associados aos nervos físicos. Ele também assinala que as células espinhais e do sistema nervoso originam-se de diferentes núcleos embrionários.[29]

Como vimos no Capítulo 38: "Os Princípios Científicos Encontram a Teoria dos Chakras", Motoyama acredita que os nadis e os meridianos podem ser idênticos. Percebe, por exemplo, correspondência muito próxima entre o Vaso Governador e o nadi principal Sushumna, pois existe um vínculo anatômico entre eles, e ambos cumprem funções semelhantes. Sua teoria fala de outras associações entre meridianos e alguns dos principais nadis. Acumulam-se, assim, indícios em favor da ideia de que, qualquer que seja a função exata dos nadis, existe forte interconexão entre os chakras, os meridianos e os nervos.[30]

Segundo o sistema do yoga tântrico, derivado da tradição hindu, há dois tipos de nadis:

Yoga nadis: Canais de energia sutil imateriais e invisíveis. Dentro desse agrupamento há mais dois tipos de nadis:

- *manas*, canais da mente (chamados às vezes de nadis *manovahini* ou *manovahi*)
- *chitta*, canais do ser senciente (também chamados de nadis *chittavahi*)

Nadis grosseiros: Canais materiais e visíveis de energia sutil. Incluem-se nessa categoria os nervos, os músculos, os vasos dos sistemas cardiovascular e linfático e os meridianos da acupuntura.[31]

Tanto os nadis grosseiros quanto os sutis podem ser portadores de prana. Os que cumprem essa missão são chamados de nadis *pranavahi* ou *pranavahini*.

Quase todos parecem concordar que há três nadis principais e fundamentais: Sushumna, que é o nadi principal; Ida, do lado esquerdo do corpo; e Pingala, do lado direito. Os chakras principais são alimentados por Sushumna, que corre dentro da coluna vertebral, desde a base até o centro do cérebro.

Ida e Pingala, por sua vez, se entrecruzam como dupla-hélice e se relacionam com os troncos nervosos simpáticos em ambos os lados da coluna espinhal. Juntos, os três nadis interagem para purificar o corpo físico e estimular a ascensão da kundalini através de Sushumna. Quando é feito de maneira apropriada, esse processo também desenvolve os *siddhis*, capacidades aparentemente mágicas.

No conjunto, há catorze nadis principais. Do mesmo modo que Sushumna é identificado com o Vaso Governador do sistema dos meridianos, assim também cada nadi é associado a um meridiano diferente.[32]

SUSHUMNA NADI

Fluxo: Este é o nadi central que passa pela coluna vertebral. O fluxo começa no chakra Muladhara, chakra basal, e vai até o chakra Sahasrara, chakra da coroa, onde se divide em duas correntes. A anterior passa pelo Ajna, chakra da testa, antes de chegar ao *Brahma Randhra*, sede da consciência suprema que reside entre os dois hemisférios do cérebro e o chakra Sahasrara. A posterior percorre a parte de trás do crânio antes de chegar ao Brahma Randhra. O Sushumna é formado por três yoga nadis, dispostos em camadas. São elas:

- **Camada exterior:** Sushumna. Essa camada é difícil perceber. De cor vermelha viva, diz-se existir fora do tempo.

- **Camada média:** *Vajrini* ou *nadi Vajra*. De luminosidade cintilante, este nadi tem duas naturezas contrárias: o sol e a toxicidade.
- **Camada interior:** *Chitrini* ou *nadi Chitra*, de cor clara e iluminada. Reflete a natureza da lua e a bondade dos céus. É ligado a sonhos e visões e importante para os poetas e pintores. Esse nadi termina em *Brahma Dvara*, Porta de Brahma, o Criador. É aqui que a kundalini encontra seu lugar de repouso, dentro do chakra Soma.

No centro de Sushumna, ou dos três nadis que o compõem, está o Brahma nadi, corrente de pureza. Esse nadi se liga ao Brahma Randhra.

Papéis: Sushumna é o principal distribuidor de prana para os órgãos de energia sutis e os chakras. Geralmente está inativo quando os outros nadis estão ativos e funciona quando os outros param de operar. Também trabalha com o fluxo de Ida e Pingala para regular a respiração (prana) e ativar a ascensão da kundalini.

IDA NADI

Fluxo: Começa abaixo do chakra Muladhara, mas também é associado ao testículo esquerdo nos homens. Termina na narina esquerda, assim como é estimulado por ela. Algumas escolas

RESPIRAÇÃO E OS TRÊS NADIS PRINCIPAIS

O YOGUE BUSCA a iluminação trabalhando com os três nadis principais. Na ilustração mais comum destes, Sushumna é representado como uma vara reta com duas serpentes (Ida e Pingala) enrodilhadas ao seu redor. Esse símbolo nos é familiar: é o caduceu, símbolo da prática da medicina.[33] Ida e Pingala convergem na altura do nariz, Ida pela esquerda e Pingala pela direita. Ida e Pingala cruzam Sushumna quatro vezes, intersectando os chakras e rodeando-os, organizando, assim, um caminho ascendente para a kundalini ativada.

Como ativar a serpente adormecida? O processo básico envolve o uso do prana (respiração) para orientar a energia através de Ida e Pingala até a base da coluna. O iniciado respira por uma única narina de cada vez, ativando Ida ou Pingala e os outros nadis ao mesmo tempo. Sushumna só está ativo quando a respiração sai por ambas as narinas, o que só acontece cerca de dez vezes por hora, quando se usa o procedimento correto. A essa altura, a inalação e a exalação cessam; os outros nadis param de operar; e a kundalini (em específico, a Shakti kundalini) é capaz de subir pelo Brahma nadi. À medida que sobe, ela harmoniza Ida e Pingala e os chakras que eles rodeiam, estimulando a energia chákrica. Em seu caminho ascendente, Ida e Pingala se alternam em cada chakra até chegar ao Ajna, onde se reúnem a Sushumna. Essa força de ascensão é criada pela fusão dos íons negativos do prana com os íons positivos do apana, uma das formas da respiração.

Diz-se que, quando a respiração cessa por meio desse processo, chamado *pranayama*, o corpo físico para de envelhecer. Além disso, o processo estimula os *siddhis*, poderes paranormais.

O iniciado deve preparar seu corpo para o processo da kundalini. A preparação mais comum inclui o uso de *asanas* ou posturas, meditação, jejum, limpeza dos nadis e outros métodos de purificação do corpo. Se o corpo não estiver completamente preparado, a kundalini tornará a descer, provocando uma experiência negativa.

invertem a origem e o término desse fluxo, especialmente durante o primeiro estágio de ativação da kundalini.

Alguns sistemas esotéricos associam esse nadi ao sistema nervoso simpático, pois ele se situa do lado esquerdo da coluna. No entanto, outros o veem não como canal nervoso, mas como canal mental.

Papéis: É parte do canal esquerdo do sistema dos nadis. Difunde a energia prânica e mental. É associado à lua. É considerado símbolo feminino que exibe funções correlatas, como a de conservar a energia, aumentar a serenidade, acalmar a mente e acentuar o instinto materno. Sua natureza é magnética. Restaura a energia do cérebro. Por meio das associações lunares, é relacionado à psique ou à alma. Alguns sistemas de yoga (como o Svara Yoga) recomendam que o Ida seja mantido aberto durante o dia para contrabalançar a energia do sol. É dominante da lua nova até a lua cheia.

FIGURA 5.14
NADI SUSHUMNA
Sushumna é o nadi central. É composto de três nadis separados e, dentro deles, o Brahma nadi ou corrente de pureza. As diversas escolas de pensamento representam Sushumna de diferentes maneiras, geralmente de cor vermelha, transparente ou amarela. Esta representação reflete a visão de Harish Johari.

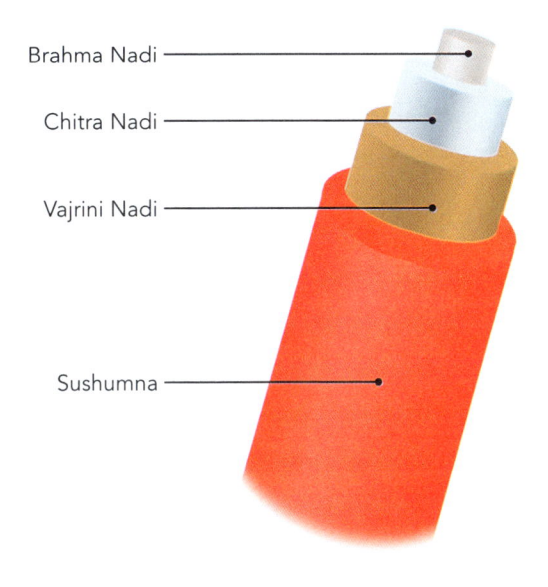

PINGALA NADI

Fluxo: Começa abaixo do chakra Muladhara e termina na narina direita. Também é ativado por essa narina. Algumas escolas invertem esse fluxo.

Papéis: Integra o canal direito do sistema dos nadis. Distribui energia prânica e mental, sobretudo a energia vista como solar. Associado ao sol, símbolo masculino, proporciona energia para o movimento e as atividades físicas. Também é associado à vitalidade e ao poder. Sua natureza é elétrica; faculta a agilidade mental e a ação construtiva. Alguns sistemas de yoga recomendam que esse nadi seja ativado respirando-se com a narina direita durante a noite, para contrabalançar a energia noturna lunar. É dominante desde a lua cheia até a lua nova.

A verdadeira iluminação também depende da fusão apropriada entre as energias masculina e feminina. O Ida nadi é primariamente feminino, e Pingala é masculino. Cada um deles é representado por uma cor específica, um corpo celeste e um rio que indica suas propriedades.

Sushumna é uma combinação de masculino e feminino, e, no entanto, é mais que ambos. Considera-se, assim, que sua energia seja pura, diamantina, e funciona com seu próprio fogo.

A tabela a seguir descreve as energias desses três nadis, assim como dá o nome do rio ao qual cada um é ligado. As histórias desses rios têm relação com a geografia dos hindus. O Ida é associado ao rio Ganges; o Pingala, ao rio Yamuna; e o Sushumna, ao rio Sarasvati. Os hindus creem que esses três se juntam e formam um lugar sagrado – muito embora o Sarasvati, tecnicamente, não se junte aos outros dois rios. Em razão dessa capacidade de se unir aos outros dois de maneira invisível, eles acreditam que o Sarasvati é o rio mais sagrado do mundo.[34] Esse casamento geográfico dos rios é visto como a chave da unidade do eu.

FIGURA 5.15
NADIS PRINCIPAIS E AS ENERGIAS QUE OS REPRESENTAM

Nome	Localização	Rio	Cor	Corpo celeste	Simbolismo
Ida	Esquerda	Ganges	Amarelo	Lua	Feminino
Pingala	Direita	Yamuna	Vermelho	Sol	Masculino
Sushumna	Centro	Sarasvati	Diamante	Fogo	Transcendente

NADIS MENORES

A seguir, uma lista dos nadis menores e de como auxiliam cada um dos três nadis principais.

Gandhari

Fluxo: Começa no canto do olho esquerdo e termina no dedão do pé esquerdo.

Papéis: Ao lado do Hastajihva nadi, o Gandhari nadi auxilia o Ida e forma o canal esquerdo. Traz energias psíquicas da parte inferior do corpo até o chakra Ajna.

Hastajihva

Fluxo: Começa no canto do olho direito e termina no dedão do pé esquerdo.

Papéis: Ao lado do Gandhari nadi, o Hastajihva nadi dá apoio ao Ida e cria o canal esquerdo. Leva energia psíquica da parte inferior do corpo ao chakra Ajna.

Yashasvini

Fluxo: Vai da orelha esquerda até o dedão do pé esquerdo.

Papéis: Ao lado do Pusha nadi, o Yashasvini nadi complementa o Pingala nadi. Esses três constituem o canal direito.

Pusha

Fluxo: Vai da orelha direita até o dedão do pé esquerdo.

Papéis: Ao lado do Yashasvini nadi, o Pusha nadi auxilia o Pingala nadi e cria o canal direito.

Alambusha

Fluxo: Origina-se no ânus e termina na boca.

Papéis: Proporciona prana para a assimilação e a eliminação dos alimentos. Também ajuda a assimilar as ideias e os pensamentos.

Kuhu

Fluxo: Começa na garganta e termina nos órgãos genitais.

Papéis: Auxilia o Chitrini nadi a transportar o bindu (no sentido de esperma, não das forças dos bindus) e permitir a ejaculação. Certos exercícios espirituais ajudam a pessoa a reter as secreções sexuais e a realizar, assim, o samadhi, estado de não dualidade.

Shakhini

Fluxo: Inicia-se na garganta e depois passa entre o Sarasvati e o Gandhari até terminar no ânus.

Papéis: É ativado pela limpeza do cólon e do ânus.

Sarasvati

Fluxo: Começa no chakra Muladhara e termina na língua; algumas fontes dizem que começa na língua e termina nas cordas vocais.

FIGURA 5.16
CADUCEU DA KUNDALINI
O caduceu, muitas vezes usado como símbolo da prática médica, tem forma baseada no entrelaçamento dos nadis Sushumna, Ida e Pingala. A serpente da kundalini jaz adormecida na base da coluna, onde começa o nadi Sushumna. O Ida e o Pingala convergem na altura do nariz, o Ida vindo da esquerda, e o Pingala, da direita. Esses dois nadis cruzam Sushumna quatro vezes, intersectando-o e também rodeando os chakras, organizando, assim, um caminho ascendente para a kundalini ativada. A respiração dá suporte vital a esse processo.

Papéis: Por meio de disciplinas de purificação, este nadi confere o poder de manifestação: tudo o que a pessoa diz acontece. É responsável pela partilha de conhecimento. Alguns o consideram companheiro de Sushumna.

Payasvini

Fluxo: Transita entre os nadis Pusha e Sarasvati e se detém no ouvido direito. Fisicamente, corre entre o lóbulo da orelha direita e os nervos cranianos.

Papéis: Os yogues ativam este nadi usando brincos que ativam a parte do lóbulo da orelha ligada aos nervos cranianos. Parece que o consequente acesso às energias do ambiente intensifica o vínculo com o eu superior.

Varuni

Fluxo: Entre os nadis Yashasvini e Kuhu, começa na garganta e termina no ânus.

Papéis: Sendo ele um nadi Pranavahi, purifica as toxinas na parte inferior do tronco e, com o apana, tipo particular de prana, auxilia a excreção. Quando perturbado, causa aumento do vento, do ar ou da inércia na parte inferior do corpo.

Vishvodara

Fluxo: Entre os nadis Kuhu e Hastajihva, reside na região do umbigo.

Papéis: Auxilia a digestão. Estimula o pâncreas e as glândulas adrenais. Com Varuni, distribui o prana por todo o corpo, especialmente por meio de Sushumna.

PRANAYAMA: SOPRO VITAL

Há muitas formas e tipos de energia no sistema hindu tradicional. A mais básica é o *prana*, que significa energia, respiração, sopro ou força vital. Também significa o ar, o espírito, a energia sutil e as correntes ascendentes no corpo.

A raiz da palavra *prana* é *pra*, que significa "preencher". O prana é, portanto, a energia que preenche o universo. É associado com frequência à força vital da respiração, que preenche todo o corpo. O prana está presente em todas coisas, animadas ou inanimadas. Essa é a raiz do sistema de energia hindu – e também de seu processo de desenvolvimento mais importante, o *pranayama*.

O pranayama é a ciência da respiração. *Prana* representa a força vital infinita e *ayama* significa estender, aumentar ou controlar. *Pranayama*, portanto, indica um método pelo qual a respiração, ou a vida, pode ser aumentada e controlada. Na prática, o pranayama é uma série de

FIGURA 5.17
OS TRÊS NADIS PRINCIPAIS
Há catorze nadis ou correntes de energia principais que conectam os chakras e dão apoio à ascensão da kundalini. Os três nadis principais estão representados aqui.

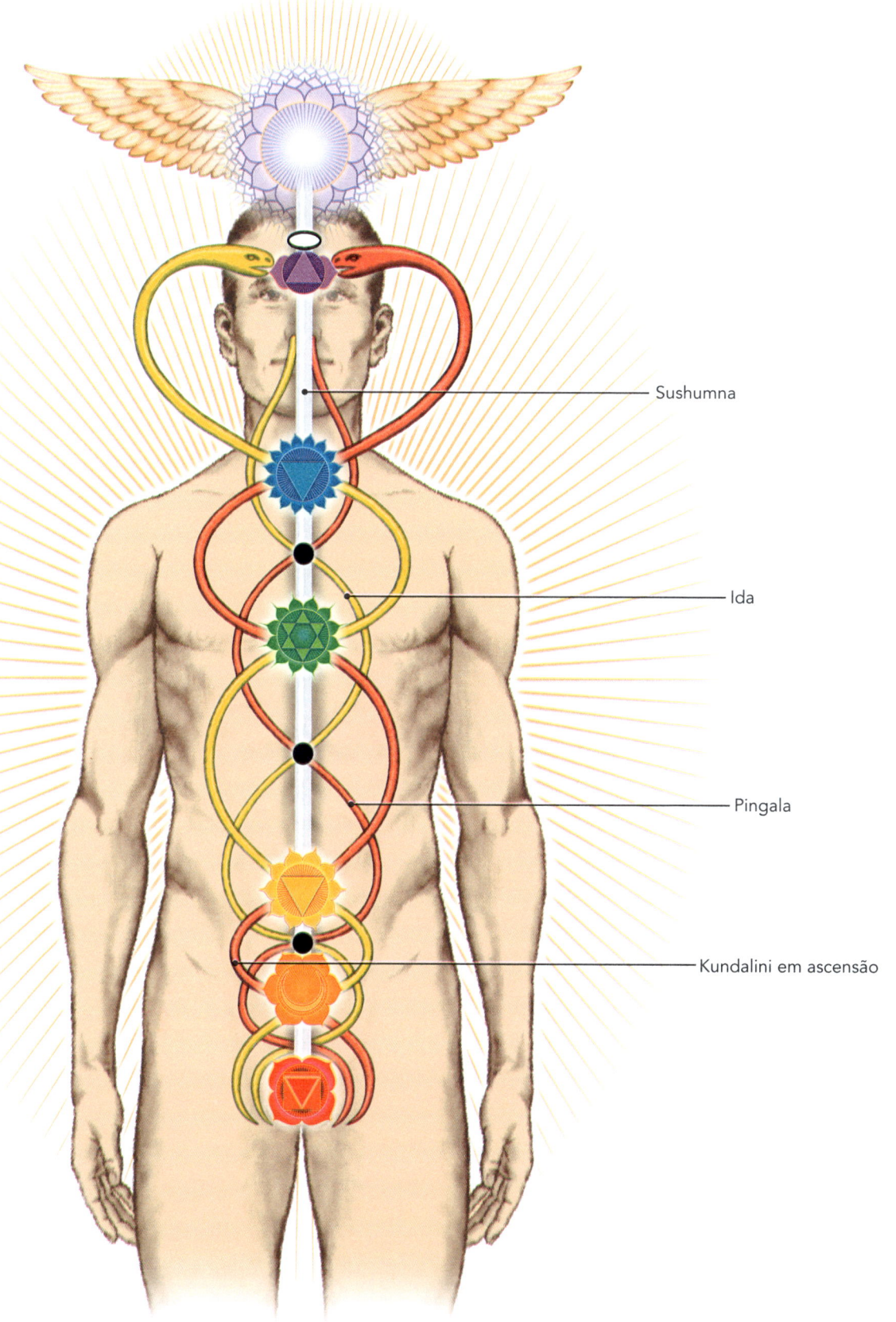

— Sushumna

— Ida

— Pingala

— Kundalini em ascensão

exercícios de respiração criada para oxigenar melhor o cérebro, ativar o sistema de energia sutil e controlar a energia vital no corpo.

A respiração é uma atividade neurológica e motora que dá apoio a todos os sistemas do corpo. A oxigenação é crítica não só para a saúde do corpo, mas também da mente. Além disso, a expiração, que é metade da respiração, libera resíduos e toxinas.

Na vida cotidiana, respiramos de dez a dezesseis vezes por minuto; em repouso, de seis a oito vezes. Usamos as duas narinas alternadamente, não as duas ao mesmo tempo. Durante esses ciclos de alternância, diferentes elementos predominam. Cada chakra é vitalizado quando o elemento de que ele precisa está dominante.

No ritmo cotidiano mais baixo (dez respirações por minuto ou seiscentas por hora), o que acontece é: enquanto uma narina predomina sobre a outra, o elemento ar prevalece por 8 minutos; depois, o fogo, por 12 minutos; depois, a terra, por 20 minutos; depois, a água, por 16 minutos; por fim, o éter, por 4 minutos. Os chakras também vão se alternando na regência desses momentos: primeiro o quarto, depois o terceiro, o primeiro, o segundo e, por fim, o quinto. Os nadis estão ativos, com exceção de Sushumna, que se ativa no último minuto – as dez últimas respirações – de cada hora, quando ambas as narinas trabalham juntas. Esse período não está ligado à ascensão da kundalini.

O yogue hindu ou tântrico passa um bom tempo aprendendo a regular a respiração, pois este é o elemento principal no processo de ativação da kundalini. A regulação respiratória é atingida colocando-se o corpo em várias posições e mantendo-o nelas, contando o ritmo e o número de respirações e trabalhando com diferentes tipos de respiração. O praticante que quer despertar a kundalini, por exemplo, pode respirar por uma narina de cada vez ou por ambas, respirar pela boca ou alternar o ritmo das inspirações e expirações. Quando associado às asanas ou posturas, o pranayama intensifica o calor interno, necessário para despertar a serpente adormecida.

ALÉM DOS CHAKRAS: ELENCO HINDU DE CORPOS DE ENERGIA

Todo sistema de energia inclui outros corpos de energia que não os chakras. Alguns são tão numerosos que é difícil contá-los. No sistema clássico hindu, há três corpos de energia básicos que fazem interface com os cinco invólucros ou camadas, ou *koshas*, os quais, por sua vez, se relacionam com os diversos níveis da realidade. Vamos examinar essas dimensões e ver de que maneira se relacionam com o sistema hindu geral.

O Taittiriya Upanishad descreve cinco corpos ou "invólucros" chamados *koshas* que "encobrem" ou contêm nossa consciência superior. Os koshas estão contidos dentro dos três corpos de encarnação: corpos de energia sutis que governam diferentes níveis de desenvolvimento e os koshas.

Os koshas são camadas ou véus que se originam com o corpo material e o transcendem, chegando aos domínios etéricos. Podem ser imaginados como círculos concêntricos que se sucedem para fora. A evolução de um kosha a outro ocorre à medida que a kundalini sobe pelos chakras – e isso, por sua vez, ocorre à medida que a pessoa vai deixando de ser primariamente física para se tornar espiritual. Essa progressão rumo à iluminação se baseia na concentração nos assuntos mais banais da vida, como comer, respirar, movimentar-se e apenas prestar atenção em algo. Também dá destaque à nossa sabedoria mais elevada.

Há três corpos de encarnação (*sariras*) que se correlacionam com os koshas. São eles:

- Corpo grosseiro (*sthula sarira*) ou corpo físico, composto dos cinco elementos.
- Corpo sutil (*suksma sarira*), que contém os chakras e os nadis.
- Corpo causal (*karana sarira*), veículo da nossa alma.

A descrição dos koshas dada a seguir está subdividida de acordo com esses três corpos de encarnação. Alguns sistemas, entretanto, chamam o corpo sutil de "corpo astral" e ensinam que o corpo grosseiro ocupa o primeiro kosha; o astral contém o segundo, o terceiro e o quarto koshas; e o corpo causal, o quinto. Sob essa óptica, o corpo astral está ligado ao corpo físico por um fio muito tênue, que algumas tradições chamam de cordão de prata. Quando este se rompe, o corpo morre.

Essa é uma descrição dos koshas e da sua colocação dentro dos três corpos; de sua progressão, já introduzida no início desta seção; e dos principais métodos tradicionais e contemporâneos usados para que a pessoa evolua de kosha em kosha.

OS CINCO PRANAS

HÁ CINCO TIPOS DE prana – ar, vento, respiração ou sopro –, também chamados *vayus* ou *prana-vayus*.[35]

Prana: Preenche a cabeça, o coração, os pulmões e a garganta. Este é o sopro vital primário e está presente no ar que entra e sai por nossas narinas. Rege a inalação, o espirro e os atos de cuspir, arrotar e engolir. Nosso prana pessoal é a porção que nos cabe da força vital cósmica, com a qual administramos nossos processos energéticos, especialmente aquele que assimilamos em matéria de água e alimento, nossos cinco sentidos, a respiração e as ideias que absorvemos pela mente.

Udana: Situa-se na cabeça e na garganta. Rege a exalação e a fala. Quando estamos morrendo, é udana que puxa nossa consciência para cima e para fora do corpo.

Vyana: Situa-se no corpo inteiro. Dá início ao movimento nos sistemas circulatório, linfático e nervoso. Direciona a energia para a periferia do corpo por meio dos nadis.

Samana: Situa-se no umbigo e no intestino delgado. Digere, assimila e aquece os alimentos e as energias que entram. Desempenha a mesma tarefa no que se refere a nossas impressões, pensamentos e ideias.

Apana: Situa-se no cólon. Governa os impulsos descendentes, entre os quais a exalação, a emissão de urina, a excreção, a eliminação, a menstruação, o nascimento e as atividades sexuais. Desempenha papel vital na abertura do Brahma nadi e no movimento da kundalini.

FIGURA 5.18
KOSHAS

Os koshas são camadas ou véus que operam em diferentes níveis, circulando para fora, a partir do eu interior. Essas cinco camadas ou "bainhas" de consciência costumam ser representadas como se partissem do kosha mais material e tomassem um rumo transcendente na direção do mais etéreo.

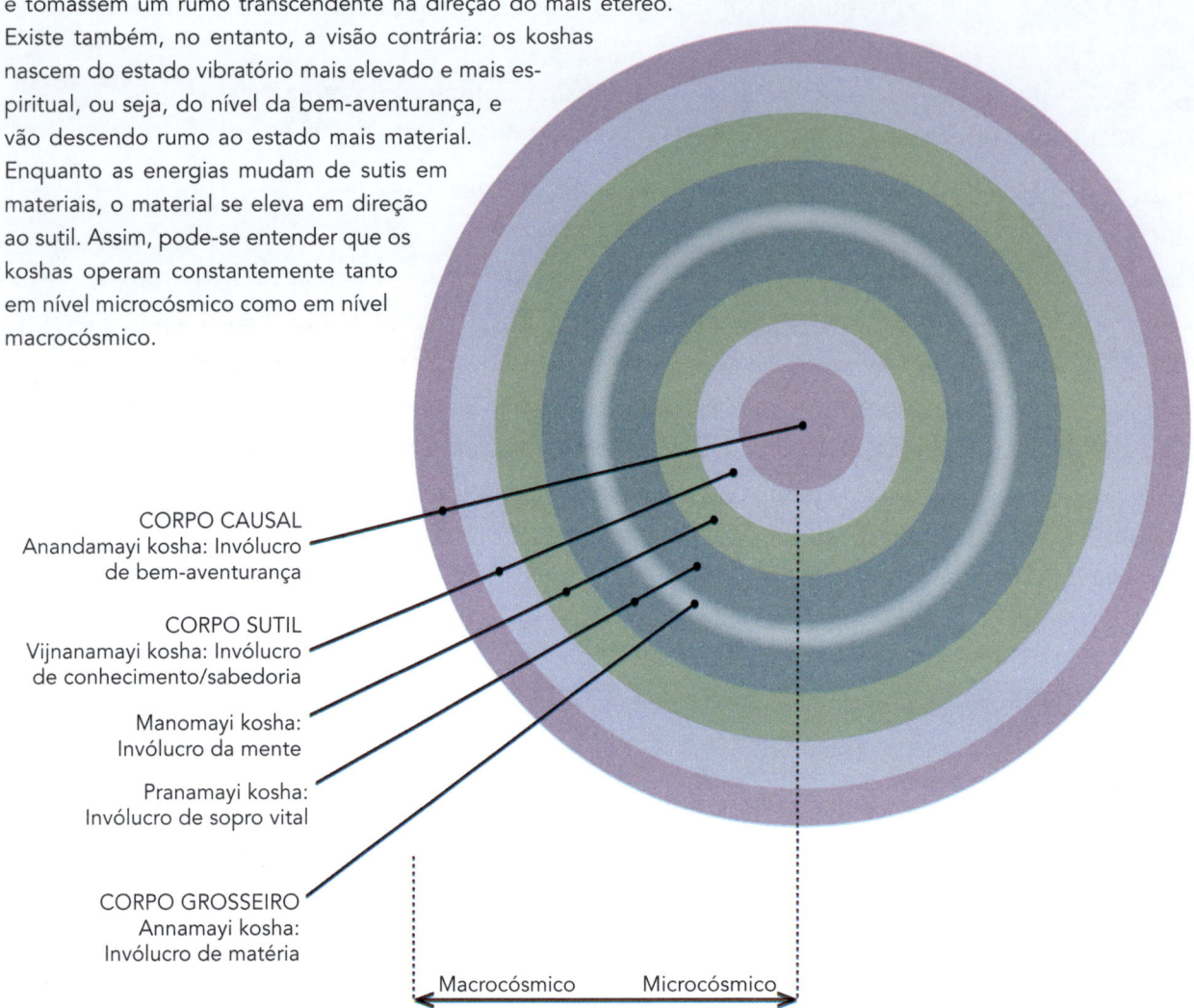

Existe também, no entanto, a visão contrária: os koshas nascem do estado vibratório mais elevado e mais espiritual, ou seja, do nível da bem-aventurança, e vão descendo rumo ao estado mais material. Enquanto as energias mudam de sutis em materiais, o material se eleva em direção ao sutil. Assim, pode-se entender que os koshas operam constantemente tanto em nível microcósmico como em nível macrocósmico.

CORPO CAUSAL
Anandamayi kosha: Invólucro de bem-aventurança

CORPO SUTIL
Vijnanamayi kosha: Invólucro de conhecimento/sabedoria

Manomayi kosha: Invólucro da mente

Pranamayi kosha: Invólucro de sopro vital

CORPO GROSSEIRO
Annamayi kosha: Invólucro de matéria

Macrocósmico — Microcósmico

CORPO GROSSEIRO
Annamayi kosha: Invólucro de Matéria

Descrição básica: Corpo celular. À medida que tomamos consciência do nosso corpo físico, lançamos nosso alicerce no *sthula sarira*, ou corpo tangível, sustentado pelo alimento. Isso significa que o combustível adequado – o alimento – é o principal remédio para os males do corpo: todos os koshas são sustentados pelos elementos tradicionais hindus.

Instrumentos tradicionais: Os asanas, ou movimentos físicos, entre os quais estão incluídos os gestos de mão chamados *mudras* e a dieta. Este kosha dá ímpeto à ênfase que Ayurveda (o sistema yogue de medicina) dá à alimentação.

Métodos contemporâneos: Além dos exercícios físicos, também se empregam a alimentação saudável, o uso de ar e água como agentes de limpeza ou filtros e a exploração das práticas de cura energéticas e físicas encontradas em todo este livro.

CORPO SUTIL
Pranamayi kosha: Invólucro de Sopro Vital (Prana)

Descrição básica: Corpo mental. Este invólucro dá apoio à atividade mental e psíquica e à consciência pessoal. Às vezes é entendido como o local onde se situam os nadis. Muitos sistemas também situam os chakras nesse kosha. No Ayurveda, esse kosha é associado ao ar e ao *dosha* chamado *vata*. (Os doshas serão descritos na seção "Ayurveda", na Parte VI.) Depois de enfocar o corpo, enfocamos a respiração.

Instrumentos tradicionais: Geralmente envolvem disciplina de respiração e ferramentas como aquelas delineadas no "Yoga Óctuplo de Patanjali", na p. 291. O objetivo é ativar as cinco formas de *vata* ou *vayu* – ar. Entre as técnicas comuns para o desenvolvimento dos nadis estão os asanas, a meditação, o trabalho com a respiração, técnicas de visualização, mantras ou recitação e limpeza corporal.

Métodos contemporâneos: Todos os acima, incluindo-se o uso prático de máquinas de purificação do ar no escritório e em casa e o uso de qualquer instrumento rítmico (sons, música etc.) para ajudar a ritmar a respiração.

Manomayi kosha: Invólucro da Mente

Descrição básica: Centrado no funcionamento mental, nos dramas que transcorrem em nossa mente e no sistema nervoso. Concentra-se em compreender e controlar os nove diferentes estados de espírito ou *rasas* – em outras palavras, nossas tendências à depressão, à preocupação, à ansiedade, à distração, à tagarelice mental e outras. No Ayurveda, esse kosha tem relação com o dosha *pitta* e com o fogo, seu elemento regente. Desliga-se durante o sono.

Instrumentos tradicionais: Trabalho com a respiração, meditação, uso de mantras ou recitações, visualização, recolhimento dos sentidos.

Métodos contemporâneos: Todos os instrumentos tradicionais, mais o uso de terapias de saúde mental, instrumentos de liberação emocional como a técnica da liberdade emocional ou outros processos de cura descritos na Parte VI.

SIDDHIS: PODERES DOS CORPOS SUTIS

À MEDIDA QUE DESENVOLVEMOS os cinco corpos sutis, abrimos caminho para o despertar dos *siddhis*, "poderes miraculosos". Essas capacidades incríveis, que se dizem ser manifestadas pelos yogues e gurus, são, entre outras, a levitação, o poder de cura, a telepatia e a invisibilidade.

Para "abrir" os *siddhis*, a pessoa pode se concentrar nos locais dos corpos sutis e também no elemento, na forma, na sílaba e na divindade relacionados a cada um deles. Esta tabela revela as relações entre os corpos sutis, suas associações e seus *siddhis* específicos.[36]

O processo de transformação envolve as etapas a seguir, feitas para cada um dos corpos sutis. Para despertar o *siddhi*, o discípulo deve:

1. Concentrar-se no local físico do corpo sutil.
2. Sintonizar-se com o elemento dentro de si.
3. Suspender a respiração. Nesse período (cerca de 3 minutos), a respiração deve ser ligada a um elemento fora da pessoa. Se for a terra, deve ser ligada ao chão; se for o ar, ao céu.
4. Adquirir compreensão intuitiva desse elemento.
5. Ver dentro de si a mandala ou o símbolo associado a esse elemento, bem como sua sílaba.
6. Pronunciar a sílaba.
7. Receber uma revelação da divindade associada àquele elemento.
8. Meditar nessa divindade até que o praticante se livre por completo do medo de perecer por meio daquele elemento.[37]

Alguns grupos espirituais acreditam que é perigoso abrir os *siddhis*, pois eles podem afastar o discípulo do caminho espiritual, torná-lo arrogante e levá-lo a desafiar os deuses. Muitos, no entanto, afirmam que esses poderes sobrenaturais não estão à disposição apenas de uns poucos escolhidos; ao contrário, estão latentes dentro de cada um de nós.

FIGURA 5.19
***SIDDHIS* (PODERES)**

Localização do corpo sutil	Elemento	Forma	Sílaba	Divindade	Benefício
Entre os pés e os joelhos	Terra	Quadrado amarelo	*Lam*	Brahma	Vitória sobre a morte terrestre
Entre os joelhos e o ânus	Água	Crescente branco	*Vam*	Vishnu	Elimina-se o risco de morrer pela água
Entre o ânus e o coração	Fogo	Triângulo vermelho	*Ram*	Rudra	Elimina-se o risco de morrer pelo fogo
Entre o coração e as sobrancelhas	Ar	Hexágono preto	*Yam*	Isvara	Poder de movimentar-se como o vento pelo ar
Entre as sobrancelhas e o topo da cabeça	Éter	Círculo azul	*Ham*	Shiva	Poder de viajar pelo espaço cósmico

Vijnanamayi kosha: Invólucro de Conhecimento (ou Sabedoria)

Descrição básica: A sabedoria é um conhecimento que vai além da percepção sensorial. Essa é a sede do intelecto (*buddhi*) e da noção de eu (*ahamkara*). Nesse invólucro, pulamos da compreensão egoica, que envolve a prisão ao tempo e ao espaço, para a consciência pura.

Instrumentos tradicionais: Cultivo do desapego, que só pode se manifestar depois de harmonizarmos os três primeiros corpos. Para isso, é preciso observar sem emoção.

Métodos contemporâneos: Estudo do ponto zero e de outros campos universais para avaliar o lugar que a própria pessoa ocupa no universo. Também compreender o fenômeno do observador: o observador afeta o resultado, como se disse na Parte I.

CORPO CAUSAL
Anandamayi kosha: Invólucro de Bem-Aventurança

Descrição básica: Este é mais um estado que um lugar, e é nele que realizamos a consciência não dualista – o encontro de Shakti e Shiva no sétimo chakra e a ascensão rumo à iluminação. A essa altura, muitos hindus acreditam que a pessoa é capaz de deter o envelhecimento do corpo e ativar os poderes chamados *siddhis*. Esse invólucro está relacionado ao corpo causal, também chamado corpo-semente. Pense na semente de um carvalho, que contém os códigos e o projeto do carvalho inteiro. Do mesmo modo, sempre detivemos os segredos da nossa autorrealização, mas ainda não crescemos a ponto de nos identificarmos com nosso eu verdadeiro. O corpo causal contém essas sementes, inclusive das questões kármicas – aquelas que precisamos trabalhar a fim de crescer e mudar.

Instrumentos tradicionais: Pode ser alcançado por meio do desenvolvimento no yoga e da ascensão da kundalini, assim como pelo serviço altruísta, pela concentração na divindade e por meditação intensamente concentrada.

Métodos contemporâneos: Os acima, bem como aprender a estabelecer – e viver – a própria intenção.

CORPOS DE ENERGIA DE OUTRAS CULTURAS

Há centenas, talvez milhares, de sistemas energéticos no mundo, muitos dos quais incluem os chakras e outros corpos de energia ou aludem a eles. Os sistemas apresentados a seguir representam algumas das diferentes formas de encarar o cosmos de energia sutil que existe dentro de nós.

MODELO DOS CHAKRAS DO BONPO DO HIMALAIA: SISTEMA DE ENERGIA TIBETANO

Neste modelo, apresentado pelo mestre moderno Tenzin Wangyal Rinpoche, os chakras são considerados centros *prânicos*, ou seja, centros de energia vital. Há seis centros principais, cada um dos quais ligado a uma das seis esferas de existência ou *lokas*. O indivíduo pratica o yoga para ter acesso às qualidades positivas latentes dentro desses chakras, muitas vezes usando sons e visualizações na forma de "sílabas-semente" (mantras), gestos simbólicos e outras práticas que visam dar acesso a esses poderes adormecidos nos chakras.[38]

O bön é a segunda religião mais popular no Tibete; segundo a tradição oral, teve início há mais de 17 mil anos, embora historiadores modernos situem esse acontecimento em data muito posterior. No decorrer dos séculos, os ensinamentos originais evoluíram, passando por três períodos de desenvolvimento. Pelo fato de o sistema ter surgido no Himalaia tibetano, às vezes é chamado de Bonpo do Himalaia (e outros nomes parecidos) ou sistema tibetano. Também é ligado a muitas práticas de yoga e considerado disciplina tântrica, ou seja, baseada no corpo. O tantra é o processo pelo qual se atinge a iluminação por meio de práticas espirituais.

O bön professa nove categorias de ensinamentos, também chamadas Nove Vias ou Nove Veículos. Cada categoria tem características, práticas e resultados específicos. Os níveis inferiores são a medicina e a astrologia, e o mais alto é chamado "Grande Perfeição", sendo o veículo que conduz à iluminação. O objetivo último das práticas do bön é desenvolver um "corpo de arco-íris" na hora da morte, momento em que o adepto se liberta dos cinco elementos grosseiros e os transforma em pura luz. O corpo, então, manifesta uma luz multicolorida, por isso é chamado corpo de arco-íris. Pessoas qualificadas já não estão presas ao dualismo – à dualidade de vida e morte, por exemplo.[39]

Um dos focos centrais da cura tibetana são os cinco elementos, semelhantes aos encontrados em muitos outros sistemas de cura de base espiritual. Percebidos como mensuráveis ou substanciais na relação com o corpo, originam-se da Grande Mãe (o Criador) em forma de energias sutis. No estado primordial, são chamados cinco luzes puras, e cada um deles é representado por uma cor. Os elementos e suas cores são:

- espaço, branco ou sem cor
- ar, verde
- fogo, vermelho
- água, azul
- terra, amarelo

A cura acontece quando se alcança o equilíbrio em cada elemento e entre eles. Esses elementos se desequilibram por diversos motivos, e tal desequilíbrio gera doenças. Segundo Tenzin Wangyal Rinpoche, uma das principais causas do bloqueio dos elementos e das doenças são as emoções negativas. Transformando a percepção de uma experiência de negativa em positiva, a pessoa melhora a qualidade de sua saúde e promove o crescimento espiritual. O método tibetano de alteração da percepção envolve a realização de práticas espirituais sobre as seis esferas (ou níveis) da existência, os *lokas*, que são dimensões ou planos, além de serem classes de seres sencientes.

Cada uma dessas seis esferas existe dentro de nós e é ligada a um chakra específico. Sob certas circunstâncias, em geral determinadas pelo karma ou pelo destino, um loka "se abre" dentro da pessoa, que vivencia as emoções e percepções dos seres que existem nessa esfera. O loka confere-lhe então uma experiência negativa, que pode ser neutralizada e até transformada mediante o trabalho com o chakra correlato. No sistema tibetano, os chakras são encruzilhadas energéticas de canais grosseiros, sutis ou muito sutis, cujo número, dependendo da abordagem, varia entre 84 mil e 360 mil. Há três canais principais: o central e dois laterais, e todos conduzem o prana ou energia vital. A saúde é determinada pelo fluxo dessa energia.

SISTEMA TIBETANO DE SEIS CHAKRAS

O sistema tibetano tem seis chakras, cada um dos quais associado a um loka ou plano de existência específico, bem como a um dos cinco elementos da tradição energética tibetana. Cada loka e cada elemento são associados a uma cor específica. Os chakras situam-se nas solas dos pés, 10 cm abaixo do umbigo, no umbigo, no coração, na garganta e no topo da cabeça.

Um dos modos de limpar o chakra e melhorar o fluxo de prana consiste em trabalhar com as sílabas-sementes, tanto pronunciando-as quanto visualizando-as. No sistema hindu, todos os chakras, com exceção do sétimo, o Sahasrara, têm sílabas-sementes, embora às vezes se diga que também o sétimo chakra ressoa com a sílaba OM. No sistema bön tibetano, tal como é ensinado por Tenzin Wangyal Rinpoche, cada chakra tem uma sílaba-semente que representa um dos cinco elementos, outra que representa a esfera ou loka a ele relacionado e outra, ainda, que representa o buda específico, cujas qualidades positivas podem purificar a negatividade daquela esfera.[40] Essa é apenas uma de muitas práticas energéticas que fazem parte das traduções budista e bön. Na figura 5.20, você encontrará uma representação das sílabas-sementes de cada chakra e suas respectivas associações. Recomenda-se que quem queira praticar esse método receba de uma fonte autêntica a transmissão do ensinamento.

ABORDAGEM TÂNTRICA DA ILUMINAÇÃO: DONA YESHE TSOGYAL

O tantra, como prática distinta, desenvolveu-se na Índia entre os anos 500 e 1300 d.C. Em sânscrito, a palavra significa "teia" e se refere à conexão entre os opostos, tais como corpo e espírito ou masculino e feminino. O tantra é, em essência, uma coleção de ritos de purificação e, como tal, integrou-se a várias disciplinas no decorrer dos anos, entre elas muitos sistemas hindus e budistas.[41]

Muitas vezes, há mais semelhanças que diferenças entre os sistemas que adotam os processos tântricos. O sistema bön tibetano (Bonpo do Himalaia) tem abordagem tântrica e apresenta várias características em comum com outros processos, entre eles os descritos no livro *Lady of the*

FIGURA 5.20
SISTEMA TIBETANO DE SEIS CHAKRAS

A tradição tibetana descreve seis chakras, cada um dos quais representando um elemento e um *loka*, um mundo ou esfera da existência. Cada chakra é associado a uma emoção negativa particular e também a um buda, cujas qualidades positivas podem purificar ou neutralizar a negatividade daquele loka. A fim de purificar os lokas, o praticante visualiza o elemento e a sílaba do loka de cada chakra, além da sílaba primordial "A" (pronunciada com aspiração no final), como representação de todos os budas possíveis, e ao mesmo tempo recita um mantra que contém as sílabas dos budas das seis esferas. Na prática, essa visualização contém muitas outras imagens altamente detalhadas.

CHAKRA: GARGANTA

Sílaba primordial: A
Antídoto: Paz

Sílaba-semente do loka: SU
Loka: Esfera dos deuses invejosos
Emoção negativa: Orgulho

Sílaba-semente do elemento: DRUM
Elemento: Os cinco elementos

CHAKRA: UMBIGO

Sílaba primordial: A
Antídoto: Sabedoria

Sílaba-semente do loka: TRI
Loka: Esfera dos animais
Emoção negativa: Ignorância

Sílaba-semente do elemento: MAM
Elemento: Água

CHAKRA: PÉ ESQUERDO

Sílaba primordial: A
Antídoto: Amor

Sílaba-semente do loka: DU
Loka: Esfera do inferno
Emoção negativa: Ódio

Sílaba-semente do elemento: YAM
Elemento: Ar

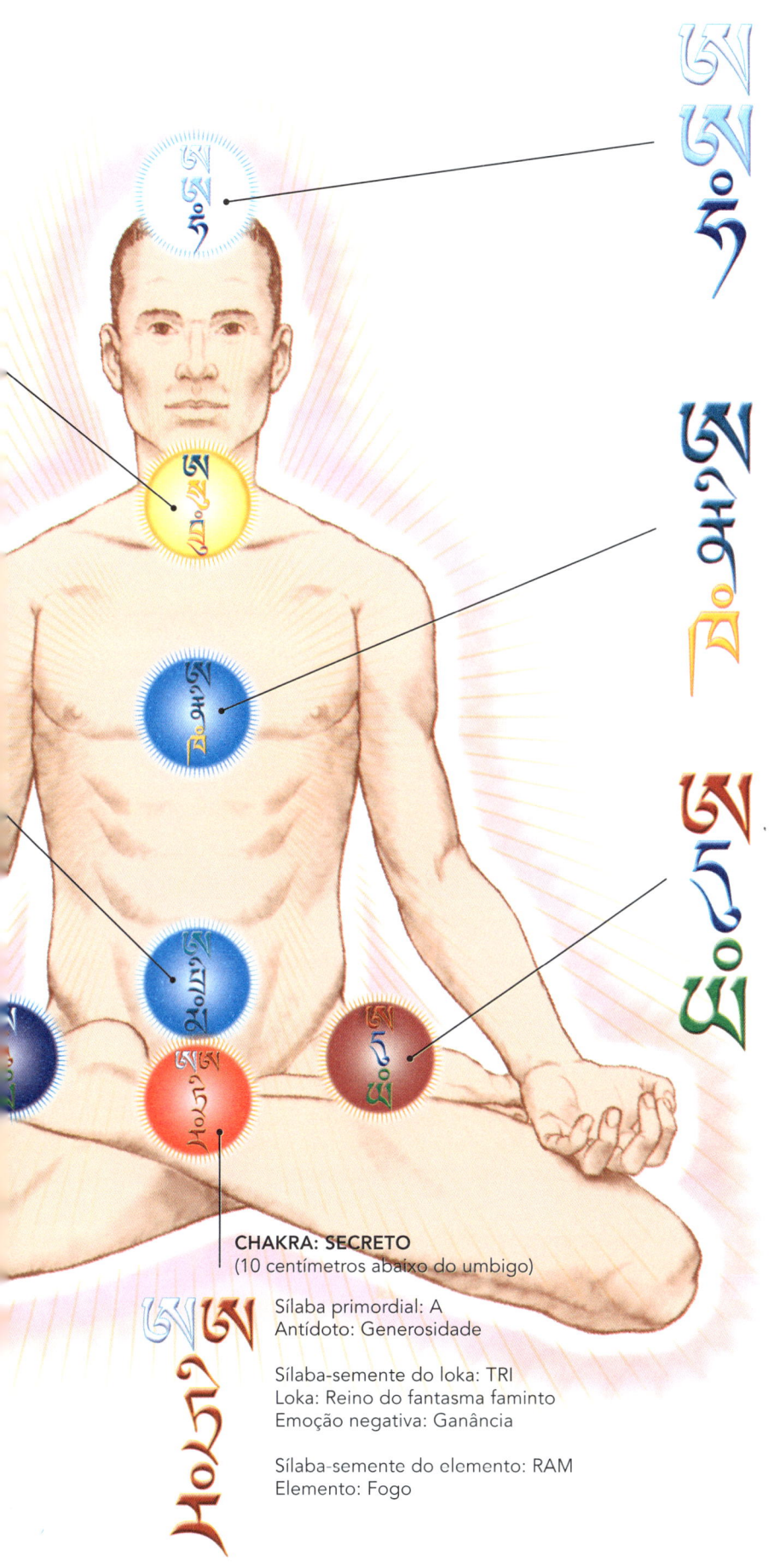

CHAKRA: COROA

Sílaba primordial: A
Antídoto: Compaixão e esforço alegre

Sílaba-semente do loka: A
Loka: Esfera dos deuses
Emoção negativa: Egocentrismo/prazer letárgico

Sílaba-semente do elemento: HAM
Elemento: espaço

CHAKRA: CORAÇÃO

Sílaba primordial: A
Antídoto: Abertura

Sílaba-semente do loka: NI
Loka: Esfera humana
Emoção negativa: Inveja

Sílaba-semente do elemento: KHAM
Elemento: Terra

CHAKRA: PÉ DIREITO

Sílaba primordial: A
Antídoto: Amor

Sílaba-semente do loka: DU
Loka: Esfera do inferno
Emoção negativa: Ódio

Sílaba-semente do elemento: YAM
Elemento: Ar

CHAKRA: SECRETO
(10 centímetros abaixo do umbigo)

Sílaba primordial: A
Antídoto: Generosidade

Sílaba-semente do loka: TRI
Loka: Reino do fantasma faminto
Emoção negativa: Ganância

Sílaba-semente do elemento: RAM
Elemento: Fogo

MUNDO AFORA 309

Lotus-Born.⁴² O livro, tradução de um texto budista de mais de mil anos atrás, conta a história verdadeira de Dona Yeshe Tsogyal, que se notabilizou por ser a primeira pessoa a atingir a plena iluminação no Tibete. Seguindo um caminho budista, Yeshe Tsogyal se torna uma guru muito poderosa. Seu processo de purificação assemelha-se ao descrito no sistema bön tibetano e envolve um progresso em doze etapas ascendentes ao longo da espinha dorsal, bem como os *doze nidanas*.

Os doze nidanas são uma corrente de fenômenos causais que conduzem a renascimentos e sofrimentos futuros. Esses elos interdependentes podem ser analisados e superados por diversos meios; Yeshe Tsogyal o fez deslocando pela coluna vertebral acima a energia de *bodhichita*, a consciência do despertar, e fazendo uma pausa em cada um dos doze "pontos de aterramento" ou centros de energia na coluna. O método liberou o "vento", ou seja, as energias sutis, por meio de um processo de união tântrica com o Guru Padmasambhava, que levou a prática ao Tibete no século VIII d.C.

SISTEMA DE ENERGIA MAIA

A religião maia primitiva era, na verdade, uma "ciência espiritual" que interligava diversas áreas de estudo, entre as quais a matemática, a geometria, a astronomia, a medicina, a filosofia e a cosmologia. Na maioria das vezes, seus princípios e sistemas energéticos são idênticos aos dos hindus antigos; na realidade, podem ser ainda mais antigos.⁴³

No auge de sua cultura, os maias postulavam uma anatomia energética que aludia a chakras, forças, divindades e uma simbologia semelhante à do sistema de energia hindu. Valmiki, antigo escritor védico, autor de dois dos livros mais sagrados do hinduísmo (o *Ramayana* e o *Mahabharata*), afirma que o Naga Maya trouxe sua cultura à Índia.⁴⁴ No livro *Secrets of Mayan Science/Religion*, o autor maia Hunbatz Men acrescenta que Naga Maya transmitiu a cultura maia também a outras partes da Ásia e da África, onde, segundo um sacerdote-historiador do antigo Egito, era chamada *Mayax*.⁴⁵

Assim como os judeus e os primeiros cristãos, os maias se identificavam com uma árvore viva. A cabala judaica é baseada na "Árvore da Vida", que emana corpos de energia que estimulam a realização de estados superiores de consciência. Os maias seguiam caminho semelhante de iluminação para adquirir as faculdades cósmicas de Kukulcan, deus-serpente comparável à serpente da kundalini e predecessor do Quetzalcoatl dos astecas.

Os iniciados maias aprendiam ainda jovens a administrar suas energias física e mental. Chamavam seu espírito de *k'inan*, "de origem solar". Alcançavam o *status* de Kukulcan quando conseguissem transformar a energia sagrada do corpo e da mente. Para tanto, desenvolviam os sete poderes instalados no corpo.

Os sete poderes estão representados em pinturas, esculturas, relevos e narrativas em 21 mil locais sagrados das terras maias. O sete era um número poderoso para os antigos maias e os lembrava da origem galáctica que afirmavam ter. Como os cherokees (ver "Sistema de Energia Tsalagi [Cherokee]", na página seguinte), muitos maias acreditavam que provinham das estrelas e haviam se estabelecido na Terra.

Os sete poderes ou forças eram chamados, às vezes, de *chacla*, palavra semelhante a "chakra" dos hindus. Para os antigos maias, os chakras eram relacionados à Via Láctea e a seu movimento. Pessoa que ascende na forma de luz por seus sete centros, começando do centro primário. *Chacla* também significa "este meu vermelho", referência à cor do primeiro centro. Como os hindus, os maias situavam o primeiro chakra na área do cóccix.

Os hindus descrevem os chakras por meio de flores (lótus), e os maias usam a palavra *lol*, que significa "flor". *Lil* se refere à vibração e o *o* é uma referência à consciência com espírito. Voltamos à ideia de que tudo no universo vibra. Como os antigos hindus, os maias usavam palavras, tons, geometria, a respiração e outros métodos para ajudar a despertar os poderes adormecidos.

SISTEMA DE ENERGIA TSALAGI (CHEROKEE)

Muitas culturas indígenas têm conhecimento das energias sutis; entre elas está a dos tsalagis, termo com que os cherokees da América do Norte designam a si próprios. Dhyani Ywahoo compartilha esse conhecimento sagrado no livro *Voices of Our Ancestors*. Ywahoo recebeu esse conhecimento tribal dos avós, Nellie Ywahoo e Eonah Fisher; ele vem sendo transmitido há 27 gerações.[46]

Os tsalagis dizem que sua origem está nas Plêiades. Seu conhecimento sobrenatural é chamado de "Fogo da Sabedoria". É uma complexa interação de ideais espirituais, naturalismo, associações místicas e o que hoje chamaríamos de mecânica e física quântica. Eles atribuem muitos ensinamentos às instruções do "Pálido", que chegou às Smoky Mountains em 837 a.C. Ele nasceu de uma "mulher que não conhecia homem", cuja avó havia sonhado com tais milagres. A criança era chamada "semente das estrelas" e voltava para reconduzir as pessoas à correta relação com elas mesmas e umas com as outras.

Como a dos hindus, a história dos tsalagis começa com a terra. A terra é uma rede de meridianos, grades e conexões; o corpo físico a espelha. Os tsalagis também atribuem grande significado às árvores, vendo-as como comunicadoras de vibrações em conversas que decorrem entre todos os seres vivos e as estrelas. O pinheiro branco é visto como símbolo da vida e da transmutação da agressão para a paz. Suas raízes penetram fundo no chão, onde recolhe pulsos de ondas então transmitidos para a atmosfera, sincronizando o cérebro humano com as frequências da terra.[47]

Os tsalagis acreditam que há um fluxo de manifestação do espírito em direção à matéria. O mundo material foi tecido a partir de uma esfera de luz chamada Galunlati, pela graça da Mulher

> ### NUMEROLOGIA TSALAGI
>
> **OS SÍMBOLOS NUMÉRICOS SÃO** importantes na via sagrada do povo tsalagi (cherokee). Cada um deles é também associado a uma cor, uma meta espiritual e uma pedra. O número um, por exemplo, é representado por um círculo e é considerado a fonte primária da vida. Representado como uma luz branca que se transforma em azul, o número um estimula a vontade pessoal e pode ajudar a esclarecer e curar assuntos ligados à individualidade. Seu poder se reflete em um cristal de quartzo. O número nove é simbolizado por uma estrela de nove pontas e significa a estrutura da consciência universal. Atrai a iluminação, tem cor opalina e é acessível por meio de uma opala de fogo.[49] O zero representa o "Grande Mistério", o potencial não manifesto dentro de cada um de nós.[50]

FIGURA 5.21

SISTEMA TSALAGI (CHEROKEE)

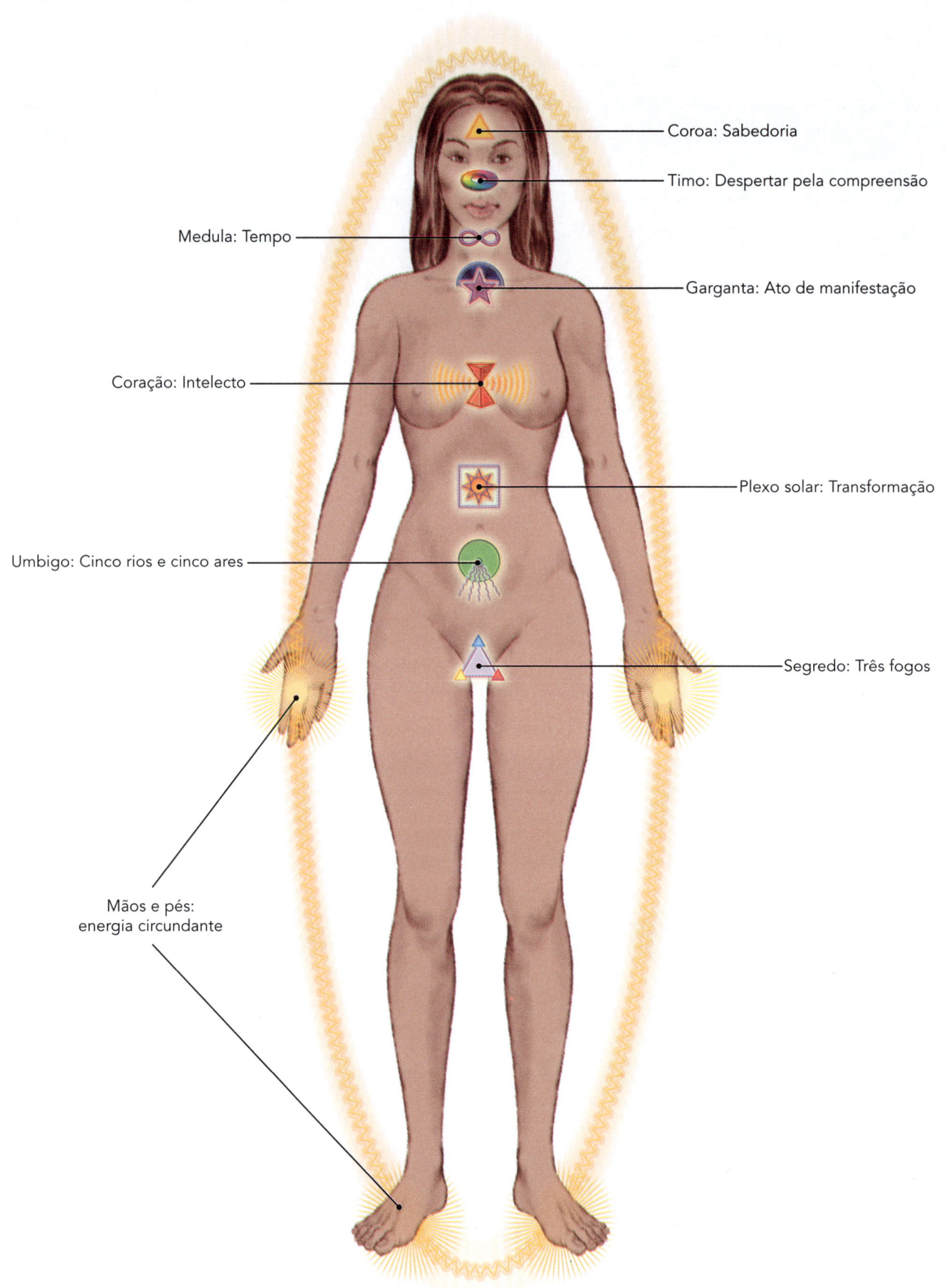

- Coroa: Sabedoria
- Timo: Despertar pela compreensão
- Medula: Tempo
- Garganta: Ato de manifestação
- Coração: Intelecto
- Plexo solar: Transformação
- Umbigo: Cinco rios e cinco ares
- Segredo: Três fogos
- Mãos e pés: energia circundante

Estrela, filha do pai de todas as coisas.[48] A crença primordial é a de que existem cinco princípios, cinco tons e cinco rios de cor e som que passam pelo umbigo. Essas energias fluem umas para as outras do vazio ao som (também chamado intenção), da intenção à sabedoria e da sabedoria ao amor.

Essas três ideias (intenção, sabedoria e amor) são análogas aos bindus hindus, pontos do triângulo sagrado, o qual é a figura que faz surgir as formas.

Para os tsalagis, cinco sons surgiram do nada. Esses tons conectam os hemisférios esquerdo e direito do cérebro e podem auxiliar na cura. Cada órgão do corpo ressoa com um desses sobretons, os quais se deslocam em um ciclo ou escala pentatônica – ponto comum às diversas culturas indígenas. (A escala *pentatônica* é uma escala de cinco tons). O movimento desses sons e harmonias – dessas canções – é recebido pelo topo da cabeça e pela base da coluna. Quando as duas correntes se misturam e se expandem no coração, essas harmonias atraem a consciência superior; trata-se de um processo alquímico que estimula uma transformação energética.[51]

Biorressonância

Segundo a sabedoria tsalagi, há duas conchas ao redor da Terra. A exterior é solar e a interior é lunar. Os "escudos dos ventos", ou forças energéticas, se movimentam dentro dessas conchas em relação às placas tectônicas e as marés, criando mudanças no campo magnético da Terra. As correntes lunares respondem ao escudo lunar ao redor da Terra, ao passo que as correntes solares da coluna refletem as mudanças do escudo de vento solar externo. Além disso, há outras camadas de energia ao redor da Terra, entre as quais um campo eletromagnético e uma "grade de raios" que transmite energias dentro dela própria e entre as diversas camadas. No sistema tsalagi, nosso corpo é constituído mais ou menos do mesmo modo. Energias solares e lunares se deslocam dentro da nossa coluna e através dela em círculos espiralados, ao passo que nosso sistema nervoso transmite energias mais ou menos como a grade de raios. A suástica de sentido anti-horário reflete esses movimentos. O sistema humano e o sistema terrestre funcionam em "biorressonância", ou seja, por meio de harmonização biológica. Na prática, a responsabilidade humana nessa troca energética é cumprida mediante a apreciação consciente dos elementos que constituem toda a vida.

Para os tsalagis, vivemos em um campo mental que se interconecta com a Terra e as estrelas. Para nos desenvolvermos e alcançarmos nosso mais elevado potencial, precisamos fazer com que o "fogo" suba pela coluna vertebral a fim de animar todo nosso ser. A coluna é considerada uma escada que leva ao céu. Há três fogos que ardem na coluna, e cada um deles cumpre uma função diferente:

Fogo azul da vontade	Intenção clara de agir
Fogo da compaixão	Compreende e manifesta o propósito
Fogo da inteligência ativa	Age em harmonia

Esses fogos precisam penetrar cinco portais no corpo em que a energia pode ficar bloqueada. Esses portais refletem os chakras básicos:

Plexo solar: Aqui são transformados os sentimentos, como a raiva, e os pensamentos negativos, a fim de alcançarmos uma ação superior.

Coração: O coração contém o intelecto. Ao seu redor há dois campos elétricos. Um deles gira em sentido horário, e o outro, em sentido anti-horário. Ambos geram o propósito de vida, a manifestação do sonho na realidade física. Curar o coração é tornar-se um ponto de equilíbrio entre o céu e a terra. Essa cura geralmente pressupõe que lidemos com questões de compaixão, sofrimento e medo.

Garganta: Aqui reside o poder da voz, a capacidade de dizer algo e tornar esse algo realidade. O segredo consiste em usar esse poder com sabedoria.

Medula: A medula se situa na base do crânio. É um receptáculo de questões e problemas do passado, até mesmo de outras vidas. Esse portal atrai a oportunidade de vivermos no presente.

Coroa: Situado no topo da cabeça, esse portal emite um fluido quando o aspirante completa suas lições, todas as quais que têm por centro o desapego. Esse portal formula uma conexão plena com o campo superior da consciência e nos dá a oportunidade de incorporarmos a sabedoria dos três fogos ardentes.

Além desses cinco centros de energia, há outros quatro: um na região "secreta" dos órgãos reprodutores; um no umbigo, que recebe os cinco ares sutis e os cinco rios que alimentam os cinco sistemas de órgãos do corpo; um no timo; e um nas mãos e nos pés, que se consideram conectados por uma única energia que sobe por um lado do corpo e desce pelo outro.

O interessante é que os tsalagis veem o universo como um grande prato cristalino suspenso por quatro cordas espirais. O prato encontra-se em constante vibração, assim como tudo o que está sobre ele. Outros pratos, outros universos, existem também, mas não tocam uns aos outros. Essa cosmologia tem alguma semelhança com a teoria das cordas da física quântica e nos recorda da relação entre som e forma demonstrada pela nova ciência chamada cimática (ver p. 165).

MODELO DE ENERGIA INCA

Alberto Villoldo, autor de *Shaman, Healer, Sage*, compartilha informações sobre o sistema de energia sutil do corpo, informações essas que recebeu de seu mentor inca, Don Manuel Quispe. De acordo com essa cosmologia, cada um de nós tem um campo de energia luminoso chamado *popo*, que rodeia nosso corpo físico. Composto de luz, ele transfere informações para dentro e para fora do corpo. Tem quatro camadas: a causal, a psíquica (ou alma), a mental-emocional

FIGURA 5.22
OJOS DE LUZ: SISTEMA DE ENERGIA INCA

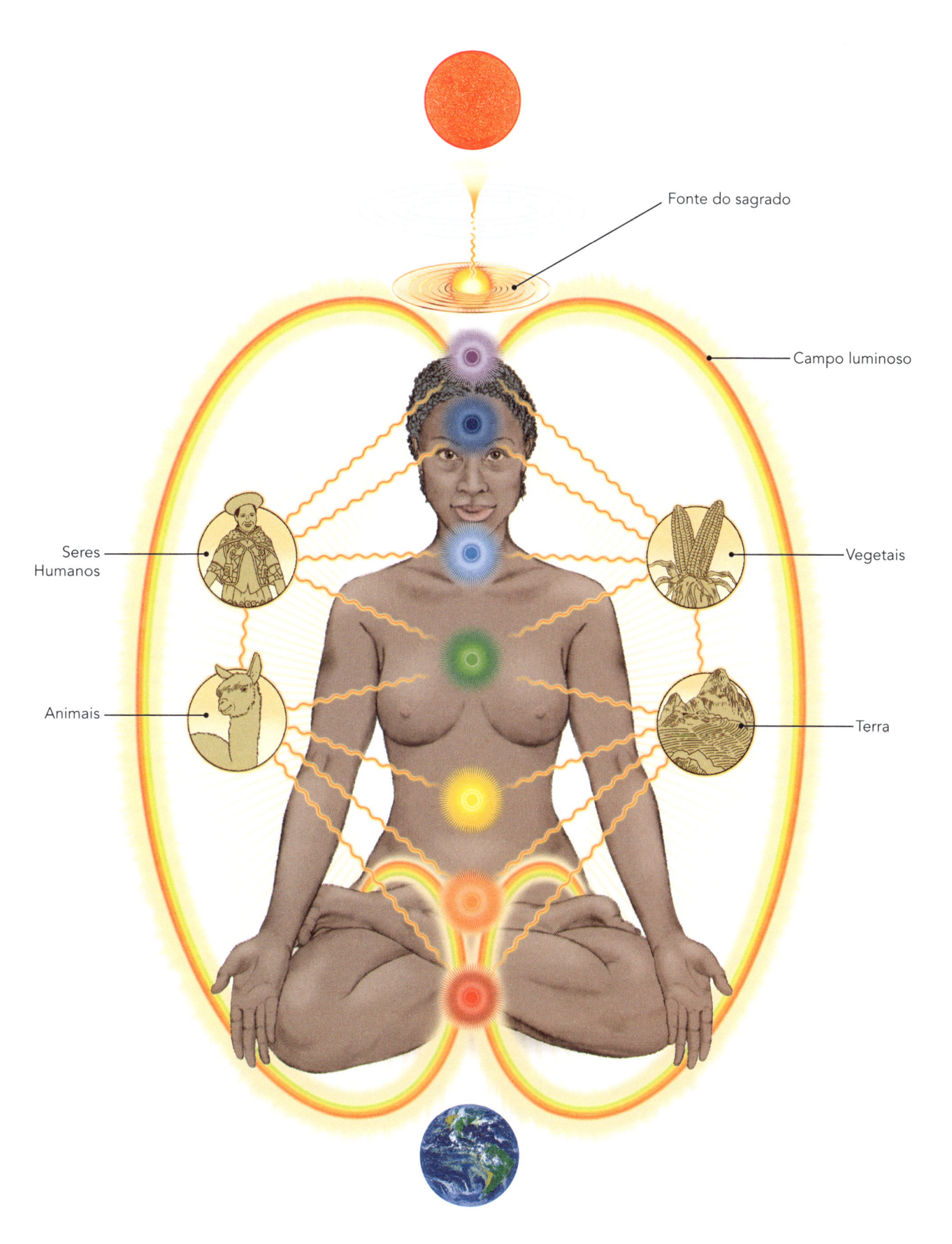

- Fonte do sagrado
- Campo luminoso
- Seres Humanos
- Vegetais
- Animais
- Terra

SISTEMAS DE CHAKRAS PELO MUNDO AFORA

FIGURA 5.23
PUKIOS INCAS

Aspecto	Primeiro chakra	Segundo chakra	Terceiro chakra	Quarto chakra
Elemento	Terra	Água	Fogo	Ar
Cor	Vermelho	Laranja	Amarelo	Verde
Instinto	Sobrevivência, procriação	Sexualidade	Poder	Amor
Correspondências corpóreas	Eliminação de dejetos, reto, pernas, pés	Digestão, rins, adrenais, trato urinário, dor menstrual, perda de apetite	Estômago, fígado, pâncreas, baço, acúmulo e liberação de energia	Sistema circulatório, pulmões, peito, coração, asma, imunodeficiências
Correspondências psicológicas	Alimento, abrigo, segurança	Poder, dinheiro, sexo, controle, medo, paixão, autoestima, incesto	Coragem, poder	Amor, esperança, compaixão, intimidade
Glândulas	Ovários, testículos	Adrenais	Pâncreas	Timo
Sementes	Kundalini, abundância	Criatividade, compaixão	Autonomia, individuação, realização dos sonhos, longevidade	Amor altruísta, perdão
Aspectos negativos	Acumular, fadiga crônica, comportamento predatório, problemas de abandono	Medo, conflito	Transtornos gastrointestinais, anorexia, pesar, orgulho, egoísmo, baixa energia, vitimismo, vergonha	Ressentimento, traição, sofrimento, solidão, abandono

(ou mente) e a física. Nossas memórias e traumas pessoais e hereditários são armazenados no campo de energia luminoso, e cada camada contém parte dos acontecimentos. Assim, ele serve de modelo e matriz para nossa vida e para o modo como a vivemos.

O campo de energia luminoso tem a forma de uma rosquinha e reflete o campo magnético da Terra. A energia sai do topo da nossa cabeça para seguir o campo de energia luminoso; depois, penetra cerca de 30 cm na terra e volta a entrar no corpo pelos pés. Os chakras são órgãos desse campo.

Os chakras são conhecidos na América do Sul como *ojos de luz*, "olhos de luz". Don Manuel os chamava, ainda, de *pukios*, "poços de luz". Dos chakras saem fios de luz, *huaskas*, que se projetam para além do corpo e ligam este ao mundo natural. Esses fios também se estendem para a frente e para trás no tempo, desde o nascimento e nossa história pessoal até nosso destino.

Quinto chakra	Sexto chakra	Sétimo chakra	Oitavo chakra	Nono chakra
Luz	Luz pura	Energia pura	Alma	Espírito
Azul	Índigo	Violeta	Dourado	Luz branca translúcida
Expressão psíquica	Verdade	Ética universal	Transcendência	Libertação
Garganta, boca, pescoço, esôfago	Cérebro, olhos, sistema nervoso	Pele, cérebro, equilíbrios hormonais	Arquiteto do corpo	Nenhuma
Manifestação dos sonhos, criatividade, comunicação	Razão, lógica, inteligência, empatia, depressão	Altruísmo, integridade, sabedoria	Nenhuma	Nenhuma
Tireoide, paratireoide	Pituitária	Pineal	Nenhuma	Nenhuma
Poder pessoal, fé, vontade	Iluminação, autorrealização	Transcendência, iluminação	Atemporalidade	Infinito
Traição, dependência, transtornos do sono, medo de se manifestar, toxicidade	Ilusão, incapacidade	Psicoses, regressão, cinismo	Parâmetros das doenças	Nenhum

Como os hindus, os incas postulam sete chakras; no entanto, também descrevem dois chakras adicionais. O oitavo chakra se localiza acima do corpo físico, mas ainda dentro do campo de energia luminoso. É chamado de a fonte do sagrado: *viracocha*, nossa conexão com o Criador. O nono chakra, conhecido como *causay*, fica fora do corpo e é unido com toda a criação; representa a conexão do Criador com cada um de nós. Os cinco chakras inferiores recebem seu sustento da terra, ao passo que os quatro superiores o recebem do sol.

ANATOMIA DOS CHAKRAS INCAS

Como é explicado em *Shaman, Healer, Sage*, os chakras são vistos na tradição inca como condutos que se ligam à rede neural. Na criança, apresentam suas cores verdadeiras, mas estas esmaecem com o tempo em razão dos traumas e resíduos tóxicos. A resultante diminuição de frequência acelera o envelhecimento físico. A limpeza dos chakras reativa sua pureza e permite a manifestação de um "corpo de arco-íris", que leva esse nome porque os chakras refletem as cores do arco-íris.

Dos chakras saem fios de luz que vão além do corpo e se ligam ao ambiente externo – às árvores e outros vegetais, montanhas e seres humanos. Na hora da morte, a alma abandona o corpo e se reúne ao oitavo chakra antes de voltar ao padrão em grade formado pelo campo de energia luminoso. O nono chakra não é maculado pelos acontecimentos da vida, pois nunca chega a entrar no rio do tempo (ou tempo-espaço) e, portanto, continua sendo nossa conexão sagrada com o Criador.

Enquanto estamos vivos, toda nossa energia vem de cinco fontes:[52]

- Plantas e animais
- Água
- Ar
- Luz solar
- Energia biomagnética (*causay* em língua inca)

As plantas, os nutrientes de origem animal e a água são processados pelo trato digestório, ao passo que o ar é processado pelos pulmões. A luz do sol é processada pela pele, e o *causay*, pelos chakras.

Os chakras, portanto, atuam como pontos de conexão com o mundo fora do eu, como vasos de purificação e como instrumentos para realizar a transição para realidades espirituais superiores.

O grande segredo

Segundo a cosmologia inca, a Força Imensa que chamamos de Deus manifestou-se a partir do vazio não manifesto há 12 bilhões de anos. Essa Força era onipresente e onisciente, mas dispersou-se em todas as forças de vida a fim de ter a experiência de Si Mesma. Cada forma tem todas as características do Todo. No entanto, para que ganhe experiência, sua própria natureza permanece segredo para ela mesma. O sistema de energia do corpo é organizado de modo a permitir uma recuperação desse conhecimento.

Pukios ou chakras incas

O oitavo chakra paira alguns centímetros acima da cabeça, como um sol que gira. É nossa conexão com o Grande Espírito, local onde Deus reside dentro de nós. Depois, se expande na forma de um globo luminoso.

O nono chakra é o Espírito, fonte do oitavo chakra. Situa-se fora do campo de energia luminoso e se estende pelo cosmos. Fora do tempo e do espaço, é conectado ao oitavo chakra por um cordão luminoso.

RITUAL INCA DAS FAIXAS DE PODER[53]

ALBERTO VILLOLDO ENSINA a seus alunos o ritual das Faixas de Poder, que oferece proteção energética. Esse processo liga seis chakras aos cinco elementos, a fim de que possam ser diretamente nutridos por eles. Envolve a formação de cinco faixas em determinados lugares do corpo.

FIGURA 5.24
FAIXAS DE PODER INCA

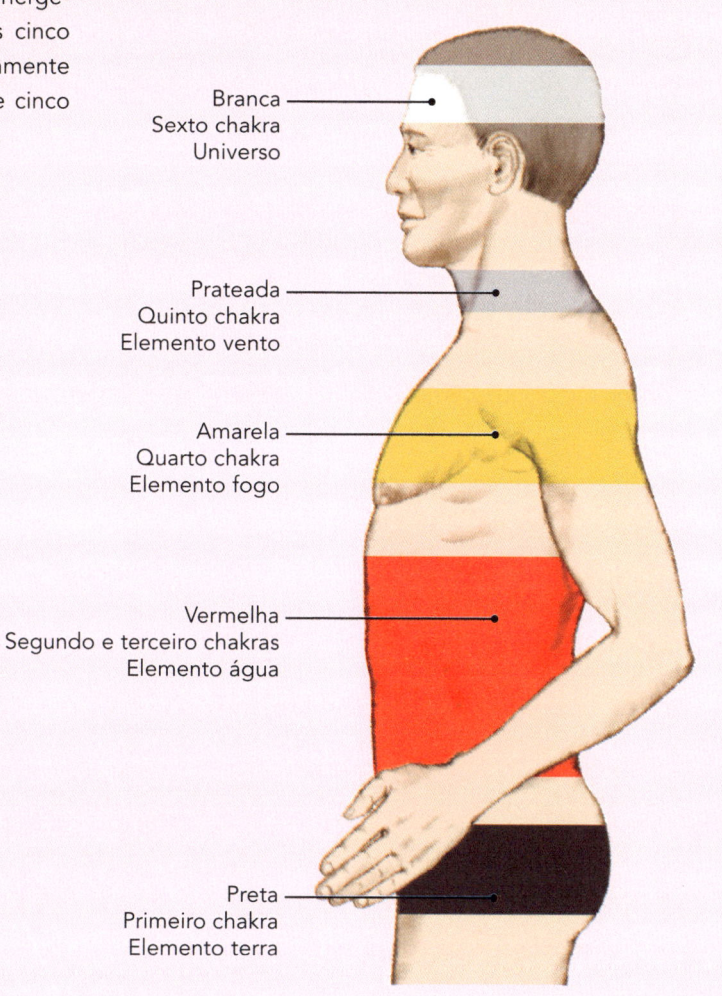

Branca
Sexto chakra
Universo

Prateada
Quinto chakra
Elemento vento

Amarela
Quarto chakra
Elemento fogo

Vermelha
Segundo e terceiro chakras
Elemento água

Preta
Primeiro chakra
Elemento terra

SISTEMA DE ENERGIA CRISTÃO OCULTO BASEADO NO APOCALIPSE DE SÃO JOÃO

Há muitas práticas energéticas ocultas nascidas do cristianismo. Zachary F. Lansdowne apresenta um desses sistemas em no O *Apocalipse de São João*. Por meio de análise comparativa do último livro da Bíblia, Lansdowne delineia um sistema de energia para a evolução da alma. Sua teoria é que o livro do Apocalipse é uma descrição velada dos ensinamentos esotéricos cristãos e mapa do caminho da iluminação. Em seu livro, apresenta o sistema de energia que resumimos a seguir.[54]

Segundo Lansdowne, a personalidade tem quatro partes: os corpos físicos, vital, emocional e mental. O corpo causal é o coração de Deus e contém nossos pensamentos mais nobres. A alma atua como intermediário entre "a corrente viva" que flui "do coração de Deus para as células físicas",[55] ao passo que a vontade divina se expressa a partir do coração de Deus em sete raios de cor e é transformada por sete arcanjos durante a meditação. Lansdowne também delineia sete chakras (cuja localização e função são semelhantes às dos chakras do sistema hindu tradicional), os quais são despertados por meio de ascensão da kundalini, que começa quando passamos a pensar e agir de modo consciente. Depois de ser transformado pela kundalini, o chakra desperta para os seguintes dons:

Chakra da coroa: Intuição que traz liberdade.

Chakra da testa: Sabedoria.

Chakra da garganta: Intuição penetrante e compreensão profunda.

Chakra do coração: Intuição que discerne entre a verdade e a ilusão.

Chakra do plexo solar: Observação das emoções com desapego.

Chakra do sacro: Cultivo de motivações superiores, como a caridade, o amor e a misericórdia, e capacidade de agir segundo princípios superiores.

Chakra da base: Silêncio mental e vontade espiritual.

CORPOS DE ENERGIA DO EGITO E DA ÁFRICA

Os antigos egípcios tinham uma cosmologia energética ordenada que era também a base das práticas espirituais dos zulus do sul da África. Os zulus pertenciam a uma sociedade secreta chamada Bonaabakulu Absekhumu.

Ambos os sistemas professavam uma Árvore da Vida semelhante à da cabala judaica. Também postulavam uma série de corpos de energia em que se incluíam os chakras e outros corpos análogos aos dos hindus. As origens do sistema egípcio, mais antigo, podem ser situadas no reinado do faraó Quéops e na Terceira Dinastia, em 3900 a.C. Vamos falar um pouco sobre esses dois sistemas semelhantes.[56]

Corpos de energia egípcios

Os antigos egípcios postulavam vários corpos de energia. Embora fossem separados, cada corpo de energia também interagia com os demais. Seu número ficava entre cinco e nove. A lista seguir descreve os corpos de energia que mais aparecem:

- *Corpo físico*. Durante a vida, este corpo era chamado *ht* ou *jrw*, que significa "forma" ou "aparência". Depois da morte, passava a chamar-se *khat*, "o corruptível".
- *Ka*, termo que se traduz, *grosso modo*, por "duplo" ou "força vital". É a parte da pessoa que existe depois da morte.
- *Khabit*. Sombra. Natureza inferior, regida pelos sentidos.
- *Shekem*. Área dos poderes divinos e da energia vital.
- *Ba*. Assemelha-se à ideia atual da alma e representa todas as qualidades não físicas que compõem a pessoa.
- *Akh* (também chamado *khu*). O termo significa "espírito transfigurado", "o brilhante" ou "o luminoso". É equivalente ao eu superior da pessoa e denota a forma que ela assume na outra vida.
- *Khaibit* (ou *shwt*). É a sombra ou eu oculto, que costuma ser ligado aos mortos ou aos outros mundos.
- *Ren*. Esta palavra significa "nome" e designa a parte do eu que torna as coisas reais. O ato de nomear é considerado um importante processo de manifestação em muitas culturas. Nomear uma coisa é manifestá-la.
- *Sahu*. Corpo espiritual glorioso, usado para transportar o *ka* para o céu após a morte.

Corpos de energia africanos

Segundo a tradição zulu, descrita por Patrick Bowen, homem branco que estudou com os zulus no início do século XX, os corpos de energia básicos identificados pelos zulus são:

- Corpo físico (*umzimba*).
- Corpo etérico (*isltunzi*), homólogo etérico do corpo físico.
- Mente inferior (*amandhla*), que contém a força e a energia vital.
- Mente animal (*utiwesilo*): paixões, emoções e instintos.
- Mente humana (*uitwomuntu*): consciência, intelecto, sentimentos superiores.
- Mente espiritual (*utiwetongo*): planos superiores que criam a consciência espiritual.
- Raio (*itongo*) ou centelha do espírito universal.[57]

A Árvore da Vida e os chakras egípcios e africanos

Os antigos egípcios e os zulus africanos vinculavam os diferentes aspectos do ser humano à sua versão própria da Árvore da Vida, chamada *Kamitic*, bem como aos chakras. As esferas são semelhantes às descritas pela cabala, das quais falamos no Capítulo 40. A tabela a seguir é uma das versões dessas correspondências.

FIGURA 5.25
CHAKRAS EGÍPCIOS E AFRICANOS E A ÁRVORE DA VIDA[58]

Divisão do Espírito	Chakra	Esfera	Rege
Khab	Raiz (primeiro)	Metade inferior da décima	Corpo físico
Khaibit	Umbigo (segundo)	Metade superior da décima	Natureza animal
Sahu	Plexo solar (terceiro)	Sétima, oitava, nona	Eu inferior
Ab	Coração (quarto)	Quarta, quinta, sexta	O Espírito no alto e o mundano embaixo
Shekem	Garganta (quinto)	Terceira	Palavras criativas
Khu	Testa (sexto)	Segunda	Poderes oraculares
Ba	Coroa (sétimo)	Primeira	*Itango* ou fonte da criação

QOLLAHUAYAS: CORPOS DE ENERGIA NA TERRA

O sistema de energia hindu reflete a geografia da Índia; o dos egípcios punha o Nilo em evidência. No alto dos Andes há um povo que abraça a terra em grau ainda maior: para eles, a montanha e o corpo são anatomicamente idênticos.

Desde tempos muito antigos, várias culturas andinas comparam seu ambiente e seus povoados aos paradigmas anatômicos dos animais e das pessoas. Povos peruanos planejavam suas cidades estabelecendo relações entre elas e determinadas aves ou animais terrestres. Os incas projetaram Cusco de modo que tivesse a forma de uma onça-parda. Os aldeões de Jesus de Machacha, na Bolívia, referem-se também à onça-parda para descrever sua terra.

Um povo de outra cultura, os qollahuayas, vive em diversas áreas da montanha que lhes serve de lar na Bolívia, o Monte Kaata, mas consideram-se unidos entre si porque cada uma das três regiões por eles habitadas representa parte de um único corpo humano. Há Apacheta, o planalto, que significa a cabeça. Ali, a relva e a lã simbolizam os cabelos, e os lagos formam os olhos. Kaata é o tronco e a região intermediária da montanha. As plantas aí cultivadas são um espelho das vísceras e do tronco do corpo metafórico. Adivinhos fazem circular sangue e gordura para as outras partes da montanha por meio de ritos e cerimônias. Há ainda as planícies baixas de Ninokorin, onde fileiras de milho, hortaliças e árvores frutíferas representam as pernas e as unhas dos pés.

Os qollahuayas não se limitam a postular essa analogia: de fato a vivem. Um leito de rio seco pode criar doenças; a saúde é restaurada quando a montanha é alimentada. Mas os seres humanos também criam seus próprios transtornos, a saber, por meio do desrespeito social e ambiental. Os problemas entre as pessoas podem criar perturbações não somente no corpo humano, mas também na terra, e devem ser resolvidos por meio de um rito que envolve o grupo social do doente e uma cerimônia de cura da terra. As principais causas de doenças são, do ponto de vista do povo, as perturbações sociais e as disputas de terra. Um adivinho trabalha com os santuários da terra para restaurar o equilíbrio.

Talvez haja quem ridicularize essa ideia, mas é preciso levar em conta a profunda eficácia do sistema de cura dos qollahuayas. Curandeiros qollahuayas juntam ervas, produtos de origem animal e minerais para usá-los para fins medicinais. Em suas bolsas de remédios, levam mais de mil ingredientes, alguns dos quais equivalem à aspirina, à penicilina e ao quinino. Durante séculos, também chegaram a fazer cirurgias, inclusive no cérebro. Muitas personalidades ilustres da região foram curadas de doenças incuráveis por esses curandeiros.[59] Os adivinhos aplicam métodos sobrenaturais, "pondo a mesa" para alimentar a terra. Essas mesas são formadas por produtos de origem animal e vegetal que dão à terra o que ela precisa para florescer.

SISTEMA DE DOZE CHAKRAS

Um dos sistemas de chakras contemporâneos é o Sistema de Doze Chakras, que desenvolvi e descrevo em detalhes em dois outros livros.[60] Ele se baseia no sistema clássico hindu, mas inclui cinco chakras adicionais situados fora do corpo físico. Embora esses chakras adicionais ainda tenham de ser medidos ou registrados, eu os descobri no decurso de meu trabalho como agente de cura energética. Depois de desenvolver um entendimento desses centros de energia adicionais, agora os uso com frequência.

Os chakras adicionais situam-se acima da cabeça, abaixo dos pés e ao redor do corpo. Muitos outros sistemas de chakras incluem outros além dos sete dos quais falamos até agora neste livro. O sistema *Narayana*, derivado do yoga, trabalha com nove chakras, assim como o sistema de chakras exposto no Yogaranjopanishad; enquanto isso, o sistema *Waidika*, ligado ao Laya Yoga, delineia onze chakras principais.[61] Algumas escolas acrescentam um oitavo chakra, chamado Bindu ou Soma, aos sete mais comuns.[62]

Muitos praticantes do esoterismo postulam a existência de chakras fora do corpo físico, assim como alguns dos sistemas mais tradicionais. Na tradição do yoga, é importante lembrar que o sétimo chakra se situa "acima do topo da cabeça" e não "no topo da cabeça".[63] Outras tradições situam um chakra abaixo dos pés, como David Furlong descreve no livro *Working with Earth Energies*.[64] Katrina Raphaell faz a mesma descrição.[65] Quase todos os sistemas reconhecem chakras secundários ou menores. Um pesquisador menciona 21 chakras menores e 49 chakras mínimos além dos sete principais.[66] A maioria dos sistemas faz referência à existência de chakras nas mãos e nos pés, sendo estes a base do décimo primeiro chakra do sistema de doze chakras. Esse décimo primeiro chakra envolve o corpo inteiro, mas é mais forte ao redor das mãos e dos pés.[67]

O sistema de doze chakras incorpora os sete tradicionais mais esses chakras adicionais. O que torna diferente o sistema de doze chakras? Os cinco chakras suplementares.

Oitavo chakra: Logo acima da cabeça. Entende-se que esse chakra abriga vários corpos de energia adicionais, entre eles os *Registros Akáshicos*, que incluem todas as coisas que já foram ditas e feitas; os *Registros da Sombra*, que guardam as coisas invisíveis que não foram registradas nos Registros Akáshicos; e o Livro da Vida, que reflete o aspecto positivo de todos os acontecimentos. O oitavo chakra é o lugar do karma, por meio do qual os indivíduos podem se conectar com todos os planos, dimensões e períodos de tempo, inclusive com realidades alternativas ou paralelas.

Nono chakra: Situa-se 45 cm acima da cabeça. Esse chakra contém a "sede da alma", a genética espiritual que gera a realidade física, analogamente aos genes físicos. Também leva em si o propósito da alma e os símbolos que sustentam o caráter único de cada alma. Por meio dele, o praticante pode:

- Individualizar a cura energética de modo que ela seja perfeitamente adequada a quem a recebe.
- Obter informações que explicam o caminho da vida da pessoa – e suas decisões futuras.
- Conduzir a cura energética de modo a efetuar consertos genéticos por meio do uso de símbolos.

Décimo chakra: Situa-se 45 cm abaixo dos pés. Esse é o "chakra do aterramento", que se abre para a energia dos elementos e a direciona para o corpo por meio dos pés. Contém a história pessoal da alma, bem como as histórias e energias dos antepassados. Faz conexão cabal entre a pessoa e a natureza, o mundo natural. Esse chakra é extraordinariamente útil para ancorar os indivíduos na realidade do dia a dia, tratando e curando questões hereditárias (inclusive doenças genéticas) e se abrindo para as energias dos elementos necessárias para a saúde.

Décimo primeiro chakra: Envolve o corpo e concentra-se ao redor das mãos e dos pés. Este centro energético ajuda os indivíduos a comandarem e transmutarem as forças físicas e sobrenaturais. Por meio dele, é possível assumir o controle das energias externas e dirigi-las para o bem. Ele é extraordinário para produzir mudanças instantâneas dentro e fora do corpo.

Décimo segundo chakra: Este centro de energia envolve o décimo primeiro chakra e a totalidade do corpo e representa os limites exteriores do ser humano. Conecta-se ao corpo por meio de 30 chakras secundários, descritos no livro *New Chakra Healing*. Canaliza as energias espirituais encontradas fora do campo áurico total. Logo além do décimo segundo chakra situa-se o "ovo energético" (ver figura 5.27), película de três camadas que regula o vínculo entre os mundos espirituais e o corpo físico.

SISTEMA DE DOZE CHAKRAS E OS PONTOS ESPIRITUAIS

O sistema de doze chakras acessa prismas de energia semelhantes aos chakras, mas se situam fora do campo humano. Entretecem a energia espiritual e a matéria física. Há vinte pontos espirituais, os quais vêm se somar aos doze chakras. Apresento agora os vinte pontos, com uma descrição de onde se ligam à coluna vertebral. São classificados como pontos 13 a 32. Há ainda um "ponto" adicional que atua como princípio espiritual que se sobrepõe a todos os outros.[68]

FIGURA 5.26
PONTOS ESPIRITUAIS E A COLUNA VERTEBRAL

Ponto	Área da coluna	Vértebra
Ponto 13: yin	Lombar	Segunda
Ponto 14: Yang		Primeira
Ponto 15: Equilíbrio de polaridades	Torácica	Décima segunda
Ponto 16: Equilíbrio de similaridades		Décima primeira
Ponto 17: Harmonia		Décima
Ponto 18: Livre-arbítrio e liberdade		Nona
Ponto 19: Kundalini		Oitava
Ponto 20: Maestria		Sétima
Ponto 21: Abundância		Sexta
Ponto 22: Clareza		Quinta
Ponto 23: Conhecimento do bem e do mal		Quarta
Ponto 24: Criação		Terceira
Ponto 25: Manifestação		Segunda
Ponto 26: Alinhamento		Primeira
Ponto 27: Paz	Cervical	Sétima
Ponto 28: Sabedoria		Sexta
Ponto 29: Gozo		Quinta
Ponto 30: Perdão		Quarta
Ponto 31: Fé		Terceira
Ponto 32: Graça e consciência da fonte divina		Segunda
Princípio do Amor		Primeira

OS CHAKRAS E AS GLÂNDULAS ENDÓCRINAS

Cada um dos doze chakras opera por meio de uma glândula endócrina situada dentro do corpo. Isso assegura que os chakras exteriores ao corpo possam interagir com o corpo físico e criar mudanças dentro dele.

Em termos tradicionais, o coração, o diafragma, os ossos e o tecido conjuntivo não eram considerados glândulas endócrinas, ou seja, partes do corpo que produzem hormônios. No entanto, hoje, a própria medicina considera o coração uma glândula endócrina – na realidade, o vê como um dos grandes produtores ou reguladores de hormônios no corpo. Já se demonstrou que os ossos são produtores de hormônios, e que outros tecidos e órgãos têm efeito sobre os hormônios. (Veja a Parte II.) O diafragma, por exemplo, regula o fluxo da respiração, e a oxigenação é fundamental para a distribuição dos hormônios. E essa relação também funciona no sentido inverso. O Dr. Dave

FIGURA 5.27

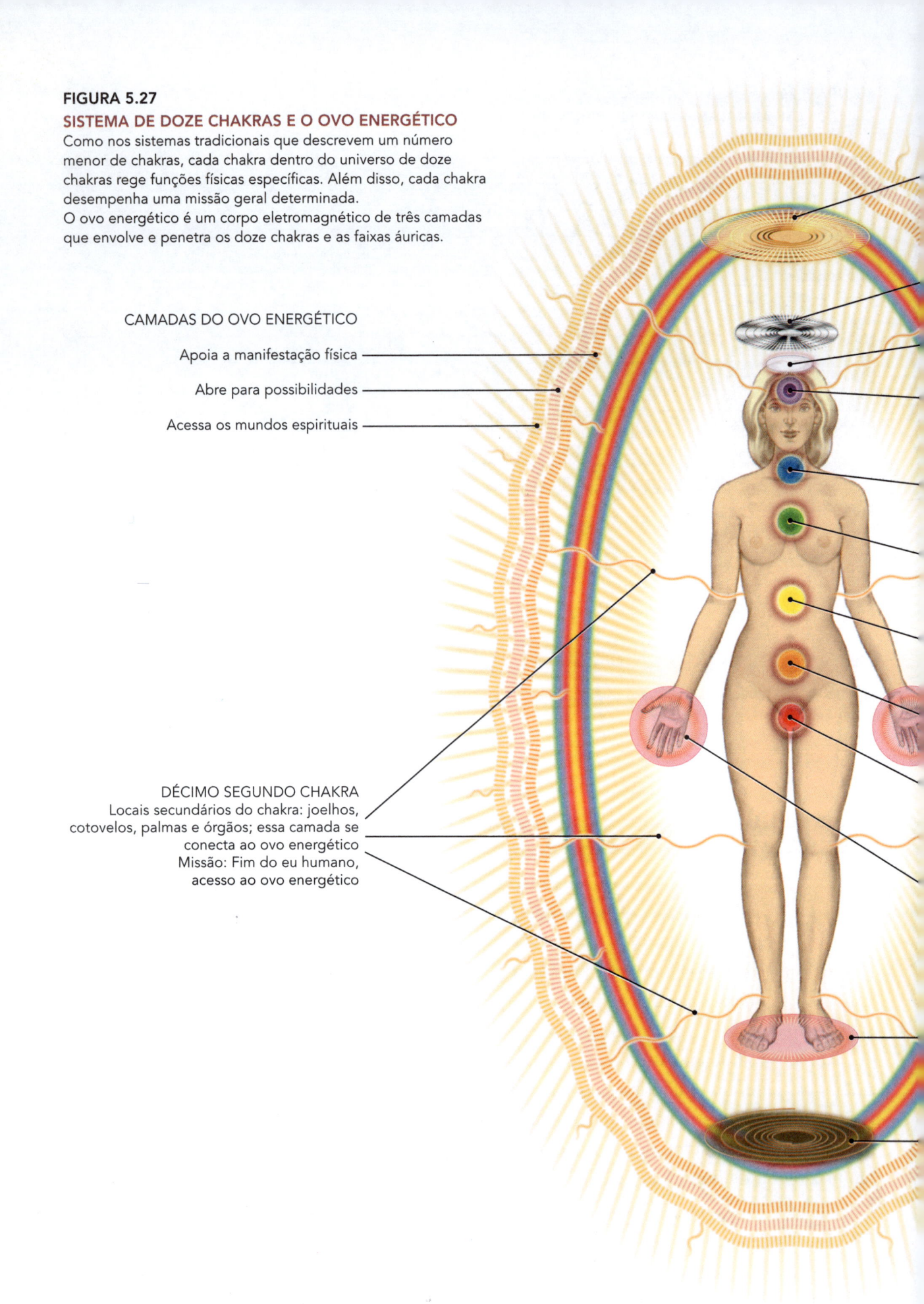

SISTEMA DE DOZE CHAKRAS E O OVO ENERGÉTICO
Como nos sistemas tradicionais que descrevem um número menor de chakras, cada chakra dentro do universo de doze chakras rege funções físicas específicas. Além disso, cada chakra desempenha uma missão geral determinada.
O ovo energético é um corpo eletromagnético de três camadas que envolve e penetra os doze chakras e as faixas áuricas.

CAMADAS DO OVO ENERGÉTICO

Apoia a manifestação física

Abre para possibilidades

Acessa os mundos espirituais

DÉCIMO SEGUNDO CHAKRA
Locais secundários do chakra: joelhos, cotovelos, palmas e órgãos; essa camada se conecta ao ovo energético
Missão: Fim do eu humano, acesso ao ovo energético

326   PARTE V: CORPOS DE ENERGIA: OS CHAKRAS E OUTROS "CONVERSORES DE LUZ"

NONO CHAKRA
Diafragma; glândula pineal; corpo caloso e outros centros superiores de aprendizado, entre os quais o córtex e o neocórtex
Missão: Programas e planos da alma

OITAVO CHAKRA
Timo (sistema imunológico); função de recuperação da memória; aspectos do sistema nervoso central; tálamo; olho direito
Missão: Karma e vínculos universais

SÉTIMO CHAKRA
Glândula pineal; partes do hipotálamo; aprendizado superior e sistemas cognitivos do cérebro; partes do sistema imunológico
Missão: Propósito e espiritualidade

SEXTO CHAKRA
Glândula pituitária; partes do hipotálamo; sistemas visual e olfativo; armazenamento da memória; alguns problemas dos ouvidos e dos sínus; olho esquerdo
Missão: Visão e estratégia

QUINTO CHAKRA
Glândula tireoide; laringe; boca e sistema auditivo; sistema linfático; vértebras torácicas
Missão: Comunicação e orientação

QUARTO CHAKRA
Coração e pulmões; sistema circulatório e oxigenação; seios; vértebras lombares e torácicas
Missão: Relacionamentos e cura

TERCEIRO CHAKRA
Sistema pancreático; todos os órgãos digestórios na região do estômago, entre os quais o fígado, o baço, a vesícula biliar, o próprio estômago, o pâncreas e parte do sistema renal; vértebras lombares
Missão: Mentalidade e estrutura

SEGUNDO CHAKRA
Afeta parte do sistema adrenal; intestinos; partes da função dos rins; alguns aspectos do sistema reprodutor; vértebras sacrais e neurotransmissores que determinam as respostas emocionais aos estímulos
Missão: Sentimentos e criatividade

PRIMEIRO CHAKRA
Órgãos genitais e adrenais; vértebras coccígeas; afeta algumas funções dos rins, da bexiga e de excreção; pele
Missão: Segurança e sobrevivência

DÉCIMO PRIMEIRO CHAKRA
Partes da pele, músculos e tecido conjuntivo
Missão: Forças e conversão de energia

DÉCIMO CHAKRA
Pés, pernas e ossos
Missão: Legados e natureza

Harris, especialista em lesões da medula espinhal, relata que um dos tratamentos modernos para os problemas do tecido conjuntivo, como a osteoartrite, que produz dor e desgaste nos ossos e nas cartilagens, é o tratamento com hormônios androgênicos (testosterona, hormônio do crescimento, progesterona ou desidroepiandrosterona).[69]

As correlação entre as glândulas endócrinas e os doze chakras é apresentada na figura 5.27.

DESENVOLVIMENTO DOS CHAKRAS E A IDADE

Os chakras já se encontram plenamente desenvolvidos quando o bebê nasce, mas se ativam em diferentes épocas da nossa vida. Imagina-se que, antes da concepção, o nono e o décimo chakras interagem de modo ativo com a alma e a orientação espiritual a fim de escolher os genes adequados.

Quando o bebê nasce, o primeiro chakra já está ativo; durante curto período após o nascimento, o sétimo chakra, ligado à fontanela, também está. A fontanela se fecha em algum momento durante os primeiros meses de vida, de modo que a criança estabelece de novo uma ligação com o primeiro chakra, o mais relacionado ao mundo físico. Os outros chakras vão se ativando um por vez, até a pessoa estar madura. Os chakras de um a seis vão se abrindo individualmente desde o estágio fetal até antes dos 14 anos (o chakra sete se ativa aos 14 anos). Depois disso, o corpo continua abrindo os chakras adicionais, mas agora a intervalos de sete anos.

Primeiro chakra:	Do útero aos 6 meses
Segundo chakra:	6 meses a 2 anos e meio
Terceiro chakra:	2 anos e meio a 4 anos e meio
Quarto chakra:	4 anos e meio a 6 anos e meio
Quinto chakra:	6 anos e meio a 8 anos e meio
Sexto chakra:	8 anos e meio a 14 anos
Sétimo chakra:	14 a 21 anos
Oitavo chakra:	21 a 28 anos
Nono chakra:	28 a 35 anos
Décimo chakra:	35 a 42 anos
Décimo primeiro chakra:	42 a 49 anos
Décimo segundo chakra:	49 a 56 anos

Aos 56 anos, os chakras permanecem no estágio de desenvolvimento do décimo segundo chakra, no qual a pessoa entrou aos 49 anos. Porém, pela primeira vez na vida, dois chakras se tornam ativos ao mesmo tempo. A pessoa também se reconecta com o primeiro chakra (e no próximo momento de mudança, aos 63 anos, permanece no décimo segundo chakra e torna a entrar no segundo chakra).

Questões estabelecidas na infância (desde o estágio fetal até os 14 anos) se tornam programas operantes e determinam o pensamento, as emoções e o comportamento. A cada ano depois dos 14 anos, entretanto, o corpo reprocessa de forma linear as questões dos chakras inferiores, a fim de que a pessoa possa tomar novas decisões. (Isso também significa que, aos 56 anos, a pessoa se encontra em dois chakras plenamente amadurecidos e está reciclando de forma linear os sete chakras inferiores.) A lista a seguir mostra o primeiro ciclo de reativação de sete anos:

14 anos	Recicla o primeiro chakra
15 anos	Recicla o segundo chakra
16 anos	Recicla o terceiro chakra
17 anos	Recicla o quarto chakra
18 anos	Recicla o quinto chakra
19 anos	Recicla o sexto chakra
20 anos	Recicla o sétimo chakra

ESTRUTURA DOS CHAKRAS

Os chakras têm configuração própria e podem ser reduzidos a três partes ou seções. Esses três aspectos estão presentes em todos os chakras, não somente sob a óptica do sistema de doze chakras. Visto de frente, cada chakra tem um lado esquerdo e um lado direito; um lado da frente e um lado de trás (o lado da frente encontra-se na frente do corpo; o lado de trás, nas costas); e uma roda interior e outra exterior. A roda interior do chakra encontra-se literalmente dentro da roda exterior; os movimentos de rotação de ambas se inter-relacionam.

Os chakras podem ser analisados do ponto de vista da estrutura e da informação. Todos os chakras portam mensagens emocionais, mentais, físicas e espirituais. Nesta seção, consideraremos as ideias mentais codificadas dentro dos chakras, as quais determinam nosso bem-estar global, o conceito que temos de nós mesmos e nossos comportamentos.

Em geral, o lado esquerdo do corpo, e portanto o lado esquerdo do chakra, representa a energia feminina, yin, e o lado direito, a energia masculina, yang. Cada lado do corpo é regido pelo hemisfério oposto do cérebro; o lado direito é regido pelo hemisfério esquerdo do cérebro e vice-versa.

A energia masculina é física, ativa, dominante e linear, e reflete o lado masculino da própria pessoa e também seu relacionamento com os homens e com o patriarcado. A energia feminina é espiritual, reflexiva, passiva e intuitiva e reflete o lado feminino da própria pessoa, assim como seu relacionamento com as mulheres e o matriarcado. Uma lesão no lado esquerdo do corpo, portanto, pode ser entendida como um problema interno ou com o lado feminino da realidade. Uma distorção do fluxo energético no lado esquerdo de um chakra pode indicar uma questão de base feminina, ao passo que uma deformação do fluxo no lado direito de um chakra pode significar um problema de natureza masculina. (Os lados do chakra são determinados de acordo com a direita e a esquerda da pessoa que está sendo examinada.)

O chakra tem um lado da frente e um lado de trás. Em geral, o lado de trás rege a programação inconsciente e primordial e os assuntos espirituais, ao passo que o lado da frente supervisiona as necessidades conscientes e do cotidiano. Dentro do chakra há uma roda interior, que deve estar em harmonia com a exterior. A roda interior se liga ao subconsciente, mas também, em potencial, ao eu superior, o espírito da pessoa. A programação da roda exterior tende a refletir questões que a obrigam a se curvar perante o mundo. Trata-se, em geral, de disfunções baseadas em pelo menos uma dessas percepções errôneas de natureza negativa:

Não mereço ser amado.
Não sou digno.
Não tenho poder nenhum.
Não valho nada.
Sou mau.
Não mereço.

Essas percepções negativas regulam o subconsciente, o qual, por sua vez, dirige nosso eu inconsciente e nosso eu consciente. Criam desarmonia dentro do sistema de energia sutil do corpo e impedem a ascensão da kundalini. As percepções negativas também causam problemas no campo áurico e atraem situações negativas para nossa vida.

A roda interior geralmente reflete o saber do nosso espírito, as verdades do espírito. Essas verdades estão ligadas ao supraconsciente, aspecto mais elevado da mente. As crenças dentro da roda interior se contrapõem às crenças disfuncionais. Entre elas incluem-se:

Mereço ser amado.
Sou digno.
Sou poderoso.
Tenho valor.
Sou bom.
Eu mereço.

Essa roda interior trabalha com partículas e ondas que se deslocam em velocidade superior à da luz, ao passo que a roda exterior trabalha com a energia sensorial. Por isso, a roda interior é capaz de transformar o corpo, a mente e a alma por meio da energia de ponto zero (ver Índice Remissivo) e proporcionar cura e resolução de problemas quase instantâneas.

A tabela a seguir descreve as funções e os problemas relacionados às quatro partes dos chakras: frente, trás, esfera interna, esfera externa.

FIGURA 5.28
INFRAESTRUTURAS DOS CHAKRAS

Chakra	Trás	Frente	Esfera interna	Esfera externa
Primeiro chakra	Questões inconscientes ligadas à segurança; como as questões de segurança das outras pessoas nos afetam.	Interação com a vida cotidiana; como nos portamos no mundo.	Regulada pela relação da nossa alma com a Divindade.	Nosso movimento no mundo. O excesso de atividade causa comportamento preocupado e hiperativo. A falta de atividade cria preguiça e indolência.
Segundo chakra	Sentimentos que levamos em nós de forma inconsciente; nossa resposta inconsciente aos sentimentos das pessoas ao redor; decisões sobre quais sentimentos dos outros vamos captar e guardar e quais não vamos.	Como expressamos nossos sentimentos no mundo; nossa capacidade de traduzir os sentimentos em respostas criativas.	Acreditamos, por acaso, que a Divindade tem sentimentos? Nossa resposta determina o ritmo dessa roda. Quando desconsideramos a espiritualidade dos sentimentos, tornamo-nos julgadores, fechados e sem compaixão para com os outros. Quando não conseguimos traduzir as mensagens espirituais por trás dos sentimentos, tornamo-nos emocionais, hipersensíveis e codependentes.	Estabelece o modo como agimos como pessoa que vive neste mundo e é dotada de sentimentos. Os sentimentos reprimidos atraem pessoas que manifestam esses sentimentos a nós ou causam doenças. Se você absorver sentimentos que não são seus, se sentirá louco e descontrolado.
Terceiro Chakra	Nossas crenças inconscientes sobre o poder, o sucesso e o quanto merecemos essas duas coisas.	Nossa capacidade de ser bem-sucedido no mundo.	A frequência é estabelecida pelas nossas crenças interiorizadas sobre o lugar que ocupamos no mundo. Você acredita que a Divindade o destinou a um trabalho especial e que seus dons são únicos e exclusivos? Quando acreditamos nisso, nos sentimos saudáveis e equilibrados. Quando não acreditamos, nos sentimos tensos e continuamente decepcionados com nós mesmos.	Preserva as fronteiras entre nós e o mundo. Quando cremos que nosso trabalho é guiado pela Divindade, desempenhamos bem nossas tarefas e ganhamos o respeito dos outros.

(continua)

(continuação)

Chakra	Trás	Frente	Esfera interna	Esfera externa
Quarto chakra	Nossas crenças inconscientes sobre relacionamentos; nos mantém ligados às pessoas de quem teríamos de nos desapegar.	Nossos relacionamentos principais e secundários; nossa capacidade de dar e receber.	Relacionamentos interiores: de si para si; do eu e da Divindade para com todos os aspectos do eu.	Equilíbrio: relacionamentos entre o eu e todos os aspectos do eu com o mundo e os outros seres que nele habitam.
Quinto chakra	Tipo de orientação que estamos dispostos a receber, que pode vir de planos inferiores ou superiores.	Determina as fitas e mensagens que regulam nossa comunicação – as saudáveis e as não saudáveis.	O que estamos ou não dispostos a dizer ou expressar. Como os outros percebem nossa comunicação. Se a frequência for muito alta, não ouviremos a Divindade. Se for baixa, estaremos ouvindo seres de ordens inferiores.	Reage à nossa intenção.
Sexto chakra	Futuros potenciais. Todas as escolhas entram pela parte de trás do chakra. Nossa capacidade interior de ver essas escolhas depende da nossa autoimagem.	Caminho escolhido. Se nos treinarmos, poderemos olhar para a frente a partir do aqui e do agora e ver quais escolhas ainda teremos de enfrentar.	Lugar da imagem que o nosso espírito tem de nós e da nossa vida.	Projeta nossa autoimagem, que diz aos outros como devem reagir a nós.
Sétimo chakra	Tipos de espíritos e crenças espirituais que programam nosso sistema de crenças; às vezes, nos tornamos reféns dessas coisas.	Como projetamos no mundo nossa imagem da Divindade e do eu espiritual; religião que praticamos e valores que vivemos.	Caso esteja saudável, nossas crenças e disciplinas espirituais são compatíveis com nosso propósito de vida e com o que a Divindade deseja para nós. Caso não esteja, haverá discórdia.	Reflete o modo como praticamos nossas crenças espirituais.
Oitavo chakra	Padrões do passado ou partes do passado que orientam nossas decisões.	Como expressamos esses padrões por meio de escolhas de vida – a escolha do cônjuge, dos amigos e do trabalho, o uso de nossos dons espirituais e outras coisas.	Reflete a capacidade de nos perdoarmos pelos erros do passado; se formos capazes de perdoar, podemos liberar todo o karma e termos uma esfera interior limpa.	Caso não perdoemos a nós mesmos e aos outros, todos os aspectos da nossa vida refletirão as decisões anteriores.

(continua)

(continuação)

Chakra	Trás	Frente	Esfera interna	Esfera externa
Nono chakra	Crenças acumuladas na nossa alma e na alma de outras pessoas sobre o amor universal, as necessidades globais e o interesse pelas outras pessoas.	Modos pelos quais expressamos nossa preocupação com os outros na vida cotidiana.	Pode servir como portal para verdades espirituais que, quando entram, ajudam nosso espírito a se integrar no corpo.	Mostra como temos posto em prática as verdades espirituais.
Décimo chakra	Aspectos do mundo natural que usamos ou atraímos para nossa vida.	Como interagimos com a natureza e as coisas da natureza. Mostra até em que medida remédios fitoterápicos ou a cura natural podem funcionar.	Lugar da natureza que pode conter a semente do nosso espírito quando nos deixamos basear firmemente na realidade física.	Reflete o modo como vivemos como seres físicos, produtos da natureza, do mundo e dos nossos antepassados – não somente da Divindade.
Décimo primeiro chakra	Crenças que ajudam ou atrapalham nossa capacidade de alterar ou transmutar a energia.	Como influenciamos os mundos físico e energético ao nosso redor; quais seres de energia e de espírito atraímos para dentro de nós como amigos ou inimigos.	Lugar de contato por meio do qual nosso espírito pode fazer uso de poderes e forças energéticas.	Reflete o uso adequado ou inadequado dos poderes sobrenaturais.
Décimo segundo chakra	Este chakra não tem lado da frente nem de trás. A esfera interna diz respeito à nossa divindade; a externa diz respeito ao grau em que essa divindade se reflete em nossa existência humana cotidiana.			

CORPOS DE ENERGIA NO SISTEMA DE DOZE CHAKRAS

Há dezenas, senão centenas, de corpos de energia no panteão dos doze chakras. Eis alguns que podem ajudar os praticantes das disciplinas energéticas.

PRINCIPAIS CORPOS DO EU

Há sete corpos de energia principais no sistema de doze chakras.[70] São eles:

Espírito: Essência eterna e imortal que leva nossas verdades espirituais e também formula nosso propósito de vida e nossos dons (relacionados aos poderes psíquicos e aos *siddhis* hindus). Do ponto de vista oriental, o espírito é o portador do *dharma* ou da missão.

Alma: Aspecto do eu que se desloca pelo tempo e pelo espaço para acumular experiências. Em regra, a alma leva em si pelo menos um grande erro de percepção por trás de todo karma negativo ou dos padrões negativos que se repetem.

Mente: Aspecto do eu que contém nossas crenças e nossos pensamentos. A mente é uma "entidade não local" que se interconecta com outras mentes por meio de um campo de pensamento. A mente tem muitas partes. A "mente superior" se liga ao espírito e ao supraconsciente; a "mente intermediária" se liga ao cérebro (ou ao corpo físico) e ao inconsciente; a "mente inferior" representa a alma e o subconsciente.

Corpo físico: Veículo da mente, da alma e do espírito e portador dos chakras. Os outros aspectos do eu se ligam aos chakras por meio dos planos de luz, níveis de consciência que fazem a ponte entre a vida e a morte e auxiliam na evolução da alma.[71]

Chakras: Regulam todos os aspectos da existência humana, tanto fisicamente quanto por meio das energias sutis que assumem a forma de doze vórtices que se ligam ao sistema endócrino. O "você dentro de você".

Campo áurico: Administra o relacionamento do eu com o mundo por meio de doze faixas ou camadas que protegem, filtram e emitem informação. O "você fora de você".

Ovo energético: O ovo energético, ilustrado na figura 5.27, é um corpo eletromagnético que penetra e rodeia os doze chakras e as faixas áuricas. Cria o limite exterior do sistema de energia humano e aparece na clarividência como um campo pulsante de energias incandescentes, em três camadas. O trabalho com o ovo energético na cura nos ajuda a alcançar diversos objetivos. Por meio dele, podemos limpar a programação negativa, conectar a consciência superior com a cotidiana, diagnosticar e liberar energias negativas e atrair as energias ou "ondas" espirituais que criam mudanças perduráveis.

AS TRÊS CAMADAS

Primeira camada: Física. Esta camada está localizada bem ao lado do décimo segundo campo áurico e do corpo. Faz a troca de energia-informação entre o corpo e a psique interior, de um lado, e o mundo em geral, de outro. Por meio dela, repelimos ou atraímos energias que dão apoio à manifestação física com base na programação interna (muitas vezes subconsciente, ou seja, anímica). Essa camada pode ser contatada não só por meio da glândula pineal como também por meio do décimo segundo campo áurico e do décimo segundo chakra, que se liga a 32 pontos secundários no corpo.

Segunda camada: Imaginativa. Esta camada está localizada entre a primeira e a terceira camadas de energia do ovo energético. Parece uma linha fina de energia na qual energias negras e brancas estão entremeadas. Essa camada atrai o que imaginamos no nosso inconsciente. Podemos dizer que é a camada da formulação de desejos e dos sonhos. Quando nossa programação está distorcida, acessamos energias que nos afastam do nosso destino ou construímos fantasias pouco realistas. Quando usamos a segunda camada de modo sadio, nosso décimo segundo chakra e campo áurico permitem a manifestação dos desejos na vida cotidiana.

Terceira camada: Espiritual. É a aura mais distante do corpo. Esta camada é um corpo de energia incandescente, cintilante, que se interconecta com a beirada do décimo segundo chakra e do décimo segundo campo áurico e com os domínios espirituais que estão fora do eu humano. Atrai somente aquilo que colabora com nossas mais elevadas necessidades e propósitos espirituais; está, assim, conectada ao que podemos chamar de nossa consciência mais elevada. Pode, na realidade, chamar para nossa vida energias que ainda não existem neste planeta, mas que beneficiarão a nós e às outras pessoas. A possibilidade de produzir milagres físicos e emocionais depende do trabalho com essa camada.

CORPOS DE ENERGIA SECUNDÁRIOS

A seguir, alguns dos corpos de energia secundários dentro do sistema de doze chakras.

- O *corpo causal* regula o corpo físico.
- O *corpo mental* processa os pensamentos e sentimentos.
- O *corpo emocional* ou *corpo azul* guarda os sentimentos.
- O *corpo de dor* registra nossos relacionamentos com a dor e conserva a energia da própria dor.
- O *corpo cinzento* nos conecta com seres dessa dimensão e de outras.
- O *corpo de betume* contém os códigos do nosso propósito e destino espirituais.
- O *corpo de prata* se liga aos Registros Akáshicos, memória de tudo o que você já fez, disse ou pensou – ou fará, dirá e pensará.
- O *corpo físico etérico*, ao lado do corpo físico, contém todos os programas energéticos que afetam nossa saúde e bem-estar. Equivale à décima camada da aura, que fica fora da pele e está associada ao décimo chakra. Esse corpo etérico é capaz de fazer viagens psíquicas separado do corpo físico, como acontece quando sonhamos.
- O *corpo etérico da alma* cobre a alma e contém suas memórias, impressões e necessidades energéticas. É capaz de se separar da alma e viajar pelos diversos planos de existência.
- O *espelho etérico* reflete nossa essência humana e é um modelo matricial da saúde física e das funções físicas. Situa-se nos domínios etéricos e reflete para nós a perfeição do nosso estado humano, gerando os códigos corretos e perfeitos para nosso corpo físico e energético. Por meio dele, acessamos os padrões precisos do DNA e usamos a intenção, métodos vibracionais e várias técnicas para traduzir a cura diretamente para o corpo.

FIGURA 5.29

KUNDALINI E O SISTEMA DE DOZE CHAKRAS

Há três tipos de kundalini no sistema de doze chakras. A kundalini vermelha ou da serpente ativa a energia vital física e sobe a partir da base da coluna. A kundalini dourada proporciona *insight* espiritual e entra pelo topo da cabeça. A kundalini radiante é a chave da iluminação e se irradia a partir do centro dos chakras.

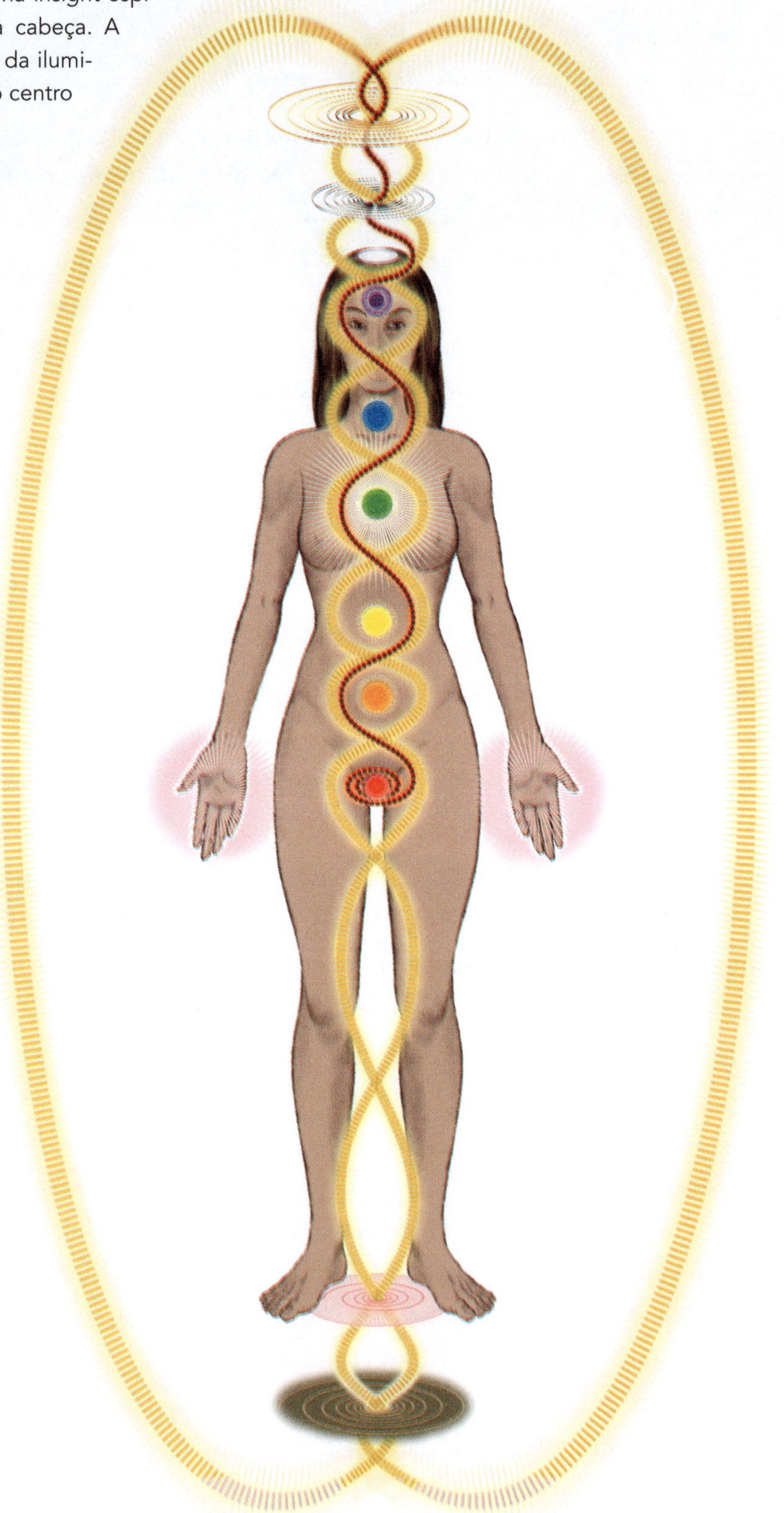

- *O corpo de luz* é uma série de faixas de energia vibratórias que emanam do núcleo central do corpo. Quando se abrem, envolvem o corpo e permitem que ele tenha acesso aos vários planos de existência ao seu redor.

OS CHAKRAS E A DEPENDÊNCIA

Os chakras funcionam em faixas de frequência. Se essas faixas vibracionais forem perturbadas pelos mais variados fatores – problemas de infância, percepções errôneas da alma, doenças ou traumas, abuso, negatividade cultural ou religiosa, preconceito ou outros problemas –, podem "desafinar". Para lidar com essa situação, o corpo se volta para o mundo a fim de tentar suprir-se de energia ou livrar-se dos excessos energéticos para se reequilibrar. Infelizmente, a maioria das

KUNDALINI E O SISTEMA DE DOZE CHAKRAS

O SISTEMA DE DOZE CHAKRAS incorpora a kundalini tradicional – a vermelha, a serpente que desperta e sobe por um caminho espiralado – e, além dela, outros dois processos de kundalini. A *kundalini radiante* é comparável ao estado de iluminação propriamente dito, o brilho tremeluzente do espírito em cada chakra e, portanto, no corpo inteiro. Essa kundalini só pode ser ativada quando a pessoa tem a plena disposição de servir aos outros seres humanos e à divindade. Seu surgimento também depende da ativação de outra kundalini: a *kundalini dourada*, que desce do alto em vez de subir a partir da base da coluna.

A kundalini dourada é uma energia espiritual personalizada. Leva a sabedoria da alma individual para o corpo ao longo de um "rio" de luz divina branca. O processo começa quando certa quantidade – mesmo pequena – da kundalini vermelha, da serpente, chega ao chakra da coroa. A essa altura, o nono chakra, que se situa cerca de 45 cm acima da cabeça, se abre para a energia cósmica que rodopia incessantemente acima dele. Essa energia branca reflete a união e a fusão das divindades masculina e feminina, a energia de "Deus" e da "Deusa". Ao entrar no nono chakra, essa energia celestial adquire cor dourada, assumindo o tom do nono chakra.

O nono chakra contém os "genes" da alma individual, os códigos que tornam cada alma uma coisa única. A corrente da divindade absorve os traços pessoais, os padrões, dons e propósitos da alma, e então se introduz no corpo, passando em primeiro lugar pelo oitavo chakra, que também se situa acima da cabeça, e depois entrando no corpo físico pelo sétimo chakra, no alto da cabeça. A partir daí, a nova kundalini dourada viajava através do sistema de chakras, depositando neles a sabedoria da alma e ativando as energias espirituais presentes no centro de cada chakra. A kundalini dourada se junta, ainda, à kundalini da serpente vermelha; paradoxalmente, as duas se fundem, mas, ao mesmo tempo, permanecem separadas. Ela suaviza os efeitos da kundalini vermelha, que às vezes são violentos, e, por fim, entrelaçada com ela, sobe e desce alternadamente pela coluna vertebral e ao redor do campo áurico, atuando como uma membrana protetora.

A kundalini radiante só pode ser ativada depois de as kundalinis vermelha e dourada terem sido despertadas e estarem trabalhando em conjunto. Essa kundalini literalmente se irradia do centro de cada chakra, que contém a essência espiritual da pessoa, e assinala a pessoa como um avatar vivente neste corpo.

Talvez o melhor exemplo de ativação da kundalini radiante tenha sido Sri Caitanya Mahaprabhu, o "Avatar Dourado". Caitanya viveu no início do século XVI em Bengala e era famoso por seus poderes sobrenaturais e sua natureza compassiva.[72]

soluções aparentes encontradas por ele são substâncias ou comportamentos perigosos, cada um dos quais operando em determinada frequência e emitindo a mesma frequência.[73]

Uma das principais áreas de dependência é a comida. Mais de 60% dos americanos estão com excesso de peso, e cerca de 30% são considerados obesos.[74] Uma das razões da dependência alimentar é a desnutrição, problema global mesmo nos países ricos, onde os tipos de alimentação são abundantes. O solo foi privado de seus nutrientes; nossas fontes de água estão poluídas; substâncias químicas, hormônios e aditivos estão alterando a composição não só dos alimentos, mas também do nosso corpo. A deficiência gera o desejo. Além dos fatores psicológicos, como a necessidade de ter aparência jovem e corpo magro e a dependência de *fast-foods*, o mundo ocidental, em particular, é repleto de problemas alimentares.

Cada chakra tem relação diferente com as substâncias físicas, inclusive os alimentos. Apresentamos a seguir uma lista resumida dos problemas de dependência relacionados aos vários chakras.

FIGURA 5.30
OS CHAKRAS E AS FORMAS DE DEPENDÊNCIA

Chakra	Dependências: Substâncias/Comportamentos
Primeiro	Drogas pesadas, álcool, trabalho, sexo, estar doente, envolver-se em acidentes, exercícios físicos, automutilação, sadomasoquismo, gastar demais, dívidas, leite, gordura e carne
Segundo	Glúten, trigo, carboidratos amiláceos, bebidas alcoólicas à base de cereais, chocolate, certas emoções ou todas as emoções (sentimentalismo)
Terceiro	Trabalho, perfeccionismo, maconha, cafeína, refrigerantes carbonatados, bebidas alcoólicas à base de milho, cerveja e açúcares derivados do milho
Quarto	*Ecstasy* (droga); amor (necessidade de estar sempre apaixonado); relacionamentos específicos (pessoas que você não consegue "largar"); fumar; vinho, açúcar, doces e adoçantes, como sacarina e aspartame
Quinto	Falar ou ler compulsivamente; comer demais compulsivamente; fumar ou mascar tabaco
Sexto	Odiar a si mesmo (como nos casos de imagem corporal distorcida); aparências (caso de quem se preocupa obsessivamente com a aparência); chocolate; todas as substâncias e comportamentos que alteram o humor, como o vício de lavar as mãos, o espírito excessivamente crítico e outros
Sétimo	Drogas estimulantes e sedativas; fanatismo religioso; oração ou meditação para fugir da realidade; depressão ou ansiedade
Oitavo	Substâncias que podem ser usadas na cura, como tabaco, nicotina, café e álcool; a personalidade xamânica as usa para tentar processar os problemas de terceiros, os quais são, então, absorvidos por ela
Nono	Pobreza, escassez, fazer o bem aos outros – a ponto de ferir a si mesmo; a personalidade de nono chakra é idealista e pode, às vezes, ferir a si mesma para ajudar o mundo
Décimo	Cogumelos da psilocibina; exercícios ao ar livre quando usados como forma de escapismo (caminhadas, por exemplo); concentração nos animais ou na natureza quando usada para fugir das pessoas; raízes alimentares, sementes oleaginosas, substâncias químicas
Décimo primeiro	Negatividade, poder (como no caso de pessoas controladoras)
Décimo segundo	Comportamentos e relacionamentos imaturos de qualquer espécie

40

SISTEMA DE ENERGIA MÍSTICO DOS JUDEUS: A ANTIGA CABALA

NOTA: Há várias maneiras de escrever as palavras "cabala" (kabbalah, kaballah, qaballah, qabala e kabala, entre outras) e "sefirot" (sephiroth ou sephirot, por exemplo), bem como o nome das diversas sephiroth (esta palavra é o plural de "sephira"). As transliterações adotadas aqui não pretendem se apresentar como opção "correta" nem dar a entender que as demais são "incorretas". Para facilitar a leitura, no entanto, usaremos sempre as mesmas transliterações.

RAÍZES DA CABALA

A cabala é um sistema de energia místico que se originou com os antigos hebreus. Talvez seja o sistema de energia mais universal e fundamental, pois explica a origem do mundo, o Criador, um sistema complexo de corpos de energia e a conexão entre o ser humano e a divindade. Embora a cabala seja considerada um sistema "judaico", seus componentes encontram-se em dezenas de culturas ao longo de milhares de anos. O sistema apresentado aqui é tido como uma mistura da cabala judaica com ideias dos egípcios, dos caldeus e da cabala africana, bem como com aplicações contemporâneas apresentadas por autores como Ted Andrews e o rabino Laibl Wolf.[75]

A palavra *cabala* vem do verbo *qibel*, "receber". Segundo uma lenda, o conhecimento da cabala foi revelado a Moisés no Monte Sinai, quando do episódio da sarça ardente. Outra história nos diz que Deus o ensinou aos anjos, que então o transmitiu aos filhos da Terra, para que eles pudessem se libertar do plano térreo e subir de novo aos céus. Seja qual for a verdadeira origem da cabala, a narrativa dá um salto até o rabino Joseph ben Akiva, que viveu de 50 a 132 d.C. Em estado de transe, Ben Akiva escreveu uma série de artigos chamados "The Way of the Chariot" [O Caminho da Carruagem] (*Maaseh Merkava*), reflexões sobre o conhecimento sagrado judaico.

Empreendeu uma viagem anímica acompanhado de três colegas, os quais receberam uma visão de Deus feita de luz infinita. Somente Ben Akiva sobreviveu à experiência.

Seu trabalho se expandiu e, por fim, séculos depois, recebeu do místico Salomão ibn Gabirol o nome cabala. Os cabalistas formavam uma sociedade secreta e procuravam os vínculos misteriosos entre os ensinamentos da Torá e outros temas, como os números e o alfabeto hebraico. Outra formulação do mesmo sistema, chamada Zohar, tornou-se a espinha dorsal do mundo cabalístico.

A cabala parte da ideia de que cada um de nós é um miniuniverso. Todas as forças do universo estão a nosso dispor, mas para manifestá-las precisamos de um mapa. A Árvore da Vida é esse mapa e revela as chaves que nos dão acesso às energias, aos poderes, às forças e às formas de vida do universo em nossa vida.

A Árvore da Vida simboliza a visão microcósmica e macrocósmica do universo. Tomando-a como referência, estamos arraigados na Terra e nos alçamos em direção aos céus. Essa Árvore evoluiu desde o princípio do tempo – quando somente o nada (*Daath*) existia. Tudo existia dentro desse nada, mas nada havia ainda se iniciado – até que a Divindade passou por nove estágios de manifestação para terminar com um décimo, que foi uma incorporação física. Assim, a Divindade estabeleceu um "caminho de volta" para nossa própria evolução e para alcançarmos a iluminação. Cada estágio pode ser visto como um ramo próprio. Esses ramos são das Dez Sagradas Sephiroth, ou esferas de consciência. Vinte e duas linhas, chamadas caminhos, conectam as dez sephiroth. Juntas, as sephiroth e os caminhos formam os Trinta e Dois Caminhos da Sabedoria, portais que nos permitem experimentar uma sintonia espiritual maior.

Essas sephiroth equivalem a corpos de energia, e os caminhos são análogos a canais de energia. Juntos, compõem um sistema de energia equivalente ao sistema hindu dos chakras e dos nadis, que estimula a evolução da alma através do fluxo serpentino da kundalini. Ao contrário dos centros hindus, no entanto, as sephiroth não são entendidas como centros fisiológicos propriamente ditos. São, antes, centros simbólicos, e o corpo é uma metáfora.

AS DEZ SEPHIROTH

As sephiroth podem ser descritas de diversas maneiras. Em regra, cada sephira é associada a um título específico, que reflete seu princípio ou sua energia primária: um nome de Deus, que revela uma natureza particular do único Deus verdadeiro; um arcanjo ou ordem de anjos que atua como guardião do portal daquela esfera ou como guia dentro da esfera; uma localização dentro do corpo; um vício ou desequilíbrio potencial que ocorre quando não aprendemos plenamente as lições da esfera; uma virtude ou qualidade necessária para incorporar plenamente a esfera; um aprendizado que representa a sabedoria que podemos alcançar por meio da esfera; um corpo celeste; e uma cor.

Malkuth, por exemplo, é a décima esfera e proporciona conexão com o mundo elemental. O nome de Deus a ela relacionado é Adonai HaAretz, o Deus que trabalha no mundo físico. Essa sephira é guardada pelo arcanjo Sandalfon e pela ordem angélica dos Ashim ou Chamas de Fogo,

FIGURA 5.31
ÁRVORE DA VIDA: AS DEZ SEPHIROTH

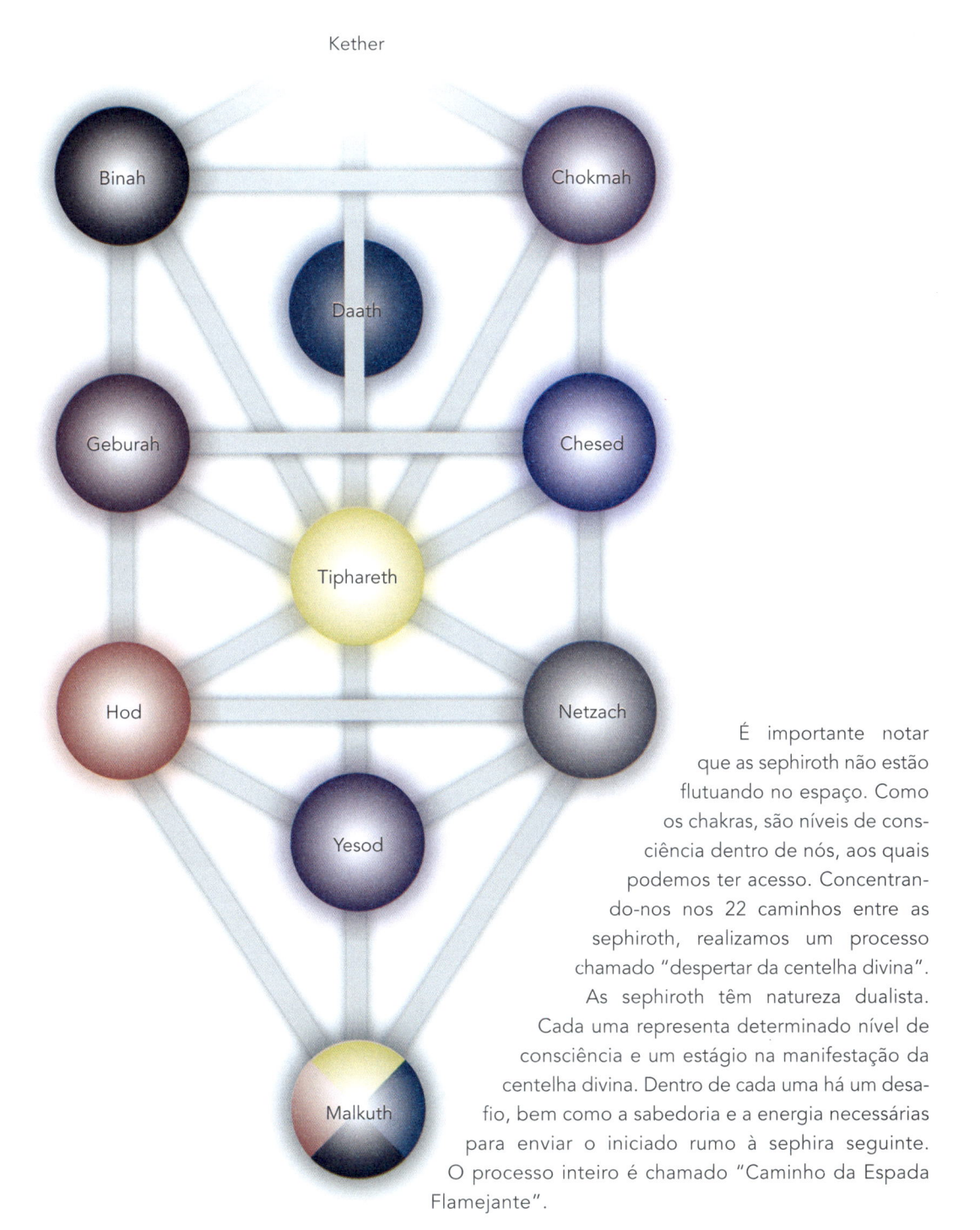

É importante notar que as sephiroth não estão flutuando no espaço. Como os chakras, são níveis de consciência dentro de nós, aos quais podemos ter acesso. Concentrando-nos nos 22 caminhos entre as sephiroth, realizamos um processo chamado "despertar da centelha divina". As sephiroth têm natureza dualista. Cada uma representa determinado nível de consciência e um estágio na manifestação da centelha divina. Dentro de cada uma há um desafio, bem como a sabedoria e a energia necessárias para enviar o iniciado rumo à sephira seguinte. O processo inteiro é chamado "Caminho da Espada Flamejante".

AS SEPHIROTH E SUAS ASSOCIAÇÕES COM OS CHAKRAS

HÁ VÁRIAS MANEIRAS de trabalhar com a Árvore da Vida, e uma delas é sua associação com o sistema dos chakras – e, por meio dele, com o corpo físico e os diversos sistemas corpóreos. Delineamos a seguir essas relações de acordo com o sistema exposto por Will Parfitt no livro *The Elements of the Qabalah*.[76]

FIGURA 5.32
ASSOCIAÇÕES ENTRE AS SEPHIROTH E OS CHAKRAS

Sistema corpóreo	Sephira, chakra ou caminho	Atributo ou parte do corpo humano
Sistema nervoso central	Kether	Energia vital e consciência
	Chokmah	Hemisfério esquerdo do cérebro
	Binah	Hemisfério direito do cérebro
	Sexto e sétimo chakras	Cabeça e costas
	Caminho 1-2	Olho e ouvido esquerdo, pituitária
	Caminho 1-3	Olho e ouvido direito, pineal
	Caminho 2-3	Nariz, boca
	Caminho 1-6	Medula espinhal
	Caminho 6-9	Medula espinhal, plexo solar
Sistemas cardiovascular e respiratório	Tiphareth	Coração, timo
	Quarto chakra	Coração, tórax
	Caminho 2-6	Artérias, sangue oxigenado
	Caminho 3-6	Veias, sangue desoxigenado
	Caminho 4-5	Baço, linfa
	Caminho 4-6	Pulmão esquerdo
	Caminho 5-6	Pulmão direito

que são, em essência, os santos da Terra. Situada perto dos pés, rege o corpo e os sentidos, manifesta os vícios da inércia e da cobiça e propõe a virtude do discernimento. De coloração terrosa, rege a Terra como corpo celeste.

Sistema corpóreo	Sephira, chakra ou caminho	Atributo ou parte do corpo humano
Sistemas digestivo e excretor	Netzach	Rim esquerdo
	Hod	Rim direito
	Terceiro chakra	Plexo solar/abdome
	Caminho 4-7	Intestino grosso (descendente), reto
	Caminho 6-7	Estômago
	Caminho 5-8	Intestino grosso (ascendente e transverso)
	Caminho 6-8	Fígado, vesícula biliar, pâncreas
	Caminho 7-8	Intestino delgado
	Caminho 9-10	Bexiga, pele
Sistema reprodutor	Yesod	Órgãos sexuais
	Segundo chakra	Órgãos sexuais internos e externos
	Caminho 7-9	Homem: vesícula seminal e canal deferente esquerdos Mulher: ovário e tuba uterina esquerdos
	Caminho 8-9	Homem: vesícula seminal e canal deferente direitos Mulher: ovário e tuba uterina direitos
Sistema locomotor	Malkuth	O corpo como um todo, pés
	Primeiro chakra	Pernas, sistemas esquelético e muscular
	Caminho 7-10	Esqueleto, ossos e músculos do lado esquerdo
	Caminho 8-10	Esqueleto, ossos e músculos do lado direito

Apresentamos a seguir uma visão geral das dez sephiroth e de um espaço chamado *Daath*, que tecnicamente não é uma esfera ou sephira, mas, antes, reflete o espaço vazio que contém todas as coisas que podem ser criadas.

MALKUTH, DÉCIMA ESFERA: CONECTAR-SE COM O MUNDO DOS ELEMENTOS

Malkuth é a sephira mais próxima da nossa consciência cotidiana e a que afeta de modo mais direto nossa vida física. Recebe energias de cada uma das outras sephiroth, pois foi a última a encarnar a Centelha Divina. Nos permite ter acesso à Divindade dentro do domínio físico.

YESOD, NONA ESFERA: LANÇAR A FUNDAÇÃO

Yesod é a esfera em que tudo é possível. Apresenta as imagens e motivações mais profundas da nossa mente e da nossa personalidade. A partir dela, formamos as ideias e crenças que vão se manifestar no mundo físico.

Dentro de Yesod, percebemos os ritmos e ciclos da vida e dos nossos desejos. Aí residem o subconsciente e as funções biológicas e psíquicas da nossa vida. O trabalho com Yesod nos permite criar visualizações, matrizes para acessar a energia dos outros níveis.

HOD, OITAVA ESFERA: REALIZAR A EMPATIA NO PENSAMENTO

Hod é chamada com frequência de *Glória*, palavra que descreve os tipos de pensamentos e ideias que queremos que rejam nossa mente. Essa esfera é dedicada principalmente à comunicação; nela, somos encorajados a trabalhar com ideias, palavras e ensinamentos superiores, muitas vezes relacionados à alquimia e aos mistérios. Hod também rege as viagens, o movimento e o pensamento.

NETZACH, SÉTIMA ESFERA: ABRAÇAR O SIGNIFICADO POR MEIO DOS SENTIMENTOS

Olhe ao redor: o mundo é cheio de coisas belas, e em Netzach acessamos a intuição necessária para vê-las. Aqui, pede-se-nos que tomemos consciência de quanto a criação é bela e primorosa e que triunfemos sobre as emoções que nos impedem de ser gratos.

Todos nós sabemos que as emoções podem nos conduzir à bem-aventurança ou ao desespero. Netzach representa os sentimentos e é contrabalançada na Árvore da Vida por Hod, o pensamento. O verdadeiro domínio sobre as emoções, com as emoções, entre as quais se incluem os impulsos sexuais, se torna possível quando equilibramos essas duas realidades aparentemente opostas. Para isso, precisamos procurar alcançar o amor. Não surpreende que Netzach seja representada por um raio – a inspiração de que precisamos para criar com nossas paixões.

TIPHARETH, SEXTA ESFERA: ABRIR O CORAÇÃO SÁBIO

Este é o lugar do maravilhamento em estado puro, onde encontramos o sol da verdade dentro de nós. Tiphareth localiza-se no centro da Árvore da Vida, o que revela sua importância. Aqui se nos indaga se estamos dispostos a nos doar – a ponto do autossacrifício – por amor aos outros.

GEBURAH, QUINTA ESFERA: ACUMULAR FORÇA INTERIOR

Estamos prontos para assumir e revelar nossa força e poder interiores? Geburah governa a mudança e as decisões e nos convida a dar um salto à frente com coragem – e inteligência. Nesse nível, tenha a expectativa de descobrir os aspectos positivos e negativos do poder, pois não podemos realizar nossa vontade sem antes aprendermos sobre a espada de dois gumes da força. No fim das contas, essa esfera eleva nossa consciência do uso ético do poder e da força.

CHESED, QUARTA ESFERA: ABRIR O FLUXO DO AMOR

Chesed está no âmago das aspirações humanas à compaixão e à graça. A energia dessa esfera é, muitas vezes, comparada à fluidez da água. Aqui, precisamos deixar que a corrente dos sentimentos superiores mate a sede dos outros.

DAATH, NÃO ESFERA QUE É O VAZIO

Cada um de nós tem potencial de grandeza – no bem ou no mal. É em Daath que fazemos essa escolha, pois ela é o vazio do qual tudo surgiu e surgirá. Aqui, na área superior do coração, encontramos o portal através do qual podemos "atrair a energia criativa" e manifestar aquilo que verdadeiramente desejamos, desde que sejamos capazes de confrontar nosso medo do desconhecido.

BINAH, TERCEIRA ESFERA: MUDAR PARA UM PENSAMENTO SUPERIOR

Aqui reside a compreensão, a mudança do pensamento mundano e crítico para um pensamento superior. Dentro de Binah, somos encorajados a ver o que está por trás das nossas lutas e dificuldades e perceber o que ganhamos com elas.

CHOKMAH, SEGUNDA ESFERA: DESVENDAR A ILUSÃO

Em Chokmah, somos instados a nos livrar dos enganos e de todo pensamento confuso, de modo que a pura maravilha do universo se revele. Essa esfera, muitas vezes, evoca nossos dons interiores e capacidades extraordinários.

KETHER, A PRIMEIRA ESFERA: ACEITAR A COROA DA GLÓRIA

Kether situa-se na coroa, no alto da Árvore, onde estamos mais próximos da energia unificada de Ein Sof. Essa é nossa origem – o lugar do qual descemos e para o qual agora estamos subindo. Foi a primeira manifestação da criação e representa a pureza.

CURA COM CORPOS DE LUZ

Como vimos, o corpo humano é, na realidade, um universo composto de corpos de energia – vórtices rodopiantes de luz que literalmente transformam a energia sensorial em energia espiritual e vice-versa. Empregando o conhecimento desses corpos de luz para a cura, somos capazes de converter o possível em provável – e, potencialmente, em real.

Quais são alguns dos processos que ajudam os profissionais de cura e os pacientes a fazerem uso do conhecimento dos chakras e das outras estruturas sutis? Para saber, leia a Parte VI deste livro.

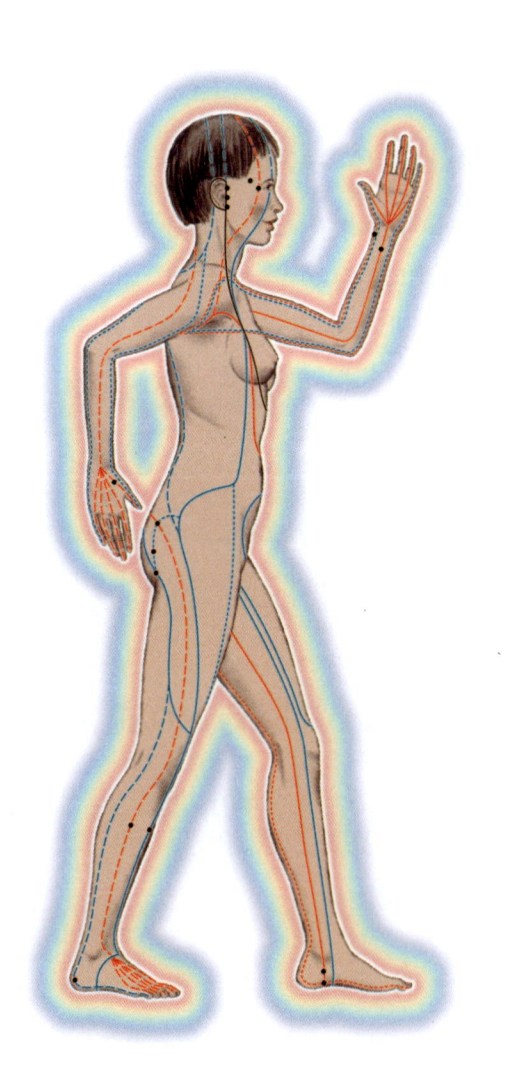

PARTE VI
PRÁTICAS ENERGÉTICAS

Esta parte do livro descreve diversos sistemas de cura vibracional que afetam a anatomia sutil. Muitos deles são baseados no corpo físico, mas também trabalham com as energias sutis ou através delas.

Os sistemas de cura aqui apresentados incorporam o trabalho de energia sutil e pelo menos duas das três estruturas de energias principais: os campos, os canais e os corpos. Esta parte também traz breves descrições de dezenas de outras práticas de cura energética das quais ainda não falamos neste livro. Há centenas de práticas de base energética; as que apresentamos aqui são apenas uma amostra representativa.

ACUPUNTURA

A acupuntura é a prática de colocar agulhas nos acupontos do sistema dos meridianos para restaurar o equilíbrio do corpo.

Os acupontos situam-se logo abaixo da epiderme. Agulhas especiais são inseridas nesses pontos, penetrando muitas vezes cerca de 6 mm na pele, para ajudar a corrigir o fluxo de energia no corpo. O praticante pode deixar as agulhas no local depois de inseri-las ou girá-las ou mexê-las levemente durante até 10 minutos. Elas podem ficar no local desde alguns minutos até cerca de meia hora.

FIGURA 6.1
ACUPUNTURA
A acupuntura envolve a colocação de agulhas nos pontos do sistema dos meridianos para equilibrar o corpo.

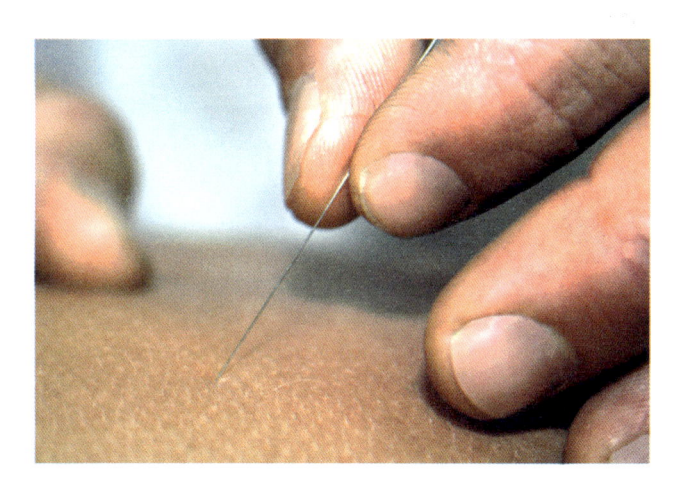

Praticantes tradicionais, muitas vezes, empregam também a moxabustão (descrita a seguir) como auxiliar da acupuntura.

Em algumas técnicas contemporâneas de tratamento, os acupontos são estimulados com cores, diapasões, ímãs ou correntes elétricas, como discutiremos nas seções a seguir. Entre as demais técnicas mais avançadas incluem-se o uso de um *tae shin*, pequeno instrumento semelhante a uma mola que substitui a agulha; um estimulador piezelétrico, mais conhecido por colaborar para aliviar a dor; e o laser de hélio-neônio.[1]

ANALGESIA POR ACUPUNTURA

A acupuntura vem sendo usada há séculos para aliviar dores; certas pessoas a usam como substituto da anestesia em cirurgias. Essa forma de acupuntura, chamada *analgesia por acupuntura*, é baseada na química do corpo. Há muito tempo pesquisadores sabem que certos locais do corpo podem produzir endorfinas, as quais não só melhoram o humor das pessoas como também aumentam sua resistência à dor. Cientistas também descobriram que o corpo produz morfina, fato que pode explicar certas propriedades analgésicas da acupuntura. Uma equipe de pesquisadores franceses descreveu um novo caminho da dor, chamado *caminho espinho-ponto-amigdaloide*, que parece facilitar o alívio da dor. Outras teorias se concentram na existência de pontos de recepção da serotonina em todo o corpo, os quais também poderiam ser acessados pela acupuntura.[2]

MOXABUSTÃO

A moxabustão envolve o uso de folhas secas de um tipo de artemísia que, quando em brasa, são colocadas ao lado de um ponto de acupuntura para gerar calor. Essas folhas são enroladas na forma de um bastonete ou charuto. A moxabustão é usada com mais frequência para combater doenças crônicas como artrite, síndrome pré-menstrual, problemas abdominais e do estômago, indigestão, diarreia crônica e outras. Não deve ser usada com força nem para tratar doenças quentes, nem deve ser aplicada na região do útero de uma gestante. A moxabustão pode ser usada com as agulhas na acupuntura.

FIGURA 6.2
MOXABUSTÃO
A moxabustão é a prática de colocar folhas de artemísia secas em brasa perto de um ponto de acupuntura. Essas folhas ajudam a extrair as toxinas do corpo.

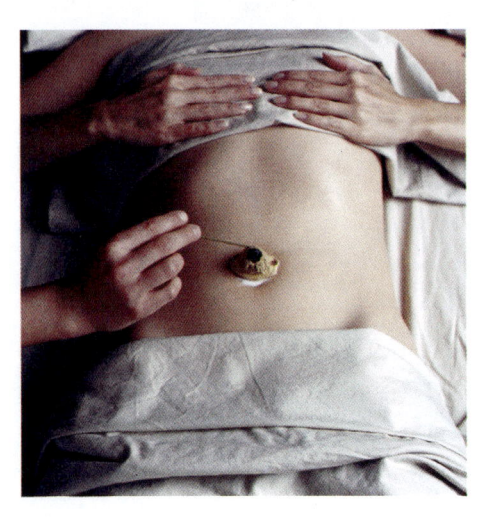

VENTOSAS

As ventosas são aplicadas de modo a criar um vácuo que libera pontos de estagnação no corpo. O instrumento utilizado é, em geral, um copo ou uma taça de cerâmica, vidro ou bambu. Ventosas de diversos tamanhos são aplicadas, dependendo da parte do corpo em que se está trabalhando. Uma bolinha de algodão é queimada dentro da ventosa para criar vácuo e, depois de descartado o algodão, a ventosa é colocada sobre os pontos de acupuntura que precisam de atenção. A ventosa fica no local durante 5 a 10 minutos, a fim de atrair o chi. A aplicação de ventosas produz, muitas vezes, hematomas no paciente, mas estes desaparecem após alguns dias. Em razão da formação de hematomas, é preciso verificar se o paciente não tem doenças de pele ou do sangue que poderiam ser agravadas por esse tratamento.

FIGURA 6.3
VENTOSAS
Na aplicação de ventosas, o praticante usa copos para criar vácuo ao longo de um meridiano ou em um acuponto, para estimular o chi.

ELETROACUPUNTURA E VARREDURA ELETRODÉRMICA

A eletroacupuntura é uma forma de eletroterapia em que uma corrente elétrica é passada através dos pontos de acupuntura. Começa com uma avaliação eletromagnética do corpo do paciente e consiste na aplicação de um tratamento elétrico.

A eletroacupuntura é uma extensão da acupuntura com agulhas. Uma de suas primeiras formas foi inventada na China em 1934.[3] O tratamento envolvia a aplicação de corrente elétrica entre duas agulhas. De lá para cá, o sistema foi modernizado. Na forma fundamental, o praticante primeiro faz um diagnóstico e depois insere agulhas, as quais são ligadas a um equipamento elétrico que administra um fluxo contínuo de pulsos elétricos, cuja frequência e intensidade podem ser controladas. Vários pares de agulhas podem ser usados ao mesmo tempo.[4] Os benefícios da eletroacupuntura, quando comparada à manipulação manual das agulhas, consistem na estimulação mais regular e controlada e na maior intensidade.

Esse tipo fundamental de eletroacupuntura é usado, sobretudo, para alívio da dor e no tratamento de traumas físicos. Há uma versão chamada *eletroestimulação nervosa percutânea*. Segundo a teoria da medicina tradicional chinesa, a dor é causada pela congestão ou estagnação da energia. Pensa-se que o estímulo adicional "rompe" essa estagnação e, assim, reduz a inflamação.

Como funciona a eletroacupuntura? Provavelmente, da mesma maneira que a acupuntura. Segundo a teoria, a corrente elétrica estimula os acupontos, excitando os caminhos neurais nos tecidos profundos e na coluna. Isso ativa a capacidade do corpo de deter os sinais de dor, impedindo-os de chegar ao cérebro, e produz analgesia na forma de endorfinas e encefalinas.

Uma nova onda de aparelhos de eletroacupuntura inundou o mercado. Alguns são baseados no sistema de Ryodoraku, desenvolvido pelo Dr. Yoshio Nakatani, que publicou suas pesquisas em 1951. Ele encontrou uma série de pontos de alta condutividade elétrica dispostos em linhas que sobem e descem pelo corpo, as quais se aproximavam muito dos meridianos. Classificou-as de *Ryodoraku* – boas (*ryo*) linhas (*raku*) elétricas (*do*) – e chamou os pontos de *Ryodoten*.[5] Nakatani teorizou que muitos dos pontos por ele utilizados ocorriam ao longo de partes do sistema nervoso autônomo e representavam disfunções internas. A aplicação de agulhas torna os pontos eletricamente benignos e produz alívio sintomático.

A maioria dos aparelhos ocidentais é baseada no trabalho do alemão Reinhold Voll. Em 1958, Voll associou a acupuntura a um galvanômetro para diagnosticar e tratar desequilíbrios energéticos. Seu método é chamado Eletroacupuntura Segundo Voll ou, alternativamente, *varredura eletrodérmica*, diagnóstico de função bioelétrica, terapia de biorressonância, avaliação de estresse dos meridianos ou técnica de regulação da bioenergia. Voll expandiu a acupuntura tradicional de três maneiras: descobriu meridianos antes desconhecidos, aos quais deu o nome de "sistemas"; descobriu pontos desconhecidos nos meridianos clássicos; e descobriu funções desconhecidas dos pontos existentes. Seu entendimento dos meridianos incorporava o pensamento chinês tradicional e trazia conceitos relacionados aos tecidos, às articulações, à pele, à drenagem linfática e às reações alérgicas.[6]

SISTEMA DE ACUPUNTURA ZONAL DE KUBOTA

O Dr. Naoki Kubota, detentor de vários diplomas de acupuntura, criou um sistema de acupuntura altamente eficaz depois de mais de trinta anos de prática e estudo. O sistema de Kubota usa uma técnica de acupuntura de uma só agulha para controlar a dor, purificar e equilibrar o corpo. Está incluído neste livro porque seu mapa demonstra um programa abrangente de tratamento que combina o pensamento ocidental e o oriental. Também põe em destaque técnicas da acupuntura tradicional, tanto chinesa quanto japonesa.

O sistema de Kubota funde a ciência, as teorias e as técnicas das medicinas oriental e ocidental. Kubota estudou a acupuntura japonesa e chinesa e trabalhou com médicos ocidentais em seus consultórios. Sua formação oriental compreende a forma centenária de acupuntura japonesa chamada *Ishizaka Ryu* e o antigo sistema chinês de acupuntura *Hua Tuo Jiaji*.

Com base em seu trabalho com esses sistemas orientais, Kubota acredita que a coluna e sua área são as áreas mais importantes do corpo; no que se refere aos meridianos, ele destaca o Vaso Governador e o meridiano da Bexiga. Também trabalha com mais de 300 pontos de acupuntura na área da coluna, entre os quais os dos meridianos, os do sistema Hua Tuo Jiaji e os recém-descobertos. Outras tradições, como o yoga e o taoismo, também acreditam que a coluna vertebral é o centro do corpo e o local do fluxo principal de energia. Muitos ocidentais não discordam disso, pois, do ponto de vista anatômico, os nervos começam no cérebro e descem pela medula espinhal, regulando o corpo todo.

Como a maioria dos praticantes orientais, o Dr. Kubota compreende que o fluxo de energia do corpo, o sangue e os fluidos corporais precisam movimentar-se de forma contínua e sem obstruções; caso contrário, doenças e dores ocorrerão. Ele trabalha, sobretudo, com os pontos de entrecruzamento da linha de gravidade e da coluna. São eles: crânio-atlas, cervical-torácica, torácica-lombar e lombar-sacral.

É comum que haja sinais de inflamação a meio caminho entre cada uma dessas áreas. São nessas áreas de inflamação que se aplica a principal concentração de tratamentos.

A aplicação da acupuntura zonal de Kubota é diferente dos outros procedimentos de acupuntura. Na acupuntura oriental tradicional, múltiplas agulhas são inseridas em pontos específicos do corpo e deixadas no local por certo tempo enquanto o paciente permanece deitado. A acupuntura zonal de Kubota usa uma única agulha que, por meio de um tubo, é aplicada a muitos pontos específicos do corpo. A agulha é inserida e retirada repetidas vezes, em um movimento contínuo. Em nenhum momento é inserida e deixada no lugar. O procedimento não envolve dor e não exige que o paciente permaneça imóvel. O alívio da dor ocorre, em geral, após curto período e a cura começa. O Dr. Kubota oferece treinamento nos quatro processos principais que usa em seu programa.

TERAPIA AURA-SOMA[8]

A terapia aura-soma é um fenômeno relativamente novo no contexto da cromoterapia. Desenvolvida por Vicky Wall, esse método de cura combina os poderes vibracionais de cores, cristais, aromas e luzes para harmonizar todos os aspectos do eu. Boa parte das ideias de Wall foram derivadas de antigos estudos hassídicos, pois seu pai era estudioso da cabala e seguidor do Zohar. Essas tradições místicas empregam conhecimento de filosofia, energia e fitoterapia.

No início da década de 1980, Vicky perdeu a visão, mas era capaz de "sentir" uma voz que a habilitou a criar "garrafas mágicas" de várias cores, cada uma das quais representa uma propriedade diferente. Seu sistema se baseia na ideia de que toda cor é um comprimento de onda luminosa capaz de influenciar as emoções por meio dos chakras. O paciente escolhe as próprias garrafas ou cores, fazendo ele mesmo seu diagnóstico e sua cura.

SIGNIFICADO DAS CORES DA AURA-SOMA

Vermelho: Energia, contato com a terra, questões de sobrevivência.

Coral: Amor não correspondido.

Laranja: Independência/dependência; choque e trauma; *insight* e bem-aventurança.

Dourado: Sabedoria e medo intenso.

Amarelo: Conhecimento adquirido.

Verde-oliva: Clareza e sabedoria.

Verde: Espaço; busca pela verdade.

Turquesa: Comunicação, especialmente relacionada aos meios de comunicação de massa ou à criatividade.

Azul: Paz e comunicação.

FIGURA 6.4
ZONAS DE ACUPUNTURA DE KUBOTA[9]

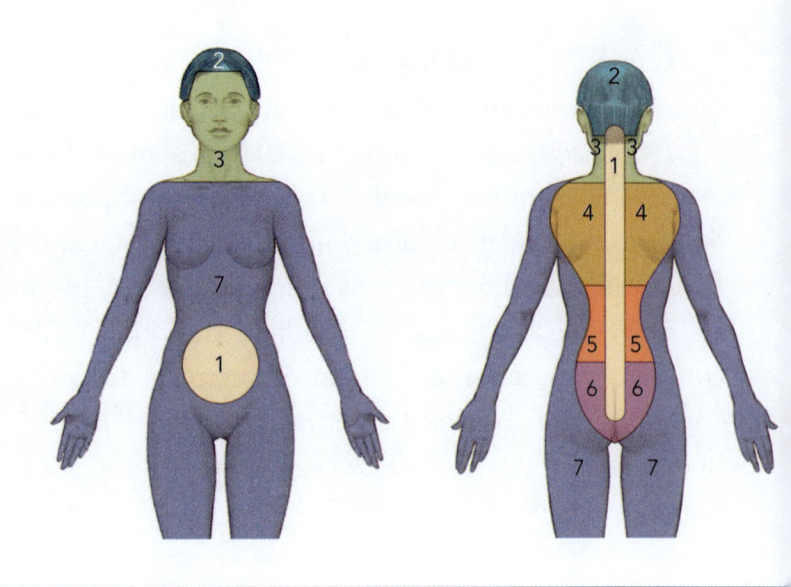

Zonas	Lado Esquerdo do Corpo						
1 Zona Primária	Tratamento Primário para Todo o Corpo, a Frente do Abdome e a Região Paraespinhal						
2 Zona Cranial	Cérebro, Pituitária, Cabelo, Couro Cabeludo, Cabeça						
3 Rosto e Zona Cervical	Outras Relações	Órgãos		Glândulas Endócrinas	Articulações	Musculatura	Órgãos dos Sentidos
	Doenças Mentais Esquizofrênicas Enxaqueca Concentração Arterial de Todos os Órgãos	Yang Vesícula Biliar C5-C7 Estômago C5-C7 Duodeno C5-C7	Yin Pulmão Esquerdo C5-C7 Coração, Fígado C3, C5-7 Pâncreas C5-C7	Lobo Posterior da Pituitária C5-C7 Lobo Anterior da Pituitária C8 Tireoide C5-C7 Pineal C5-C7	Ombro, Cotovelo, Pulso (Radiocárpica), Pé, Dedão do Pé, Articulação Sacroilíaca, Lado Interno do Joelho C5-C7 Pulso (Radioulnar), Articulação Plantar do Pé, Dedos do Pé, Articulação Sacroilíaca C8	Tronco, Membros Inferiores e Superiores C5-C7	Sínus Frontal C2, C3 Sínus Maxilar C5-C8 Olho C5-C8 Ouvido Interno C8 Boca C3, C5-C8
4 Zona Torácica	Falta de Concentração Estagnação/Ira Depressão Mau Humor/Medo Instabilidade Densidade do Sangue Estagnação Doenças do Tecido Conjuntivo Pedras nos Rins Glândulas Mamárias Cristalização de Fluidos Corporais	Vesícula Biliar T2-T4 Estômago T2-T4, T11, T12 Duodeno T2-T5 Intestino Delgado T3, T4 Intestino Grosso T2-T4	Pulmão Esquerdo T2-T4, T8-T10 Coração T1, T5-T7 Fígado T2-T5 Pâncreas T2-T5 Baço T11, T12 Rim Esquerdo T2, T3, T11, T12	Parótida T1, T2 Lobo Posterior da Pituitária T2-T4, T8, T9-T12 Lobo Anterior da Pituitária T5-T7 Tireoide T2-T4, T6, T7 Paratireoide T11, T12 Apêndice T2, T3, T9 Adrenais T11, T12 Gônadas T8-T10 Pineal T2, T3, T6, T7, T11, T12	Ombro, Cotovelo, Pulso (Radiocárpica), Dedão do Pé, Articulação Sacroilíaca, Lado Interno do Joelho T3-T6 Ombro, Cotovelo, Pulso (Radioulnar), Articulação Plantar do pé, Dedos do pé, Articulação Sacroilíaca T1, T5, T6, T7 Pé, Quadril, Joelho (posterior) T8-T12 Articulação Mandibular, Joelho (anterior) T11, T12	Membros Superior e Inferior T2-T12 Tronco T2-T5, T8-T12	Olho T1, T2, T3, T4, T5, T6, T8, T9, T10 Sínus Maxilar T1-T7, T11, T12 Ouvido T1, T5, T6, T7 Boca T1-T12
5 Zona Lombar	Linfa Órgãos Sexuais Tônus Vascular Hemograma Mecanismo de Defesa Cristalização de Fluidos Corporais	Estômago L1, L4, L5 Bexiga, urogenital L2, L3 Intestino Delgado L4, L5 Intestino Grosso L4, L5	Baço, Rim Esquerdo L1-L3 Pâncreas L1, L4, L5 Pulmão Esquerdo L4, L5	Lobo Anterior da Pituitária L4, L5 Tireoide L1, L4, L5 Apêndice L4, L5 Pineal, Gônadas L1-L5	Articulação Mandibular, Joelho (anterior), Quadril, Pé Esquerdo L1 Pé, Sacro, Cóccix, Joelho (posterior) L2, L3 Ombro, Cotovelo, Pulso (Radiocárpica), Pé, Dedão do Pé, Articulação Sacroilíaca, Lado Interno do Joelho L4, L5	Tronco L1-L5 Membros Superiores L2, L3 Membros Superiores E Inferiores L2-L5	Sínus Maxilar L1 Sínus Frontal L2, L3 Sínus L4, L5 Boca L1-L5
6 Zona Sacrococcígea	Comportamento Mental Metabolismo Hormonal Pedras nos Rins Ciática	Intestino Delgado S1-S3 Bexiga, Urogenital S3-S5	Coração S1-S3 Fígado S1-S3 Rim Esquerdo S3-S5	Lobo Anterior da pituitária S1-S3 Adrenal, Pineal, Epidídimo S3-S5	Ombro, Cotovelo, Pulso (Radioulnar), Articulação Plantar do Pé, Dedos do pé, Articulação Sacroilíaca S1-S3 Pé, Sacro, Cóccix, Joelho (posterior) S3-S5	Tronco, Membros Superiores S1-S3 Membros Inferiores S3-S5	Ouvido Interno S1-S3 Sínus Maxilar S1-S2 Olho, Ouvido S1-S2 Boca S1-S5
		Bexiga, Urogenital	Rim Esquerdo	Adrenais, Pineal, Epidídimo	Pé, Sacro, Cóccix, Joelho	Membros Inferiores	Sínus Frontal, Boca
7 Zona Sintomática	Membros Superiores e Inferiores, Tronco						

Centro do Corpo	Lado Direito do Corpo							Zonas
Área de Concentração Primária dos Tratamentos	Tratamento Primário para Todo o Corpo, a Frente do Abdome e a Região Paraespinhal							1 Zona Primária
	Cérebro, Pituitária, Cabelo, Couro Cabeludo, Cabeça							2 Zona Cranial
Segmentos da medula espinhal	Órgãos dos Sentidos	Musculatura	Articulações	Glândulas Endócrinas	Órgãos		Outras Relações	3 Rosto e Zona Cervical
					Yin	Yang		
C1-C8	Olho C5-C8 Ouvido C8 Ouvido Interno C8 Sínus Maxilar C8 Boca C5-C8	Tronco, Membros Inferiores e Superiores C5-C8	Ombro, Cotovelo, Pulso (Radiocárpica), Pé, Dedão do Pé, Articulação Sacroilíaca, Lado Interno do Joelho C5-C7 Pulso (Radioulnar), Articulação Plantar do Pé, Dedos do Pé, Articulação Sacroilíaca C3	Pituitária C5-C7 Lobo Anterior da Pituitária C8 Tireoide, Timo C5-C7 Pineal, Apêndices C5-C7	Pulmão, Fígado, Pâncreas C5-C7 Coração C8	Estômago, Intestinos Delgado e Grosso C5-C7 Duodeno, Íleo C8	Doenças Mentais Esquizofrênicas Enxaqueca Concentração Arterial de Todos os Órgãos	
T1-T12	Olho T1, T3-T10 Sínus Maxilar T5-T7, T11, T12 Ouvido T1, T5-T7 Boca T1-T12	Tronco, Membros Superiores e Inferiores T1-T12	Ombro, Cotovelo, Pulso (Radioulnar), Articulação Plantar do Pé, Dedos do Pé, Articulação Sacroilíaca T1 Pé, Quadril, Joelho (posterior), Joelho (anterior), Mandíbula, Ombro T3, T11, T12	Parótida T1, T2 Pituitária T2-T4, T11, T12 Lobo Posterior da Pituitária T8-T10 Lobo Anterior da Pituitária T1, T5, T7 Tireoide T2-T4, T11, T12 Paratireoide T11, T12 Adrenais T11, T12 Gônadas T3, T9-T12 Pineal T11, T12	Pulmão Direito T2-T4, T9 Coração T1, T5-T10 Fígado T2-T4, T8-T12 Pâncreas T3, T9-12 Rim T11, T12	Duodeno T1-T7 Estômago T3, T4, T11, T12 Vesícula Biliar T2, T3, T8-T10 Intestino Grosso T2, T4 Intestino Delgado T3, T4 Píloro T11, T12 Bexiga T11, T12	Falta de Concentração Estagnação/Ira Depressão Mau Humor/Medo Instabilidade Densidade do Sangue Estagnação Doenças do Tecido Conjuntivo Pedras nos Rins Glândulas Mamárias Cristalização de Fluidos Corporais	4 Zona Torácica
L1-L5	Sínus Frontal L2, L3 Sínus L4, L5 Olhos L4, L5 Boca L1-L5	Tronco L1, L4, L5 Membros Inferiores L2, L3	Pé, Quadril, Joelho (posterior) L2, L3 Joelho (anterior) L1 Pé, Sacro, Cóccix L1, Ombro, Cotovelo, Pulso (Radiocárpica), Pé, Dedão do pé, Articulação Sacroilíaca, Lado Interno do Joelho L4, L5	Pituitária L4, L5 Tireoide L1, L4, L5 Paratireoide L1 Adrenais L2, L3 Pineal, Apêndices L1-L5 Gônadas L1 Pineal L2, L3	Pulmão Direito L4, L5 Fígado, Pâncreas L1, L4, L5 Rim Direito L1-L5	Estômago L4, L5 Vesícula Biliar L4 Urogenital L2, L3 Intestino Delgado e Grosso L4, L5	Linfa Órgãos Sexuais Tônus Vascular Hemograma Mecanismo de Defesa Cristalização de Fluidos Corporais	5 Zona Lombar
S1-S5	Ouvido Interno S1-S3 Sínus Maxilar S1-S3 Boca S1-S5	Tronco, Membros Superiores S1-S3 Membros Inferiores S3-S5	Ombro, Cotovelo, Pulso (Radioulnar), Articulação Plantar do Pé, Dedos do Pé, Articulação Sacroilíaca S1-S3 Pé, Sacro, Cóccix, Joelho (posterior) S3-S5	Lobo Anterior da Pituitária S1-S3 Adrenais, Pineal, Epidídimo S3-S5	Coração S1-S3 Rim S3-S5	Duodeno, Íleo S1-S3 Bexiga, Urogenital S3-S5	Comportamento Mental Metabolismo Hormonal Pedras nos Rins Ciática	6 Zona Sacrococcígea
Cóccix	Sínus Frontal, Boca	Membros Inferiores	Pé, Sacro, Cóccix, Joelho	Adrenais, Pineal, Epidídimo	Rim Direito	Bexiga, Urogenital		
	Usado Como Tratamento Sintomático							7 Zona Sintomática

Azul real: Saber por que estamos aqui.

Violeta: Espiritualidade, cura, serviço.

Magenta: Amor pelas pequenas coisas.

Rosa: Amor e cuidado incondicionais.

Transparente (branco): Sofrimento e compreensão do sofrimento.

AYURVEDA[10]

O ayurveda é um antigo sistema de saúde hindu, com pelo menos três mil anos de idade, que considera a doença um problema de equilíbrio ou falta de moderação. O nome *Ayurveda* significa "conhecimento da longevidade", e o Ayurveda trabalha em estreita colaboração com o sistema de chakras e o conhecimento de vários campos de energia; é tão complexo e completo quanto o sistema da medicina tradicional chinesa. Segundo a lenda, foi recebido do deus Brahma em uma revelação.

A prática ayurvédica se desenrola em oito áreas: medicina interna; cirurgia; ouvidos, olhos, nariz e garganta; pediatria; toxicologia; purificação dos órgãos; saúde e longevidade; e cura espiritual.

A parte central da filosofia ayurvédica diz que a doença é passível de descrição científica e geralmente começa com a *indigestão dos puranas*, "mãe de todas as doenças". Isso significa que a maioria das doenças começa no trato gastrointestinal, onde ocorre a congestão do alimento não digerido, chamado *ama*. Quando comemos alimentos inadequados ou ficamos aborrecidos na hora de comer, começamos a descida ao longo dos cinco estágios da doença:

1. *Chaya*. Estágio inicial. O desequilíbrio se situa no trato gastrointestinal e o melhor tratamento é a dieta.
2. *Prakopa*. Estágio de acúmulo. *Ama* se acumula, se liquefaz e causa sintomas como sede, queimação, flatulência e passagem da toxicidade para o sistema circulatório.
3. *Prasava*. Estágio de disseminação. As toxinas viajam pelos principais sistemas circulatórios do corpo e se alojam em um ponto fraco.
4. *Sthana-sanskriya*. As toxinas se acumulam no ponto fraco, criando um equilíbrio impróprio dos três *doshas* (ver a seguir "As Três Constituições ou Doshas"). A doença se manifesta com toda a força. É nesse momento que o paciente começa a tomar remédios.
5. *Dosha-kara*. Administração de remédios para tratar os sintomas. Entende-se que isso muda o ambiente da doença.

ASPECTO MENTAL DA DOENÇA

Shad-vritta significa "cultura mental". O ayurveda adota a filosofia de que a doença tem fundamento psíquico. A doença começa no campo mental; por isso, é importante manter alto padrão de integridade na vida a fim de impedir que ela ocorra.

As duas principais armadilhas emocionais são a ansiedade e a raiva, consideradas poluentes mentais. Os princípios da *shad-vritta* são baseados nos ensinamentos do Bhagavad-Gita, um texto sagrado. São eles: ser nobre; ser compassivo; falar a verdade; controlar os pensamentos negativos; evitar a vergonha; cumprir o próprio dever; manter o equilíbrio mental; e cultivar o aprendizado e o perdão.

AS TRÊS CONSTITUIÇÕES OU DOSHAS

A alimentação correta e o correto cultivo das emoções dependem do tipo corporal ou da constituição do paciente, chamada *dosha*. Os doshas são determinados pelos elementos e por atributos físicos. Os três princípios que subjazem aos doshas são:

- O *vayu-dosha* é um princípio de impulso que rege o sistema nervoso e é feito de ar e éter.
- O *pitta-dosha* é um princípio de energia que rege a bile, ou seja, o sistema metabólico, e é composto de fogo e água.
- O *kapha-dosha* é um princípio fluídico do corpo que rege o muco e a fleuma, ou o sistema excretor, e é composto de água e terra.

Eis uma breve descrição dos tipos corporais baseados nesses doshas:

Pessoa vayu-ja: Alta e magra, com muitos pelos, falante, mente dispersa, pele morena-clara, prefere pratos quentes e oleosos, tende à constipação, adora viajar e aproveitar a vida, sono instável.

Pessoa pitta-ja: Corpo de constituição média, transpira muito, pele rosada, perde os cabelos cedo, impaciente, mais ou menos falante, gosta de comer e beber, corajosa e ambiciosa, sono médio.

Pessoa kapha-ja: Baixa e robusta, transpira muito, pele branca, mente estável, às vezes é silenciosa, apetite e sede normais, descansa muito e dorme profundamente.

OS OITO PILARES DA PREVENÇÃO DE DOENÇAS

O sistema ayurvédico não busca apenas curar, mas, antes, prevenir as doenças. Para tanto, adota um regime de saúde de oito partes:

- *Dina-charya* – seguir uma rotina diária saudável
- *Ritu-charya* – adaptar-se às estações (segundo a descrição a seguir)
- *Shad-vritta* – cultura mental adequada
- Atender a tempo aos chamados da natureza
- Qualidades intrínsecas dos líquidos e dos sólidos

- Regras para comer
- Sono adequado
- Ambiente

RITU-CHARYA: TUDO A SEU TEMPO

O Ayurveda diz que existem seis estações no ano. Cada uma delas é acompanhada de recomendações que visam assegurar a saúde.

- Março-abril (no hemisfério sul, setembro-outubro) – *Vasanta-ritu*, primavera. Dieta e sono leves.
- Maio-junho (no hemisfério sul, novembro-dezembro) – *Grishma-ritu*, verão. Alimentação leve, bebidas frias.
- Julho-agosto (no hemisfério sul, janeiro-fevereiro) – *Varsha-ritu*, monções. Reforçar o apetite e comer alimentos apimentados.
- Setembro-outubro (no hemisfério sul, março-abril) – *Sharad-ritu*, verão curto. Comer alimentos frios, doces e adstringentes.
- Novembro-dezembro (no hemisfério sul, maio-junho) – *Hemanta-ritu*, inverno. Época de comer bastante e fazer bastante exercícios.
- Janeiro-fevereiro (no hemisfério sul, julho-agosto) – *Shishira-ritu*, inverno frio. Como no Hemanta-ritu, comer e fazer exercícios, mas também dedicar tempo à reflexão.

OS SEIS RASAS: O SABOR DA SAÚDE

A dieta, um dos fatores mais importantes do Ayurveda, se resume, em parte, à correta combinação de alimentos e a evitar ou aumentar o consumo de alimentos e especiarias de diferentes naturezas. Estes são os seis *rasas* ou sabores básicos:

Doce: Aumenta terra e água, nutre, esfria e umedece; inclui arroz, trigo e açúcar.

Azedo: Aumenta terra e fogo; aquece e engordura; inclui as frutas ácidas.

Salgado: Aumenta água e fogo; dissolve, amacia e estimula; em todos os sais.

Amargo: Aumenta ar e éter; esfria, seca e purifica; em verduras e especiarias como a cúrcuma.

Picante: Aumenta ar e fogo; aquece, seca e estimula; no gengibre.

Adstringente: Aumenta ar e terra; esfria e seca; no mel, leitelho e alimentos misturados.

SISTEMA DE CALLIGARIS – ONDE OS CAMPOS L E T SE ENCONTRAM: SEGREDOS DA PELE

O Dr. Giuseppe Calligaris descobriu que certas linhas e pontos da pele funcionam como os meridianos; a diferença é que formam desenhos geométricos. Calligaris determinou que essas "cadeias lineares da mente corpórea", como as chamou, relacionavam-se com partes conscientes e inconscientes da mente e podem ser estimuladas para aumentar nossas capacidades paranormais.[11]

Calligaris testou essas coordenadas e pontos, que se organizam nos sentidos longitudinal e latitudinal, e descobriu que sua resistência elétrica é menor que a da pele ao redor. (Os pontos dos meridianos também são menos elétricos que a pele ao redor.) Determinou que suas intersecções atuam como espelhos e acumuladores de energia cósmica e que, aplicando-se uma força de encontro ao ponto, pode-se ativar uma inteligência superior – um "eco das vibrações vitais do universo".[12]

Calligaris acreditava que o cérebro humano é um espelho côncavo da consciência universal. Suas ideias foram rejeitadas pela comunidade acadêmica da época e ele morreu pobre e solitário em 1944. Seus livros são muito raros, mas ele foi mencionado na *Autobiografia de um Iogue*, de Paramahamsa Yogananda, em razão de seus trabalhos com o paranormal. Como Calligaris observou, se certas áreas da pele são estimuladas, a pessoa pode ver objetos distantes.[13]

Apresentamos agora uma visão geral do sistema de Calligaris, tal como foi descrito em uma aula de Hubert M. Schweizer distribuída pela World Research Foundation.[14]

O sistema de Calligaris reflete não somente os males físicos, mas também os efeitos dos pensamentos, das emoções e das condições do campo áurico. A filosofia subjacente é simples: os sistemas biológicos emitem radiação, a qual fornece informações sobre a harmonia ou desarmonia do sistema orgânico. Há milhares de pontos na pele que podem ser estimulados não só mecanicamente, mas também de forma mental. O sistema de Calligaris, portanto, une os campos L e T na pele humana. E essas linhas da pele formam padrões geométricos, confirmando, assim, as pesquisas espirituais e científicas sobre a importância das figuras geométricas na criação das formas.

Calligaris descobriu que a radiação da doença – de uma pessoa com câncer, por exemplo – pode ser detectada a até 20 metros de distância.[15] Isso talvez explique, em parte, o porquê de os agentes de cura energética serem capazes, muitas vezes, de perceber intuitivamente

FIGURA 6.5
SISTEMA DE CALLIGARIS: MÃOS E ÓRGÃOS

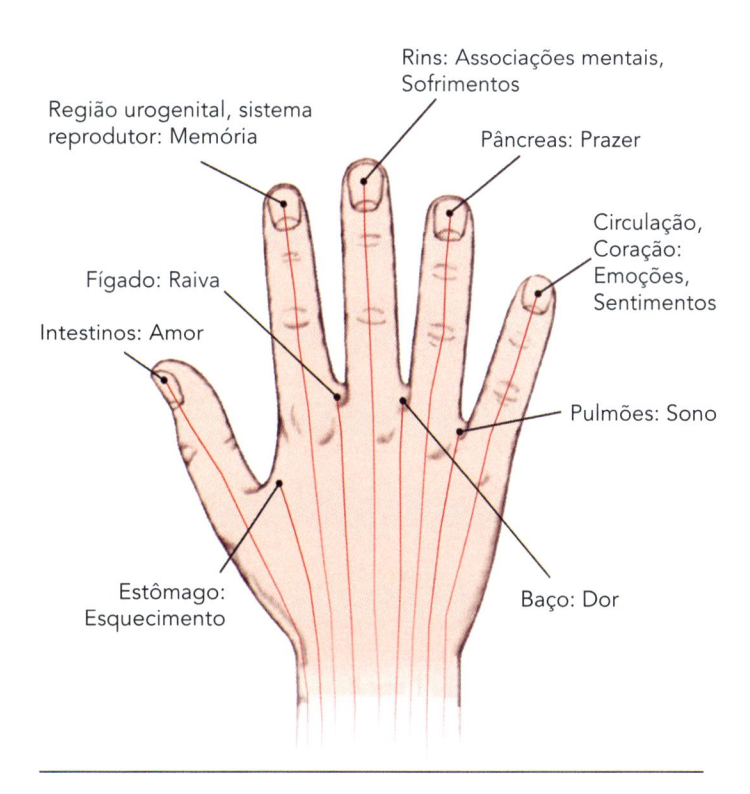

doenças como o câncer em outras pessoas, mesmo que não tenham conhecimento consciente, e de trabalhar nessas doenças. As técnicas de Calligaris, portanto, são úteis tanto para o diagnóstico quanto para o tratamento.

Essas linhas e pontos representam os locais de maior condutividade elétrica. Há muitas maneiras de encontrá-los por meios mecânicos. Manualmente, pode-se apertar as pontas do polegar e do dedo médio a fim de estimular as linhas lateral e média do braço. Quando se dá continuidade à estimulação, as linhas verticais e transversais se tornam sensíveis, e, em geral, começam a "engatinhar" de maneira cinestésica, sensações físicas como as de calor, frio, cócegas e coceiras, bem como emoções. Essas sensações indicam que a pessoa conseguiu isolar uma das linhas ou pontos.

As formas mentais também abrem acesso aos pontos e linhas. Assim, a pessoa pode se concentrar em certo pensamento para estimular a área da pele correspondente. Outros métodos são mencionados nos materiais disponibilizados, em inglês, pela World Research Foundation.[16]

AVALIAÇÃO DOS CHAKRAS: FORMA, GIRO E VELOCIDADE

Certas pessoas têm facilidade em ver os chakras, ao passo que outras podem detectá-los por outros meios, como um pêndulo. A maioria das autoridades em chakras concorda: um chakra saudável gira no sentido horário em ambas as esferas; tem a forma de um círculo uniformemente redondo; e é rítmico. Sua emanação, na frente e nas costas, deve chegar a cerca de 30 cm do corpo. Suas formas circulares também devem ter circunferência de cerca de 30 cm.[17]

FORMA DOS CHAKRAS

A forma ideal de um chakra é redondo e cheio. Formas distorcidas indicam problemas físicos, emocionais, mentais ou espirituais. Em geral, a distorção da forma do lado direito do chakra (da perspectiva do sujeito) indica questões de natureza masculina, como dominação e poder, ação e comportamento, lógica e racionalidade. Se a forma se distorce do lado esquerdo, a pessoa pode estar tendo de lidar com questões femininas: receber e reagir, aprender ou curar, criar ou sentir.

A seguir, alguns significados gerais das formas dos chakras percebidas pelas pessoas:

Redondo: Saudável e equilibrado.

Falta de substância no lado direito: A pessoa é dirigida pela programação inconsciente, pelas emoções e pela criatividade do hemisfério direito do cérebro, mas não tem iniciativa nem leva os projetos a termo.

Falta de substância no lado esquerdo: A pessoa é voltada para o comportamento consciente, a ação e a análise do hemisfério esquerdo do cérebro, mas não tem criatividade nem intuição.

Falta de substância embaixo: Mais espiritual que prático.

Falta de substância em cima: Mais prático que espiritual.

GIRO DOS CHAKRAS

Em teoria, o chakra deve ter giro sólido e homogêneo. Tanto a frente quanto a parte de trás devem estar coordenadas e movendo-se na mesma direção. O giro no sentido horário, em geral, indica saúde; no sentido anti-horário, bloqueio ou percepção errônea. Um giro saudável na esfera exterior deve ter aspecto redondo e homogêneo, com cerca de 30 cm de diâmetro.

No entanto, as esferas exteriores dos chakras giram no sentido anti-horário quando a pessoa está se limpando ou se desintoxicando. Para as mulheres, é comum que isso ocorra logo antes da menstruação, durante esta ou logo depois. Também é comum quando os processos da puberdade ou da menopausa são prolongados e, para ambos os sexos, em épocas de crise, como após um acidente, morte em família, perda do emprego, cirurgia, doença grave ou recuperação de síndrome do estresse pós-traumático. Certos medicamentos alopáticos ou fitoterápicos obrigam as rodas exteriores a girar para trás.

Em alguns indivíduos, a esfera exterior do oitavo chakra sempre gira para trás. Assim, o oitavo chakra limpa de forma contínua os corpos de energia sutis de seus resíduos. Alguns indivíduos são personalidades *heyoke*, ou "anti-horárias". As rodas exteriores de todos os seus chakras giram para trás o tempo todo. São personalidades xamânicas que representam para o mundo os pontos de vista opostos. Nesses casos, a roda exterior do oitavo chakra geralmente gira no sentido horário.

É difícil avaliar a roda interna de um chakra do ponto de vista físico. O mais fácil é trabalhar com ele usando a intuição, como foi evidenciado na Parte I, Capítulo 2. Em geral, o que se quer é que o giro da roda exterior acompanhe o da roda interior, não o contrário. Quase sempre, a roda interior será saudável se a exterior estiver girando no sentido horário; em todo caso, a roda interior está saudável quase sempre, pois reflete a natureza do espírito.

Eis algumas formas de avaliar os giros:

Redondo, uniforme, oscilação homogênea, sentido horário: Saudável, em perfeito funcionamento.

Redondo, uniforme, oscilação homogênea, sentido anti-horário: Na tentativa de criar a saúde ou o equilíbrio, processando ou limpando as energias negativas.

Não uniforme, oscilação heterogênea, sentido anti-horário: O chakra está bloqueado e não consegue se limpar.

Elíptico ou em linha reta na direção vertical: Concepções espirituais desenvolvidas, mas pouco práticas; perspectiva fechada para a vida cotidiana, pouca disposição à ação.

Elíptico ou em linha reta na direção horizontal: Prático, mas sem perspectiva espiritual; fechado para a visão do quadro maior das coisas ou para o auxílio divino.

Elíptico ou em linha reta, pendente para o lado direito (do sujeito): Orientado para a ação e o cotidiano, o que se chama de perspectiva masculina; mas faltam o emocional ou o espiritual, o que se chama de perspectiva feminina.

Elíptico ou em linha reta, pendente para o lado esquerdo (do sujeito): Voltado para influências inspiradoras, femininas ou intuitivas, mas falta a ação prática que ancora o sujeito na terra.

Sem movimento ou quase parado: Indício de chakra fechado, sem funcionamento. Está indicado que se procure um bloqueio ou a causa de um problema presente.

Oscilação grande: Geralmente significa grande abertura, saúde e bom funcionamento. Se a oscilação for muito grande em relação à dos outros chakras, significa que o chakra está sobrecarregado e funcionando demais. Determine qual é o outro chakra cuja inatividade ele está compensando.

Oscilação pequena: Funcionamento prejudicado; o chakra deve ser limpo e aberto.

AVALIAÇÃO DA VELOCIDADE

O ideal é que o chakra tenha giro sólido e regular e que toda a roda interior gire em velocidade duas vezes maior que a exterior, mas no mesmo ritmo desta. Quanto mais baixo o chakra, mais lento deve ser o movimento das rodas. Tanto a parte da frente do chakra quanto a de trás devem girar na mesma direção – em geral, no sentido horário do ponto de vista da pessoa avaliada. O excesso de velocidade indica uma situação que gera ansiedade. A lentidão excessiva indica uma situação deprimente. A ansiedade não é apenas um estado psicológico, mas também um estado físico. Reflete o medo do futuro e estabelece ritmo rápido demais no organismo físico e sutil. A depressão reflete apego ao passado e cria ritmo muito lento nos organismos físico e sutil.

Algumas outras dicas de diagnóstico:

Roda muito lenta: Indica danos causados pelo excesso de funcionamento no passado, exaustão, fadiga, bloqueios, fortalezas (apegos doentios entre duas crenças, ou entre crenças e sentimentos) e, provavelmente, memórias ou sentimentos reprimidos.

Roda muito rápida: Indica excesso de uso no momento; tensão excessiva; tentativa de compensar um chakra mais fraco ou a roda mais fraca de um chakra; ou o desejo de escapar de certos acontecimentos, pessoas, sentimentos ou problemas. Pode ser uma tentativa de liberar a energia negativa.

Roda exterior rápida, roda interior lenta: Falta de impulso ou perspectiva espiritual, emocional, intuitiva ou criativa; crenças, sentimentos ou sentido espiritual pouco desenvolvidos; excesso de preocupação com o mundo físico ou a aparência.

Roda exterior lenta, roda interior rápida: Falta de ação e do compromisso de levar os projetos até o fim, bem como de energia física; preocupação excessiva com assuntos espirituais ou psíquicos; medo de entrar no mundo; exaustão física.

Rodas dessincronizadas: As crenças e necessidades interiores não combinam com a realidade exterior ou a ação.

USO DO PÊNDULO PARA AVALIAÇÃO

O modo mais fácil de avaliar a forma geral, o giro e a velocidade do chakra consistem usar um pêndulo, objeto pendurado em um fio ou corrente. Quando se segura o pêndulo pelo fio e se permite que balance livremente, este reage à frequência eletromagnética do chakra, seja da parte da frente deste, seja da parte de trás. Segurando-se o pêndulo sobre a área do chakra, o que se está avaliando é, em essência, a roda exterior do chakra. Se a roda exterior estiver girando no sentido anti-horário, a interior provavelmente estará fazendo o mesmo. A roda interior quase sempre gira no sentido horário, exceto em crises extremas, como (inclusive) o nascimento e o momento da morte. Para analisar a roda interior, o melhor é usar a intuição, como se observou no Capítulo 2 – "Ser Um Agente de Cura Energética".

Para fazer uma avaliação dos seus chakras usando o pêndulo, você pode se deitar e pedir que outra pessoa fique em pé sobre você e segure o pêndulo de 15 a 30 cm acima do centro de cada chakra. Registre as informações sobre a direção, a velocidade e a forma do movimento do pêndulo. A ausência de movimento pode indicar falta de confiança na outra pessoa ou no processo, por parte de qualquer uma das duas pessoas; pode indicar também que o chakra está completamente bloqueado. Para verificar essa hipótese, teste o outro lado do mesmo chakra, ou os chakras logo acima e abaixo, a fim de ver se estão abertos demais para compensar a inatividade do primeiro. Para avaliar os chakras abaixo e acima da cabeça, bem como ao redor do corpo, peça à pessoa que se deite e segure o pêndulo acima dos locais adequados.

A cura dos desequilíbrios pode ser feita com cores, formas, tons, sons, luzes e números.

Além de estar associados a processos físicos no corpo, os chakras estão ligados às dimensões mental, emocional e espiritual da vida humana. Uma tabela das questões que afetam a infraestrutura dos chakras pode ser encontrada na seção "Sistema de Doze Chakras", na Parte V.

OS CHAKRAS E AS PEDRAS

As pedras e os cristais são usados há milhares de anos para ajudar a limpar, energizar e equilibrar os chakras. Cada pedra opera em certa frequência, assim como os chakras. Usando sua intenção, o praticante que está trabalhando para equilibrar os chakras pode "programar" uma pedra para muitas finalidades, entre elas as de cura, purificação e energização do corpo físico.

Há várias maneiras de trabalhar com pedras. Em geral, é importante se lembrar que a energia segue a intenção. Você pode simplesmente segurar uma pedra nas mãos e meditar ou rezar sobre ela, visualizando ou sentindo a tarefa que quer que ela cumpra. Para "limpar" a pedra, você pode fazer a mesma coisa, ou deixá-la no sol para que a natureza faça isso para você.

A seguir, uma lista de pedras e de sua relação com os chakras. A lista foi apresentada por Liz Simpson no livro *The Book of Chakra Healing*.[18]

FIGURA 6.6
OS CHAKRAS E AS PEDRAS

Primeiro chakra – Muladhara		
Heliotrópio		Alivia as ansiedades. Renova. Facilita a tomada de decisões e a desintoxicação.
Quartzo-enfumaçado		Aterra; auxilia a concentração no momento presente. Dissolve energias negativas e bloqueios emocionais.
Ágata de fogo		Aumenta a energia e a autoestima e ajuda a eliminar problemas de segurança.
Olho-de-tigre		Concentra a energia para um desafio específico. Promove ponto de vista positivo.
Hematita		Cristal de aterramento; ajuda a dissolver as limitações mentais. Dá apoio a novos empreendimentos.
Segundo chakra – Svadhisthana		
Citrino		Respalda os aspectos emocionais dos relacionamentos e a maturidade emocional.
Cornalina		Afugenta o tédio, a apatia e a passividade. Reforça a energia voltada para a ação decisiva em situações difíceis do ponto de vista emocional. Também dissipa o sofrimento.
Pedra-da-lua		Intensifica o lado feminino, alivia o excesso de sensibilidade e acalma as emoções.

(continua)

(continuação)

Topázio dourado		Estimula os três primeiros chakras. Proporciona clareza para novas perspectivas, aumenta a serenidade interior e cria leveza de espírito. Reenergiza.
Quartzo rutilado		Benéfico para a meditação, a cura e o aumento da consciência espiritual. Extrai a negatividade. Estabiliza os relacionamentos.
Terceiro chakra – Manipura		
Citrino amarelo		Acessa o poder pessoal e impulsiona a autoestima. Ajuda a superar a dependência de substâncias químicas e é benéfico para problemas digestórios.
Pedra-do-sol		Traz boa fortuna e alivia a tensão.
Calcita		Limpa os bloqueios e intensifica a energia natural. Ajuda a resolver problemas no pâncreas, nos rins e no baço.
Malaquita		Liga o plexo solar ao chakra do coração. Auxilia nos sonhos.
Quarto chakra – Anahata		
Quartzo rosa		Chamado de "cristal do amor", cura questões do coração, de relacionamento e de vínculo entre duas pessoas. Promove o amor-próprio e cura problemas da "criança interior" ou da juventude.
Turmalina melancia		Ativa o chakra do coração e convida à conexão com o eu superior. Suaviza as disfunções emocionais e promove a interconectividade.
Quinto chakra – Vishuddha		
Turquesa		Empenha-se pela comunicação plena e honesta. Auxilia a expressão de sentimentos ou necessidades interiores; limpa os bloqueios que impedem a autoexpressão ou a audição perceptiva.
Sodalita		Promove a objetividade e cria um vínculo entre a mente inconsciente e a consciente. Chama novas perspectivas. Alivia o coração.

(continua)

(*continuação*)

Lápis-lazúli		Promove a autoexpressão e o acesso às "musas" e aos impulsos e dons criativos. Melhora a clareza da comunicação com os outros.
Celestita		Ajuda a receber, sintetizar e interpretar ideias e princípios espirituais difíceis. Abre um portal para outras dimensões.
Água-marinha		Reduz o estresse e promove a tranquilidade. Auxilia a apresentação de ideias, especialmente para o mundo maior. Ajuda a pessoa a assimilar seu autoconhecimento.
Sexto chakra – Ajna		
Calcita		Amplifica os poderes do terceiro olho, inclusive de visão intuitiva.
Fluorita roxa		Chamada de "pedra do discernimento", integra os hemisférios esquerdo e direito do cérebro. Elimina impurezas e falsidades.
Azurita		Desperta os sentidos psíquicos e dá apoio a ações resultantes de revelações intuitivas. Estimula o terceiro olho.
Ametista		Benéfica para a meditação. Repele a negatividade e ativa a visão interior.
Sétimo chakra – Sahasrara		
Quartzo transparente		Clareia e pode ser programado para amplificar ou limpar. Transforma energia. Traz equilíbrio. Proporciona concentração e vínculo com outras esferas durante a meditação.
Ametista		Auxilia a meditação. Equilibra os corpos físico, emocional e mental.
Diamante de Herkimer		Conclama à harmonia global dentro e fora do eu. Convida-nos a "ser" e não apenas a "fazer". Alivia a depressão e a ansiedade.
Diamante		O nome significa "Aquele que ama a deus". Ativa a consciência e as conexões espirituais. Nos encaminha rumo ao nosso mais elevado potencial.

OS CHAKRAS E OS ELEMENTOS

O sistema de doze chakras funciona com dez elementos. Os quatro elementos primários são semelhantes aos encontrados na maioria dos outros sistemas: água, terra, fogo e ar. A partir destes formam-se seis outros: metal, madeira, pedra, éter, luz e estrela. Desequilíbrios em quaisquer um desses elementos podem criar perturbações vibracionais que causam ou promovem doenças e todos os outros problemas; por outro lado, o uso correto ou o equilíbrio dos elementos pode corrigir doenças físicas e sutis.[19]

Há muitas maneiras de trabalhar com os elementos de modo energético e também concreto. A pessoa dotada de intuição visual pode imaginar um elemento trabalhando dentro do corpo, de um chakra ou de uma camada áurica, estabelecendo a intenção de criar mudança. O intuitivo verbal pode "ordenar" que um elemento cumpra uma tarefa por meio de comandos internos ou literalmente falando com o corpo, com um chakra ou com uma camada áurica. Uma pessoa cuja intuição é mais sensorial pode pressupor que um elemento está presente e trabalhar com ele por meio de técnicas manuais ou imaginando que ele está produzindo a mudança necessária.

Agentes de cura energética também podem usar pedras, substâncias, líquidos ou outros materiais pertinentes que representem o elemento desejado. Estes podem ser colocados sobre os acupontos ou chakras do paciente, ou perto deles, ou ainda no campo áurico. Os elementos podem, ainda, ser "programados" na água por via mental ou intuitiva, pela intenção ou oração, a fim de se obter determinado objetivo. Bebendo-se essa água, a pessoa absorve seus efeitos. Quem busca a mudança ou a cura também pode portar objetos que representem o elemento necessário, que podem servir como ponto focal para a visualização guiada, a meditação e a autocura.

Estas são as propriedades básicas dos dez elementos e algumas sugestões sobre como se pode trabalhar com cada elemento:

Fogo: Elimina, purga e queima até fazer desaparecer. Aumenta a energia e o entusiasmo e dá vida nova. É a base do processo da kundalini e importante para a cura. Pode, por exemplo, purificar de toxinas o sangue ou a linfa. Profissionais cuja prática é baseada nos campos podem imaginar o fogo purificando o campo áurico. Devem prestar especial atenção ao primeiro campo áurico, que é vermelho e tem base primal. Profissionais que trabalham com os meridianos podem usar a moxabustão durante a acupuntura ou imaginar a energia do fogo queimando o meridiano em questão. Profissionais que trabalham com os chakras aplicam fogo ao centro do chakra mais próximo da área problemática usando técnicas intuitivas ou de manipulação ou imposição de mãos. As pedras associadas ao elemento fogo são, em geral, vermelhas e relacionam-se ao primeiro chakra. Não use o fogo de maneira intuitiva no coração ou em área muito inflamada, pois esse elemento pode aumentar a raiva e a inflamação.

Ar: Transmite ideias e ideais. Permite que as energias se espalhem de lugar em lugar e de pessoa para pessoa. É ativo quando em movimento e quando é direcionado; é inativo, mas ainda assim cheio de potencial, quando está parado. Use-o para "varrer" as crenças negativas ou criar crenças úteis. No trabalho com base em campos, podem-se usar penas, a respiração ou o som. Nas práticas centradas nos meridianos, as crenças negativas podem ser eliminadas "falando-se a verdade" de modo intuitivo ou oral nos acupontos apropriados. Os métodos baseados nos chakras usam o som, a intuição e pedras no terceiro chakra.

Água: Transmite energias psíquicas e de sentimento, suaviza e cura, lava e purifica. Use-a para limpar de toxinas o sistema linfático ou os intestinos, tanto no plano físico quanto no psíquico; para purificar o corpo de sentimentos antigos e reprimidos (relacionados à própria pessoa ou a terceiros); e para desinflamar os tecidos após uma cirurgia. Em caso de derrame cerebral, imagine que o local do coágulo está sendo lavado com água para depois reparar os tecidos rompidos com uma muralha de terra ou pedra. Considere a possibilidade de "programar" sua água potável com orações e intenções direcionadas a propósitos específicos. Profissionais que trabalham com campos, meridianos e chakras podem programar intenções na água para auxiliar seus clientes e prescrever pedras para o segundo chakra. Também é útil instalar fontes ou água corrente nas salas de aplicação para promover a limpeza da atmosfera.

Terra: Constrói, solidifica e protege. A terra pode reconstruir tecidos após uma cirurgia, suavizar qualquer área inflamada e reparar tecidos. É ideal para conter estruturas maleáveis, como as paredes celulares. Profissionais que trabalham com campos podem analisar as energias terrestres no ambiente do cliente, verificando e corrigindo a ocorrência de estresse geopático. Os que trabalham com canais e empregam ervas, alimentos e outras substâncias podem analisar o uso que o cliente faz desses materiais (os quais têm relação com o elemento terra, pois criam tecidos). Todos os praticantes podem aplicar pedras no décimo chakra em seu trabalho de cura.

Metal: Protege, defende e afasta. Use-o no campo áurico para afastar energias nocivas. Visualize uma armadura de metal ao redor do fígado ou dos rins se você estiver tomando medicação (isso também vai eliminar desses órgãos a intoxicação por metais pesados). A técnica da armadura pode ser usada em qualquer órgão para deter ou prevenir ataques de energias ou entidades externas – como forças que criam câncer. Use-a como espelho para refletir ou desviar as energias negativas. Purgue-o do organismo caso você esteja intoxicado por metais pesados ou sofra de fadiga crônica ou câncer. Muitas doenças autoimunes envolvem excesso prejudicial do elemento metal. Metais e pedras de cor prateada podem ser usados para criar efeitos relacionados a esse elemento.

Madeira: Acrescenta leveza, adaptabilidade e atitude positiva. Deve ser inserida nas áreas deprimidas ou de giro anti-horário para ajudar a inverter esse giro. A pessoa emocionalmente deprimida deve acrescentar madeira à mente, imaginando árvores ou plantas. Pode ser usada para integrar novos tecidos ou ideias ao corpo – depois de um transplante de órgão, por exemplo. Traz alegria ao estado de depressão. Se um indivíduo tem pressão alta, use madeira para relaxar. Todos os profissionais podem empregar objetos ou substâncias de madeira em seus clientes ou perto deles.

Pedra: Fortalece, conserva e robustece. Use pedra no décimo chakra para ajudar a manter a alma ligada ao corpo. Imagine que está reunindo todos os problemas ou emoções subconscientes ou da alma – vergonha, por exemplo – em uma pedra e que depois joga essa pedra no oceano. Acrescente pedra a um vaso sanguíneo enfraquecido ou ao redor do local de um derrame. A pedra mantém outros elementos no lugar; se você precisar ancorar novas crenças ou tecidos para que possam lançar raízes, construa um muro de arrimo de pedra. Profissionais, em geral, podem usar pedras "de verdade" para limpar ou programar os campos de energia ou os chakras; agentes de cura que trabalham com meridianos podem rodear um cliente com as pedras apropriadas durante o tratamento, para aumentar a eficácia deste.

Éter: Contém verdades espirituais; pode ser usado para infundi-las em qualquer sistema, corpo de energia, mente ou alma. O éter é um gás liquefeito. É, na verdade, o "quinto elemento", a energia espiritual que cientistas e metafísicos tentam definir há milênios. Por meio da oração e da meditação, qualquer tipo de profissional pode programar o éter para a cura ou outros fins específicos.

Luz: Pode ser dirigida, entretecida, moldada, convocada ou eliminada para produzir praticamente qualquer efeito que se deseje. A luz é uma radiação eletromagnética de diversos comprimentos de onda. A luz "escura", feita de frequências mais próximas do infravermelho ou abaixo deste, é composta principalmente de elétrons que portam informações inteligentes sobre questões ligadas ao poder; a luz "leve", composta de frequências próximas à faixa do ultravioleta ou acima dela, é feita principalmente de prótons, cujas informações dizem respeito ao amor. Para equilibrar qualquer problema, use a luz correta. Se estiver deprimido, use luz "leve" para animar – ou luz "escura" para ganhar a energia necessária para operar mudanças comportamentais. Para ter mais informações sobre o uso da luz, veja "Cromoterapia" e os vários sistemas de chakras listados na Parte V, que, muitas vezes, usam cores para diagnósticos e tratamentos.

Estrela: Usa verdades espirituais para formar e purificar a matéria física. Libera percepções errôneas e negativas mediante a formulação da verdade. Imagine essa verdade encapsulada em uma estrela e insira a estrela no campo áurico, canal de energia ou chakra apropriado. Essa técnica pode ser usada até para alterar o DNA. A estrela também obriga o corpo a se desfazer de uma percepção errônea ou de um padrão nocivo. Use-a para queimar as percepções imprecisas em qualquer nível de consciência e depois use o éter para estimular as crenças corretas. (Estrela é feita de fogo e éter.) As pedras de estrela relacionam-se com o sétimo e o décimo segundo chakras.

CROMOTERAPIA (VER TAMBÉM CROMOPUNTURA)

A cromoterapia é um aspecto da terapia da luz. A luz era usada para a cura entre os antigos povos da Babilônia, do Egito e da Assíria, bem como entre gregos e romanos de épocas posteriores. O Dr. Harry Riley Spitler foi o primeiro a usar a fototerapia de luzes coloridas emitidas pelos olhos e publicou em 1941 um livro chamado *The Syntonic Principle*. Também na década de 1940, o pesquisador Dinshah Ghadiali criou a Espectrocromia, método de aplicação de luzes coloridas diretamente sobre o corpo. Suas pesquisas mostraram que o corpo pode ser curado pela exposição sistemática a luzes coloridas. (Bebês prematuros com síndrome de bilirrubina, por exemplo, podem ser tratados com luz azul.) A obra de Ghadiali foi atacada por diversos grupos, entre eles a Associação Médica Americana, embora ele tenha sido defendido com vigor por médicos como a Dra. Kate Baldwin, cirurgiã-chefe do Hospital da Mulher de Filadélfia. A Dra. Baldwin afirmou que a espectrocromia havia curado gonorreia, sífilis, câncer, úlceras e outras doenças. Apesar do apoio dela e de outros profissionais, o governo destruiu livros e artigos de Ghadiali em 1947, e em 1958 a FDA (Administração de Alimentação e Medicamentos dos Estados Unidos) obteve uma sentença judicial favorável à paralisação permanente das atividades de seu instituto.[20]

Na década de 1980, o Dr. Norman Rosenthal, do National Institute of Mental Health, reconheceu a existência do transtorno afetivo sazonal: a privação da luz de espectro total e a depressão resultante.

Pesquisas recentes vêm confirmando o incrível poder de cura da luz. A luz solar estimula a produção de melatonina pela glândula pineal, sendo a melatonina necessária para o sono, a tranquilidade e a felicidade.[21] Luzes de alta intensidade estão sendo usadas para curar câncer e doenças virais e até para aliviar os sintomas da doença de Alzheimer.[22]

Albert Szent-Györgyi, ganhador do Prêmio Nobel de fisiologia ou medicina, concluiu por meio de seus estudos e pesquisas que a luz que incide sobre o corpo altera as funções biológicas básicas envolvidas no processamento digestivo, bem como as interações enzimáticas e hormonais. Algumas cores chegam a aumentar em quinhentas vezes a eficácia das enzimas do corpo.[23] A cor, porém, não afeta somente o corpo; influencia também a mente. Segundo o Dr. Jacob Liberman, pioneiro do uso terapêutico da cor e da luz, as cores presentes no corpo indicam nosso estado de consciência, o que também significa que nosso estado de consciência reflete o modo como usamos a cor.[24]

A chave para a obtenção de efeito terapêutico é o uso da cor (comprimento de onda) correta. A luz infravermelha reduz em até 50% a severidade de um ataque cardíaco, reverte a cegueira em animais e cura antigas feridas. A luz vermelha apressa a cicatrização de feridas e reverte o envelhecimento da pele. A luz azul (assim como a vermelha) é capaz de matar bactérias. Pode também reinicializar o relógio biológico, tratar o transtorno afetivo sazonal e ajuda pessoas com doença de Alzheimer a dormir melhor à noite. A luz ultravioleta impede a reprodução de vírus e bactérias e é capaz de esterilizar o ar e a água.[25]

Ao que parece, a luz transfere energia às mitocôndrias das células e ajuda o corpo a se curar. Também altera a velocidade de vários processos químicos. "Somos fotocélulas vivas", diz Liberman.

O corpo emite luz de todas as cores, absorve luz por meio de nossas estruturas físicas e emite e recebe luz por meio do corpo sutil.[26]

Liberman chama a atenção para as descobertas de um cientista chamado Cabal, que, no século XIX, estabeleceu uma relação entre a luz e o hipotálamo.[27] O hipotálamo é o centro cerebral que regula nosso sistema nervoso autônomo e a pituitária, principal glândula endócrina. A pineal é o medidor de luz do corpo e recebe informações não somente por meio dos olhos, mas também do campo eletromagnético da Terra. A luz correta, usada na intensidade, na velocidade e na cor adequadas, pode corrigir desequilíbrios do sistema nervoso autônomo e do sistema endócrino.

Essas explicações respaldam as descobertas dos pesquisadores Dr. Fritz-Albert Popp e do Dr. Hal Puthoff, que constataram que, dentro e fora do corpo, estamos imersos em um campo de luz. Ao passo que nosso corpo é envolvido pelo "campo de ponto zero", nosso DNA também atua como máquina de biofótons.[28] (Veja no Índice Remissivo outras referências ao ponto zero e ao DNA.)

Há dezenas, senão centenas, de modalidades de cura baseadas no uso das cores e da luz. Apresentaremos aqui apenas algumas.

SISTEMA DE CHAKRAS – BRINCANDO COM A LUZ E AS CORES

Pode-se fazer um trabalho de cura aplicando-se luzes coloridas ou pedras aos locais dos chakras no corpo. Cada chakra rege uma parte diferente do sistema nervoso e do sistema hormonal, está associado a uma idade de desenvolvimento diferente e tem significados diferentes no que se refere ao gênero. Conhecendo-se o chakra e a área deste relacionada a esses três parâmetros, o profissional pode trabalhar para conseguir a cura por meio da cor.

Steven Vazquez, Ph.D., especialista em fototerapia, propôs que os chakras inferiores regem o sistema nervoso simpático, que se ativa em situações de estresse ou perigo e regula a pulsação e a pressão sanguínea. Os chakras superiores governam o sistema nervoso parassimpático, que controla as funções corpóreas involuntárias e inconscientes (como o sistema nervoso autônomo). No geral, o sistema nervoso simpático produz estresse, e o sistema nervoso parassimpático conserva e restaura o corpo.[29]

Nas questões que dizem respeito ao tempo, quanto mais uma pessoa vive ligada a seus chakras inferiores, mais fala sobre o passado. Os chakras intermediários regem o presente, e os superiores acessam pensamentos sobre o futuro ou além do tempo.[30]

O corpo também se subdivide de acordo com o gênero. Como mostra a figura 6.14, ele tem quatro quadrantes. Os chakras masculinos encontram-se na parte de baixo do corpo e em todo o lado direito, ao passo que os femininos localizam-se na região superior do corpo e no lado esquerdo.[31]

Sabemos, como mostra a flecha, que o espectro infravermelho corre por baixo dos chakras inferiores e que o espectro ultravioleta está disponível acima dos chakras superiores. Ao trabalhar com a cor amarela e as de frequência menor que a dela, o profissional pode acessar questões relacionadas ao passado e ativar o sistema nervoso simpático. Trabalhando com o verde e as cores acima dele, ele ativa o sistema nervoso parassimpático. Do verde azulado ao azul e daí ao anil, trata de assuntos relacionados ao presente, ao passo que do violeta para cima as questões dizem respeito ao futuro ou estão além do tempo. As questões masculinas são mais acessíveis do verde até o violeta, ao passo que as questões femininas dizem respeito ao amarelo e às cores abaixo dele. O lado esquerdo do corpo governa todas as funções femininas, e o lado direito, as masculinas.[32]

Um praticante que use o sistema de doze chakras mencionado na Parte V trabalharia com o espectro infravermelho para lidar com o décimo chakra, o qual se situa abaixo dos pés e reflete os fundamentos genealógicos. Os chakras acima da cabeça, ou seja, o oitavo e o nono, transcendem o tempo, e o mesmo vale para o décimo primeiro e o décimo chakras, ao redor do corpo. Estes operam no comprimento de onda ultravioleta ou em frequências mais altas. Esses cinco chakras adicionais podem ser acessados por meio da intenção e cores relacionadas a cada um deles, as quais constam da tabela dos doze chakras, na figura 5.27.

O Dr. Vazquez também diz que o lado frontal dos chakras regula nossa realidade consciente, e o lado de trás, nosso inconsciente, como retrata a figura 6.9.

TÉCNICAS CROMÁTICAS ADICIONAIS QUE USAM O SISTEMA DE DOZE CHAKRAS

Há muitas maneiras de usar as cores para promover a cura. As informações aqui apresentadas baseiam-se em pesquisas de diversos sistemas esotéricos e científicas, refletindo uma ampla base de conhecimento.[33]

As cores e o diagnóstico

A cor de um chakra reflete o estado de saúde e o desenvolvimento espiritual atual do indivíduo. Um chakra transparente ou da cor apropriada está alinhado com a Divindade e provavelmente encontra-se em estado razoável de saúde. Mudanças de cor, marcas diversas, cores turvas ou escuras ou percepção intuitiva de sons desafinados são indícios de desequilíbrio ou doença. Áreas muito pretas ou grossas podem revelar a influência ou penetração de energias ou entidades externas.

A cor e a forma do chakra especificam os problemas de equilíbrio. Se toda coloração estiver apenas de um dos lados do chakra, a pessoa está com a atenção voltada para apenas metade do quadro geral, o que é indício de crenças e emoções presas ao passado.

Os espaços vazios geralmente são indícios de fragmentação: parte do eu está preso ou escravizado em outro lugar. Esse "outro lugar" pode ser outra vida, outro plano ou dimensão ou mesmo um lugar dentro do próprio eu. Podem também ser indícios de recessão, sublimação de parte do eu em algo ou em outra pessoa.

Os quadros de cores apresentados a seguir podem ser usados para a cura do chakra. A primeira tabela, "Energias das Cores", indica quais cores podem ser usadas para preencher áreas faltantes ou de cor alterada. A segunda, "Colorações Nocivas", ajuda a detectar a presença de problemas.

O sistema da coloração pode ser usado em conjunto com a simbologia, a geometria e os símbolos numéricos. Todas essas técnicas são métodos de cura vibracionais e podem ser integradas.

Colorindo a cura

Cada cor representa um tipo diferente de energia. A seguir, um entendimento simplificado das energias das principais cores.

Essas cores podem ser aplicadas com fototerapia ou equipamentos mecânicos (por um profissional treinado), ou ainda pelo psiquismo; podem ser usadas nas roupas, estar presentes em objetos colocados no ambiente ou ser aplicadas por meio de pedras ou da intenção.

FIGURA 6.7
ENERGIAS DAS CORES

Cor	Significado da energia
Vermelho	Energia vital
Laranja	Criatividade e sentimentos
Amarelo	Intelecto
Verde	Cura
Rosa	Amor
Azul	Comunicação
Roxo	Visão, esclarecimento das escolhas e resultados das decisões
Branco	Vontade divina, destino espiritual
Preto	Poder de movimento, força por trás da mudança
Dourado	Harmonia
Prateado	Transferência de energia de um lugar a outro
Marrom	Praticidade e aterramento

FIGURA 6.8
COLORAÇÕES NOCIVAS

Condição	Problema
Excesso ou distorção de tons vermelhos	Superestimula a paixão, a raiva, o egoísmo ou os medos relacionados à sobrevivência
Excesso ou distorção de tons alaranjados	Cria sentimentalismo ou hiperatividade
Excesso ou distorção de tons amarelos	Dá ênfase excessiva a certas ideias ou crenças mentais para criar falsidades nos juízos
Excesso ou distorção de tons verdes	Superestimula o impulso de entrar em relacionamentos, a codependência e a necessidade ilusória de curar o que não precisa de cura
Excesso ou distorção de tons de rosa	Pode criar uma sensação de amor onde este não existe
Excesso ou distorção de tons azuis	Cria a necessidade ilusória de obter cada vez mais orientações ou de explicar demais as próprias atitudes

(continua)

(continuação)

Excesso ou distorção de tons roxos	Causa planejamento compulsivo ou dificuldades de ver as alternativas ou escolher entre elas
Excesso ou distorção de tons brancos	Superestimula o sentido de espiritualidade e tira a ênfase da necessidade de ser forte e agir
Excesso ou distorção de tons pretos	Desequilibra as energias espirituais por meio da ênfase no poder; pode causar impotência, sentimentalismo ou cobiça
Excesso ou distorção de tons dourados	Cria idealismo excessivo e resultante perda de esperança
Excesso ou distorção de tons prateados	Cria suscetibilidade a fontes psíquicas
Excesso ou distorção de tons marrons	Turva as águas e resulta em confusão, excesso de praticidade e obsessões mundanas
Excesso ou distorção de tons cinzentos	Obscurece ou encobre uma questão, causando falta de clareza
Neutralização	Elimina a intensidade e cria vazio e impotência; o vudu e o controle da mente usam esses métodos
Imposição de uma cor diferente	Impor a própria cor sobre a de outra pessoa, obtendo, assim, controle sobre ela; esse processo também é chamado de "sobreposição"
Manchas	Cria incoerências, dificultando para a vítima a autoconfiança

CROMOPUNTURA

Peter Mandel, pesquisador e agente de cura alemão, desenvolveu a cromopuntura há mais de trinta anos. Esse método faz uso da aplicação de luz em cores puras sobre os pontos de acupuntura e outros portais na pele para fins de cura e relaxamento. Foi largamente aceito na Alemanha e em outros países europeus como substituto da acupuntura ou auxiliar desta, e vem se popularizando rapidamente em outros locais.

Mandel baseou seus trabalhos em pesquisas de cientistas como o Dr. Fritz-Albert Popp, que descobriu que as células do corpo se comunicam entre si por meio de uma corrente contínua de fótons, ou seja, de partículas-ondas de luz. Usando a fotografia Kirlian, Mandel descobriu que os meridianos da acupuntura absorvem e disseminam luz colorida dentro do corpo. Depois comparou as condições energéticas, medidas pelo método Kirlian, com os sintomas físicos de seus sujeitos de pesquisa e por fim realizou experimentos para determinar quais luzes coloridas afetariam de maneira positiva os problemas de que sofriam.

Mandel deu a seu sistema o nome de Esogética, combinação das palavras *esotérico* e *energética*. Divide seus tratamentos nos níveis do corpo, da alma e do espírito, usando uma lanterna com dez cristais cromocodificados para banhar de luz os portais cromáticos. (Não há agulhas; a lanterna aplica somente luz.) A luz é aplicada nos pontos de acupuntura, nos meridianos, nas zonas corporais e nas grades geométricas sagradas na forma de sete cores básicas, que aumentam ou diminuem a energia do sistema de meridianos.

FIGURA 6.9
CROMOTERAPIA: ASSOCIAÇÕES ENTRE OS CHAKRAS E AS REGIÕES DO CORPO

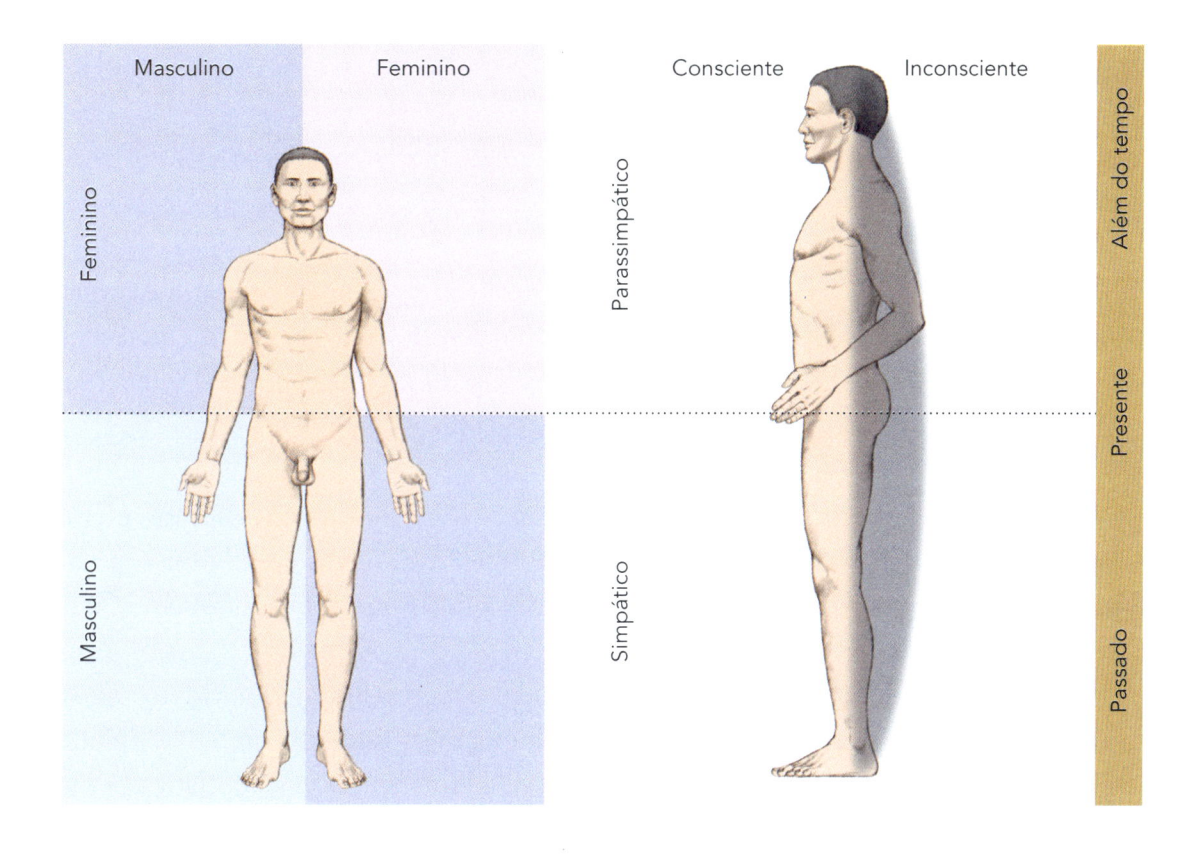

SISTEMA DE CROMOPUNTURA DE MANDEL

O sistema de cromopuntura de Peter Mandel é baseado em seu "Modelo Esogético", que põe em evidência seis fatores que afetam a saúde. O princípio fundamental é que a doença e a dor ocorrem quando um indivíduo se desvia de seu caminho de vida. A cromopuntura comunica ao inconsciente as informações contidas na luz, de modo que as pessoas possam ganhar acesso ao próprio conhecimento interior para efetuar a cura – e reencontrar o rumo. Um tratamento pode liberar um bloqueio emocional, por exemplo, e assim curar uma doença do sistema nervoso. Com menos estresse neurológico, os pacientes podem agora se dedicar a seu propósito espiritual individual.[34]

O modelo de Mandel é uma representação holográfica de como a energia é produzida no corpo. Três dos seis fatores (chamados moléculas) representam as energias sutis. São os chakras, o campo formativo e o modelo conversor. Os outros três fatores descrevem a realidade física. São os sistemas corpóreos, o sistema de coordenação e os relés transmissores.

A Esogética emprega sete cores básicas. Em geral, as cores quentes – vermelho, laranja e amarelo – acrescentam energia, ao passo que as frias – verde, azul e violeta – a diminuem. O praticante acrescenta energia para estimular e tonificar e a diminui para sedar e suavizar.

Mandel também combinou as cores em pares complementares e usou-as de modo simultâneo para tratar o mesmo meridiano de acupuntura. Descobriu que as cores quentes e frias, quando usadas juntas, equilibram os fluxos de energia yin e yang.

Cores primárias e seus efeitos

Eis uma síntese do uso que Mandel faz das várias cores:

Vermelho: A mais yang, quente e estimulante. Produz calor. Estimula a energia vital e a circulação sanguínea. Estimula o sistema nervoso sensorial e energiza os cinco sentidos básicos. Estimula a cicatrização de feridas sem pus. Usado no tratamento de infecções crônicas. O excesso de vermelho produz raiva e hiperatividade.

Laranja: Yang suave, tonifica. Estimula o apetite, alivia câimbras e espasmos, eleva a pressão sanguínea, induz o vômito, elimina gases e fortalece os ossos. Quando usada com o azul, regula o sistema endócrino. Estimula a alegria, o otimismo e o entusiasmo.

Amarelo: Yang, e a mais brilhante e clara de todas as cores. Fortalece o sistema nervoso motor e o metabolismo e auxilia na resolução de problemas dos sistemas glandular, linfático e digestório. Estimula as funções intelectuais; promove o bom humor e a confiança.

Verde: Yin neutra. Levemente refrescante. Trata problemas dos pulmões e dos olhos, diabetes, problemas musculoesqueléticos e inflamações das articulações, bem como úlceras. É antibacteriano e ajuda a desintoxicar. Acalma, suaviza e equilibra.

Azul: Yin ou fria. Relaxa o corpo e a mente, reduz a febre, a congestão, a coceira, a irritação e a dor. Trata a pressão alta, queimaduras, inflamações com pus e doenças que envolvem calor. Contrai os tecidos e os músculos. Acalma e tranquiliza quando aplicada aos acupontos da pituitária e da pineal. Útil para insônia, fobias e desequilíbrios endócrinos. Não é indicada para depressão, pois é uma cor melancólica.

Violeta: A cor mais yin. Auxilia o baço, reduz a irritabilidade e equilibra o hemisfério direito do cérebro. Quando associada ao amarelo, aumenta a produção de linfa, controla a fome e equilibra o sistema nervoso. Age sobre o inconsciente.[35]

Cores complementares

Os pares de cores complementares são: vermelho-verde, laranja-azul e amarelo-violeta. Juntas, essas cores equilibram o yin e o yang. O vermelho, por exemplo, pode estimular o sangue e melhorar a circulação, ao passo que o verde suaviza as condições que levam ao estresse. O azul pode suavizar a dor, ao passo que o laranja elimina o medo ou a depressão que causam tensão. O amarelo fortalece o sistema nervoso, ao passo que o violeta o acalma mediante a indução de estado meditativo.

DIETA E A MEDICINA TRADICIONAL CHINESA

Um dos tratamentos tradicionais mais utilizados é a alteração da dieta. A intervenção dietética é personalizada, segundo o padrão de desarmonia do indivíduo.

Os alimentos esquentam ou esfriam, e assim equilibram o yin e o yang. Quando a pessoa é muito quente ou sente muito calor (ou yang), prescrevem-se alimentos frios. Quando é muito fria ou sente muito frio (ou yin), prescrevem-se alimentos quentes. Para determinar as reações térmicas de um paciente, o profissional, muitas vezes, estuda as reações desse paciente depois de comer.

Cada alimento tem qualidades yin (frias) e yang (quentes), mas, em geral, uma das duas é dominante. Na maioria das vezes, as afirmações a seguir são verdadeiras: os sabores amargo e salgado são yin, e os sabores picante e doce são yang.

O excesso de yin pode produzir preguiça, lentidão, depressão, ganho de peso, hipoatividade dos órgãos e demais elementos do corpo e sentimentalismo, ao passo que o excesso de yang é revelado por hiperatividade, tensão, nervosismo, ansiedade e agressividade.

Estes são alguns alimentos comuns e suas qualidades térmicas:

Alimentos que esfriam o corpo: Aipo, alface, brócolis, espinafre, tomate, banana, melancia, cevada, painço, trigo, carne de porco, ovos, carne de caranguejo, sorvete e molho de soja.

Alimentos neutros: Beterraba, nabo, cenoura, limão-siciliano, maçã, arroz, milho, centeio, batata, inhame, carne de boi e carne de coelho.

Alimentos que esquentam: Cebolinha, abóbora, repolho, couve, aveia, atum, peru, salmão, cordeiro, frango, camarão, gengibre, açúcar, alho e pimenta.

TÉCNICA DA LIBERDADE EMOCIONAL (EFT)

A técnica da liberdade emocional (conhecida como EFT, do inglês Emotional Freedom Technique) é um método de cura fácil de usar e semelhante à acupressão. É conhecida, sobretudo, por proporcionar alívio de dores, doenças e problemas emocionais. Baseia-se em uma nova descoberta que envolve dar batidinhas com as pontas dos dedos nos pontos tradicionais dos meridianos.

Suas duas premissas básicas são: "A causa de todas as emoções negativas é uma perturbação no sistema de energia do corpo. [...] E, pelo fato de haver uma conexão tão óbvia entre nossas dores e doenças e nossas emoções, [...] Nossas emoções negativas mal resolvidas são um dos maiores fatores da maioria das dores e doenças físicas."[36]

Gary Craig criou a EFT em meados da década de 1990 e de lá para cá ela cresceu em popularidade. Não tem o objetivo de substituir as opiniões de médicos qualificados, e a organização de Craig não promete que funciona em todos os casos, mas é uma técnica útil que produziu resultados impressionantes. A eficácia da EFT é apoiada por um grande número de relatos informais e endossada por vários agentes de cura conhecidos.

A EFT tem sido aplicada para doenças psicológicas e físicas, como problemas de desempenho, doenças graves, depressão, ansiedade, transtorno de estresse pós-traumático, alívio da dor, alergias, problemas de pressão sanguínea, problemas de relacionamento, estresse em geral, casos de dependência, fobias – praticamente qualquer coisa, do resfriado ao câncer.

A eficácia da EFT depende da ideia de que as emoções negativas se constroem nos estágios a seguir:

1. ocorre uma experiência negativa, que resulta em uma
2. emoção negativa, que leva a uma
3. programação inadequada do corpo, a qual
4. perturba o sistema de energia do corpo.[37]

Em tese, não se pode eliminar uma emoção negativa sem também, ao mesmo tempo, reequilibrar o sistema de energia; por isso, é preciso utilizar um protocolo que faça as duas coisas ao mesmo tempo. Na técnica básica da EFT, a pessoa se concentra em uma memória ou em uma emoção perturbadora, em uma dor ou em uma doença. O praticante usa os dedos ao mesmo tempo para dar batidas em uma série de doze pontos que se correlacionam com os meridianos chineses. O procedimento se completa pela associação entre as batidas e a concentração em uma afirmação positiva.

A ETF pode ser aprendida como acréscimo a outra prática terapêutica ou como terapia independente. Os praticantes são encorajados a usar o senso comum antes de aplicar essa técnica a qualquer pessoa que sofra de alguma deficiência emocional grave. O procedimento como um todo está disponibilizado no site em inglês www.emofree.com.

ABORDAGEM DE CURA DOS QUATRO CAMINHOS

Os Quatro Caminhos são um sistema de cura que desenvolvi com base em minhas pesquisas e que integra práticas de cura orientais, ocidentais e indígenas. A ideia é que existem quatro níveis de consciência que, somados, perfazem uma realidade maior: o espaço em que sabemos que o céu e a terra são a mesma coisa. Por existirmos nos quatro níveis simultaneamente, qualquer mudança de posição em um dos caminhos resulta em mudanças significativas nos outros três. A doença é causada por um desequilíbrio das energias em qualquer um desses caminhos, ou em mais de um deles.

Em geral, apenas uma crise obriga as pessoas a verem o que está além do lado físico da vida: esse lado físico é a base do caminho dos elementos, o plano material. O caminho do poder põe em evidência as energias e forças sobrenaturais e opera mudanças maiores que as possibilitadas pelo caminho dos elementos. O caminho da imaginação envolve o uso da magia criativa e da intenção para transferir energias do universo quântico para o físico, ao passo que o caminho divino invoca o mais elevado de todos os "remédios": os milagres que ficam à nossa disposição quando aceitamos que nós mesmos somos divinos.[38]

OS QUATRO CAMINHOS E O DIAMANTE QUÂNTICO

A abordagem dos Quatro Caminhos emprega um desenho geométrico para cura e manifestação, baseado no conhecimento dos sólidos platônicos, das ideias pitagóricas, da alquimia hermética, da mecânica quântica, da cabala e da teoria do *spin*. Esse desenho se chama *diamante quântico* e foi desenvolvido em colaboração com Carolyn Vinup, agente de cura que trabalha com sons.

O diamante quântico é um objeto interdimensional com forma de losango e cordões que ligam os dois lados do diamante a um espaço vazio no meio. Quando esses cinco cordões são divididos em dois, podem ser vistos como dez cordões que, caso se acrescentem os dois pontos opostos, formam doze pontos importantes no espaço-tempo.

O losango é formado essencialmente por dois triângulos unidos pelas bases. O triângulo desempenha papel crucial na filosofia platônica, que o postula como forma fundamental da criação. A mesma ideia está presente na teoria da triangulação causal dinâmica, que propõe o triângulo como figura básica das muralhas interdimensionais. O cinco é um número criativo na doutrina dos matemáticos e físicos místicos. Entende-se que os dois símbolos, o triângulo e o número cinco, são as bases da criação. O topo do triângulo abita a realidade material e o tempo-espaço do "aqui e agora", ao passo que o lado de baixo reside na antimatéria. A região interna do é ocupada pelo "ponto zero", vácuo pleno de potencial. (Procure esses conceitos no Índice Remissivo.)

O modelo é semelhante ao da cabala, que tem dez sephiroth e cujo centro é ocupado por Daath, o vazio. As sephiroth são consideradas manifestações reduzidas de Ein Sof, Deus, que pode ser imaginado como um ponto de luz que emana por todos os planos das sephiroth. (Veja o Capítulo 40.) O modelo do diamante quântico é idêntico, exceto pelo fato de também dar a entender que a energia da criação corre ao mesmo tempo "de cima" e "de baixo": em essência, Deus se manifesta tanto pelas mais baixas vibrações, mais próximas da realidade material e da extremidade inferior do espectro eletromagnético, quanto pelas mais altas, mais próximas dos mundos espirituais e da extremidade superior do espectro eletromagnético. A unidade inteira, quando gira, o faz como a dupla-hélice do DNA. Qualquer pessoa pode programar intenções de cura ou manifestação ao longo dos cordões, atualizando, assim, a energética do corpo, da mente e da alma. Então, a forma do diamante quântico transfere energeticamente essas intenções para os genes e o sistema eletromagnético do corpo.

A GEOMETRIA E O SOM NA CURA

Na Bíblia, o Evangelho de João nos diz que o mundo começou com "o Verbo". O que é um verbo senão um tom – um som – e, talvez, uma forma?

O espaço como um todo existe em estado de prontidão; 90% dele é composto de matéria escura, à espera de ser moldada pela palavra – ou vibração. Há pouco tempo, projetando pensamentos na água, o Dr. Masaru Emoto nos mostrou que podemos formar nossa realidade até a mais básica das moléculas. (Veja "Interações Entre os Campos Magnéticos e a Água", na p. 165.) Na primeira década do século XX, o pesquisador suíço Hans Jenny projetou tons puros em partículas finas de material sólido ou líquido e viu figuras geométricas características aparecerem e ganharem vida. (Ver "Cimática", na p. 165.) Os tons transformam a matéria em padrões naturais.

Tanto os sons quanto as figuras são formas de energia que, muitas vezes, se conectam entre si. Assim como os tons criam certos efeitos no corpo sutil, também as figuras os criam, e tons e figuras podem ser usados na cura.

Esse fenômeno é, pelo menos em parte, explicado pela teoria do *spin*, uma das teorias favoritas da física quântica. Como vimos, a teoria do *spin* trata dos momentos angulares das partículas. Quando várias partículas giram ao mesmo tempo, o efeito é idêntico ao de um grupo de crianças pequenas correndo pelo quarto sem uma babá. Se observarmos com cuidado, entretanto, o movimento aparentemente aleatório revelará uma elegância. Para as "partículas compostas" como para o grupo de crianças, o *spin* é a *combinação* dos *spins* de cada partícula (ou criança) mais o momento angular de seu movimento ao redor umas das outras. É o caos, mas em algum lugar dele há uma espécie de ordem.

Todas as partículas ou ondas vibratórias – ou ondas-partículas, como os fótons, unidades de luz – têm *spin*. Isso significa que todo som tem um *spin* particular, e o mesmo vale para um conjunto de sons. Uma música cria um *spin* único, como faz, por exemplo, a nota Si. Se fôssemos capazes de desenhar uma linha que vai de uma nota a outra – do término de um *spin* até o início do próximo –, veríamos o surgimento de configurações geométricas.

Assim, a geometria e o som estão interligados.

SIGNIFICADOS GEOMÉTRICOS[39]

Os diferentes padrões geométricos têm diferentes significados. Os símbolos inteiros ou completos, geralmente percebidos de modo intuitivo, significam saúde ou podem receber impressões energéticas para criar saúde. Os símbolos alterados, aqueles que surgem quebrados ou distorcidos, causam perturbações físicas. A seguir, uma amostra dos significados dos símbolos geométricos baseados na geometria pitagórica e na geometria sagrada.

FIGURA 6.10
SÍMBOLOS GEOMÉTRICOS: ÚTEIS E PREJUDICIAIS

Símbolo		Inteiro	Alterado
Círculo	●	Integridade, Totalidade	Causa ferimento, lesão, dano ou separação
Quadrado	■	Fundação	Usado para derrubar ou abalar sistemas
Retângulo	▬	Produção	Aprisiona ou expõe ao perigo
Triângulo	▲	Preservação e imortalidade	Cria doença, desequilíbrio e morte
Espiral	֎	Criação e ciclos	Força a ocorrência de fins abruptos, cessação de ciclos ou ritmos
Estrela de cinco pontas	★	Alquimia e movimento	Sufoca, contém, diminui e rebaixa as vibrações
Estrela de seis pontas	✡	Ressurreição	Causa estagnação, desespero e depressão
Cruz	✚	Conexão entre o humano e o divino e proteção espiritual	Acentua o ego ou causa desânimo extremo
Além disso, uma marca em forma de "X" representa a presença do mal ou da anticonsciência.			

ERVAS E A MEDICINA TRADICIONAL CHINESA

Muitos médicos chineses tradicionais são herboristas consumados. Na medicina tradicional chinesa, uma erva e seus usos são avaliados de várias maneiras: natureza, sabor, afinidade e ações primárias (e secundárias):

Natureza: Toda erva esfria ou esquenta; pode, além disso, relaxar, energizar, umedecer ou secar. Ervas refrescantes, como a menta e a hortelã, despertam o organismo e aliviam a congestão dos pulmões.

Sabor: Há cinco sabores: azedo, amargo, doce, picante e salgado. Ervas amargas, por exemplo, são secantes. Como as ervas refrescantes, são boas para a congestão pulmonar ou o resfriado.

Afinidade: Certas ervas trabalham melhor com certos sistemas de órgãos; essa é a afinidade da erva.

Ação primária: Como a erva afeta o organismo? Pode dissipar ou mover; purgar ou expelir; tonificar ou fortalecer; ou conter e atuar como adstringente. Muitas ervas têm efeito primário e também secundário.

A farmácia chinesa tem centenas de ervas que podem ser combinadas de milhares de maneiras. Algumas das que não podem faltar no armário do praticante são:

Astrágalo: Fortalece a imunidade.

Dong Quai (ou Tang Kuei): Melhora a circulação e produz sangue; equilibra o sistema endócrino feminino.

Fo Ti (Ho Shou Wu): Limpa o sangue, aumenta a energia, promove a potência sexual.

Alho: Para pressão alta e colesterol; antisséptico e antifúngico.

Gengibre: Aquece; estimula a digestão; diminui a náusea.

Ginseng: Restaura as energias sexual e digestiva.

Ginseng siberiano: Aumenta a energia e auxilia o sistema imunológico.

Chá verde: Melhora a saúde do coração, reduz o colesterol e tem efeitos anticancerígenos documentados.

HOMEOPATIA

A homeopatia é um sistema de medicina vibracional, ou seja, energética, desenvolvido pelo Dr. Samuel Hahnemann. Funciona pela "lei da semelhança": a ideia de que a mesma substância que produz sintomas em uma pessoa saudável pode curar esses mesmos sintomas em uma pessoa doente. Hahnemann criou um procedimento sistemático para testar as substâncias que produzem sistemas problemáticos em todos os níveis: físico, emocional, mental e espiritual. Depois, combinou esses sintomas com os de doenças, a fim de aprender qual substância prescrever para cada doença.

Hahnemann também fez experimentos com diluições desses remédios homeopáticos – palavra que significa "semelhante à patologia". Descobriu um processo chamado *potencialização* ou *dinamização*: quando misturava um remédio com água e o agitava da maneira adequada, sua eficácia aumentava. Acabou reduzindo tanto a solução que ela já não continha moléculas da substância original, mas, mesmo assim, continuava funcionando. Atualmente, centenas de soluções criadas a partir de minerais, vegetais e tecidos doentes foram estudadas e sua eficácia foi comprovada – e milhares foram comprovadas pelo menos de modo parcial.[40]

A homeopatia funciona por meio da *ressonância construtiva*, como explica o Dr. Richard Gerber no livro *Um Guia Prático de Medicina Vibracional*.[41] Gerber pinta o retrato de uma pessoa cujo corpo saudável geralmente vibra a 300 ciclos por segundo. Quando a pessoa está doente, o corpo pode passar a vibrar a 350 ciclos por segundo; a vibração mais alta estimula a produção de glóbulos brancos como resposta imunológica às bactérias. Como assinala Gerber, a febre ou sintoma resultante é, na realidade, uma resposta boa e não má. Ora, poderíamos introduzir no corpo uma energia que vibrasse somente a 300 ciclos por segundo, e o corpo a absorveria. Mas acaso essa vibração mais baixa fará o que precisa ser feito – estimular as defesas do corpo? Não. Precisamos impulsionar os mecanismos de cura do corpo com um remédio que vibre a 350 ciclos por segundo – e é isso que faz um remédio homeopático. Ele *se soma* ao sintoma e, assim, apoia o corpo na tarefa de responder ao *motivo* por trás do sintoma.

Há várias maneiras de potencializar uma solução. Um procedimento impressionante, baseado na radiônica, foi criado por Malcolm Rae. Um frasco de álcool, de água ou de uma mistura dos dois é colocado em um equipamento estático e potencializado por um processo radiônico por curto período. (A radiônica é semelhante à radiestesia, uso físico ou etérico da radiação para determinado fim. Veja "Radiônica: A Cura Pelo Campo", na p. 401.) Todas as soluções são carregadas por período de tempo igual mediante o uso de um disco de carregamento que contém, como códigos, vários círculos concêntricos e linhas radiais. O espaçamento entre essas linhas muda para servir de código para determinado remédio homeopático.[42] Os remédios homeopáticos também podem ser produzidos por certos procedimentos de varredura eletrodérmica; nesse caso, sua eficácia é avaliada pela cinesiologia,

Certas pessoas produzem os próprios remédios homeopáticos segurando um frasco de água e apenas rezando ou meditando "na" água. Quando é forte o bastante, essa intenção é capaz de alterar a estrutura cristalina das moléculas de água e resultar em um remédio homeopático. Provas científicas dessa abordagem foram publicadas no contexto das pesquisas que o Dr. Masaru Emoto fez com a água no Japão.[43]

PRESCRIÇÃO DE ACORDO COM A CONSTITUIÇÃO

Nesta abordagem, o profissional aprende a escolher os remédios homeopáticos de acordo com toda a história de vida do paciente. Um terapeuta especializado em meridianos pode considerar que uma das cinco constituições básicas descreve determinado cliente e usar essa informação como fator de influência de sua decisão de tratamento.

REMÉDIOS HOMEOPÁTICOS E TERAPIA DOS MERIDIANOS

Há várias terapias de meridianos que fazem uso de remédios homeopáticos. Descreveremos agora algumas delas.

Terapia neural dos meridianos

A terapia neural envolve a injeção de remédios homeopáticos nos pontos de acupuntura do corpo. Por meio desse processo, remédios são administrados no sistema nervoso autônomo, que governa as funções involuntárias do corpo. Os remédios se integram de modo fácil e suave no organismo por meio de sensores situados na pele, que transmitem as vibrações para órgãos e tecidos através dos nervos.

Profissionais qualificados muitas vezes misturam um anestésico leve na injeção, além de um ou mais ingredientes homeopáticos ou outros remédios naturais. Os pontos onde a injeção é administrada são acupontos situados sobre o meridiano desequilibrado.

Eletroacupuntura/varredura eletrodérmica

Cria-se uma solução baseada na reação de ressonância eletrônica do paciente ao remédio. Em outras palavras, a reação do paciente a um remédio é testada depois do diagnóstico. O potencial fato de cura é colocado no circuito elétrico, e o praticante verifica se sua vibração faz com que o meridiano passe do estado hipoativo ou hiperativo para o estado normal. Alguns aparelhos são capazes de "criar" o remédio homeopático com vibrações elétricas ou magnéticas que "programam" a água ou o álcool.

Cinesiologia

O praticante usa a "análise muscular" para determinar se um remédio homeopático corrige determinado desequilíbrio em um meridiano.

CINESIOLOGIA OU "ANÁLISE MUSCULAR"[44]

A cinesiologia é um processo de diagnóstico que se popularizou há algum tempo no contexto da quiropraxia e agora está fazendo incursões na terapia baseada nos meridianos.

O termo cinesiologia vem da palavra grega *kinesis*, que significa "movimento". A cinesiologia é o estudo dos músculos e do movimento do corpo e considerada uma forma de *biofeedback*. Por meio dela, o praticante se concentra em um tema e depois testa a força muscular de um cliente, geralmente usando seu braço. Dependendo do organismo, a fraqueza muscular indica um desequilíbrio relativo àquele tema, ao passo que a força indica equilíbrio. Se o praticante está pensando no açúcar, por exemplo, e o braço do paciente se abaixa com leve pressão, pode ser que o paciente tenha reações adversas ao açúcar. É por usar os músculos dessa maneira que a cinesiologia também é chamada de análise muscular.

A cinesiologia aplicada analisa os aspectos químicos, estrutural e mental do estado atual do corpo. Leva em conta as seguintes funções corpóreas fundamentais:

MANUAIS OU "COMPÊNDIOS" DE PRESCRIÇÃO

COM BASE no diagnóstico, o profissional treinado pode usar um dos dois manuais principais para determinar uma solução homeopática apropriada. São eles:

Matéria Médica: Este manual cataloga os sintomas que indicam o uso de diversos remédios homeopáticos. Também lista os órgãos associados a cada remédio. Usando esta fonte, um terapeuta dos meridianos pode procurar os sintomas e correlacionar remédios e órgãos. (Há várias versões da *Matéria Médica*; o próprio Samuel Hahnemann foi o autor da versão clássica.)

The Kent Repertory: Este manual delineia os sintomas dos sistemas orgânicos e lista os remédios homeopáticos que podem estar relacionados a esses órgãos. Como este manual o terapeuta dos meridianos pode procurar um órgão e escolher entre os remédios a ele relacionados.[45]

- Saúde do sistema nervoso
- Sistema neurolinfático
- Sistema neurovascular
- Fluido cerebrospinal
- Meridianos da acupuntura

A cinesiologia foi desenvolvida no início da década de 1960 pelo Dr. George Goodheart, quiroprático de Detroit. Chama-se então cinesiologia aplicada (CA). A CA era empregada originalmente para analisar as funções biomecânicas e neurológicas, entre elas a postura, o caminhar, as amplitudes de movimento e as respostas fisiológicas a estímulos físicos, químicos ou mentais. No decorrer dos anos, esses exames se ampliaram e passaram a incluir a avaliação de todo o sistema nervoso, bem como dos sistemas vascular e linfático, da nutrição, das funções dos fluidos e dos fatores ambientais. Goodheart acrescentou a terapia dos meridianos no final da década de 1960.

No sistema do Dr. Goodheart, a CA avalia o fluxo de energia nos meridianos. Os desequilíbrios podem ser corrigidos pelo uso de agulhas, lasers, estímulos elétricos, pequenos esparadrapos com bolinhas de metal ou pelo estímulo de certos pontos. Outra versão da cinesiologia, o Toque para a Saúde (TPS ou TFH, na sigla em inglês), integra a teoria da acupuntura com a abordagem cinesiológica ocidental. (A cinesiologia foi feita para servir como suplemento para o diagnóstico padrão, e não para substituí-lo.)

OS ÍMÃS E A TERAPIA DOS MERIDIANOS

À luz de pesquisas que revelam que os acupontos têm natureza elétrica, podemos entender a eficácia das eletroterapias. Mas e as terapias magnéticas?

Correntes elétricas produzem campos magnéticos. Podemos alterar uma carga ou corrente elétrica e afetar o magnetismo resultante – e vice-versa. O sistema dos meridianos produz campos magnéticos que podem ser medidos pelo dispositivo supercondutor de interferência quântica (SQUID) já mencionado.

O SQUID revela, por exemplo, um halo magnético ao redor da cabeça.[46] O campo ampliado pelo SQUID, ao que parece, delineia o Vaso Governador, que divide o couro cabeludo em duas partes simétricas. A área que reflete determinado acuponto (VG20) parece afundar na superfície do halo de modo a espelhar o sistema dos meridianos, mas não o mapeamento anatômico do corpo.[47] O trabalho com esses pontos, ou outros pontos correlatos, pode, em tese, afetar a condutividade elétrica de um meridiano ou do campo como um todo.

Sabemos que o magnetismo pode ter efeito curativo. Certos tecidos de crescimento rápido, sobretudo os tumores, são eletricamente negativos. Seu crescimento se torna consideravelmente mais lento ou chega a regredir com a aplicação de correntes de polo positivo.[48] Sabe-se que o magnetismo reduz a dor e a inflamação, melhora a circulação, estimula o sistema imunológico, auxilia o sono, acelera a cura e alivia os transtornos do sistema nervoso. O uso adequado dos ímãs ajuda o corpo a alinhar seu campo eletromagnético e a ligar-se corretamente ao campo da Terra.

Do ponto de vista físico, a dor é causada pela transmissão de sinais elétricos ao longo de um caminho de nervos. O sinal parte do local da lesão e viaja pelo sistema nervoso central até chegar ao cérebro. Os tecidos danificados emitem carga elétrica positiva, a qual despolariza as células nervosas e as desequilibra. Do ponto de vista bioenergético, as cargas elétricas são ativas e positivas, e as cargas magnéticas são consideradas negativas e receptivas. A qualidade receptiva dos ímãs equilibra os pontos de meridianos excessivamente estimulados, aliviando, assim, a dor, reduzindo o inchaço e acalmando o sistema nervoso.[49]

Há pouco tempo, o magnetismo foi acrescentado ao repertório de técnicas de cura para as terapias baseadas nos meridianos. Dispositivos terapêuticos magnéticos são licenciados em vários países, especialmente no Japão, pois alega-se que são eficazes para tratar doenças ósseas e musculares, enxaqueca e, sobretudo, problemas relacionados à dor.

Uma quantidade cada vez maior de pesquisas vem mostrando que o corpo reage com efeitos de analgesia quando um campo magnético é aplicado aos acupontos adequados. Em um estudo, um campo magnético de corrente direta de menos de 500 gauss produziu alívio local da dor, ao passo que um campo magnético brando (20 gauss) aplicado continuamente produzia efeitos ao longo de todo o meridiano.[50] Esse resultado foi reproduzido em vários estudo científicos e mencionado nos relatos informais de pacientes do mundo inteiro – sendo essa uma das razões pelas quais terapeutas que trabalham com os meridianos estão começando a usar ímãs para ajudá-los em práticas de cura.

Vários médicos respeitados usam magnetoterapia e acupuntura em sua prática, entre eles o Dr. William Pawluk, médico licenciado tanto nos Estados Unidos quanto no Canadá e professor-assistente na Escola de Medicina da Universidade Johns Hopkins. Gary Null, Ph.D., que conduziu extensas pesquisas sobre a magnetoterapia, recomenda o uso de ímãs em conjunto com outras modalidades de cura, como a acupressão, o toque terapêutico e a massagem de tecidos profundos.[51]

MASSAGEM

O campo da massagem compreende várias especialidades, numerosas demais para serem listadas e descritas nesta seção. Exploraremos aqui dois tipos.

SHIATSU

O shiatsu é uma terapia manual que usa as palmas das mãos, os polegares e os outros dedos para administrar a cura por meio da pressão, em um processo descrito pelo próprio nome da técnica: *shi* significa "dedo" e *atsu*, "pressão". O shiatsu enfoca partes particulares do corpo para corrigir os desequilíbrios corpóreos e promover a saúde. É também considerado um caminho viável para a cura de doenças específicas.

O shiatsu é semelhante à medicina tradicional chinesa (MTC) pelo fato de se concentrar em pontos específicos do corpo. Ao contrário da MTC, entretanto, os pontos mais estratégicos situam-se anatomicamente em locais funcionais e não em áreas relacionadas à energia. São chamados *pontos tsubo*, palavra que significa "ponto vital" ou "local importante". Muitos desses pontos, entretanto, são também pontos tradicionais dos meridianos.

Prática do shiatsu

O shiatsu, em geral, é executado com o paciente totalmente vestido e deitado, mas às vezes sentado. O profissional diagnostica e logo em seguida começa o tratamento com os polegares, acrescentando pressões da palma e de outras partes da mão. O shiatsu combina muitas técnicas, entre elas as de agitar, rotacionar, apertar, fazer gancho, vibrar, bater, puxar, elevar, beliscar, esfregar, entre outras. Em uma escola, o profissional pisa e caminha sobre as costas, as pernas e os pés do paciente. A sessão, em geral, se concentra nos pontos de shiatsu básicos e, em segundo lugar, nos pontos chamados keiketsu.

No geral, o shiatsu é baseado nos mesmos princípios anatômicos e fisiológicos que a quiropraxia e muitos tipos de massagem ocidental. Ao contrário dessas modalidades, entretanto, o shiatsu só usa as palmas das mãos e os dedos.

Na medicina tradicional oriental, que inclui a acupuntura e a fitoterapia, os profissionais primeiro fazem um diagnóstico e depois conduzem uma terapia. O praticante de shiatsu, entretanto, em vez de fazer o diagnóstico em separado, usa os polegares para reunir informações importantes sobre o paciente: sua condição geral e informações específicas sobre a pele, os músculos, os órgãos e a temperatura do corpo. Então, o praticante adapta de imediato sua massagem para executar o tratamento por meio dos pontos tsubo. A ideia é ajustar o biofuncionamento para evocar o poder de cura natural do corpo.

A base do shiatsu está em saber quais pontos tsubo empregar e em definir o tipo e a intensidade da pressão a ser exercida. Há muitos tipos de pressão, e cada um deles pode ser usado para identificar problemas e administrar a cura.

FIGURA 6.11
PONTOS BÁSICOS DE SHIATSU
Os pontos de shiatsu efetuam mudanças no corpo e não têm nome.

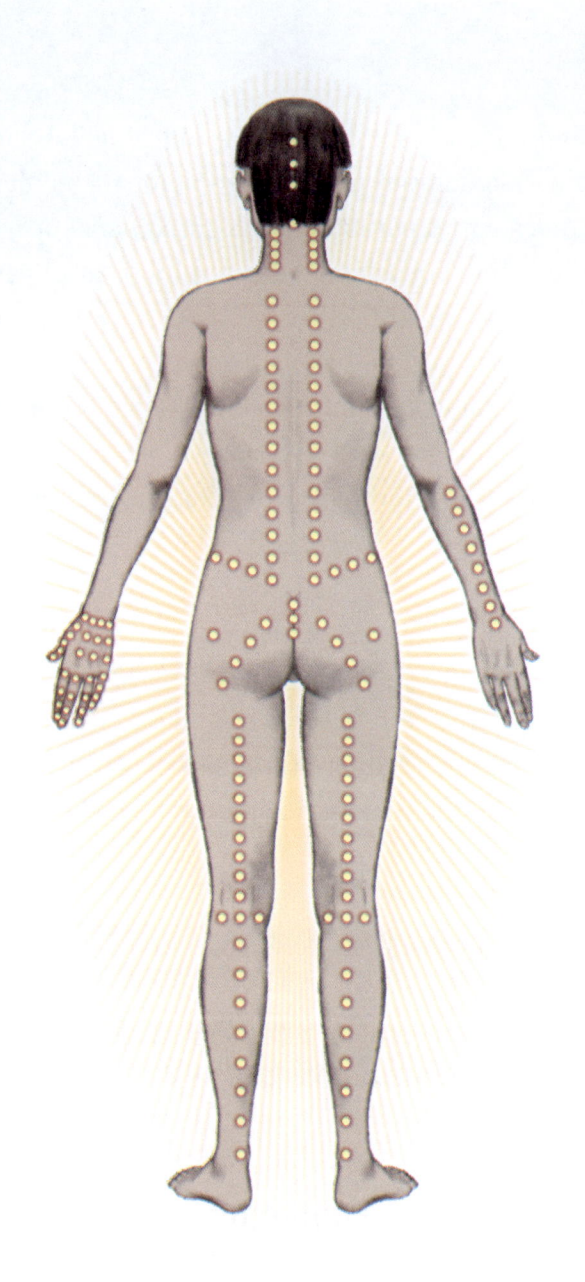

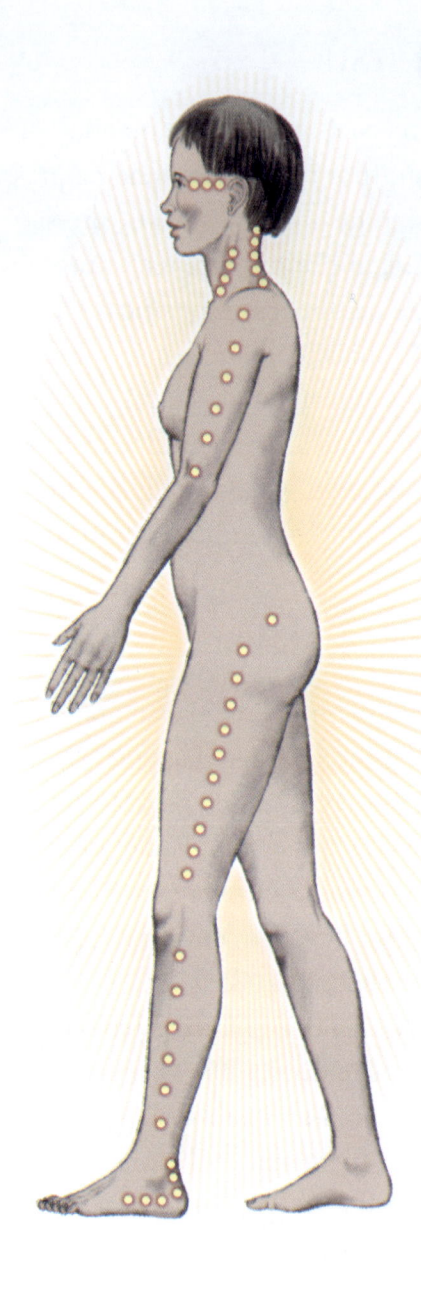

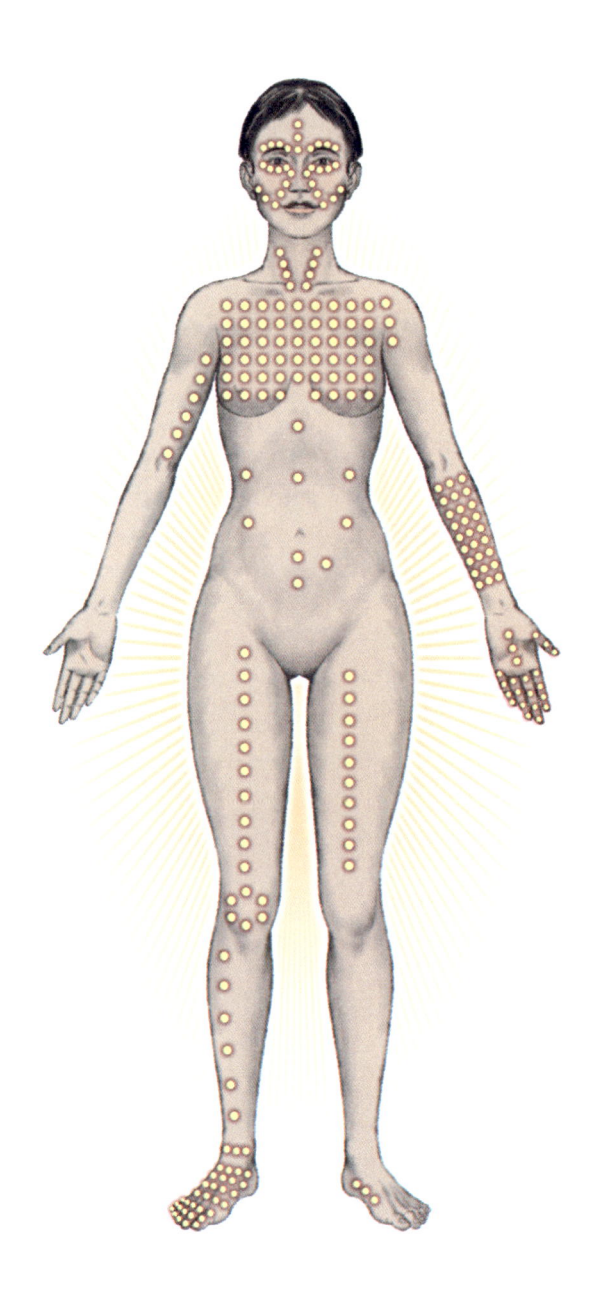

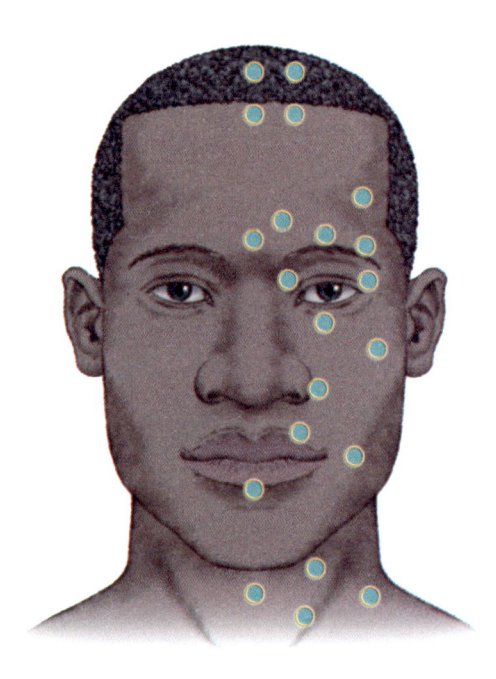

FIGURA 6.12
PONTOS KEIKETSU
Estes pontos se referem a problemas ou desequilíbrios específicos e têm relação com os pontos dos meridianos da medicina tradicional chinesa. Essa é uma amostra do sistema keiketsu de pontos de shiatsu (frente da cabeça e do pescoço) apresentada aqui como exemplo de todo o sistema.

Pontos de shiatsu

Há dois tipos de pontos tsubo, a saber:

Pontos de shiatsu básicos: São 660 pontos que cobrem o corpo inteiro. Eles não têm nome, e o profissional trabalha, com frequência, com muitos deles, ou com todos, para devolver o equilíbrio ao corpo.

Pontos keiketsu: Estes pontos também são chamados de pontos de reflexo patológico e estão relacionados aos reflexos cutâneo-viscerais dos nervos sensoriais. Os pontos keiketsu estão localizados nos mesmos locais dos pontos dos meridianos; têm, portanto, nomes derivados dos nomes de seus originais chineses. Esses pontos são trabalhados para resolver sintomas e problemas específicos. Alguns são idênticos aos pontos de shiatsu básicos.

Profissionais de shiatsu passam, em geral, 80% do tempo trabalhando os pontos básicos e 20% trabalhando os pontos keiketsu.[52] Além dos pontos tsubo, o profissional de shiatsu trabalha ainda com os *dermátomos*, subseções do corpo controladas por nervos específicos.

História do shiatsu

O shiatsu foi criado por um menino japonês chamado Tokujiro Namikoshi em 1912. Aos 7 anos, ele curou a mãe de reumatismo usando apenas a aplicação de pressão dos dedos e das palmas das mãos. À medida que crescia, foi descobrindo os 660 pontos básicos, os quais foi correlacionando com as partes e funções do corpo por meio de estudos de anatomia e fisiologia. Em 1957, o shiatsu foi aceito como modalidade de cura pelo departamento de medicina do Ministério do Bem-Estar Social do Japão.[53]

Há ainda várias versões do shiatsu que, em conjunto, são conhecidas como *derivações do shiatsu*. Um dos estilos mais populares é o shiatsu dos meridianos, que incorpora a terapia com os meridianos da medicina tradicional chinesa. O zen-shiatsu incorpora em sua prática as filosofias do zen. O shiatsu do tao envolve a concentração mental e súplicas ao Buda.

Essa discussão põe em evidência o trabalho de Kiyoshi Ikenaga, que enfoca os aspectos anatômicos e fisiológicos dos pontos tsubo.

Como o shiatsu funciona

O fundamento do shiatsu é a prevenção e a cura de doenças ou desequilíbrios mediante o estímulo do sistema imunológico e a ativação dos poderes de cura naturais do paciente. Os praticantes de shiatsu geralmente tratam o corpo inteiro. À medida que o "todo" se cura, os sistemas corporais independentes são restaurados. Profissionais de shiatsu conhecem os efeitos da estimulação dos pontos tsubo sobre sistemas físicos, como os sistemas circulatório ou nervoso.

Pelo fato de funcionar de modo sistêmico, o tratamento proporciona os seguintes benefícios:

- Revigora a pele
- Flexibiliza os músculos
- Faz circular os fluidos corporais
- Sincroniza ou coordena o sistema nervoso com outros sistemas do corpo
- Regula a operação das glândulas endócrinas
- Equilibra o sistema esquelético
- Acalma o sistema digestório[54]

Por que o shiatsu põe em evidência o polegar, que "lê" o corpo para diagnosticar e curar? O polegar é repleto de corpúsculos de Meissner (receptores de toque leve), corpúsculos de Pacini (receptores de pressão profunda), bulbos terminais de Krause e terminações de Ruffini (receptores de toques fortes), bem como de termorreceptores que detectam o calor e o frio. É um órgão altamente sensível e nele se localizam as terminações de certos meridianos (além de receptores cerebrais).[55]

As próprias mãos são instrumentos eficazes de diagnóstico e cura, pois as palmas contêm alta concentração de íons negativos, os quais fazem par com os íons positivos do corpo. O elemento de carga mais positiva existente no sangue é o cálcio. Os íons negativos das mãos do praticante aumentam o nível de cálcio no sangue, diminuindo o dos elementos que produzem doença.[56]

O shiatsu também é visto como meio eficaz de alívio da dor. Isso é explicado pela "teoria do portal para o controle da dor", que pode ser ilustrada da seguinte maneira:

1. Uma área do corpo é lesionada.
2. Mensagens sobre a lesão são transferidas por "fibras finas" para um "centro de dor" no sistema nervoso central. Esse centro de dor se situa nas vértebras dorsais e é alimentado por fibras nervosas finas e grossas. Ele serve como "portal" que conduz ao cérebro.
3. As fibras finas abrem o portal e avisam o cérebro da existência de uma lesão. Quando o cérebro toma ciência de que a lesão existe, produz dor.
4. As fibras grossas fecham o portal, para que o cérebro não "fique sabendo" da lesão – nem responda com mensagens que criam dor.
5. O shiatsu, quando executado com precisão, estimula as fibras grossas, fechando o portal e aliviando a dor.

O shiatsu também reduz a dor por meio de seis efeitos sobre as glândulas endócrinas, pois estimula a produção de endorfinas.

MASSAGEM TAILANDESA[57]

A massagem tailandesa é uma técnica antiga baseada em linhas de energia e também nos chakras. Os canais da massagem tailandesa são um pouco diferentes dos empregados pelos terapeutas de shiatsu e de medicina chinesa, embora a descrição de como funcionam, tanto energética quanto fisicamente, seja muito semelhante.

A maioria dos estudiosos da massagem tailandesa diz que existem dez linhas principais, chamadas *sen*, mas não há consenso quanto à localização destas. Há três grandes tipos de linha: linha principal, extensão e ramo. Podem-se compará-las da seguinte maneira aos nadis hindus e aos meridianos chineses:

Sen Sumana: Idêntica ao Sushumna nadi dos hindus; representa uma combinação dos canais Ren Mai e Du Mai da tradição chinesa.

Sen Ittha e Sen Pingkhala: São relacionadas aos nadis Ida e Pingala da tradição hindu e ao meridiano da Bexiga da tradição chinesa.

Sen Sarat e Sen Thawari: Combinam-se para formar o meridiano do Estômago da tradição chinesa.

As linhas sen são comparadas a rios de energia, e os chakras, a rodamoinhos nesses rios. Os sete chakras principais estão posicionados sobre a linha média, ou seja, a Sen Sumana, e vários chakras menores dispõem-se em diversos locais por todo o corpo.

A massagem tailandesa usa pontos de pressão não formalmente rotulados, mas relacionados às áreas que afetam e aos distúrbios que abordam.

ODONTOLOGIA DOS MERIDIANOS

Muitos dentistas e outros profissionais de saúde dentária estão expandindo seu campo de ação de modo a incluir nele a teoria dos meridianos. A figura 6.13 mostra o vínculo entre os dentes e vários meridianos.[58]

A odontologia dos meridianos, na maioria das vezes, se insere em um novo tipo de medicina que se chama *medicina biológica*. A medicina biológica tem uma visão holística do corpo humano. Em vez de reduzi-lo a sistemas separados, avalia a função de cada sistema por meio de exames de sangue, urina e saliva; exames da pele e dos dentes; exames de visão e audição; exames cardiovasculares; exames cinestésicos – e outros. O dentista biológico entende que existe um vínculo essencial entre a boca e os dentes, de um lado, e o restante do corpo, de outro, e que esse vínculo é feito pelo sistema dos meridianos. Médicos e dentistas convencionais, por sua vez, geralmente separam a odontologia de todo o restante da medicina.

Por meio do sistema dos meridianos, cada dente está ligado a um órgão ou sistema corporal. Assim, uma doença dentária pode contribuir com um transtorno orgânico. Por outro lado, um problema em outra parte do corpo pode criar problemas nos dentes.

FIGURA 6.13
ODONTOLOGIA DOS MERIDIANOS

6: Fígado, Vesícula Biliar
Raiva, ressentimento, frustração, culpar os outros, incapacidade de agir, manipulação

7 e 8: Rim, Bexiga
Medo, vergonha, culpa, enfraquecimento da vontade, timidez, impotência, exaustão profunda

9 e 10: Rim, Bexiga
Medo, vergonha, culpa, enfraquecimento da vontade, timidez, impotência, exaustão profunda

11: Fígado, Vesícula Biliar
Raiva, ressentimento, frustração, culpar os outros, incapacidade de agir, manipulação

4 e 5: Pulmões, Intestino Grosso
Sofrimento crônico, espírito excessivamente crítico, tristeza, obsessão de controle, sensação de estar preso, dogmatismo, compulsão, rigidez

12 e 13: Pulmões, Intestino Grosso
Sofrimento crônico, espírito excessivamente crítico, tristeza, obsessão de controle, sensação de estar preso, dogmatismo, compulsão, rigidez

2 e 3: Pâncreas, Estômago
Ansiedade, autopunição, perda de poder, ódio, baixa autoestima, obsessão

14 e 15: Estômago, Baço
Ansiedade, autopunição, perda de poder, ódio, baixa autoestima, obsessão

16: Coração, Intestino Delgado, Circulação/Sexo, Sistema Endócrino
Solidão, sofrimento agudo, humilhação, sensação de estar preso, inibição, falta de alegria, cobiça, sensação de não ser amado

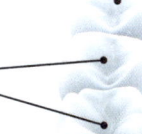

1: Coração, Intestino Delgado, Circulação/Sexo, Sistema Endócrino
Solidão, sofrimento agudo, humilhação, sensação de estar preso, inibição, falta de alegria, cobiça, sensação de não ser amado

32: Coração, Intestino Delgado, Circulação/Sexo, Sistema Endócrino
Solidão, sofrimento agudo, humilhação, sensação de estar preso, inibição, falta de alegria, cobiça, sensação de não ser amado

17: Coração, Intestino Delgado, Circulação/Sexo, Sistema Endócrino
Solidão, sofrimento agudo, humilhação, sensação de estar preso, inibição, falta de alegria, cobiça, sensação de não ser amado

30 e 31: Pulmões, Intestino Grosso
Sofrimento crônico, espírito excessivamente crítico, tristeza, obsessão de controle, sensação de estar preso, dogmatismo, compulsão, rigidez

18 e 19: Pulmões, Intestino Grosso
Sofrimento crônico, espírito excessivamente crítico, tristeza, obsessão de controle, sensação de estar preso, dogmatismo, compulsão, rigidez

28 e 29: Pâncreas, Estômago
Ansiedade, autopunição, perda de poder, ódio, baixa autoestima, obsessão

20 e 21: Estômago, Baço
Ansiedade, autopunição, perda de poder, ódio, baixa autoestima, obsessão

27: Fígado, Vesícula Biliar
Raiva, ressentimento, frustração, culpar os outros, incapacidade de agir, manipulação

22: Fígado, Vesícula Biliar
Raiva, ressentimento, frustração, culpar os outros, incapacidade de agir, manipulação

25 e 26: Rim, Bexiga
Medo, vergonha, culpa, enfraquecimento da vontade, timidez, impotência, exaustão profunda

23 e 24: Rim, Bexiga
Medo, vergonha, culpa, enfraquecimento da vontade, timidez, impotência, exaustão profunda

FIGURA 6.14

SISTEMA DE ENERGIA TAILANDÊS

Estas são as dez grandes linhas *sen* usadas na massagem tailandesa, de acordo com o sistema desenvolvido pelos autores de *The Art of Traditional Thai Massage Energy Line Charts*. A ilustração mostra as linhas principais e os chakras e faz uma breve listagem de alguns males relacionados a cada linha.

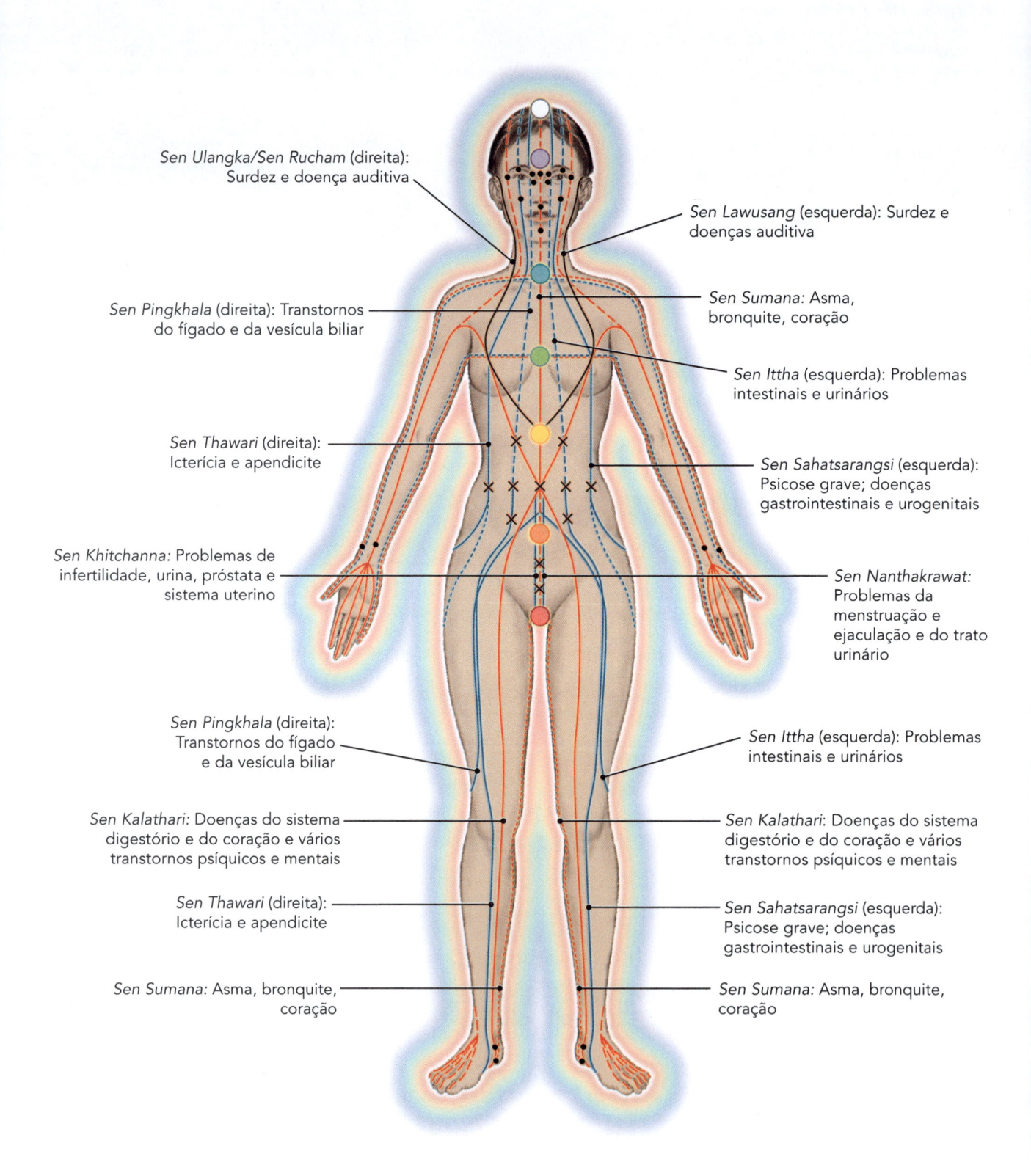

Sen Ulangka/Sen Rucham (direita): Surdez e doença auditiva

Sen Lawusang (esquerda): Surdez e doenças auditiva

Sen Pingkhala (direita): Transtornos do fígado e da vesícula biliar

Sen Sumana: Asma, bronquite, coração

Sen Ittha (esquerda): Problemas intestinais e urinários

Sen Thawari (direita): Icterícia e apendicite

Sen Sahatsarangsi (esquerda): Psicose grave; doenças gastrointestinais e urogenitais

Sen Khitchanna: Problemas de infertilidade, urina, próstata e sistema uterino

Sen Nanthakrawat: Problemas da menstruação e ejaculação e do trato urinário

Sen Pingkhala (direita): Transtornos do fígado e da vesícula biliar

Sen Ittha (esquerda): Problemas intestinais e urinários

Sen Kalathari: Doenças do sistema digestório e do coração e vários transtornos psíquicos e mentais

Sen Kalathari: Doenças do sistema digestório e do coração e vários transtornos psíquicos e mentais

Sen Thawari (direita): Icterícia e apendicite

Sen Sahatsarangsi (esquerda): Psicose grave; doenças gastrointestinais e urogenitais

Sen Sumana: Asma, bronquite, coração

Sen Sumana: Asma, bronquite, coração

PARTE VI: PRÁTICAS ENERGÉTICAS 393

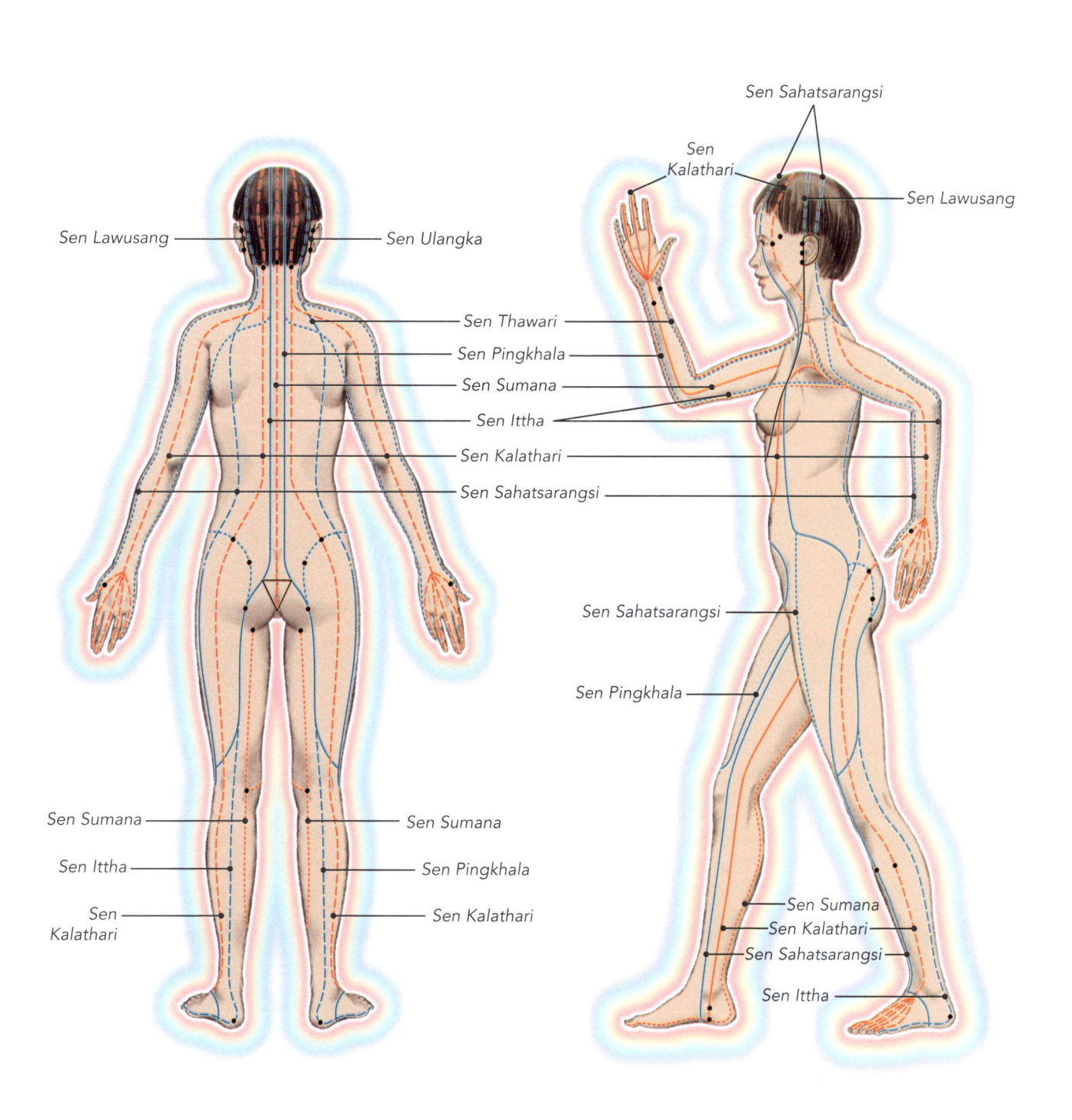

FIGURA 6.15
MUDRAS BUDISTAS

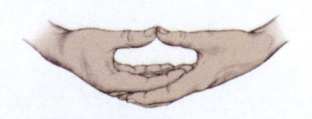

Dhyani mudra (gesto de meditação)

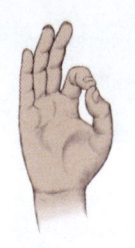

Vitarka mudra (gesto de ensino)

Dharmachakra mudra (gesto de girar a roda da doutrina)

Bhumisparsha mudra (gesto de tocar a terra)

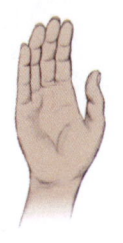

Abhaya mudra (gesto de destemor e proteção)

A maioria dos dentistas biológicos recomenda que se removam os amálgamas de mercúrio em razão dos efeitos negativos que esse metal tem sobre o corpo. O mercúrio é um veneno que pode causar fadiga crônica, depressão, dor nas articulações e outros problemas. Os tratamentos de canal também são suspeitos, pois podem ocultar uma infecção de baixa intensidade que enfraquece os órgãos dos meridianos correspondentes. Das muitas pacientes de câncer de mama tratadas pelo praticante biológico Dr. Thomas Rau na Clínica Paracelso, na Suíça, quase todas fizeram tratamento de canal em um molar ou pré-molar. Esses dentes se situam no mesmo meridiano que as mamas. Não se acredita que o câncer se origina nos dentes, mas, sim, que micróbios que causam câncer migram das mamas para se esconder nos dentes e infectam constantemente a mulher.[59]

Praticantes biológicos podem participar de um programa geral de saúde ou prescrever de forma independente suplementos orais, remédios homeopáticos e outros tratamentos, com base em uma avaliação dos meridianos.

MUDRAS: SÍMBOLOS DE ENERGIA

Culturas do mundo inteiro atribuíram significados aos movimentos. Os *mudras* são um dos movimentos mais usados na espiritualidade hindu para transferir energia.

Um *mudra* é um gesto de mão esotérico que ativa poderes ou energias específicas. O nome em sânscrito significa "selo", e esses gestos simbólicos são elementos essenciais da adoração ritual, da dança e do yoga em muitos países e culturas. Receberam diferentes significados nas diversas culturas ou práticas. Para alguns praticantes, os mudras são fórmulas mágicas que invocam poderes como o destemor, a capacidade de ensinar, a proteção e a cura. Para outros, fazem vínculos com divindades específicas ou com a divindade compreendida de maneira geral. Outros ainda usam os mudras para ativar determinadas capacidades psíquicas ou os canais do chi ou do prana que ligam o corpo à mente.

Os mudras sempre envolvem movimentos específicos das mãos e dos dedos, embora algumas expressões envolvam também os braços e os ombros. Cada padrão representa uma energia diferente e costuma ser usado com um mantra (invocação), asanas (posturas corporais), liturgias ou visualizações.

GESTOS DOS MUDRAS

Há mais de quinhentos mudras com diferentes significados nas diversas culturas. No entanto, todos eles se baseiam em quatro posições básicas das mãos: a palma aberta, a palma côncava, o punho fechado e as pontas dos dedos unidas.

MUDRAS BUDISTAS

No sistema budista, a maioria das posturas invoca certa força ou estimula um atributo espiritual. À esquerda, nas p. 394 e 396, há dez importantes mudras budistas.[61]

AS CINCO FAMÍLIAS DE BUDAS

AS "CINCO FAMÍLIAS DE BUDAS" são um caminho budista de trabalho com a mente que pode ser aplicado à cura.[60] Este antigo entendimento budista das energias universais se tornou significativo na psicologia moderna com o trabalho de Chögyam Trungpa Rinpoche na década de 1970. Refere-se a cinco tipos de categorização da personalidade e da natureza espiritual. Cada uma das cinco famílias pode ser explicada de acordo com diversos aspectos, os quais podem ser postos em ação de maneira positiva ou negativa. O conhecimento da própria constituição faculta à pessoa o entendimento de um estilo de iluminação e, ao mesmo tempo, de um estilo de neurose. Esse conhecimento também dá esclarecimentos úteis sobre maneiras de meditar, de se relacionar socialmente, de se melhorar do ponto de vista psicológico e de avaliar os cuidados de saúde apropriados.

A chave para avaliar os outros e a si mesmo é a adoção de uma atitude de *maitri*, ou seja, amizade incondicional. Isso permite uma análise produtiva do comportamento, do intelecto e do temperamento.

Em geral, as cinco famílias são representadas na mandala dos *tathagatas*, ou seja, dos budas. Cada uma delas representa um aspecto diferente da iluminação, mas também uma neurose, um buda, uma localização na mandala, um elemento, uma estação e uma cor, como mostra a tabela.

FIGURA 6.16
AS CINCO FAMÍLIAS DE BUDAS

Família	Atributo	Neurose	Buda	Localização	Elemento	Estação	Cor
Vajra	Sabedoria semelhante a um espelho; clareza	Agressividade	Akshobya	Leste	Água	Inverno	Azul
Ratna	Equanimidade; riqueza	Orgulho	Ratnasambhava	Sul	Terra	Outono	Amarelo
Padma	Consciência discriminativa; paixão	Apego apaixonado	Amitabha	Oeste	Fogo	Primavera	Vermelho
Karma	Relização; atividade	Inveja	Amogasiddhi	Norte	Vento	Verão	Verde
Buda	Espaço que tudo abarca; amplidão	Ignorância da existência cíclica	Vairochana	Centro	Espaço	Nenhuma	Branco

FIGURA 6.15

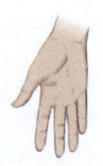

Varada mudra (gesto de atender aos desejos)

Uttarabodhi mudra (gesto da suprema iluminação)

Mudra da suprema sabedoria

Anjali mudra (gesto de boas-vindas e veneração)

Vajrapradama mudra (gesto da confiança inabalável)[63]

SISTEMA TIBETANO DE MUDRAS: OS CINCO DEDOS

Em certas escolas tibetanas, cada um dos cinco dedos representa um dos cinco elementos principais, e a própria mão é uma síntese dos cinco.[62] Cada mudra representa uma combinação única de elementos que estabelece as condições para a presença de determinada divindade.

OS MUDRAS E A TEORIA DO *SPIN*

A física talvez proporcione um caminho de entrada ou uma explicação para a eficácia dos mudras. A teoria do *spin* é associada à rotação de uma partícula ou corpo ao redor de um eixo. Na física quântica, esse *spin* é analisado como o momento angular de ondas-partículas, não apenas como a rotação de partículas. O *spin* das partículas mais minúsculas – aquelas subatômicas – pode ser representado na forma de figuras geométricas ou segmentos de reta que ligam um ponto a outro. Pode-se até imaginar que alguns desses pontos – os espaços penetrados por movimentos verticais, horizontais ou outros – estão ligados a campos de energia sutis ou até a outras dimensões.

Será possível que um praticante concentrado, um mestre dos mudras, seja capaz de criar conexões entre diferentes campos de energia, mundos e planos de existência? Se for, pode usar o mudra como um físico desenha segmentos de reta que interligam diferentes universos. Cada mudra forma uma figura diferente e, assim, acessa energias diferentes, com diferentes fins. O que esse uso intencional do *spin* pode fazer surgir ou desaparecer da existência?

NUMEROLOGIA: QUALIDADES DE HARMONIA

Povos antigos mais cultos acreditavam que os números são os princípios básicos do universo e fornecem a única explicação verdadeira para os enigmas da realidade. Hoje, muitos cientistas estão recorrendo ao funcionamento da matemática, da frequência, da geometria e de outras abordagens numéricas para explicar a cura, criar novas modalidades terapêuticas e resolver os enigmas da medicina.

Esse conceito faz parte de uma ciência esotérica e mística chamada *numerologia*, a qual estuda os números com base em suas aplicações práticas. Culturas de diferentes tempos e lugares reduziram a realidade a equações numéricas. Ainda hoje, os praticantes são capazes de elaborar fórmulas mágicas usando datas de nascimento, mapas astrológicos, as letras do nome e outras ideias para explicar a personalidade, as lições de vida, o propósito da alma, problemas e soluções de saúde e potenciais de relacionamento e casamento, bem como para prever acontecimentos futuros.

Os números eram a base do pensamento dos antigos sumérios, assim como constituíam modalidades de cura entre muitos grupos hindus, védicos, egípcios, tibetanos, maias, siberianos, chineses, judaico-cabalísticos, cristãos e interculturais. Certos cabalistas, por exemplo, analisaram os livros de Ezequiel, Enoque e o IV Livro de Esdras (apócrifo) para especular os sentidos ocultos dos números e das letras.[63] Nos textos sagrados hindus, os números são, muitas vezes, correlacionados a corpos celestes e às supostas características destes. O Ayurveda, sistema medicinal do leste da Índia, faz uso do número da pessoa – determinado, com frequência, por sua data de nascimento e por uma fórmula baseada no nome – para diagnosticar doenças e apresentar soluções, entre as quais se podem incluir o jejum ou a ingestão ou uso tópico de remédios vibracionais, como pedras em pó, os quais são usados para a cura eletroquímica. Os dias de jejum se baseiam quase sempre na numerologia, assim como a escolha das pedras.[64]

Pitágoras é considerado o pai da numerologia ocidental, muito embora tenha aprendido os mistérios de outras tradições antigas. (Veja o Capítulo 26: "Geometria Sagrada: Os Campos da Vida".) Ele acreditava que o universo é ordenado e se encontra em permanente evolução, estando sujeito a ciclos progressivos medidos pelos números de um a nove. Pitágoras fazia distinção entre os *valores* dos números e os *números em si*. O zero não era considerado número e, portanto, não tinha valor numerológico; inclusive, só foi introduzido no hemisfério ocidental há poucos séculos. No Oriente, entretanto, o zero, chamado às vezes de Sunya (*xúnia*) ou vazio, é conhecido desde "o alvorecer da civilização". Como tal, é a pedra fundamental do budismo.

A discussão do sentido dos números apresentada a seguir baseia-se nas filosofias egípcia, caldeia e pitagórica.[65]

FIGURA 6.17
OS CINCO DEDOS E OS ELEMENTOS TIBETANOS

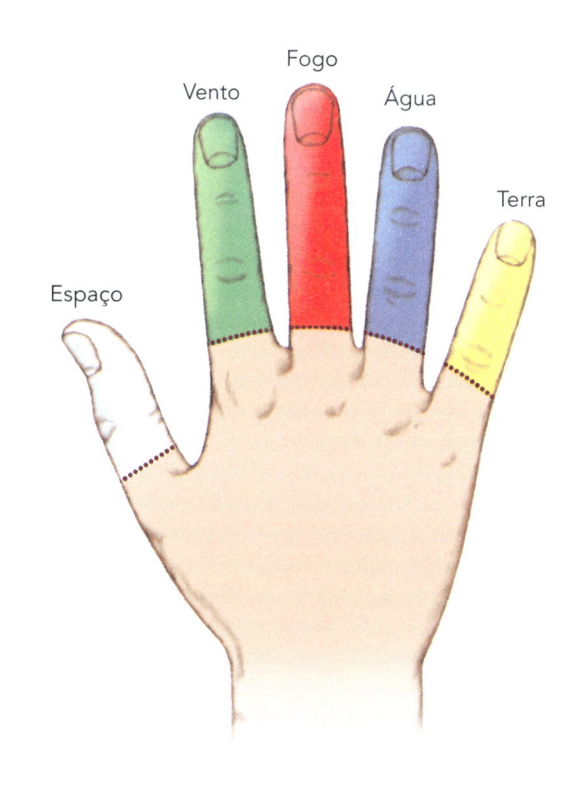

SÍMBOLOS NUMÉRICOS ÚTEIS E PREJUDICIAIS

Os números podem ser percebidos psiquicamente em várias partes do campo de energia e dos chakras. Quando a visão intuitiva revela que eles têm aparência íntegra ou normal, é provável que o campo ou o chakra esteja saudável. Quando sua forma ou figura está alterada, pode ser que o corpo de energia esteja com problemas. Então, o praticante muda de modo energético ou intuitivo a forma do número, reconduzindo-a à normalidade, a fim de efetuar a cura.

Alguns sistemas de cura relacionaram várias doenças ou problemas a números que podem efetuar a cura. Um processo chamado *Cura Energética e Bem-estar dos Números*, por exemplo, prescreve números específicos para diferentes problemas. A pessoa cria uma afirmação usando o número da cura e visualiza determinado símbolo para que essa cura se concretize.[66]

A tabela a seguir delineia as influência positivas dos números de um a doze, bem como os impactos negativos que se verificam quando esses números aparecem "alterados" em um campo ou chakra – ou seja, quebrados ou deformados, o que indica um problema.

FIGURA 6.18
SÍMBOLOS NUMÉRICOS ÚTEIS E PREJUDICIAIS

Número	Influências positivas	Influências negativas
1	Primórdios. Representa a Forma Suprema, o Criador.	Impede uma conclusão.
2	Pares e dualidade. Reflete o fato de tudo no universo ser feito de dualidades que são a mesma coisa.	Cria ligações doentias, perpetua nas vítimas o sentimento de impotência.
3	Número da criação, que está entre o começo e o fim e deles emana.	Causa o caos.
4	Fundamento e estabilidade. Número do equilíbrio completo.	Aprisiona ou causa loucura.
5	Estabelecimento de uma direção. Espaço para tomar decisões. Representa a figura humana e a capacidade de tomar o rumo que se queira.	Cria trapaça e ilusão.
6	Escolhas. Presença da luz e da escuridão, do bem e do mal, e os dons de amor oferecidos de livre vontade.	Causa confusão e desordem, convencendo a vítima a escolher o mal; número da mentira.
7	Princípios espirituais. Divindade. Número do amor e da ação que produz graça. Número-chave da terceira dimensão.	Cria dúvidas sobre a própria existência do Criador.
8	Infinitude. Padrões recorrentes, karma. Reciclagem de padrões. Conhecimento.	Sufoca o aprendizado e recicla padrões prejudiciais.
9	Mudança. Eliminação do que já foi. Fim dos ciclos do oito. É o maior número de um só algarismo e pode apagar o mal.	Instila o terror e o medo da mudança; mantém as vítimas presas aos padrões de sua vida.
10	Nova vida. Liberação do velho e aceitação do novo. Número da matéria física. Pode ajudar a criar o celeste na terra.	Impede os recomeços.
11	Aceitação do que foi e será. Liberação da mitologia pessoal. Abertura a poderes divinos.	Oblitera a autoestima e busca convencer as vítimas a sacrificar sua humanidade.
12	Domínio do drama humano. O mistério do humano como divino.	Desconfia do perdão e lança dúvidas sobre a bondade.

TERAPIA DA POLARIDADE[67]

A terapia da polaridade é um processo terapêutico que envolve toque e equilibra o fluxo de energia no corpo humano. Baseada na suposição de que os campos e as correntes de energia existem dentro do eu e da natureza, reúne princípios e métodos para a liberação de bloqueios energéticos.

Terapeutas da polaridade acreditam que os bloqueios se manifestam primeiro no domínio sutil e só depois na realidade física. A liberação desses bloqueios devolve a pessoa ao estado natural. Essa cura se realiza por meio do trabalho com o campo de energia humano e padrões eletromagnéticos mentais, emocionais e físicos.

A terapia da polaridade reconhece três tipos de campos de energia no corpo humano:

- Correntes de linha longa, que correm de norte a sul.
- Correntes transversais, que correm de leste a oeste.
- Correntes em espiral, que emanam do umbigo e se expandem.

Como a tradição ayurvédica, esse sistema também trabalha com cinco chakras e três princípios principais de cura. Recorre, ainda, aos modelos chineses tradicionais de expansão/contração ou yin/yang.

QIGONG: MOVIMENTO COM OS MERIDIANOS

O qigong, cujo nome também se translitera chi kung, qi gong, chi gung ou quigong, acessa as energias sutis do corpo em prol do bem-estar físico, emocional e mental. *Chi* significa "energia vital" e *gong*, "benefícios decorrentes do esforço persistente". Esses dois termos se aplicam muito bem à prática e à arte do qigong, que efetuam mudanças por meio de uma série de exercícios que movimentam o chi pelo corpo. Embora o qigong tenha natureza física, seu foco é, muitas vezes, mental: os exercícios ajudam a mente a vencer os bloqueios e a estagnação do corpo.

Já se demonstrou que o qigong tem influência positiva sobre a atividade do sistema nervoso e reduz o nível dos hormônios do estresse. Um estudo sueco mostrou que o qigong ajuda mulheres na casa dos 40 anos, que exercem funções complexas relacionadas ao uso de computadores, a diminuir a pulsação cardíaca e a pressão sanguínea durante o dia.[68] Um estudo feito na Universidade Politécnica de Hong Kong revelou que o qigong pode ser mais eficaz que o uso de medicamentos para aliviar a depressão. Os participantes relataram queda de 70% nos sintomas da depressão depois de dois meses de prática. Já se demonstrou também que o qigong melhora a imunidade e o sono profundo e alivia dores de cabeça.[69]

Outro estudo fascinante foi relatado no *American Journal of Chinese Medicine* de 1991. Usando detectores de infravermelho, pesquisadores mediram a radiação infravermelha emitida pelas palmas das mãos de praticantes avançados de qigong. Concluíram que pelo menos parte da energia emitida – o chi – encontrava-se na faixa infravermelha do espectro eletromagnético. Também foram detectadas mudanças mensuráveis e positivas nos fibroblastos humanos (células do tecido conjuntivo) em reação a essa energia. A energia emanada aumentava a síntese de proteínas e do DNA, além do crescimento celular em todas as células humanas.[70]

Essa energia foi medida de modo mais específico em um estudo conduzido pelo Dr. Akira Seto, que descobriu um campo magnético extremamente grande (1 milésimo de gauss) emanado das mãos de três indivíduos que emitiam chi. Trata-se de um campo mil vezes mais forte que o biomagnético, que ocorre naturalmente no ser humano (1 milionésimo de gauss). O chi emitido criava mudanças significativas no infrassom, no eletromagnetismo, na eletricidade estática, na radiação infravermelha, nos raios gama, no fluxo de ondas e partículas, no fluxo de íons orgânicos e na luz.[71]

O qigong surgiu há cerca de quatro mil anos na China. É atualmente um fenômeno nacional chinês: pelo menos 60 milhões de pessoas praticam essa arte somente nesse país.[72] É praticado também pelo mundo afora e faz uso dos meridianos, dos chakras e dos campos áuricos. Baseia-se, ainda, em muitos elementos da medicina tradicional chinesa. Alguns praticantes, por exemplo, seguem o ciclo do chi em suas recomendações de exercícios cotidianos. O qigong é semelhante ao tai chi e ao yoga, mas o primeiro envolve principalmente a identificação do chi dentro do próprio corpo do praticante e o segundo se concentra nas posturas. Já o qigong envolve a geração mental e o direcionamento do chi por meio de movimentos que, muitas vezes, imitam os movimentos naturais dos animais, como o pelicano, o veado ou o macaco. Esses exercícios são acompanhados por técnicas de respiração.

Há dois tipos básicos de qigong:

Wai Dan (também chamado Wei Dan): É considerado yang ou masculino, pois envolve a prática de exercícios físicos para gerar chi yang. Os iniciantes costumam começar com o wai dan, uma vez que ele estimula rapidamente o fluxo do chi. Há dois tipos de práticas do wai dan:

- O wai dan imóvel (também chamado Zhan Zhuang) enfoca a melhora da saúde física. Envolve a manutenção de certas posturas acompanhada do relaxamento dos músculos.
- O wai dan móvel envolve o tensionamento e relaxamento de diferentes grupos musculares enquanto se muda de posição.

Nei Dan: É mais yin, pois usa exercícios mentais para criar chi yin. Os praticantes, muitas vezes, combinam a concentração mental e a atividade, a imaginação e técnicas de respiração para fazer o chi circular pelos canais e órgãos do corpo.

Há vários estilos de qigong. Alguns empregam práticas taoistas ou budistas para produzir efeitos espirituais, ao passo que outros são estritamente físicos. De maneira geral, os estilos básicos são:

Qigong mental: Envolve a administração e o direcionamento da mente para reduzir o estresse. Uma vez que se estima que 80% de todas as doenças sejam relacionadas ao estresse, o controle da mente decerto pode fazer diferença na saúde física.[73] O qigong mental exige a regulação da mente e da emoção e ajuda os praticantes a adquirir controle maior da mente e dos sentimentos.

Qigong medicinal: Usado para autocura e para curar os outros, o qigong medicinal tem sido empregado com êxito para tratar artrite, asma, ansiedade, dor no pescoço, depressão puerperal, estresse, problemas intestinais e outras doenças.[74]

Qigong marcial: O foco da concentração é aprender a lutar e a se defender.

Qigong espiritual: Visa controlar as emoções e elevar a espiritualidade. Tem sido favorecido por monges taoistas da China há séculos; eles também o usam para desenvolver poderes psíquicos.

RADIÔNICA: CURA PELO CAMPO

A radiônica é um método de assistência ao diagnóstico que reage ao campo de energia fora do corpo. Como prática de cura, funda-se com convicção na crença de que todos os organismos vivos têm os próprios campos eletromagnéticos e estão banhado no campo da terra. Além disso, cada órgão, doença e remédio oscila com vibrações específicas, que podem ser aferidas como valores numéricos. Esses valores são expressos como "taxas" ou padrões geométricos. Reconhecendo esses valores – em um processo muitas vezes intuitivo –, o praticante é capaz de avaliar o problema e criar um remédio, que pode ser enviado a distância na forma de vibração.

Arthur Abrams desenvolveu a radiônica no início do século XX. Descobriu que o sistema nervoso humano, sob certas condições, reage ao campo de energia de algo fora do corpo. Observando essas reações no corpo, ele não apenas diagnosticava doenças como também usava sua técnica para indicar tratamentos.[75]

A ciência, agora, está dando a entender que todos nós somos interligados por meio das dimensões superiores do universo. A maioria dos cientistas sugere a existência de dez dimensões – o mesmo número ensinado na cabala. O tratamento da radiônica funciona em todas as dimensões, afirmando que a mudança ocorre primeiro de modo interdimensional e somente depois no corpo físico. A cura só pode ocorrer quando a pessoa se restabelece em todas as dimensões, não apenas em uma.[76]

Praticantes da radiônica usam instrumentos como o pêndulo ou uma vara em L para amplificar os sinais do corpo, em uma forma de radiestesia. Muitos instrumentos e procedimentos da radiônica são bastante complexos e revelam muitos detalhes sobre o paciente.

Em regra, o exame radiônico envolve a avaliação do caráter espiritual do paciente, sua personalidade, sua constituição hereditária, as influências ambientais e os sintomas físicos.

RADIESTESIA

A radiestesia é o uso de um pêndulo, de uma forquilha ou de outros instrumentos para detectar e avaliar campos eletromagnéticos no corpo ou na terra. A técnica envolve a percepção sensorial de mudanças no instrumento usado e no próprio eu intuitivo da pessoa, a fim de obter informações, receber respostas a perguntas, diagnosticar problemas de saúde na própria pessoa ou em terceiros e descobrir o que há debaixo da terra – achar mananciais de água ou determinar as causas de estresse geopático. A radiestesia também é usada para determinar a extensão do campo de uma pessoa.

O uso da radiestesia remonta ao passado remoto: sabe-se que Cleópatra, por exemplo, usava radiestesistas para obter informações. Alguns especialistas situam a origem da técnica sete mil anos atrás.

A crença fundamental por trás da radiestesia é que tudo emite energia ou radiação. O pêndulo atua como meio de ligação entre o radiestesista e uma fonte de energia, como a terra, ou entre ele e o inconsciente de outra pessoa. O pêndulo ou a vara recebem as informações do campo emitido por outra pessoa ou lugar, informações essas que o radiestesista, então, interpreta.

Além do pêndulo, os radiestesistas também usam varas em forma de Y feitas de madeira de aveleira, faia, amieiro ou cobre. Um dos aspectos interessantes da preparação de um instrumento de radiestesia para uso é que o praticante usa instruções verbais para dizer ao instrumento qual direção indica um "sim" e qual indica um "não".

REFLEXOLOGIA E ACUPUNTURA: TRABALHANDO COM O CORPO POR MEIO DE SUAS PARTES

A reflexologia é um antigo método de cura comprovado por estudos clínicos. Envolve o uso de acupuntura, acupressão, cromopuntura ou eletroacupuntura, entre outros métodos, em pontos e zonas específicas dos pés, das mãos, do couro cabeludo ou dos ouvidos, a fim de influenciar os órgãos, as glândulas e os sistemas do corpo; envolve também o diagnóstico e o tratamento dos dentes.

A reflexologia nasceu das culturas antigas da China, do Japão, da Rússia, da Índia Oriental e do Egito e se baseia na ideia de que zonas de energia percorrem todo o corpo e podem ser acessadas com mais facilidade por meio dos pés, das mãos e do couro cabeludo.[77] Em 1917, o Dr. William Fitzgerald, médico, dividiu o corpo em dez zonas longitudinais que vão da cabeça aos pés. Elas são a base da reflexologia zonal. Além disso, teorizou a existência de três zonas cruzadas latitudinais.

O trabalho com a pele está presente nas primeiras pesquisas do neurologista inglês, Sir Henry Head, que viveu no início do século XX. Ele delineou zonas da pele (ou zonas da cabeça) que representam órgãos específicos. Uma doença baseada em um órgão pode fazer com que a zona de pele a ela associada se torne mais sensível ou dolorosa. Trabalhando no local da pele, pode-se aliviar a doença.

A pele é repleta de vasos sanguíneos e nervos, que se ligam aos músculos e órgãos e a todas as partes do corpo. Se você trabalhar na área correta do corpo, pode afetar as áreas a ela relacionadas.

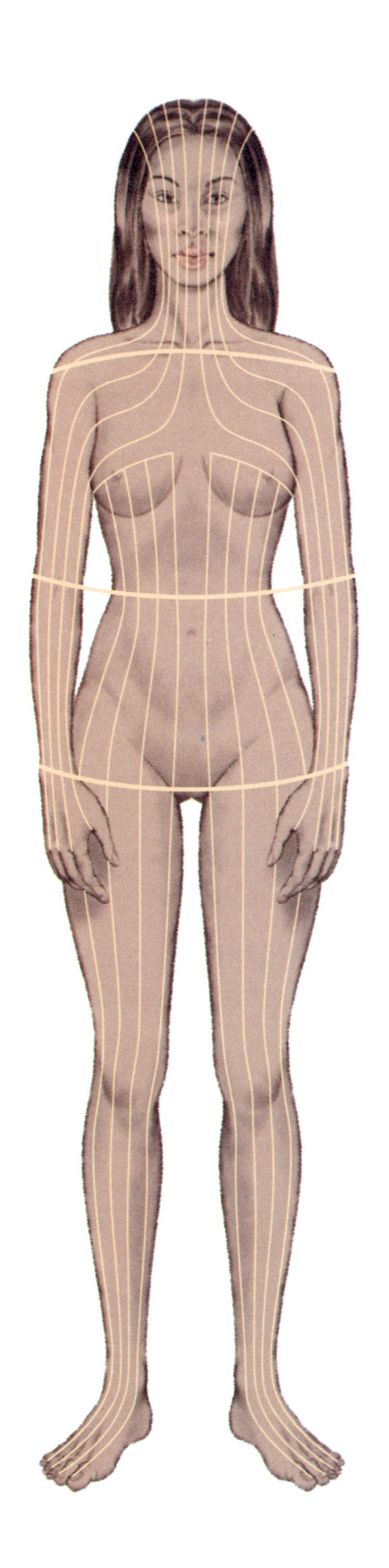

FIGURA 6.19
ZONAS CRUZADAS LATITUDINAIS
Reflexologia é um método de cura baseado na ideia de que as zonas de energia circulam através do corpo. Esta é a representação das principais zonas.

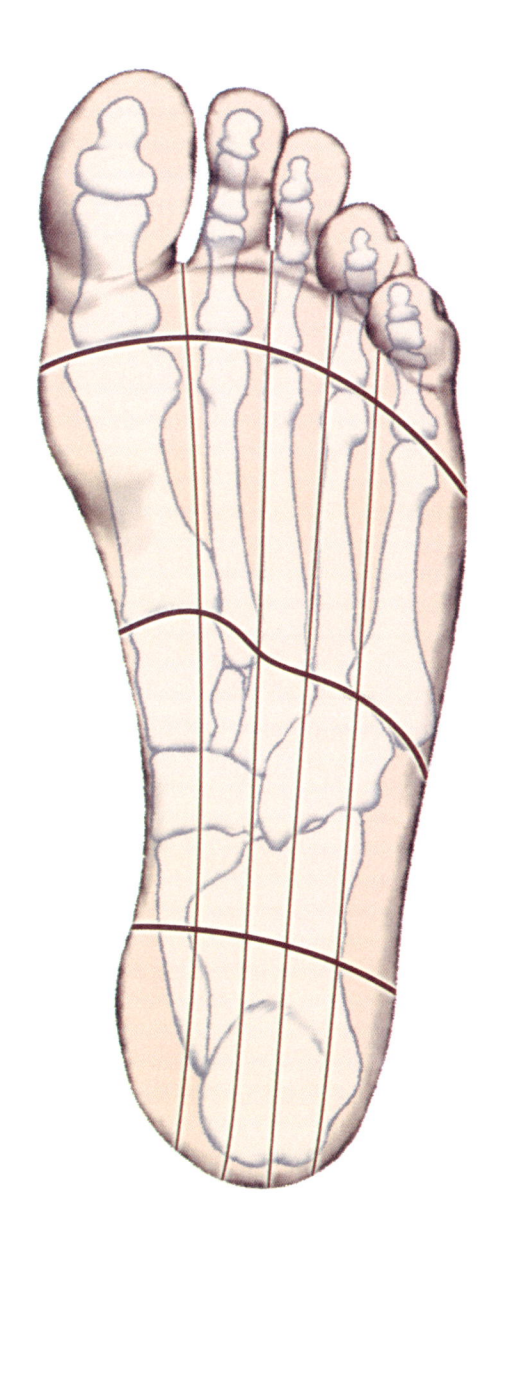

Reflexologia e acupuntura dos pés

Na década de 1930, uma fisioterapeuta chamada Eunice Ingham concluiu que os pés são os pontos de acesso mais sensíveis aos meridianos. Seu "sistema de gênese" é o mais aceito e usado no mundo inteiro, com apenas pequenas alterações.[78]

Reflexologia e acupuntura das mãos

Nossas mãos são ferramentas especiais que nos dão a capacidade de agarrar, trabalhar e manipular objetos. São também órgãos altamente sensíveis, com milhares de capilares e terminações nervosas que nos permitem sentir e tocar nosso mundo.

A reflexologia das mãos envolve o trabalho com as zonas das mãos e a análise das condições básicas das mãos. Mãos bem cuidadas indicam boa capacidade de cuidar de si. Mãos ásperas e calejadas revelam alguém que trabalha duro. Unhas roídas evidenciam nervosismo. De certo modo, o reflexologista das mãos é um "terapeuta manual".[79]

Reflexologia e acupuntura da cabeça

A reflexologia da cabeça evoluiu da acupuntura do couro cabeludo e é considerada um meio eficaz para o tratamento da dor e de transtornos funcionais, especialmente os relacionados ao estresse ou que envolvem distúrbios do sistema nervoso.[80] A reflexologia da cabeça pode envolver o uso de agulhas e massagem.

O Dr. Toshikatsu Yamamoto, que estudou medicina no Japão, na Alemanha e nos Estados Unidos, desenvolveu a versão mais conhecida atualmente da acupuntura no couro cabeludo, que é a base das massagens na cabeça. Descobriu sistematicamente os pontos de energia do couro cabeludo e constatou que formam um microssistema – uma espécie de corpo independente. Yamamoto deu nomes alfabéticos às zonas da cabeça. A figura 6.24 ilustra as diferentes zonas.

TERAPIA AURICULAR COM LUZ

OS RUSSOS FORAM os primeiros a fazer experimentos com o uso de *lasers* em pontos de acupuntura nas orelhas. Afirmavam a existência de uma correlação entre os pontos dos lóbulos da orelha e os órgãos do corpo e descobriram como avaliar os processos metabólicos dos órgãos medindo a resistência elétrica nesses pontos.[81] Mediam, sobretudo, a resposta galvânica da pele, ou seja, sua resistência elétrica. Um leitura abaixo do normal em um ponto da orelha seria indício de um problema no meridiano correlato. Depois de vários minutos de estimulação do ponto com um diodo emissor de luz (LED), a leitura de resistência da pele voltava ao nível normal.

Reflexologia e acupuntura auricular

A massagem e a acupuntura das orelhas são um modo essencial de tratamento em vários consultórios do Oriente e, hoje, também do Ocidente. O processo foi discutido no texto clássico *Huang Di Nei Jing* e era usado pelos seguidores do médico grego Hipócrates por volta de 400 a.C. Os chineses identificaram vinte pontos terapêuticos nas orelhas durante a dinastia Tang, entre 618 e 907 d.C.

Nosso sistema moderno é de autoria do médico francês Paul Nogier, que, na década de 1950, observou pequenas zonas de queimaduras nas orelhas de pacientes que haviam consultado um curandeiro popular para se curar de dores nas costas, um dos males mais comumente tratados pela terapia auricular. Nogier fez experimentos até conseguir montar um mapa relfexológico das orelhas, comparando-as a dois embriões de cabeça para baixo. Seu sistema se tornou o mais aceito na época moderna. É usado com frequência no tratamento de dores crônicas, dislexia e diversos tipos de dependência.[82]

REIKI: CANALIZANDO A ENERGIA VITAL UNIVERSAL[83]

Reiki é uma prática energética que envolve a canalização e a transmissão da energia vital universal, energia animada que se encontra em toda parte dentro de nós e ao nosso redor. O termo *reiki* significa, literalmente, "energia vital orientada pelo espírito".

O Reiki tem muitas formas e fundadores. Um de seus principais originadores foi o Dr. Mikao Usui, que desenvolveu a prática no início do século XX, no Japão. Os outros grandes líderes foram o Dr. Hayashi e a Sra. Hawayo Takata. Atualmente, a formação em Reiki envolve três ou quatro estágios de ensinamento. Mestres de Reiki autorizados vêm sendo empregados como terapeutas energéticos em hospitais e clínicas no Ocidente.

O sistema Reiki faz uso do conhecimento dos chakras e de símbolos específicos. O praticante é iniciado no uso desses símbolos considerados sagrados: as chaves que abrem as portas para a mente superior, liberando uma intenção ou crença que produz resultados específicos. Usando esses símbolos em um processo chamado *sintonização*, o mestre Reiki é capaz de realizar a cura a distância pela imposição das mãos.

FIGURA 6.20
OS TRÊS SÍMBOLOS MAIS IMPORTANTES DO REIKI[84]

O Símbolo do Poder (Shoku Rei) aumenta a energia do Reiki e pode ser usado para proteção.

O Símbolo da Distância (Hon Sha Ze Sho Nen) envia energias a distância.

O Símbolo Mental/Emocional (Sei He Ki) integra o cérebro e o corpo e ajuda a desfazer as causas mentais e emocionais de um problema.

FIGURA 6.21

REFLEXOLOGIA DOS PÉS: PEITO E SOLA DO PÉ

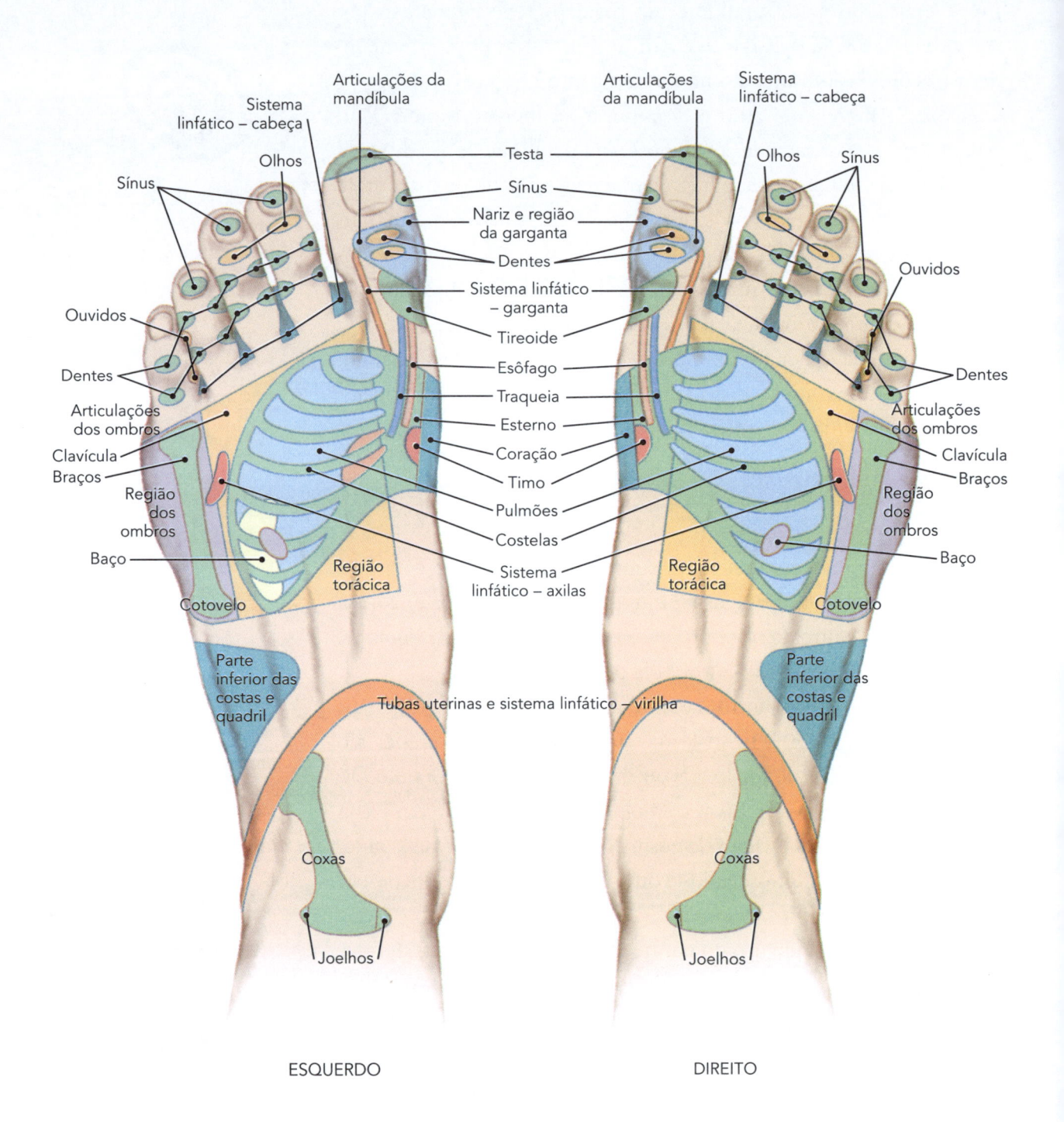

ESQUERDO DIREITO

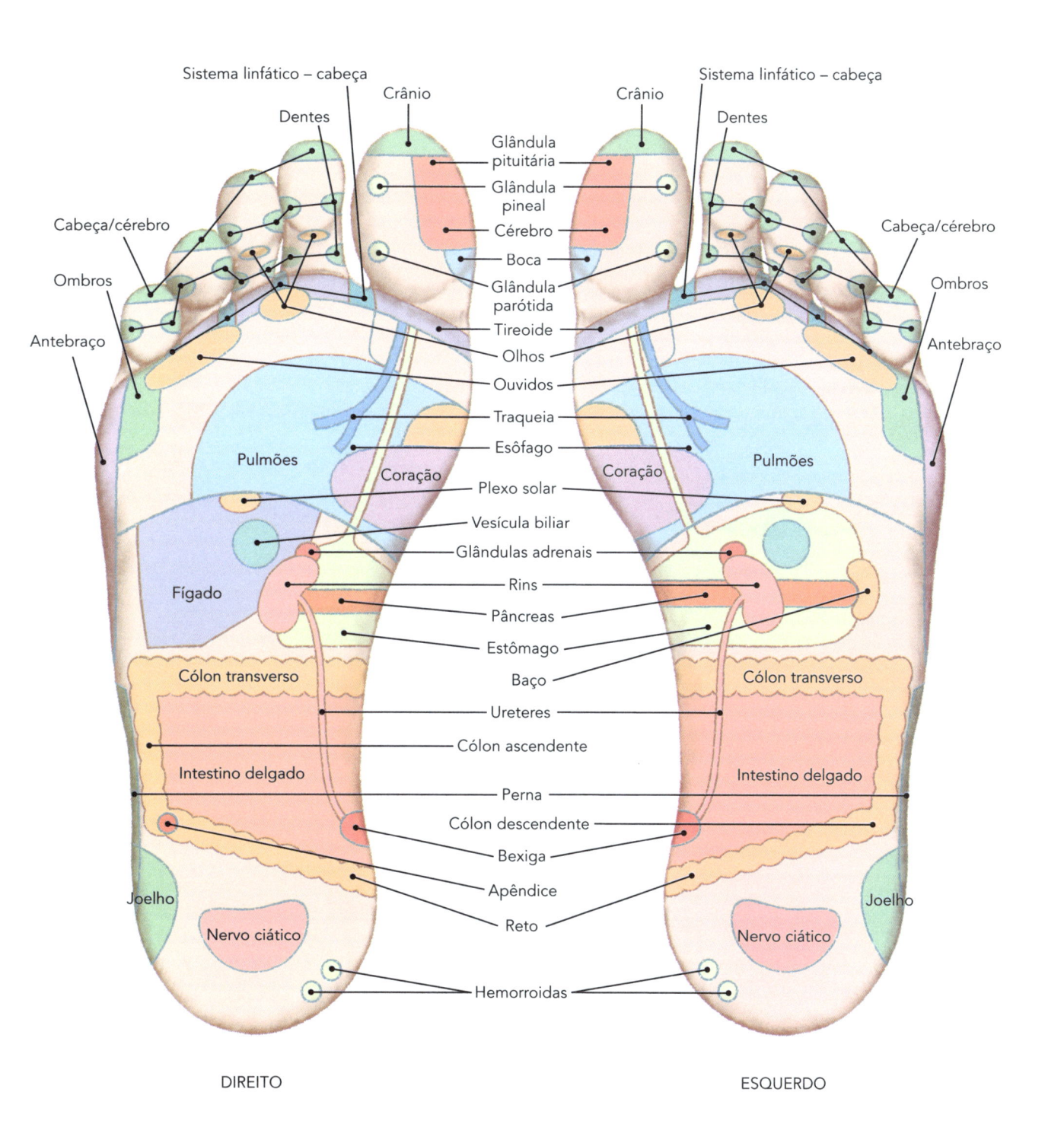

DIREITO ESQUERDO

PARTE VI: PRÁTICAS ENERGÉTICAS 407

FIGURA 6.22
REFLEXOLOGIA DOS PÉS: LADO INTERNO E LADO EXTERNO DO PÉ

LADO INTERNO: PÉ ESQUERDO

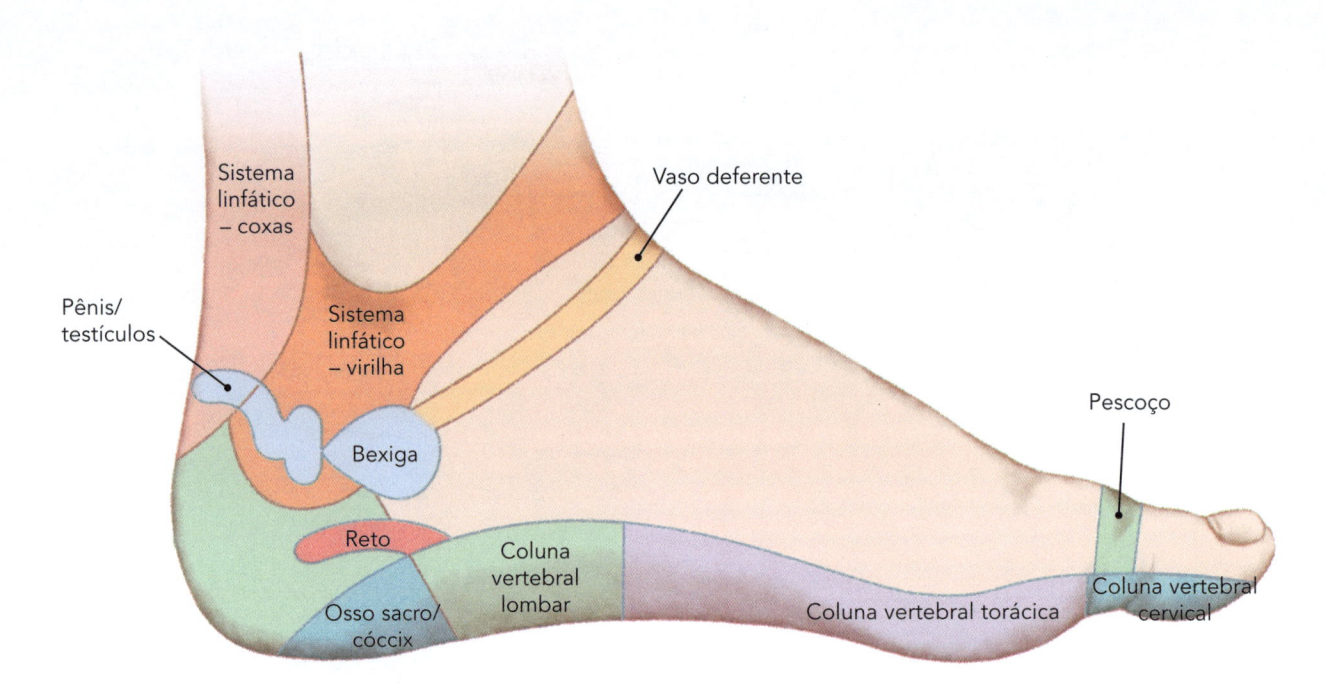

- Sistema linfático – coxas
- Vaso deferente
- Pênis/testículos
- Sistema linfático – virilha
- Bexiga
- Pescoço
- Reto
- Coluna vertebral lombar
- Osso sacro/cóccix
- Coluna vertebral torácica
- Coluna vertebral cervical

LADO EXTERNO: PÉ ESQUERDO

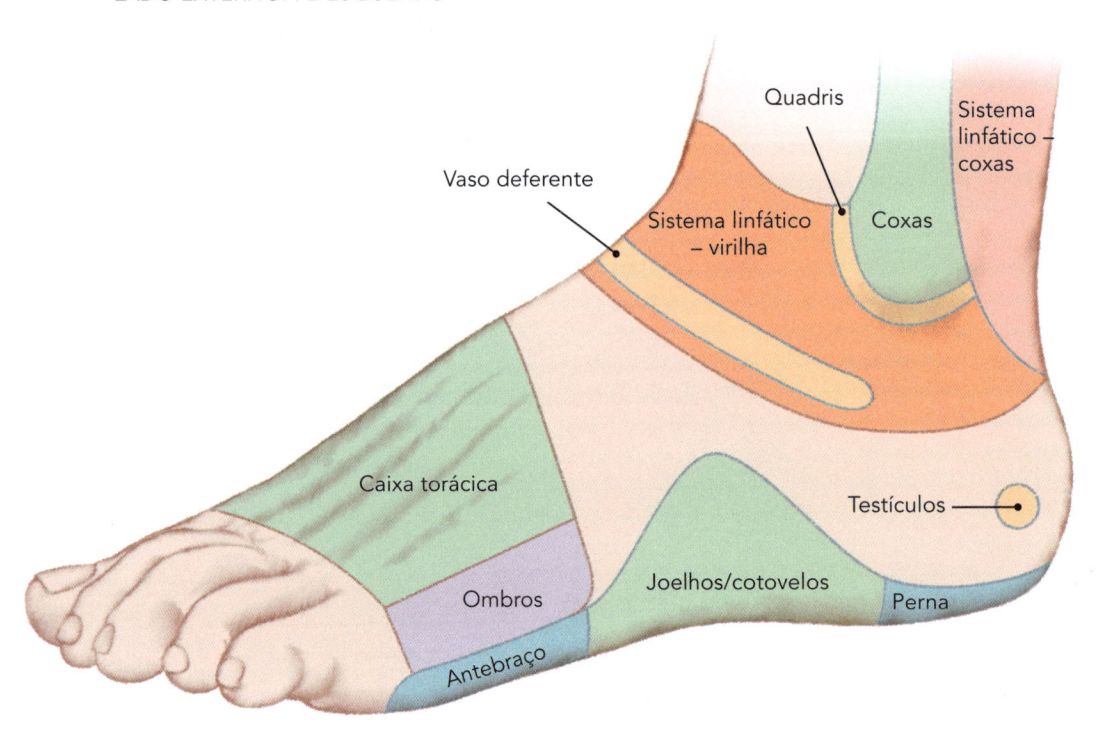

- Quadris
- Sistema linfático – coxas
- Vaso deferente
- Sistema linfático – virilha
- Coxas
- Caixa torácica
- Testículos
- Ombros
- Joelhos/cotovelos
- Perna
- Antebraço

PARTE VI: PRÁTICAS ENERGÉTICAS

LADO INTERNO: PÉ DIREITO

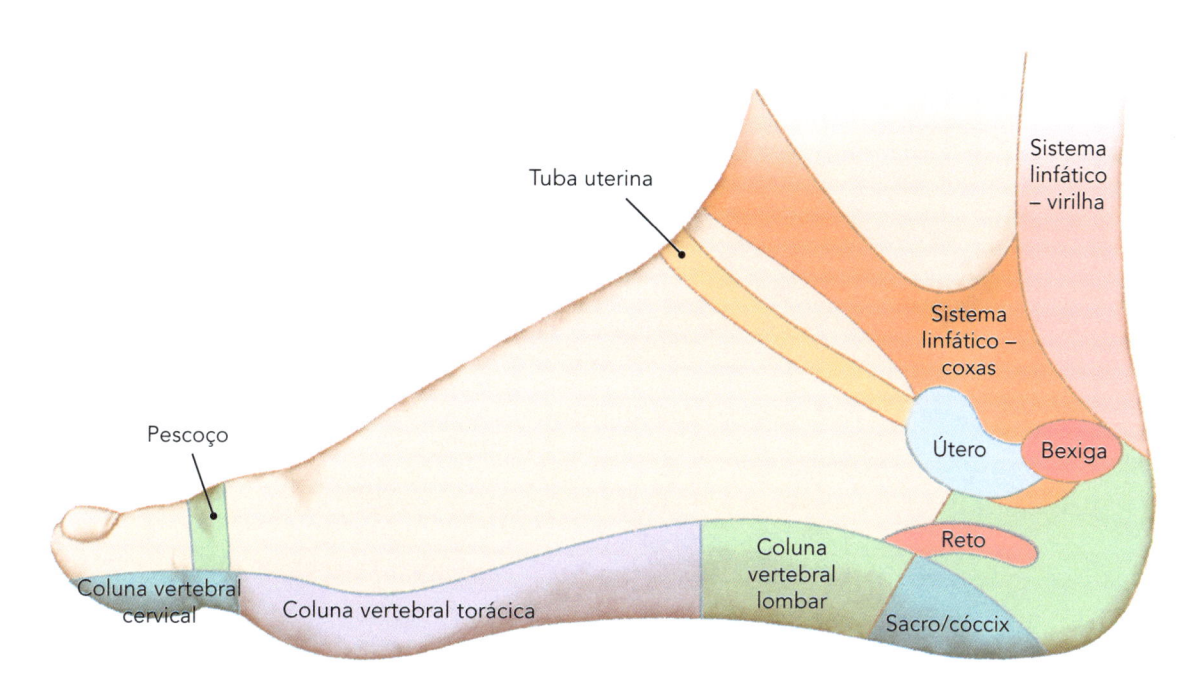

- Tuba uterina
- Sistema linfático – virilha
- Sistema linfático – coxas
- Pescoço
- Útero
- Bexiga
- Reto
- Coluna vertebral cervical
- Coluna vertebral torácica
- Coluna vertebral lombar
- Sacro/cóccix

LADO EXTERNO: PÉ DIREITO

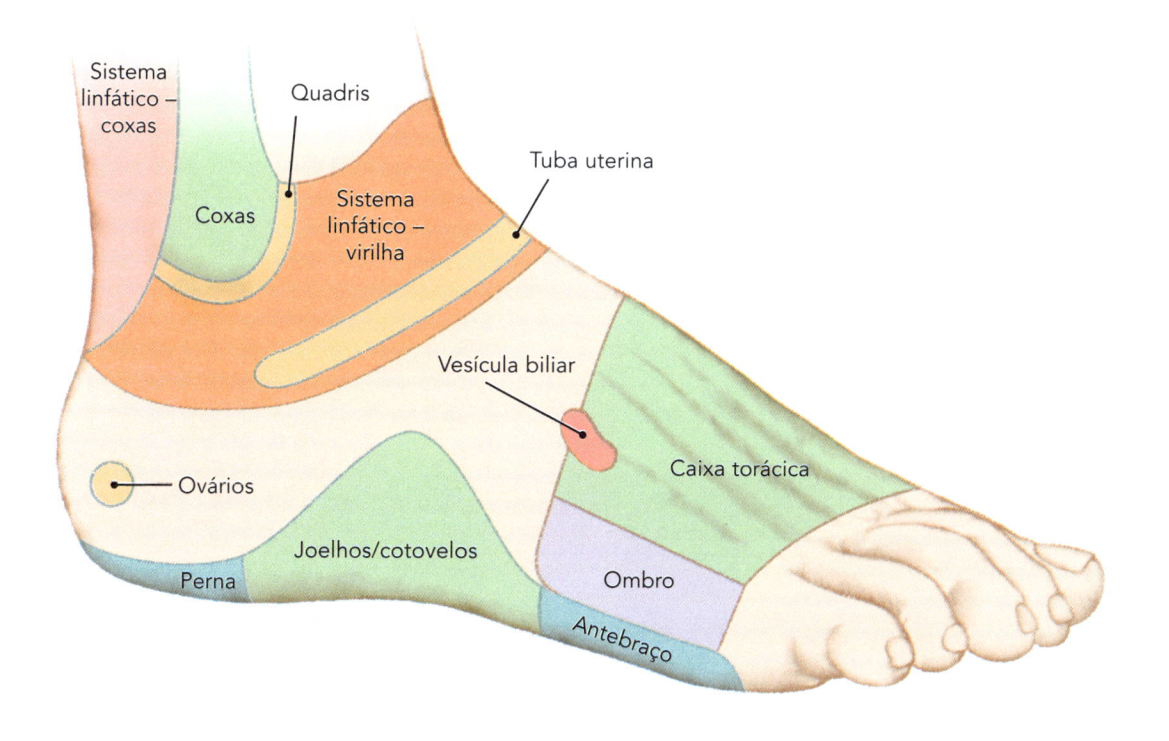

- Sistema linfático – coxas
- Quadris
- Tuba uterina
- Coxas
- Sistema linfático – virilha
- Vesícula biliar
- Caixa torácica
- Ovários
- Joelhos/cotovelos
- Perna
- Ombro
- Antebraço

PARTE VI: PRÁTICAS ENERGÉTICAS

FIGURA 6.23

REFLEXOLOGIA DAS MÃOS

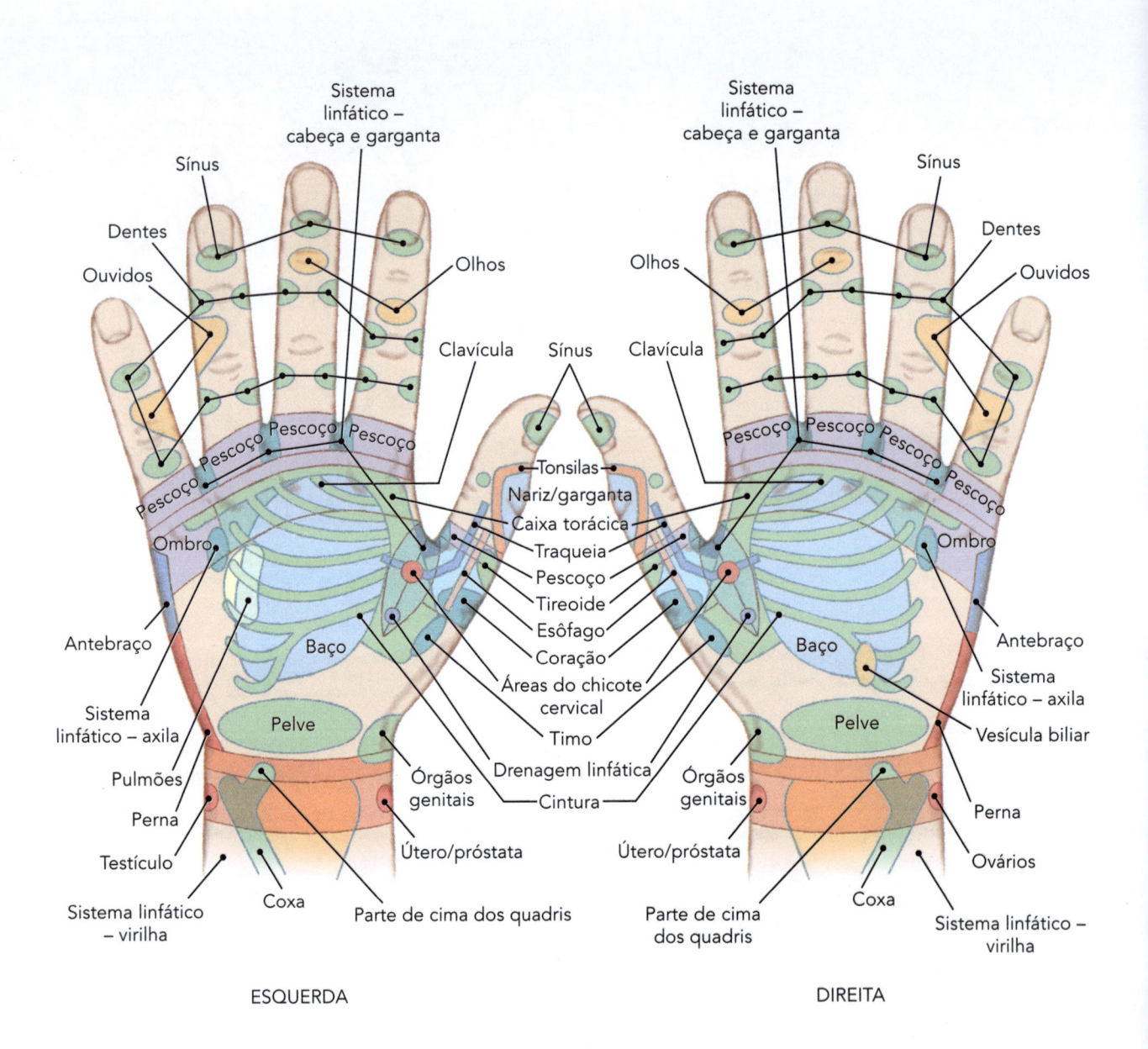

ESQUERDA

DIREITA

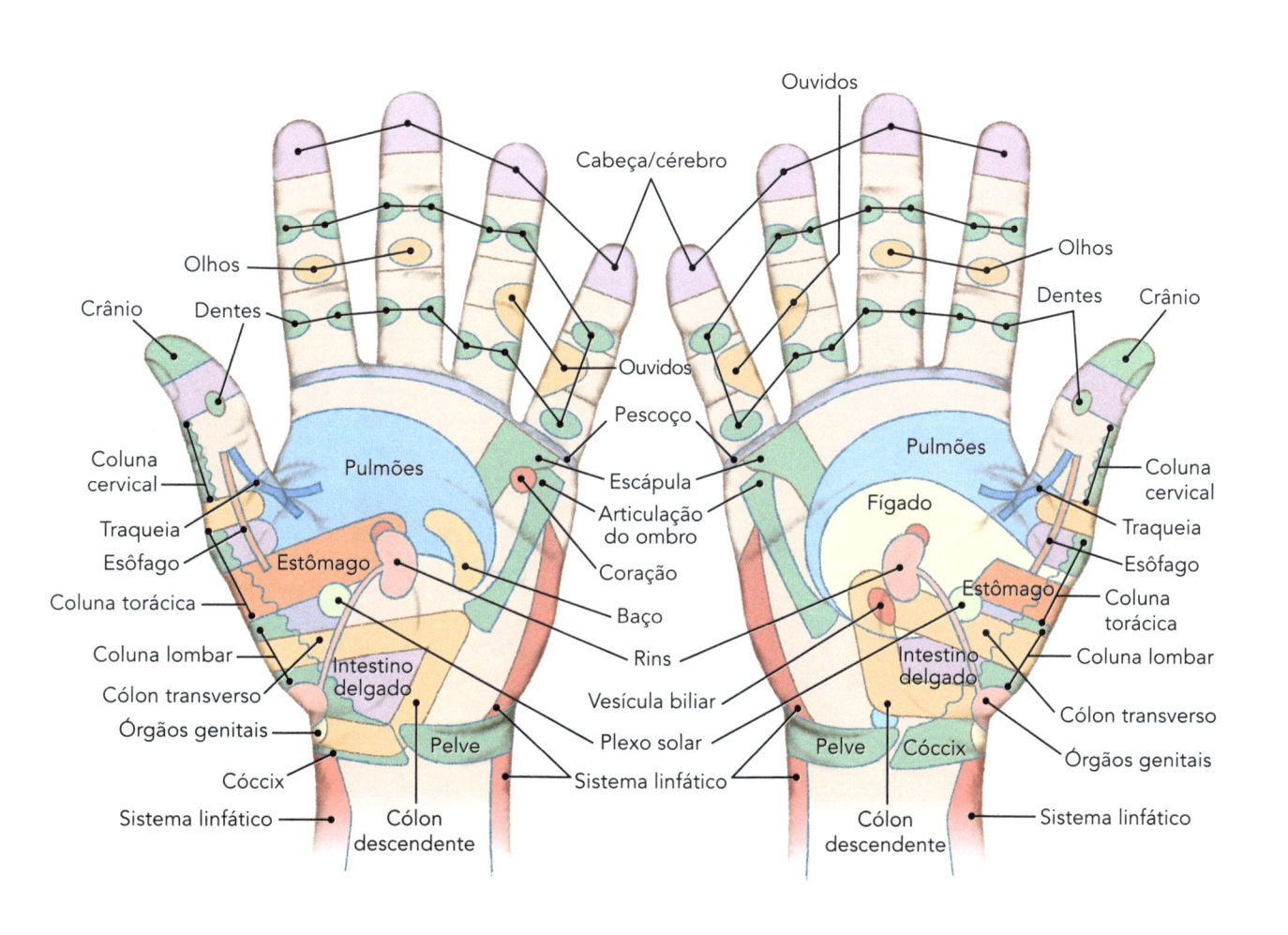

ESQUERDA

DIREITA

PARTE VI: PRÁTICAS ENERGÉTICAS

FIGURA 6.24
REFLEXOLOGIA DA CABEÇA

- Ⓐ Zonas A: Cabeça e vértebras cervicais
- Ⓑ Zonas B: Vértebras cervicais, pescoço e ombros
- Ⓒ Zonas C: Ombros, braço e antebraço, mãos
- Ⓓ Zonas D: Coluna lombar, pelve, parte inferior do corpo
- Ⓓ Pontos D: Cada um representa uma vértebra da coluna lombar
- Ⓔ Zonas E: Caixa torácica, coluna torácica e estômago
- Ⓕ Zonas F: Nervo ciático
- Ⓖ Pontos G: Articulação do joelho

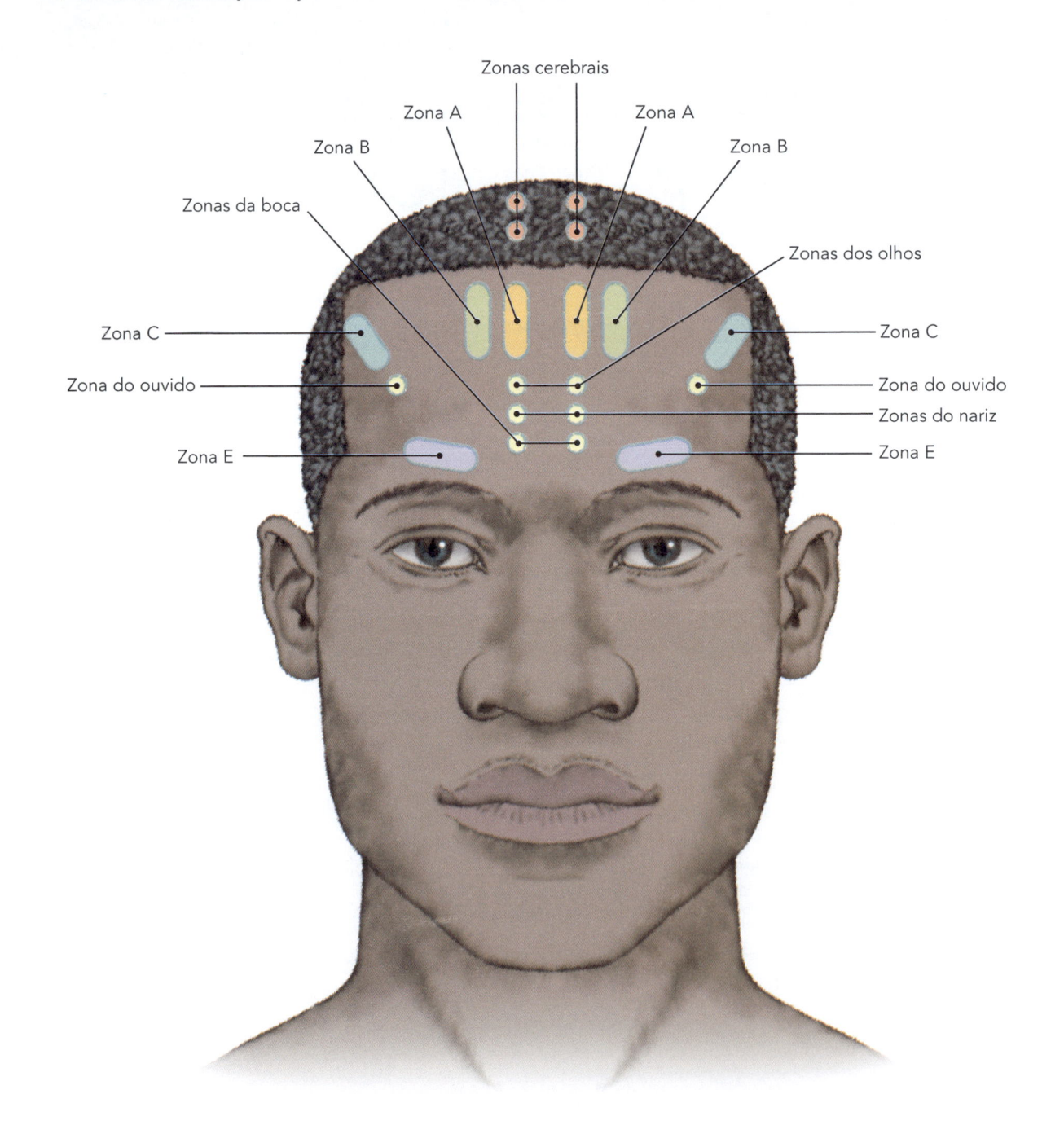

Zonas cerebrais

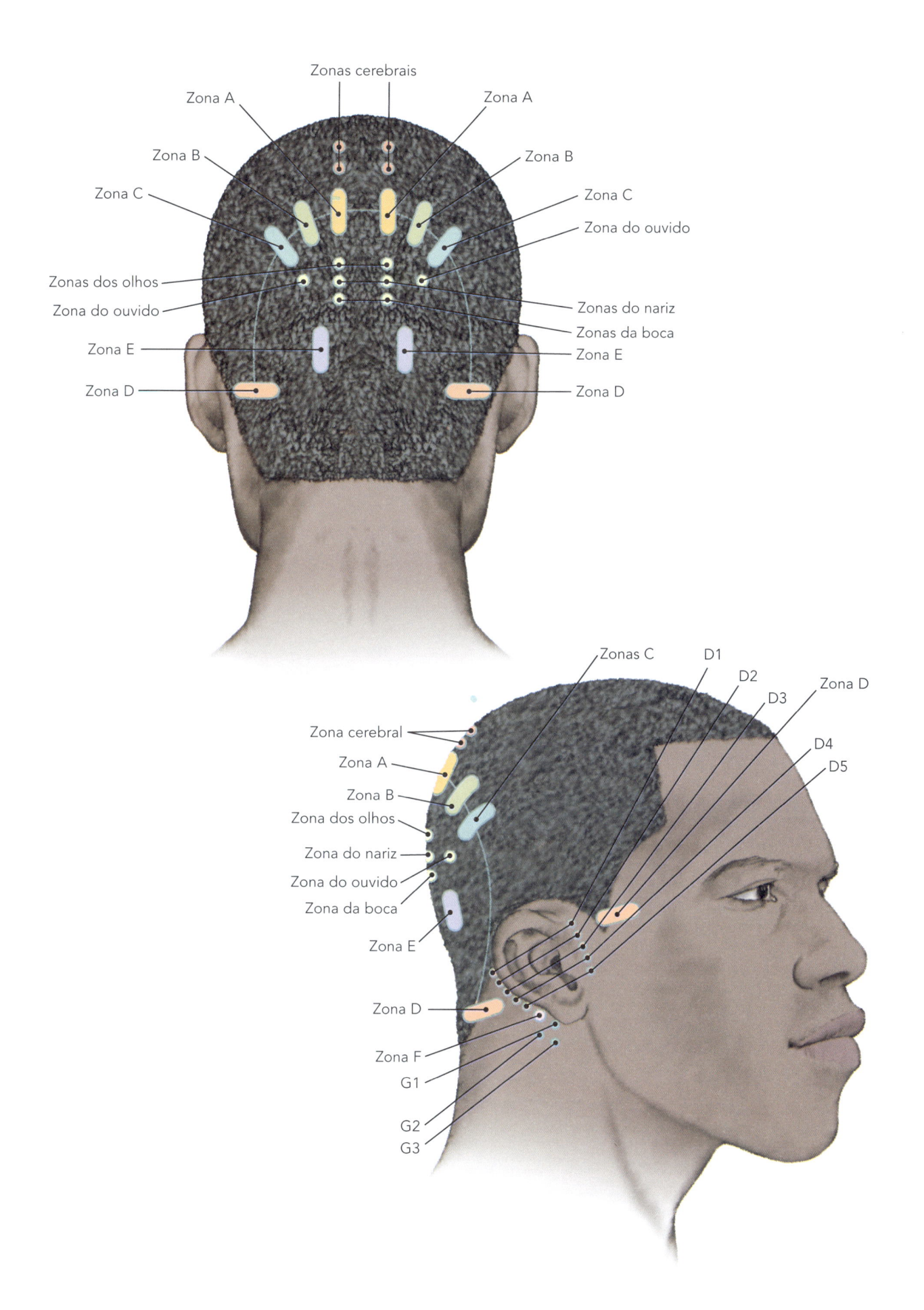

- Zona A
- Zona B
- Zona C
- Zonas dos olhos
- Zona do ouvido
- Zona E
- Zona D
- Zona A
- Zona B
- Zona C
- Zona do ouvido
- Zonas do nariz
- Zonas da boca
- Zona E
- Zona D

- Zonas C
- Zona cerebral
- Zona A
- Zona B
- Zona dos olhos
- Zona do nariz
- Zona do ouvido
- Zona da boca
- Zona E
- Zona D
- Zona F
- G1
- G2
- G3
- D1
- D2
- D3
- Zona D
- D4
- D5

PARTE VI: PRÁTICAS ENERGÉTICAS

FIGURA 6.25
REFLEXOLOGIA AURICULAR

Alergia
Ômega-2
Joelhos (sistema francês)
Útero
Joelhos (sistema chinês)
Tornozelos
Pulsos
Simpático
Shen men
Quadris
Próstata
Pelve
Uretra
Cotovelos
Frustração
Bexiga
Rins
Plexo urogenital
Fígado
Intestino Grosso
Ômega-1
Intestino delgado
Baço
Estômago/cardíaco
Pulmões
Articulação do ombro
Garganta
Plexo pulmonar
Glândulas adrenais
Coração
Parte interna do nariz
Polster
Tireoide
Jerome
Antiagressão
Desejo
Medo/preocupação
Antidepressão
Tristeza/felicidade
Ovários
Sol
Analgesia
Testa
Olhos
Ômega – principal

414 PARTE VI: PRÁTICAS ENERGÉTICAS

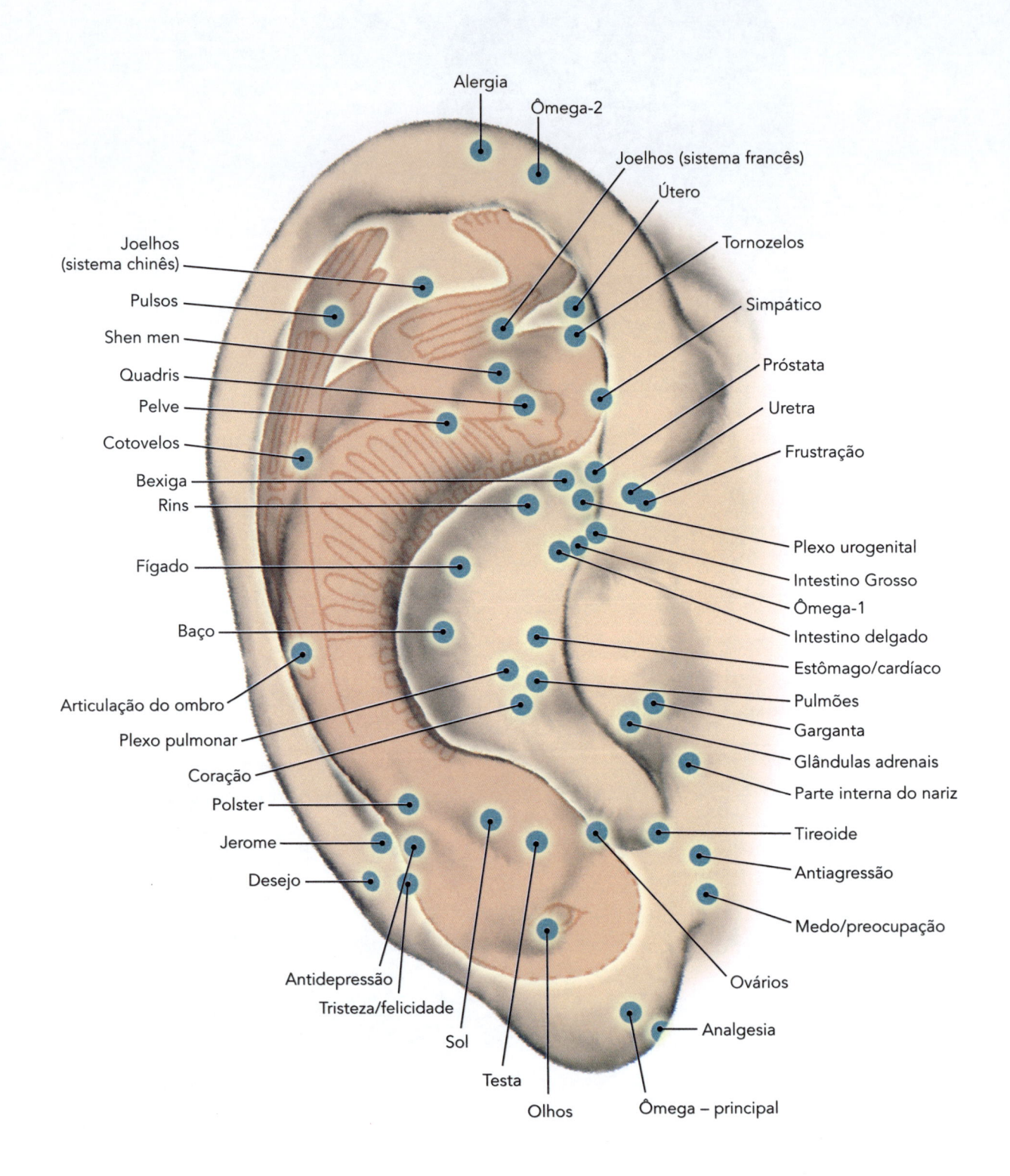

CURA PELO SOM

Levante a mão. Embora seja inaudível para os sentidos, a energia invisível desse movimento soa uma nota.[85] Certas notas ou tons podem ser prejudiciais. Frequências infrassônicas muito baixas podem abalar os órgãos internos; a energia ultrassônica pode descalcificar os ossos e tirar-lhes a rigidez.[86] Mas o som também pode curar. Na década de 1970, o pesquisador Fabien Maman fez vibrar um diapasão sobre uma célula de câncer. A célula se dissolveu.[87]

A cura pelo som faz uso dos sons para criar equilíbrio e cura. Na qualidade de medicina energética, é uma terapia vibracional que impacta todos os níveis do ser humano – bem como todos os demais organismos vivos. Uma vez que a água conduz o som quatro vezes mais rápido que o ar, pode ser um instrumento útil para a consonância ou sincronização de ressonâncias – especialmente para nosso corpo, que é composto de 70% de água. O som transmite as vibrações de cura de modo mais rápido que muitos outros métodos. É empregado com frequência na terapia dos chakras e dos campos áuricos, mas também foi usado por praticantes alopatas para tratar autismo, insônia e outras doenças e está sendo introduzido agora em diversas variedades de acupuntura.

Essa é a ciência por trás da terapia do som: construído de elétrons, prótons, nêutrons e outras partículas subatômicas, cada átomo é rodeado de elétrons que se deslocam a mais de 965 km por segundo. O movimento gera uma frequência, que gera vibração, que, por sua vez, gera o som (audível ou não). A vibração é metade do nosso quociente de energia, portanto, informação. Contudo, como vimos nas seções "Cimática: Imagem do Som, Campo da Vida", na p. 165, e "A Geometria e o Som na Cura", na p. 378, as informações sonoras constituem padrões baseados na matéria. Por isso, ela deve contar as informações necessárias para constituir esses padrões.

O som se desloca na forma de ondas e cria campos. Os sons particulares passam para dentro do corpo, para fora dele e através dele por meio de moléculas que atuam como pontos de transferência de informação. Uma molécula pode literalmente absorver a vibração de um pulso inicial e transmiti-la às vizinhas, por isso o som pode moldar e mudar o corpo e seus campos. As moléculas de água, formadas por cristais, podem se moldar e remoldar de acordo com a vibração de um som ou as informações codificadas nele – para melhor ou para pior. Como vimos na seção "Interações Entre os Campos Magnéticos e a Água: Formações Geométricas", na Parte III, os pensamentos negativos formam figuras feias e nocivas, ao passo que os pensamentos positivos formam figuras belas e benéficas.

Um dos fenômenos mais importantes relacionados ao som é a *ressonância*, que ocorre quando um objeto, vibrando em frequência única e exclusiva, começa a vibrar na mesma frequência que outro objeto. Quando múltiplos sistemas vibram ou ressoam juntos, o resultado disso é chamado *consonância (entrainment)*. Quando o corpo entra em consonância com pensamentos positivos, como a fé, a esperança e o amor, alguns estudos evidenciam que a saúde geral melhora. Quando o corpo ressoa com pensamentos negativos, partes do organismo podem entrar em consonância com essa negatividade (o que resulta em doença ou inquietude) ou entrar em discordância com ela, o que também cria inquietude. (Procure no Índice Remissivo os termos *coração* e *consonância* e o termo correlato *coerência*.)

Nem todo objeto pode entrar em consonância com uma vibração que se apresenta. Se houver um diapasão afinado com a frequência de 100 Hz, um garfo comum, de mesa, pode entrar em ressonância com ele. Caso se toque um diapasão de 440 Hz, o diapasão de 100 Hz não responderá. Nem sequer olhará para o diapasão ao lado. Tecidos corporais, madeira, osso – diferentes tipos de matéria só ressoam se forem atingidos por uma vibração que esteja dentro de sua *faixa de frequência*.

Essa informação é importante para os agentes de cura. Cada pessoa gera o próprio *harmônico pessoal*, faixa vibratória particular àquela pessoa. Os seres vivos "captam" e reagem a pessoas, ideias ou até remédios que vibrem dentro de sua faixa pessoal e resistem àqueles que não vibram nessa faixa. Quando uma vibração mais forte "passa por cima" da vibração pessoal – um patógeno, por exemplo, ou uma opinião negativa de outra pessoa –, alguma doença pode se instalar.

A *vibração simpática* é aquela que se adequa ao ser vivo que se encontra em sua faixa. Seu efeito não se produz pela intensidade – volume –, mas pelo *tom* ou frequência. O zumbido inaudível de uma lâmpada fluorescente ou o pensamento de uma pessoa sentada nas proximidades – ou até a mil quilômetros de distância, mas conectada à outra pessoa por meio do campo quântico – pode perturbar as taxas vibratórias do ser vivo e, assim, os campos de energia individuais. Esse é um dos motivos pelos quais os campos eletromagnéticos artificiais e outras formas de estresse geopático são tão perigosos. As energias assim emitidas criam dissonâncias dentro dos seres vivos.

Músicas ou sons adequados podem ajudar a restaurar as vibrações naturais de um ser vivo e, portanto, sua saúde, desde que essas vibrações ressoem com a vibração natural daquele ser. Músicas clássicas com andamento de 60 a 90 batidas por minuto, por exemplo, acalmam o coração e, por meio da criação de consonância, tranquilizam o corpo inteiro. Na realidade, todas as partes deste livro trazem informações sobre o uso do som na cura.

Há dezenas de terapias sonoras de base energética. A lista a seguir, de Jonathan Goldman, respeitado escritor e terapeuta do som, arrola algumas delas:[88]

- Música com formação de imagens mentais
- Musicoterapia
- Terapia cimática
- Fitas com frequências especialmente programadas
- Ouvido Eletrônico (música especial escutada com fones de ouvido para tratar diversas doenças)
- Canto difônico
- Ressonância harmônica
- Bioacústica (frequências que faltam na voz de um cliente são identificadas e tocadas para ele por meio de sons sintetizados)
- Hemi-Sync (equilibra os hemisférios do cérebro e induz estados alterados de consciência)
- Cantos mântricos
- Diapasões (aplicados direta ou indiretamente ao corpo humano)

- Camas, poltronas etc. vibroacústicas (equipamentos especiais que projetam música para dentro do corpo do cliente)

Tudo no mundo funciona em frequência ótima ou tem o próprio som – até um vírus. Quando a pessoa se encontra em estado ideal de saúde, seus "tons" se afinam uns com os outros e se alinham com o mundo externo. Qualquer doença relacionada ao estresse – uma emoção, uma crença ou um evento negativo, um patógeno – pode ser rotulada como "som invasor" ou "frequência invasora", que pode perturbar as frequências ou vibrações naturais do corpo. Se o corpo ou partes do corpo (incluindo-se aí as estruturas de energias) não forem capazes de assimilar a frequência "desafinada" às suas próprias frequências, a frequência invasora "toma conta" do corpo e acaba causando doenças.

Terapeutas do som trabalham de diversas maneiras, mas em todos os casos precisam diagnosticar ou determinar a frequência invasora. Precisam, então, determinar quais frequências podem eliminar a força invasora, fortalecer as frequências naturais da pessoa ou obrigar as duas forças (as frequências invasoras e as do indivíduo) a trabalhar juntas de maneira saudável.

Além de prestar atenção aos tons ou a seus harmônicos, o terapeuta do som também trabalha com o andamento ou ritmo, medido em batidas por minuto (bpm). Em geral, um andamento de 0 a 60 bpm acalma, ao passo que outro de 80 a 120 bpm estimula.[89]

Um dos modos mais importantes pelos quais a música e os sons afetam o corpo é a alteração das ondas cerebrais. O cérebro tem quatro ondas básicas, como discutido no Capítulo 7: beta (14 Hz ou mais, estado normal de vigília), alfa (8-13 Hz, sonho e meditação leve), teta (4-7 Hz, concentração interior e transições) e delta (0,5-3 Hz, sono profundo).

O cérebro é particularmente receptivo a certos sons, e essa receptividade depende, entre outras coisas, do tom e do andamento. As diferentes frequências sonoras fazem com que o cérebro entre em consonância com diversas ondas cerebrais. Uma batida de tambor usada com frequência pelos xamãs em rituais de cura terá normalmente de 240 a 270 bpm e muda as ondas cerebrais de beta para teta.[90] No início da década de 1970, Gerald Oster descobriu um batimento ou ritmo "binaural". Quando cada ouvido ouve uma frequência sonora diferente por meio de fones de ouvido estereofônicos – frequências de 100 e 109 Hz, por exemplo –, o cérebro percebe frequência de 9 Hz, que proporciona alívio da dor, redução do estresse e estímulo da imaginação, entre outros benefícios.[91]

O SOM E A CURA DOS CHAKRAS

Os sons, muitas vezes, são usados em conjunto com o trabalho com os chakras para produzir resultados benéficos. Apresentaremos agora duas teorias sobre o som e os chakras.

Trabalho tonal com os chakras: sistema de doze chakras[92]

Cada nota musical tem vibração própria e produz resultados únicos. Há muitas teorias que atribuem tons específicos a cada chakra. Variam de cultura para cultura, pois diferentes culturas dão ênfase a diferentes chakras. Além disso, cada cultura trabalha com as próprias escalas musicais – cromática, tonal, atonal, baseada na oitava, baseada na quinta, e assim por diante.

De acordo com o sistema de doze chakras, o corpo humano está afinado com a nota Lá. Cada chakra tem sua roda interna e sua roda externa. A roda interna reflete o eu espiritual, enquanto a externa revela a personalidade. A nota Lá afina a roda interna de cada chakra com as rodas dos demais chakras, equilibrando naturalmente o sistema. Essa modificação na roda interna também gera equilíbrio na roda externa. A roda externa de cada chakra, por sua vez, tem seu tom específico. Outra abordagem pela qual se pode trabalhar com os chakras consiste em acessar diretamente a roda externa e sintonizá-la com sua própria nota, equilibrando o sistema de fora para dentro. Os tons podem curar, mas também podem fazer mal. Os tons desafinados – aqueles que não se compatibilizam com a frequência do nosso corpo, de determinado chakra ou de um órgão físico – criam dissonâncias/doenças. Os tons benéficos se fundem com nosso harmônico fundamental e nos mantêm fortes. Os tons podem ser usados no diagnóstico e para possibilitar a cura.

Estes são os significados das vibrações tonais básicas usadas no Ocidente, baseadas na oitava.

FIGURA 6.26
FUNÇÕES DAS NOTAS INTEIRAS

Nota	Rege	Função
Lá	Espírito	Sintoniza o ser humano com a natureza divina, o eu humano com o eu espiritual
Si	Mente	Sintoniza a mente inferior e a mente média com a mente superior
Dó	Sentimentos	Sintoniza os sentimentos humanos com os sentimentos espirituais
Ré	Corpo	Sintoniza o corpo físico, a condição física e as necessidades materiais com o corpo espiritual, os dons e as capacidades de manifestação
Mi	Amor	Sintoniza o que quer que esteja longe do amor com o amor divino incondicional
Fá	Milagres	Sintoniza todos os aspectos do nosso ser com as forças espirituais necessárias em determinado momento, rompendo a dualidade e atingindo o milagroso
Sol	Graça	Transmite a graça, que é o amor e o poder divinos, à situação em questão

Sustenidos e bemóis

O sustenido traz a realidade espiritual para a realidade material. Um Fá sustenido, por exemplo, ativa aquela parte do nosso espírito interno que nos liga à força de que precisamos naquele momento. Os bemóis facultam a liberação. Um Sol bemol, por exemplo, que é igual ao Fá sustenido, expulsa quaisquer forças negativas ou malignas que estejam nos impedindo de alcançar nosso destino espiritual. A diferença entre o trabalho com bemóis e o trabalho com sustenidos é a intenção. Se você quiser se livrar de algo, pense em bemol; se quiser atrair algo, pense em sustenido.

Tons fundamentais

Muitos grupos esotéricos trabalham com um sistema de escalas musicais baseadas na nota Dó. No sistema de doze chakras, essa é a teoria mais aceita pelos praticantes modernos. O sistema, que se inicia em Dó, descreve o corpo físico e a saúde de seus chakras. Uma segunda teoria dos doze chakras começa com a nota Lá e se relaciona com os sistemas de energia sutis e a alquimia.

FIGURA 6.27
TONS FUNDAMENTAIS E OS CHAKRAS

Chakra	Cor	Significado da cor	Tom da teoria esotérica	Tom da teoria dos doze chakras
Primeiro	Vermelho	Paixão	Dó	Lá
Segundo	Laranja	Sentimentos, criatividade	Ré	Si
Terceiro	Amarelo	Sabedoria, poder	Mi	Dó sustenido
Quarto	Verde	Cura	Fá	Ré
Quinto	Azul	Comunicação, orientação	Sol	Mi
Sexto	Roxo	Visão	Lá	Fá sustenido
Sétimo	Branco	Espiritualidade	Si	Sol sustenido
Oitavo	Preto	Karma/efeitos do passado	Dó	Lá
Nono	Dourado	Propósito da alma e unidade com os outros	Ré	Si
Décimo	Tons terrosos	Relacionamento com o ambiente	Mi	Dó
Décimo primeiro	Rosa	Transmutação	Fá	Ré
Décimo segundo	Transparente	Ligação com o Divino	Sol	Mi

Ondas sônicas e meditação: processo de cura da kundalini

A medula espinhal é uma caixa de ressonância, e as vértebras (com os chakras) ressoam de acordo com melodias, harmonias e modulações internas e externas.[93] O cérebro, outra parte principal do sistema nervoso central, também é altamente reativo às ondas sonoras. Isso ocorre porque uma parte dele tem, na verdade, funcionamento sônico.

Itzhak Bentov, praticante de meditação experiente e pesquisador, descobriu que as atividades do coração e do cérebro se alteram significativamente durante a meditação. Estudando essa descoberta, Bentov criou uma teoria à qual deu o nome de "modelo fisiokundalini", que reúne em si muitos aspectos da teoria energética.[94] Parafraseando a explicação que o Dr. Richard Gerber dá do trabalho de Bentov, o coração estimula vibrações sônicas dentro dos recessos mais profundos do cérebro, as quais criam respostas mecânicas e elétricas no tecido nervoso. Um ciclo oscilatório começa no córtex sensorial, que envia ondas de disparos elétricos dos dedos dos pés para cima, subindo pelo corpo. Em pessoas que meditam, esse ciclo afeta mais o hemisfério direito do cérebro que o esquerdo e começa no lado esquerdo do corpo. Ao lado de outro pesquisador, o Dr. Lee Sanella, Bentov relacionou esses sintomas à ascensão da kundalini. Em pessoas capazes de entrar em meditação profunda, esse ciclo se repete indefinidamente, limpando de modo reiterado os bloqueios dos chakras e, assim, os problemas da vida. À medida que a corrente se torna mais forte, os centros do prazer são estimulados, e as ondas cerebrais se tornam cada vez mais fixas nos níveis superiores.[95]

SONS E CORES

No livro *Mind, Body, and Electromagnetism*, John Evans criou uma tabela de correspondência entre sons e cores, incluindo nela a correspondência de ambos com o yin e o yang em um *continuum*. Nesse sistema, Ré é a nota yang mais forte, e Lá bemol é o tom yin mais intenso. O Si representa transição entre o yin e o yang, e o Fá, que ainda é uma nota yang, inicia a transição para o yin. As cores associadas seguem a mesma linha de raciocínio. Evans assinala que o conceito chinês de yin e yang é diametralmente oposto ao proposto nessa tabela. Segundo seu raciocínio, esse sistema não espelha a mente oriental, mas a ocidental.[96] Acrescentei à tabela os chakras normalmente relacionados às cores nela arroladas.

FIGURA 6.28
SONS E CORES

Nota	Áudio (Hz)	Luz (10^{12} Hz)	Cor	Chakra	Yin/Yang
Fá	683	751	Roxo	Sexto	
Mi	645	709	Violeta	Sexto	
Mi bemol	609	669	Índigo	Quinto e sexto	
Ré	575	632	Azul	Quinto	Yang
Ré bemol	542	596	Azul-esverdeado	Quarto e quinto	
Dó	512	563	Verde	Quarto	
Si	483	531	Amarelo-esverdeado	Terceiro e quarto	
Si bemol	456	502	Amarelo	Terceiro	
Lá	431	473	Laranja	Segundo	
Lá bemol	406	447	Laranja-avermelhado	Primeiro e segundo	Yin
Sol	384	422	Vermelho	Primeiro	
Sol bemol	362	398	Carmim	Primeiro	

DIAGNÓSTICO TRADICIONAL CHINÊS

Há quatro métodos, chamados *szu-chen*, usados na medicina tradicional chinesa para fazer um diagnóstico correto e escolher um tratamento adequado. São eles: inspeção, auscultação/olfação, investigação e palpação.

Cada um desses métodos reúne informações sobre as cinco fases, os sistemas orgânicos correlatos e os processos adicionais delineados na teoria das cinco fases. O praticante pode, por exemplo, avaliar zang e fu, o chi, os fluidos ou o sangue, bem como fatores causais, como o calor do vento, o mal do frio ou o vento morno. Será que o problema se originou internamente – por uma emoção – ou externamente –, por um patógeno invasor? O problema é causado por excesso ou por deficiência? Para chegar nessas respostas, o praticante segue os quatro métodos, a fim de encontrar uma solução lógica, examinando tudo – desde fatores relacionados aos meridianos até questões de estilo de vida, como a alimentação, o sono, o trabalho e os exercícios físicos, bem como o nível de energia, a satisfação emocional, a atividade sexual e a acuidade mental. Cada elemento de informação é integrado em uma imagem total, de modo que o praticante seja capaz de determinar um *padrão de desarmonia*, ou *bian zheng*.

As complexidades são muitas, e o conhecimento desses métodos habilita o praticante a determinar não só o método correto de tratamento, mas também o momento correto de aplicar esse tratamento. Um sistema qualquer se encontra no estado de maior receptividade quando atinge o pico do seu ciclo. O chi circula pelo corpo a cada 24 horas, e cada órgão desempenha o papel principal durante duas horas. O ideal é trabalhar nesse órgão durante o estágio de preeminência. Além disso, todo meridiano tem um meridiano oposto. Esses dois meridianos equilibram e afetam diretamente um ao outro, indicando um local de tratamento e um processo secundário. (Ver "Ciclos do Chi: O Relógio do Corpo", na p. 248.)

O praticante também pode diagnosticar a pessoa com base em sua constituição. Há cinco tipos constitucionais básicos, e cada um deles deve ser tratado de maneira diferente. (Ver "As Cinco Constituições Básicas", na p. 422).

OS QUATRO MÉTODOS PRINCIPAIS

A seguir, as descrições dos quatro métodos principais de diagnóstico chinês.

Inspeção

A inspeção é a análise visual do eu espiritual e do corpo físico do paciente. A avaliação visual proporciona pistas práticas. Uma pele descorada e pálida, por exemplo, pode indicar síndrome yin ou fu. Uma compleição quente e avermelhada pode apontar problemas completamente diferentes e ajudar o praticante a identificar o problema. Alguns praticantes examinam a face para determinar a constituição do paciente antes ainda de fazer qualquer outro diagnóstico. Também compreendem que a aparência geral, a roupa, a voz e os olhos revelam o espírito da pessoa. Um espírito positivo é essencial para um prognóstico positivo.

O diagnóstico da língua é fundamental para a inspeção física, e a língua é vista como o portal do corpo. Suas diversas regiões se correlacionam com as cinco fases e os sistemas orgânicos.

Este é um exemplo de como o praticante pode integrar a observação física básica e o diagnóstico da língua com os quatro níveis, que são um dos aspectos da teoria das cinco fases:

Nível do wei: Defensivo externo. Pelo fato de os pulmões controlarem a pele, os sintomas nesse nível, muitas vezes, têm a ver com o meridiano do Pulmão. Pode tratar-se de febre, dor de cabeça, tosse, dor de garganta e leve sede. A língua pode encontrar-se vermelha, com uma fina película esbranquiçada ou amarela. O pulso será flutuante e rápido. O tratamento envolve a liberação das atmosferas inadequadas por meio do exterior (com o uso de agulhas, por exemplo).

AS CINCO CONSTITUIÇÕES BÁSICAS

SEGUNDO A MEDICINA tradicional chinesa, há cinco tipos básicos de constituição. A definição da constituição do paciente é um dos protocolos básicos para diagnosticar e tratar sintomas. O tipo determina os elementos, alimentos, exercícios e acupontos a serem usados.[97]

FIGURA 6.29
AS CINCO CONSTITUIÇÕES BÁSICAS

Tipo básico e descrição	Sinais clínicos
Tipo escuro e obstrutivo (congestão da energia e coagulação do sangue)	Pele, lábios e camadas exteriores dos olhos escurecidas; peito congestionado; abdome inchado; pulso profundo, retardado e relaxado; língua de cor roxa-escura
Tipo de água e saliva (tipo de saliva úmida)	Excesso de peso; estômago inchado; gosto doce na boca; sensação de peso no corpo; fezes moles; sede sem desejo de beber; pulso deslizante; cobertura gordurosa na língua
Tipo seco e quente (deficiente em yin)	Deficiência de peso; boca e garganta secas; constipação; calor interno; emissão de curtos esguichos de urina amarelada; transtornos digestivos; gosto por bebidas frias; zumbido nos ouvidos; surdez; sede, insônia; pulso tenso e rápido; língua vermelha sem ou quase sem cobertura
Tipo frio e lento (deficiente em yang)	Excesso de peso; compleição fraca; medo do frio; lábios pálidos; transpiração excessiva; fezes moles; urinação frequente com emissão de longos jatos de urina esbranquiçada; queda de cabelo; zumbido nos ouvidos; surdez; gosto por bebidas quentes; pulso profundo e fraco; língua clara com marcas de dentes; língua sensível
Tipo fadiga e deficiente (deficiências de energia e de sangue)	Compleição pálida; falta de fôlego; fadiga; tontura; palpitações; esquecimento; prolapso do ânus e do útero; transpiração excessiva; pouco fluxo menstrual; mãos amortecidas; pulso fraco e fino; língua de cor clara

Nível do chi: Defensivo interno. Os sintomas surgem de acordo com os sistemas orgânicos envolvidos. Os órgãos mais comumente afetados são os Pulmões, o Intestino Grosso, a Vesícula Biliar, o Baço e o Estômago. Por isso, os sintomas mais frequentes são febre alta, sudorese, sede excessiva de bebidas frias, tosse produtiva, problemas abdominais, dificuldade de respirar (caso haja deficiência de chi no Pulmão) e problemas estomacais. Em geral, por enquanto ainda não se apresentam calafrios. A língua pode estar vermelha com uma película amarela, seca, e o pulso será rápido. O nível do chi é auxiliado pela dissipação do calor e pela reposição dos fluidos corporais.

Nível do ying: Nutritivo interno. Pelo fato de o nível do ying ter relação com *shen*, a mente, os sintomas podem envolver angústia mental, falta de concentração, inquietude e ilogismos na fala, bem como febre alta que piora à noite, insônia, ausência de sede e talvez erupção de pele. A língua costuma apresentar-se vermelho-viva com uma película amarela que descama. O nível do ying é tratado esfriando-se o fogo e tonificando-se o yin.

Nível do xue: Nível do sangue. Os sintomas são sangramento, calor excessivo e deficiência do yin. Também incluem todos os sinais do nível do ying, além de espasmos, tremedeira e sangramento. A língua encontra-se vermelho-escura ou roxa, e o pulso é tenso e diminuto. O nível do sangue é tratado tonificando-se o yin e o chi e detendo o sangramento.[98]

Auscultação e olfação

Estes termos significam escutar e cheirar. Qual é a qualidade da voz da pessoa? Que palavras ela usa para se comunicar? Qual o cheiro de seu hálito? Que outros odores emanam de seu corpo? Os sons dão pistas sobre as cinco fases, e os órgãos e o hálito revelam a situação dos órgãos. As diferentes fases e sistemas orgânicos, incluindo os sentimentos, fazem par com os diferentes órgãos. (Veja o Capítulo 35: "As Sete Emoções e os Órgãos Correspondentes").

A fonte dos odores pode ajudar o detetive a detectar os órgãos desequilibrados, e cheiro forte pode acusar enfermidade em um órgão ou parte do corpo. Se o paciente está chorando ou choramingando, por exemplo, e seu hálito tem cheiro "acre", tanto o som quanto o cheiro indicam desequilíbrio de metal (veja a tabela abaixo). O meridiano principal correlato é o do Pulmão. O profissional obtéve, assim, as primeiras pistas.

Estes são os sons e cheiros associados aos cinco elementos. Pode-se consultar também a tabela dos cinco elementos, da p. 236, para se estabelecerem as correlações apropriadas.

Elemento	Som	Cheiro
Madeira	Grito ou chamado	Rançoso
Fogo	Risada	Tostado
Terra	Canto	Perfumado
Metal	Choro ou choramingo	Acre
Água	Gemido, suspiro profundo	Pútrido

Investigação

Envolve extensa análise do histórico do paciente, incluindo seus aspectos físicos, emocionais, mentais, espirituais, relacionais e psicológicos. Muitos outros fatores são discutidos com o paciente, desde os hábitos de sono até o impulso sexual.

Palpação

A palpação envolve toques e sondagens e a tomada do pulso. Os toques e as sondagens revelam locais fracos, inflamados e doentes. Os profissionais, muitas vezes, falam de "tomar os *pulsos*", no plural, pois há muitas formas de pulso, como abaixo se explicará na seção "Tomada do Pulso". A arte de tomar o pulso, muitas vezes, leva anos para ser aperfeiçoada.

TOMADA DO PULSO

O pulso pode proporcionar informações críticas tanto sobre a saúde geral quanto sobre problemas específicos de saúde. O praticante procura detectar as diferentes velocidades do pulso, seus padrões e suas intensidades, fazendo experiências com diferentes intensidades de pressão em vários pontos do pulso. Toma o pulso para avaliar a qualidade do fluxo de chi e de sangue em diversas localizações do corpo e determinar a condição geral do paciente.[99]

A tomada do pulso é chamada *qiemai* e integra, tecnicamente, o esquema geral de palpação do corpo. O texto clássico que fala dela é o *Mai Jing* (*Clássico do Pulso*), escrito por Wang Shuhe no século III. Ele apresenta mais de doze formas de pulso, subdividindo algumas em dois, mas elas se reduzem a uns poucos pontos de tomada. O especialista Xie Zhufan, da mesma época, delineou 26 categorias básicas de pulso, cada uma das quais indicando uma doença potencial. Um pulso "disperso", por exemplo, indica exaustão do chi e doença crítica, ao passo que o pulso "veloz" indica alta temperatura e necessidade de cuidados emergenciais.[100]

FIGURA 6.30
LOCAIS PARA TOMAR O PULSO

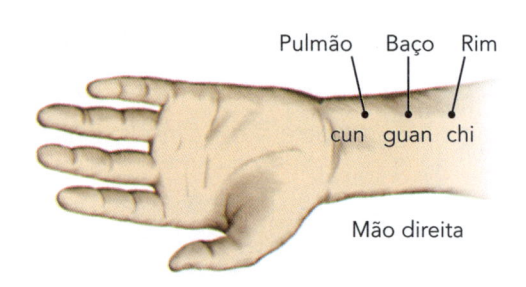

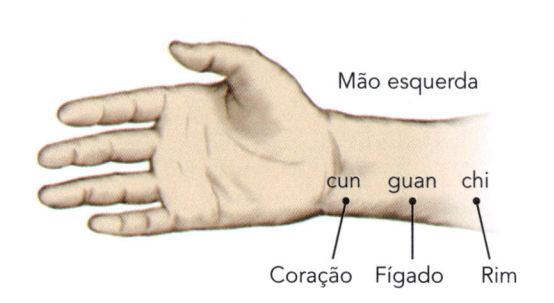

Pulmão Baço Rim
cun guan chi
Mão direita

Mão esquerda
cun guan chi
Coração Fígado Rim

Locais para tomar o pulso

A medicina clássica chinesa se centra na tomada do pulso mediante a colocação de três dedos na artéria radial, examinando-se os dois braços, um por vez. A maioria dos praticantes examina três pontos diferentes:

- A posição *cun*, ou Coração

- A posição *guan*, ou Fígado
- A posição *chi*, ou Rim

O praticante usa três níveis de pressão, de modo que toma, ao todo, nove pulsos em cada braço. Os níveis de pressão são:

- Palpação superficial (quase sem pressão)
- Palpação intermediária (pressão leve)
- Palpação profunda (pressão mais ou menos pesada)

Essas várias pressões mostram, respectivamente, a qualidade do movimento do pulso rumo à superfície da pele, de sua formação e de sua saída dos constrangimentos físicos. Comparando-as, o praticante hábil é capaz de determinar com precisão o que está acontecendo no corpo e quais são os meridianos a serem trabalhados.

TESTE AURICULAR

Um dos procedimentos de exame mais comuns no Oriente são a tomada do pulso e a determinação de um ponto fraco ou forte na orelha. Sabendo quais pontos da orelha se relacionam com determinados órgãos ou áreas do corpo, o praticante pode fazer um diagnóstico e então estimular as áreas apropriadas com agulhas, massagens ou outras formas de cura. Há várias teorias sobre como funciona o processo. O Dr. William Tiller delineia esses conceitos no livro *Science and Human Transformation*.[101]

Como explica Tiller, Nogier descobriu, entre outras coisas, o local do sinal vascular autônomo (SVA), ou seja, o sistema que governa os músculos lisos (aqueles que revestem as artérias e os intestinos, por exemplo). Nogier documentou mudanças nos estados simpático e parassimpático do sistema nervoso autônomo, monitorando uma mudança na pulsação da artéria radial, no pulso. Chamou esse conjunto de *reflexo aurículo-cardíaco* (RAC). O pesquisador Julian Kenyon, mais tarde, usou o RAC para determinar quais alimentos e substâncias químicas uma pessoa é capaz de tolerar.[102] O teste pode ser muito simples: coloca-se uma substância perto da orelha do paciente e ao mesmo tempo toma-se seu pulso na artéria radial. Uma resposta positiva, que reflita tolerância, é indicada por breve intensificação do pulso radial. Uma resposta negativa significa que a substância é prejudicial. Essa resposta é indicada por um batimento mais fraco.

Tiller afirma que a orelha é capaz de sentir a presença de uma substância por meio do campo áurico que envolve o corpo. A substância é percebida pelo campo como um "sinal", enviado ao SVA em forma de resposta eletromagnética. O SVA é um de muitos receptores bioquímicos que contêm neuro-hormônios. Os neuro-hormônios são sensíveis aos sinais eletromagnéticos. O sinal relativo ao alimento, material ou líquido muda a configuração geométrica das moléculas neuro-hormonais e o corpo responde com uma mudança química. Outro pesquisador, o Dr. Joseph

FIGURA 6.31

REGIÕES DA LÍNGUA

Na língua, há quatro áreas básicas que representam os seguintes órgãos e problemas básicos:

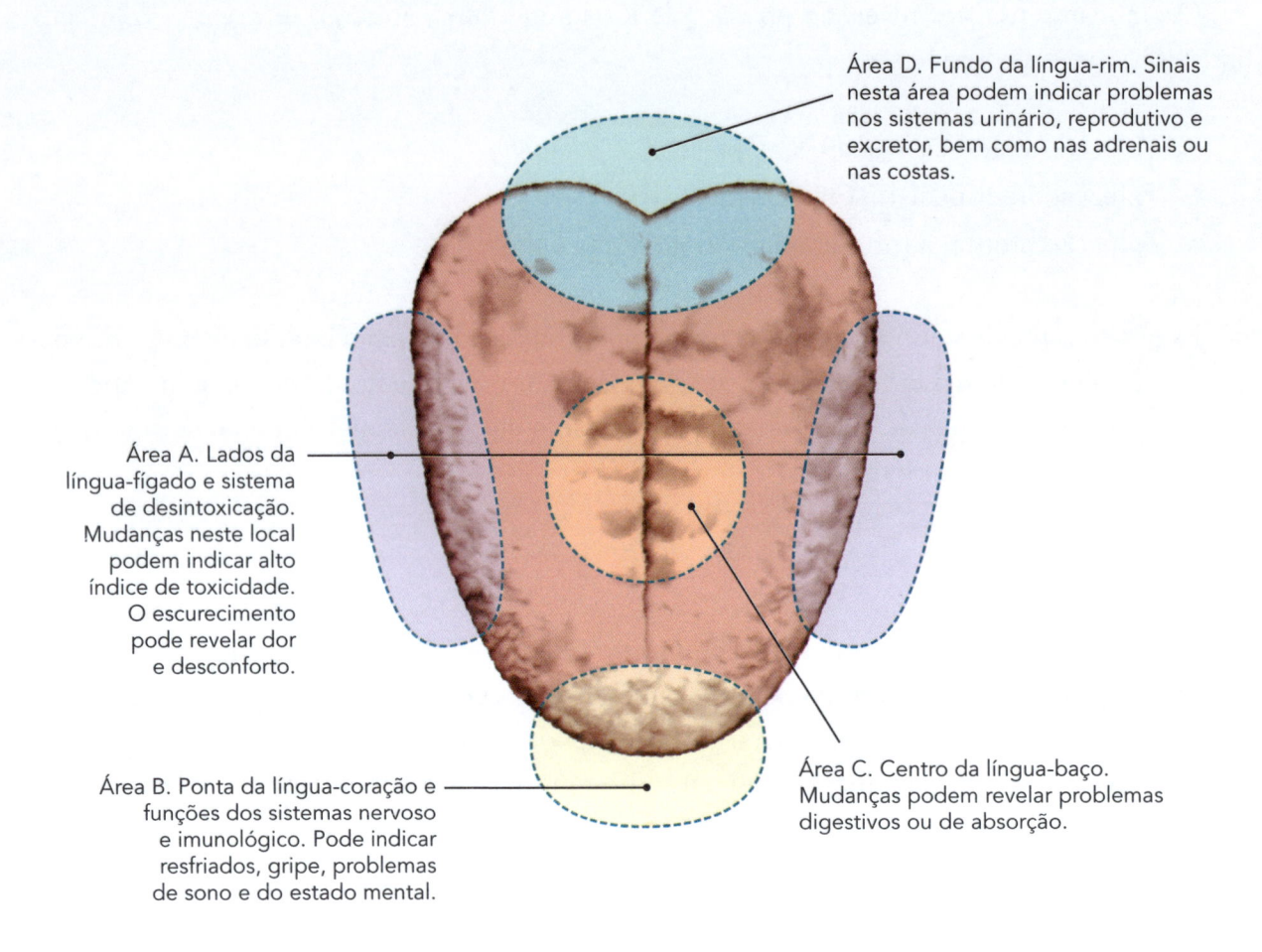

Área D. Fundo da língua-rim. Sinais nesta área podem indicar problemas nos sistemas urinário, reprodutivo e excretor, bem como nas adrenais ou nas costas.

Área A. Lados da língua-fígado e sistema de desintoxicação. Mudanças neste local podem indicar alto índice de toxicidade. O escurecimento pode revelar dor e desconforto.

Área B. Ponta da língua-coração e funções dos sistemas nervoso e imunológico. Pode indicar resfriados, gripe, problemas de sono e do estado mental.

Área C. Centro da língua-baço. Mudanças podem revelar problemas digestivos ou de absorção.

Navach, propõe que a mudança no local da recepção ocorre, na realidade, no RNA mensageiro, bem como nos hormônios e neurotransmissores próximos. O Dr. Navach aventa a possibilidade de que essa primeira reação seja distribuída por meio de aglomerados ressonantes de neuro-hormônios, os quais, por sua vez, se comunicam com outros aglomerados próximos e, por fim, com aglomerados distantes, disseminando a informação como uma família que espalha notícias entre seus membros, de cidade em cidade, por telefone.[104]

MAIS PRÁTICAS ENERGÉTICAS

Além das práticas já mencionadas, há outras centenas de terapias de base energética, bem como terapias de base corporal que, muitas vezes, acompanham ou integram o trabalho com a energia. A seguir, uma lista com as definições de vários tipos de medicina, como a "medicina bioambiental", que incorpora várias outras terapias.

DIAGNÓSTICO DA LÍNGUA

A LÍNGUA É considerada um órgão cuja avaliação é importante, pois é rica em material vascular ou fluido. Além disso, contém as papilas gustativas, e tanto o sistema nervoso quanto o circulatório estão presentes nela. Também produz saliva, que contém água, eletrólitos, muco e enzimas. As substâncias químicas da saliva podem alterar a aparência da língua de acordo com os desequilíbrios orgânicos. Juntos, esses atributos exclusivos da língua ajudam o profissional treinado a fazer um diagnóstico auxiliar pelo exame desse órgão.[103]

Durante o exame da língua, o profissional leva em conta fatores como a camada que a reveste, a forma e a cor, antes de examinar regiões específicas do órgão. Se houver anomalia em determinada área, o profissional prestará atenção especial ao sistema orgânico correlato.

COR DA LÍNGUA

A cor reflete a estabilidade dos órgãos internos e da circulação sanguínea e dá pistas sobre a força da saúde do paciente. A cor normal é vermelho-claro, ou rosado, com leve brilho. A cor, muitas vezes, tem relação com o funcionamento dos órgãos internos e a saúde do sangue, bem como com a saúde do sistema imunológico.

O profissional costuma verificar se a língua está pálida, vermelha ou roxa. Cada cor tem significado especial, sobretudo no que se refere à camada externa. A língua pálida revela excesso de frio, por exemplo, caso também haja uma camada branca e espessa. Isso pode ser sinal de anemia ou de corpo enfraquecido. A língua vermelha pode indicar deficiência de yin caso a camada externa também seja fina ou ausente ou esteja descamando.

FORMA DA LÍNGUA

A língua normal é lisa, sem rachaduras, e não é nem muito grossa nem muito fina. Ao avaliar a forma, o profissional pode também examinar o tamanho da língua em relação à abertura da boca, procurando ainda marcas de dentes, ulcerações e inflamações. Esses sinais podem indicar edema ou inchaço no corpo, além de nervosismo. A forma, muitas vezes, indica a saúde dos fluidos do corpo e do fluxo de chi. Uma língua inchada, por exemplo, é sinal de deficiência do chi do baço e de calor úmido, ao passo que língua alongada pode indicar calor no coração.

REVESTIMENTO DA LÍNGUA

O revestimento saudável da língua é fino e transparente, ou, às vezes, amarelo-claro, com uma camada um pouco mais grossa na parte de trás do órgão. Revestimento grosso indica, em geral, problemas digestivos. Os diversos tipos de revestimento são indícios de doenças potenciais para o profissional. Revestimento amarelo, grosso ou brilhante reflete calor úmido, ao lado de candidíase ou infecção por fungos, ou, ainda, enfraquecimento do sistema imunológico. Revestimento descascado ou ausente indica deficiência de yin e danos nos sistemas corporais.

Muitas dessas terapias energéticas já foram discutidas neste livro; nesse caso, você será encaminhado ao Índice Remissivo.

Ácido hialurônico: A agência governamental norte-americana que estuda a segurança dos medicamentos (FDA) aprovou o uso de injeções de ácido hialurônico para tratar a osteoartrite do joelho. Alguns praticantes consideram a possibilidade de administrar as injeções nos acupontos. Os suplementos de ácido hialurônico vêm sendo decantados como o "Elixir da Juventude".

Acupressão: Técnica que consiste na aplicação de pressão aos pontos de acupuntura. Pode ser feita com os dedos, as palmas das mãos ou os cotovelos, ou, ainda, usando-se um instrumento.

Acutonia: Sistema de cura transformacional que incorpora sons e vibrações para sintonizar o campo humano em prol da melhor saúde possível. Esse sistema inclui a aplicação de diapasões especializados aos meridianos.

Air-biologia (biologia do ar): A biologia do ar diz respeito aos efeitos da qualidade do ar sobre nossa saúde. Examina condições como bolores e alérgenos, ventilação e conforto térmico.

Amma: Forma básica de trabalho com o corpo no Oriente. É uma prática terapêutica que data de 2697 a.C. e se baseia na medicina tradicional chinesa.[105]

Antroposofia: Sistema de medicina desenvolvido por Rudolf Steiner que trata a pessoa como um todo. Harmoniza os níveis físico, astral e espiritual do ser humano.

Aromaterapia: Uso de aromas ou odores baseado na teoria de que cada aroma funciona em frequência exclusiva. Os aromas específicos afetam o corpo de diferentes maneiras, tranquilizando, energizando, curando e operando outros efeitos.

Bau-biologie (biologia dos edifícios): Esta prática avalia o efeito dos edifícios e de seus materiais sobre a saúde. A biologia dos edifícios favorece edifícios que beneficiem a saúde espiritual, mental e corporal de seus habitantes e tenham baixo impacto sobre o meio ambiente. Para isso, propõe edifícios feitos de recursos naturais e renováveis; menor exposição a poluentes, substâncias químicas e bolores; condições adequadas de temperatura e umidade; e o mínimo possível de exposição a campos eletromagnéticos artificiais e à radiação.

Be Set Free Fast (BSFF): Terapia energética concentrada para eliminar raízes emocionais negativas e sistemas de crenças autolimitadoras embutidos na mente subconsciente.

Biofeedback: Uso de equipamentos de alta tecnologia para registrar as ondas cerebrais, a respiração, a temperatura da pele, a pressão sanguínea, os batimentos cardíacos, a atividade muscular e o suor, a fim de medir o estresse e as respostas a técnicas que envolvem a mente e o corpo.

Biogeometria: Envolve princípios de *design* que usam a geometria sagrada, sons e cores para curar e criar ambientes saudáveis. Fundado pelo arquiteto e cientista egípcio Dr. Ibrahim Karim depois de mais de trinta anos de pesquisa, o sistema se baseia numa energia encontrada nos centros energéticos de todos os seres vivos. Emprega figuras patenteadas para alterar a energia dos alimentos, da água, do ambiente e do corpo em prol de melhorias na saúde e no bem-estar.[106].

Bodywork (trabalho com o corpo): Uso da massagem para efetuar a cura.

Constelação familiar: Desenvolvida por Bert Hellinger, a constelação familiar parte do princípio de que as famílias criam forças invisíveis que enredam gerações a fio em padrões negativos. Esses padrões que se transmitem de geração em geração precisam ser curados para que a pessoa alcance a independência necessária para viver como seu verdadeiro eu.

Cura espiritual: Recurso a um "poder superior" como fonte de energia de cura.

Cura prânica: Envolve o ato de fazer o prana circular pelo sistema de chakras e depois sair pelas mãos e pelos próprios chakras. Limpa e energiza o corpo etérico do paciente.

Dessensibilização e reprocessamento dos movimentos oculares (EMDR – eye movement desensitization and reprocessing): Uusa várias técnicas, incluindo as de movimentação ocular, para identificar e liberar problemas do passado.

Dimensões de cura (resolução holográfica da memória): Resolução de traumas no corpo, na mente e no espírito.

Electro-biologie (biologia da eletricidade): Envolve o efeito das energias eletromagnéticas provenientes de sistemas elétricos. Recomenda a redução de todas as radiações eletromagnéticas negativas, como as de linhas de transmissão, telefones celulares e computadores. (É uma subcategoria da bau-biologie.)

Equilíbrio zero: Sistema de movimentação manual do corpo que alinha o corpo energético à física. Emprega uma forma específica de toque chamada *interface*, que ajuda a conectar esses dois corpos.

Feng shui: Trabalha com os efeitos da paisagem e do ambiente que nos circunda, incluindo-se aí as formas, a história, as cores, a colocação e a orientação. Esse processo de origem chinesa inclui elementos de clima, astronomia e geomagnetismo e tem efeitos positivos sobre a riqueza, a saúde e os relacionamentos. As teorias fundamentais são o chi, ou seja, uma energia universal; a polaridade, isto é, os opostos yin e yang; o uso do norte magnético e de uma bússola chamada Luopan; e o uso do *baguá*, oito símbolos baseados nos quatro pontos cardeais.

Fitoterapia: Uso de ervas em estado natural ou de preparados de ervas para efetuar a cura.

Florais: Tinturas líquidas especialmente criadas com base em flores e plantas que operam no nível vibracional para ajudar a equilibrar as emoções e, assim, aliviar doenças mentais e físicas. A criação da terapia floral é atribuída ao Dr. Edward Bach, que começou a trabalhar no início do século XX. Os Florais de Bach continuam populares, embora haja hoje muitas outras linhas de tinturas.

Geobiologia: Trata dos efeitos de diversos tipos de radiação natural e artificial.

Hakomi: Combina a psicologia ocidental, a teoria dos sistemas e técnicas centradas no corpo com a atenção plena (*mindfulness*) e a não violência.

Hipnoterapia: Libertação de um sintoma, doença ou forma de dependência obtida ajudando-se o cliente a alcançar um estado alterado de consciência no qual se faculta o acesso a vários níveis da mente.

Iridologia: Análise da íris para determinar a saúde.

Jin Shin Jyutsu: Antiga técnica japonesa de cura energética que envolve a respiração profunda e a colocação das mãos no corpo. Este último processo é chamado travas de segurança da energia.

Johrei: Abordagem japonesa de cura espiritual pelas mãos.

Katsugen undo: Uso de movimentos específicos para suspender o controle consciente sobre o corpo e deixar, assim, que ele próprio se cure.

Liberação miofascial: Técnica de cura pela aplicação de pressão contínua com as mãos a fim de eliminar restrições miofasciais.

Macrobiótica: Sistema de saúde baseado em dieta que surgiu na época de Hipócrates. Faz uso de cereais integrais e alimentos não processados e emprega conceitos orientais como os de yin e yang. Os alimentos são preparados de acordo com a época do ano.

Massoterapia: Manipulação dos músculos, da pele e dos tecidos moles para ajudar a reparar o corpo e aumentar a estimulação. Segundo pesquisadores em medicina complementar, há pelo menos 75 tipos de massagem.

Matriz energética: Trabalho energético de cura feito com frequências de cura quânticas.

Medicina bioambiental: Mudança do ambiente interno do corpo – por meio do consumo de probióticos, por exemplo, que são alimentos ou suplementos que contêm bactérias ou leveduras benéficos – para alterar todo o organismo.

Medicina energética: Uso de tratamentos energéticos físicos ou sutis para alterar as propriedades energéticas do corpo, no corpo e ao redor do corpo, a fim de efetuar mudanças.

Medicina naturopática: Também chamada naturopatia. Técnica médica que fortalece a capacidade inata do corpo de se recuperar de doenças e ferimentos. Combina práticas derivadas de diversas modalidades, entre elas a medicina ayurvédica e a medicina holística, e trabalha com fitoterapia, hidroterapia, acupuntura, aconselhamento emocional, terapias manuais, terapia ambiental, aromaterapia e uso de tinturas e remédios holísticos para estimular a saúde e o bem-estar.

Medicina vibracional: Tratamentos baseados na premissa de que os corpos humanos são feitos de campos de energia interconectados. A doença decorre do desequilíbrio em um ou mais desses campos. O reequilíbrio dessas energias restabelece o bem-estar.

Meditação: Alcançar um estado de tranquilidade mental pela suspensão dos pensamentos ou de sua concentração. Constatou-se que a meditação reduz o estresse, melhora o estado de espírito e altera os padrões de estresse do corpo.

Método Bowen: Toques leves em pontos-chave para estimular o fluxo de energia pela fáscia, ajudando o corpo a curar a si mesmo.

Método de Heller: Restaura o equilíbrio natural do corpo, ligando o movimento ao alinhamento corporal.

Método Feldenkrais: Série de movimentos que ajudam as pessoas a recuperar suas capacidades naturais de movimento, pensamento e sentimento.

Método Yuen: Técnica de cura energética que combina a medicina energética tradicional chinesa e alguns conceitos ocidentais. Vê o corpo como um computador e a dor como sinal de desequilíbrio. Várias técnicas habilitam o praticante profissional a identificar a causa original do desequilíbrio – causa essa que pode ser química, energética ou emocional – e estabelecer um cronograma para a cura.

Modelo biomecânico: Efetua a mudança mediante o trabalho com a mecânica do corpo.

Modelo biomédico: Concentra-se somente nos fatores biológicos (à exclusão dos psicológicos ou sociais) para compreender uma doença.

Modelo biopsicossocial: Saúde e cura que resultam da interação de fatores biológicos, psicológicos e sociais.

Óleos essenciais: Vários óleos, cada um funcionando em um nível vibratório específico, podem ser usados topicamente ou na aromaterapia para efetuar respostas específicas.

Osteopatia: Tratamento do sistema musculoesquelético por médicos que muitas vezes associam a formação médica tradicional ao conhecimento dos problemas somáticos.

Panchakarma: Sistema de purificação usado no Ayurveda.

Pilates: Alongamentos e movimentos que alinham o corpo e fortalecem os músculos, usando técnicas de *mindfulness* (atenção plena).

Programação neurolinguística (PNL): Acessa o cérebro e as redes neurais para trocar um programa destrutivo por um que estimule a vida.

Quiropraxia: Os quiropráticos manipulam o corpo do paciente com as mãos, e às vezes com instrumentos, para tratar transtornos mecânicos na coluna, de modo a afetar os sistemas musculoesquelético e nervoso e melhorar a saúde. Segundo a teoria básica do sistema, subluxações criam transtornos e podem ser curadas pelos ajustes espinhais adequados.

Rede específica de energia humana (SHEN – specific human energy network): Tratamento de toque que combina o toque terapêutico e a terapia das polaridades. O sistema alivia o estresse emocional por meio dos campos bioenergéticos.

Repadronização holográfica: Com base na teoria holográfica, atrai mudanças positivas nos pontos nos quais percebemos limitações. (Hoje chamada *repadronização de ressonância*.)

Repadronização matricial: Parte de um modelo de estrutura orgânica cientificamente provado – a *matriz de tensegridade* – que explica muitos fenômenos do movimento complexo, da integridade estrutural e da reação dos tecidos ao trauma. Reorganiza a matriz e libera forças que trazem equilíbrio ao corpo, à mente e às emoções.

Respiração holotrópica: Uso de técnicas de respiração para trabalhar o "holograma" da mente, do corpo e da alma, para liberar problemas em diversos momentos do tempo.

Rolfing: Reestruturação do corpo por meio da massagem profunda e da manipulação da fáscia; muitas vezes, acarreta a resolução de problemas que envolvem mente e corpo.

Seichim: Uso de uma "energia paterna" administrada pelas mãos. Alguns creem que o sistema se originou no Egito.

Seitai: Método japonês tradicional de terapia de manipulação que combina a teoria da acupuntura e as técnicas de manipulação dos ossos e das articulações.

Sonopuntura: Uso de sinais sonoros em pontos de acupuntura.

Tai chi chuan (em geral, chamado apenas de tai chi): Uma das formas mais populares, arte marcial "suave", não necessariamente usada para combate, que promove a saúde e a longevidade. Praticantes usam diversas posturas e movimentos que estimulam o chi. Essas posturas são baseadas nos meridianos e, ao mesmo tempo, um exercício e um processo terapêutico de cura. O tai chi é considerado "arte marcial interna", feita para melhorar o ser interno da pessoa física e espiritualmente.

Técnica de acupressão tapas (TAT): Baseando-se na teoria da medicina tradicional chinesa, a técnica permite que a informação e a energia sejam processadas pelo sistema mente-corpo.

Técnica de Sincronização Bioenergética (B.E.S.T. – Bio Energetic Synchronization Technique): Tratamento holístico que trabalha com todos os sistemas do corpo, entre eles os sutis. Praticantes profissionais (geralmente quiropráticos) detectam desequilíbrios eletromagnéticos usando as mãos. Essas irregularidades podem ser mecânicas, mas também emocionais, mentais ou espirituais. A saúde é recuperada por meio de técnicas de pulsação.

Terapia com pedras: Pedras preciosas e semipreciosas são usadas na medicina há milênios. Cristais e outras pedras têm estruturas moleculares únicas, por meio das quais o praticante profissional pode programar ou canalizar uma energia intencionalizada para curar ou obter informações. A cura pelas pedras costuma ser usada em conjunto com os chakras ou para produzir efeitos específicos no campo áurico ou em outros biocampos.

Terapia craniossacral: Envolve a manipulação dos ossos do crânio e do osso sacro para aliviar dores, fortalecer o sistema imunológico e corrigir distúrbios, afinando o corpo com um ritmo iniciado no útero depois do fechamento do tubo dural. Esse ritmo tem frequência de 6 a 12 vezes por minuto.

Terapia do ponto de gatilho: Compressão de pontos hiperirritáveis nos músculos esqueléticos associados a nódulos que causam dor.

Terapia eletromagnética: Manipulação dos campos elétricos, magnéticos ou combinados do corpo.

Terapias de sincronização da energia do pensamento: Usam a polaridade magnética do corpo e os meridianos pelos quais flui a bioenergia sutil para interagir com os pensamentos e as emoções a eles associados.

Terapias energéticas: Manipulação dos corpos, canais e campos de energia em prol da mudança.

Toque e respiração (TAB – touch and breathe) ou Terapia do Campo de Pensamento (TFT – Thought Field Therapy): Ao tocar em um acuponto, o paciente completa um ciclo de respiração. Foi esse sistema que conduziu à técnica de liberdade emocional (EFT).

Toque quântico: Sistema de cura pelas mãos que acessa o chi para que a pessoa auxilie a si mesma e aos outros a curar problemas físicos e emocionais.

Toque terapêutico: Método de cura pelas mãos bem documentado que usa os chakras e os campos áuricos, bem como técnicas específicas, para ajudar na cura.

Trabalho com a respiração: Práticas respiratórias que resultam na cura.

Trabalho matricial: Psicoterapia energética transpessoal que trata questões difíceis.

Tuiná: Processo de massagem que se baseia nos pontos de acupuntura. Significa, literalmente, "empurrar e puxar", pois envolve o uso desses movimentos para deslocar o chi no corpo e ao redor dele. Praticantes usam várias técnicas de mãos e de alongamento passivo e ativo para corrigir o sistema musculoesquelético, consertar os padrões neuromusculares aberrantes e expulsar do corpo agentes bioquímicos irritantes.

Visualização: Uso de visualizações internas para reduzir os sintomas de estresse ou estabelecer contato com determinadas energias.

Xamanismo: Xamãs são sacerdotes e agentes de cura que realizam curas ou adivinhações nos diversos planos de existência.

Yoga: Uso de combinação de exercícios de respiração, posturas e meditação para equilibrar a mente, a alma e o corpo. Há muitos tipos de yoga, mas a maioria trabalha com os chakras.

CONCLUSÃO

Já examinamos mapas energéticos do corpo concebidos em todos os lugares do mundo e em diversas épocas, desde a Antiguidade até o presente. Exploramos as tradições sagradas da Índia, a medicina do Oriente, campos que vão além do espectro eletromagnético e conceitos que ainda estão sendo elaborados nos laboratórios de física contemporâneos. Examinamos grandes forças planetárias e as atividades microscópicas das partículas subatômicas. Contemplamos a realidade da energia – das energias sutis por trás de tudo no universo.

As energias sutis que compõem o mundo concreto também criam o corpo humano. Organizado em três sistemas principais – campos, canais e corpos –, o sutil instrui a matéria física sobre como deve operar. Podemos dizer que somos seres sutis que moram no universo físico, não o contrário.

O conhecimento dessas estruturas de energias sutis é vital para o agente de cura praticante. Entendendo as forças que operam dentro e fora do corpo, o agente de cura dedicado será mais capaz de diagnosticar e resolver doenças e problemas. A pessoa capaz de perceber o sutil terá condições de determinar o tratamento mais eficaz e fazer um trabalho holístico – com todos os sistemas do corpo, não somente com alguns deles. Poderá ainda fazer uso de uma quantidade sempre maior de ferramentas de cura que podem vir a integrar os tratamentos orientais e ocidentais.

Algumas dessas ferramentas são lendárias e foram transmitidas por nossos ancestrais. Agentes de cura de todas as épocas perceberam intuitivamente as energias sutis e provaram sua existência por meio de aplicações. Essas energias foram codificadas em sistemas tão díspares quanto a cura dos campos áuricos, as terapias de meridianos e o equilíbrio dos chakras. Agentes de cura modernos têm muito a ganhar se estudarem e adotarem as práticas cabíveis. Funcionavam no passado, quer fossem mensuráveis, quer não; e continuarão funcionando hoje.

A esses métodos antigos acrescentamos pesquisas e tratamentos de cura contemporâneos. Neste livro, estudamos a ciência e as aplicações de dezenas de modalidades energéticas contemporâneas. Exploramos o uso de equipamentos médicos, terapias de luz, cuidados suplementares e outros. Todos esses tratamentos, já comprovados pela ciência, se baseiam em teorias energéticas. Houve época em que não sabíamos medir as ondas de rádio, a radiação eletromagnética e os raios X, mas essas energias, que outrora eram sutis, já são personagens principais dos ambientes contemporâneos de assistência médica.

Um agente de cura extraordinário, no entanto – que ousa expandir seu campo de atuação para obter efeitos melhores –, deve ir além das técnicas e ideias comprovadas em tempos recentes e abraçar também os métodos sutis ainda não provados em laboratório, desde que sigam um código de ética semelhante ao oferecido neste livro.

Os campos de energia invisíveis da terra afetam, *sim*, nossa saúde e bem-estar. Temos, *sim*, um campo áurico; fotografias vêm revelando esses halos coloridos. As alterações desse campo invisível mudam nosso ser visível. Os meridianos percorrem, *sim*, nosso tecido conjuntivo. Pesquisadores de jaleco branco demonstraram essa afirmação por meio de experimentos válidos. Outros cientistas apresentaram comprovações curiosas da existência dos chakras e dos nadis – comprovações suficientes para nos deixar com sede de novas pesquisas e análises. Espero que as informações contidas neste livro levem os leitores – e toda a comunidade científica – a investigar cada vez mais.

No entanto, o verdadeiro objetivo deste livro é expandir as fronteiras dos cuidados médicos para todos os profissionais da saúde e todos os envolvidos com esse ramo – médicos e agentes de cura, estudantes, professores, pacientes e seus familiares. Será que o conhecimento do diagnóstico pela língua, dos pontos do shiatsu, da cura pelas mãos ou da cromoterapia poderá, um dia, salvar sua vida ou a de outra pessoa? Será que o entendimento da realidade sutil que subjaz ao universo físico é capaz de criar uma realidade ainda melhor para todos nós?

Sutil não significa "fraco". A lógica nos diz que, se o sutil está por trás da realidade física, podemos moldar essa realidade trabalhando com as energias sutis. E, embora já venhamos estudando e aplicando o conhecimento das energias sutis há milhares de anos, ainda estamos no início – no ponto de partida. Será que abraçaremos o conhecimento antigo e as ideias recém-descobertas pela ciência ou nos refugiaremos no porto seguro da ignorância? Acaso pararemos de nos perguntar somente "O que já sabemos?" e passaremos a nos perguntar também "O que ainda não sabemos?". Por meio do estudo e da prática empreendidos com a mente aberta, cada um de nós terá a oportunidade de ampliar o entendimento dos princípios sutis por trás da doença e da saúde. E cada um de nós poderá contribuir para o corpo de conhecimento que conduzirá às técnicas de cura do corpo sutil do futuro.

NOTAS

PARTE I – ENERGIA E CURA ENERGÉTICA

1. George Vithoulkas, *The Science of Homeopathy* (Nova York: Grove Weidenfeld, 1980), pp. xii-xiii.
2. Paul Pearsall, *The Heart's Code* (Nova York: Broadway, 1988), p. 13.
3. Seth Lloyd, *Programming the Universe* (Nova York: Vintage, 2006), p. 69.
4. www.iht.com/articles/1995/05/16/booktue.t.php.
5. www.trepan.com/introduction.html.
6. http://utut.essortment.com/whatisthehist_rgic.htm.
7. James L. Oschman, "Science and the Human Energy Field", entrevista de William Lee Rand ao *Reiki News Magazine* 1, nº 3, Inverno de 2002, disponível *on-line* em www.reiki.org.
8. *Ibid.*
9. *Ibid.*
10. Míceál Ledwith e Klaus Heinemann, *The Orb Project* (Nova York: Atria, 2007), p. xix.
11. W. A. Tiller, W. E. Dibble Jr. e M. J. Kohane, *Conscious Acts of Creation* (Walnut Creek, CA: Pavior Publishing, 2001).
12. W. A. Tiller, W. E. Dibble Jr. e J. G. Fandel, *Some Science Adventures with Real Magic* (Walnut Creek, CA: Pavior Publishing, 2005).
13. Ledwith e Heinemann. *The Orb Project*, p. xx.
14. Barbara Ann Brennan, *Hands of Light* (Nova York: Bantam, 1993), p. 49. [*Mãos de Luz*, publicado pela Editora Pensamento, São Paulo, 22ª edição, 2018, p. 92.]
15. Richard Gerber, *Vibrational Medicine* (Santa Fé: Bear & Co., 1988), pp. 125-26. [*Medicina Vibracional*, publicado pela Editora Cultrix, São Paulo, 1992, pp. 131-32.]
16. Lawrence Bendit e Phoebe Bendit, *The Etheric Body of Man* (Wheaton, IL: Theosophical Publishing House, 1977), p. 22. [*O Corpo Etérico do Homem*, publicado pela Editora Pensamento, São Paulo, 1979.] (fora de catálogo)
17. www.le.ac.uk/se/centres/sci/selfstudy/particle01.html.
18. www.biomindsuperpowers.com; www.tillerfoundation.com/energyfields.html; William Tiller, "Subtle Energies", *Science & Medicine* 6 (maio/junho de 1999); William A. Tiller, *Science and Human Transformation: Subtle Energies, Intentionality, and Consciousness* (Walnut Creek, CA: Pavior Publishing, 1997).

19. James Oschman, "What is Healing Energy? Part 3: Silent Pulses", *Journal of Bodywork and Movement Therapies* 1, nº 3 (abril de 1997): 184.
20. Chris Quigg, "The Coming Revolution in Particle Physics", *Scientific American*, fevereiro de 2008, pp. 46-53.
21. Lloyd, *Programming the Universe*, pp. 111-12.
22. Ledwith e Heinemann, *The Orb Project*, p. 47.
23. Lloyd, *Programming the Universe*, p. 72.
24. *Ibid.*, pp. 66-7.
25. Kenneth Ford, *The Quantum World* (Cambridge, MA: Harvard University Press, 2004), p. 34.
26. Lloyd, *Programming the Universe*, p. 112.
27. http://en.wikipedia.org/wiki/Hippocratic_Oath.
28. Daniel J. Benor, "Intuitive Assessments: An Overview", *Personal Spirituality Workbook*. www.WholisticHealingResearch.com.
29. Rollin McCraty, Mike Atkinson e Raymond Trevor Bradley, "Electrophysiological Evidence of Intuition: Part I. The Surprising Role of the Heart", *The Journal of Alternative and Complementary Medicine* 10, nº 1 (2004): 133.
30. Herbert Benson com Marg Stark, *Timeless Healing* (Nova York: Scribner, 1996), p. 63.
31. www.medicalnewstoday.com/articles/84726.php.
32. J. A. Turner *et al.*, "The Importance of Placebo Effects in Pain Treatment and Research", *JAMA* 271 (1994): 1609-1614.
33. Tamar Hardenberg, "The Healing Power of Placebos", www.fda.gov/fdac/features/2000/100_heal.html. FDA consumer magazine, janeiro-fevereiro de 2000.
34. www.washingtonpost.com/ac2/wp-dyn/A2709-2002Apr29.
35. *Ibid*.
36. R. W. Levenson e A. M. Ruef, "Physiological Aspects of Emotional Knowledge and Rapport", *in Empathetic Accuracy*, org. W. Ickes (Nova York: Guilford, 1997), pp. 44-116.
37. Pearsall, *The Heart's Code*, p. 55.
38. Rollin McCraty, *The Energetic Heart* (Boulder Creek, CA: HeartMath Institute Research Center, 2003), p. 1. (*E-book*: Publicação nº 02-035, 2003: 8-10; www.heartmath.org.)
39. *Ibid.*, pp. 1-5.
40. *Ibid*.
41. *Ibid.*, p. 5.
42. Hoyt L. Edge *et al.*, *Foundations of Parapsychology: Exploring the Boundaries of Human Capability* (Boston: Routledge and Kegan Paul, 1986); Carroll B. Nash, *Parapsychology: The Science of Psiology* (Springfield, IL: Charles C. Thomas, 1986); J. B. Rhine, *Extrasensory Perception* (Boston: Branden, 1964); Louisa E. Rhine, *ESP in Life and Lab: Tracing Hidden Channels* (Nova York: Macmillan, 1967); Louisa E. Rhine, *Hidden Channels of the Mind* (Nova York: Morrow, 1961).
43. D. J. Benor, "Scientific Validation of a Healing Revolution", *Healing Research 1, Spiritual Healing (Professional Supplement)* (Southfield, MI: Vision Publications, 2001), www.WholisticHealingResearch.com.
44. David Eisenberg *et al.*, "Inability of an 'Energy Transfer Diagnostician' to Distinguish Between Fertile and Infertile Women", *Medscape General Medicine* 3 (2001), www.medscape.com/viewarticle/406093.

PARTE II – ANATOMIA HUMANA

As informações sobre anatomia, bem como sobre metabolismo e os sentidos, foram obtidas dos seguintes quatro livros:
James Bevan, *A Pictorial Handbook of Anatomy and Physiology* (Nova York: Barnes & Noble Books, 1996).
Paul Hougham, *Atlas of Mind, Body and Spirit* (Nova York: Gaia, 2006).
Emmet B. Keefe, Introduction to *Know Your Body: The Atlas of Anatomy* (Berkeley, CA: Ulysses Press, 1999).
Kurt Albertine e David Tracy, orgs., *Anatomica's Body Atlas* (San Diego, CA: Laurel Glen Publishing, 2002).

1. www.pubmedcentral.nih.gov/articlerender.fcgi?artid=1634887; http://diabetes.diabetesjournals.org/cgi/content/full/53/suppl_1/S96; www.angelfire.com/pe/MitochondriaEve.

2. G. J. Siegel, B. W. Agranoff, S. K. Fisher, R. W. Albers e M. D. Uhler, *Basic Neurochemistry*, 6ª ed. (Filadélfia: Lipincott Williams & Wilkins, 1999); www.iupac.org/publications/pac/2004/pdf/7602x0295.pdf.
3. www.medcareservice.com/MICROCURRENT-THERAPY-Article.cfm.
4. www.sciencemaster.com/jump/life/dna.php.
5. J. W. Kimball, "Sexual Reproduction in Humans: Copulation and Fertilization", Kimball's Biology Pages (baseado em *Biology*, 6ª ed., 1996), citado em http://en.wikipedia.org/wiki/Mitochondrion.
6. Richard Dawkins, *The Ancestor's Tale: A Pilgrimage to the Dawn of Life* (Boston: Houghton Mifflin, 2004).
7. R. L. Cann, M. Stoneking e A. C. Wilson, "Mitochondrial DNA and Human Evolution", *Nature* 325 (1987), pp. 31-6; Bryan Sykes, *The Seven Daughters of Eve: The Science That Reveals Our Genetic Ancestry* (Nova York: W. W. Norton, 2001).
8. http://dailynews.yahoo.com/headlines/sc/story.html?s=v/nm/19990421/sc/health_autoimmune_1.html; J. Lee Nelson, "Your Cells Are My Cells", *Scientific American*, fevereiro de 2008, pp. 73-9.
9. www.washingtonpost.com/wp-dyn/content/article/2007/01/22/AR2007012200942.html.
10. Ethan Watters, "DNA is Not Your Destiny", *Discover*, novembro de 2006, pp. 32-7, 75.
11. www.discovermagazine.com/2006/nov/cover/article_view?b_start:int=2&-C= - 42k -.
12. *Ibid*.
13. Lynne McTaggart, *The Field* (Nova York: Harper Perennial, 2003), p. 44.
14. *Ibid*., pp. 43-55.
15. Jacob Liberman, *Light: Medicine of the Future* (Santa Fé, NM: Bear & Co., 1991), p. 110.
16. David A. Jernigan e Samantha Joseph, "Illuminated Physiology and Medical Uses of Light", *Subtle Energies & Energy Medicine* 16, nº 3 (2005): 251-69.
17. www.cell.com; www.cell.com/content/article/abstract?uid=PIIS0092867407007015, N. K. Lee, H. Sowa, E. Hinoi *et al.*, "Endocrine regulation of energy metabolism by the skeleton", *Cell* 130, nº 3 (10 de agosto de 2007): 456-69.
18. www.rolf.org; www.shands.org/health/imagepages/19089.htm.
19. Jernigan e Joseph, "Illuminated Physiology and Medical Uses of Light", pp. 252-53.
20. *Ibid*., p. 255.
21. Dawson Church, *The Genie in Your Genes* (Santa Rosa, CA: Elite Books, 2007), pp. 137-38.
22. Arden Wilken e Jack Wilken, "Our Sonic Pathways", *Subtle Energies & Energy Medicine* 16, nº 3 (2007): 271-82.
23. http://en.wikipedia.org/wiki/Brain; Anne D. Novitt-Moreno, *How Your Brain Works* (Emeryville, CA: ZiffDavis Press, 1995).
24. Robert O. Becker, "Modern Bioelectromagnetics & Functions of the Central Nervous System", *Subtle Energies & Energy Medicine* 3, nº 1 (1992): pp. 53-72.
25. Daniel G. Amen, *Change Your Brain, Change Your Life* (Nova York: Three Rivers Press, 1998).
26. *Ibid*., 37-8.
27. Candace Pert, *Molecules of Emotion: the Science Behind Mind-Body Medicine* (Nova York: Scribner, 1997).
28. *Ibid*., p. 23.
29. *Ibid*., pp. 24-5.
30. http://64.233.167.104/search?q=cache:lTt8NZxlWAQJ:www.intermountainhealthcare.org/xp/public/documents/pcmc/eeg.pdf+how+an+EEG+works&hl=en&ct=clnk&cd=2&gl=us.
31. Amen, *Change Your Brain, Change Your Life*, 143; Rosemary Ellen Guiley, *Harper's Encyclopedia of Mystical and Paranormal Experience* (Edison, NJ: Castle Books, 1991), p. 58.
32. www.monroeinstitute.com/content.php?content_id=27; Marcia Jedd, "Where Do You Want to Go Today?" Entrevista com Skip Atwater do Monroe Institute, *Fate Magazine*, julho de 1998, p. 36.
33. www.emotionalintelligence.co.uk/ezine/downloads/23_Book.pdf.
34. http://wongkiewkit.com/forum/attachment.php?attachmentid=596&d=1107898946; http://en.wikipedia.org/wiki/David_Cohen_(physicist).
35. *Ibid*.

36. www.affs.org/html/biomagnetism.html; Bethany Lindsay, "The Compasses of Birds", *The Science Creative Quarterly* 2 (setembro-novembro de 2006), www.scq.ubc.ca/?p=173, reimpressão da 1ª edição (6 de junho de 2005); www.item-bioenergy.com.
37. Guiley, *Harper's Encyclopedia of Mystical and Paranormal*, p. 58.
38. Hougham, *Atlas of Mind, Body and Spirit*, p. 30; Amen, *Change Your Brain, Change Your Life*, p. 143.
39. Guiley, *Harper's Encyclopedia of Mystical and Paranormal*, pp. 48-9.
40. "Alleviating Diabetes Complications", *M, newsletter* dos ex-alunos da Universidade de Michigan, Outono de 2007, p. 5; www.warmfeetkit.com/gpage3.html.
41. www.item-bioenergy.com.
42. I. Haimov e P. Lavie, "Melatonin – A Soporific Hormone", *Current Directions in Psychological Science* 5 (1996): 106-11.
43. Cyndi Dale, *Advanced Chakra Healing: Energy Mapping on the Four Pathways* (Berkeley, CA: Crossing, 2005), pp. 4, 139, 272.
44. www.acutcmdetox.com/tryptophan2.html; http://en.wikipedia.org/wiki/Tryptophan.
45. http://lila.info/document_view.phtml?document_id=21, onde se referenciam várias obras, entre as quais S. M. Roney-Dougal, "Recent Findings Relating to the Possible Role of the Pineal Gland in Affecting Psychic Abilities", *The Journal of the Society for Psychical Research* 56 (1989): 313-28.
46. *Ibid.*, referenciando-se J. C. Callaway, "A Proposed Mechanism for the Visions of Dream Sleep", *Medical Hypotheses* 26 (1988): 119-24.
47. *Ibid.*
48. http://www.rickstrassman.com/dmt/chaptersummaries.html.
49. Cyndi Dale, *Advanced Chakra Healing: Heart Disease* (Berkeley, CA: Crossing, 2007), pp. 6-7.
50. Stephen Harrod Buhner, *The Secret Teachings of Plants* (Rochester, VT: Bear & Co., 2004), p. 82.
51. *Ibid.*, p. 79.
52. *Ibid.*, p. 103.
53. *Ibid.*, pp. 103-15.
54. *Ibid.*, p. 61.
55. *Ibid.*, p. 83.
56. Puran Bair, "Visible Light Radiated from the Heart with Heart Rhythm Meditation", *Subtle Energies & Energy Medicine* 16, nº 3 (2005): 211-23.
57. http://en.wikipedia.org/wiki/Metabolism; http://www.kidshealth.org/parent/general/body_basics/metabolism.html; http://www.vivo.colostate.edu/hbooks/pathphys/endocrine/bodyweight/leptin.html; http://www.onsiteworkshops.com/manage/pdf1140126696.pdf.
58. www.merck.com/mmhe/sec09/ch118/ch118a.html; http://en.wikipedia.org/wiki/Digestion.
59. www.merck.com/mmhe/sec09/ch118/ch118a.html; Novitt-Moreno, *How Your Brain Works*; http://psychologytoday.com/articles/pto-19990501-000013.html; Michael Gershon, *The Second Brain* (Nova York: HarperCollins, 1999).
60. psychologytoday.com/articles/pto-19990501-000013.html.
61. http://en.wikipedia.org/wiki/Excretory_system.
62. http://en.wikipedia.org/wiki/Male_genital_organs; www.kidshealth.org/parent/general/body_basics/female_reproductive_system.html.
63. http://preventdisease.com/healthtools/articles/bmr.html; http://preventdisease.com/healthtools/articles/bmr.html.
64. www.trueorigin.org/atp.asp.
65. http://en.wikipedia.org/wiki/Taste.

PARTE III – CAMPOS DE ENERGIA

1. www.spaceandmotion.com/Physics-Quantum-Theory-Mechanics.htm; http://au.geocities.com/psyberplasm/ch6.html.

2. http://imagine.gsfc.nasa.gov/docs/science/know_l1/emspectrum.html; J. D. Berman e S. E. Straus, "Implementing a Research Agenda for Complementary and Alternative Medicine", *Annual Review of Medicine* 55 (2004): 239-54.
3. www.teachersdomain.org/resources/lsps07/sci/phys/energy/waves/index.html.
4. Lloyd, *Programming the Universe*; Ford, *The Quantum World*.
5. Curt Suplee, "The Speed of Light Is Exceeded in Lab: Scientists Accelerate a Pulse of Light", *Washington Post*, 20 de julho de 2000, A01; L. J. Wang, A. Kuzmich e A. Dogariu, "Gain-assisted Superluminal Light Propagation", *Nature*, 20 de julho de 2000.
6. Ford, *The Quantum World*, p. 242.
7. Larry Dossey, MD, *Alternative Therapies in Health and Medicine* 8, nº 2 (2002): 12-6, 103-10; www.noetic.org/research/dh/articles/HowHealingHappens.pdf.
8. Vestergaard Lene Hau, "Frozen Light", *Scientific American*, maio de 2003, pp. 44-51.
9. McTaggart, *The Field*.
10. http://hyperphysics.phy-astr.gsu.edu/hbase/ems3.html; www.magnetotherapy.de/Schumann-waves.152.0.html.
11. www.magnetotherapy.de/Bioenergetically-active-signals.153.0.html.
12. Michael Isaacson e Scott Klimek, "The Science of Sound", notas de aula, Normandale College, Bloomington, MN, Primavera de 2007.
13. Konstantin Meyl, traduzido para o inglês por Ben Jansen, "Scalar Waves: Theory and Experiments 1", *Journal of Scientific Exploration* 15, nº 2 (2001): 199-205.
14. Paul Devereux, *Places of Power* (Londres: Blandford Press, 1990); John B. Carlson, "Lodestone Compass: Chinese or Olmec Primacy?" *Science*, 5 de setembro de 1975, pp. 753-60.
15. Judy Jacka, *The Vivaxis Connection: Healing Through Earth Energies* (Charlottesville, VA: Hampton Roads, 2000), p. 197.
16. *Ibid.*, p. 198.
17. http://users.pandora.be/wouterhagens/biogeometry/grids_uk.htm.
18. Jacka, *The Vivaxis Connection*.
19. *Ibid.*, p. 6.
20. Steven Ross, org., "Magnetic Effects on Living Organisms", *World Research News*, 2º trimester de 2007.
21. www.wrf.org/alternative-therapies/magnetic-effects-on-living-organisms.php.
22. Georges Lakhovsky, *The Secret of Life* (Londres: True Health Publishing, 1963).
23. George W. Crile, *A Bipolar Theory of Living Processes* (Nova York: Macmillan, 1926).
24. George W. Crile, "A Bipolar Theory of the Nature of Cancer", *Annals of Surgery* LXXX, nº 3 (setembro de 1924): 289-97.
25. Thomas Colson, *Molecular Radiations* (São Francisco: Electronic Medical Foundation, 1953), pp. 140-41.
26. R. E. Seidel e M. Elizabeth Winter, "The New Microscopes", *Journal of Franklin Institute* 237, nº 2 (fevereiro de 1944): 103-30.
27. Jesse Ross, "Results, Theories, and Concepts Concerning the Beneficial Effects of Pulsed High Peak Power Electromagnetic Energy (Diapulse Therapy) in Accelerating the Inflammatory Process and Wound Healing" (artigo apresentado na Bioelectromagnetics Society, 3ª Conferência Anual, Washington DC, 9-12 de agosto de 1981); Dr. Euclid-Smith, "Report on 63 Case Histories", disponibilizado pela World Research Foundation.
28. Steven Ross, "The Waves that Heal: Georges Lakhovsky's Multiple Wave Oscillator", *World Research News*, 2º trimestre de 1996: 1.
29. *Ibid.*, p. 5.
30. Steven Ross, aprovado em *e-mail* à autora, 4 de março de 2008.
31. Harold Saxton Burr, "Excerpt from Blueprint for Immortality", reimpresso como "The Electrical Patterns of Life: The World of Harold Saxton Burr", *World Research News*, 2º trimester de 1997: 2, 5.
32. *Ibid.*

33. Albert Roy Davis e Walter C. Rawls Jr., *Magnetism and Its Effects on the Living System* (Hicksville, NY: Exposition Press, 1974); Albert Roy Davis e Walter C. Rawls Jr., *The Magnetic Effect* (Kansas City: Acre, 1975).
34. Ross, "The Electrical Patterns of Life", pp. 1-2.
35. http://en.wikipedia.org/wiki/L-field.
36. Edward Russell, *Design for Destiny* (Londres: Neville Spearman Ltd., 1971), p. 58.
37. Peter Watson, *Twins: An Uncanny Relationship?* (Nova York: Viking, 1981); Guy Lyon Playfair, *Twin Telepathy: The Psychic Connection* (Nova York: Vega, 2003).
38. Rollin McCraty, Mike Atkinson e Raymond Trevor Bradley, "Electrophysiological Evidence of Intuition: Part 2. A System-Wide Process?" *Journal of Alternative and Complementary Medicine* 10, nº 2 (2004): 325-36.
39. Russell, *Design for Destiny*, p. 59.
40. *Ibid.*, p. 60.
41. *Ibid.*, pp. 61-2.
42. *Ibid.*, p. 62.
43. E. Cayce e L. Cayce, *The Outer Limits of Edgar Cayce's Power* (Nova York: Harper and Row, 1971); W. A. McGarey, *The Edgar Cayce Remedies* (Nova York: Bantam, 1983).
44. C. N. Shealy e T. M. Srinivasan, orgs., *Clairvoyant Diagnosis: Energy Medicine Around the World* (Phoenix, AZ: Gabriel Press, 1988).
45. http://www.pubmedcentral.nih.gov/articlerender.fcgi?artid=1361216.
46. W. A. Tiller, W. E. Dibble Jr., R. Nunley *et al.*, "Toward General Experimentation and Discovery in Conditioned Laboratory Spaces: Part I. Experimental pH Change Findings at Some Remote Sites", *Journal of Alternative and Complementary Medicine* 10, nº 1 (2004): 145-57.
47. James Oschman, *Energy Medicine* (Nova York: Churchill Livingstone, 2000), p. 60.
48. Russell, *Design for Destiny*, p. 70.
49. www.mercola.com/2000/aug/13/geopathic_stress.htm.
50. www.healthastro.com/geopathic_stress.html.
51. Anders Albohm, Elisabeth Cardis, Adele Green, Martha Linet, David Savitz e Anthony Swerdlow, "Review of the Epidemiologic Literature on EMF and Health", *Environmental Health Perspectives* 109, nº S6 (dezembro de 2001): 9; Tore Tynes, L. Klaeboe e T. Haldorsen, "Residential and Occupational Exposure to 50 Hz Magnetic Fields and Malignant Melanoma: A Population Based Study", *Occupational and Environmental Medicine* 60, nº 5 (maio de 2003): 343-47; N. Wertheimer e E. Leeper, "Electrical Wiring Configurations and Childhood Cancer", *American Journal of Epidemiology* 109 (1979): 273-284; Anders Albohm, "Neurodegenerative Diseases, Suicide and Depressive Symptoms in Relation to EMF", *Bioelectromagnetics* 5: S132-143; J. Hansen, "Increased Breast Cancer Risk Among Women Who Work Predominantly at Night", *Epidemiology* 12, nº 1 (janeiro de 2001): 74-77; Y. N. Cao, Y. Zhang e Y. Liu, "Effects of Exposure to Extremely Low Frequency Electromagnetic Fields on Reproduction of Female Mice and Development of Offspring", *Zhonghua Lao Dong Wei Sheng Zhi Ye Bing Za Zhi* 24, nº 8 (agosto de 2006): 468-70.
52. Richard Gerber, *A Practical Guide to Vibrational Medicine* (Nova York: HarperCollins, 2000), p. 282. [*Um Guia Prático de Medicina Vibracional*, publicado pela Editora Cultrix, São Paulo, 2001, pp. 308-09.] (fora de catálogo)
53. www.darvill.clara.net/emag/emagradio.htm.
54. www.mercola.com/forms/ferrite_beads.htm.
55. http://sprott.physics.wisc.edu/demobook/chapter6.htm.
56. http://hyperphysics.phy-astr.gsu.edu/hbase/ems3.html.
57. www.darvill.clara.net/emag/emaggamma.htm.
58. http://tuxmobil.org/Infrared-HOWTO/infrared-howto-a-eye-safety.html; www.ryuarm.com/infrared.htm.
59. www.mercola.com/article/microwave/hazards2.htm.
60. http://hyperphysics.phy-astr.gsu.edu/hbase/ems3.html.

61. www.springerlink.com/index/Q192636T8232T247.pdf; Richard Gerber, *A Practical Guide to Vibrational Medicine*, p. 274. [*Um Guia Prático de Medicina Vibracional*, publicado pela Editora Cultrix, São Paulo, 2001, p. 303.] (fora de catálogo)
62. www.magnetotherapy.de/Bioenergetically-active-signals.153.0.html; www.magnetotherapy.de/Schumann-waves.152.0.html.
63. www.healthastro.com/geopathic_stress.html.
64. Jacka, *The Vivaxis Connection*, p. 197.
65. http://users.pandora.be/wouterhagens/biogeometry/grids_uk.html.
66. www.in2it.ca.
67. www.healthastro.com/geopathic_stress.html.
68. http://users.pandora.be/wouterhagens/biogeometry/grids_uk.html; www.healthastro.com/geopathic_stress.html.
69. "The Scientific Basis for Magnet Therapy – Analytical Research Report", Innovation Technologies and Energy Medicine, www.item-bioenergy.com; www.shokos.com/science.htm; www.consumerhealth.org/articles/display.cfm?id=19990303184500.
70. Gerber, Richard, *A Practical Guide to Vibrational Medicine*, p. 279. [*Um Guia Prático de Medicina Vibracional*, publicado pela Editora Cultrix, São Paulo, 2001, p. 304.] (fora de catálogo)
71. *Ibid.*, p. 305.
72. *Ibid.*, pp. 304-05.
73. *Ibid.*, p. 128.
74. *Ibid.*, pp. 305-12.
75. *Ibid.*, pp. 292-93.
76. G. M. Lee, Michael Yost, R. R. Neutra, L. Hristova e R. A. Hiatt, "A Nested Case-Control Study of Residential and Personal Magnetic Field Measures and Miscarriages", *Epidemiology* 13, nº 1 (janeiro de 2002): 21-31; De-Kun Li, Roxana Odouli, S. Wi, T. Janevic, I. Golditch, T. D. Bracken, R. Senior, R. Rankin e R. Iriye, "A Population-Based Prospective Cohort Study of Personal Exposure to Magnetic Fields During Pregnancy and the Risk of Miscarriage", *Epidemiology* 13, nº 1 (janeiro de 2002): 9-20; Maria Feychting, Anders Ahlbom, F. Jonsson e N. L. Pederson, "Occupational Magnetic Field Exposure and Neurodegenerative Disease", *Epidemiology* 14, nº 4 (julho de 2003): 413-19; Niklas Hakansson, P. Gustavsson, Birgitte Floderus e Christof Johanen, "Neurodegenerative Diseases in Welders and Other Workers Exposed to High Levels of Magnetic Fields", *Epidemiology* 14, nº 4 (julho de 2003): 420-26; Tore Tynes, L. Klaeboe e T. Haldorsen, "Residential and Occupational Exposure to 50 Hz Magnetic Fields and Malignant Melanoma: A Population Based Study", *Occupational and Environmental Medicine* 60, nº 5 (maio de 2003): 343-47.
77. Robert O. Becker, "Modern Bioelectromagnetics and Functions of the Central Nervous System", *Subtle Energies* 3, nº 1: 6.
78. Gerber, Richard, *A Practical Guide to Vibrational Medicine*, p. 276. [*Um Guia Prático de Medicina Vibracional*, publicado pela Editora Cultrix, São Paulo, 2001, p. 300.] (fora de catálogo)
79. *Ibid.*, p. 62.
80. *Ibid.*, p. 63.
81. Davis e Rawls, *Magnetism and Its Effects on the Living System*; A. Trappier *et al.*, "Evolving Perspectives on the Exposure Risks from Magnetic Fields", *Journal of the National Medical Association* 82, nº 9 (setembro de 1990): 621-24; Davis e Rawls, *The Magnetic Effect*; www.magnetlabs.com/articles/journalbioelectroinst.doc; www.magnetage.com/Davis_Labs_History.html.
82. www.magnetage.com/Davis_Labs_History.html.
83. Gerber, Richard, *A Practical Guide to Vibrational Medicine*, p. 275. [*Um Guia Prático de Medicina Vibracional*, publicado pela Editora Cultrix, São Paulo, 2001, p. 301.] (fora de catálogo)
84. E. Keller, "Effects of Therapeutic Touch on Tension Headache Pain", *Nursing Research* 35 (1986): 101-05; D. P. Wirth, "The Effect of Non-Contact Therapeutic Touch on the Healing Rate of Full Thickness Dermal Wounds", *Subtle Energies* 1 (1990): 1-20; G. Rein e R. McCraty, "Structural Changes in Water and DNA

Associated with New 'Physiologically' Measurable States", *Journal of Scientific Exploration* 8 (1994): 438-39; Jeanette Kissinger e Lori Kaczmarek, "Healing Touch and Fertility: A Case Report", *Journal of Perinatal Education* 15, nº 2: 13-20.

85. Daniel J. Benor, "Distant Healing, Personal Spirituality Workbook", *Subtle Energies* 11, nº 3 (2000): 249-64; www.WholisticHealingResearch.com.
86. www.healingtouchinternational.org.
87. R. C. Byrd, "Positive Therapeutic Effects of Intercessory Prayer in a Coronary Care Unit Population", *Southern Medical Journal* 81, nº 7 (1988): 826-29; www.healingtouchinternational.org/ index.php?option=com_content&task=view&id=83.
88. Oschman, *Energy Medicine*.
89. L. Russek e G. Schwartz, "Energy Cardiology: A Dynamical Energy Systems Approach for Integrating Conventional and Alternative Medicine", *Journal of Mind-Body Health* 12, nº 4 (1996): 4-24.
90. Daniel J. Benor, "Spiritual Healing as the Energy Side of Einstein's Equation", www.WholisticHealingResearch.com.
91. B. F. Sisken e J. Walder, "Therapeutic Aspects of Electromagnetic Fields for Soft Tissue Healing", em *Electromagnetic Fields: Biological Interactions and Mechanisms*, org. M. Blank (Washington, DC: American Chemical Society, 1995), 277-85.
92. J. Zimmerman, "Laying-on-of-Hands Healing and Therapeutic Touch: A Testable Theory", *BEMI Currents, Journal of the BioElectromagnetics Institute* 2 (1990): 8-17.
93. M. S. Benford, "Radiogenic Metabolism: An Alternative Cellular Energy Source", *Medical Hypotheses* 56, nº 1 (2001): 33-9.
94. B. Haisch e A. Rueda, "A Quantum Broom Sweeps Clean", *Mercury* 25, nº 2 (março/abril de 1996): 2-15.
95. V. Panov, V. Kichigin, G. Khaldeev et al., "Torsion Fields and Experiments", *Journal of New Energy* 2 (1997): 29-39.
96. Ledwith e Heinemann, *The Orb Project*, 54-5.
97. www.byregion.net/articles-healers/Sound_DNA.html.
98. www.sciencedaily.com/releases/1998/09/980904035915.htm.
99. www.chiro.org/ChiroZine/ABSTRACTS/Cervical_Spine_Geometry.shtml.
100. www.healingsounds.com.
101. Mark Alpert, "The Triangular Universe", *Scientific American*, de fevereiro de 2007, p. 24.
102. John Evans, *Mind, Body and Electromagnetism* (Dorset, Reino Unido: Element, 1986), p. 134. http://www.luisprada.com/Protected/the_planetary_grids.htm; http://www.aniwilliams.com/geometry_music_healing.htm; http://www.0disease.com/0platinicsolid_rest.html.
103. www.sacredsites.com/europe/ireland/tower_of_cashel.html.
104. www.luisprada.com/Protected/the_planetary_grids.html; www.aniwilliams.com/geometry_music_healing.html.
105. www.0disease.com/0platonicsolid_rest.html.
106. P. S. Callahan, "The Mysterious Round Towers of Ireland: Low Energy Radio in Nature", *The Explorer's Journal* (Verão de 1993): 84-91.
107. Harvey Lisle, *The Enlivened Rock Powders* (Shelby, NC: Acres, 1994).
108. Steve Gamble, "Healing Energy and Water", www.hado.net.
109. Ralph Suddath, "Messages from Water: Water's Remarkable Expressions", www.hado.net.
110. *Ibid.*
111. www.frankperry.co.uk/Cymatics.htm; www.physics.odu.edu/~hyde/Teaching/Chladni_Plates.html.
112. *Ibid.*
113. www.redicecreations.com/specialreports/2006/01jan/solfeggio.html.
114. *Ibid.*
115. *Ibid.*
116. www.tomatis.com/English/Articles/how_we_listen.html.
117. www.tomatis.com/English/Articles/add_adhd.html.

118. www.byregion.net/articles-healers/Sound_DNA.html.
119. *Ibid*.
120. *Ibid*.
121. Michael Shermer, "Rupert's Resonance", *Scientific American*, novembro de 2005, p. 19; Rupert Sheldrake, *A New Science of Life* (Rochester, VT: Park Street, 1995). [*Uma Nova Ciência da Vida*, publicado pela Editora Cultrix, São Paulo, 2014.]
122. Brennan, *Hands of Light*, p. 49. [*Mãos de Luz*, publicado pela Editora Pensamento, São Paulo, 22ª edição, 2018, pp. 92-3.]
123. Bendit e Bendit, *The Etheric Body of Man*, p. 22. [*O Corpo Etérico do Homem*, publicado pela Editora Pensamento, São Paulo, 1979.] (fora de catálogo)
124. Gerber, Richard, *A Practical Guide to Vibrational Medicine*, pp. 125-26. [*Um Guia Prático de Medicina Vibracional*, publicado pela Editora Cultrix, São Paulo, 2001.] (fora de catálogo)
125. www.bearcy.com/handsoflight5.html.
126. John White e Stanley Krippner, *Future Science* (Nova York: Anchor, 1977).
127. http://en.wikipedia.org/wiki/Jan_Baptist_van_Helmont; www.theosociety.org/pasadena/fund/fund-10.htm.
128. http://gvanv.com/compass/arch/v1402/albanese.html.
129. http://en.wikipedia.org/wiki/Odic_force; www.bearcy.com/handsoflight5.html.
130. Walter J. Kilner, *The Human Aura* (Nova York: University Books, 1965). [*A Aura Humana*, publicado pela Editora Pensamento, São Paulo, 1987.] (fora de catálogo)
131. Wilhelm Reich, *The Discovery of the Orgone, Vol. 1, The Function of the Orgasm*, traduzido para o inglês por Theodore P. Wolfe (Nova York: Orgone Institute Press, 1942), 2ª ed. (Nova York: Farrar, Straus and Giroux, 1961); Wilhelm Reich, *The Cancer Biopathy* (Nova York: Farrar, Straus and Giroux, 1973).
132. P. D. e L. J. Bendit, *Man Incarnate* (Londres: Theosophical Publishing House, 1957).
133. Dora Kunz e Erik Peper, "Fields and Their Clinical Implications", *The American Theosophist* (dezembro de 1982): 395.
134. www.bearcy.com/handsoflight5.html; http://biorespect.com/lesnews.asp?ID=5&NEWSID=119.
135. www.mietekwirkus.com/testimonials_friedman.html.
136. Valerie V. Hunt, Wayne W. Massey, Robert Weinberg, Rosalyn Bruyere e Pierre M. Hahn, "A Study of Structural Integration from Neuromuscular, Energy Field, and Emotional Approaches" (1977), patrocinado pelo Rolf Institute of Structural Integration; www.rolf.com.au/downloads/ucla.pdf.
137. Oschman, *Energy Medicine*.
138. *Ibid.*, p. 30.
139. *Ibid.*, p. 34.
140. Brennan, *Hands of Light*, p. 34. [*Mãos de Luz*, publicado pela Editora Pensamento, São Paulo, 22ª edição, 2018, p. 46.]
141. Evans, *Mind, Body and Electromagnetism*, p. 22.
142. *Ibid.*, pp. 47-54.
143. *Ibid*.
144. http://homepage.ntlworld.com/homeopathy_advice/Theory/Intermediate/miasm.html.
145. Gerber, Richard, *A Practical Guide to Vibrational Medicine*, p. 146. [*Um Guia Prático de Medicina Vibracional*, publicado pela Editora Cultrix, São Paulo, 2001.] (fora de catálogo)
146. Jon Whale, "Core Energy Surgery for the Electromagnetic Body", www.positivehealth.com/article-list.ph"p?subjectid=95.
147. Dale, *Advanced Chakra Healing*, pp. 131-32.
148. www.sevenraystoday.com/sowhataresthesevenrays.htm.
149. www.assemblagepointcentre.com; Jon Whale, "Core Energy, Case Studies", www.positivehealth.com/article-list.ph"p?subjectid=95.
150. Samuel Hahnemann, *Organon*, 5ª ed. (R. C. Tandon: B. Jain Publishers Pvt. Ltd., 2002).

PARTE IV – CANAIS DE ENERGIA, CANAIS DE LUZ

1. Imre Galambos, "The Origins of Chinese Medicine: The Early Development of Medical Literature in China", em www.zhenjiu.de/Literature/Fachartikel/englisch/origins-of.htm; www.logoi.com/notes/chinese_medicine.html; Manfred Pokert, *The Theoretical Foundations of Chinese Medicine: Systems of Correspondence* (Cambridge, MA: MIT Press, 1974); Nathan Sivin, "Huangdi Neijing", em *Early Chinese Texts: A Bibliographical Guide*, org. Michael Loewe (Berkeley, CA: IEAS, 1993).
2. www.logoi.com/notes/chinese_medicine.html.
3. www.herbalhealing.co.uk/Acupuncture_Introduction.htm; http://en.wikipedia.org/wiki/History_of_science_and_technology_in_China.
4. www.compassionateacupuncture.com/How%20Acupuncture%20Works.htm; www.peacefulmind.com/articlesa.htm.
5. Beverly Rubik, "Can Western Science Provide a Foundation for Acupuncture?" *Alternative Therapies* 1, nº 4 (setembro de 1995): 41-7. www.emofree.com/Research/meridianexistence.htm.
6. www.compassionateacupuncture.com; www.peacefulmind.com.
7. Pokert, *Theoretical Foundations of Chinese Medicine*; www.acupuncture.com/education/tcmbasics/mienshiang.htm; http://biologie.wewi.eldoc.ub.rug.nl/FILES/root/publ/2006/acupunctuur/rap69acupunctuur.pdf; www.compassionateacupuncture.com/How%20Acupuncture%20Works.htm; www.emofree.com/Research/meridianexistence.htm; Ted Kaptuchuk, *The Web That Has No Weaver* (Nova York: Congdon and Weed, 1983); Henry C. Lu, *Traditional Chinese Medicine* (Laguna Beach, CA: Basic Health Publications, 2005); Giovanni Maciocia, *The Foundations of Chinese Medicine: A Comprehensive Text for Acupuncturists and Herbalists*, 2ª ed. (Nova York: Churchill Livingstone, 2005); Giovanni Maciocia, *The Practice of Chinese Medicine*, 1ª ed. (Nova York: Churchill Livingstone, 1997); www.acupuncture.com; www.acupuncture.com/education/theory/acuintro.htm; http://nccam.nih.gov/health/acupuncture/; www.informit.com/articles/article.aspx?p=174361.
8. http://tcm.health-info.org/WHO-treatment-list.htm; http://en.wikipedia.org/wiki/Meridian_(Chinese_medicine).
9. L. V. Carnie, *Chi Gung* (St. Paul, MN: Llewellyn, 1997); Waysun Liao, *The Essence of T'ai Chi* (Boston: Shambhala, 1995).
10. www.informit.com/articles/article.aspx?p=174361.
11. www.matzkefamily.net/doug/papers/tucson2b.html.
12. http://paraphysics-research-institute.org/Contents/Articles/Physics%20and%20the%20Paranormal.htm.
13. Ruth Kidson, *Acupuncture for Everyone* (Rochester, VT: Healing Arts, 2000), 34.
14. *Ibid.*; www.compassionateacupuncture.com/How%20Acupuncture%20Works.htm.
15. www.peacefulmind.com/articlesa.htm.
16. Gary Taubes, "The Electric Man", *Discover*, abril de 1986, pp. 24-37.
17. Björn Nordenström, *Biologically Closed Electric Circuits: Clinical, Experimental and Theoretical Evidence for an Additional Circulatory System* (Estocolmo: Nordic Medical Publications, 1983).
18. *Ibid.*, p. 26.
19. www.ursus.se/ursus/publications.shtml.
20. *Ibid*.
21. Robert O. Becker, *Cross Currents* (Nova York: Penguin, 1990), p. 159.
22. *Ibid.*, pp. 159-60.
23. *Ibid.*, pp. 153-54.
24. Rubik, "Can Western Science Provide a Foundation for Acupuncture?"
25. www.peacefulmind.com/articlesa.htm.
26. M. M. Giraud-Guille, "Twisted Plywood Architecture of Collagen Fibrils in Human Compact Bone Osteons", *Calcified Tissue International* 42 (1988): 167-80.
27. Tiller, *Science and Human Transformation*, pp. 117-19.
28. *Ibid.*, p. 120.
29. www.tillerfoundation.com/science.html.
30. www.astronutrition.com; www.healthguidance.org/entry/3441/1/Hyaluronic-Acid-The-Fountain-of-Youth.html.

31. P. H. Weigel, G. M. Fuller e R. D. LeBoeuf, "A Model for the Role of Hyaluronic Acid and Fibrin in the Early Events During the Inflammatory Response and Wound Healing", *Journal of Theoretical Biology* 119, nº 2 (1986): 219-34.
32. www.naturalworldhealing.com/body-energy-imaging-proposal.htm.
33. www.energymed.org/hbank/handouts/harold_burr_biofields.htm.
34. www.harmonics.com.au/acuenergetics.shtml.
35. www.bibliotecapleyades.net/ciencia/ciencia_humanmultidimensionaanatomy.htm.
36. http://links.jstor.org/sici?sici=0305-7410(196507%2F09)23%3C28%3ACTMAPV%3E2.0.CO%3B2-9; S. Rose-Neil, "The Work of Professor Kim Bonghan", *The Acupuncturist* 1, nº 15 (1967): 15-9; W. Tiller, "Some Energy Observations of Man and Nature", *The Kirlian Aura* (Garden City, NY: Doubleday, 1974), pp. 123-45; www.okmedi.net/English/ebody01/meridians01.asp; www.okchart.com/English/ebody02/ehistory02a.asp; wwwsoc.nii.ac.jp/islis/en/journalE/abst231E.htm.
37. www.biomeridian.com/virtual-medicine.htm.
38. www.miridiatech.com/acugraph/originandhistory.htm; www.sanavida.info/acupuncture-q-and-a.html.
39. Z.-X. Zhu, "Research Advances in the Electrical Specificity of Meridians and Acupuncture Points", *American Journal of Acupuncture* 9 (1981): 203-16.
40. www.medicalacupuncture.com/aama_marf/journal/vol13_1/article7.html.
41. http://sci.tech-archive.net/Archive/sci.physics/2005-02/4794.html; http://marquis.rebsart.com/dif.html; I. F. Dumitrescu, "Contribution to the Electro-Physiology of the Active Points", Conferência Internacional de Acupuntura, Bucareste, Romênia, 1977, citado em "Research Advances in the Electrical Specificity of Meridians and Acupuncture Points", *American Journal of Acupuncture* 9, nº 3 (1981): 9.
42. M. Mussat, traduzido para o inglês por E. Serejski, *Acupuncture Networks* 2 (1997).
43. http://biologie.wewi.eldoc.ub.rug.nl/FILES/root/publ/2006/acupunctuur/rap69acupunctuur.pdf; Jia-Xu Chen e Sheng-Xing Ma, *The Journal of Alternative and Complementary Medicine* 11, nº 3 (2005): 423-31.
44. P. de Vernejoul *et al.*, "Etude des meridiens d'acupuncture par les traceurs radioactifs", *Bulletin of the Academy of National Medicine* (Paris) 169 (outubro de 1985): 1071-075.
45. Jean-Claude Darras, Pierre de Vernejoul e Pierre Albarède, "A Study on the Migration of Radioactive Tracers after Injection at Acupoints", *American Journal of Acupuncture* 20, nº 3 (1992): 245-46; Fred Gallo, "Evidencing the Existence of Energy Meridians", www.emofree.com/Research/meridianexistence.htm.
46. Darras, de Vernejoul e Albarède, "A Study on the Migration of Radioactive Tracers after Injection at Acupoints."
47. *Ibid.*; Gallo, "Evidencing the Existence of Energy Meridians."
48. Rubik, "Can Western Science Provide a Foundation for Acupuncture?"
49. *Ibid.*; www.peacefulmind.com/articlesa.htm.
50. Hiroshi Motoyama e Rande Brown, *Science and the Evolution of Consciousness* (Brookline, MA: outono de 1978): 112-13, 145-47.
51. Yoshio Nagahama e Masaaki Maruyama, *Studies on Keiraku* (Tóquio: Kyorinshoin Co. Ltd., 1950), citado em Motoyama, *Science and the Evolution of Consciousness*, pp. 112-13.
52. www.drdanazappala.com/Colorlight.asp; www.acupuncturetoday.com/archives2003/jul/07starwynn.html; www.holisticonline.com/LightTherapy/light_conductor.htm.
53. Hiroshi Motoyama, Gaetan Chevalier, Osamu Ichikawa e Hideki Baba, "Similarities and Dissimiliarities of Meridian Functions Between Genders", *Subtle Energies & Energy Medicine* 14, nº 3 (2003): 201-19.
54. David Olszewski e Brian Breiling, "Getting into Light: The Use of Phototherapy in Everyday Life", em *Light Years Ahead*, org. Brian Breiling (Berkeley, CA: Celestial Arts, 1996), p. 286.
55. www.yinyanghouse.com/acupuncturepoints/locations_theory_and_clinical_applications.
56. www.worldtaa.org/acupuncture/meridians-acupuncture.html.
57. www.chinesemedicinesampler.com/acupuncture.html.
58. www.acupuncture.com.au/education/acupoints/category-antique.html; www.findmyhealer.co.uk/acupuncture.html; http://en.wikipedia.org/wiki/Acupuncture_point; www.yinyanghouse.com/acupuncturepoints/point_categories.

59. George T. Lewith, Peter J. White e Jeremie Pariente, "Investigating Acupuncture Using Brain Imaging Techniques: The Current State of Play", http://ecam.oxfordjournals.org/cgi/content/full/2/3/315.
60. www.chinesemedicinesampler.com/acupuncture.html.
61. Maciocia, *The Foundations of Chinese Medicine*; Maciocia, *The Practice of Chinese Medicine*.
62. Lu, *Traditional Chinese Medicine*; http://deepesthealth.com/2007/chinese-medicine-and-the-emotionswhat-does-the-neijing-say; Karol K. Truman, *Feelings Buried Alive Never Die* (Brigham City, UT: Brigham Distributing, 1991).
63. www.periodensystem.ch/Tmax_english.html; http://tuberose.com/meridians.html.
64. William Tiller, *Science and Human Transformation* (Walnut Creek, CA: Pavior Publishing, 1997), p. 121.
65. *Ibid.*
66. Evans, *Mind, Body and Electromagnetism*, p. 43.
67. Motoyama e Brown, *Science and the Evolution of Consciousness*, pp. 81-5.
68. *Ibid.*, pp. 81-6.
69. www.windemereschoolofmassage.com/meridian/LightBody/villoldo2.asp.
70. Alberto Villoldo, *Shaman, Healer, Sage* (Nova York: Harmony, 2000).
71. Hernan Garcia, A. Sierra, H. Balam e J. Conant, *Wind in the Blood: Mayan Healing & Chinese Medicine* (Taos, NM: Redwing Books, 1999).

PARTE V – CORPOS DE ENERGIA: OS CHAKRAS E OUTROS "CONVERSORES DE LUZ"

1. Dennis William Hauck, *The Emerald Tablet* (Nova York: Penguin, 1999), p. 51.
2. N. N. Bhattacharyya, *History of the Tantric Religion*, 2ª ed. rev. (Nova Délhi: Manohar, 1999), pp. 385-86.
3. Arthur Avalon, *The Serpent Power* (Nova York: Dover, 1974), pp. 1-18.
4. Brennan, *Hands of Light*, p. 54. [*Mãos de Luz*, Publicado pela Editora Pensamento, São Paulo, 22ª edição, 2018, p. 100.]
5. Katrina Raphaell, *The Crystalline Transmission* (Santa Fé, NM: Aurora Press, 1990), pp. 19-38. [*Transmissões Cristalinas*, publicado pela Editora Pensamento, São Paulo, 1992.] (fora de catálogo)
6. Caroline Shola Arewa, *Opening to Spirit* (Nova York: Thorsons/HarperCollins, 1998), p. 51.
7. *Ibid.*, p. 54.
8. Martin Bernal, *Black Athena* (Nova York: Vintage, 1987).
9. Arewa, *Opening to Spirit*, pp. 51-3.
10. *Ibid.*, p. 57.
11. Muata Ashby, *Egyptian Yoga Volume I: The Philosophy of Enlightenment*, 2ª ed. (U.S.A., Sema Institute/C.M. Book Publisher, 2005); Muata Ashby, *The Black African Egyptians* (U.S.A., Sema Institute/C.M. Book Publisher, 2007).
12. Avalon, *The Serpent Power*, p. 2.
13. C. W. Leadbeater, *The Chakras* (Wheaton, IL: Quest Books, 1927). [*Os Chakras*, publicado pela Editora Pensamento, São Paulo, 1960.]
14. Anodea Judith, *Eastern Body Western Mind: Psychology and the Chakra System as a Path to the Self* (Berkeley, CA: Celestial Arts, 1996).
15. Avalon, *The Serpent Power*, p. 36.
16. Naomi Ozaniec, *Chakras for Beginners* (Pomfret, VT: Trafalgar Square, 1995); www.geocities.com/octanolboy/bpweb/Chpt06.htm; www.universal-mind.org/Chakra_pages/ProofOfExistence.htm; www.bioenergyfields.org.
17. www.emaxhealth.com/26/1115.html.
18. Valerie Hunt, Wayne W. Massey, Robert Weinberg, Rosalyn Bruyere e Pierre M. Hahn, "A Study of Structural Integration from Neuromuscular, Energy Field, and Emotional Approaches" (Resumo, 1977, www.somatics.de/HuntStudy.html).
19. Shafica Karagulla, *The Chakras and Human Energy Fields* (Wheaton, IL: Quest, 1989). [*Os Chakras e os Campos de Energia Humanos*, publicado pela Editora Pensamento, São Paulo, 1991.]

20. www.geocities.com/octanolboy/bpweb/Chpt06.htm.
21. www.bibliotecapleyades.net/ciencia/ciencia_humanmultidimensionaanatomy.htm.
22. www.geocities.com/octanolboy/bpweb/Chpt06.htm; www.bibliotecapleyades.net/ciencia/ciencia_humanmultidimensionaanatomy.htm.
23. Motoyama e Brown, *Science and the Evolution of Consciousness*, p. 86.
24. Harish Johari, *Chakras: Energy Centers of Transformation* (Rochester, VT: Destiny, 2000). [*Chakras – Centros de Energia de Transformação*, publicado pela Editora Pensamento, São Paulo, 2010.]
25. Arthur Avalon, *Mahanirvana Tantra* (Lodi, CA: Auromere, 1985).
26. Avalon, *The Serpent Power*, p. 261.
27. Jean Varenne, *Yoga and the Hindu Tradition* (Chicago: University of Chicago Press, 1976), p. 159.
28. www.beezone.com/DevatmaShakti/Chapter7.html.
29. www.wholebeingexplorations.com/matrix/SpSt/nadis.htm.
30. Don Glassey, "Life Energy and Healing: The Nerve, Meridian and Chakra Systems and the CSF Connection", www.ofspirit.com/donglassey1.htm.
31. Johari, *Chakras*, pp. 29-30. [*Chakras – Centros de Energia de Transformação*, publicado pela Editora Pensamento, São Paulo, 2010, p. 40.]
32. *Ibid.*, 40-53; Varenne, *Yoga and the Hindu Tradition*.
33. Tommaso Palamidessi, *The Caduceus of Hermes* Archeosofica org. (1969); recuperado de http://en.wikipedia.org/wiki/Nadi_(yoga).
34. Varenne, *Yoga and the Hindu Tradition*, pp. 161-62.
35. www.sunandmoonstudio.com/YogaArticle/InvisibleAnatomy.shtml; Johari, *Chakras*, pp. 16-7.[*Chakras – Centros de Energia de Transformação*, publicado pela Editora Pensamento, São Paulo, 2010, p. 26.]
36. Varenne, *Yoga and the Hindu Tradition*, p. 158.
37. *Ibid.*, pp. 156-58.
38. Tenzin Wangyal Rinpoche, *Healing with Form, Energy, and Light* (Ithaca, NY: Snow Lion, 2002).
39. *Ibid.*, pp. xix-xxi.
40. Tenzin Wangyal Rinpoche, *Tibetan Sound Healing* (Boulder, CO: Sounds True, 2006).
41. www.tantra.com/tantra/what_is_tantra/a_definition_of_tantra.html.
42. Gyalwa Changchub e Namkhai Nyingpo, Tradução para o inglês de Padmalcara Translation Group, *Lady of the Lotus-Born* (Boston: Shambhala, 2002).
43. Hunbatz Men, *Secrets of Mayan Science/Religion* (Santa Fé, NM: Bear & Co., 1990), p. 58.
44. *Ibid.*
45. *Ibid.*, p. 111.
46. Dhyani Ywahoo, *Voices of Our Ancestors* (Boston, MA: Shambhala, 1987).
47. *Ibid.*, p. 90.
48. *Ibid.*, p. 29.
49. *Ibid.*, pp. 273-77.
50. *Ibid.*, p. 19.
51. *Ibid.*, pp. 100-03.
52. Villoldo, *Shaman, Healer, Sage*, p. 106.
53. *Ibid.*, p. 76.
54. Zachary Lansdowne, *The Revelation of Saint John* (York Beach, ME: Red Wheel/Weiser, 2006).
55. *Ibid.*, p. 68.
56. Kerry Wisner, *Song of Hathor: Ancient Egyptian Ritual for Today* (Nashua, NH: Hwt-Hrw Publications, 2002); www.hwt-hrw.com/Bodies.php; www.spiritmythos.org/TM/9energybodies.html; www.theafrican.com/Magazine/Cosmo.htm; Ra Un Nefer Amen, *Metu Neter, Vol. 1: The Great Oracle of Tehuti, and the Egyptian System of Spiritual Cultivation* (Brooklyn, NY: Khamit Media Tran Visions, Inc., 1990); Ra Un Nefer Amen, *Tree of Life Meditation System (T.O.L.M)* (Brooklyn, NY: Khamit Publications, 1996); Charles S. Finch, III, *The Star of*

Deep Beginnings: The Genesis of African Science and Technology (Decatur, GA: Khenti, 1998); A. David e Paul Rosalie, *The Ancient Egyptians* (Londres: Routledge & Kegan Paul, 1982); Dimitri Meeks e Christine Favard-Meeks, *Daily Life of the Egyptian Gods* (Ithaca, NY: Cornell University Press, 1996); http://findarticles.com/p/articles/mi_qa3822/is_200410/ai_n14681734/pg_14.

57. www.theafrican.com/Magazine/Cosmo.htm; www.wisdomworld.org/additional/ancientlandmarks/AncientWisdomInAfrica1.html.
58. Ra Un Nefer Amen, *Tree of Life Meditation System*.
59. Joseph W. Bastien, *Mountain of the Condor* (Long Grove, IL: Waveland Press, 1985), pp. 8-9.
60. Cyndi Dale, *Advanced Chakra Healing* (Berkeley, CA: Crossing, 2005); Cyndi Dale, *New Chakra Healing* (Woodbury, MN: Llewellyn, 1996).
61. Shyam Sunda Goswamik, *Layayoga* (Rochester, VT: Inner Traditions, 1999), pp. 160-64.
62. Johari, *Chakras*, pp. 141-43.[*Chakras – Centros de Energia de Transformação*, publicado pela Editora Pensamento, São Paulo, 2010, p. 109.]
63. Varenne, *Yoga and the Hindu Tradition*, p. 170.
64. David Furlong, *Working with Earth Energies* (Londres: Piatkus, 2003).
65. Raphaell, *The Crystalline Transmission*, p. 19. [*Transmissões Cristalinas*, publicado pela Editora Pensamento, São Paulo, 1992.] (fora de catálogo)
66. Georgia Lambert Randall, "The Etheric Body" (notas de aula, 1983); Georgia Lambert Randall, *Esoteric Anatomy* (série de fitas, Wrekin Trust UK, 1991), citado em Arewa, *Opening to Spirit*, p. 5.
67. Diane Stein, *Women's Psychic Lives* (St. Paul, MN: Llewellyn, 1988), p. 26.
68. Dale, *Advanced Chakra Healing*.
69. www.getprolo.com/connective_tissue2.htm.
70. Dale, *Advanced Chakra Healing*.
71. Cyndi Dale, *Illuminating the Afterlife* (Louisville, CO: Sounds True, 2008).
72. Dale, *Advanced Chakra Healing*, pp. 53-7.
73. Cyndi Dale, *Zap, You're a Teen!*, e-book (Minneapolis, MN: Life Systems Services Corp., 2005), www.cyndidale.com; Cyndi Dale, *The Spirit's Diet*, e-book (Minneapolis, MN: Life Systems Services Corp., 2005), www.cyndidale.com; Cyndi Dale, *Attracting Your Perfect Body Through the Chakras* (Berkeley, CA: Crossing, 2006).
74. www.americansportsdata.com/obesityresearch.asp.
75. Ted Andrews, *Simplified Magick* (St. Paul, MN: Llewellyn, 1989); Will Parfitt, *Elements of the Qabalah* (Nova York: Element, 1991); Gershon Winkler, *Magic of the Ordinary* (Berkeley, CA: North Atlantic, 2003); Rabbi Laibl Wolf, *Practical Kabbalah* (Nova York: Three Rivers, 1999).
76. Parfitt, *Elements of the Qabalah*.

PARTE VI – PRÁTICAS ENERGÉTICAS

1. www.centerforaltmed.com/?page_id=5.
2. H. L. Fields e J. C. Liebeskind, orgs., *Pharmacological Approaches to the Treatment of Chronic Pain: New Concepts and Critical Issues—Progress in Pain Research and Management*, Vol. 1 (Seattle: IASP Press, 1994); D. L. Gebhart, G. Hammond e T. S. Jensen, *Proceedings of the 7th World Congress on Pain – Progress in Pain Research and Management*, Vol. 2 (Seattle, WA: IASP Press, 1994); J. S. Han, *The Neurochemical Basis of Pain Relief by Acupuncture*, Vol. 2 (Hubei, China: Hubei Science and Technology Press, 1998), citado em www.chiro.org/acupuncture/ABSTRACTS/Beyond_endorphins.shtml.
3. Subhuti Dharmananda, "Electro-Acupuncture", www.itmonline.org/arts/electro.htm.
4. www.answers.com/topic/electroacupuncture.
5. www.chiro.org/acc/What_is_Ryodoraku.shtml.
6. Julia J. Tsuei, "Scientific Evidence in Support of Acupuncture and Meridian Theory: I. Introduction", www.healthy.net/scr/article.asp?Id=1087, publicado originalmente em IEEE, *Engineering in Medicine and Biology* 15, nº 3 (maio/junho de 1996).

7. www.naokikubota.com.
8. www.spiritofmaat.com/archive/mar1/aurasoma.html.
9. Mapa Kubota, p. 336.
10. http://veda.harekrsna.cz/encyclopedia/ayurvedantacakras.htm; Alan Keith Tillotson, *The One Earth Herbal Sourcebook: Everything You Need to Know About Chinese, Western, and Ayurvedic Herbal Treatments* (Nova York: Kensington, 2001).
11. Steven Ross, org., "Dr. Giuseppe Calligaris: The Television Powers of Man", *World Research News*, primeiro trimestre de 2005: 1.
12. *Ibid.*
13. *Ibid.*, p. 4.
14. Hubert M. Schweizer, "Calligaris", palestra apresentada na Universidade de York, 3 de setembro de 1987, distribuída pela World Research Foundation.
15. *Ibid.*, p. 11.
16. *Ibid.*
17. Dale, *Advanced Chakra Healing*, pp. 63-6.
18. Liz Simpson, *The Book of Chakra Healing* (Nova York: Sterling, 1999).
19. Dale, *Advanced Chakra Healing*.
20. www.wrf.org/men-women-medicine/spectrochrome-dinshah-ghadiali.php.
21. M. Terman e J. S. Terman, "Light Therapy for Seasonal and Nonseasonal Depression: Efficacy, Protocol, Safety, and Side Effects", *CNS Spectrums* 10 (2005): 647-63; Bruce Bowser, "Mood Brighteners: Light Therapy Gets Nod as Depression Buster", *Science News* 167, nº 1 (23 de abril de 2005): 399.
22. http://en.wikipedia.org/wiki/Light_therapy.
23. Jacob Liberman, *Light: Medicine of the Future* (Santa Fé, NM: Bear & Co., 1991), p. 9.
24. *Ibid.*
25. Reed Karaim, "Light That Can Cure You", Special Health Report: Caring for Aging Parents, Health, *USA Weekend*, 4 de fevereiro de 2007.
26. Liberman, *Light: Medicine of the Future*, pp. 27-34.
27. *Ibid.*
28. McTaggart, *The Field*, pp. 44-51; H. E. Puthoff, "Zero-Point Energy: An Introduction", *Fusion Facts* 3, nº 3 (1991): 1.
29. Steven Vazquez, "Brief Strobic Phototherapy: Synthesis of the Future", em *Light Years Ahead*, p. 79.
30. *Ibid.*, p. 97.
31. *Ibid.*, p. 85.
32. *Ibid.*, pp. 79, 85.
33. Dale, *Advanced Chakra Healing*, pp. 190-93.
34. Akhila Dass e Manohar Croke, "Colorpuncture and Esogetic Healing: The Use of Colored Light in Acupuncture", em *Light Years Ahead*, pp. 233-57.
35. Olszewski e Breiling, "Getting Into Light", pp. 237-38.
36. www.emofree.com.
37. *Ibid.*
38. Dale, *Advanced Chakra Healing*, pp. 190-93.
39. *Ibid.*, pp. 193-94.
40. Tiller, *Science and Human Transformation*, p. 255. Cita-se em nota de rodapé G. Vithoulkas, *The Science of Homeopathy* (Nova York: Grove, 1980).
41. Gerber, Richard, *A Practical Guide to Vibrational Medicine*, p. 121. [*Um Guia Prático de Medicina Vibracional*, publicado pela Editora Cultrix, São Paulo, 2001, p. 139.] (fora de catálogo)

42. Tiller, *Science and Human Transformation*, p. 255. Cita-se em nota de rodapé M. Rae, "Potency Simulation by Magnetically Energised Patterns (An Alternate Method of Preparing Homeopathic Remedies)", *British Radionic Quarterly* 19, nº 2 (março de 1973): 32-40.
43. www.masaru-emoto.net.
44. www.appliedkinesiology.com; www.kinesiology.net/ak.asp; www.healthy-holistic-living.com/electrodermal-testing.html; www.drciprian.com; www.touch4health.com.
45. James Tyler Kent, *Repertory of the Homeopathic Materia Medica and a Word Index*, 6ª ed. (Nova Délhi: B. Jain Publishers, 2004).
46. D. Cohen, Y. Palti, B. N. Cuffin e S. J. Schmid, "Magnetic Fields Produced by Steady Currents in the Body", *Proceedings of the National Academy of Science* 77 (1980): 1447-1451.
47. C. Shang, M. Lou e S. Wan, "Bioelectrochemical Oscillations", *Science Monthly* 22 [Chinese] (1991): 74-80.
48. R. O. Becker e A. A. Marino, *Electromagnetism and Life* (Albany: State Univ. of Nova York, 1982).
49. www.magnetlabs.com/articles/journalbioelectroinst.doc.
50. M. Tany, S. Sawatsugawa e Y. Manaka, "Acupuncture Analgesia and its Application in Dental Practices", *American Journal of Acupuncture* 2 (1974): 287-95. http://pt.wkhealth.com/pt/re/ajhp/fulltext. 00043627-200506150-00011.htm.
51. www.item-bioenergy.com/infocenter/ScientificBasisMagnetTherapy.pdf.
52. Kiyoshi Ikenaga, *Tsubo Shiatsu* (Vancouver, BC, Canadá: Japan Shiatsu, Inc., 2003), p. 39.
53. *Ibid.*
54. *Ibid.*, p. 31.
55. *Ibid.*, p. 34.
56. *Ibid.*, pp. 35-6.
57. Asokananda (Harald Brust) e Chow Kam Thye e *The Art of Traditional Thai Massage Energy Line Chart*, org. Richard Bentley (Bangkok: Nai Suk's Editions Co. Ltd., 1995).
58. Tabela de Ralph Wilson (www.NaturalWorldHealing.com), que acrescentou as emoções associadas com base na obra de Dietrich Klinghardt, MD (www.Klinghardt.org and www.NeuralTherapy.com); Louisa Williams, www.RadicalMedicine.com.
59. www.cancertutor.org/Other/Breast_Cancer.html; http://pressreleasesonline.biz/pr/Cancer_Care_Expert_Says_Root_Canals_Should_Be_Illegal.
60. Irini Rockwell, "The Five Buddha Families", *Shambhala Sun*, novembro de 2002.
61. http://members.tripod.com/~Neurotopia/Zen/Mudra.
62. www.buddhapia.com/tibet/mudras.html.
63. Faith Javane e Dusty Bunker, *Numerology and the Divine Triangle* (West Chester, PA: Whitford, 1979), p. 2. [A *Numerologia e o Triângulo Divino*, publicado pela Editora Pensamento, São Paulo, 1993, p. 11.]
64. Harish Johari, *Numerology with Tantra, Ayurveda, and Astrology* (Rochester, VT: Destiny, 1990), pp. 14-5. [*Numerologia Segundo o Tantra, o Ayurveda e a Astrologia*, publicado pela Editora Pensamento, São Paulo, 1993, pp. 22-3.] (fora de catálogo)
65. Dale, *Advanced Chakra Healing*, pp. 195-96.
66. www.numericwellness.com.
67. www.polaritytherapy.org/page.asp?PageID=2; www.polaritytherapy.org.
68. www.prevention.digitaltoday.in/fitness-features/the-energy-workout-114.html.
69. Natalie Gingerich, "The Energy Workout", *Prevention Magazine*, dezembro de 2007, pp. 152-55.
70. C. H. Chien, J. J. Tsuei, S. C. Lee *et al.*, "Effects of Emitted Bio-Energy on Biochemical Functions of Cells", *American Journal of Chinese Medicine* 19, nºs 3-4 (1991): 285-92.
71. A. Seto, C. Kusaka, S. Nakazato *et al.*, "Detection of Extraordinary Large Bio-Magnetic Field Strength from Human Hand During External Qi Emission", *Acupuncture & Electro-Therapeutics Research, the International Journal* 17 (1992): 75-94.
72. L. V. Carnie, *Chi Gung* (St. Paul, MN: Llewellyn, 1997), p. 5.

73. *Ibid.*, p. 51.
74. David W. Sollars, *The Complete Idiot's Guide to Acupuncture & Acupressure* (Nova York: Penguin, 2000), pp. 64-5, 78-9, 119, 163-64, 190, 203, 205-06, 210.
75. Nick Franks, "Reflections on the Ether and some Notes on the Convergence between Homeopathy and Radionics", www.Radionic.co.uk/articles.
76. Linda Fellows, "Opening Up the Black Box", *International Journal of Alternative and Complementary Medicine* 15, nºs 8, 9-13 (1997): 3, www.Radionic.co.uk/articles; Tony Scofield, "The Radionic Principle: Mind over Matter", *Radionic Journal* 52, nº 1 (2007): 5-16 e 52, nº 2 (2007): 7-12, www.Radionic.co.uk/articles.
77. Sollars, *The Complete Idiot's Guide to Acupuncture & Acupressure*, p. 24.
78. Olszewski e Breiling, "Getting into Light", p. 291.
79. *Ibid.*, p. 290.
80. Bernard C. Kolster e Astrid Waskowiak, *The Reflexology Atlas* (Rochester, VT: Healing Arts, 2005), p. 134.
81. Olszewski e Breiling, "Getting into Light", p. 288.
82. *Ibid.*
83. www.reiki.nu.
84. *Ibid.*
85. Itzhak Bentov, *Stalking the Wild Pendulum* (Rochester, VT: Destiny, 1977), p. 9. [*À Espreita do Pêndulo Cósmico*, publicado pela Editora Pensamento, São Paulo, 1990, p. 23.] (fora de catálogo)
86. Evans, *Mind, Body and Electromagnetism*, p. 98.
87. www.aniwilliams.com/geometry_music_healing.htm.
88. www.healingsounds.com.
89. www.chronogram.com/issue/2005/08/wholeliving.
90. *Ibid.*
91. *Ibid.*
92. Dale, *Advanced Chakra Healing*, 198-202.
93. Evans, *Mind, Body and Electromagnetism*, pp. 87-97.
94. I. Bentov, "Micromotion of the Body as a Factor in the Development of the Nervous System", em *Kundalini: Psychosis or Transcendence?* org. Lee Sanella (São Francisco: H.S. Dakin, 1976), pp. 72-92.
95. Gerber, *Vibrational Medicine*, pp. 401-08. [*Medicina Vibracional*, publicado pela Editora Cultrix, São Paulo, 1992, pp. 330-38.]
96. Evans, *Mind, Body and Electromagnetism*, p. 96.
97. Lu, *Traditional Chinese Medicine*, p. 74.
98. www.itmonline.org/arts/pulse.htm; http://sacredlotus.com/diagnosis/index.cfm; http://www.giovanni-maciocia.com/articles/flu.html.
99. Subhuti Dharmananda, "The Significance of Traditional Pulse Diagnosis in the Modern Practice of Chinese Medicine", www.itmonline.org/arts/pulse.htm; Xie Zhufan, "Selected Terms in Traditional Chinese Medicine and Their Interpretations (VIII)", *Chinese Journal of Integrated Traditional and Western Medicine* 5, nº 3 (1999): 227-29.
100. Xie, "Selected Terms in Traditional Chinese Medicine and Their Interpretations (VIII)", 227-29.
101. Tiller, *Science and Human Transformation*, pp. 163-66.
102. J. N. Kenyon, *Auricular Medicine: The Auricular Cardiac Reflex, Modern Techniques of Acupuncture*, Vol. 2 (Nova York: Thorsons, 1983), pp. 82, 191.
103. Cathy Wong, "Tongue Diagnosis", http://altmedicine.about.com/b/2005/09/20/tongue-diagnosis.htm; Ni Daoshing, "Why Do You Keep On Asking Me to Stick My Tongue Out?" www.acupuncture.com; Xie Zhufan e Huang Xi, orgs., *Dictionary of Traditional Chinese Medicine* (Hong Kong: Commercial Press, 1984); Robert Flaws, "Introduction to Chinese Pulse Diagnosis", *in* Flaws, *The Secret of Chinese Pulse Diagnosis* (Boulder, CO: Blue Poppy Press, 1995); www.healthy.net/scr/article.asp?id=1957.

104. J. H. Navach, *The Vascular Autonomic System, Physics and Physiology* (Lyon, France: VIII Germano-Latino Congress on Auricular Medicine, 1981), www.drfeely.com/doctors/acu_ear_bib_2_5.htm.
105. www.amcollege.edu/blog/massage/amma-massage.htm.
106. www.biogeometry.org

BIBLIOGRAFIA

PARTE I – ENERGIA E CURA ENERGÉTICA

www.amsa.org/ICAM/C6.doc.

www.answers.com/topic/electricity.

www.arthistory.sbc.edu/sacredplaces/sacredgeo.html.

Barnes, Frank S. e Ben Greenebaum, orgs. *Bioengineering and Biophysical Aspects of Electromagnetic Fields*, 3ª ed. Nova York: Taylor & Francis, 2007.

Becker, Robert O. *Cross Currents*. Nova York: Penguin, 1990.

Bendit, Lawrence e Phoebe Bendit. *The Etheric Body of Man*. Wheaton, IL: Theosophical Publishing House, 1977. [*O Corpo Etérico do Homem*, publicado pela Editora Pensamento, São Paulo, 1979.] (fora de catálogo)

Bengtsson, I. e K. Zyczkowski. *Geometry of Quantum States: An Introduction to Quantum Entanglement*. Nova York: Cambridge University Press, 2006.

Benor, Daniel J., "Intuitive Assessments: An Overview." *Personal Spirituality Workbook*. www.WholisticHealing-Research.com.

_____. "Scientific Validation of a Healing Revolution", Healing Research, Vol. 1, *Spiritual Healing* (Suplemento Profissional, 2001). Southfield, MI: Vision Publications. www.WholisticHealingResearch.com.

Benson, Herbert e Marg Stark. *Timeless Healing: The Power and Biology of Belief*. Nova York: Scribner, 1996.

www.beyondtheordinary.net/NC-bellstheorem.html.

www.biomindsuperpowers.com.

www.bioprodownloads.com/pdf/Beverly_Rubik.pdf.

Brennan, Barbara Ann. *Hands of Light*. Nova York: Bantam, 1993. [*Mãos de Luz*, publicado pela Editora Pensamento, São Paulo, 22ª edição, 2018.]

www.cern.ch/livefromcern/antimatter.

Church, Dawson. *The Genie in Your Genes*. Santa Rosa, CA: Elite Books, 2007.

www.colorado.edu/physics/2000/quantumzone/photoelectric2.html.

www.eas.asu.edu/~holbert/wise/electromagnetism.htm.

Edge, Hoyt L. *et al. Foundations of Parapsychology: Exploring the Boundaries of Human Capability*. Boston: Routledge and Kegan Paul, 1986.

Eisenberg, David *et al*. "Inability of an 'Energy Transfer Diagnostician' to Distinguish Between Fertile and Infertile Women." *Medscape General Medicine* 3, nº 1 (2001).

www.emc.maricopa.edu/faculty/farabee/BIOBK/BioBookEner1.html.

www.enchantedlearning.com/math/geometry/solids.

www.esalenctr.org/display/confpage.cfm?confid=8&pageid=69&pgtype=1.

Evans, John. *Mind, Body and Electromagnetism*. Dorset, Reino Unido: Element Books, 1986.

www.fda.gov/fdac/features/2000/100_heal.html.

Fetrow, C. W. e Juan R. Avila. *Complementary & Alternative Medicines*. Springhouse, PA: Springhouse, 2001.

Ford, Kenneth W. *The Quantum World*. Cambridge, MA: Harvard University Press, 2004.

www.ftexploring.com/energy/definition.html.

www.geocities.com/r_ayana/Time.html.

Gerber, Richard. *Vibrational Medicine*. Santa Fé, NM: Bear & Co., 1988. [*Medicina Vibracional*, publicado pela Editora Cultrix, São Paulo, 1992.]

www.halexandria.org/dward154.htm.

Hemenway, Priya. *Divine Proportion*. Nova York: Sterling, 2005.

www.hpwt.de/Quantene.htm.

www.iht.com/articles/1995/05/16/booktue.t.php.

www.imagery4relaxation.com/articles-benson.htm.

http://imagine.gsfc.nasa.gov/docs/science/know_l1/emspectrum.html.

Johnson, Steven. *Mind Wide Open*. Nova York: Scribner, 2004.

www.jracademy.com/~jtucek/science/what.html.

www.lbl.gov/abc/Antimatter.html.

www.le.ac.uk/se/centres/sci/selfstudy/particle01.html.

Ledwith, Míceál e Klaus Heinemann. *The Orb Project*. Nova York: Atria, 2007.

Levenson, R. W. e A. M. Ruef. "Physiological Aspects of Emotional Knowledge and Rapport", em W. Ickes, org., *Empathetic Accuracy*. Nova York: Guilford, 1997.

http://library.thinkquest.org/3487/qp.html.

Lloyd, Seth. *Programming the Universe*. Nova York: Vintage, 2006.

www.mariner.connectfree.co.uk/html/electromagnetism.html.

McCraty, Rollin, *The Energetic Heart*. Boulder Creek, CA: HeartMath Institute Research Center, 2003. *E-book*: Publicação nº 02-035, 2003, pp. 8-10. www.heartmath.org.

McCraty, Rollin, Mike Atkinson e Raymond Trevor Bradley. "Electrophysiological Evidence of Intuition: Part I. The Surprising Role of the Heart." *The Journal of Alternative and Complementary Medicine* 10, nº 1 (2004): 133.

www.medicalnewstoday.com/articles/84726.php.

Nash, Carroll B. *Parapsychology: The Science of Psiology*. Springfield, IL: Charles C. Thomas, 1986.

www.ndt-ed.org/EducationResources/HighSchool/Electricity/hs_elec_index.htm.

www.need.org/needpdf/infobook_activities/ElemInfo/ElecE.pdf.

http://www.nidsci.org/articles/morse.php.

http://www.nidsci.org/pdf/puthoff.pdf.

Oschman, James L. *Energy Medicine*. Nova York: Churchill Livingstone, 2000.

_____. "Science and the Human Energy Field." Entrevista de William Lee Rand ao *Reiki News Magazine* 1, nº 3 (Inverno de 2002). www.reiki.org.

_____. "What is Healing Energy? Part 3: Silent Pulses." *Journal of Bodywork and Movement Therapies* 1, nº 3 (abril de 1997): 184.

Pearsall, Paul. *The Heart's Code*. Nova York: Broadway, 1988.

www.physicalgeography.net/fundamentals/6e.html.

Poole, William, em parceria com o Instituto de Ciências Noéticas. *The Heart of Healing*. Atlanta: Turner Publishing, 1993.

Quigg, Chris. "The Coming Revolution in Particle Physics." *Scientific American*, fevereiro de 2008, pp. 46-53.

Rein, G. e R. McCraty. "Structural Changes in Water and DNA Associated with New Physiologically Measurable States." *Journal of Scientific Exploration* 8, nº 3 (1994): 438-39.

Rhine, J. B. *Extrasensory Perception*. Boston: Branden, 1964.

Rhine, Louisa E. *ESP in Life and Lab: Tracing Hidden Channels*. Nova York: Macmillan, 1967.

_____. *Hidden Channels of the Mind*. Nova York: Morrow, 1961.

Roychoudhuri, C. e R. Rajarshi. "The Nature of Light: What is a Photon?" *Optics and Photonics News* 14 (novembro de 2003): S1.

http://science.howstuffworks.com/electricity.htm.

http://scienceworld.wolfram.com/physics/Photon.html.

www.3quarks.com/GIF-Animations/PlatonicSolids.

Tiller, W. A. e M. J. Kohane. *Conscious Acts of Creation*. Walnut Creek, CA: Pavior Publishing, 2001.

Tiller, W. A., W. E. Dibble, Jr. e J. G. Fandel. *Some Science Adventures with Real Magic*. Walnut Creek, CA: Pavior Publishing, 2005.

Tiller, William A. "Radionics, Radiesthesia and Physics." Artigo apresentado no Simpósio da Academia de Parapsicologia e Medicina sobre "As Variedades das Experiências de Cura", Los Altos, CA, 30 de outubro de 1971.

_____. *Science and Human Transformation: Subtle Energies, Intentionality, and Consciousness*. Walnut Creek, CA: Pavior Publishing, 1997.

_____. "Subtle Energies." *Science & Medicine* 6, nº 3 (maio/junho de 1999).

www.tillerfoundation.com/energyfields.html.

www.trepan.com/introduction.html.

Turner, J. A. *et al*. "The Importance of Placebo Effects in Pain Treatment and Research", *Journal of the American Medical Association* 271 (1994): 1609-1614.

http://twm.co.nz/McTag_field.htm.

http://utut.essortment.com/whatisthehist_rgic.htm.

Vithoulkas, George. *The Science of Homeopathy*. Nova York: Grove Weidenfeld, 1980.

www.washingtonpost.com/ac2/wp-dyn/A2709-2002Apr29.

http://en.wikipedia.org/wiki/Hippocratic_Oath.

http://en.wikipedia.org/wiki/Sacred_geometry.

Wurtman, Richard J., Michael J. Baum e John T. Potts, Jr., orgs. *The Medical and Biological Effects of Light*, Annals of the Nova York Academy of Science, Vol. 453. Nova York: The Nova York Academy of Sciences, 1985.

Yam, Philip. "Exploiting Zero-Point Energy." *Scientific American*, dezembro de 1997, pp. 82-5.

http://zebu.uoregon.edu/~soper/Light/photons.html.

PARTE II – ANATOMIA HUMANA

www.abanet.org/soloseznet/threads/0508/myback.html.

www.acutcmdetox.com/tryptophan2.html.

www.affs.org/html/biomagnetism.html.

Albertine, Kurt e David Tracy, orgs. *Anatomica's Body Atlas*. San Diego, CA: Laurel Glen Publishing, 2002.

"Alleviating Diabetes Complications", *M, newsletter* dos ex-alunos da Universidade de Michigan, Outono 2007, p. 5.

Amen, Daniel G. *Change Your Brain, Change Your Life*. Nova York: Three Rivers, 1998.

www.angelfire.com/pe/MitochondriaEve.

Bair, Puran. "Visible Light Radiated from the Heart with Heart Rhythm Meditation." *Subtle Energies & Energy Medicine* 16, nº 3 (2005): 211-23.

Becker, Robert O. "Modern Bioelectromagnetics and Functions of the Central Nervous System." *Subtle Energies & Energy Medicine* 3, nº 1 (1992): 53-72.

Bevan, James. A *Pictorial Handbook of Anatomy and Physiology*. Nova York: Barnes & Noble Books, 1996.

Brown, Tina. *The Diana Chronicles*. Nova York: Doubleday, 2007.

Callaway, J. C. "A Proposed Mechanism for the Visions of Dream Sleep." *Medical Hypotheses* 26 (1988): 119-24.

Cann, R. L., M. Stoneking e A. C. Wilson. "Mitochondrial DNA and Human Evolution." *Nature* 325 (1987): 31-6.

www.cell.com.

www.cell.com/content/article/abstract?uid=PIIS0092867407007015.

Champeau, Rachel. "UCLA Seeks Adults with Asthma for Study Testing Device to Alleviate Symptoms." www.newsroom.ucla.edu/portal/ucla/UCLA-Seeks-Adults-With-Asthma-for-7265.aspx?RelNum=7265.

Church, Dawson. *The Genie in Your Genes*. Santa Rosa, CA: Elite Books, 2007.

Colthurst, J. e P. Giddings. "A Retrospective Case Note Review of the Fenzian Electrostimulation System: A Novel Non-invasive, Non-pharmacological Treatment." *The Pain Clinic* 19, nº 1 (2007): 7-14.

http://dailynews.yahoo.com/headlines/sc/story.html?s=v/nm/19990421/sc/health_autoimmune_1.html.

Dale, Cyndi. *Advanced Chakra Healing: Energy Mapping on the Four Pathways*. Berkeley, CA: Crossing Press, 2005.

_____. *Advanced Chakra Healing: Heart Disease*. Berkeley, CA: Crossing Press, 2007.

Dawkins, Richard. *The Ancestor's Tale: A Pilgrimage to the Dawn of Life*. Boston: Houghton Mifflin, 2004.

http://diabetes.diabetesjournals.org/cgi/content/full/53/suppl_1/S96.

www.emotionalintelligence.co.uk/ezine/downloads/23_Book.pdf.

www.fenzian.co.uk/#.

Gershon, Michael. *The Second Brain.* Nova York: HarperCollins, 1999.

Guiley, Rosemary Ellen. *Harper's Encyclopedia of Mystical and Paranormal Experience.* Edison, NJ: Castle Books, 1991.

Haimov, I. e P. Lavie. "Melatonin – A Soporific Hormone." *Current Directions in Psychological Science* 5, (1996): 106-11.

Horrigan, Bonie e Candace Pert. "Neuropeptides, AIDS and the Science of Mind-Body Healing." *Alternative Therapies* 1, nº 3 (julho de 1995): 70-6.

Hougham, Paul. *Atlas of Mind, Body and Spirit.* Nova York: Gaia, 2006.

http://64.233.167.104/search?q=cache:lTt8NZxlWAQJ:intermountainhealthcare.org/xp/public/documents/pcmc/eeg.pdf+how+an+EEG+works&hl=en&ct=clnk&cd=2&gl=us.

www.item-bioenergy.com.

www.iupac.org/publications/pac/2004/pdf/7602x0295.pdf.

Jedd, Marcia. "Where Do You Want to Go Today?" Entrevista com Skip Atwater do Monroe Institute, *Fate Magazine*, julho de 1998, p. 36.

Jernigan, David A. e Samantha Joseph. "Illuminated Physiology and Medical Uses of Light." *Subtle Energies & Energy Medicine* 16, nº 3, pp. 251-69.

Keefe, Emmet B., MD. *Know Your Body: The Atlas of Anatomy.* Berkeley, CA: Ulysses, 1999.

www.kidshealth.org/parent/general/body_basics/female_reproductive_system.html. www.kidshealth.org/parent/general/body_basics/metabolism.html.

Kimball, J. W. "Sexual Reproduction in Humans: Copulation and Fertilization." Kimball's Biology Pages (baseado em *Biology*. 6ª ed., 1996). http://en.wikipedia.org/wiki/Mitochondrion.

Liberman, Jacob. *Light: Medicine of the Future.* Santa Fé, NM: Bear & Co., 1991.

http://lila.info/document_view.phtml?document_id=21.

Lindsay, Bethany. "The Compasses of Birds." *Science Creative Quarterly* 2 (setembro-novembro de 2006).

www.scq.ubc.ca/?p=173. Reimpresso do nº 1, 6 de junho de 2005.

http://en.wikipedia.org/wiki/Male_genital_organs.

McTaggart, Lynne. *The Field.* Nova York: Harper Perennial, 2003.

www.med.nyu.edu/people/sarnoj01.html.

www.medcareservice.com/MICROCURRENT-THERAPY-Article.cfm.

www.merck.com/mmhe/sec09/ch118/ch118a.html.

http://en.wikipedia.org/wiki/Metabolism.

www.monroeinstitute.com/content.php?content_id=27.

Nelson, J. Lee. "Your Cells Are My Cells." *Scientific American*, Fevereiro 2008, 73-9.

Novitt-Moreno, Anne D. *How Your Brain Works.* Emeryville, CA: Ziff-Davis, 1995.

http://psychologytoday.com/articles/pto-19990501-000013.html.

www.onsiteworkshops.com/manage/pdf1140126696.pdf.

Pert, Candace. *Molecules of Emotion: The Science Behind Mind-Body Medicine.* Nova York: Scribner, 1997.

http://preventdisease.com/healthtools/articles/bmr.html.

www.pubmedcentral.nih.gov/articlerender.fcgi?artid=1634887.

www.rickstrassman.com/dmt/chaptersummaries.html.

www.rolf.org.

Roney-Dougal, S. M. "Recent Findings Relating to the Possible Role of the Pineal Gland in Affecting Psychic Abilities." *Journal of the Society for Psychical Research* 56 (1989): 313-28.

www.sciencemaster.com/jump/life/dna.php.

www.shands.org/health/imagepages/19089.htm.

Siegel, G. J., B. W. Agranoff, S. K. Fisher, R. W. Albers e M. D. Uhler. *Basic Neurochemistry*, 6ª ed. Filadélfia: Lippincott Williams & Wilkins, 1999.

http://sleepdisorders.about.com/od/nightmares/a/netabollic.htm?p=1.

www.sovereign-publications.com/fenzian.htm.

Sykes, Bryan. *The Seven Daughters of Eve: The Science That Reveals Our Genetic Ancestry.* Nova York: Norton, 2001.

Tiller, William A., R. McCraty e M. Atkinson. "Cardiac Coherence: A New Noninvasive Measure of Autonomic Nervous System Order." *Alternative Therapies* 2, nº 52 (1996): 52-63.

www.trueorigin.org/atp.asp.

http://video.google.com/videoplay?docid=-6660313127569317147.

www.vivo.colostate.edu/hbooks/pathphys/endocrine/bodyweight/leptin.html.

www.warmfeetkit.com/gpage3.html.

www.washingtonpost.com/wp-dyn/content/article/2007/01/22/AR2007012200942.html.

Watters, Ethan. "DNA is Not Your Destiny." *Discover*, Novembro 2006, pp. 32-7, 75.

http://en.wikipedia.org/wiki/Brain.

http://en.wikipedia.org/wiki/David_Cohen_(physicist).

http://en.wikipedia.org/wiki/Digestion.

http://en.wikipedia.org/wiki/Excretory_system.

http://en.wikipedia.org/wiki/Taste.

http://en.wikipedia.org/wiki/Tryptophan.

Wilken, Arden e Jack Wilken. "Our Sonic Pathways." *Subtle Energies & Energy Medicine* 16, nº 3 (2007): 271-82.

http://wongkiewkit.com/forum/attachment.php?attachmentid=596&d=1107898946.

PARTE III – CAMPOS DE ENERGIA

Albohm, Anders. "Neurodegenerative Diseases, Suicide and Depressive Symptoms in Relation to EMF." *Bioelectromagnetics* 5 (2001): S132-143.

Albohm, Anders, Elisabeth Cardis, Adele Green, Martha Linet, David Savitz e Anthony Swerdlow. "Review of the Epidemiologic Literature on EMF and Health." *Environmental Health Perspectives* 109, nº S6 (dezembro de 2001): 9.

Alpert, Mark. "The Triangular Universe." *Scientific American*, Fevereiro 2007, p. 24.

www.assemblagepointcentre.com.

Atiyah, Michael e Paul Sutcliffe. "Polyhedra in Physics, Chemistry and Geometry." *Milan Journal of Mathematics* 71 (2003): 33-58.

www.bearcy.com/handsoflight5.html.

Becker, Robert O. "Modern Bioelectromagnetics and Functions of the Central Nervous System." *Subtle Energies* 3, nº 1 (1992): 6.

Bendit, Lawrence e Phoebe Bendit. *The Etheric Body of Man*. Wheaton, IL: Theosophical Publishing House, 1977. [*O Corpo Etérico do Homem*, publicado pela Editora Pensamento, São Paulo, 1979.] (fora de catálogo)

Bendit, P. D. e L. J. Bendit. *Man Incarnate*. Londres: Theosophical Publishing House, 1957.

Benford, M. S. "Radiogenic Metabolism: An Alternative Cellular Energy Source." *Medical Hypotheses* 56, nº 1 (2001): 33-9.

Benor, Daniel J. "Distant Healing, Personal Spirituality Workbook." *Subtle Energies* 11, nº 3 (2000): 249-64.

www.WholisticHealingResearch.com.

_____. "Spiritual Healing as the Energy Side of Einstein's Equation." www.WholisticHealingResearch.com.

Berman, J. D. e S. E. Straus. "Implementing a Research Agenda for Complementary and Alternative Medicine." *Annual Review of Medicine* 55 (2004): 239-54.

www.Biogeometry.org.

http://biorespect.com/lesnews.asp?ID=5&NEWSID=119.

Blumenfeld, Larry. Organização e compilação. *Voices of Forgotten Worlds, Traditional Music of Indigenous People*. Nova York, Ellipsis Arts, 1993.

Brennan, Barbara Ann. *Hands of Light*. Nova York: Bantam, 1993. [*Mãos de Luz*, publicado pela Editora Pensamento, São Paulo, 22ª edição, 2018.]

Burr, Harold Saxton. "Excerpt from Blueprint for Immortality." Reimpresso sob o título "The Electrical Patterns of Life: The World of Harold Saxton Burr" em *World Research News*, 2º trimestre de 1997, pp. 2, 5.

Byrd, R. C. "Positive Therapeutic Effects of Intercessory Prayer in a Coronary Care Unit Population." *Southern Medical Journal* 81, nº 7 (1988): 826-29.

www.byregion.net/articles-healers/Sound_DNA.html.

Callahan, P. S. "The Mysterious Round Towers of Ireland: Low Energy Radio in Nature." *The Explorer's Journal*, Verão de 1993, 84-91.

Cao, Y. N., Y. Zhang e Y. Liu. "Effects of Exposure to Extremely Low Frequency Electromagnetic Fields on Reproduction of Female Mice and Development of Offsprings." *Zhonghua Lao Dong Wei Sheng Zhi Ye Bing Za Zhi* 24, nº 8 (agosto de 2006): 468-70.

Carlson, John B. "Lodestone Compass: Chinese or Olmec Primacy?" *Science*, Setembro 5, 1975, pp. 753-60.

Cayce, E. e L. Cayce. *The Outer Limits of Edgar Cayce's Power*. Nova York: Harper and Row, 1971.

www.chiro.org/ChiroZine/abstracts/Cervical_Spine_Geometry.shtml.

Colson, Thomas. *Molecular Radiations*. São Francisco: Electronic Medical Foundation, 1953.

Coxeter, H. S. M. *Regular Polytopes*, 3ª ed. Nova York: Dover, 1973.

Crile, George W. *A Bipolar Theory of Living Processes*. Nova York: Macmillan, 1926.

_____. "A Bipolar Theory of the Nature of Cancer." *Annals of Surgery* LXXX, nº 3 (setembro de 1924): 289-97.

www.darvill.clara.net/emag/emaggamma.htm.

www.darvill.clara.net/emag/emagradio.htm.

David, Albert Roy e Walter C. Rawls, Jr. *The Magnetic Effect*. Hicksville, NY: Exposition Press, 1975.

_____. *Magnetism and Its Effects on the Living System*. Hicksville, NY: Exposition Press, 1974.

Devereux, Paul. *Places of Power*. Londres: Blandford Press, 1990.

Dossey, Larry. *Alternative Therapies in Health and Medicine* 8, nº 2 (2002): 12-6, 103-10; www.noetic.org/research/dh/articles/HowHealingHappens.pdf.

"Energy Medicine, An Overview." NCCAM Publication, nº D235, atualizado em março de 2007. www.nccam.nih.gov.

Evans, John. *Mind, Body and Electromagnetism*. Dorset, Reino Unido: Element, 1986.

Euclid-Smith, Dr. "Report on 63 Case Histories." Disponibilizado pela World Research Foundation, 41 Bell Rock Plaza, Sedona, AZ 86351, USA.

Fellows, Linda. "Opening Up the Black Box." *International Journal of Alternative and Complementary Medicine* 15, nº 8 (1997): 3, 9-13. www.Radionic.co.uk/articles.

Feychting, Maria, Anders Ahlbom, F. Jonsson e N. L Pederson. "Occupational Magnetic Field Exposure and Neurodegenerative Disease." *Epidemiology* 14, nº 4 (julho de 2003): 413-19.

Ford, Kenneth. *The Quantum World*. Cambridge, MA: Harvard University Press, 2004.

www.frankperry.co.uk/Cymatics.htm.

Franks, Nick. "Reflections on the Ether and Some Notes on the Convergence Between Homeopathy and Radionics." www.Radionic.co.uk/articles.

Gamble, Steve. "Healing Energy and Water." www.hado.net.

Gerber, Richard. *A Practical Guide to Vibrational Medicine*. Nova York: HarperCollins, 2000. [*Um Guia Prático de Medicina Vibracional*, publicado pela Editora Cultrix, São Paulo, 2001] (fora de catálogo).

http://gvanv.com/compass/arch/v1402/albanese.html.

Hahnemann, Samuel. *Organon*, 5ª ed. R. K, Tandon: B. Jain Publisher Pvt Ltd. (2002).

www.homeopathyhome.com.

Haisch, B. e A. Rueda. "A Quantum Broom Sweeps Clean." *Mercury* 25, nº 2 (março/abril de 1996): 2-15.

Hakansson, Niklas, P. Gustavsson, Birgitte Floderus e Christof Johanen. "Neurodegenerative Diseases in Welders and Other Workers Exposed to High Levels of Magnetic Fields." *Epidemiology* 14, nº 4 (julho de 2003): 420-26.

Hansen, J. "Increased Breast Cancer Risk Among Women Who Work Predominantly at Night", *Epidemiology* 12, nº 1 (janeiro de 2001): 74-7.

www.healthastro.com/geopathic_stress.html.

http://healthcare.zdnet.com/?p=430.

www.healthy.net/scr/article.asp?Id=2408.

Heath, Thomas L. *The Thirteen Books of Euclid's Elements, Books 10–13*. 2ª ed. com o texto integral. Nova York: Dover, 1956.

http://homepage.ntlworld.com/homeopathy_advice/Theory/Intermediate/miasm.html.

Hunt, Valerie V., Wayne W. Massey, Robert Weinberg, Rosalyn Bruyere e M. Pierre Hahn. "A Study of Structural Integration from Neuromuscular, Energy Field, and Emotional Approaches." 1977. Patrocinado pelo Rolf Institute of Structural Integration. www.rolf.com.au/downloads/ucla.pdf.

http://hyperphysics.phy-astr.gsu.edu/hbase/ems3.html.

http://imagine.gsfc.nasa.gov/docs/science/know_l1/emspectrum.html.

www.in2it.ca.

Isaacson, Michael e Scott Klimek. "The Science of Sound." Notas de aula, Normandale College, Bloomington, MN, Primavera de 2007.

Jacka, Judy. *The Vivaxis Connection: Healing Through Earth Energies*. Charlottesville, VA: Hampton Roads, 2000.

Keller, E. "Effects of Therapeutic Touch on Tension Headache Pain." *Nursing Research* 35 (1986): 101-05.

Kilner, Walter J. *The Human Aura*. Nova York: University Books, 1965. [*A Aura Humana*, publicado pela Editora Pensamento, São Paulo, 1987.] (fora de catálogo)

Kissinger, Jeanette e Lori Kaczmarek. "Healing Touch and Fertility: A Case Report." *Journal of Perinatal Education* 15, nº 2 (maio de 2006): 13-20.

Kunz, Dora e Erik Peper. "Fields and Their Clinical Implications." *The American Theosophist*, dezembro de 1982, p. 395.

Lahovsky, Georges. *The Secret of Life*. Londres, Reino Unido: True Health Publishing, 1963.

Lawlor, Robert. *Sacred Geometry*. Nova York: Thames & Hudson, 1982.

Ledwith, Míceál e Klaus Heinemann. *The Orb Project*. Nova York: Atria, 2007.

Lee, G. M., Michael Yost, R. R. Neutra, L. Hristova e R. A. Hiatt. "A Nested Case-Control Study of Residential and Personal Magnetic Field Measures and Miscarriages." *Epidemiology* 13, nº 1 (janeiro de 2002): 21-31.

Li, De-Kun, Roxana Odouli, S. Wi, T. Janevic, I. Golditch, T. D. Bracken, R. Senior, R. Rankin e R. Iriye. "A Population-Based Prospective Cohort Study of Personal Exposure to Magnetic Fields During Pregnancy and the Risk of Miscarriage." *Epidemiology* 13, nº 1 (janeiro de 2002): 9-20.

www.lind.com/quantum/Energetic%20Healing.htm.

Lippard, Lucy R. *Overlay: Contemporary Art and the Art of Prehistory*. Nova York: Pantheon, 1983.

Lisle, Harvey. *The Enlivened Rock Powders*. Shelby, NC: Acres, 1994.

Lloyd, Seth. *Programming the Universe*. Nova York: Vintage, 2007.

Logani, M. K., A. Bhanushali, A. Anga *et al.* "Combined Millimeter Wave and Cyclophosphamide Therapy of an Experimental Murine Melanoma." *Bioelectromagnetics* 25, nº 7 (2004): 516.

www.magnetage.com/Davis_Labs_History.html.

www.magnetic-therapy-today.com/reference.html.

http://www.magnetlabs.com/articles/journalbioelectroinst.doc.

www.magnetotherapy.de/Bioenergetically-active-signals.153.0.html.

www.magnetotherapy.de/Schumann-waves.152.0.html.

Martiny, K., C. Simonsen, M. Lunde *et al.* "Decreasing TSH Levels in Patients With Seasonal Affective Disorder (Sad) Responding to 1 Week of Bright Light Therapy." *Journal of Affective Disorders* 79, nºˢ 1-3 (2004): 253-57.

McCraty, Rollin, Mike Atkinson, Raymond Trevor Bradley. "Electrophysiological Evidence of Intuition: Part 2. A System-Wide Process?" *Journal of Alternative and Complementary Medicine*, 10, nº 2 (2004): 133-43.

McGarey, W. A. *The Edgar Cayce Remedies*. Nova York: Bantam, 1983.

McTaggart, Lynne. *The Field*. Nova York: Harper Perennial, 2003.

www.mercola.com/article/microwave/hazards2.htm.

www.mercola.com/forms/ferrite_beads.htm.

www.mercola.com/2000/aug/13/geopathic_stress.htm.

Meyl, Konstantin, traduzido para o inglês por Ben Jansen. "Scalar Waves: Theory and Experiments." *Journal of Scientific Exploration* 15, nº 2 (2001): 199-205.

www.mietekwirkus.com/testimonials_friedman.html.

Mison, K. "Statistical Processing of Diagnostics Done by Subjects and by Physician." Anais da 6ª Conferência Internacional de Pesquisa em Psicotrônica (1968), pp. 137-38.

Morris, C. E. e T. C. Skalak. "Effects of Static Magnetic Fields on Microvascular Tone in Vivo." Resumo apresentado no Encontro de Biologia Experimental, San Diego, CA, abril de 2003.

Narby, Jeremy. *The Cosmic Serpent: DNA and the Origins of Knowledge.* Nova York: Tarcher, 1999.

nccam.nih.gov/health/backgrounds/energymed.htm.

Oschman, James. *Energy Medicine.* Nova York: Churchill Livingstone, 2000.

Panov, V., V. Kichigin, G. Khaldeev et al. "Torsion Fields and Experiments." *Journal of New Energy* 2 (1997): 29-39.

www.phoenixregenetics.org.

www.physics.odu.edu/~hyde/Teaching/Chladni_Plates.html.

Playfair, Guy Lyon. *Twin Telepathy: The Psychic Connection.* Nova York: Vega, 2003.

Reddy, G. K. "Photobiological Basis and Clinical Role of Low-Intensity Lasers in Biology and Medicine." *Journal of Clinical Laser Medicine & Surgery* 22, nº 2 (2004): 141-50.

www.redicecreations.com/specialreports/2006/01jan/solfeggio.html.

Reich, Wilhelm. *The Cancer Biopathy.* Nova York: Farrar, Straus and Giroux, 1973.

_____. *The Discovery of the Orgone, Vol. 1, The Function of the Orgasm.* Traduzido para o inglês por Theodore P. Wolfe. Nova York: Orgone Institute Press, 1942; 2ª ed. Nova York: Farrar, Straus and Giroux, 1961.

Rein, G e R. McCraty. "Structural Changes in Water and DNA Associated with New 'Physiologically' Measurable States." *Journal of Scientific Exploration* 8 (1994): 438-39.

Rojavin, M. A., A. Cowan, A. Radzievsky et al. "Antipuritic Effect of Millimeter Waves in Ice: Evidence for Opioid Involvement." *Life Sciences* 63, nº 18 (1998): L251-L257.

Rojavin, M. A. e M. C. Ziskin. "Medical Application of Millimetre Waves." *QJM: Monthly Journal of the Association of Physicians* 91, nº 1 (1998): 57-66.

Ross, Jesse. "Results, Theories, and Concepts Concerning the Beneficial Effects of Pulsed High Peak Power Electromagnetic Energy (Diapulse Therapy) in Accelerating the Inflammatory Process and Wound Healing." Apresentado na 3ª Conferência Anual da Sociedade de Bioeletromagnetismo, Washington DC, 9-12 de agosto de 1981.

Ross, Stephen, org. "Dr. Giuseppe Calligaris: The Television Powers of Man." *World Research News*, 1º trimestre de 2005, pp. 2, 5.

_____. "The Electrical Patterns of Life: The World of Harold Saxton Burr." *World Research News*, 2º trimestre de 1997, pp. 2, 5.

_____. "Magnetic Effects on Living Organisms." *World Research News*, 2º trimestre de 2007, pp. 1, 4.

_____. "The Waves that Heal; Georges Lakhovsky's Multiple Wave Oscillator", *World Research News*, 2º trimestre de 1996, pp. 1, 5.

Russek, L. e G. Schwartz. "Energy Cardiology: A Dynamical Energy Systems Approach for Integrating Conventional and Alternative Medicine." *The Journal of Mind-Body Health* 12, nº 4 (1996): 4-24.

Russell, Edward. *Design for Destiny.* Londres: Neville Spearman Ltd., 1971.

www.sacredsites.com/europe/ireland/tower_of_cashel.html.

Schneider, Michael S. *A Beginner's Guide to Constructing the Universe: Mathematical Archetypes of Nature, Art, and Science*. Nova York: Harper, 1995.

Schweizer, Hubert M. Palestra disponibiizada pela World Research Foundation, 41 Bell Rock Plaza, Sedona, AZ, 86351, USA.

www.sciencedaily.com/releases/1998/09/980904035915.htm.

"The Scientific Basis for Magnet Therapy." Innovation Technologies and Energy Medicine. www.item-bioenergy.com.

Scofield, Tony. "The Radionic Principle: Mind over Matter." *Radionic Journal* 52, nº 1 (2007): 5-16 e 52 nº 2 (2007): 7-12. www.Radionic.co.uk/articles.

Seidel, R. E. e M. Elizabeth Winter. "The New Microscopes." *Journal of Franklin Institute* 237, nº 2 (fevereiro de 1944): 103-30.

www.sevenraystoday.com/sowhataresevenrays.htm.

Shealy, C. N. *Clairvoyant Diagnosis, Energy Medicine Around the World.*, org. T. M. Srinivasan. Phoenix, AZ: Gabriel Press, 1988.

Sheldrake, Rupert. *A New Science of Life*. Rochester, VT: Park Street Press, 1995. [*Uma Nova Ciência da Vida*, publicado pela Editora Cultrix, São Paulo, 2014.]

Shermer, Michael. "Rupert's Resonance." *Scientific American*, Novembro 2005, p. 19.

Sisken, B. F. e J. Walder. "Therapeutic Aspects of Electromagnetic Fields for Soft Tissue Healing." Em *Electromagnetic Fields: Biological Interactions and Mechanisms*, org. M. Blank. Washington, DC: American Chemical Society, 1995.

www.spiritofmaat.com/archive/aug1/consciouswater.html.

www.springerlink.com/index/Q192636T8232T247.pdf.

http://sprott.physics.wisc.edu/demobook/chapter6.htm.

Suddath, Ralph. "Messages from Water: Water's Remarkable Expressions." www.hado.net.

Suplee, Curt. "The Speed of Light is Exceeded in Lab: Scientists Accelerate a Pulse of Light." *Washington Post*, 20 de julho de 2000.

Szabo, I., M. R. Manning, A. A. Radzievsky et al. "Low Power Millimeter Wave Irradiation Exerts No Harmful Effect on Human Keratinocytes In Vitro." *Bioelectromagnetics* 24, nº 3 (2003): 165-73.

Tansley, David V. *Chakras-Rays and Radionics*. Saffron Walden, UK: C. W. Daniel Co., 1985. [*Chakras, Raios e Radiônica*, publicado pela Editora Pensamento, São Paulo, 1989.] (fora de catálogo)

www.theosociety.org/pasadena/fund/fund-10.htm.

Tiller, W. A., W. E. Dibble, Jr., R. Nunley et al. "Toward General Experimentation and Discovery in Conditioned Laboratory Spaces: Part I. Experimental pH Change Findings at Some Remote Sites." *Journal of Alternative and Complementary Medicine* 10, nº 1 (2004): 145-57.

Trappier, A. et al. "Evolving Perspectives on the Exposure Risks from Magnetic Fields." *Journal of the National Medical Association* 82, nº 9 (setembro de 1990): 621-24.

http://tuxmobil.org/Infrared-HOWTO/infrared-howto-a-eye-safety.html.

Tynes, Tore, L. Klaeboe e T. Haldorsen. "Residential and Occupational Exposure to 50 Hz Magnetic Fields and Malignant Melanoma: A Population Based Study." *Occupational and Environmental Medicine* 60, nº 5 (maio de 2003): 343-47.

http://users.pandora.be/wouterhagens/biogeometry/grids_uk.htm.

Vallbona, C. e T. Richards. "Evolution of Magnetic Therapy from Alternative to Traditional Medicine." *Phys-Med--Rehabil-Clin-N-Am* 10, nº 3 (agosto de 1999): 729-54.

Vestergaard, Lene Hau. "Frozen Light." *Scientific American*, maio de 2003, pp. 44-51.

Vincent, S. and J. H. Thompson. "The Effects of Music Upon the Human Blood Pressure", *Lancet* 213, nº 5506 (1929): 534-38.

www.vogelcrystals.net/legacy_of_marcel_vogel.htm.

Wang, L. J., A. Kuzmich e A. Dogariu. "Gain-assisted Superluminal Light Propagation." *Nature* 406, nº 6793 (20 de julho de 2000): 277-79.

Watson, Peter. *Twins: An Uncanny Relationship?* Nova York: Viking, 1981.

Wertheimer, N. e E. Leeper. "Electrical Wiring Configurations and Childhood Cancer." *American Journal of Epidemiology* 109 (1979): 273-84.

Weyl, Hermann. *Symmetry*. Princeton, NJ: Princeton University Press, 1952.

Whale, Jon. "Core Energy, Case Studies" www.positivehealth.com/article-list.ph"p?subjectid=95.

_____. "Core Energy Surgery for the Electromagnetic Body." www.positivehealth.com/article-list.ph"p?subjectid=95.

White, John e Stanley Krippner. *Future Science*. Garden City, NY: Anchor, 1977.

http://en.wikipedia.org/wiki/Jan_Baptist_van_Helmont.

http://en.wikipedia.org/wiki/L-field.

http://en.wikipedia.org/wiki/Odic_force.

Wirth, D. P. "The Effect of Non-Contact Therapeutic Touch on the Healing Rate of Full Thickness Dermal Wounds." *Subtle Energies* 1 (1990): 1-20.

www.world-mysteries.com/sci_cymatics.htm.

Zimmerman, J. "Laying-On-Of-Hands Healing and Therapeutic Touch: A Testable Theory." *BEMI Currents, Journal of the BioElectromagnetics Institute* 2 (1990): 8-17.

PARTE IV – CANAIS DE ENERGIA, CANAIS DE LUZ

www.acumedico.com/meridians.htm.

www.acupuncturetoday.com/archives2003/jul/07starwynn.html.

www.astronutrition.com.

Becker, Robert O. *Cross Currents*. Nova York: Penguin, 1990.

Bensky, D. e R. Barolet. *Chinese Herbal Medicine: Formulas & Strategies*. Seattle, WA: Eastland Press, 1990.

Bensky, D. e A. Gamble. *Chinese Herbal Medicine: Materia Medica*. Ed. rev. Seattle, WA: Eastland Press, 1993.

www.bibliotecapleyades.net/ciencia/ciencia_humanmultidimensionaanatomy.htm.

http://biologie.wewi.eldoc.ub.rug.nl/FILES/root/publ/2006/acupunctuur/rap69acupunctuur.pdf.

www.biomeridian.com/virtual-medicine.htm.

Chen, Jia-xu e Ma Sheng-xing. *Journal of Alternative and Complementary Medicine* 11, nº 3 (2005): 423-31.

Cheng, X., org. *Chinese Acupuncture and Moxibustion*. "New Essentials". Ed. rev. Beijing: Foreign Languages Press, 1999.

www.colorpuncture.com.

www.compassionateacupuncture.com/How%20Acupuncture%20Works.htm.

Darras, Jean-Claude, Pierre de Vernejoul e Pierre Albarède. "A Study on the Migration of Radioactive Tracers after Injection at Acupoints." *American Journal of Acupuncture* 20, nº 3 (1992): 245-46.

De Vernejoul, Pierre et al. "Etude Des Meridiens d'Acupuncture par les Traceurs Radioactifs." *Bulletin of the Academy of National Medicine* (Paris) 169 (22 de outubro de 1985): 1071-1075.

http://deepesthealth.com/2007/chinese-medicine-and-the-emotions-what-does-the-neijing-say.

Deng, T., org. *Practical Diagnosis in Traditional Chinese Medicine*. Nova York: Churchill Livingstone, 1999.

www.drdanazappala.com/Colorlight.asp.

Dumitrescu, I. F. "Contribution to the Electro-Physiology of the Active Points", Conferência Internacional de Acupuntura, Bucareste, Romênia, 1977. Citado em "Research Advances in the Electrical Specificity of Meridians and Acupuncture Points." *American Journal of Acupuncture* 9, nº 3 (1981): 203.

www.emofree.com/Research/meridianexistence.htm.

www.energymed.org/hbank/handouts/harold_burr_biofields.htm.

Evans, John. *Mind, Body and Electromagnetism*. Dorset, Reino Unido: Element, 1986.

Galambos, Imre. "The Origins of Chinese Medicine: The Early Development of Medical Literature in China." www.zhenjiu.de/Literature/Fachartikel/englisch/origins-of.htm.

Gallo, Fred. "Evidencing the Existence of Energy Meridians." www.emofree.com/Research/meridianexistence.htm.

Garcia, Hernan, A. Sierra, H. Balam e J. Conant. *Wind in the Blood: Maioan Healing & Chinese Medicine*. Taos, NM: Redwing Books, 1999.

Giraud-Guille, M. M. "Twisted Plywood Architecture of Collagen Fibrils in Human Compact Bone Osteons." *Calcified Tissue International* 42 (1988): 167-80.

www.harmonics.com.au/aequotes.shtml.

www.healthguidance.org/entry/3441/1/Hyaluronic-Acid-The-Fountain-of-Youth.html.

Hecker, H.-U., A. Steveling, E. Peuker, J. Kastner e K. Liebchen. *Color Atlas of Acupuncture*. Stuttgart, Alemanha: Georg Thieme, 2001.

www.holisticonline.com/Light_Therapy/light_conductor.htm.

Hsu, Hong-yen e W. G. Peacher, orgs. *Shang Han Lun: The Great Classic of Chinese Medicine*. Long Beach, CA: Oriental Healing Arts Institute, 1981.

Ionescu-Tirgoviste, Pruna. "The Acupoint Potential, Electroreception and Bio-Electrical Homeostasis of the Human Body." *American Journal of Acupuncture* 18, nº 1 (1990): 18.

www.itmonline.org/arts/electro.htm.

Kaptuchuk, Ted. *The Web That Has No Weaver*. Nova York: Congdon and Weed, 1983.

Kidson, Ruth. *Acupuncture for Everyone*. Rochester, VT: Healing Arts Press, 2000.

Liao, Waysun. *The Essence of T'ai Chi*. Boston: Shambhala, 1995.

http://lib.bioinfo.pl/auth:Wieser,HG.

http://links.jstor.org/sici?sici=0305-7410(196507%2F09)23%3C28%3ACTMAPV%3E2.0.CO%3B2-9.

Maciocia, Giovanni. *The Foundations of Chinese Medicine: A Comprehensive Text for Acupuncturists and Herbalists*. 2ª ed. Nova York: Churchill Livingstone, 2005.

_____. *The Practice of Chinese Medicine*. 1ª ed. Nova York: Churchill Livingstone, 1997.

Mäkelä, Reijo e Anu Mäkelä. "Laser Acupuncture." www.earthpulse.com/src/subcategory.asp?catid=7&subcatid=2.

Mandel, Peter. *Esogetics: The Sense and Nonsense of Sickness and Pain*. Hasselbrun, Alemanha: Energetik Verlag, 1993.

http://marquis.rebsart.com/dif.html.

www.matzkefamily.net/doug/papers/tucson2b.html.

www.medicalacupuncture.com/aama_marf/journal/vol13_1/article7.html.

www.miridiatech.com/acugraph/originandhistory.htm.

Motoyama, Hiroshi e Rande Brown. *Science and the Evolution of Consciousness*. Brookline, MA: Autumn Press, 1978.

Motoyama, Hiroshi, Gaetan Chevalier, Osamu Ichikawa e Hideki Baba. "Similarities and Dissimiliarities of Meridian Functions Between Genders." *Subtle Energies & Energy Medicine* 14, nº 3 (2003): 201-19.

Mussat, M. Traduzido para o inglês por E. Serejski. *Acupuncture Networks* 2 (1997).

Nagahama, Yoshio e Masaaki Maruyama. *Studies on Keiraku*. Tóquio: Kyorinshoin Co., Ltd (1950).

www.naturalworldhealing.com.

www.naturalworldhealing.com/body-energy-imaging-proposal.htm.

Ni, M. e C. McNease. *The Tao of Nutrition*. Edição aumentada. Los Angeles: SevenStar Communications Group, 1987.

Nordenström, Björn. *Biologically Closed Electric Circuits: Clinical, Experimental and Theoretical Evidence for an Additional Circulatory System*. Estocolmo, Suécia: Nordic Medical Publications, 1983.

_____. "An Electrophysiological View of Acupuncture: Role of Capacitive and Closed Circuit Currents and Their Clinical Effects in the Treatment of Cancer and Chronic Pain." *American Journal of Acupuncture* 17 (1989): 105-17.

_____. *Acupuncture: A Comprehensive Text*. Seattle, WA: Eastland Press, 2003.

O'Connor, J. e D. Bensky, tradução inglesa e organização. *Standard Meridian Points of Acupuncture*. Bejing: Foreign Languages Press, 2000.

www.okmedi.net/English/ebody01/meridians01.asp.

Oschman, James L. "What Is 'Healing Energy'? The Scientific Basis of Energy Medicine." *Journal of Bodywork and Movement Therapies* (Série de artigos publicados de outubro de 1996 a janeiro de 1998): Partes 1-6.

http://paraphysics-research-institute.org/Contents/Articles/Physics%20and%20the%20Paranormal.htm.

www.peacefulmind.com/articlesa.htm.

Pokert, Manfred. *The Theoretical Foundations of Chinese Medicine: Systems of Correspondence*. Cambridge, MA: MIT Press, 1974.

Rae, M. "Potency Simulation by Magnetically Energised Patterns (An Alternate Method of Preparing Homeopathic Remedies)." *British Radionic Quarterly* 19 (março de 1973): 32-40.

Reichstein, Gail. *Chinese Medicine in Everyday Life*. Nova York: Kodansha, 1998.

Rose-Neil, S. "The Work of Professor Kim Bonghan". *Acupuncturist* 1 (1967): 5-19.

Rothfeld, Glenn S. e Suzanne Levert. *The Acupuncture Response*. Nova York: Contemporary, 2002.

Rubik, Beverly. "Can Western Science Provide a Foundation for Acupuncture?" *Alternative Therapies* 1, nº 4 (setembro de 1995): 41-7.

www.sanavida.info/acupuncture-q-and-a.html.

http://sci.tech-archive.net/Archive/sci.physics/2005-02/4794.html.

Shang, C. "Bioelectrochemical Oscillations in Signal Transduction and Acupuncture – An Emerging Paradigm." *American Journal of Chinese Medicine* 21 (1993): 91-101.

_____. "Singular Point, Organizing Center and Acupuncture Point." *American Journal of Chinese Medicine* 17 (1989): 119-27.

Shanghai College of Traditional Chinese Medicine. *Acupuncture: A Comprehensive Text*. Seattle, WA: Eastland Press, 1981.

Sivin, Nathan. "Huangdi neijing." Em *Early Chinese Texts: A Bibliographical Guide*, org. Michael Loewe. Berkeley: IEAS, 1993.

Taubes, Gary. "The Electric Man." *Discover*, abril de 1986, pp. 24-37.

www.tillerfoundation.com/science.html.

Truman, Karol K. *Feelings Buried Alive Never Die*. Brigham City, UT: Brigham Distributing, 1991.

www.ursus.se/ursus/publications.shtml.

Villoldo, Alberto. *Shaman, Healer, Sage*. Nova York: Harmony, 2000.

Vithoulkas, G. *The Science of Homeopathy*. Nova York: Grove, 1980.

Weigel, P. H., G. M. Fuller e R. D. LeBoeuf. "A Model for the Role of Hyaluronic Acid and Fibrin in the Early Events During the Inflammatory Response and Wound Healing." *Journal of Theoretical Biology* 119, nº 2 (21 de março de 1986): 219-34.

www.windemereschoolofmassage.com/meridian/LightBody/villoldo2.asp.

www.wipo.int/pctdb/en/wo.jsp?wo=1997017020& IA=WO1997017020&DISPLAY=DESC-33k.

http://pt.wkhealth.com/pt/re/ajhp/fulltext.00043627-200506150-00011.htm.

http://wongkiewkit.com/forum/attachment.php?attachmentid=596&d=110789894

Yang Shou-zhong, trans. *The Pulse Classic*. Boulder, CO: Blue Poppy Press, 1997.

Yo-Cheng, Zhou. "Innovations. An Advanced Clinical Trail with Laser Acupuncture Anesthesia for Minor Operations in the Oro-Maxillofacial Region." Publicado originalmente em *Lasers in Surgery and Medicine* 4, nº 3: 297-303. http://doi.wiley.com/10.1002/lsm.1900040311.

Zhu, Z. X. "Research Advances in the Electrical Specificity of Meridians and Acupuncture Points." *American Journal of Acupuncture* 9 (1981): 203-16.

PARTE V – CORPOS DE ENERGIA: OS CHAKRAS E OUTROS "CONVERSORES DE LUZ"

Aczel, Amir D. *The Mystery of the Aleph*. Nova York: Pocket Books, 2000.

Amen, Ra Un Nefer. *Metu Neter, Vol. 1: The Great Oracle of Tehuti, and the Egyptian System of Spiritual Cultivation*. Brooklyn, NY: Khamit Media Tran Visions, Inc., 1990.

_____. *Tree of Life Meditation System (T.O.L.M)*. Brooklyn, NY: Khamit Publications, 1996.

www.americansportsdata.com/obesityresearch.asp.

Andrews, Ted. *Simplified Magick*. St. Paul, MN: Llewellyn, 1989.

Arewa, Caroline Shola. *Opening to Spirit*. Nova York: Thorsons/HarperCollins, 1998.

_____. *Way of Chakras*. Londres: Thorsons, 2001.

Ashby, Muata. *The Black African Egyptians*. Sema Institute/C.M. Book Publishing, 2007.

_____. *Egyptian Yoga Volume I: The Philosophy of Enlightenment*. 2ª ed. Sema Institute/C.M. Book Publishing, 2005.

Avalon, Arthur. *The Serpent Power*. Nova York: Dover, 1974.

Awschalam, David D., Ryan Epstein e Ronald Hanson. "The Diamond Age of Spintronics." *Scientific American*, Outubro 2007, 84-91.

Bastien, Joseph W. *Mountain of the Condor*. Long Grove, IL: Waveland Press, 1985.

www.beezone.com/DevatmaShakti/Chapter7.html.

Bernal, Martin. *Black Athena*. Nova York: Vintage, 1987.

Bhattacharyya, N. N. *History of the Tantric Religion*. 2ª ed. rev. Nova Délhi: Manohar, 1999.

www.bibliotecapleyades.net/ciencia/ciencia_humanmultidimensionaanatomy.htm.

www.bioenergyfields.org.

Brennan, Barbara Ann. *Hands of Light*. Nova York: Bantam, 1987. [*Mãos de Luz*, publicado pela Editora Pensamento, São Paulo, 22ª edição, 2018.]

Bruyere, Rosalyn. *Wheels of Light*. Sierra Madre, CA: Bon Productions, 1989.

www.buddhapia.com/tibet/mudras.html.

Bynum, Edward Bruce. *The African Unconscious*. Nova York: Teacher's College Press, 1999.

Dale, Cyndi. *Advanced Chakra Healing*. Berkeley, CA: Crossing, 2005.

_____. *Illuminating the Afterlife*. Boulder, CO: Sounds True, 2008.

_____. *New Chakra Healing*. Woodbury, MN: Llewellyn, 1996.

David, Rosalie. *The Ancient Egyptians*. Londres: Routledge & Kegan Paul, 1982.

www.emaxhealth.com/26/1115.html.

Finch, Charles S., III. *The Star of Deep Beginnings: The Genesis of African Science and Technology*. Decatur, GA: Khenti, 1998.

http://findarticles.com/p/articles/mi_qa3822/is_200410/ai_n14681734/pg_14.

Furlong, David. *Working with Earth Energies*. Londres: Piatkus, 2003.

www.geocities.com/octanolboy/bpweb/Chpt06.htm.

www.getprolo.com/connective_tissue2.htm.

Glassey, Don. "Life Energy and Healing: The Nerve, Meridian and Chakra Systems and the CSF Connection." www.ofspirit.com/donglassey1.htm.

Goswami, Shyam Sundar. *Layayoga*. Rochester, VT: Inner Traditions, 1999.

Hauck, Dennis William. *The Emerald Tablet*. Nova York: Penguin, 1999.

Hunt, Valerie, Wayne W. Massey, Robert Weinberg, Rosalyn Bruyere e Pierre M. Hahn. "A Study of Structural Integration from Neuromuscular, Energy Field, and Emotional Approaches." Abstract. 1977. www.somatics.de/HuntStudy.html.

Johari, Harish. *Chakras: Energy Centers of Transformation*. Rochester, VT: Destiny, 2000. [*Chakras – Centros de Energia de Transformação*, publicado pela Editora Pensamento, São Paulo, 2010.]

The Chakras and Human Energy Fields. Wheaton, IL: Quest, 1989. [*Os Chakras e os Campos de Energia Humanos*, publicado pela Editora Pensamento, São Paulo, 1991.]

Judith, Anodea. *Eastern Body Western Mind: Psychology and the Chakra System as a Path to the Self.* Berkeley, CA: Celestial Arts, 1996.

Kelly, Robin. *The Human Antenna.* Santa Rosa, CA: Energy Psychology Press, 2006.

Lansdowne, Zachary. *The Revelation of Saint John.* York Beach, ME: Red Wheel/Weiser, 2006.

Leadbeater, C. W. *The Chakras.* Wheaton, IL: Quest, 1927. [*Os Chakras*, publicado pela Editora Pensamento, São Paulo, 1960.]

Meeks, Dimitri e Christine Favard-Meeks. *Daily Life of the Egyptian Gods.* Ithaca, NY: Cornell University Press, 1996.

http://members.tripod.com/~Neurotopia/Zen/Mudra.

Men, Hunbatz. *Secrets of Mayan Science/Religion.* Santa Fé, NM: Bear & Co., 1990.

Motoyama, Hiroshi e Rande Brown. *Science and the Evolution of Consciousness.* Brookline, MA: Autumn Press, 1978.

Ozaniec, Naomi. *Chakras for Beginners.* Pomfret, VT: Trafalgar Square, 1995.

Palamidessi, Tommaso. *The Caduceus of Hermes.* Archeosofica ed. 1969; http://en.wikipedia.org/wiki/Nadi_(yoga).

Parfitt, Will. *Elements of the Qabalah.* Nova York: Element, 1991.

_____. *Esoteric Anatomy.* Série de fitas, 1991. Wrekin Trust, Reino Unido. Citado em Arewa, *Opening to Spirit*.

Randall, Georgia Lambert. "The Etheric Body." Notas de aula, 1983.

Raphaell, Katrina. *The Crystalline Transmission.* Santa Fé, NM: Aurora, 1990. [*Transmissões Cristalinas*, publicado pela Editora Pensamento, São Paulo, 1992.] (fora de catálogo)

Schultz, Mona Lisa. *Awakening Intuition.* Nova York: Harmony, 1998.

Simpson, Liz. *The Book of Chakra Healing.* Nova York: Sterling, 1999.

www.spiritmythos.org/TM/9energybodies.html.

Stein, Diane. *Women's Psychic Lives.* St. Paul, MN: Llewellyn, 1988.

www.sunandmoonstudio.com/YogaArticle/InvisibleAnatomy.shtml.

Tenzin, Wangyal. *Healing with Form, Energy, and Light.* Ithaca, NY: Snow Lion Publications, 2002. [*Cura Através da Forma da Energia e da Luz*, publicado pela Editora Pensamento, São Paulo, 2005.] (fora de catálogo)

www.theafrican.com/Magazine/Cosmo.htm.

www.universal-mind.org/Chakra_pages/ProofOfExistence.htm.

Varenne, Jean. *Yoga and the Hindu Tradition.* Chicago: University of Chicago Press, 1976.

Villoldo, Alberto. *Shaman, Healer, Sage.* Nova York: Harmony, 2000.

www.wholebeingexplorations.com/matrix/SpSt/nadis.htm.

Winkler, Gershon. *Magic of the Ordinary.* Berkeley, CA: North Atlantic, 2003.

www.wisdomworld.org/additional/ancientlandmarks/AncientWisdomInAfrica1.html.

Wisner, Kerry. *Song of Hathor: Ancient Egyptian Ritual for Today.* Nashua, NH: Hwt-Hrw Publications, 2002.

www.hwt-hrw.com/Bodies.php.

Wolf, Rabbi Laibl. *Practical Kabbalah.* Nova York: Three Rivers, 1999.

Ywahoo, Dhyani. *Voices of Our Ancestors.* Boston: Shambhala, 1987.

PARTE VI – PRÁTICAS ENERGÉTICAS

www.acupuncture.com.

www.acupuncture.com/education/tcmbasics/mienshiang.htm.

www.acupuncture.com/education/theory/acuintro.htm.

www.acupuncture.com.au/education/acupoints/category-antique.html.

www.aetw.org/jsp_katsugen_undo.htm.

www.ahealingtouch.com/html/cam_practices.html.

www.amcollege.edu/blog/massage/amma-massage.htm.

www.angelfire.com/mb/manifestnow/seichimovr.html.

www.aniwilliams.com/geometry_music_healing.htm.

www.annals.org/cgi/content/abstract/135/3/196?ck=nck.

www.answers.com/topic/electroacupuncture.

www.anthroposophy.org.

www.appliedkinesiology.com.

www.aromaweb.com/articles/wharoma.asp.

Asokananda (Harald Brust), Chow Kam Thye. *The Art of Traditional Thai Massage Energy Line Chart*. Org. Richard Bentley. Bangkok, Tailândia: Nai Suk's Editions Co. Ltd., 1995.

www.associatedcontent.com/theme/165/holistic_healing_practices.html.

www.awakening-healing.com/Seichim.htm.

www.ayurveda.com/panchakarma/index.html.

www.ayurveda.com/panchakarma/pk_intro.pdf.

www.bachcentre.com.

Becker, R. O. e A. A. Marino. *Electromagnetism and Life*. Albany: State University of Nova York, 1982.

Bentov, I. "Micromotion of the Body as a Factor in the Development of the Nervous System." Em *Kundalini: Psychosis or Transcendence?* Org. L. Sanella. São Francisco: H. S. Dakin Co., 1976.

Bentov, Itzhak. *Stalking the Wild Pendulum*. Rochester, VT: Destiny, 1977. [*À Espreita do Pêndulo Cósmico*, publicado pela Editora Pensamento, São Paulo, 1990.] (fora de catálogo)

www.biologicalmedicine.info.

www.bowenmethodcenter.com.

Bowser, Bruce. "Mood Brighteners: Light Therapy Gets Nod as Depression Buster." *Science News*, 23 de abril de 2005, p. 399.

www.cam.hi-ho.ne.jp/h_sakamoto/thought/medicine.htm.

Campbell, Don. *The Mozart Effect*. Nova York, William Morrow and Co., 1997.

www.cancertutor.org/Other/Breast_Cancer.html.

Carnie, L. V. *Chi Gung*. St. Paul, MN: Llewellyn Publications, 1997.

www.centerforaltmed.com/?page_id=5.

Chien, C. H., J. J. Tsuei, S. C. Lee et al. "Effects of Emitted Bio-Energy on Biochemical Functions of Cells", *American Journal of Chinese Medicine* 19, n°s 3-4 (1991): 285-92.

www.chinesemedicinesampler.com/acupuncture.html.

www.chiro.org/acc/What_is_Ryodoraku.shtml.

www.chirobase.org/06DD/best.html.

www.chronogram.com/issue/2005/08/wholeliving.

Clark, Linda. *The Ancient Art of Color Therapy*. Old Greenwich, CT: Devin-Adair, 1975.

Cohen, D., Y. Palti, B. N. Cuffin e S. J. Schmid. "Magnetic Fields Produced by Steady Currents in the Body." *Proceedings of the National Academy of Science* 77 (1980): 1447-1451.

Dale, Cyndi. *Advanced Chakra Healing: Energy Mapping on the Four Pathways*. Berkeley, CA: Crossing, 2005.

Dass, Akhila e Maohar Croke. "Colorpuncture and Esogetic Healing: The Use of Colored Light in Acupuncture." Em *Light Years Ahead*, org. Brian Breiling. Berkeley, CA: Celestial Arts, 1996.

Dharmananda, Subhuti. "Electro-Acupuncture." www.itmonline.org/arts/electro.htm.

_____. "The Significance of Traditional Pulse Diagnosis in the Modern Practice of Chinese Medicine", http://www.itmonline.org/arts/pulse.htm.

www.drciprian.com.

www.emdr.com.

www.emdr.com/briefdes.htm.

www.emofree.com.

Evans, John. *Mind, Body and Electromagnetism*. Dorset, Reino Unido: Element, 1986.

www.feldenkrais.com.

http://fengshui.about.com/od/thebasics/qt/fengshui.htm.

Fields, H. L. e J. C. Liebeskind, orgs. *Pharmacological Approaches to the Treatment of Chronic Pain: New Concepts and Critical Issues – Progress in Pain Research and Management*. Vol. 1. Seattle: IASP Press, 1994.

www.findmyhealer.co.uk/acupuncture.html.

Flaws, Robert. *The Secret of Chinese Pulse Diagnosis*. Boulder, CO: Blue Poppy Press, 1995.

Gebhart, D. L., G. Hammond e T. S. Jensen. *Proceedings of the 7th World Congress on Pain – Progress in Pain Research and Management*. Vol. 2. Seattle, WA: IASP Press, 1994.

Gerber, Richard. *Vibrational Medicine*. Santa Fé, NM: Bear & Co., 1988. [*Medicina Vibracional*, publicado pela Editora Cultrix, São Paulo, 1992.]

Ghadiali, Dinshah P. *Spectro-Chrome Metry Encyclopedia*. 3 vols. Malaga, N.J.: Spectro-Chrome Institute, 1933.

Gingerich, Natalie. "The Energy Workout." *Prevention Magazine*, dezembro de 2007, pp. 152-155.

www.giovanni-maciocia.com/articles/flu.html.

Goldman, Jonathan. "The Sound of Healing: An Introduction with Jonathan Goldman"; "New Frontiers in Sound Healing"; "Overview, Sound Healing"; "Science of Harmonics"; "Sound Healing": www.healingsounds.com.

www.hakomi.com.

Han, J. S. *The Neurochemical Basis of Pain Relief by Acupuncture*. Vol. 2. Hubei, China: Hubei Science and Technology Press, 1998. Citado em www.chiro.org/acupuncture/ABSTRACTS/Beyond_endorphins.shtml.

www.healingsounds.com.

www.healingtouch.net.

www.healthy-holistic-living.com/electrodermal-testing.html.

www.healthy.net/scr/article.asp?id=1957.

www.heartlandhealing.com/pages/archive/bach_flower_remedies/index.html.

Heline, Corine. *Healing and Regeneration Through Color.* Santa Barbara, CA: J. F. Rowney Press, 1943.

www.hellerwork.com.

www.hellingerpa.com.

www.hellingerpa.com/constellation.shtml.

www.holisticwebworks.com.

www.holotropic.com.

Hunt, Roland. *The Seven Keys to Colour Healing.* Ashington, Reino Unido: C. W. Daniel, 1954.

Ikenaga, Kiyoshi. *Tsubo Shiatsu.* Vancouver, Canadá: Japan Shiatsu, 2003.

www.informit.com/articles/article.aspx?p=174361.

www.iridology.com.

www.item-bioenergy.com/infocenter/ScientificBasisMagnetTherapy.pdf.

www.itmonline.org/arts/pulse.htm.

Javane, Faith e Dusty Bunker. *Numerology and the Divine Triangle.* West Chester, PA: Whitford, 1979.

www.jinshininstitute.com.

Johari, Harish. *Numerology with Tantra, Ayurveda, and Astrology.* Rochester, VT: Destiny, 1990. [*Numerologia Segundo o Tantra, o Ayurveda e a Astrologia,* publicado pela Editora Pensamento, São Paulo, 1993.] (fora de catálogo)

www.johrei-institute.org.

Karaim, Reed. "Light That Can Cure You." Special Health Report: Caring for Aging Parents. *USA Weekend,* 4 de fevereiro de 2007.

Kent, James Tyler. *Repertory of the Homeopathic Materia Medica and a Word Index.* 6ª ed. Nova Délhi, Índia: B. Jain Publishers, 2004.

Kenyon, J. N. *Auricular Medicine: The Auricular Cardiac Reflex, Modern Techniques of Acupuncture.* Vol. 2. Nova York: Thorsons, 1983.

www.kinesiology.net/ak.asp.

Kolster, Bernard C. e Astrid Waskowiak. *The Reflexology Atlas.* Rochester, VT: Healing Arts, 2005.

Lewith, George T., Peter J. White e Jeremie Pariente. "Investigating Acupuncture Using Brain Imaging Techniques: The Current State of Play." http://ecam.oxfordjournals.org/cgi/content/full/2/3/315.

Liberman, Jacob. *Light: Medicine of the Future.* Santa Fé, NM: Bear & Co., 1991.

www.lightparty.com/Health/Radionics.html.

www.logoi.com/notes/chinese_medicine.html.

Lu, Henry C. *Traditional Chinese Medicine.* Laguna Beach, CA: Basic Health Publications, 2005.

www.macrobiotics.org.

www.magnetlabs.com/articles/journalbioelectroinst.doc.

www.matrixenergetics.com.

www.matrixrepatterning.com.

McTaggart, Lynne. *The Field*. Nova York: Harper Perennial, 2002.

www.mienshang.com.

www.morter.com.

www.myofascialrelease.com.

www.naturalchoice.net/glossary.htm.

www.naokikubota.com.

http://nas.com/~richf/hakomi.htm.

Navach, J. H. "The Vascular Autonomic System, Physics and Physiology." Lyon, França: The VIII Germano-Latino Congress on Auricular Medicine, 1981, como consta em www.drfeely.com/doctors/acu_ear_bib_2_5.htm.

www.nccam.nih.gov.

http://nccam.nih.gov/health/whatiscam.

Ni, Daoshing, "Why Do You Keep On Asking Me to Stick My Tongue Out?" www.acupuncture.com.

www.nlm.nih.gov/medlineplus/chiropractic.html.

www.nlpinfo.com.

www.northshorewellness.com/HMR-Definition.htm

Olszewski, David e Brian Breiling. "Getting Into Light: The Use of Phototherapy in Everyday Life." Brian Breiling, org. *Light Years Ahead*. Berkeley, CA: Celestial Arts, 1996.

www.osteohome.com.

www.periodensystem.ch/tmax_english.html.

www.pilates.com/BBAPP/V/about/pilates-benefits.html.

http://www.polaritytherapy.org.

www.pranichealing.com.

http://pressreleasesonline.biz/pr/Cancer_Care_Expert_Says_Root_Canals_Should_Be_Illegal.

www.prolotherapy.org.

Puthoff, H. E. "Zero-Point Energy: An Introduction." *Fusion Facts* 3, nº 3 (1991): 1.

www.quantumtouch.com.

www.radionics.com/company/info.

www.radionics.org.

www.reiki.nu.

www.repatterning.org.

www.repatterning.org/resonanceexplained.htm.

Reuben, Amber. *Color Therapy*. Nova York: ASI, 1980.

www.rolf.org/about/index.htm.

www.sacredlotus.com/diagnosis/index.cfm.

www.seemorgmatrix.org.

www.seishindo.org/practices/katsugen_undo.html.

Seto, A., C. Kusaka, S. Nakazato et al. "Detection of Extraordinary Large Bio-Magnetic Field Strength from Human Hand During External Qi Emission." *Acupuncture & Electro-Therapeutics Research, The International Journal* 17 (1992): 75-94.

Shang, C., M. Lou e S. Wan. "Bioelectrochemical Oscillations." *Science Monthly* [Chinesa] 22 (1991): 74-80.

Sollars, David W. *The Complete Idiot's Guide to Acupuncture & Acupressure*. Nova York: Penguin, 2000.

www.spiritofmaat.com/archive/mar1/aurasoma.html.

Tany, M., S. Sawatsugawa e Y. Manaka. "Acupuncture Analgesia and its Application in Dental Practices." *American Journal of Acupuncture* 2 (1974): 287-95.

www.tcmch.edu/id36.html.

http://tcm.health-info.org/tuina/tcm-tuina-massage.htm.

Terman, M. "Light Therapy for Seasonal and Nonseasonal Depression: Efficacy, Protocol, Safety, and Side Effects." *CNS Spectrums*. 10 (2005): 647-63.

www.thehealingspectrum.com/healing.html.

http://www.tftworldwide.com/tab.html.

Tiller, Wiliam. "Some Energy Observations of Man and Nature." Em *The Kirlian Aura*. Garden City, NY: Anchor Press/Doubleday, 1974.

Tiller, William A. *Science and Human Transformation: Subtle Energies, Intentionality, and Consciousness*. Walnut Creek, CA: Pavior Publishing, 1997.

Tillotson, Alan Keith. *The One Earth Herbal Sourcebook: Everything You Need to Know About Chinese, Western, and Ayurvedic Herbal Treatments*. Nova York: Kensington, 2001.

www.touch4health.com.

www.tptherapy.com.

Tsuei, Julia J. "Scientific Evidence in Support of Acupuncture and Meridian Theory: I. Introduction." www.healthy.net/scr/article.asp?Id=1087. Publicado originalmente em *IEEE, Engineering in Medicine and Biology* 15, nº 3 (maio/junho de 1996).

Vazquez, Steven. "Brief Strobic Phototherapy: Synthesis of the Future." Em Brian Breiling, org. *Light Years Ahead*, Berkeley, CA: Celestial Arts, 1996.

http://veda.harekrsna.cz/encyclopedia/ayurvedantacakras.htm.

www.webmd.com/kidney-stones/extracorporeal-shock-wave-lithotripsy-eswl-for-kidney-stones.

http://en.wikipedia.org/wiki/acupuncture_point.

http://en.wikipedia.org/wiki/Chiropractic.

http://en.wikipedia.org/wiki/Feng_Shui.

http://en.wikipedia.org/wiki/Glossary_of_alternative_medicine.

http://en.wikipedia.org/wiki/Hypnotherapy.

http://en.wikipedia.org/wiki/Light_therapy.

http://en.wikipedia/org/wiki/meridian_(chinese_medicine).

http://en.wikipedia.org/wiki/National_Center_for_Complementary_and_Alternative_Medicine.

http://en.wikipedia.org/wiki/Naturopathic_medicine.

http://en.wikipedia.org/wiki/Osteopathy.

http://en.wikipedia.org/wiki/Seitai.

http://pt.wkhealth.com/pt/re/ajhp/fulltext.00043627-200506150-00011.htm.

Wong, Cathy. "Tongue Diagnosis." http://altmedicine.about.com/b/2005/09/20/tongue-diagnosis.htm.

Wurtman, Richard J., Michael J. Baum e John T. Potts, Jr., orgs. *The Medical and Biological Effects of Light.* Nova York: Nova York Academy of Sciences, 1985.

Xie, Zhufan. "Selected Terms in Traditional Chinese Medicine and Their Interpretations (VIII)." *Chinese Journal of Integrated Traditional and Western Medicine* 5, nº 3 (1999): 227-29.

Xie, Zhufan e Huang Xi, orgs. *Dictionary of Traditional Chinese Medicine.* Hong Kong: Commercial Press, 1984.

www.yuenmethod.com/about.asp.

www.zerobalancing.com/aboutzb.shtml.

CRÉDITOS DAS ILUSTRAÇÕES

Todas as ilustrações são de Richard Wehrman mediante consulta a Cyndi Dale, exceto nos casos especificados.

PARTE II: ANATOMIA HUMANA

2.1 **Célula humana.** Ilustração Shutterstock, de Sebastian Kaulitzki.
2.2 **A nebulosa DNA.** Foto cortesia da NASA/JPL-Caltech/UCLA. Ilustração Shutterstock, de James Steidl.
2.3 **Células da fáscia.** Foto cortesia dos Drs. Bing Gan e Jeff Howard, Hand and Upper Limb Center, Lawson Health Research Institute, Londres, Ontário.
2.4 **Glândula pituitária.** Ilustração Shutterstock, de Sebastian Kaulitzki, adaptada por Karen Polaski.
2.5 **Campo eletromagnético do coração.** Ilustração Shutterstock, de Sebastian Kaulitzki, adaptada por Karen Polaski.
2.6 **Células T citotóxicas atacando um vírus.** Ilustração Shutterstock, de Sebastian Kaulitzki.

PARTE III: CAMPOS DE ENERGIA

3.3 **Ressonância de Schumann.** Adaptado de König, H. L. Bioinformation – Electrophysical Aspects. Em *Electromagnetic Bioinformation*, Popp, F. A., Becker, G., König, H. L.Peschka, W. (org.), Urban und Schwarzenberg, p. 25, 1979
3.4 **Linhas ley globais.** Ilustração de Karen Polaski.
3.7 **Onda senoidal.** Ilustração Shutterstock, de Bernd Jurgens.
3.8 **Esfera.** Ilustração Shutterstock, de Kheng Guan Toh.
3.9 **Sequência de Fibonacci.** Ilustração Shutterstock, de Viktoriya.
3.10 **Toro.** Ilustração Shutterstock, de Tatiana53.
3.11 **Proporção áurea.** Ilustração de Karen Polaski.
3.12 **Merkaba.** Ilustração de Karen Polaski.
3.13 **Cubo de Metatron.** Ilustração de Karen Polaski.
3.14 **Flor da vida.** Ilustração Shutterstock, de Marcus Tuerner.
3.15 **Pentacoro.** Ilustração de Karen Polaski.
3.16 **Geometria por trás dos chakras.** Ilustração de Karen Polaski, adaptada de um original de John Evans, *Mind, Body and Electromagnetism* (Dorset, Reino Unido: Element, 1986).
3.17 **Sólidos platônicos.** Ilustração de Karen Polaski.

3.18 **Cimaglifo da voz humana.** © 2008 Sonic Age Ltd., www.sonic-age.com.

3.19 **Cimglifo dos anéis de Urano.** © 2008 Sonic Age Ltd., www.sonic-age.com.

PARTE IV: CANAIS DE ENERGIA, CANAIS DE LUZ

P. 188 **Yin-Yang.** Ilustração Shutterstock, de Joanne van Hoof.

4.2–4.18 Todas as ilustrações dos meridianos são de autoria de Richard Wehrman, adaptadas de H. U. Hecker, A. Steveling, E. Peuker, J. Kastner e K. Liebchen, *Color Atlas of Acupuncture* (Nova York: Thieme, 2001), pp. 2-102; Arthur Annis D. C., www.AcupunctureCharts.com, Ilustrações Anatômicas de Sharon Ellis M. A., CMI; Gráficos de Lauren Keswick M.S., www.medicalartstudio.com; e www.yinyanghouse.com

4.19 **Gráfico das cinco fases.** Ilustração de Karen Polaski (a partir de dados de *Five Element Acupuncture Chart*, © 2004 AcupunctureProducts.com e www.tcmworld.org/_downloads/five_element_chart.pdf).

4.23 **Ciclos do chi: o relógio do corpo.** Ilustração de Karen Polaski.

PARTE V: CORPOS DE ENERGIA: OS CHAKRAS E OUTROS "CONVERSORES DE LUZ"

5.14 **Nadi sushumna.** Ilustração de Karen Polaski.

5.16 **Caduceu da kundalini.** Ilustração Shutterstock, de James Steidl.

5.18 **Koshas.** Ilustração de Karen Polaski.

5.20 **Sistema tibetano de seis chakras.** Ilustração de Richard Wehrman. Dados de Ligmincha Institute, www.ligmincha.org.

5.21 **Sistema tsalagi (cherokee).** Ilustração de Richard Wehrman. Adaptado de um desenho de T. True, baseado em imagens mostradas à Venerável Dhyani Ywahoo por anciãos quando ela era criança.

5.31 **Árvore da Vida: as dez sephiroth.** Ilustração de Karen Polaski.

PARTE VI: PRÁTICAS ENERGÉTICAS

6.1 **Acupunctura.** Foto Shutterstock, de Salamanderman.

6.2 **Moxabustão.** Foto de Webstockpro.

6.3 **Ventosas.** Foto de Webstockpro.

6.4 **Zonas de acupuntura de Kubota.** Adaptado do Dr. Naoki Kubota, www.naokikubota.com, e por cortesia deste.

6.5 **Sistema de Calligaris: mãos e órgãos.** Ilustração de Richard Wehrman. Adaptado de Mr. Hubert M. Schweizer, Conferência da Federação Mundial da Cura, 1987, Universidade de York, cortesia da World Research Foundation, www.wrf.org.

6.6 **Chakras e pedras.**

Heliotrópio: Foto Shutterstock, de Graca Victoria;

Quartzo Enfumaçado: Foto Shutterstock, de Morozova Tatyana (Manamana);

Ágata de fogo: Foto Richard H. Bolger/TowerCrystals.com;

Olho-de-tigre: Foto Shutterstock, de Garth Helms;

Hematita: Foto Shutterstock, de Alexander Iotzov;

Citrino: Foto Shutterstock, de Linda;

Cornalina: Foto Shutterstock, de Alexander Iotzov;

Pedra-da-lua: Foto Shutterstock, de Alexander Iotzov;

Topázio dourado: Foto Shutterstock, de Morozova Tatyana (Manamana);

Quartzo rutilado: Foto Richard H. Bolger/TowerCrystals.com;

Citrino amarelo: Foto Shutterstock, de Jens Mayer;

Pedra-do-sol: Foto Shutterstock, de Doru Cristache;

Calcita: Foto Shutterstock, de Morozova Tatyana (Manamana);

Malaquita: Foto Shutterstock, de Jiri Vaclavek;

Quartzo rosa: Foto Shutterstock, de Martin Novak;

Turmalina melancia: Foto Globalcrystals.com;
Turquesa: Foto Shutterstock, de pavelr;
Sodalita: Foto Shutterstock, de Jan Hofman;
Lápis-lazúli: Foto Shutterstock, de nagib;
Celestita: Foto Shutterstock, de Morozova Tatyana (Manamana);
Água-marinha: Foto Shutterstock, de Alexander Maksimov;
Fluorita roxa: Foto Shutterstock, de Nicholas Sutcliffe;
Azurita: Foto Shutterstock, de Morozova Tatyana (Manamana);
Ametista: Foto Shutterstock, de Marco Cavina;
Quartzo transparente: Foto Shutterstock, de Gontar;
Diamante de Herkimer: Foto Richard H. Bolger/TowerCrystals.com;
Diamante: Foto Shutterstock, de Zbynek Burival

6.9 **Cromoterapia: associações entre os chakras e as regiões do corpo.** Ilustração de Richard Wehrman. Dados de Steven Vazquez, "Brief Strobic Phototherapy", em *Light Years Ahead* (Berkeley, CA: Celestial Arts, 1996), pp. 61, 79 e 85

6.11 **Pontos básicos de shiatsu.** Ilustração de Richard Wehrman. Dados de Kiyoshi Ikenaga, *Tsubo Shiatsu* (North Vancouver, BC: Japan Shiatsu Inc, 2003), pp. 12-4

6.12 **Pontos keiketsu.** Ilustração de Richard Wehrman. Dados de Kiyoshi Ikenaga, *Tsubo Shiatsu*, p. 52.

6.13 **Odontologia dos meridianos.** Ilustração Dreamstime: José Antonio Nicoli.

6.14 **Sistema de energia tailandês.** Ilustração de Richard Wehrman. Adaptado de Asokananda (Harald Brust) e Chow Kam Thye em *The Art of Traditional Thai Massage Energy Line Chart*, Richard Bentley, org. (Bangkok: Nai Suk's Editions Co. Ltd., 1995).

6.19-6.24 **Ilustrações de reflexologia de Richard Wehrman.** Dados dos mapas de mãos e pés do Ontario College of Reflexology, © 1999 Donald A. Bisson; Richard Feely, *Yamamoto New Scalp Acupuncture: Principles and Practice* (Nova York, NY: Thieme Medical Publishers Inc., 2006); Kolster e Waskowiak, *The Reflexology Atlas* (Rochester, VT: Healing Arts, 2005) p. 244-51; Olszewski and Breiling, "Getting Into Light", em *Light Years Ahead*, p. 290-91.

ÍNDICE REMISSIVO

Nota: os números em **negrito** indicam figuras.

A

A *Practical Guide to Vibrational Medicine* (*Um Guia Prático de Medicina Vibracional* – Gerber), **154**, 177, 380-81
A *Study of Structural Neuromuscular, Energy Field, and Emotional Approaches* (Hunt), 173
aborígines australianos, 132
aborto espontâneo, 152
Abrams, Arthur, 401
Absekhumu, Bonaabakulu, 320
ação primária na medicina chinesa, 379-80
acetilcolina, 95-6
ácido desoxirribonucleico. *Ver* DNA
ácido hialurônico, 197-98, 427
actina, 74
acupontos. *Ver* pontos de acupuntura
acupressão, 427
acupuntura japonesa, 350
acupuntura, 229-31, 347-48, **347**, 402-05
   analgesia, 184, 230, 348, 351
   auricular (da orelha), 404, 405, **414**
   cromopuntura, 372-74
   da cabeça, 404, **412-13**
   das mãos, 404, **410-11**
   dos pés, 404, **406-09**
   e a serotonina, 197
   e as cáries, 191
   e as endorfinas, 184, 197
   e reflexologia, 402-05
   eletroacupuntura, 349-50, 382
   japonesa, 350
   Kubota, Sistema de Zonas de Acupuntura de, 350-51, **352-53**
   pontos. *Ver* pontos de acupuntura
acutonia, 428
adivinhação, 52
adrenais, glândulas, 95
   e os chakras, **268**
afinidade na medicina chinesa, 379-80
ágata de fogo, 362
agente de cura energética, 47-57
   centrado no coração, 51-2
   conceitos básicos, 47
   curar vs. remover os sintomas, 47
   dons intuitivos associados ao, 52-7, **54-6**
   e a intuição, 50, 52
   e o poder da crença, 50-1
   ética, 47, 48, 57
   formação, 49
   juramento, 48
   requisitos para ser um, 47-8
água, 165
   interações com campos magnéticos, 165-66
   no sistema de doze chakras, 365-67
   o som e a estrutura molecular da, 415
água-marinha, **364**

ahamkara, 305
air-biologie, 428
Ajna (sexto chakra/terceiro olho), 277-79, **284**
   Ajna, personalidade, 290-91
   e as pedras, **364**
A-KA-THA, triângulo, 286
akh, 321
Akiva, Joseph ben, 339-40
alaranjado, 374
alarme, ponto de, 186, 203, 231
albinismo, 88
Aleksandrovskaya, M. M., 152
alfa, ondas, 82, 417
alfa-teta, estado cerebral, 151
alho, 380
alimentos que esfriam o corpo, 375
alimentos que esquentam o corpo, 375
alma, 31, 334
   corpo etérico (sistema de doze chakras), 335
   e a kundalini, 257, 337
   e a merkaba, 161
   e o campo etérico, 170-71
   e o campo mórfico, 169-70, 172
   e o coração, 90
   e o shen, 238
   e os campos de torção, 157
   e os chakras, 323-24, **327**, 328, **332**, 333-34, 335
   recuperação e cura, 56
alopatia, 31
alquimia hermética, 377
alquimia, 377
alvéolos, 93
Alzheimer, mal de, e a luz, 368
ama, 354
amálgama de mercúrio, 394
amarelo, 374
Amen, Daniel G., 80
ametista, **364**
AMI, aparelho, 269
Amma, 428
amplitude, 30-1, 116
anabolismo, 105
Anahata (quarto chakra/chakra do coração), 280-81, **281**
   Anahata, personalidade, 290
   e as pedras, **363**
analgesia. *Ver* dor, alívio da
analisador de ressonância magnética (MRA), 165
ananadamayi kosha, 287, **302**, 302

anatomia energética, 32, 34-6. *Ver também* anatomia sutil
anatomia esotérica, 259
anatomia humana, 59-113
   células, 61-4
   DNA, 65-9
   metabolismo, 105-06
   pele, 87-8
   sentidos, 111-13
   sistema circulatório, 89-92
   sistema digestório, 97-8
   sistema endócrino, 95-6
   sistema esquelético, 71-2
   sistema excretor, 99-100
   sistema imunológico, 107-09
   sistema muscular, 73-5
   sistema nervoso, 77-86
   sistema reprodutor, 101-03
   sistema respiratório, 93
anatomia sutil, 34-6
   campos, 33, 34, 35-6
   canais, 34, 35-6
   corpos, 34, 35-6
   diferenças em relação às estruturas biológicas, 34-5
   opostos polares na, 35
Anderson, Carl, 44
Andrews, Ted, 339
annamayi kosha, 302, **302**
antibióticos, primórdios do uso de, 32
antimundos, 44 está escrito antiuniverso
antipartículas, 40, 43-4
antroposofia, 428
ânus, 100
apana, 301
Apocalipse de São João, 319-20
ar no sistema de doze chakras, 365-66
aromaterapia, 428
Art of Mysteries, 190
Árvore da Vida
   no sistema da cabala judaica, 310, 340-46, **341**
   nos sistemas egípcio e africano, 320, 321, **322**
asanas, 291, 294
aspectos mentais das doenças (Ayurveda), 354-55
astrágalo, 380
atitude do agente de cura, 51
atividade eletromagnética
   do corpo, 83, 202
   das células, 62-3

da glândula pituitária, 83-5
da glândula pineal, 84-6
átomos, 40, 42, 120
　caráter único dos, 120
　oscilações e campos dos, 120
ATP (trifosfato de adenosina), 106
audição, 111-12
aura/campos áuricos, 35, **121**, 123, 171-78
　camadas da, 171, **174**, 175
　como um campo de ondas estacionárias, 151-52
　composição e informações, 175-76
　e a cura, 32
　e as cores, 172, 173-75
　e os chakras, 175, 177
　força e campo ódicos, 171-72
　imagens da, 155, 173
　no sistema de doze chakras, 334
Aura-Soma, Terapia, 351-54
auricular, exame, 425-26
auscultação (diagnóstico chinês), 423
Autobiografia de um Iogue, 357
avaliação de estresse dos meridianos (MSA), 350
Avalon, Arthur, 257, 260
Ayurveda, 354-56
　aspecto mental das doenças, 354-55
　constituições (doshas) no, 355
　e as estações, 356
　e os números, 397-98
　e os rasas, 356
　pilares da prevenção de doenças no, 355-56
azul, 374
azurita, **364**

B

ba, 321
Bach, Edward, 429
Bach, Florais de, 429-30
Baço/Pâncreas, meridiano do, 186, 187, **188**, **207**, **212**, 224
Bactérias
　e a luz, 368
　radiação elétrica das, 136
　resposta vibracional do corpo às, 380-81
Baguá, 429
Baldwin, Kate, 368
Bartholin, glândulas de, 102
bastonetes (células do olho), 112
bau-biologie, 428

Be Set Free Fast (BSFF), 428
Becker, Robert O., 149, 150, 152, 195, 199, 202
Bendit, Lawrence e Phoebe, 34, 170, 172
Benker, Anton, 132
Benker, Sistema Cúbico de, 132, 146
Benor, Daniel J., 155, 156
Benson, Herbert, 50
Bentov, Itzhak, 269, 419-20
beta, ondas, 82, 417
Bexiga, meridiano da, 187, **188**, **207-08**, **215**, 225
bian zheng, 421
Bíblia, 319, 378
bile, 99
bilirrubina, síndrome de, 368
Binah, **341**, 345
bindu (forças hindus), 261, 286, 289, **289**
bioacústica, 416
biocampos, 32, 119, 173, 175. *Ver também* campos de energia humanos
　imagens dos, 155, 173
biocampo, cura do, 32
bioenergética, cura, 32
biofeedback, 84, 428
biofótons, 68-9, 74, 91, 127-28, 369
biogeometria, 428
bio-hologramas", 74
Biologically Closed Electric Circuits: Experimental and Theoretical Evidence for an Additional Circulatory System (Nordenström), 194
bioplasma, 175
biorressonância, 313-14
biorressonância, terapia de (BRT), 350
bodhichitta, 310
Bonghan, Kim, 34, 140 (Bonghan está com a letra m), 170, 191, 197-98, 199-200
Bonpo, modelo dos chakras do, 306-310, **308-09**
bóson W, 126
Bowen, método, 431
Bowen, Patrick, 321
Brahma nadi, 271
Brennan, Barbara Ann, 34, 170, 175, 258
Bruyere, Rosalyn, 173-74, 267
buddhi, 305
Buhner, Stephen Harrod, 90
bulbouretrais, glândulas, 101
buracos negros, 127
Burr, Harold Saxton, 139-40, 149, 198
bússola chinesa, 235-38, 429

C

cabala judaica, sistema da, 36, 339-45
  Árvore da Vida, 310, 340-45, **341**
  associações com os chakras, **342-43**
  dez sephiroth, 340-45, **341**
  e os quatro caminhos, 376, 377
  raízes da, 339-340
cabeça, meridianos da, **223**, 228
cabeça, reflexologia e acupuntura da, 404-05, **412-13**
cabelo, 87, 88
caduceu, **297**
Caitanya Mahuprabhu, 337
cálcio, íons de, e os campos magnéticos, 152
calcita, **363**, 364
calcitonina, 96
Callahan, Philip, 163-64
Calligaris, Giuseppe, 29, 357
Calligaris, Sistema, 357-58, **357**
camadas, três (sistema de doze chakras), 333-37
campo astral, 35, 171
campo causal, 171
campo celestial, 171
campo de ponto zero, 123, 127-28, 369
campo elétrico, 37, 41
campo emocional, 171
campo formativo, 373
Campo Luminoso Universal, **121**, 123
campo unificado, teoria do, 125-27
campos bioelétricos, 41
campos biomagnéticos, 41, 175
  quantificação, 156
campos de eletricidade estática, 144
campos de energia, 115-79. *Ver também* campos de energia humanos
  aura/campos áuricos, **121**, 123, 171, 171-78
  campos especiais, 170-71
  campos etéricos, 170
  campos L e campos T, 139-42
  campos morfogenéticos, 169-70
  campos naturais, 129-33
  conceitos básicos, 119-23
  cura presencial e a distância, 155-57
  e a cura, 115
  e a realidade não local, 155-57
  e o magnetismo, 149-54
  geometria sagrada, 159-68
  humanos, 169-79

  interação entre os campos do profissional e do paciente, 50-1
  introdução, 115-23
  pesquisas, 135-38
  poluição/estresse geopático, 143-47
  ponto de reunião, **176**, 178-79
  prova/obtenção de imagens, 155-57, 173
  putativos/sutis, 119, **121**, 122-23, 131-32
  Sete Raios, 178
  teoria do campo de ponto zero, 123, 127-28
  teoria do campo unificado, 125-27
  terminologia dos, 116
  verdadeiros, **117**, 119, 120-22, 129-31
campos de energia humanos, 123, 169-79. *Ver também* campos de energia
  aura/campos áuricos, **121**, 123, 171-79, **174**
  campos especiais, 170-71
  campos etéricos, 170
  campos morfogenéticos, 35-6, 169-70
  medida dos, 172-73
  ponto de reunião, **176**, 178-79
  Sete Raios, 178
campos de energia sutis, 119, **121**, 122-23. *Ver também* campos naturais
  campos específicos, **121**, 123
  campos naturais, 129, 131-33
  envolvem e interpenetram o corpo, 122-23
  imagens dos, 155, 173
  poluição dos, 145-46
  prova da existência dos, 155-57
campos de pensamento, terapia de, 434
campos de pensamento. *Ver* T, campos
campos eletromagnéticos, 33-4, 43, 83-6, 120, 122. *Ver também* campos de energia; campos
  do coração, 90-1, **91**
  dos organismos vivos, 151, 153, 202
  e a empatia, 51
  e a geometria, 161-62
  e a radiestesia, 402
  e o crescimento dos ossos, 149
campos etéricos, 35, 170-71
campos físicos, 35, 171
  poluição dos, 145-46
campos geomagnéticos a poluição, 146
campos geopáticos, 129
campos magnéticos
  cura com, 149, 152, 429

e o câncer, 152, 153, 195, 384
e os meridianos, 383-84
efeitos positivos e negativos, 152-54
interações com a água, 165
o corpo humano, 149-51, **150**
poluição/estresse, 144
quantificação, 156
síndrome de deficiência, 152
campos mensuráveis. *Ver* campos verdadeiros
campos mental, 171
campos mórficos, 169, 170
campos morfogenéticos, 35-6, 169-70
campos morfológicos, **121**, 123
campos naturais, 129-33
   Benker, Sistema Cúbico de, 132
   Curry, grade de, 133
   geopáticos, 129
   Hartmann, grade/linhas de, 132
   ley, linhas, 131-32, **132**
   linhas negras, 133
   ondas de difícil classificação, 131
   ondas escalares, 131
   ondas estacionárias, 131
   ondas geomagnéticas, 130
   ondas solares, 130
   ondas sonoras, 131
   poluição de, 143, 145-46
   Schumann, ressonância/ondas de, 130, **130**
   sutis, 129, 131-33
   verdadeiros, 129-31
   Vivaxis, 133
campos, 33-5, 43, 115-79. *Ver também* campos de energia
   bioelétricos, 41
   biomagnéticos, 41
   campos L e campos T, 33, 69, 139-42
   conceitos básicos, 120
   de Higgs, 42
   de torção, 157
   definição, 41, 115
   do coração, 51-2
   e a geometria, 159-68
   e a oscilação ondulatória, 37-8
   efeitos prejudiciais dos, 143-47
   elétricos, 37, 41
   eletromagnéticos, 33-4, 43, 51
   energia, interação com os campos dos pacientes, 50-1
   energia. *Ver* campos de energia

estresse geopático/poluição, 143-47
geopáticos, 129
magnéticos, 37
matriz de crescimento celular, 34
medição dos, 33-4
naturais, 129-33
sutis vs físicos, 34-5
sutis, 34-6
canais de energia sutil, 34, 36, 119, 181-251
   as cinco fases e teorias correlatas, 233-44
   as sete emoções e os órgãos correspondentes, 245-51, **246-47**
   chi, 189-91
   meridianos, 181-228, **207-23**
   nadis, 292-98
   pontos de acupuntura, 229-31
   semelhanças entre, 247-51
   Ver também tópicos específicos
canais de energia sutis. *Ver* canais, de energia sutis
canais de vento, 250-51
câncer
   como um miasma, 177
   e a eletricidade, 194-95
   e a radiação eletromagnética, 136
   e o som, 415
   e os dentes, 394
   e os ímãs e campos magnéticos, 152, 153, 194, 384
   e os raios X, 145
caos, as leis da termodinâmica e o, 44
carga (atômica/elétrica), 40
carga elétrica, 40-1
   oposta, 35
cáries na acupuntura, acupressão e qigong, 191
cartilagens, formação de ossos a partir das, 71-2
Cashel, Ireland, 163-64
catabolismo, 105
causal, corpo
   no sistema de doze chakras, 335
   no sistema hindu, 287, 301, **302**, 305
causay, 317
Cayce, Edgar, 141
Cabal, 369
cekes, 250
celestina, **364**
célula humana, **63**
celular, telefone, 145
células T, 108-09, **108**
citotóxicas", **108**, 109

células, 61-4
  célula-mãe, 66
  crescimento, 34
  eletromagnéticas, 62-3
  humanas, **63**
  metabolismo, 62
  microcorrentes nas, 63-4
  subestruturas das, 61
células-mãe, 66
centro da coroao (sistema tsalagi/cherokee), **312**, 314
centro da garganta (sistema tsalagi/cherokee), **312**, 314
centro da medula (sistema tsalagi/cherokee), **312**, 314
centro do plexo solar (sistema tsalagi/cherokee), **312**, 314
centros de energia. *Ver* chakras
cerebelo, 79
cérebro, 78-81
  células gliais, 80
  cirurgia, 32
  cortex cerebral, 79-80, 419
  e a acupuntura, 230
  e a digestão, 97-8
  e as emoções, 80-1
  estados do, 80
  funções do, 78-9
  glândulas pituitária e pineal, 83-6, **85**
  ondas cerebrais, 84, 417
  partes do, 79
  rede neural do, 80
cérvix, 102
chá verde, 380 (tem 2 x)
chacla, 311
chakra da base
  no sistema hindu, 272-75, **273**
  no sistema oculto cristão, 320
chakra da coroa
  no sistema cristão oculto, 319
  no sistema hindu, 286-89, **287**
chakra, cura dos, 32, 417-19
chakras específicos
  Ajna (sexto chakra/terceiro olho), 284-86, **284**
  Anahata (quarto chakra/chakra do coração), 280-82, **281**
  corpos chákricos adicionais, 286
  décimo chakra, 324, **326-27**
  décimo primeiro chakra, 324, **326-27**
  décimo segundo chakra, 324, **326-27**
  Kamadhenu, 286
  Kameshvara, 286
  Manipura (terceiro chakra/chakra do plexo solar), 276-80, **277**
  Muladhara (primeiro chakra/chakra da base), 272-76, **273**
  nono chakra, 324, **326-27**
  oitavo chakra, 323-24, **326-27**
  Sahasrara (sétimo chakra/chakra da coroa), 286-88, **287**
  sistema de doze chakras, 258-59, 323-38, **326-27**
  sistema de sete chakras (hindu), **278-79**
  Soma, 286
  Svadhisthana (segundo chakra), 275-76, **275**
  Vishuddha (quinto chakra/chakra da garganta), 282-84, **283**
chakras, 33, 36, 255-60, 265-91. *Ver também* chakras específicos
  anatomia, **256**
  avaliação da forma, do giro e da velocidade, 358-61
  cabala judaica/sephiroth, **342-44**
  cinco chakras adicionais, 258-59
  como ondas, 266, **266**
  definições, 256-57, 259
  desenvolvimento e idade, 277, 328-29
  diagnóstico com os, 269
  dons paranormais baseados nos chakras, 54, 54-6
  e a aura/campo áurico, 175, 177
  e a energia da kundalini, 36, 262
  e a energia luminosa, 250, 266, **267**, 270
  e a glândula pineal, 84-5
  e as cores na cura, 369-72, **373**
  e as pedras, 362, **362-64**, **433**
  e o ovo energético, 324, **326-27**, 334
  e o sistema endócrino, **268**, 269, 325-28, **326-27**
  e o sistema tsalagi (cherokee), 310-14, **312**
  e os campos de energia, 119
  e os elementos, **279**
  e os lótus, **279**
  e os nadis, 253, 262, 269-70, **271**
  e os princípios científicos, 265-70
  e os problemas de dependência, 338, **338**
  e o sistema de energia maia, 310-11
  e os sons, 166-67
  espectro cromático dos, 266, **267**, 268-69
  estrutura, 329-30, **331-33**
  geometria dos, **162**
  história do conhecimento dos, 259-60
  interfaces com outros sistemas, 253
  medidas dos, 269

modelo bonpo do Himalaia, 306-10, **308-09**
modelo chinês, 257
Modelo Energético Inca, 314-20, **315-17**
modelo hindu, 257, 262, 271-89, **278-79**
modelo tântrico dos, 257
número de variações nos, 256
pelo mundo afora, 271-338
pêndulo para diagnóstico dos, 361
pesquisas científicas sobre os, 266-70
qualidades masculinas e femininas, 369-70
secundários, 249-50
sistema de doze chakras e a kundalini, **336,** 337
sistema de doze chakras e as técnicas de cor, 370-74
sistema de doze chakras e os elementos, 365-67
sistema de doze chakras e os pontos espirituais, 324, **325**
sistema de doze chakras, 177, 258-59, 323-38, **326-27**
sistema de doze chakras, corpos de energia no, 333-37
sistema de doze chakras, trabalho tonal com os chakras, 417-18, **418-19** sistema de sete chakras, 256, 258, 271-88, **278-79**
sistema tibetano de seis chakras, 307, **308-09**
sistemas egípcio e da África negra, 320-21, **322**
tipos de personalidade, 288-91
tipos dos chakras (personalidade), 288-91
vibrações, 265-66
visão geral dos, 256-57
visão ocidental dos, 257-59
Chardin, Pierre Teilhard de, 19
chaya, 354
Chen, Dong, 191
cherokee, povo. *Ver* sistema de energia tsalagi (cherokee)
Chesed, **341,** 345
chi gung. *Ver* qigong
chi kung. *Ver* qigong
chi, 35, 189-91, 233, 242-43. *Ver também* meridians; yin-yang, teoria do equilíbrio do, 149-50, 233
   a teoria mais nova sobre o, 191
   ciclos do (relógio do corpo), 248, **248,** 421
   como um *continuum* de energia, 187, 189
   condições (medicina chinesa), 242, 243
   da água, 190
   da terra, 190
   definição, 185
   diagnóstico do nível do, 423
   do céu, 190, 191
   e a teoria das cinco fases, 233-38
   e as cáries, 191
   e o ácido hialurônico, 197-98
   e o meridiano do Triplo Aquecedor, 186, 190, 226-27
   e o qigong, 189-90, 191, 399-401
   e os campos de energia, 119
   e os meridianos, 181, 185-86, 189-191, 198-99
   e os Vasos Governador e da Concepção, 190
   físico, 191, 197-98
   funcional, 191
   humano, 190
   inversão do (sha), 133
   limpo, 191
   material, 189-90, 191
   mecânico, 191
   medida do, 172
   níveis/tipos do, 185, 189-91
   o sangue, os fluidos corporais e o, 242-43
   outros nomes do, 189
   pontos básicos, 189-91
   protetor, 191
   que nutre, 190, 191
   sutil, 189
   Tai Chi, 190, 400, 433
   um dos Três Tesouros, 238
   vital (zheng), 239, 249
   yin e yang, 187, 191
ching-lo, 185
Chladni, Ernst, 166
Chokmah, **341,** 345
choque elétrico, 144
cimaglifos
   da voz humana, **166**
   dos anéis de Urano, **167**
cimática, 29, 161-62, 165-66, 378
   cimaglifos, **166, 167**
   terapia, 416
cinco dedos (mudras tibetanos), 396, **397**
cinco elementos (chineses), **236-37**
cinco elementos, teoria dos. *Ver* cinco fases, teoria das
cinco famílias dos budas, 395, **395**
cinco fases, teoria das 181-82, 188, 190-91, 233-38.
   cinco pontos de transporte, 229-30
   e o diagnóstico, 421-24
   elementos e órgãos na, 233-38, **234, 236-37**
   interações de geração, 235

interações destrutivas, 235
    Ver também pontos de acupuntura; medicina chinesa; meridianos
5-MeO-DMT, 85, 86
cinesiologia aplicada, 193, 382-83
cinesiologia, 52, 193, 383-83
circadianos, ritmos, 130, 368
circuitos biológicos, 194-95
círculo, **379**
cirurgia psíquica, 53
citrino, **362**
    amarelo, **363**
clariaudiência, 53
clarisensciência, 53, **54**
clarividência, 57
Clássico das Oitenta e Uma Questões Difíceis do Imperador Amarelo, 183
Clássico das Questões Difíceis (Nanjing), 183
Clássico de Medicina Interna do Imperador Amarelo, 183
Cleópatra, 402
clítoris, 102
coerência, 39, 69
Cohen, David, 83
colágeno, 74, 75
cólon, 100
cones (células do olho), 112
conservação da energia, lei da, 44
consonância (*entrainment*), 415-16, 417
constelação familiar, 429
constituição, prescrição de acordo com a, 381
coração, 89-92
    batimento, 90-1
    câmaras do, 89-90
    campo do, medida, 175
    campo eletromagnético do, **91**, 119
    como centro intuitivo, 50
    como órgão eletromagnético, 90-1
    luz do, 91
    marca-passo (nodo sinoatrial), 73, 91-2
    músculo cardíaco, 73
    poder de cura do coração", 90-1
coração, agente de cura energética centrado no, 51-2
coração, centro do (sistema tsalagi/cherokee), **312**, 313-14
coração, chakra do
    no sistema cristão oculto, 320
    no sistema hindu, 280-82, **281**

Coração, meridiano do, 186, 187, **188**, **207**, **213**, 224-25
cordão de prata (sistema de doze chakras), 335
cordas, 56
cordas, teoria das, 127
cores complementares, 374-75
cores
    cores prejudiciais, **371-72**
    cromopuntura, 372-74
    cromoterapia, 368-69
    e o diagnóstico, 370-71
    e o sistema dos chakras, 369-74, **373**, **420**
    e os sons, 420, **420**
    energias das cores, **371**
    na Terapia Aura-Soma, 351-54
    práticas de cura que empregam, 368-74
cornalina, **362**
corpo cinzento (sistema de doze chakras), 335
corpo de dor (sistema de doze chakras), 335
corpo de piche (sistema de doze chakras), 335
corpo de prata (sistema de doze chakras), 335
corpo emocional (sistema de doze chakras), 335
corpo etérico físico (sistema de doze chakras), 335
corpo etérico, 321, 335
corpo físico
    no sistema de doze chakras, 334
    no sistema hindu, 302-03, **302**
    nos sistemas egípcio e da África negra, 320, 321
corpo grosseiro (sthula sarira), 301, 302-03, **302**
corpo mental (sistema de doze chakras), 335
corpo sutil (suksma sarira), 301, **302**, 303
corpo
    crescimento do, 169-70
    etérico. *Ver* corpo etérico
    físico. *Ver* corpo físico
    quadrantes, 369-70
    sutil. *Ver* corpo sutil
corpos de energia sutis. *Ver* corpos de energia
corpos de energia africanos, 260, 320, 321, **322**
corpos de energia egípcios, 320-21, **322**
corpos de energia, 22, 27, 253-69. *Ver também* chakras; nadis
    chakras, 255-60, 265-91
    hindus (koshas), 300-05, **302**
    kundalini, 261-63
    modelo energético inca, 314-19, **315-17**
    modelo tibetano do Himalaia/bonpo, 306-10, **308-09**
    na terra (Qollahuayas), 322-23

nadis, 292-98
  no sistema de doze chakras, 333-37
  princípios dualistas e unificados nos, 35
  semelhanças entre sistemas, 249-51
  sistema de energia cristão oculto, 319-20
  sistema de energia maia, 36, 310-11
  sistema de energia tsalagi (cherokee), 311-14, **312**
  sistema tântrico, 307-10
  sistemas egípcio e da África negra, 320-21, **322**
  visão geral, 253-54
corpos sutis. *Ver* corpos de energia
corrente direta
  campos magnéticos, 152-53
  sistema de corrente direta no corpo, 149-50, 151
correntes das lesões, 63-4, 193-94, 196
correntes negras, 146
córtex cerebral, 79-80, 419
Corti, órgão de, 111
Cowper, glândulas de, 101
Craig, Gary, 376
craniossacral, terapia, 433
crença, poder da, 50-1
crescimento e campos morfogenégticos, 169-70
Crile, George, 136
cristão oculto, sistema de energia, 319-20
Crohn, doença de, 98
cromopuntura, 372-74
cromossomos, 65, 103, 168
cruz, **379**
cubo **164**
cura a distância, 53, 152, 155-57, 405
cura baseada nos meridianos, 32
cura energética sutil. *Ver* agente de cura energética;
  práticas energéticas
cura energética, 37-8
cura energética, 32
cura espiritual, 429
cura pelas mãos, 53, 155-57, 405
cura, 47
cura, 47-57. *Ver também* agente de cura energética;
  práticas energéticas
  e equilíbrio energético, 182
  e os campos de energia, 115
  poder de cura do coração", 90-1
  práticas. *Ver* práticas energéticas
  vs. remoção dos sintomas, 47
cura, dimensões da (resolução holográfica da
  memória), 429

Curry, grade e linhas de, 133
  e o estresse geopático, 147
Curry, Whitman e Manfred, 133
Cymatics (Jenny), 165-66

D

Daath, 340, **341**, 343, 345
dados e informações perdidos, recuperação do
  acesso a, 45
Darras, Claude, 193, 198, 202
Davis, Albert Roy, 153
DC. *Ver* corrente direta
De Vernejoul, Pierre, 193, 198, 202
decibéis (dB), 111
déficit de atenção e hiperatividade, transtorno de, 167
delta, ondas, 82, 417
deltrons, 197
dependência, os chakras e a, 337-38, **338**
Derivative Shiatsu, 388
dermátomos, 388
derme, 87
desarmonia, padrão de, 421
desequilíbrio oscilatório, 136
desfibrilador, 144
detecção de entidades, 56
dharana, 291
dhyana, 291
diabetes, 72
diafragma, 93
diagnóstico chinês, 421-26
  auscultação e olfação, 423
  constituições, 422, **422**
  diagnóstico da língua, 422, **426,** 427
  exame auricular, 425-26
  inspeção, 421-22
  investigação, 424
  palpação, 424
  quatro níveis, 422-23
  tomada do pulso, 424-25, **425**
diagnóstico das funções bioelétricas, 350
diagóstico
  as cores e o sistemas dos chakras, 370-71
  chinês, 421-26
  da língua, 423, **426,** 427
  dos chakra vs. da medicina ocidental, 269
  intuitivo vs. da medicina ocidental, 141-42
  diamante, **364**
quântico, 377

diapasões, 319-20, 416
Diapulse (aparelho), 136-37
diencéfalo, 79, 184
dieta, na medicina chinesa, 375
digestão
   e a fototerapia, 368
   e as doenças (Ayurveda), 354-56
dina-charya, 355
dinamização, 380
Dirac, Paul, 43
Discussion of Warm Diseases (Shi), 238-39
dispositivo supercondutor de interferência quântica.
   Ver SQUID
dissonância, 39
DMT (dimetiltriptamina), 85, 86
DNA (ácido desoxirribonucleico), 65-9
   como forma de luz, 68-9, 74, 123, 128, 369
   como matriz do corpo, 65-7
   conserto do, 167, 168
   e a epigenética, 66, 67-8
   e o qigong, 399
   e os campos de torção, 157
   e os sons, 167, 168
   mitocondrial, 66
   mutação, e os raios X, 145
   no esperma, 102-03
DNA mitocondrial, 66
DNA, Nebulosa do, **69**
dodecaedro, **164**
doença
   e desequilíbrio energético, 182, 376-77
   e desequilíbrio oscilatório, 136
   fontes internas e externas da, 181
   predisposição à, 177
doenças quentes, 238-39
dong quai, 380
dor, alívio da
   e a acupuntura, 184, 230, 348, 351
   e o shiatsu, 389
   e os ímãs, 384
dosha-kara, 354
doshas, 303, 355
drávida, 259
Dumitrescu, Ioan, 201
dupla hélice, 65
dutos neurais, sistema de, 199
dutos superficiais, sistema de, 199
dutos, teoria dos (dos meridianos), 198

E

E. coli, 136
EFT (Emotional Freedom Technique), 375-76
Ein Sof, 254, 346, 377
Einstein, Albert, 115, 125, 126, 156
eixo cérebro-intestinal, 98
eixo elétrico embrionário, 198
ejaculação, 101
Electroacupuntura segundo Voll, 350
electroacupuntura/varredura eletrodérmica, 349-50, 382
electro-biologie, 429
elementos
   cinco elementos (chineses), **236-37**
   e os chakras, **279**, 365-67
   e os meridianos, **188**
   na teoria das cinco fases, 233- 38, **234, 236-37**
   no sistema de energia tibetano, 306-10, **308-09**
   pontos dos cinco elementos, 230
   sons e cheiros associados aos, 423
eletricidade, 40-3
   celular, 62-4
   e magnetismo, 122
   e o colágeno, 74
   geração de, 40, 122
eletrocardiograma (ECG), 84, 156
eletroencefalograma (EEG), 84, 156
eletromagnetismo, 42, 44, 139
   eletricidade gera magnetismo, 122
   premissa básica dos, 122
eletromiografia (EMG), 84
elétrons, 40, 41-3
   órbitas dos, 40
   oscilação dos, 37
   e pósitrons, 125
   cadeira de transporte eletrônico, 106
   movimento dos, 40-2
eletropoluição, 144
emaranhamento quântico, 46
emoções
   alimentos que curam (sistema chinês), 247, **247**
   as sete emoções e os órgãos correspondentes, 245-51, **246-47**
   e a digestão, 97-8
   e as moléculas bioquímicas, 81-2
   e o cérebro, 81
   e odores, 112
   em diversos sistemas, 250

no sistema chinês, 245-51, **246-47**
  os sons, o tecido conjuntivo e as, 75
emoções negativas, 52
Emoto, Masura, 165, 378, 381
empatia, 51, 53
encarnação, três corpos de (sariras), 300-05, **302**
encefalinas, 197
encéfalo, 79
endorfinas, 74
  e a acupuntura, 184, 197
  e o shiatsu, 388-89
Endros, Robert, 143
Energetic Heart, The (McCraty), 52
energética, 31
energia cinética, 41-2
energia de ponto zero, 45
energia física, 39, 255
energia grosseira, 255
energia potencial, 41
energia química, 42
energia sutil, 20-3, 29-46, 255
  definição, 30
  e os meridianos, 197-200
  em relação à energia física, 29-30
  medição, 33-4
  modelo de Tiller, 38-9, 44
  níveis de, 38-9
  percebida por seus efeitos, 31, 33-4
  "regras" da, 35, 38
  valor de se trabalhar com a, 36-7
energia térmica, 42
energia, 29-46 . *Ver também* energia sutil
  conceitos básicos, 37-46
  conceitos ocidentais e orientais de, 31-3
  definição, 29-31, 265
  e carga, 40-1
  física vs. sutil, 29-30, 33
  formas de, 40-6
    elétrica, 40-3
    eletromagnética, 33-4, 43
    luz, 41
    magnética, 42
    química, 42
    térmica, 42
  leis da, 44
  medição da, 33-4
  modelo da (Tiller), 38-9
  na vida cotidiana, 42

  partículas e ondas, 36-9
  ponto zero, 45
  potencial vs. cinética, 41-3
  produção no corpo, 106
  relação entre a energia física e sutil, 29-30
  unificada (chi), 35
  vibração como, 30-1
energias femininas e masculinas, 250, 329, 369-70
Energy Healing and Wellness of Numbers, 398
Energy Medicine (Oschman), 175
emaranhamento, 46
entropia, 39, 44, 126
enzimas e fototerapia, 368
epiderme, 87
epidídimo, 101
epigenética, 66, 67-8
  e os campos morfogenéticos, 169-70
  e os miasmas, 177
epigenomas, 67-8
equilíbrio zero, 429
equilíbrio, sentido de, 111
erupções solares, 146
escalares, ondas, 131
escalas (som), 167, 311-13, 419
Escherichia coli, 136
escudos de vento, 313
esfera, 160, **160**, 379
esogética, 372, 373
espectro eletromagnético, 42, 120-22
  e os chakras, 266, **267**
  níveis de energia no, **117, 122**
  poluição/excesso de exposição, 144-45
espectrocromia, 368
espelho etérico, 335-37
esperma, 101, 102
espinho-ponto-amidaloide, caminho, 348
espiral, **379**
Espírito Santo, 190
espírito, 333
espirituais, técnicas, 53
espiritual, qigong, 401
espuma quântica, 127
esqueleto apendicular, 71
esqueleto axial, 71
esquizofrenia, 152
essênios, 260
estações do ano no Ayurveda, 356
esteroides, 81

estimulação elétrica nervosa percutânea (PENS), 349
estrela, **379**
    no sistema de doze chakras, 367
estresse geopático, 143-47
    e o ambiente doméstico, 152
    e os campos físicos naturais, 146
    e os campos sutis naturais, 146-47
    espectro eletromagnético, poluição do, 144-45
    teoria sobre a situação atual do, 147
estresse solar, 146
estriados (esqueléticos), músculos, 73
éter, 170, 175, 367
ética na cura energética, 47, 48, 57
Evans, John, 162, **162**, 420
excesso de exposição e poluição dos campos, 143-47
excreção, 99-100
exorcismo, 55

F

faixa de frequência, 416
Faixas de Poder, ritual das, 319, **319**
falhas geológicas, 146
famílias dos Budas, cinco, 395, **395**
Faraday, lei de, 122
fáscia, 74-5
    células da, **74**
    e o trabalho de rolfing, 267-69, 432
    libertação miofascial, 430
feixe de His, 91
Feldenkrais, método, 431
feng shui, 429
    cinco elementos no, 249
    sha (inversão do chi) no, 133
fertilização dos óvulos, 103
feto, 102-03
Fibonacci, sequência de, 160, **160**
fibras nervosas sensoriais, 78
fibroblastos, 75, 400
fígado, 99
Fígado, meridiano do, 187, **188, 207, 220**, 227
figuras geométricas, pesquisa sobre campos e
    paramagnetismo, 162-64. *Ver também* geometria
Fisher, Eonah, 311
física quântica, 34, 43, 125, 163
físico, definição, 116
fisio-kundalini, modelo, 419
flor da vida, 161, **161**
florais, 429-30

fluorita roxa, **364**
fo ti, 380
fogo no sistema de doze chakras, 365
força elétrica, 40
força eletromagnética, 126
forças fundamentais, quatro, 42
fótons, 42, 44, 68-9
    biofótons, 68-9, 74, 91, 127-28, 369
    campos de energia dos, **121**, 122
    do coração, 91
    e a força eletromagnética, 126
    natureza de onda e partícula, 125
frequência, 31, 112
    definição, 116, 122
    dos fótons, 163
    e movimento, 415
    ordenação dentro do corpo, 161-62
fungos como precursores dos antibióticos, 32
Furlong, David, 323
Future Science (White and Krippner), 171

G

garganta, chakra da
    no sistema cristão oculto, 319-20
    no sistema hindu, 282-85, **283**
Gariaev, Peter, 157, 168
Geburah, **341**, 345
Geiger, contador, 132
gêmeos, 67, 141
genes, 65-7
gengibre, 380
geobiologia, 430
geocampos, **121**, 123
geometria sagrada. *Ver* geometria
geometria, 159-68, 378, **379**
    biogeometria, 428
    Callahan e a, 163-64
    cimática, 165-66, **166**
    e as práticas de cura, 378, **379**
    e o som, 165-66
    e os chakras, **162**
    figuras geométricas, 159-63, **159-62, 164**
    grades, cores e, 372
    interações do campo magnético com a água, 165
    paramagnetismo, formas e, 162-65
    significados, 378
    símbolos benéficos e prejudiciais, **379**
    teorias básicas, 159-62, **159-62, 164**

Gerber, Richard, **154**, 177, 381, 419
Gershon, Michael, 98
Ghadiali, Dinshah, 368
Gichtel, Johann Georg, 260
Ginsberg, Abraham J., 137
ginseng siberiano, 380
ginseng, 380
"glândula do espírito" (glândula pineal), 85-6
glia, células da, 79, 149-50
    e os campos magnéticos, 152-53
glóbulos brancos, 92
glóbulos vermelhos, 92
glúon, 40, 126
Goldman, Jonathan, 416
Goodheart, George, 383
gordura leitosa na linfa do intestino, 108
granthis (nós), 273, **279**, 280
gravidade, 40, 42, 126
gravitacional, força, 126
gráviton, 126
grelina, 96
gunas, três, 286, 289

H

Hado, 165
Hager, Dr., 143
Hahnemann, Samuel, 177, 383
Haimov, Iris, 84
hakomi, 430
harmônico pessoal, 416
harmônicos, 37, 161, 416-17. *Ver também* som
Harris, Dave, 328
Hartmann, Ernst, 132, 146
Hartmann, grade/linhas de, 132-33, 146
Hau, Lene Vestergaard, 127
Hawking, Stephen, 127
Hayashi, Dr., 405
he, 230
Head, Henry, 402
HeartMath Research Center/Institute, 50, 52, 141, 156
hebraico, 166
hebreus antigos. *Ver* cabala judaica, sistema da
Heisenberg, princípio de incerteza de, 45
heliotrópio, **362**
Heller, trabalho de, 431
Hellinger, Bert, 429
Helmont, Jan Baptist van, 171
hematita, **362**

Hemi-Sync, 416
hemoglobina, 92
herborismo, 429 fitoterapia
hereditariedade
    dos miasmas, 177
    e os campos morfogenéticos, 169-70
    o DNA, 65-7
    e os fatores epigenéticos, 66, 67-8
Herkimer, diamante de, **364**
Hertel, Ing Hans, 145
hertz (Hz), 37, 112
Higgs, campo de, 42
Higgs, interação de, 42
Hiki, Kato, 165
Himalaia, modelo de chakras do Bonpo, 306-10, **308**, **309**
hindu, sistema de energia, 35, 36. *Ver também* chakras; kundalini; nadis
    chakras no, 257, 262, 271-89, **273-87**
    corpos de energia/koshas, 300-05, **302**
    energia grosseira vs. energia sutil, 255
    feminino e masculino no, 250
    kundalini, 261-63
    nadis, 271, 292-98, **299**
    pranayama, 298-300
    tipos dos chakras (personalidade), 289-91
hipnoterapia, 430
Hipócrates, 405, 430
hipotálamo, 78, 79
    e a acupuntura, 184
    e a luz, 369
    e as emoções, 81
    e o metabolismo, 96
hipótese da sobreposição de ondas estacionárias, 194-96
His, Wilhelm, 91
ho shou wu, 380
Hod, **341**, 344
holismo, 181
homeopatia, 380-82
Hooke, Robert, 166
hormônios, 95-6
    e a fototerapia, 368
    e os ritmos cardíacos, 52
    gonadotrópicos, 101
    neuro-hormônios, 425-26
Horowitz, Leonard, 167
Hua Tuo Jiaji, 350
Huang Di Nei Jing, 405

Huangdi neijing, 183
Hui - pontos de encontro, 231
humana, anatomia. *Ver* anatomia humana
Hunt, Valerie, 173, 267

I

icosaedro, **164**
Ida nadi, 291, 294, 295, 296, **296**, **299**
Identificação Sistemática das Doenças Febris (Tong), 244
Ikenaga, Kiyoshi, 388
Iluminado, O, 190
ímãs, 41-2
   e a terapia dos meridianos, 383-84
   e o câncer, 152, 153, 194-95, 384
inca, modelo de energia, 36, 314-19, **315-17**
   anatomia dos chakras, 317-19
   Faixas de Poder, ritual das, 319, **319**
   Grande Segredo, 318
   pukios (chakras) no, 316-19, **316-17**
   rioz de luz (rios de luz), 250, **315**, 316
infravermelho, 34, **117**
   e a fototerapia, 368
   e os chakras, 369-70
   poluição/estresse causados por, 145
insulina, osteocalcina/os ossos e a, 72
intenção, 33, 38, 57
   e a cura, 156-57, 378
intencionalidade, 57
interação nuclear forte, 42, 126
interação nuclear fraca, 126
interação nuclear fraca, 42
interação nuclear, 126
interface, 434
interferência construtiva entre ondas, 194-96
interferência de ondas, 194-96
interferência destrutiva entre ondas, 195
intestine grosso, 100
Intestino Delgado, meridiano do, 187, **188**, 202, 207-08, **214**, 225
Intestino Grosso, meridiano do, 187, **188**, 202, 206-24, 207-08, **210**
intestinos, 100
intuição, 39
   abordagem baseada nos chakras, 54, **54-6**
   e a transmissão de informações, 141
   e diagnóstico, 141-42
   no agente de cura energética, 50

ionização, 41, 64, 195
íons negativos, 41
íons positivos, 41
íons
   carga elétrica dos, 40
   e a cura, 136
   e o fluxo elétrico no corpo, 153, 194-95
   positivos e negativos, 41
iridologia, 430
Isaacson, Michael, 167
Ishizaka Rhy, 350

J

Jacka, Judy, 133, 146
janela para o céu, pontos, 231
Jenny, Hans, 161, 165-66, 378
Jernigan, David A., 68
jet lag, 130
Jin Shin Jyutsu, 430
jing, 190, 229, 230, 238
jing-luo, 185
João, na Bíblia, 319, 378
Johari, Hari, 288
Johrei, 430
Joseph, Samantha, 68
Judith, Anodea, 260
jue yin (yin absoluto), 241
juramento hipocrático, 48
juramento
   hipocrático, 48
   para os agentes de cura energética, 48

K

k'inan, 310
ka, 321
Kabbalah. *Ver* cabala judaica, sistema da
kameshvara chakra, 286
kapha-dosha, 355
kapha-ja pessoa , 355
Karagulla, Shafica, 269
Karim, Ibrahim, 428
katsugen undo, 430
Kaznachejew, Professor, 204
keiketsu, pontos de shiatsu, 385, **387**, 388
Kent Repertory, 383
Kenyon, Julian, 425
Kether, **341**, 346
Kholodov, Y. A., 152

Khronis, Yury, 191
ki, 190
Kilner, Walter, 172
Kirlian, fotografia, 155, 173, 202, 372
Kirlian, Semyon e Valentina, 173
Klimek, Scott, 167
koshas, 261, 262-63, 285, 287, 300-05, **302**
   corpo causal, 301, **302**, 305
   corpo grosseiro, 301, 302-03, **302**
   corpo sutil, 301, **302, 303-05**
Krause, terminações de, 389
Krippner, Stanley, 168, 171
Kubota, Naoki, 350-51
Kubota, Sistema de Zonas de Acupuntura de, 350-51, **352-53**
Kukulcan, 310
kundalini, 35-6, 250, 261-63
   ascensão e transformação da, 263
   caduceu, **297**
   dourada, **336**, 337
   e a ativação dos poderes (*siddhis*), 263
   e a glândula pineal, 84-5
   e a luz do coração, 91
   e a regulação da respiração, 300
   e o sistema de doze chakras, **336**, 337
   Kundalini Shakti, 261
   modelo da fisio-kundalini, 419
   processo de cura, 419-20
   processo, 262-63, 294
   radiante, **336**, 337
Kunz, Dora, 172, 269

L

L, campos, 33, 69, **121**, 139-42
   definição, 123, 139
   e a eletricidade, 153-54
   e o sistema de Calligaris, 357-58
lábios, 102
Lakhovsky, Georges, 135, 137-38
Lansdowne, Zachary, 319-20
Lápis-lazúli, **364**
Larson, Erik, **166**
laser, 145
Lavie, Peretz, 84
Layayoga, método do, 323
Leadbeater, C. W., 258
"leitores da aura", 153
leptina, 96

léptons, 42, 43
Lewis, Thomas, 201
ley, linhas, 131-32, **132**
li, 190
Liberman, Jacob, 368
libertação miofascial, 430
Liboff, Abraham, 195
lie xue, 185
ligamentos, 71, 75
ligantes, 81-2
linfócitos T, **108**, 109
linfócitos T. *Ver* células T
linfócitos, 107, 108-09
lingam, **279**
língua, 112-13
   diagnóstico, 421-22, **426**, 427
   regiões da, **426**
linhas de canções, 132
linhas negras, 133
Liu, Dr., 203
Liu, Y. K., 193
Livro da Vida, 323
Lloyd, Seth, 44-5
lokas, 306-07
lótus, e os chakras, **279**
Lotz, K. E., 143
Luciani, R. J., 202
Ludwig, Wolfgang, 146
Lun, Shang Han, 239
Luo - pontos de conexão, 231
luz azul, 368
luz, 42, 250 . *Ver também* cores
   biofotônica, 68-9, 74, 127-28
   campo universal da, 121, 122, 123
   comprimento de onda/energia da, **117**, 368
   do corpo (sistema de doze chakras), 337
   e a matriz cristalina do corpo, 68-9, 74
   e a meditação do coração ou centrada no coração, 89
   e o eletromagnetismo, 42-3
   e os meridianos, 204, 250, 373-75
   infravermelha, 34, **117**, 368
   no sistema de doze chakras, 367
   o DNA como forma de, 68-9, 74, 123, 128, 369
   práticas de cura com, 368-75
   rios de, 250, **315**, 316
   rodas de." *Ver* chakras
   ultravioleta. *Ver* ultravioleta, luz
   velocidade da, 31, 126

velocidade de pulso de luz, 126
velocidade maior que a da, 185, 265
velocidade zero, 127
visível, 34, **117**
visível, poluição/estresse causados por, 144-45

M

macrobiótica, 430
macrófagos, 109
madeira no sistema de doze chakras, 366-67
Magnetism and Its Effects on the Living System (Davis e Rawls), 153
magnetismo, 122, 135, 149-54. *Ver também* eletromagnetismo e verbetes correlatos
   campos magnéticos, 37, 41, 122
   e o corpo humano, 149-51, **150**
   efeitos positivos e negativos, 152-54
   energia magnética, 40
   formas de, **154**
   gerado pela eletricidade, 122
   paramagnetismo, 163
   pesquisas sobre, 135-38
   poder do, 149-54
   semiconductores, 151-52
magnetita, 135
magnetite na glândula pituitária, 83-4
magnetobiologia, 42
magnetoencefalograma (MEG), 83
maha bindu, 261
Mahanirvana Tantra, 290
Mai Jing (Clássico do Pulso) (Zhufan), 424
maia, sistema de energia, 36, 310-11
   canais de vento, 250-51
   e os chakras, 259-60, 310-11
maias, 185
Maitri, 395
mal morno, 239
malaquita, **363**
maldições, 56
Malkuth, 340, **341, 344**
Maman, Fabien, 415
mana, 185
manchas solares, 146
mandalas, 165
Mandel, Peter, 372, 373-74
Manipura (terceiro chakra/chakra do plexo solar), 276-80, **277**
   e as pedras, **363**

Manipura, personalidade, 289-90
manomayi kosha, **302**, 303-05
mantras, 261, 306, 417
manuais de prescrição ou "repertórios", 383
manuais de prescrição, 383
mão, chakras da, 323
Mãos de Luz (Brennan), 258
mãos, no shiatsu, 389
mãos, reflexologia e acupuntura das, 404, 410-11
marca-passo
   do coração (nodo sinoatrial), 73, 91-2
   implantado, 32
masculino. *Ver* energias femininas e masculinas
massagem, 385-90, 430
   shiatsu, 385-89
   tailandesa, 389-90, **392-93**
Massey, Wayne, 267
matéria escura, 126
Matéria Médica da Divina Agricultura, 183
Materia Medica, 383
matriz cristalina do corpo
   e a luz, 68-9, 74
   tecido conjuntivo, 74
matriz de fibras de colágeno, 72
matriz de tensegridade, 432
matriz energética, 430
matriz etérica, 171
matriz, repadronização da, 432
matriz, trabalho com a, 430, 432
maucht, 190
Mawangdui, Manuscritos de, 183
Maxwell, James Clerk, 172
McCraty, Rollin, 52
McTaggart, Lynne, 128
Meany, Michael, 67-8
mecânica quântica, 125, 377
mecanisos bipolares/bipolaridades, 136, 153
medicamentos alopáticos, 33
medicina alternative 31
medicina bioambiental, 430
medicina biológica, 390
medicina chinesa, 181, 183-251, 421-27.
   anatomia na, 235
   as emoções e os órgãos correspondentes, 245-51
   cheio/vazio, 242-43
   chi, sangue e fluidos, 242-43
   ciclos do chi (relógio do corpo), 248, **248**
   constituições, 421, **422**, 422

diagnóstico da língua, 423
diagnóstico na, 421-27
e a dieta, 375
e as ervas, 379-80
e os elementos, 233-38, **234, 236-37**
estados da atmosfera na, **234, 237**
estágios (ou canais) na, 238-41
ingredientes unificantes na, 242-43
interno/externo, 241
níveis (ou estágios) na, 238-39, 242
princípios orientadores na, 241-43
quente/frio, 242
teoria das cinco fases, 181-82, 233-38, **234, 236, 237**, 422-23
Três Tesouros Vitais, 238
Triplo Aquecedor (san jiao), sistema do, 244
Ver também acupuntura; chi; diagnóstico chinês; meridians; yin-yang, teoria do
yin/yang, 243
zang-fu, teoria, 233-34, **234, 236-37**
medicina complementar, 31-2
medicina energética, 31, 32-3, 426
medicina integrativa, 31-2
medicina não local, 31-2
medicina natural, 31-2
medicina naturopática, 431
medicina ocidental, 31-3
medicina oriental, 31-2
medicina tradicional, 31-2
medicina vibracional, 32, 38-9, 431
medicina
  chinesa, 181, 183-251, 421-26
  energética, 31, 32-3, 431
  integrativa (não local), 31-2
  tradições oriental e occidental de, 31-3
  usos históricos da radiação, 135-38
medida
  da energia e dos campos, 33-4
  da vibração, 38
  do chi, 172
  dos chakras, 269
  efeitos do observador sobre a, 44-5, 46
meditação, 419-20, 431
  canalização, 53
medula óssea, 71
Meersman, Ludger, 152
Meissner, corpúsculos de, 389
melanina, 88

melatonina, 84-5
Men, Hunbatz, 310
mente no sistema de doze chakras, 334
mente, técnicas baseadas na, 53
meridianos e vasos específicos
  Baço-Pâncreas, meridiano do, 187, 188, **188, 207**, 212, 224
  Bexiga, meridiano da, 187, **188, 207-08, 215**, 225
  cabeça, meridianos da, **223**, 228
  Coração, meridiano do, 186, 187, **188, 207, 213**, 224
  elementos associados aos, **188**
  Estômago, meridiano do, 187, **188, 207, 211**, 224
  Fígado, meridiano do, 187, **188, 207, 220**, 227
  Intestino Delgado, meridiano do, 186, **188**, 202, **207, 208, 214**, 225
  Intestino Grosso, meridiano do, 186, **188**, 202, 206-24, **207-08, 210**
  meridianos yang, 187, **188**, 206
  meridianos yin, 187, **188**, 206
  Pericárdio, meridiano do, 187, **188, 207, 217**, 226
  Pulmão, meridiano do, 187, **188**, 206, **207, 209**
  Rim, meridiano do, 187, **188, 207-08, 216**, 225-26
  Triplo Aquecedor, meridiano do, 186, 187, 188, **188**, 190, 203, **207-08, 218**, 226-27
  Vaso da Concepção (Ren Mai), 186, 187, 190, **207, 221**, 228
  Vaso Governador (Du Mai), 186, 187, 190, **208, 222**, 228
  Vesícula Biliar, meridiano da, 187, **188, 207-08, 219**, 227
meridianos, 35-6, 181-228, **207-23**. *Ver também* acupuntura; chi; meridianos e vasos específicos
  casamento das energias sutis e da matéria nos", 198-200
  como campos L, 140
  como ligação com o sistema elétrico do corpo, 153
  como ligações entre o corpo etérico e o corpo físico, 34, 74, 170, 199, 202, 249-50
  definição/significado, 185
  diferenças entre os sexos, 204
  doze meridianos principais, 185-86
  e a luz, 204, 250
  e as cores, 372-75
  e as correntes elétricas celulares, 63
  e o ácido hialurônico, 197-98
  e o chi, 185-86, 189-90, 199
  e o tecido conjuntivo, 74, 196-97
  e os campos de energia, 119

 e os ímãs, 383-84
 e os pontos de acupuntura, 186-87, 193, 229-31, 372
 e os sistemas de dutos, 198
 elementos associados aos, **188**
 estimulantes e inibidores, 186-87
 formação *in utero*, 186, 198, 249
 grupos de meridianos yin e yang, 187, **188**, 206
 história da ciência dos meridianos, 201-04
 história das terapias baseadas nos meridianos, 183-84
 meridiano "perdido", 183
 meridianos da rede cutânea, 186
 natureza eletromagnética dos, 193-94, 198, 250
 natureza morfológica dos, 140
 numeração e abreviações, 205
 oito canais/vasos extraordinários, 186
 pares e opostos polares, 187-88
 pontos de alarme e pontos associados, 186, 203
 primários e secundários, 205-06
 relação com os sistemas orgânicos, 186, 187
 teoria bioeletromagnética, 193-94
 teoria biomecânica, 193
 teoria das cinco fases, 181-82, 188, 190-91
 teoria do tecido conjuntivo, 196
 teoria dos dutos, 198, 199-200
 teorias, 193-200
 terapias baseadas nos, 181-84
 terminologia, 185
 troncos maiores, 185-86, 205-28
 validação pela ciência, 183-84, 201-04
 visão bioquímica dos, 202-03
 visão geral, 185-192
meridianos, pontos dos. *Ver* pontos de acupuntura
meridianos, shiatsu dos, 388
merkaba, 161, **161**
Mesmer, Franz, 171
metabolismo, 105-06
 anabolismo vs. catabolismo, 105
 celular, 62
 e a glândula tireoide, 96, 105
 o esqueleto como regulador do, 72
 oxigênio (respiração), 93
 taxa de metabolismo basal (TMB),105
metal no sistema de doze chakras, 366
Metatron, cubo de, 161, **161**
miasma sífilis, 177
miasmas, 177
microcircuitos, 194-95

microcorrentes, 63-4
micro-ondas, **117**, 145
microquimerismo, 66
Microscópio Universal, 136-37
Milinowski, Arthur, 137
Miller, Richard, 168
Mind, Body, and Electromagnetism (Evans), 162, 420
mitocôndrias, 62-3, 66
 e a luz, 368
 e as microcorrentes, 63-4
 e o ATP, 106
 energias sutis/atividade eletromagnética, 62-3
modelo biomecânico, 431
modelo biomédico, 431
modelo biopsicossocial, 431
modelo chinês dos chakras, 257
modelo conversor, 373
"molécula do espírito" (DMT), 85-6
Molecules of Emotion (Pert), 81
momento angular, 162
Morgareidge, Kenneth, 63-4
Motoyama, Hiroshi, 199, 203, 249, 269-70, 292
movimento rápido dos olhos (REM), sono, 82
moxabustão, 348, **348**
mudras budistas, **394**, 395, **396**
mudras, 394-95, **394, 396**
 budistas, **394**, 395, **396**
 e a teoria do *spin*, 396
 tibetanos, 396, **397**
Muladhara (primeiro chakra/chakra da base), 272-74, **273**
 e as pedras, **362**
 Muladhara, personalidade, 288
Muller, células de, 68
mundo quântico, 43-6, 125, 128
 leis da termodinâmica, 44
 mecânica quântica, 43
 quanta, 43-46
 quantum, definição, 43
músculo cardíaco, 73
músculo esquelético, 73
músculo liso, 73
música. *Ver também* som
 e geometria, 161-62
 escalas, 167, 311-13, 419
 funções das notas, 418-19, **418**
 musicoterapia, 416-17

sustenidos e bemóis, 418
tons fundamentais, 419, **419**
Myss, Caroline, 141

N

nada, 261
nadis grosseiros, 293
nadis, 36, 292-98, **299**
   e o triângulo A-KA-THA, 286
   Alambusha, 297
   Brahma, 271
   e os chakras, 253, 262, 269-70, 271
   definição, 292
   e os campos de energia, 119
   Gandhari, 296
   grosseiros, 293
Hastajihva, 296
Ida, 290, 293, 294, 295, **296**, 299
   e o caduceu da kundalini, **297**
   Kuhu, 297
   menores, 296-98
   no yoga tântrico, 293
   número, 292, 293
   Payasvini, 298
   Pingala, 290, 293, 294, 295-96, **296**, 299
   pranavahi/pranavahini, 293
   Pusha, 297
   Sarasvati, 297-98
   semelhanças com outros canais de energia, 247-49, 292
   Shakhini, 297
   Sushumna, 271, 293-95, **295**, **299**
   Varuni, 298
   Vishvodara, 298
   Yashasvini, 296-97
   yoga, 293
Nagahama, Yoshio, 204
Nakagawa, Kyoichi, 152
Nakatani, Yoshio, 201, 349
Namikoshi, Tokujiro, 388
Nanjing (Clássico das Questões Difíceis), 183
Narayana, sistema, 323
nariz, 112
natureza dualista. *Ver também* mecanismos bipolares; polaridades; yin-yang, teoria do
   da realidade, 140, 166
   das ondas/partículas, 43, 126
natureza na medicina chinesa, 379-80

Navach, Joseph, 425-26
Nei Dan, 400
nei jing, 190
Nelson, J. Lee, 66
nervo óptico, 112
nervo, 77
nervos cranianos e informações sensoriais, 111
Netzach, **341**, 344
neuro-hormônios, 425-26
neurônios, 79
neuropeptídeos e as emoções, 80-3
neurotransmissores, 77
nêutrons, 40
neutros, alimentos, 375
New Chakra Healing, 324
nidanas, doze, 310
Nieper, Hans, 143
nível etérico, 39
niyama, 291
nocebo, efeito, 50, 51, 141
nodos linfáticos, 107
Nogier, Paul, 405
Nordenström, Björn, 33, 63, 147, 151, 153, 194-95, 198
núcleo (da célula), 61
nucléolo, 62
Null, Gary, 384
número de ouro, 160
numerologia, 396-97
   e o povo tsalagi (cherokee), 311
   símbolos numéricos benéficos e prejudiciais, 397-98, **398**

O

O Poder (vudu haitiano), 190
obesidade, 72
observador, efeitos sobre as medidas e os resultados de pesquisas, 44-5, 46
octaedro, **164**
ódica, força, 171-72
odontologia dos meridianos, 390-94, **391**
óleos essenciais, 432
olfação (diagnóstico chinês), 423
olfato, 112
   no diagnóstico chinês, 423
olho-de-tigre (pedra), **362**
olhos, 112
OM, 307

onda estacionária, campo de (campo áurico), 151-52
onda senoidal, **159**, 160
ondas estacionárias, 131, 194-96
ondas estacionárias, 196
ondas estacionárias, padrões de, 166
ondas geomágnéticas, 130
   desequilíbrio das, 146
ondas solares, 130
ondas sônicas, 75, 419-20
ondas, 36-9 . *Ver também* campos energéticos; vibração
   comprimento de, 42, 122, 353
   de difícil classificação, 131
   escalares/estacionárias, 131, 194-96
   frequência, 38-9, 122
   interferência construtiva/reforço, 195-96
   interferência destrutiva, 195
   interferência, 195-96
   natureza dual, 43, 125, 167
   nos campos naturais, 129-33
   ondas cerebrais, 82, 417
   sobreposição, 194-96
   teoria, 36-7
ondas/raios gama, 82, **117**, 156-57
   diminuem com a medicina alternativa, 156-57
   poluição/estresse causados pelas, 144
opostos se atraem, 40-1
oração, 152, 155, 165
órbita dos elétrons, 40
ordem cíclica da vida, 181
orelha
   exame auricular, 425-26
   reflexologia e acupuntura, 404, 405, 414
órgãos energéticos. *Ver* chakras
órgãos
   e os elementos (teoria das cinco fases), 233-39
   energia sutil. *Ver* corpos de energia
   físicos vs. energéticos, 255
   os sete órgãos e as emoções, 245-51, **246-47**
orgone, 172, 185
Oschman, James, 32, 175
oscilações, 31, 116
   dos átomos, 120
   e os harmônicos, 37
   e a cura, 37
   e ondas, 36-7
   frequência, 38-9
oscilador de ondas múltiplas, 137-38

ossos, 71-2
osteoblastos, 72
osteocalcina, 72
osteopatia, 432
Oster, Gerald, 417
Ouvido Eletrônico, 416
Ouvido
   mecanismos sensoriais do, 111-12
ovários, 95, 102
   e os chakras, **268**
ovo energético, 324, **326-27**, 334
óvulos fecundados, 102-03
óvulos, 102-03
oxigênio, metabolismo do (respiração), 93

P

Pacini, corpúsculos de, 389
Padmasambhava, Guru, 310
Pakaka-Pancaka, 260
paladar, 112-13
   na medicina chinesa, 379
   papilas gustativas, 113
   poros gustativos, 113
Palavra como origem, 378 . *Ver também* som
palpação (diagnóstico chinês), 424
panchakarma, 432
pancreáticas, células, 95
Pankratov, A. L., 204
Paracelso, 135
paramagnetismo, 163-65
parassimpático, sistema nervoso, 78
   e os chakras, 369, 370, **373**
   paratireoide, glândula, 95
   e os chakras, **268**
Paré, Ambroise, 135
partículas
   de força, 43
   elementares, 125
   subatômicas, 40, 43, 125
   virtuais, 126
partículas virtuais, 126, 127
partículas, teoria das, 36-7, 125
Patanjali, 291
Pawluk, William, 384
pedra, no sistema de doze chakras, 367
pedra-da-lua, **362**
pedra-do-sol, **363**

pedras
  cura pelas, 433
  e os chakras, 362, **362-64**, 433
pele, 29, 87-8
  como órgão excretor, 100
  condutividade elétrica, 196, 201
  cor, 88
  zonas, 404
Pembrey, Marcus, 68
Pêndulo
  para a avaliação dos chakras, 361
  para radiestesia, 402
pênis, 101
pensamento, efeitos sobre a realidade física, 33
pensamento, transmissão de, 141
pensamentos positivos, e a coerência entre as emissões
  eletromagnéticas e de biofótons, 69
pentacoro, 161, **161**
peptídeos (neuropeptídeos), 81-3
percepção extrassensorial. *Ver* PES
Pericárdio, meridiano do, 186-87, **188**, **207**, **217**, 226
perícia, 49
periférico, sistema nervoso, 78
período fértil das mulheres, 103
periósteo, 71
Pert, Candace, 81-3
PES, 141, 153
pés, chakras dos, 323
pés, reflexologia e acupuntura dos, 404, 406-09
phi (proporção áurea), **160**
pictos, 190
Pilates, 432
pineal, glândula, 85-6, 95, 369
  e a melatonina, 85-6
  e as células gliais, 80
  e os chakras, **268**, 269
Pingala nadi, 290, 293, 294, 295-96, **296**, **299**
pinolina, 85
Pitágoras, 159, 161, 171, 376, 378, 397
pitta-dosha, 355
pitta-ja, pessoas, 355
pituitária, glândula, 83-4, **85**, 95
  e o metabolismo, 96
  e os chakras, **268**
  e os hormônios gonadotrópicos, 101
placebo, efeito, 50-1, 140-41
placenta, função endócrina da, 95
Platão, 159, 164

platônicos, sólidos, 161, **164**, 377
Plêiades, 311
plexo solar, chakra do
  no sistema cristão oculto, 320
  no sistema hindu, 276-80, **277**
polaridade,
  princípio da, 35
  terapia da, 399
polaridades, 35, 153, 172, 181
  da água, 165
polegar no shiatsu, 389
poluição dos campos (estresse geopático), 143-47
  campos físicos naturais, 145-46
  campos sutis naturais, 146-47
  espectro eletromagnético, poluição do, 144-45
Pomeranz, Bruce, 184
ponto de gatilho, terapia do, 433
ponto de reunião, **176**, 178-79
ponto zero, 377
pontos cardeais, 230
pontos de acupuntura, 183, 186-87, 229-31 .
  cinco pontos de transporte, 229-30
  condutividade da pele nos, 196
  e a atividade cerebral, 230
  e a cromopuntura, 279
  e o tecido conjuntivo, 196-98
  e os meridianos, 193, 202, 229, 230
  e os pontos eletrodérmicos, 201-02
  efeito LED /fotografia Kirlian dos, 202
  Hui – pontos de encontro, 231
  janela para o céu, 231
  Luo – pontos de conexão, 231
  Mu – pontos de alarme frontais, 231
  mudanças nos, antes da doença, 199
  natureza eletromagnética dos, 193
  pesquisas científicas sobre os, 201-03
  pontos adicionais, 230-31
  pontos cardeais, 230
  pontos dos cinco elementos, 230
  semelhanças com outros sistemas, 249-50
  Shu – pontos das costas, 231
  ver também acupuntura
  Xi – pontos de fenda, 230
  Yuan – pontos de fonte, 230
pontos
  dos cinco elementos, 230
  eletrodérmicos, 201-02
  espirituais (sistema de doze chakras), 324, **325**

popo, 314
Poponin, Vladimir, 157, 168
Popov, A. S., 173
Popp, Fritz-Albert, 122, 128, 194, 369, 372
  Zhang-Popp, teoria de, 194-95
poros elétricos", 202
pósitrons, 40, 125
possessão, 56
potenciação, 380
prakopa, 354
prana, 185, 190, 249, 298 . Ver também pranayama
  cinco tipos de, 249, 301
  e os campos de energia, 119
  e os nadis, 292-93, 294
pranamayi kosha, **302**, 303
pranayama, 291, 294, 298-300
prânica, cura, 429
prânicos, centros, 306
prasava, 354
práticas energéticas, 347-48
  a cromoterapia e os chakras, **373**
  acupuntura, 347-48, **347**, 402-05, **406-14**
  adicionais, 426-34
  analgesia por acupuntura, 348
  avaliação dos chakras: forma, giro e velocidade, 358-61
  Ayurveda, 354-56
  chakras e elementos, 365-67
  chakras e pedras, 362, **362-64**
  cinesiologia, 382-83
  cromopuntura, 372-75
  cromoterapia, 368-75
  cura pela kundalini, 419-20
  cura pelo som, 415-20
  diagnóstico chinês, 421-26
  dieta e medicina chinesa tradicional, 375
  eletroacupuntura/varredura eletrodérmica, 349-50
  ervas e medicina chinesa, 379-80
  exame auricular, 425-26
  geometria e som, 378
  homeopatia, 380-82
  ímãs e terapia dos meridianos, 383-84
  massagem tailandesa, 389-90, 392-93
  massagem, 385-90
  meditação, 419-20
  moxabustão, 348, **348**
  mudras, 394-96, **394, 396**

numerologia, 396-97
odontologia dos meridianos, 390-94, **391**
ondas sônicas, 419-20
prescrição segundo a constituição, 381
qigong, 399-401
quatro caminhos, 376-77
radiestesia, 402
radiônica, 401
reflexologia e acupuntura, 402-05, **403, 406-14**
Reiki, 405, **405**
sentidos da geometria, 378, **379**
shiatsu, 385-89
Sistema de Acupuntura Zonal de Kubota, 350-51, **352-53**
Sistema de Calligaris, 357-58, **357**
sistema de cromopuntura de Mandel, 373-74
técnica de liberdade emocional (EFT), 375-76
técnicas de uso da cor, 368-73
Terapia Aura-Soma, 351-54
terapia das polaridades, 399
terapia dos meridianos, 381-82, 383-84
ventosas, 348-49, **349**
pratyahara, 291
precognição, 53, 57
predisposição à doença, 177
prematuros, 368
previsão do futuro, 57
privacidade dos clientes, 48
profecia, 53
professores, respeito pelos, 48
progesterona, 101
programação neurolinguística (PNL), 432
Programming the Universe (Lloyd), 44
projeção, 53
proporção divina, 160
próstata, 101
prótons, 40
psicose, 152
psicossomáticas, doenças, 98
psíquica, energia, 54
psíquico, definição, 116
psíquicos, dons, e sua relação com os chakras, 54, **54-6**
psora (miasma), 177
Psychoenergetic Systems (Krippner), 168
puberdade, 101, 102
pukios, 316-19, **316-17**
Pulmão, meridiano do, 186, **188**, 206, **207, 209**

pulmões, 93
   como órgão excretor, 100
pulmonar, circulação, 89
pulso, tomada do, 424-25, **424**
Punck, Thomas, 136
purana, indigestão, 354
putativos, (sutis), campos energéticos, 119, **121**, 122-23, 131-33
Puthoff, Hal, 45, 369

Q

Qi Gong. *Ver* qigong
qi. *Ver* chi
qiemai, 424
qigong marcial, 401
qigong medicinal, 401
qigong mental, 401
qigong, 189-90,191, 399-401
   espiritual, 401
   estilos de, 400-01
   marcial, 401
   medicinal, 401
   mental, 401
   Nei Dan, 400
   tipos de, 400
Wai Dan (Wei Dan), 400
Qollahuaya, sistema de energia, 322-23
quadrado, **379**
quântica, teoria, 44, 125, 128
quântico, diamante, 377
quarks, 42, 43
quartzo, microscópio de, 136-37
quartzo
   enfumaçado, **362**
   rosa, **363**
   rutilado, **363**
   transparente, **364**
quatro caminhos, 377
quatro níveis (na medicina chinesa), 238-39
Que, Bien, 183
Quéops, Faraó, 320
queratina, 87
queratinócitos, 87
Quetzalcoatl, 310
quigong. *Ver* qigong
quimiorreceptores, 112, 113
quiropraxia, 432
Quispe, Don Manuel, 314, 316

R

rádi, frequências de, 145
radiação celular, 136
radiação de frequência extremamente baixa, 144
radiação de frequência extremamente baixa, 144
radiação de terahertz, 129
radiação eletromagnética, **117**, 120-22
   e a poluição dos campos, 143-45
   excesso de exposição à, 143-445
   pesquisas sobre, perdidas há muito tempo, 135-38
   radiação de terahertz, 129
radiação molecular, 135
radiação/energia radiante, 135-38
radiestesia, 53, 402
radiestesia, 402
rádio, ondas de, **117**
   Diapulse, aparelho, 137
   potencial de poluição, 144
radiônica, 136, 381, 401
radônio, 146
Rae, Malcolm, 381
raios X, **117**, 145
Raiport, Gregory, 204
Raphaell, Katrina, 258-59, 323
rasas, 303, 356
Rau, Thomas, 394
Ravitz, Leonard, Jr., 140
Rawls, Walter C., Jr., 153
realidade não local, 127, 155-57, 333-34
receptores/células receptoras, 80-1
   quimiorreceptores, 112, 113
reconhecimento, 57
rede energética humana específica (SHEN), 432
rede neural, 80
reflexo aurículo-cardíaco(RAC), 425
reflexologia, 402-05
   auricular (da orelha), 404, 405, **414**
   da cabeça, 404-05, **412-13**
   da mão, 404, **410-11**
   do pé, 404, **406-09**
   zonas cruzadas latitudinais, 402, **403**
Registros Akáshicos, 323, 335
Registros da Sombra, 323
Reich, Wilhelm, 172
Reichenbach, Wilhelm von,171-72
Reid, John, **166**
Reiki, 405, **405**
relações de codependência, 56

relógio do corpo, 248, **248**
relógio
  circadiano, 130, 368-69
  do corpo, 248, **248**
repadronização holográfica, 432
repadronização, 432
repertórios", 383
reprocessamento e dessensibilização pela movimentação dos olhos (EMDR), 429
resolução holográfica da memória, 429
respiração holotrópica, 432
respiração, 93 . *Ver também* prana; pranayama
respiração, trabalho com, 428, 430
resposta galvânica da pele (RGP), 84, 404
resposta imunológica, 108-09, **108**
ressonância construtiva, 381
ressonância forçada, 39
ressonância harmônica, 416
ressonância magnética
  atividade cerebral com estimulação dos pontos de acupuntura, 230
  perigos potenciais da, 144
ressonância mórfica, 169
ressonância, 39, 415-16
  construtiva, 381
  harmônica, 416
  mórfica, 169
  repadronização, 432
retângulo, **379**
retículo endoplasmático, 62
retina, 112
reto, 100
retrocognição, 53
Rhine, J. B., 141
Rife, microscópio de, 136-37
Rife, Royal Raymond, 136-37
Rim, meridian do, 187, **188**, 207-08, **216**, 225-26
rins, 99
rios de luz, 250, **315**, 316
rishis, sete, 178
ritmos circadianos, 130
ritu-charya, 355, 356
rodas de luz". *Ver* chakras
rolfing, 173, 267-69, 432
Roney-Dougal, Serena M., 85
Rongliang, Zheng, 172
rosa, quartzo, **363**
Rosenthal, Norman, 368

Ross, Steven A., 139
rotação, 116
Ruffini, terminações de, 389
Ryodoraku, sistema, 349
ryodurako, pontos, 201

S

sacro, chakra do, 320
Sahasrara (sétimo chakra/chakra da coroa), 286-88, **287**
  e as pedras, **364**
  Sahasrara, personalidade, 291
samadhi, 287, 291
samana, 301
san jiao (Triplo Aquecedor), sistema, 244
Sanella, Lee, 420
sangue, 92
  deficiência/estagnação, 242-43
sânscrito, 166
saptak, 167
sariras, 301-05, **302**
Sat-Chakra-Nirupana, 260
Satyaloka, 287
Schumann, ondas de, 130, 146
Schumann, Ressonância de, **130**
Schumann, W. O., 130
Schweizer, Hubert M., 357
Science and Human Transformation (Tiller), 196, 249, 425
sebáceas, glândulas, 87
seção áurea, 160
seção de ouro, 160, **160**
seção divina, 160
Secrets of Mayan Science/Religion (Men), 310
sephiroth, dez, 340-44, **341**
  associações com os chakras, **342-43**
seichim, 432
seis estados da atmosfera, **234**, 238
seis estágios (canais; na medicina chinesa), 239-41
seitai, 433
semicondutores, 142, 151-52
seminal, líquido, 101-02
sen, linhas, 390, **392-93**
Lady of the Lotus-Born, 307, 310
sentidos, 111-13
sentimentos e crenças positivos, 49-52
serotonina, 85
  e a acupuntura, 197
sete emoções e órgãos correspondentes, 245-51, 246-47

Sete Raios, 178
Seto, Akira, 400
sexo (sistema reprodutor), 101-02
shad-vritta, 354-55
shakti, 256, 261-63
Shaman, Healer, Sage (Villoldo), 314, 317
shao yang (yang menor), 240
shao yin (yin menor), 241
Shealy, Norman, 50, 141
Sheldrake, Rupert, 169-70
shen, 190, 226, 238
Shennong bencao, 183
Shi, Ye Tian, 238
shiatsu, 385-89
   funcionamento, 388-89
   história, 388
   pontos básicos, 385, **386-87**, 388
   pontos keiketsu, 385, **387**, 388
   pontos, 385-88, **386-87**
   prática do, 385
Shiva, 261-63
Shu – pontos das costas, 231
Shu, 229
Shuhe, Wang, 424
Shushumna nadi, 271, 293-94, **295, 299**
sicose, miasma, 177
siddhis, 263, 304, **304**, 333
simpatia xamânica, **55**
simpatia, tipos de, **54-6**
simpático, sistema nervoso, 78
   os chakras, 369, 370, 373
Simpson, Liz, 362
sinal autônomo vascular (SAV), 426-27
sinapses, 77
sincronização da energia do pensamento, terapias, 434
sinoatrial, nodo, 73, 91-2
sintonização, 405
sistema circulatório, 89-92
   circulação sistêmica e pulmonar, 89
   coração, 89-92
   sangue, 92
sistema de doze chakras. *Ver* chakras
sistema de dutos externos, 199
sistema de dutos intraexternos, 199
sistema de sete chakras. *Ver* chakras
sistema digestório, 97-8
sistema elétrico secundário, 151, 194-95, 198
sistema endócrino, 95-6
   doenças do, 96
   e o metabolismo, 96
   e os chakras, **268**, 269, 325-28, **326-27**
   funções endócrinas dos ossos e do esqueleto, 72
   glândulas, 95, 96
sistema de energia tsalagi (cherokee), 36, 260, 310-14, **312**
   biorressonância, 313-14
   escudos de vento, 313
   numerologia, 311
sistema esquelético, 71-2
   excretor, 99-100
   gastrointestinal (digestivo), 97-8
   imunológico humoral, 108
   imunológico mediado pelas células, 108-09
   imunológico, 107-09
   límbico profundo, 81
   linfático, 107-08
sistema muscular, 73-5
   componentes, 73-4
   e a fáscia/tecido conjuntivo, **74**, 75
   natureza líquida-cristalina, 196
   reparação dos, 74, 75
   tipos de músculos, 73
sistema nervoso autônomo, 78
   e os chakras, 369, **373**
sistema nervoso central, 77-8
sistema nervoso, 77-86
   camadas do, 77-8
   central vs. periférico, 77-8
   cérebro, 78-81
   e as emoções, 81-2
   e os chakras, 256
   equilíbrio iônico do, 147
   pineal e pituitária, glândulas, 83-6
   simpatico vs. parassimpático, 78
   somático vs. autônomo, 78
sistema reprodutor, 101-03
sistema reprodutor feminino, 102-03
sistema reprodutor masculino, 101-02
sistema respiratório, 93
sistema urinário, 99
sistemas consonantes, 39
sistemas de dutos internos, 199
sistêmica, circulação, 89
Smith-Sonneborn, Joan, 68
Soal, S. G., 141
sobreposição de ondas, 37-8, 194

sobretons, 416
sodalita, **363**
solfeggio, 167
sólidos platônicos, 161, **164**, 377
Solomon ibn Gabirol, 340
som, 75 . *Ver também* cimática
   campos, 120
   como origem de tudo, 166-8, 378 caminhos no corpo, 75
   cura/terapias, 378, 415-20
   e a cura dos chakras, 417-18
   e a geometria, 162-63, 165-67, 378
   e as cores, 408, **420**
   escalas, 167, 311-13
   funções das notas inteiras, 418-19, **418**
   no sistema de energia tsalagi (cherokee), 311-14
   ondas sônicas e meditação, 419-20
   ondas sonoras, 75, 120, 122, 131
   sustenidos e bemóis, 418
   tons fundamentais, 419, **419**
   velocidade do, 131
soma chakra, 286
soma, 284
somático, sistema nervoso, 78
sonhos e pinolina, 85-6
sono, a glândula pineal e o, 84-5
sonopuntura, 433
SPECT (tomografia computadorizada por emissão de fóton único), 80-1
spin orbital, 162
spin, 45, 116, 162, 377
   e os mudras, 394-95
   geometria, 378
   orbital, 162
Spitler, Henry Riley, 368
SQUID (dispositivo supercondutor de interferência quântica), 33, 83, 84, 156, 384
Steiner, Rufolf, 175
sthana-sanskriya, 354
Stone, Randolph, 198
Strassman, Rick, 86
sudoríparas, glândulas, 87
sufis, 260
sunya, 397
Svadhisthana (segundo chakra), 275-76, **275**
   e as pedras, **362-64**
      Svadhisthana, personalidade, 288-89
syndrome do intestine irritável, 97, 98

Szent-Györgyi, Albert, 142, 368
szu-chen, 421

T

T, campos, 33, 69, **121**, 139-42
   definição, 123, 139
   e o magnetismo, 153
   e o sistema de Calligaris, 357-58
   terapia dos campos de pensamento, 434
T, raios, 129
Tábua de Esmeralda, 253
Tai Chi, 190, 400, 433
tai yang (yang maior), 239-40
tai yin (yin maior), 240
tailandesa, massagem, 389-90, **392-93**
Takata, Sra. Hawayo, 405
tálamo, 81, 184
tang kuei (dong quai), 380
Tantras, 259
   Mahanirvana Tantra, 290
tântricas, práticas, 307
   e Dona Yeshe Tsogyal, 307
   modelo tântrico dos chakras, 257, 259
   yoga tântrico, 259-60, 286, 293
Tao shiatsu, 388
tapas, técnica de acupressão (TAT), 433
táquion, 43
tato, 113
taxa de metabolismo basal (TMB), 105
TDC (triangulação dinâmica causal), 161
tecido conjuntivo cristalino, 74
tecido conjuntivo
   como um sistema elétrico secundário, 151
   e as emoções, 75
   e o ácido hialurônico, 197-98
   e o qigong, 399-400
   e o sistema muscular, 74-5
   e os acupontos, 196-97
   e os meridianos, 74, 196-97
   e os sons, 75
   natureza cristalina do, 74, 196
técnica de liberdade emocional (EFT), 375-76
técnica de regulação da bioenergia, 350
Técnica de Sincronização Bioenergética (B.E.S.T.), 433
telepatia, 53
tendões, 73, 75
tendões, bainha dos, 75

teoria do tecido conjuntivo (dos meridianos), 196
terapia dos meridianos, 382, 383-84
terapia eletromagnética, 433
terapia neural dos meridianos, 382
terapias energéticas, 434
termodinâmica, leis da, 44
   primeira lei: conservação da energia, 44
   segunda lei: aumento da entropia, 44
   terceira lei: zero absoluto e entropia/caos, 44
terra no sistema de doze chakras, 366
terra, corpos de energia na, 322-23
Tesla, Nikola, 131, 156-57
testa, chakra da, 320
teste muscular", 191, 382-83
testículos, 95, 101-02
   e os chakras, 268
testosterona, 101
teta, ondas, 82, 417
tetraedro, **164**
The Book of Chakra Healing (Simpson), 362
The Chakras and Human Energy Fields (Karagulla), 269
The Crystalline Transmission (Raphael), 258-59
The Field (McTaggart), 128
The Magnetic Effect (Davis e Rawls), 153
The Messages from Water (Emoto), 165
The Orb Project, 44-5
The Science of Homeopathy, 29-30
The Secret of Life (Lakhovsky), 135
The Secret Teachings of Plants (Buhner), 90
The Serpent Power (Avalon), 260
The Syntonic Principle (Spitler), 368
The Vivaxis Connection (Jacka), 133, 146
The Way of the Chariot (Akiva), 339-40
Theosophic Practica (Gichtel), 260
tibetano, sistema de energia, 306-10, **308-09**
tibetanos, mudras, 396, **397**
Tiller, William, 38-9, 44, 151, 191, 196-97, 199, 249, 425
timo, 95, 107-08
   e os chakras, 268
Tiphareth, **341**, 345
tipos constitucionais (medicina chinesa), 421, **422**, 422
tireoide, glândula, 95, 96
   e os chakras, 268
   e o metabolismo, 96, 105
tireoidiano, hormônio, 96

TMB (taxa de metabolismo basal), 105
tom, 416, 417
Tomatis, Alfred, 167
tomografia computadorizada por emissão de fóton único (SPECT), 80-1
tomografia por emissão de pósitrons, 230
Tong, Wu Ju, 244
tonificação, 416
tons fundamentais, 419, **419**
tonsilas, 108
topázio dourado, **363**
toque e respiração (TAB), 434
Toque para a Saúde (TFH), 383
toque quântico, 434
toque terapêutico, 155-57
toque terapêutico, 155-57, 434
toque, 113
   teapêutico, 155-57, 434
Torá, 340
torção, campos de, 157
toro, 160, **160**
trabalho com o corpo, 428
trabalho energético, 32
trabalho tonal com os chakras, 417-19, **418-19**
trabalho xamânico, 56
transmediunidade, 53
transtorno afetivo sazonal (SAD), 368
traqueia, 93
treinamento/formação, 49
três corpos de encarnação, 300-05
Três Joias, 238
Três Tesouros Vitais, 238
triangulação dinâmica causal, 161
triangulação dinâmica, teoria da, 376, 377
triângulo, 377, **379**
trifosfato de adenosina (ATP), 106
Triplo Aquecedor (san jiao), sistema do, 244
Triplo Aquecedor, meridiano do, 186, 187, 188, **188**, 190, 203-04, **207-08**, **218**, **226-27**
triptofano, 85
tronco cerebral, 79
troponina, 74
troposina, 74
Trungpa, Chögyam Rinpoche, 395
tsubo, pontos, 385-88, **386-87**
tubas uterinas, 102
tuberculose, miasma, 177

tui ná, 434
tumores, imãs/campos magnéticos e, 152, 153, 384.
    Ver também câncer
turmalina melancia, **363**
turmalina, **363**
turquesa, **363**

U

udana, 301
ultravioleta, luz, **117**
    e os chakras, 370
    e os micróbios, 136-37, 394
    poluição/estresse causados por, 145
mu – pontos frontais de alarme, 231
unhas, 87, 88
universos paralelos, teoria dos, 44
Urano, cimaglifo dos anéis de, **167**
ureia, 100
uretra, 99, 102
Usui, Mikao, 405
útero, 102

V

vagina, 102, 103
valência, 40
Valmiki, 310
varredura eletrodérmica(EDS), 350
Vasiliev, L. L., 141
Vaso da Concepção (Ren Mai), 186, 187, 190, **207**, **221**, 228
Vaso Governador (Du Mai), 186, 187, 190, **208**, **222**, 228
    e o SQUID, 384
vasos sanguíneos, uso no sistema endócrino, 95
vaso(s)
    da Concepção (Ren Mai), 186, 187, 190, **207**, **221**, 228
    Governador (Du Mai), 186, 187, 190, **208**, **222**, 228
    linfáticos, 107-08
    sanguíneos, 95
Vasquez, Steven, 369, 370
vata, 303
vayu, 303
    vayu-dosha, 355
    vayu-ja, pessoas, 355
Vedanta, 259
védico, sistema, 247, 249
velocidade, 116

velocidade
    da luz, 31, 126, 127, 185, 265
    definição, 116
    do som, 131
vento morno, 239
ventosas, 348-49, **349**
verdadeiros, campos, **117**, 119, 120-22
    campos naturais, 129-31
    poluídos, 143-44
verde, 374
vermelha, luz, 368
vermelho, na cromopuntura, 374
Vesícula Biliar, meridiano da, 187, **188**, **207-08**, **219**, 226-27
vibração simpática, 416
vibração, 37-9, 415-16
    como definição de energia, 29, 37-8
    definição, 116
    e a boa saúde, 38
    e ressonância, 39, 415-16
    fórmula, 116
    frequência, 38-9
    medida, 38
    simpática, 416
vibroacústicas, camas/poltronas, 417
vijnanamayi kosha, **302**, 305
Villoldo, Alberto, 250, 314, 319
vínculos energéticos, 56
Vinup, Carolyn, 377
violeta (cor), 374
viracocha, 317
vírus
    atacados por linfócitos T, **108**
    e a luz de alta intensidade, 368
    uso de cargas elétricas, 136
visão a distância, 57
visão
a luz visível e o espectro eletromagnético, 34
sentido da, 112
visão, 112
Vishuddha (quinto chakra/chakra da garganta), 282-84, **283-84**,
    e as pedras, **363-64**
    Vishuddha, personalidade, 290
visualização de descarga gasosa, 155-56
visualização, 57, 434
Vivaxis, 35, 133, 146

Voices of Our Ancestors (Ywahoo), 311
Voll, Reinhold, 349-50
voz humana, cimaglifo da, **166**
vudu haitiano, O Poder no, 190
vulva, 102
vyana, 301

W

Wai Dan, 400
Waidika, sistema, 323
Wall, Vicky, 351
Wangyal, Tenzin Rinpoche, 306, 307
Watari, N., 203
Wei Dan, 400
wei, nível, 239, 422
White, John, 171
Wilson, Ralph, 198
Wolf, Laibl, 339
Working with Earth Energies (Furlong), 323
World Research Foundation, 18, 23, 139, 357, 358
wuxing, 235

X

xamanismo, 434
xamãs, 32
Xi – pontos de fenda, 230
xue, 235, 239
xue, nível, 423

Y

yama, 291
Yamamoto, Toshikatsu, 404
yang ming (yang brilhante), 240
yantras, 256
Yeshe Tsogyal, Dona, 307-10
Yesod, **341**, 342
ying, 229, 239
ying, nível, 423

yin-yang, teoria do, 35, 40, 181, 188-89
  definições de yin e yang, 187
  descrição, 188-89
  e a dieta, 375
  e as cores, 373-75
  e o chi, 187
  e o estresse geopático, 145-47
  e os seis estágios, 239-41
  elementos na teoria das cinco fases, 233-34
  energias polares na, 250
  equilíbrio na, 188-89, 235
  grupos de meridianos, 186-87, **188**, 205-06
  sons e cores na, 420, **420**
yoga nadis, 293
Yoga Sutras (Patanjali), 291
yoga, 434
  tântrico, 259-60, 286, 292-93
  yoga óctuplo de Patanjali, 291
Yuan – pontos de fonte, 230
Yuen, Método, 431
Ywahoo, Dhyani, 310-11
Ywahoo, Nellie, 311

Z

zang-fu, teoria, 233-34, **234**, **236-37**
zen-shiatsu, 388
zero (número), 397
zero absoluto, 44, 45
Zhang, Chang-Lin, 194-96
Zhang-Popp, teoria de, 194-96
zheng chi, 239
Zhongjing, Zhang, 239
Zhufan, Xie, 424
zigoto (ovo fertilizado), 103
Zohar, 340, 351
zonas cruzadas latitudinais, 402, **403**
zulus, 320, 321